庆九十年辉煌
铸再腾飞信念

山东省学习胡锦涛总书记“七一”重要讲话、
纪念中国共产党成立90周年理论研讨会论文集

中共山东省委宣传部 编

山东人民出版社

迅速兴起学习
胡锦涛总书记“七一”重要讲话的热潮
（代序）

刘　伟

7月1日，胡锦涛总书记在庆祝中国共产党成立90周年大会上发表重要讲话，在全党全社会引起了热烈反响，广大党员干部群众坚决拥护、高度评价。大家认为，胡锦涛总书记的重要讲话，全面回顾了我们党90年波澜壮阔的奋斗历程，系统总结了90年来党领导革命、建设、改革的宝贵经验，明确提出了新的历史条件下提高党的建设科学化水平的目标任务，深刻阐述了在新的历史起点上把中国特色社会主义伟大事业全面推向前进的大政方针。讲话高屋建瓴、总揽全局、系统全面、内涵丰富，是一篇具有重要里程碑意义的马克思主义纲领性文献。深入学习讲话精神，感受比较深的有这样几点：

一是充分体现了马克思主义中国化的创新成果。讲话深刻总结了我们党90年来紧紧依靠人民完成和推进新民主主义革命、社会主义革命、改革开放新的伟大革命“三件大事”；取得开辟中国特色社会主义道路、形成中国特色社会主义理论体系、确立中国特色社会主义制度“三大成就”；以及坚持把马克思主义基本原理同中国具体实际结合起来，在推进马克思主义中国化的历史进程中产生的“两大理论成果”。在此基础上，坚持以马克思列宁主义、毛泽东思想、邓小平理论、“三个代表”重要思想为指导，深入贯彻落实科学发展观，坚持解放思想、实事求是、与时俱进的思想路线，着眼于新世纪、新阶段、新形势、新任务，着眼于推动马克思主义的中国化、时代化、大众化，创造性地提出了许多新思想、新观点、新论断，进一步科学回答了在新的历史条件下建设什么样的社会主义、怎样建设社会主义，建设什么样的党、怎样建设党，实现什么样的发展、怎样发展等一系列重大问题，进一步丰富了马克思主义的发展观、社会观、人才观、群众观、民主观、文化观、青年观等，进一步深化了我们党对于社会主义建设规律、共产党执政规律的认识，使马克思主义基本原理与中国实践相结合达到了一个新的历史高度。这是我们党政治上更加成熟的重要标志。

二是充分体现了当代中国共产党人的执政理念、执政方略。胡锦涛总书记站在历史和全局的高度，从道路、理论体系、制度三个方面深刻阐述了中国特色社会主义的科学内涵和基本要求。强调我们党要团结带领人民继续前进，开创工作新局面，赢得事业新胜利，最根本的就是要高举中国特色社会主义伟大旗帜，坚持和拓展中国特色社会主义道路，坚持和丰富中国特色社会主义理论体系，坚持和完善中国特色社会主义制度。强调我们党要继续担当起团结带领人民实现中华民族伟大复兴的历史使命，在新的历史起点上把中国特色社会主义伟大事业全面推向前进，必须坚持不懈地把改革创新精神贯彻到治国理政各个环节，奋力把改革开放推向前进；必须继续牢牢扭住经济建设这个中心不动摇，坚定不移地走科学发展道路；必须继续大力推进社会主义民主政治建设，坚定不移地走中国特色社会主义政治发展道路；必须继续大力推动社会主义文化大发展大繁荣，坚定不移发展社会主义先进文化；必须继续大力保障和改善民生，坚定不移推进社会主义和谐社会建设。讲话还对加强国防和军队建设、加强港澳对台工作、推进祖国和平统一大业、推动和谐世界建设作了全面部署。这是我们党在新的历史条件下，顺应时代发展潮流，顺应人民群众新期待，提出的事关长远的施政纲领。

三是充分体现了当代中国共产党人以人为本、执政为民的根本宗旨和无私情怀。胡锦涛总书记指出,来自人民、植根人民、服务人民,是我们党永远立于不败之地的根本;我们党取得的所有成就都是依靠人民共同奋斗的结果,人民是真正的英雄,这一点我们永远不能忘记;以人为本、执政为民是我们党的性质和全心全意为人民服务根本宗旨的集中体现,是指引、评价、检验我们党一切执政活动的最高标准;我们党除了人民利益,没有自己的特殊利益;只有我们把群众放在心上,群众才会把我们放在心上,只有我们把群众当亲人,群众才会把我们当亲人;每一个共产党员都要把人民放在心中最高位置,尊重人民主体地位,尊重人民首创精神,拜人民为师;必须始终把人民利益放在第一位,把实现好、维护好、发展好最广大人民根本利益作为一切工作的出发点和落脚点,做到权为民所用、情为民所系、利为民所谋,使我们的工作获得最广泛最可靠最牢固的群众基础和力量源泉。可以说,这些重要观点,生动诠释了历史唯物主义关于人民群众是历史创造者的真理,充满了对人民群众的深厚感情,是我们做好新形势下群众工作、巩固党的执政基础必须遵循的。

四是充分体现了我们党对自身建设规律的科学把握和从严治党的坚强决心。胡锦涛总书记强调,回顾90年中国的发展进步,可以得出一个基本结论:办好中国的事情,关键在党。要按照“五个必须”的要求,以改革创新精神研究和解决党的建设面临的重大理论和实际问题,即抓住理论创新、选人用人、群众路线、反腐倡廉、制度建设五个关键环节,全面推进党的建设新的伟大工程,不断提高党的建设科学化水平。这些部署和要求,坚持以党的十七大和十七届四中全会精神为指导,进一步丰富和发展了马克思主义建党学说,是在新形势下继续推进党的建设、永葆党的先进性、提高党的执政能力、巩固党的执政地位的重要保证。

五是充分体现了我们党居安思危的忧患意识和勇于进取的奋

斗精神。胡锦涛总书记指出，在世情国情党情发生深刻变化的新形势下，我们党面临许多前所未有的新情况新问题新挑战，面临着“四个考验”、“四个危险”。并进一步强调，我们完全有理由为党和人民取得的一切成就而自豪，但我们没有丝毫理由因此而自满，我们决不能也决不会躺在过去的功劳簿上；全党同志要牢记历史使命，永远保持谦虚、谨慎、不骄、不躁的作风，永远保持艰苦奋斗的作风，勇于变革、勇于创新，永不僵化、永不停滞，不动摇、不懈怠、不折腾，不为任何风险所惧，不被任何干扰所惑。这“四个考验”、“四个危险”，是我们党对面临复杂形势和严峻挑战的清醒认识；这“五个不”掷地有声、催人奋进，是我们作为一个马克思主义政党应有的精神状态、应有的精神风貌。惟有如此，我们党才能经受住各种挑战和考验，才能始终保持先进性，才能永远立于不败之地。

深入学习好、宣传好、贯彻好胡锦涛总书记“七一”重要讲话，是当前和今后一个时期全省各级党组织和广大党员干部群众的一项重大政治任务。吴邦国同志在庆祝大会上，李长春同志在纪念中国共产党成立90周年理论研讨会上，习近平同志在全国组织部长学习胡锦涛总书记“七一”重要讲话精神研讨班上，都对做好胡锦涛总书记“七一”重要讲话的学习、宣传、研究和贯彻落实工作提出了明确要求，中央办公厅专门下发通知作出部署。省委对这项工作高度重视、抓得很紧。7月1日胡锦涛总书记发表重要讲话时，省委、省人大、省政府、省政协、省纪委等省几套班子进行了集体认真收看，省委书记、省人大常委会主任姜异康同志在收看实况后对学习贯彻提出了明确要求；当天，省委下发了通知，对全省学习贯彻作出部署；7月6日，省委举办了理论学习辅导报告会，邀请中央政策研究室副主任施芝鸿同志作了辅导；近期，省委还将举办中心组读书会、九届十二次全委会进行深入学习贯彻。目前，全省各级学习胡锦涛总书记“七一”重要讲话的热潮正在迅速兴起。

借此机会，就抓好下一步的学习宣传和贯彻落实，讲几点意见。

一要加强学习领会实质，把思想统一到讲话精神上来。要认真贯彻中央和省委的部署要求，采取集中学习、个人自学、网上学习、宣讲辅导、座谈研讨等多种形式，紧密联系实际，开展丰富多样的学习活动。各级党委中心组要把学习胡锦涛总书记“七一”重要讲话精神纳入学习计划、组织专题研讨；各级党校、行政学院和干部学院要调整教学内容，加大培训力度；各级讲师团要深入基层，组织好宣讲；要认真做好讲话精神进课堂、进社区、进千家万户的工作，努力使讲话精神家喻户晓、深入人心。要把学习胡锦涛总书记“七一”重要讲话，与学习中央一系列重大战略思想和战略决策结合起来，与学习胡锦涛总书记等中央领导同志视察山东重要指示精神结合起来，与贯彻落实省委省政府的决策部署结合起来，切实把思想统一到胡锦涛总书记重要讲话精神上来，把力量凝聚到落实中央和省委确定的各项任务目标上来。

二要加大宣传力度，努力营造浓厚的舆论氛围。要精心组织、统筹谋划、周密安排，确保学习宣传活动有力有序、扎实推进。报纸、电视、电台等媒体要制定具体方案，安排重点时段、重点栏目、重要版面，加大力度、密度，集中进行宣传。要研究运用网络、手机等新兴媒体进行宣传的途径和方法。要充分发挥各类媒体的影响力，大力宣传我们党团结带领人民90年奋斗的光辉历程、伟大业绩、宝贵经验，大力宣传坚持中国特色社会主义道路、中国特色社会主义理论体系、中国特色社会主义制度的现实意义和长远意义，大力宣传推进党的建设科学化、推进全面小康社会建设的目标要求、思路措施和工作部署，引导人们深刻认识党领导人民进行的革命史、创业史和改革开放史，深刻认识历史和人民是怎样选择了中国共产党、选择了马克思主义、选择了社会主义制度、选择了改革开放，进一步坚定在中国共产党领导下、走中国特色社会主义道路的信心和决心。要集中刊发播发系列评论、理论文章和学习体会等,及时反映各地各部门各单位学习贯彻的情况,总结推广学习贯彻讲话精神的先进经验和典型。要注意总结经验,不断改进宣传方式方法,采取灵活多样、党员群众喜闻乐见的形式,多运用一些群众语言,让党员群众真正听得进去、看得进去、学得进去,确保取得好的学习宣传效果。

三要抓住关键,发挥好党员领导干部的模范带头作用。学习贯彻胡锦涛总书记"七一"重要讲话精神,党员领导干部带头是关键。各级领导干部特别是主要领导干部对本地区、本部门、本单位的学习贯彻工作,要切实负起组织领导的责任,要抓研究、抓部署、抓督促落实;同时要带头学习、带头思考、带头宣讲、带头实践,力争先学一步、多学一些、深学一层,真正做到学以立德、学以增智、学以创业,为广大党员干部作出表率、树好榜样。要把深入学习贯彻胡锦涛总书记重要讲话精神作为推进学习型党组织建设的重要内容,作为开展创先争优、争做齐鲁先锋活动的重要内容,在领导干部的带动下,推动全体党员干部的学习,通过学习进一步提高思想政治素质、坚定理想信念,进一步强化宗旨意识、创新发展思路,进一步增强为党和人民不懈奋斗的自觉性和坚定性。

四要加强理论研究,以研究促学习促贯彻促落实。理论前进一步,学习跟进一步;研究深入一步,贯彻深化一步。在座的不少是我省社会科学和理论界的骨干,可以说,在某种程度上代表着山东社会科学研究的水平,在加强胡锦涛总书记"七一"重要讲话阐释研究、促进学习促进贯彻促进落实方面,担负着重要责任。这方面大家可以做的工作很多,比如,如何对胡锦涛总书记重要讲话特别是贯穿其中的一系列新思想、新观点、新论断进行深入解读,使广大党员干部融会贯通、更好地领会其精神实质;如何解决好真学真懂真信真用的问题、使马克思主义中国化的最新成果真正成为一种信仰、成为一种追求、成为思想武器和行动指南;如何根据胡锦涛总书记重要讲话精神,认真回答人民群众的现实关切,进一步做好解疑释惑、统一思想的工作;如何以科学理论为指导,准确把握发展大势,准确把握世情国情党情民情的新变化,及时总结基层和广大党员干部群众的新鲜创造,作出新的理论概括,为党和国家的理论创新作出应有贡献;如何落实好胡锦涛总书记重要讲话要求,更加有效地做好青年工作,进一步关心关爱青年,为青年成长成才、全面发展创造良好条件,确保党的事业后继有人;如何以胡锦涛总书记重要讲话为统领,深入研究我省经济社会发展中的重大理论和现实问题,特别是围绕加快转变经济发展方式、实施重点区域带动战略、加强和创新社会管理、深化文化体制改革、提高党的建设科学化水平等方面的重大问题,进一步发挥好“智库”作用,在继续加强基础理论研究的同时,多出具有前瞻性、战略性、针对性和可操作性的研究成果,为继续推进经济文化强省建设提供理论和智力支持,等等。加强对诸如此类问题的研究,其理论意义和现实意义是不言而喻的。

五要学以致用,把学习的成效体现在党员干部受教育、人民群众得实惠、党建工作上水平、科学发展结硕果上。学习重在联系实际,重在解决问题,重在推动工作。要始终坚持马克思主义学风,紧密联系思想、工作、生活实际推进学习。要把学习胡锦涛总书记重要讲话的过程,作为提高马克思主义基本素养、加强党性修养的过程,深入学习和掌握马克思列宁主义、毛泽东思想,深入学习和掌握中国特色社会主义理论体系,牢固树立辩证唯物主义和历史唯物主义世界观和方法论,不断提高政治敏锐性和政治鉴别力,不断增强政治坚定性,更加自觉地改造主观世界,切实增强大局意识、党的意识、忧患意识和责任意识,使党员干部队伍的素质有新的提高。要把学习贯彻胡锦涛总书记重要讲话精神的过程,作为进一步强化群众观点、强化宗旨意识的过程,更加自觉地察民情、听民声、知民怨、解民忧、顺民意,切实解决群众反映强烈的突出问题,使党群干群关系有新的改善。要把学习贯彻胡锦涛总书记重要讲话精神的过程,作为进一步提升党建工作科学化水平的过程,更好地发挥基层党组织的战斗堡垒和党员的先锋模范作用,使基层党组织的创造力、凝聚力和战斗力有新的增强。要把学习贯彻胡锦涛总书记重要讲话精神的过程,作为推进“十二五”规划实施、加快建设经济文化强省的过程,注重研究解决事关全局、事关长远的重大问题,注重做好凝聚调动方方面面积极性主动性创造性的工作,注重以更开阔的眼界更高的标准更严格的要求抓好各项工作的落实,使山东的改革开放和现代化建设迈出新的更大步伐。

胡锦涛总书记“七一”重要讲话是新起点上推进各项事业的宣言书和动员令。让我们更加紧密地团结在以胡锦涛同志为总书记的党中央周围,按照中央和省委、省政府的部署要求,同心同德,解放思想,与时俱进,扎实工作,努力推动全省经济社会科学发展、和谐发展、率先发展、又好又快发展,努力实现富民强省新跨越,以实际行动为党的事业增光添彩!

(本文是中共山东省委副书记刘伟同志2011年7月7日,在全省学习胡锦涛总书记“七一”重要讲话、纪念中国共产党成立90周年理论研讨会上的讲话。题目为编者所加)

目　录

坚持和发挥思想政治优势是中国共产党的显著特征

——纪念中国共产党成立90周年

宋清渭

中国共产党已经走过90年极不平凡的历程。90年来,我们党始终高举马克思主义伟大旗帜,坚持实事求是的思想路线,紧紧依靠广大人民群众并领导人民军队,战胜了千难万险,取得了中国革命、建设和改革事业的一个又一个伟大胜利。90年的历史不容置疑地证明,中国共产党是伟大的、光荣的、正确的,没有共产党就没有新中国,没有共产党就没有改革开放、创建中国特色社会主义的今天。

1945年,我在渤海军区第二分区机关驻地的一间小土屋里,光荣加入了中国共产党。从那至今的60多年来,党始终在我心中,我一步也没有离开过党。我曾为党、国家和军队取得的每个胜利欢呼过、高兴过,也为走过的弯路、遭受的挫折和失误担忧过、痛心过。回顾党的历史,强大凶恶的敌人没有战胜我们,伟大艰巨的任务没有压倒我们,多次严重的自然灾害没有摧垮我们,各种"左"的和右的错误没有改变我们的方向,国内外局势的重大变化也没有影响我们前进的步伐。我们有很多成功的经验,也有过错误和失败。始终把握思想政治工作这条生命线,坚持和发挥思想政治优势,是党的事业成功的重要因素和显著特征。党的思想政治优势,集中体现在坚定的理想信念,实事求是的思想路线,做好群众工作,坚持思想政治建军和造就大批优秀领导干部等方面。我结合亲身经历,联系当前实际,谈点个人的感受和认识。

一、坚持崇高的理想信念,是党的事业不断前进的行动指南

一个党、一个国家、一个民族,必须有自己的理想和信念。共产党不同于其他任何政党的标志,就是她把最崇高的理想和最坚定的信念,即为实现人类社会最美好的理想——共产主义而奋斗作为自己的最高纲领和奋斗

目标。

回想起当年我走出家乡、找到八路军的时候，除了对日本鬼子的满腹仇恨外，并不懂得多少革命道理。在渤海二专署举办的青年干部训练班上，在用马兰纸印刷的《中国革命和中国共产党》、《新民主主义论》等小册子里，我第一次接触到了革命的理论。当时，作为一个刚参加革命的农家少年，领会不了那么多深奥的道理，但是小册子上那些新鲜、活泼、充满激情的文字，立刻吸引了我。那时只觉得国家破败，家乡沦陷，但不知道该怎么办，心里干着急。通过学习这些理论，我确立了坚定地跟着八路走，跟着共产党走的人生目标，就像心头的一盏明灯被拨亮了，就像在山穷水尽的时候，突然有人给你指出了一条光明大道，眼前豁然开朗。后来我参加了解放战争的全过程，在一线连队工作和战斗。艰苦环境的磨炼，党组织的教育指引，战友和烈士们英雄事迹的激励，使我懂得了为谁扛枪、为谁打仗的革命道理。战争年代我当指导员时，陪了三任连长，他们都在战斗中牺牲了，但一个倒下去，另一个擦干身上的血迹又顶上来。这是一种什么力量？是理想信念的力量。过去革命前辈和先烈面对敌人高官厚禄的引诱、严刑拷打的折磨，不缴械投降，不屈膝变节，不改革命初衷，这是什么力量？是理想信念的力量。雷锋、焦裕禄、孔繁森，甘当革命的“傻子”，无私奉献，鞠躬尽瘁，死而后已，这又是什么力量？还是理想信念的力量。今天，在改革开放的新时期，每当社会发展需要攻坚克难的时候，发生重大灾害需要抢险救援的时候，许许多多优秀人物和英雄模范甘为党和人民的事业牺牲自己的一切，用自己的鲜血和生命谱写了一曲曲壮丽的人生赞歌，这仍是理想信念的力量。

一个人有了远大的理想，才会有崇高的思想境界和道德情操，才会有明确的奋斗目标，也才能保持旺盛的革命斗志和大无畏的革命精神。崇高的理想和坚定的信念是共产党人的政治灵魂和立身之本。对共产党人来说，理想信念的动摇是最危险的事。我们党经过 90 年的发展，已经成为拥有近 8000 万党员和领导 13 亿人口的大党。面对新的环境，担负的任务和经受的考验都与过去有很大的不同。相比过去枪林弹雨的生死考验，歌舞升平的满足、糖衣炮弹的“香甜”和灯红酒绿的麻醉更容易突破人们的思想防线，有的党员干部理想动摇了，信念支柱倾斜了，革命意志衰退了，忘记了江山是怎么打下来的，把当年入党的誓言抛在了脑后，不信马列信鬼神、信关系，把追逐金钱、积累财富作为自己的奋斗目标；有的高级干部贪污腐败，生活腐化，空虚堕落，丑态百出。这些现象，严重地腐蚀着我们党的肌体，损害着党的形象。我们必须引起高度重视，把坚定理想信念教育作为思想政治工作的重要内容，把改造主观世界和改造客观世界结合起来，把崇高理想与建设特色社会主义的各项任务紧密联系起来，胸怀远大目标，筑牢人生的精神支柱，以高尚的思想道德要求鞭策自己。坚持做到在任何时候、任何情况下，都要坚定理想信念，不丧失必胜的信心，以扎实的工作为党的事业发展作出贡献。

二、坚持实事求是的思想路线，是党的事业不断前进的光辉旗帜

90 年的实践经验证明，实事求是是贯穿党指导思想的一条红线，是党一脉相承的思想路线的精髓，是党的事业不断前进的光辉旗帜，也是共产党人永恒的实践课题。什么时候坚持了实事求是的原则，革命就成功，事业就发展，社会就稳定，人民就幸福；什么时候违背实事求是的原则，革命就遭受挫折，事业就停滞不前，社会就动荡，人民就遭殃。

党的事业成功和发展靠实事求是。在过去的战争年代，如果不实事求是，就要流血牺牲，就要打败仗。毛泽东同志曾在民主革命时期，把实事求是形象地比喻为“有的放矢”，就是用马克思主义的“矢”，去射中国革命的“的”，把马克思主义普遍真理与中国的革命实践相结合，从而为马克思主义的中国化开辟了广阔的天地。进入改革开放新时期，邓小平同志提出了“解放思想、实事求是”，并把两者融为一体，重新确立和丰富发展了党的思想路线。后来，江泽民同志创造性地提出了“解放思想、实事求是、与时俱进”，进一步丰富和发展了党的思想路线。以胡锦涛同志为总书记的党中央，紧紧抓住 21 世纪中国发展的重要战略机遇期，提出了科学发展观、构建社会主义和谐社会的治国方略，为党的思想路线增添了新的生机和活力。

党的历史上重大失误和错误的纠正也是靠实事求是。新中国成立后，人民群众迸发出极大的建设热情，但党的领导缺乏建设社会主义的经验，又急于求成，导致了“大跃进”和“文化大革命”的严重错误，社会主义建设遭受了严重挫折。在“大跃进”期间，面对社会上的浮夸风，我对很多事情是不理解的。当时看到报道，水稻小麦亩产上万斤，甚至几万斤。我在办公室对同事说，我们在老家都种过地，亩产几万斤，除非把坦克开到地里，重量还差不多。说归说，但当时我们都坚信，党是正确的，毛主席是不会错的。在“文革”中，特别是到了中后期，我对有些问题、有些事件，从思想上慢慢产生了不理解或者迷惑，甚至有些抵触情绪。当时在部队里，很多熟悉和敬重的老首长、老将军，都被打成了“走资派”、“黑帮分子”等。我从内心接受不了，多次表露过不平的心情，心里是痛苦的、也是迷茫的。我没有能力力挽狂澜，但是坚持不同流合污，不拉帮结派，不搞以人划线，也不写“效忠信”。1976

年，党的第一代久负盛望的中央领导人周恩来、朱德、毛泽东相继去世，人们对中国何去何从充满着疑虑。在当时特定的历史条件下，党中央果断出手，粉碎了“四人帮”，召开了十一届三中全会，恢复了实事求是的思想路线，把工作重点转移到以经济建设为中心的社会主义现代化建设上来，实现了建国以来党的历史上具有深远意义的伟大转折。但人们思想上的顾虑也不是一下子就能消除的，“文化大革命”否定了，怎么评价毛主席？我们国家能不能稳定？后来，党实事求是地评价了毛泽东同志的功过是非，充分肯定了毛泽东思想的指导地位。这样，大家思想上就比较顺茬了，认识也逐步趋向一致。当时我在北京解放军政治学院高级系学习，亲历了党、国家和军队的一系列重大事件，如真理标准大讨论、理论务虚会、听取中央工作会议和三中全会精神传达等，还先后在人民大会堂亲耳聆听邓小平同志作《坚持四项基本原则》和《中越边境自卫反击作战》报告，真切地感受到了当时思想解放的大潮和党的实事求是的新风。

新的历史时期，党领导全国人民沿着改革开放的大道，一切从实际出发，经过30多年的艰苦奋斗，探索出了一条真正符合中国发展的特色社会主义道路。腾飞的中国，社会生产力得到极大解放，各项建设取得巨大成就，现在已经成为世界第二大经济体。我国的国际地位空前提高，人民生活显著改善，社会和谐稳定。这些都充分体现着党的思想政治路线的坚持和发扬光大的极端重要性。

实事求是这四个字，说起来容易，做起来难。实干兴邦，空谈误国。它不但是一个思想原则问题、路线问题，更是一个实践问题，是必须身体力行的追求。实事求是重在真，贵在实。实事求是最大的敌人是教条主义、经验主义、官僚主义和形式主义。有些领导同志，工作指导思想不端正，好说假话空话，对人民群众的承诺，如同风过树梢，一吹就散；有的学习外国外地经验，不顾实情，生搬硬套，照搬照抄，简单复制；有的好大喜功，下级费尽心思为上级“演戏”，而上级走马观花，不求实情，只讲一点论，不懂两分法，无论走到哪里都是充分肯定，没有批评和自我批评；也有的为了装扮业绩，绞尽脑汁，造假指标，搞假统计，报假数字。所有这些，都违背了我们党一再提倡的实事求是的思想路线，对党的事业有着极大的危害。要真正理解实事求是的含义，就必须紧密联系中国的实际，与时俱进，不断开拓进取，以实事求是的实效真功来体现共产党人的品行境界和做事的认真执著，在实践中不断提高坚持实事求是的自觉性和坚定性。

三、坚持做好群众工作，是党的事业不断前进的力量源泉

实践一再证明，共产党人好比种子，人民好比土地。共产党人无论走到哪里，只有同那里的人民结合起来，认真做好群众工作，才能在人民中间生根开花。我们党 90 年的全部历史，就是一部坚持群众路线，密切联系群众，不断动员起千千万万人民大众，为改变自己的命运而奋斗不息的历史，就是一部充分尊重人民群众首创精神，不断从人民群众中汲取力量和智慧的历史，就是一部紧紧依靠人民群众，不断推动党的事业从胜利走向新的胜利的历史。

得民心者得天下。革命战争年代，在那么残酷的环境里，共产党人如果没有赢得民心，没有革命根据地人民的“担架”和“小推车”，没有千百万群众真心实意地跟着党走，别说夺取政权，就连立足之地都找不到。我刚参加革命时，所在的村里、镇里都是日伪军的据点，处处都有封锁线，吃的是老百姓的粮，住的是老百姓的房，离开老百姓，真是寸步难行。记得济南战役时，广大群众组成支前大军，冒着生命危险抢救伤员。敌机轰炸时，他们扑在伤员身上，宁肯牺牲自己也不让伤员二次负伤。淮海战场上，支援前线的群众，推着装满粮食的小车，自己饿着肚子，甚至沿途讨饭，走了几千里把粮食送到前线。那个时候，党特别重视同人民群众的血肉联系，党员干部同老百姓“吃的是一锅饭，点的是一灯油”，和人民打成一片，都是一家人。所以才得到了人民群众的衷心拥护、爱戴和支持，才得以生存和不断发展壮大，领导全国人民推翻了“三座大山”，建立了新中国。

党的最大政治优势是密切联系群众，党执政后的最大危险是脱离群众。随着改革进入攻坚阶段，各种深层次的问题逐渐显现，新情况、新问题也会不断产生，我们应当更加自觉地增强群众观念，相信群众，依靠群众，切实做好群众工作，全心全意为人民服务。我感觉，现阶段至少有三个问题需要引起重视。一是如何代表最广大人民根本利益的问题。过去我们讲，共产党人除了群众利益之外，没有任何自己的利益。随着改革开放的深入、社会主义市场经济的发展和群众权利意识的觉醒，不同阶层的分歧越来越明显，不同群体的利益要求越来越多样。那么现在作为执政党，如何才能代表最广大人民的根本利益？我们既要善于统筹、顾全大局，维护国家和人民的根本利益，又要实行科学决策和管理，认真考虑和兼顾不同阶层的利益。这是一个很重要的课题。就当前来说，在经济发展中，在让一部分人先富起来以后，也应逐步让大多数人富起来，真正让广大百姓活得有地位、有尊严、有希望。这样做既能激发广大人民群众的动力和活力，又能保持整个社会的平

稳有序。二是如何面对群众利益诉求的问题。为什么社会发展了,生活改善了,群众不满意的程度在一些地方反而有所增加,上访告状的反而越来越多了呢?从历史上看,凡是大多数群众选择的、要求的和拥护的,最终都是正确的;凡是大多数群众不赞成的、反对的,最终都是错误的。离开群众的拥护和支持,什么人、什么政党都一事无成。"水能载舟,亦能覆舟",封建社会帝王都能认识的道理,来自人民群众、代表人民执政的中国共产党人更应该懂得这个道理。无论什么时候都要以人民的利益为重,都要考虑人民的意愿。面对群众利益诉求,必须认真对待,认真调查分析,妥善处理。对能够解决的问题,应及时认真、公平公正地加以解决;对一时解决不了的,应做耐心细致的说服解释工作,扩大稳定面,缩小对立面,促进社会稳定和谐。三是怎样代表人民利益的问题。人民的信任和历史的选择把党推上了执政地位。党怎么来为人民谋利益,用什么样的作风来为人民执好政、服好务?那种靠倒卖老百姓赖以生存的土地来增加财政收入,用破坏环境资源来换取繁荣发展,靠坑民害民骗民来营造政绩工程,把为人民群众办事当成"恩赐"的错误行为,都是与党的宗旨和事业格格不入、背道而驰的。我们党来自人民,根植于人民,就更应紧紧依靠人民、团结人民,始终坚持以人为本、执政为民,牢记全心全意为人民服务的宗旨,把人民满意不满意、答应不答应作为工作的最高标准,永远保持同人民群众唇齿相依、血浓于水的密切关系。这样,人民就能产生出更大的力量,共产党就会永远立于不败之地,国家就会更加繁荣富强。

四、坚持思想政治建军,是党的事业不断前进的重要法宝

我们的军队是党缔造和指挥的一支新型人民军队,在党的领导下建立了不朽功勋。从人民军队诞生那天起,党就注重把它置于自己的绝对领导之下,特别重视在军队加强党的思想建设和政治工作,走政治建军和思想建军的道路,这是我党建军思想的璀璨明珠和重要法宝。我参加八路军以来,长期在部队从事思想政治工作,担任过党的小组长、党支部书记、各级党委书记以及中央委员。我深切地体会到在军队加强党的思想建设的极端重要性,也深深感受到了党的政治工作在部队建设中产生的巨大威力。

淮海战役最后阶段,我们为了围歼杜聿明集团,和敌人在陈官庄地区对峙20多个昼夜。天寒地冻,雨雪交加,村庄都成了废墟,群众早已转移,我们连队在野战工事里,不能生火做饭,没有棉衣取暖,就靠着几把稻草铺在堑壕里御寒,但大家没有说熊话的,没有叫苦叫累的,都盼着战斗打响,去夺取胜利。原因在哪里?持续不断、见缝插针的思想政治工作起到了很大的作

用。记得纵队司令员宋时轮亲自到我们团，给连以上干部作动员，讲战场形势，讲敌人的处境，讲即将到来的伟大胜利，讲得部队士气高涨，信心百倍。最后，同大部队一起全歼了杜聿明集团，我们连也抓了上千名俘虏，胜利地结束了淮海战役。上世纪 80 年代中期，军区的一个军到老山前线轮战。前线山高坡陡，草深林密，气候恶劣，环境艰苦，但是全体官兵英勇顽强，浴血奋战，攻必克、守必固，经受住了生死考验，圆满完成了一年的轮战任务。一支多年不打仗的部队，一旦转入战时，为什么能在短时间内取得这么显赫的战绩呢？我到前线了解到，他们充分发挥战地政治工作的威力，响亮地提出了“到猫耳洞里抓基层”的口号，把思想工作做到每一个哨位、每一名官兵，极大地激发了官兵的爱国主义和革命英雄主义热情，始终保持了高昂的士气。1985 年，党中央、中央军委决定裁军百万，军区圆满完成了精简整编任务，除了严格执行命令、加强管理外，主要是靠大量艰苦细致的思想政治工作。还有很多重大艰巨任务的完成、重要时期的转折和异常困难的克服等，无不是通过强有力的思想政治工作来保证的。这些都说明，党的思想政治优势在军队发挥得最为突出、最为有力、最有成效。人民军队不仅承担着维护祖国领土完整、捍卫国家主权的历史使命，也是建设社会主义的重要力量。从青藏铁路建设到汶川抗震救灾，从舟曲抢险到亚丁湾护航，等等，处处都有人民军队的身影。党的历史证明，没有一支忠于党、忠于人民的强大军队，是万万不行的。党的思想政治工作是军队建设的重要保障。党对军队的绝对领导是我军永远不变的军魂。不管世界风云怎么变幻，社会怎么变革，这一条绝不能动摇。

这些年来，敌对势力亡我之心不死。他们试图改变人民军队的性质，瓦解社会主义中国的柱石，大力鼓吹军队非政治化，妄想使军队脱离共产党的领导；妄图削弱军队思想政治工作，使人民军队背离我党政治建军的思想。在国内，由于种种复杂原因，也有些人错误地认为，只有战争，才能显出军队的价值和重要性，和平时期不需要养这么多兵。这些同志恐怕没有想过，如果没有几百万部队在那里镇守边关，日夜守卫祖国，我们的国家和人民能这么安宁吗？能聚精会神地搞建设吗？那是绝对不可能的。两千多年前的孙子就说过：“兵者，国之大事，死生之地，存亡之道，不可不察也。”古今中外，每个国家都对军队特别重视，对军队的地位和作用都倍加关注。今天，我们全党全社会更应该关心这支军队、支持这支军队。要像爱护自己的眼睛一样，爱护这支军队，千方百计地提高军队的政治、社会和经济地位。军队也应该大力加强自身的现代化建设。这些方面做好了，就能起着稳定国家、稳定社会的重要作用，起到震慑、抵御、反对国内外敌对势力的重要作用，起到支援国家经济建设和社会发展的重要作用。

五、坚持造就大批优秀干部,是党的事业不断前进的决定因素

无论是战争年代,还是和平建设时期,我们党涌现出的一大批杰出领袖和领导人顺应时代潮流,引领群众行动。他们是社会的中坚力量,是集体的灵魂和人民的标杆。他们身体力行、言传身教,为党培养和造就了一批又一批优秀干部,在党的事业不断发展壮大中发挥着决定性作用。

毛泽东、刘少奇、周恩来、朱德、任弼时、邓小平、陈云等老一辈革命家,作为党的卓越领导人,作为中国人民解放军的主要创建者和领导者,作为共和国的开国领袖和改革开放事业的开拓者,在我们的心目中一直占有崇高的地位。我们这代人,世界观的形成,领导能力和思想理论水平的提高,大都是奠基于毛泽东时代。他们的非凡领导才能、决策艺术和人格魅力,对我们的一生产生了深远的影响。新中国成立后,我较长时间在福州军区机关和部队工作,有幸接触到很多老红军、老将领、老革命,像“旋风司令”韩先楚、“铁面将军”王建安,还有“军中儒将”叶飞、“皮旅旅长”皮定均、著名将领刘培善,等等。我直接接受他们的指示、教诲和严格的批评,亲身感受到了他们的品德和风范。他们在战争年代南征北战,大智大勇,战功赫赫;他们忠于党、忠于国家、忠于军队,品德高尚;他们丰富的实践经验,卓越的领导才华,朴实的工作作风,都让我感到学习不完,受用不尽,成为我后来工作和为人的丰厚政治营养。

党的领导干部特别是高级干部在群众中树立什么样的形象,具有很大的导向作用。上世纪五六十年代,在我国亿万人民中曾广为传唱一首名叫《社会主义好》的歌曲,其中有一段歌词是:“共产党好,共产党好,共产党是人民的好领导,说得到,做得到,全心全意为了人民立功劳。”说得到,做得到,这是全国人民对共产党信赖、拥护、爱戴的根本原因所在。说得到,做得到,这六个字中最重要的是“做得到”三个字。这样,说话办事才有感召力、引导力和说服力,才能把群众的力量聚集起来,很好地实现党的主张。应当说,我们党的领导干部整体素质、整体形象是好的。但也有一些领导干部身上还存在着消极腐败现象,一些惰性的、腐朽的东西逐渐滋长起来,严重侵蚀着党的干部队伍,损坏了党的形象。领导干部要真正发挥模范标杆和力量中坚作用,一靠品德,二靠能力。因此,要纯洁品德,就应该在大风大浪中锻炼自己、磨炼自己,加强党性修养,增强人格魅力。做到树立正确的权力观,把人民赋予的权力作为为人民服务的平台;自觉维护中央权威,遵守党的纪律,确保政令畅通;做到清正廉洁,决不能以权谋私、坑民害民;做到秉

公用权，以天下为己任，把精力倾注在党的事业上。为官从政一任，修身养德一生。要力戒奢侈，经受住灯红酒绿的考验，不为赠金献银诱惑，不为富贵发财眼红，不为美色引诱心动，永葆共产党人的政治本色，不辱使命，自觉做到慎独，在无人监督的情况下不做坏事，坚持共产党人应有的政治操守和品行，做到台上台下一个样，争当一名干净的干部、可敬的官员。要提高能力，就应该努力做到广学博学，养成终身学习的习惯。要使自己成为一个学习型的党员干部，既要向历史学、向实践学、向群众学，更要注重学习马列主义、毛泽东思想。尤其当前要深入学习中国特色社会主义理论体系，特别是科学发展观和社会主义核心价值体系。党的领导干部不但要自己学，还要带领广大群众学。特别是要教育年轻一代学习我们的党史、国史，使他们懂得，党和国家是通过艰难困苦的斗争不断壮大的，是一步步发展起来的，没有过去老一辈革命家、广大领导干部和人民群众的拼搏奋斗，就没有新中国，就没有改革开放和中国特色社会主义，也就没有美好的今天。组织上要坚持跟踪考察干部，既要考察评价在位情况，又要评价离开岗位的情况，这样评价干部更为准确。党员领导干部只有用好的思想、突出能力、好的作风、好的形象，为普通党员做表率，才能带动和凝聚广大人民群众共同奋斗，推动党的事业不断前进。

党 90 年波澜壮阔的革命历程使我深深感到，无论在任何时候、任何情况下，坚持和发挥党的思想政治优势，就能激发全党、全军、全国人民的聪明才智和潜在力量，就能创造出一个又一个的人间奇迹。回顾辉煌历史，展望美好未来，我们豪情满怀，信心百倍。在庆祝中国共产党成立 90 周年和纪念辛亥革命 100 周年之际，我们更要紧密团结在以胡锦涛同志为总书记的党中央周围，万众一心，同心同德，推进中国特色社会主义的各项建设，不断加强党的自身建设的伟大工程。我们党的事业一定会阔步前进，中华民族伟大复兴的目标一定能早日实现，共产党的旗帜必将永远飘扬在中国的大地上。

（作者单位：济南军区）

血肉联系与钢铁长城

——山东抗日民主根据地党群(军民)关系的历史考察与经验启示

常连霆

经过八年抗战,山东党组织"白手起家",建成了全国最大的敌后抗日民主根据地,建立了党领导的唯一的省政府。到抗战胜利之时,山东解放区和冀鲁豫解放区的山东部分,人口3000余万,约占全国解放区近1亿总人口的1/3;党员30余万,约占全国党员总数120余万人的1/4;军队33万,约占全国人民军队总数120余万人的1/4。山东党组织及其领导的人民军队之所以迅速发展壮大,其根本原因,就在于始终从人民群众的根本利益出发,在抗击日本侵略者的斗争中,与广大人民群众建立了血肉联系,共同构筑了战胜日本侵略军的钢铁长城。对这一时期的党群(军民)关系进行历史考察,对改进新形势下党群关系具有重要的现实意义。

一、山东抗日民主根据地党群(军民)关系发展的历史脉络和特点

1. 初步确立:自1937年7月至1938年底。抗战初期,国民党山东省政府主席韩复榘为"求得暂时苟安和保全实力"①,稍作抵抗即率十万大军南逃。至1938年5月,山东全境沦陷。其间,国民党山东省政府委任的100多名专员、县长弃城携款潜逃,地方政府土崩瓦解,土匪、民团、会门武装趁机而起,伪军和伪组织纷纷建立,"同时压榨群众之条件,民众深切感受之痛苦"②。中共山东党组织毅然担当起了领导全省人民抗日救国的重任。从1937年下半年到1938年6月,组织发动了冀鲁边、鲁西北、天福山、黑铁山、徂徕山等遍及全省的数十起抗日武装起义。起义部队扛起土枪、长矛、大刀

①② 山东省档案馆、山东社会科学院历史研究所编:《山东革命历史档案资料选编》(第4辑),山东人民出版社1983年版,第8页,第10页。

与日伪军作战,不久即进行大小战斗百余次,攻克县城15座。如,黑铁山起义部队,一战长山县城,俘获全部伪军;二战小清河,伏击日军汽艇,击毙敌官兵12人;三战白云山,毙伤敌百余人。不足一个月三战三捷,部队所到之处纪律严明,秋毫无犯,被人民群众誉为“菩萨部队”。“天兵天将袭长山”、“菩萨部队炸汽船”、“神兵激战白云山”等等神话般的故事,在民间广泛传颂。到1938年底,起义部队发展到2.45万人,在没有八路军主力部队支撑的条件下,建立了土生土长的抗日游击兵团——八路军山东纵队,并创立了十几块抗日游击根据地。以抗日救国为旗帜、以民族大义为共同利益目标的党群(军民)关系初步确立。

2. 探索发展:1939年初至1940年底。日军占领武汉、广州后,把大部主力转向敌后战场。侵占山东的日军连续实施“肃正作战计划”,对抗日根据地进行分区“扫荡”,实行“囚笼政策”。继任国民党山东省政府主席的沈鸿烈,也深入敌后抢地盘、抓政权,委任专员、县长近百个,收编游杂司令数十人,控制地方武装15万,并以共产党政权“不合法”为借口,积极溶共、防共、限共,不断制造袭击、残害共产党员和抗日军民的摩擦事件。1939年3月,罗荣桓、陈光率八路军第115师入鲁,先后在樊坝、陆房、梁山三战三捷,打击了日伪军,震慑了顽固派,鼓舞了人民群众的抗战信心。在山东纵队和各地方武装的配合下,开辟和扩大了冀鲁边、鲁西、泰西、湖西、鲁中、鲁南等抗日根据地。而以沈鸿烈、秦启荣为代表的国民党顽固派所控制的国民党地方部队大多数军纪败坏、游而不击,逐渐失去了当地群众的支持,时有“油饼队,吃饱睡,鬼子来了往后退,鬼子走了来收税,秦启荣不是好玩意”的民谣。沈鸿烈及其委任的地方政府官员也在1939年6月日军鲁中大“扫荡”中纷纷弃职潜逃。领导人民抗战的历史重任无可选择地落到了共产党人的肩上。中共山东党组织坚决执行抗日民族统一战线政策,联合一切抗日的阶级、阶层、党派、团体和军队,共同抗击日本侵略军,不仅抗日根据地内的一些开明士绅、中小工商业者积极同共产党合作抗日,而且大批名流学者、爱国进步人士也先后来抗日根据地工作,壮大了抗日力量,推进了开辟山东抗日根据地的工作。到1940年7月,根据地内成立了9个专员公署、66个县级抗日民主政府及300多个区乡抗日政府。抗日民主政府实行民主政治,统一财政经济,减轻群众负担,发展文化教育事业,受到广大人民的拥护,根据地党群(军民)关系在抗日、民主的旗帜之下得到进一步发展。

3. 调整巩固:1941年初至1943年下半年。从1941年春开始,日军对抗日根据地进行全面“扫荡”、“清剿”、“蚕食”、“封锁”,实行军事、政治、经济、文化和特务活动相结合的总力战。同时,对国民党政府继续采取诱降方针,诱使国民党政府的一些军队投敌。在日伪军和一些国民党顽固派军队的夹击和封锁下,山东抗日根据地遇到严重困难。此时,"抗日民主政权还未成为真正拥有广大群众基础的民主的统一战线的政权。上层是党包办,下层不少是地主、士绅包办";"群众未能感觉到自己是主人,是执政者"[①]。作为巩固政权、军队和根据地,以及发动群众中心环节的减租减息也没有真正开展起来,群众工作基础薄弱的状况暴露出来。1942 年 4 月,受中共中央委派,刘少奇到山东检查指导工作,深刻总结了正反两方面斗争经验,确定了"在当前,减租减息是山东的中心工作,所有工作都围绕这一中心来做"[②]的任务。此后,减租减息、精兵简政和大生产运动在抗日根据地如火如荼地开展起来,"人民从土豪劣绅如山的重负下得到喘息,从切身利益中感到共产党、革命同他们的生存息息相关,极大地激发了广大群众的抗战热忱",党群(军民)关系在经受考验中得到进一步巩固。

4. 走向成熟:1943 年秋冬至 1945 年抗战胜利。1943 年 7 月,国民党鲁苏战区于学忠部和国民党山东省政府撤出山东战场,中国共产党领导的山东军民承担起独立支撑抗战大局的重任,到 1943 年秋冬,山东抗日根据地的形势发生了明显好转,党群(军民)关系也逐步走向成熟。山东分局发出多项指示,要求贯彻中央《关于减租、生产、拥军爱民及宣传十大政策的指示》,加强根据地建设和对敌斗争,并从经济、政治、文化、社会以及党的建设等多方面采取加强党群关系建设的措施:继续发动群众,深入开展减租减息运动;广泛开展大生产运动;深入开展民主运动,改造县及行政区的参议会和民主政府,改造村政权;订立拥政爱民公约和拥军优属公约,开展双拥运动;加强对群众的宣传文化教育。广大人民群众被充分发动起来,在战略反攻中展现了人民战争的巨大威力。

二、山东抗日民主根据地加强党群(军民)关系的基本做法

1. 实行减租减息、精兵简政、开展大生产运动,让人民群众在经济上切实得实惠。在抗日根据地内,山东党组织着眼于减轻群众负担,废除了旧的田赋和苛捐杂税,实行了统一的财产所得累进税制度,制定了适应不同地区情况的甲、乙、丙 3 种实施办法,建立了公平负担的救国粮统一征收制度。此

---

① 山东省档案馆、山东社会科学院历史研究所编:《山东革命历史档案资料选编》(第 9 辑),山东人民出版社 1983 年版,第 60 ~ 61 页。

② 中共山东党史资料征集研究委员会编:《山东抗日根据地》,中共党史资料出版社 1989 年版,第 251 ~ 252 页。

后不断修订完善，人民负担逐年减轻。“据1944年不完全统计，各阶层1943年较1942年有所减轻，1944年较1943年减轻了10%至20%”[①]。在普遍减轻人民负担的同时，为了让最广大的劳动群众切实得到利益，山东分局于1942年5月作出《关于减租减息改善雇工待遇开展群众运动的决定》，发布了减租减息、租佃借贷等条例，广泛深入地开展了减租减息改善雇工待遇的群众运动。到1944年底，根据地内23417个村庄，有63%进行了减租减息[②]。精兵简政和开展大生产运动，是党在根据地内发展经济、减轻群众负担的又一重要措施。从1941春至1943年春，抗日根据地内进行了3次精简，精简后的脱产人员占根据地总人口的2.4%[③]。在大生产运动中，各级领导干部带头，军队、机关人员一齐动手，种田织布，从事生产劳动。据不完全统计，自1944年1月到1945年8月，山东抗日根据地内共开荒和扩大耕地70余万亩。1945年根据地粮食增产6亿多斤，棉花种植面积发展到151.3万余亩，棉花产量达32.8万余担。[④] 人民群众生活得到较大改善。

2. 实施民主选举、实行“三三制”、改造村政权，让人民群众在政治上真正当家做主。1940年2月，山东分局设立政府工作部，并要求各级政权的成立，应尽一切可能发动群众民主选举。6月，山东分局作出了《关于政权问题的新决定》，要求各级政府、参议会实行“三三制”原则。此后中共山东党组织除在新开辟地区建立政权实行委任制外，在根据地内普遍发动群众民主选举政权。到1940年7月建立的抗日民主政权中，已有一半以上由民主选举产生。自1941年起，山东党组织着眼于乡村政权的彻底改造，在根据地内取消乡一级政权，建立以村为政权的基层组织，实行行政村制，村政权由村民直接选举。由于农民中文盲占有相当大的比例，就采用“豆选”等办法。到1943年冬，全山东抗日根据地对县以下各级民主政权进行选举，同时，建立并改造了各县参议会，将参议会建成名副其实的民意机关，并彻底改造村政权。山东党组织在根据地内还开展了宪政运动，除“如何改造村政外，并使群众懂得民主就是要从政治上思想上来反对封建的压迫和束缚，使群众自觉了解自己的主人翁地位”[⑤]。

3. 开展冬学运动，大力发展文化教育事业，让人民群众从封建思想的束

① 《山东抗日根据地合理负担政策论述》，载《齐鲁学刊》2000年第5期，第94页。

②③ 中共山东党史资料征集研究委员会编：《山东抗日根据地》，中共党史资料出版社1989年版，第15页，第12页。

④⑤ 中共山东省委党史研究室编著：《中共山东地方史》（第1卷），山东人民出版社1998年版，第513页，第526页。

缚中彻底解放出来。在根据地内,山东党组织制定了开展宣教文化工作的指导意见,颁发了宣教工作建设方案,建立健全了行政教育机构,各种宣传、文化、教育活动发展起来。从1940年冬天开始,山东抗日根据地根据每年的任务变化颁布冬学运动方案,掀起了冬学运动热潮。根据地还颁发《山东省战时国民教育实施方案》,确定了社会教育的基本形式,县设民众教育馆,区、乡设中心俱乐部,村设俱乐部,要求广泛开办识字班、夜校、补习学校、短期训练班,设立图书馆,组织流动图书馆等。各抗日民主政府、群众团体不断加强组织,根据地内呈现出"村村办夜校,家家读书声"的全民性的学文化热潮。冬学运动的规模一年比一年大,后来,季节性的冬学改为常规性的民校。1944年,仅莒南、莒中、日照3县参加冬学人数就达到399974人,其中莒南县14万人,占当时全县人口总数的56%,莒中县仅横山一带就办冬学96处,学员3000余人;妇女识字班102个,学员达1900余人。冬学运动把文化教育和抗战教育、政治教育结合起来,使广大人民群众从封建思想的束缚中彻底解放出来。在进行社会教育的同时,根据地内每村建立1处小学,每乡建立1处中心小学,为解决劳动与学习的矛盾,滨海等地创造性地建立了"庄户学"。群众性文化活动广泛开展,如滨海区莒南县业余剧团达110个;鲁中沂南县的业余剧团亦达110个,胶东区农村剧团相当普遍。①

4. 组织群众团体、开展双拥运动、救济贫苦群众,让人民群众成为改造社会的主体。中共山东党组织充分发挥群众组织的作用,成立了各级工、农、青、妇以及工人救国会、农民救国会、青年救国会、妇女救国会、抗日自卫团等群众组织,并制定了群众组织工作条例。"据1943年6月统计,根据地中建立群众组织的村庄占根据地村庄总数的62%;有组织的群众占人口总数的32%。"②组织起来的群众增强了改造社会的主人翁意识,在改造民主政权、减租减息运动、保家卫国斗争中积极参与,发挥了主体作用。深入开展拥政爱民、拥军优属运动,先后作出了关于拥军与拥政爱民工作的指示、关于拥政爱民的决定、关于拥军工作的训令,订立了拥政爱民公约和拥军优属公约。拥政爱民公约规定遵守政府法令,严格执行三大纪律、八项注意,开展群众工作,坚持经常性的为民服务活动;拥军优属公约规定政府和人民帮助军队进行训练和生产,对驻军伤病员、残废军人及抗日人员家属和烈士家

---

① 中共山东省委党史研究室编著:《中共山东地方史》(第1卷),山东人民出版社1998年版,第521页。

② 丁龙嘉:《重整齐鲁河山——山东人民抗日战争纪实》,山东人民出版社2005年版,第215页。

属，经常给予各种照顾和慰问，并确定每年农历一月为拥军月。双拥运动进一步密切了党政军民之间的关系。为救济贫苦群众，先后作出救济与抚恤泰山、清河两地区被敌烧杀掳掠的人民、救济敌占区逃来难民、救助从东北返籍的劳工、救济1944年春荒等一系列决定和指示，保障了困难群众的生活，改善了民生。

5. 加强党的组织建设、思想建设和作风建设，通过党员作风的转变赢得人民群众的信任和支持。中共山东党组织针对抗战爆发后党员队伍迅速壮大、党员成分发生重大变化的实际，注重加强了党的自身建设。加强党的组织建设，作出了执行《关于巩固党的决定》的指示，各地党组织普遍开展了组织整顿工作。加强党员政治思想教育，开办了各级党校、各级干校，以及各种形式的党员、干部训练班，建立了党支部日常教育制度，提高了广大党员、干部的政治思想和文化理论素质。开展整风运动，先后下发了《关于执行中央整顿“三风”指示的决定》、《关于重振整风学习的指示》等一系列文件，对各个阶段的整风运动进行部署、协调。开展生产节约运动，先后下发关于生产节约的指示、在生产节约中实施公私兼顾方针的指示，并着重在区村政权的税收人员及生产管理人员中开展反贪污浪费斗争，同时作出不得向民众随意索取款项、粮食、鞋袜用品，随意支差等规定。这些措施，进一步促进了党员思想和工作作风的转变，增强了党的凝聚力，赢得了人民群众的信任和支持。

三、山东抗日民主根据地党群（军民）血肉联系对根据地建设的重大作用

1. 坚持了山东敌后长期抗战。日军为消灭共产党领导的人民武装，对抗日根据地实施毁灭性的烧光、杀光、抢光的“三光”政策，仅1941年和1942年，就连续推行了5次“治安强化运动”，向抗日根据地出动千人以上的“扫荡”70多次，万人以上的“扫荡”9次。正是党群军民之间的血肉联系，使党领导的人民武装在大“扫荡”的环境下长期坚持下来。沂南县鲁山后、艾山后等5个村的群众，冒着生命危险，分散掩护了八路军1300余名伤员。沂南县李家林村妇女明德英，机智地掩藏日军追捕的一名负重伤的八路军战士，并用自己的乳汁将其救活。刘若妮大娘在日军大搜捕中，全力将3名八路军伤员转入山中，3天后她返回家中，发现丈夫因拒绝交出八路军伤员，被敌人活活烧死，唯一的儿子为引开敌人跑向西山，被日军杀害。悲痛欲绝的大娘三天汤水未进，却依然无微不至地照顾伤员。沂水县西五拱桥村的刘式矩，为保存价值50万斤粮食的军用物资，日军将其3次按在铡刀下，逼他交出物

资,但他宁死没吐一个字。《大众日报》社在沂水县朱家岭、高家庵子埋藏了部分机器,日军将两个村的群众300多人抓去,用火烧、刀挑杀害3人,逼迫群众交出机器,但没有一人屈服,从而完整地保存了机器。在人民群众的大力支持下,山东党组织和人民军队藏身于人民群众之中,广泛开展了分散性、地方性、群众性的游击战。“麻雀战”、地雷战、地道战、联防战、破袭战、阻击战、车轮战、神经战、推磨战、蜂窝战、围困战等多种群众性作战对敌进行扰乱、围困、伏击、袭击,日本侵略者深陷于人民战争的汪洋大海之中。就连日军也不得不承认:“八路军的斗志极为旺盛,共产党地区的所有民众,连妇女、儿童也用竹篓帮助运送手榴弹,我方有的部队因无戒备而突进,被手执大刀的敌人奇袭、包围而陷于苦战”,日军占领区“几乎都有共军活动,民心多倾向共产党”①。

2. 建立和稳固了抗日民主政权,扩大了山东抗日根据地。罗荣桓曾指出:“要求得群众运动的发展,首先切实保障群众利益,以及彻底推行民主政治与建立民主政权,使群众组织保持独立性,改善自己的生活。”②群众一旦发动起来,就会千方百计保卫自己的政权。日照人民抛弃反动县长张希周,费县人民赶走制造“官里庄惨案”的顽固县长李长胜③,莱芜人民罢免顽固县长李长依④,肥城人民驱逐顽固县长田家宾⑤,就是人民群众拥护抗日民主政权的生动写照。山东抗日根据地的民主政权建立后,进一步发动群众为民主民生而斗争,又反过来密切了党同人民群众的血肉联系。泰安县长程鹏、莱芜县长谭克平、新泰县长张种玉在抗日、民主和改善民生方面多有建树,受到泰山专署的传令嘉奖,被誉为“模范三县长”。这些抗日民主政权在敌顽我三角斗争中争取了民心,获得了人民的真心拥护,为建立全省性的政权奠定了政治基础。到1945年8月,山东抗日根据地已建立5个行政公署,22个专员公署,127个县政府,850多个区政府,成立了党领导下的唯一一个省政府。抗日战争结束时的山东抗日根据地(不包括冀鲁豫区山东部分),面

---

① 日本防卫厅战史室:《战史丛书18——华北的治安战2》,朝云新闻社1968年版,第375页。

② 罗荣桓:《在鲁南吴家沟团以上干部政治工作会议上的总结报告》(1940年4月21日),《罗荣桓军事文选》,解放军出版社1997年版,第66页。

③ 陈明:《山东抗日民主政权工作与当前任务》,山东省税务局税史编写组编:《山东革命根据地工商税收史料选编》(第1辑),内部资料,1984年3月印,第155页。

④ 吴梦观:《驱逐顽固县长李长依》,《冀鲁豫党史资料选编》(第15集),载《内部资料》1992年1月印,第141~146页。

⑤ 《正义呼声——肥城民众电呈省府严惩田家宾贪污枉法推举于会川重主肥政》,见《大众日报》1940年1月13日第1版。

积已达12.5万平方公里,拥有2400万人口。

3.发展和壮大了党领导的抗日武装。党领导的山东人民抗日武装从无到有、从小到大,至1945年8月,仅山东解放区(不包括冀鲁豫山东部分),八路军发展到27万人,民兵发展到50万人,自卫团发展到150万人,占抗日根据地2400万人口的近10%。人民武装之所以得到迅猛发展,其根本原因就在于,人民群众亲身体验到没有八路军的积极作战和保护,他们的生命和财产就失去了保障。1942年11月,日军"拉网合围"胶东马石山地区,山东军区的10名战士为掩护近千名群众转移,全部捐躯。胶东兵工厂警卫排的7名战士,为掩护群众转移被日军包围在山头上,他们打完子弹后,毅然跳入大海,慷慨赴难。在反"扫荡"中,八路军战士为保卫群众生命和财产安全英勇牺牲的事例不胜枚举。同时,不断的战争胜利和减租减息运动的成功开展,使人民对八路军更加爱戴,这在大反攻前的群众性大参军热潮中有突出表现。1945年春天的双拥月里,仅广饶县3天内就有3000多名青年报名参军,七区孙大娘动员3个闺女送郎参军,李家屋子有位李大娘同时送5个儿子参军,因大儿子年过五旬不合格,她又把大孙子送上,荣获"一门五英雄"的光荣称号,"这次大参军,全县有一门双英雄121户,一门三英雄8户,一门四英雄1户,一门五英雄1户;送子模范185人,送郎上前线1206人。"在诸莒边拥军大会上,"某县一个走亲戚的路过现场,也被感动的放下篮子跳上台去报名参军"。以至于"当参军热潮已经高涨的时候,省方接到各地的汇报后,为了照顾人民的负担,命令一些县份停止报名,严格检查,以免参军过多妨碍生产","如滨海区共报名13029人,精简了3663人"。[①]

4.壮大了党的组织,扩大了党的政治基础。全国抗战爆发前,全省仅有2000余名党员,党的工作基础比较薄弱。1940年6月,朱瑞总结说:"什么是山东党的实际情况和具体问题呢?山东党发展很迟,很年轻,干部弱,组织发展不够。"[②]在这样困难的境地下,山东党组织深入发动群众,积极组织群众抗战和发展生产,开展根据地各项建设,逐渐赢得了人民的信任和支持,党群之间血肉联系逐渐增强,真心要求加入中国共产党的群众不断增多,党组织逐渐壮大。1939年8月,根据地党员发展到5.15万人。到抗战胜利时,山东党组织有党员30余万人。从数量上分析,山东党员队伍两年间翻了

---

① 山东省档案馆、山东社会科学院历史研究所编:《山东革命历史档案资料选编》(第15辑),山东人民出版社1983年版,第113页。

② 山东省档案馆、山东社会科学院历史研究所编:《山东革命历史档案资料选编》(第4辑),山东人民出版社1982年版,第338页。

近26倍(以抗战初期2000人为基数),8年翻了150倍。从入党动机上分析,据胶东区西海地委对平北二区122名党员的入党动机的调查显示:“为抗日的”76名,“保护个人利益的”15名,“看着八路好的”5名,“不愿受资产压迫的”12名,“为给八路军送情报的”5名,“看着抗日政府好的”2名,“为贫吃富的”7名①。从党员构成成分上分析,据1941年初的统计,湖西、胶东、清河、鲁中地区的农民党员分别占党员总数的72%、56%、97%、82%,其中又以贫农的比重最大。②

四、山东抗日民主根据地党群(军民)关系建设的基本经验

1. 坚持群众路线,是改进党群关系的基础。黎玉在1945年总结山东抗日根据地群众工作的经验时指出:“一切工作的基础首先在于发动广大的基本群众,并改善其生活,这是决定一切工作的基础。”③“我们党委的责任,首先要全始全终、茹苦茹辛贯彻党的群众路线,真正使党的周围拥有广大群众自觉的有组织的力量。”“八年来的抗日战争已经证明,凡是在自己工作中贯彻为群众服务,组织群众,从群众之挑选出来的最勇敢最觉悟最有才能的最为群众信赖的积极分子,建立党的支部,并经常保持其群众的核心作用、骨干作用,他们地区就是活跃的,有群众生气的,生产好,拥参好,民兵好,觉悟高,敌人也打不烂;非如此,就是所谓‘一活跃,二皮条,三消沉,四垮台’。”④

2. 维护群众经济利益,是改进党群关系的核心。《中共山东分局关于加强群众团体组织建设与开展全面群众工作的指示》指出:“群众组织建立的初期(40年前后),大都是形式的,群众组织缺乏实质生动的内容,主要是忽视减租、减息、增资以及发展生产等。因此,单纯的组织工作是很难持久的联系群众与取得群众信任的。”⑤在此后的群众工作总结中,进一步认识到,“一般群众的真正发动,主要是依靠群众经济生活日常迫切利益的改善,以提高其自觉行动。”“在一切行动上要时刻贯穿着群众要求群众利益而又与总的利益相结合,才能团结群众。”“在战时动员群众工作上也证明:只有这种动员与群众切身利益有密切联系并为群众所了解,同样可以造成群众自

---

① 《西海地委组织部党务工作报告(1944)》,山东省档案馆藏,G024-01-0207-004。

② 山东省档案馆、山东社会科学院历史研究所编:《山东革命历史档案资料选编》(第8辑),山东人民出版社1983年版,第106页。

③④ 山东省档案馆、山东社会科学院历史研究所编:《山东革命历史档案资料选编》(第15辑),山东人民出版社1983年版,第402页,第353页。

⑤ 山东省档案馆、山东社会科学院历史研究所编:《山东革命历史档案资料选编》(第14辑),山东人民出版社1983年版,第273页。

觉自愿的参战运动。一年来由于我们许多战斗更加和群众的切身利益联系起来,因此在整个战斗中,民兵配合作战,成千成万群众的抬担架,慰劳,拆破碉堡围寨,不但已感不到任何困难,而且是非常热情自动迅速地完成了这些任务。"①

3.注重工作方式方法,是改进党群关系的重点。1945年6月,黎玉在总结抗日根据地"工作中的错误偏向及政策思想方法问题"时指出:"整体利益群众往往不能完全认识,而与人民有直接利害关系的事情,人民往往立刻感到。所以制定方针政策的时候,一方面要照顾群众整体利益,另一方面要征求群众的意见,检讨自己对人民直接对经济利益关系如何,这是应当经常保持的工作态度。""一种是想为人民服务,而自己业务上方法上幼稚,结果损害了群众的利益。如不懂市场供求规律,不经调查研究,主观调剂物资、封锁物资,主观的提价或压价。""如果群众还没有能体会到政策的正确时,必须采取耐心教育的方法,使群众自觉,不应完全依靠行政手段。""为了更普遍的团结群众,联系群众,必须经常加强我们的政策观念,研究政策,掌握政策,经常注意为群众兴利除弊。"②

4.加强党的作风建设,是改进党群关系的关键。党领导群众的条件应是,"发现群众问题,讨论群众问题,并设法解决群众问题,谛听群众意见,生活在群众中间,斗争在群众前面"③。1942年10月,山东分局在《关于"抗战四年山东我党工作总结与今后任务"的决议》中指出:"山东工作的一切转变,必须从彻底转变党工作作风开始。全党要从艰苦、点滴、深入下层群众工作肃清官僚主义倾向;从掌握武装、领导战争中克服太平倾向;从发挥集体领导、发扬民主团结的精神、建立谦虚朴素团结的作风,克服家长与英雄主义的领导。"④抗日战争时期,山东党组织通过学习、精简、整风等,进一步改进了党的作风。1943年8月,山东分局在《关于执行〈五年工作总结及今后任务〉指示之决定》中指出:"从分局自身起,从坚决发动群众并深入负责切实领导群众运动中一般转变了自己的作风,且部分推动了各级领导同志,

① 山东省档案馆、山东社会科学院历史研究所编:《山东革命历史档案资料选编》(第11辑),山东人民出版社1983年版,第349页。

② 山东省档案馆、山东社会科学院历史研究所编:《山东革命历史档案资料选编》(第15辑),山东人民出版社1983年版,第69~70页。

③ 山东省档案馆、山东社会科学院历史研究所编:《山东革命历史档案资料选编》(第4辑),山东人民出版社1982年版,第350页。

④ 山东省档案馆、山东社会科学院历史研究所编:《山东革命历史档案资料选编》(第9辑),山东人民出版社1983年版,第84~85页。

开始克服官僚主义脱离群众的倾向。”①

5. 完善制度机制，是改进党群关系的保证。“由于军队本身的组织特点与群众工作又有特殊作风的特点，即一个是组织严密、纪律最严，有战斗性、集中性的力量；一个是极复杂、极不整齐、极散漫的人群，这二者似乎不相容，作法很难统一，但必须又保持集中性、纪律性而又善于与群众打成一片”，为使“军队在进行群众工作必须懂得党组织群众的基本原则和方法”，山东抗日根据地确定了军队做群众工作的“八个基本点”。② 从 1940 年 8 月至 1945 年 8 月，山东抗日根据地先后制定了参议会组织条例、政府组织条例、人权保障条例、选举条例、婚姻条例等 53 部条例（法令、法规）。这些条例（法令、法规）的颁布实施，最大限度地保护了各阶层群众的基本利益，为党和军队做好群众工作提供了政策依据和制度保障。

五、对加强和改进新形势下党群关系的启示

1. 必须从关系到党的事业兴衰和党的生死存亡的高度加强和改进新形势下党的群众工作。山东抗日民主根据地党群（军民）关系的发展，贯穿于山东党组织及其领导的人民军队，在战胜困境中由小到大、由弱到强并基本在一个省的范围内实现执政的历史过程，这与国民党政权及其貌似强大的军队逐步退出在山东的执政舞台直至走向消亡形成鲜明的对照。胡锦涛同志在总结古今中外执政者兴亡的经验教训时指出：“‘乐民之乐者，民亦乐其乐；忧民之忧者，民亦忧其忧。’人心向背，是决定一个政党、一个政权盛衰的根本因素。”③苏联解体、东欧剧变以及中东、北非乱局，许多长期执政的大党、老党先后失去政权，尽管有诸多因素，但脱离群众、失掉民心却是共同的、根本的。历史和现实都表明，任何政权和政党，其前途命运最终取决于人心向背，不能赢得最广大群众的支持，就必然垮台。

2. 必须切实实现好、维护好、发展好最广大人民的根本利益。“人们奋斗所争取的一切，都同他们的利益有关。”④利益关系是党群关系的核心。据

---

① 山东省档案馆、山东社会科学院历史研究所编：《山东革命历史档案资料选编》（第 10 辑），山东人民出版社 1983 年版，第 45 页。

② 山东省档案馆、山东社会科学院历史研究所编：《山东革命历史档案资料选编》（第 11 辑），山东人民出版社 1983 年版，第 401 ~ 402 页。

③ 胡锦涛：《在“三个代表”重要思想理论研讨会上的讲话》（2003 年 7 月 1 日），见《十六大以来重要文献选编》（上），中央文献出版社 2005 年版，第 370 页。

④ 《马克思恩格斯全集》（第 1 卷），人民出版社 1957 年版，第 82 页，转自戴立兴：《论新阶段党群关系：形势、特点及对策》，载《中国共产党》2010 年第 3 期，第 24 页。

山东抗日根据地对山东1942年前顽占区(指与抗日根据地军民为敌的国民党顽固派统治区)、伪占区和根据地部分村庄每月每人和每月每亩负担的调查:顽占区分别为98.66元、22.5元,伪占区为35.2元、13.2元,根据地为3.17元、2.57元。换言之,根据地每亩地的负担较伪占区轻5.1倍,较顽占区轻8.7倍。[①] 减轻群众负担仅仅是抗日根据地建设初期的一项举措,而山东抗日根据地党群血肉关系的真正建立和巩固,是经过减租减息运动的深入开展,最广大的劳苦民众从经济上切实得到实惠之后。改革开放30多年,人们在普遍受益的同时,社会利益格局也发生了显著变化,少数掌握资本和权力资源的人日益成为改革的主要受益者,大多数普通劳动群体和困难群众成为改革代价的承担者。只有彻底改变这种利益积聚和发展态势,切实消除两极分化,使最广大人民群众的根本利益不断得到实现和发展,才能构筑起人民群众对党的信任和拥护的坚强基石。

3.必须不断满足人民群众政治、文化和参与社会管理的需求。山东抗日根据地广泛建立群众团体、彻底改造基层政权、深入开展冬学运动,人民群众真正成为社会管理的主体和当家做主的主人。"有无群众观点是我们同国民党的根本区别,群众观点是共产党革命的出发点和归宿。"[②]无论革命还是执政,"共产党基本的一条,就是直接依靠广大革命人民群众"[③]。随着中国社会的转型以及社会关系、社会结构和利益格局的变化,党要始终代表最广大人民的根本利益,必须积极推进政治民主与法制建设,不断推进社会主义民主的制度化、规范化和程序化;加强以改善民生为重点的社会建设,大力拓展社会组织和公众参与社会管理的渠道;积极建设先进性文化,增强社会主义核心价值体系整合社会的包容性,在社会不断发展进步的基础上,使人民群众不断获得切实的经济、政治、文化利益。

4.必须牢记"两个务必",不断加强党的作风建设。"加强和改进党的作风建设,核心问题是保持党同人民群众的血肉联系,马克思主义执政党的最大危险是就是脱离群众。"[④]在中国革命胜利前夕,毛泽东在党的七届二中全

---

① 陈超:《从敌伪顽我区人民负担的调查中看到的几个问题》,见《山东革命历史档案资料选编》(第9辑),山东人民出版社1983年版,第182页。

② 毛泽东:《切实执行十大政策》(1943年10月14日),见《毛泽东文集》(第3卷),人民出版社1996年版,第71页。

③ 毛泽东:《共产党基本的一条就是直接依靠广大人民群众》(1968年),《建国以来毛泽东文稿》(第12册),中央文献出版社1998年版,第581页。

④ 江泽民:《党的作风建设的核心问题是保持党同人民群众的血肉联系》(2001年9月26日),见《论党的建设》,中央文献出版社2001年版,第544页。

会上告诫全党同志:“务必继续地保持谦虚、谨慎、不骄、不躁的作风,务必继续地保持艰苦奋斗的作风。”在革命战争年代,由于外部环境的逼迫,党员领导干部往往能够时刻保持警醒。在党长期执政的条件下,面对社会主义市场经济建立过程中各种利益关系的调整,巨大的物质诱惑和各种腐朽落后的价值观使一些党员干部在理想信念、价值尺度、是非界限上出现了混乱,个别人只顾个人眼前利益,如“白蛾扑火”“前腐后继”,以至于一些地方和单位,党群关系由过去的“鱼水关系”变成了“油水关系”,甚至是“水火关系”,从而严重削弱了党的凝聚力和战斗力,严重损害了党同人民群众的血肉联系。只有坚持不懈地加强党的作风建设和反腐倡廉建设,不断提高党员领导干部拒腐防变的能力,才能使我们党跳出“其兴也勃焉,其亡也忽焉”的历史周期律,始终得到人民群众的拥护和支持,永远立于不败之地。

(作者单位:中共山东省委党史研究室)

党成立90年来推进马克思主义中国化、时代化、大众化的探索与实践

张　华

中国共产党建立90年来，党领导中国革命、建设和改革发展的光辉历程，也是不断推进马克思主义中国化、时代化、大众化的伟大历程。始终坚持以马克思主义为指导，不断推进马克思主义中国化、时代化、大众化，党才能团结带领全国各族人民不断从胜利走向胜利，才能使中国的面貌发生翻天覆地的巨大变化。站在新的历史起点上，大力推进马克思主义中国化、时代化、大众化，是不断开拓马克思主义新境界的必然要求，是引领中国社会进步和推动党的事业发展的根本前提。

一、马克思主义中国化、时代化、大众化的历史进程和艰辛探索

马克思主义是揭示人类社会发展规律的科学理论，是正确的世界观和科学的方法论，它来源于实践，运用于实践，在实践中发展，并最终由实践来检验。社会实践是具体的历史的，各个国家的情况千差万别，时代发展不断提出新的课题，人民群众的实践丰富多彩，这就要求必须把马克思主义基本原理同各国具体实际相结合，赋予它鲜明的民族特色、时代特色、大众特色。马克思主义中国化、时代化、大众化的历史进程，是中国共产党紧密结合中国国情、准确把握时代特点、团结带领人民群众探索革命、建设和改革发展道路的艰辛过程。

首先，马克思主义中国化、时代化、大众化是由自发到自觉的过程。中国共产党成立之初，就在党纲中旗帜鲜明地把马克思主义作为建党的根本指导原则，体现了马克思主义政党的本质特征。在经历了革命形势的大发展和遭受诸多挫折后，针对党内存在的本本主义、教条主义等倾向，以毛泽东为代表的中国共产党人从领导革命斗争的现实需要出发，开始了对马克思主义中国化、时代化、大众化的初步探索。1938年10月，毛泽东在党的六届六中全会上提出："马克思主义必须和我国的具体特点相结合并通过一定

的民族形式才能实现。”①在这里，毛泽东同志明确提出了实现马克思主义中国化的历史任务。此后，以毛泽东同志为核心的党的第一代中央领导集体坚持把马克思主义基本原理与中国具体实际相结合，开辟了农村包围城市、最后夺取全国政权的革命道路，并在建国后积极探索适合我国国情的社会主义建设道路，形成了关于中国革命和建设的正确的理论原则和经验总结——毛泽东思想，在那个时代实现了马克思主义的中国化、时代化、大众化。改革开放以来，以邓小平、江泽民同志为核心的党的第二代、第三代中央领导集体和以胡锦涛同志为总书记的党中央，在新的历史条件下致力于推进马克思主义的中国化、时代化、大众化，创造性地探索和回答了“什么是马克思主义、怎样对待马克思主义，什么是社会主义、怎样建设社会主义，建设什么样的党、怎样建设党，实现什么样的发展、怎样发展”等一系列重大理论和实际问题，创立了包括邓小平理论、“三个代表”重要思想以及科学发展观等重大战略思想在内的中国特色社会主义理论体系，解决了在一个经济文化比较落后的国家如何巩固和发展社会主义的问题。中国特色社会主义理论体系，开辟了马克思主义发展的新境界，是马克思主义中国化、时代化、大众化的最新成果。党的十七届四中全会第一次鲜明地系统地提出了“大力推进马克思主义中国化、时代化和大众化”这一重大历史课题，这标志着我们党在理论上的探索更加自觉、更加主动。

其次，马克思主义中国化、时代化、大众化是动态发展不断深化的过程。科学的理论总是以适应时代发展的要求为前提，并依据实践发展不断拓展其理论内容和理论形态。《共产党宣言》问世以来 160 多年的实践充分证明，马克思主义是与时俱进的开放的理论体系。马克思主义一经传入中国，中国共产党便把这一先进的科学理论与中国革命的实践结合起来，逐步实现了马克思主义中国化的第一次飞跃，形成了马克思主义中国化的理论形态——毛泽东思想。正是在这一思想的指引下，我们取得了新民主主义革命的胜利，建立了新中国和社会主义制度，使中国的前途命运出现重大历史转折，奠定了中国向前发展的全部基础。“文革”结束后，中国向何处去？未来怎么发展？曾一度成为困扰人们的重大问题。邓小平理论回答和解决了这一课题。在邓小平理论的指导下，我国坚定不移地实行改革开放，逐步走上了“快车道”，中国的前途命运再次发生了重大转折。20 世纪 80 年代末 90 年代初，面对苏东剧变后复杂多变的国内外形势，如何永葆党的先进性和

① 《毛泽东选集》(第 2 卷)，人民出版社 1991 年版，第 534 页。

巩固党的执政地位现实地摆在了共产党人的面前。在“三个代表”重要思想的指导下,我们党的执政能力和执政水平大大提高,在错综复杂的国际格局中站稳了脚跟,社会主义现代化建设成就再创新辉煌。新世纪新阶段,我们党站在了新的历史起点上,如何在错综复杂的国际国内形势下进一步推动经济发展和社会进步,成为我们党不得不面对的新问题。通过深入贯彻落实科学发展观,我们党的各项事业稳步发展,经济发展一枝独秀,社会建设更加突出,“中国模式”、“中国道路”和中国的前途命运被世界普遍看好,社会主义在中国大放异彩。回顾中国共产党90的光辉历史,党在推进马克思主义中国化、时代化、大众化中的每一次历史性飞跃,都带有深刻的时代印记,都体现了马克思主义与时俱进的理论品质。

第三,马克思主义中国化、时代化、大众化是相互联系有机统一的过程。马克思主义中国化的过程,是马克思主义在中国的具体化、民族化,只有同中国国情和民族传统相结合,才能成为生动、具体、鲜活的理论。而马克思主义中国化又必须和马克思主义的时代化、大众化有机结合起来,运用马克思主义的基本原理研究解决中国革命、建设和改革各个历史时期的具体实际问题,以中国特有的文化形式和表达方式来阐述马克思主义理论,并使之成为能为中国大众接受的具有中国风格、中国气派的马克思主义。马克思主义时代化的过程,是马克思主义随着中国和世界的发展变化而不断发展完善的过程,是其顺应时代潮流与时俱进理论品格的具体体现。马克思主义时代化与中国化、大众化也是密不可分的,时代化要求不断适应时代需要、把握时代脉搏、回答时代课题,用富有中国特色的鲜活语言,用适合人民群众的表达方式,更好地阐明对当今世界经济、政治、文化等重大问题的主张和看法。马克思主义大众化的过程,是我们党在中国运用马克思主义武装群众、组织群众、改造世界、改变社会的过程。只有把马克思主义科学理论同人民群众的实践活动结合起来,把深邃的理论用简单质朴的语言讲清楚,把深刻的道理用群众喜闻乐见的方式说明白,才能使马克思主义产生不竭的生命力、感召力。马克思主义大众化与中国化、时代化是相互衔接、相互促进的,既不能等同,也不能相互取代。马克思主义中国化、时代化的成果只有实现大众化的理论转换,才能变为人民群众的思想武器,变成改造社会、改造世界的物质力量。正如胡锦涛总书记所深刻指出的:“马克思主义只有与本国国情相结合、与时代发展同进步、与人民群众共命运,才能焕发出强大的生命力、创造力、感召力。”①

二、马克思主义中国化、时代化、大众化的成功经验和基本规律

马克思主义是立党立国的根本指导思想，是我们认识世界和改造世界的强大思想武器。中国共产党自成立之日起，就把马克思主义作为自己思想和行动的指南。在马克思主义中国化、时代化、大众化的伟大历史进程和艰辛探索中，党积累了十分丰富而宝贵的经验，为进一步推进马克思主义在中国的发展提供了原则性和科学性的方法论。

首先，始终坚持用科学的态度对待马克思主义，是马克思主义中国化、时代化、大众化的重要前提。马克思主义是无产阶级的世界观和方法论，但是用什么样的态度对待马克思主义，则是共产党领导无产阶级解放运动能否取得胜利的前提。在中国共产党的历史上，对待马克思主义有两种截然不同的态度：一种是将马克思主义当作僵死的教条。这些人读了不少马列的著作，也懂得马克思主义的理论，但他们不是用马克思主义的基本理论指导中国革命的具体实践，而是机械地、教条式地用革命导师的理论来指导中国革命。以这种态度对待马克思主义，不仅不能发展马克思主义，相反只能窒息马克思主义，扼杀马克思主义旺盛的生命力。另一种态度是：坚持解放思想、实事求是的思想路线，将马克思主义作为中国革命的行动指南，把马克思主义的普遍原理同中国革命的具体实际结合起来，创造性地运用马克思主义来指导中国的革命和建设。90年来，我们党正是始终坚持和正确对待马克思主义，并结合中国国情和不断变化的实际，不断推进马克思主义中国化、时代化、大众化，才取得了革命、建设和改革一个又一个胜利，马克思主义已深深扎根于中国社会，成为全党全国人民团结奋斗的共同思想基础。新世纪新阶段，我们党准确把握当今世界发展大势、社会主义初级阶段基本国情、改革发展的实际，及时总结党领导人民创造的新鲜经验，创造性地提出了马克思主义中国化、时代化、大众化的命题，这标志着我们党对马克思主义的认识升华到了一个新境界，对中国化马克思主义发展规律的把握达到了一个新水平。

其次，准确把握世界发展大势和中国基本国情，是马克思主义中国化、时代化、大众化的逻辑起点。任何理论都是时代的产物，无不被打上鲜明的时代烙印。马克思主义“不仅从内部即就其内容来说，而且从外部就其表现

① 《十七大以来重要文献选编》(上)，中央文献出版社2009年版，第9页。

来说，都要和自己时代的现实世界接触并相互作用”①。只有与本国国情相结合、与时代发展同进步，才能焕发出强大的生命力和感召力。从我国的情况来看，在推进马克思主义中国化、时代化、大众化的进程中，我们党始终是以时代发展为背景、以全球的大视野，准确把握世界发展大势，把马克思主义基本原理与当代中国实际和时代特征相结合的。随着世界多极化、经济全球化深入发展，国际上不稳定、不确定、不安全的因素明显增多，给我国发展带来了新的机遇和挑战。经过改革开放30多年的快速发展，我国综合实力和国际地位大幅提升，政治、经济、文化等各方面发生了天翻地覆的变化，但我们社会主义初级阶段的基本国情始终没有变，这是我们继续推进马克思主义中国化、时代化、大众化的基点和基础；进入新世纪新阶段，面临新的历史任务，这是我们推进马克思主义中国化、时代化、大众化的着眼点和创新点。我们要准确把握时代脉搏和世界大势，牢牢把握我国的基本国情和阶段性特征这一逻辑起点，使马克思主义的理论能够适应中国实际和时代需要，永葆理论的先进性与科学性。

第三，不断加强党的执政能力建设和先进性建设，是马克思主义中国化、时代化、大众化的内在要求。党的执政能力建设，是时代的要求、人民的要求，也是社会发展的必然要求。党的先进性是马克思主义政党的本质属性，是我们党的生命所系、力量所在。党推进马克思主义中国化、时代化、大众化的历程表明，党的执政能力建设和先进性建设是紧密联系、相互促进的，既体现了中国共产党作为马克思主义政党的本质属性，又体现了马克思主义中国化、时代化、大众化的内在要求，统一于党的建设新的伟大工程和中国特色社会主义伟大事业之中。加强党的执政能力建设和先进性建设，把党的执政能力建设和先进性建设作为主线，全面推进思想建设、组织建设、作风建设、制度建设和反腐倡廉建设，才能充分发挥党的领导作用、充分发挥基层党组织的战斗堡垒作用，充分发挥广大党员的先锋模范作用，使党的理论和路线方针政策顺应时代发展的潮流和我国社会发展进步的要求，反映全国各族人民的利益和愿望，使我们党保持与时俱进的品质、始终走在时代前列，不断提高执政能力、巩固执政地位、完成执政使命；才能把党的建设的各个方面和各个环节有机贯通起来，进一步提高党的领导水平和执政能力，进一步提高拒腐防变和抵御风险的能力，保证我们党始终充满创造力、凝聚力、战斗力，始终成为中国特色社会主义伟大事业的坚强领导核心，

① 《马克思恩格斯选集》（第1卷），人民出版社1995年第2版，第121页。

团结带领人民夺取全面建设小康社会新胜利、开创中国特色社会主义事业新局面。

第四,努力运用马克思主义的立场、观点和方法,是马克思主义中国化、时代化、大众化的关键所在。马克思主义是与时俱进的科学理论,具有鲜明的实践特点。马克思、恩格斯曾多次强调他们的理论不是教条而是行动的指南,要随时随地都要以当时的历史条件为转移。马克思主义中国化、时代化、大众化的历史经验表明,对待马克思主义不仅要掌握其中的理论精髓,更要将蕴含于其中的立场、观点和方法作为推动实践的科学指南。中国共产党人在推进马克思主义的中国化、时代化、大众化的历史进程中,十分重视和不断运用马克思主义的立场、观点、方法来研究和解决中国革命、建设、改革不同历史时期的实际问题。建党以来90年的历史反复证明:只有结合中国实际、符合时代要求、反映人民意志的马克思主义,才是我们所迫切需要的真正的马克思主义,才是真正“活”的马克思主义。大力推进改革开放和社会主义现代化建设,推动各方面事业的科学发展是我们当前最大的实际,是最根本的实践。当前,我国正处在改革开放的关键时期,正面临着新旧矛盾相互交织、长期性矛盾和阶段性矛盾相互交织、可以预料和难以预料的矛盾相互交织的复杂局面,迫切需要我们科学研判、从容应对,迫切需要我们党根据新的实践发出新的声音、作出新的概括。所以,全党要善于运用马克思主义的立场、观点、方法来研究和解决我国改革开放和现代化建设中的重大实践问题,使之成为推动我们事业发展进步的科学指南。

第五,维护发展好最广大人民的根本利益,是马克思主义中国化、时代化、大众化的根本归宿。马克思主义理论是无产阶级争取自由和人类解放的伟大学说,是为人民谋福祉和利益的科学理论,具有很强的阶级性和人民性。中国共产党是中国工人阶级的先锋队,同时是中国人民和中华民族的先锋队。党的性质决定了党除了最广大人民的利益,没有自己的特殊利益。实现好维护好发展好最广大人民的根本利益,集中体现了我们党“相信谁、依靠谁、为了谁”的问题,集中体现了党的性质和根本宗旨。人民群众是历史的创造者,又是实践的主体。党推进马克思主义中国化、时代化、大众化的历史和经验表明:关注人民群众的需要和诉求,满足人民群众的期待和愿望,是马克思主义理论创新的重要途径和最终归宿;坚持贴近实际、贴近生活、贴近群众,把马克思主义和人民大众的生活、实践结合起来,自觉服务于人民群众,是推进马克思主义中国化、时代化、大众化的题中应有之义;尊重人民群众的首创精神,及时总结人民群众在实践中创造的新鲜经验,才能为马克思主义理论创新提供源头活水,使理论贴近大众心灵、符合大众需求、代表大众利益、获得大众认同。因此,推进马克思主义中国化、时代化、大众化,是满足人民群众需要诉求、期待愿望的基本前提,必须始终以实现好维护好发展好最广大人民群众的根本利益为根本出发点和落脚点。

三、不断推进马克思主义中国化、时代化、大众化

党的十七届四中全会通过的《关于加强和改进新形势下党的建设若干重大问题的决定》,在认真总结经验的基础上,站在新的历史起点上,创造性地提出了“推进马克思主义中国化、时代化、大众化”的科学命题。这对于丰富发展马克思主义理论体系、建设马克思主义学习型政党、推进中国特色社会主义伟大实践,都具有重大的理论意义和深远的历史意义。

1. 坚持不懈地用中国特色社会主义理论体系武装全党。在实践的基础上丰富和发展马克思主义,是马克思主义理论本身的内在要求。中国特色社会主义理论体系,是包括邓小平理论、“三个代表”重要思想以及科学发展观等一系列重要战略思想在内的思想体系,其本身就是马克思主义中国化、时代化、大众化的最新理论成果,是当代中国的马克思主义。推进马克思主义中国化、时代化、大众化,必须坚持用中国特色社会主义理论体系武装全党;用中国特色社会主义理论体系武装全党的过程,也是推进马克思主义中国化、时代化、大众化的过程。在新的历史起点上推进马克思主义中国化、时代化、大众化,必须努力运用马克思主义的立场、观点、方法,准确把握当今世界发展的大势和时代特征,清醒认识我国的基本国情和改革发展,坚持用中国特色社会主义理论体系武装头脑、指导实践、推动工作,紧紧围绕“什么是马克思主义、怎样对待马克思主义,什么是社会主义、怎样建设社会主义,建设什么样的党、怎样建设党,实现什么样的发展、怎样发展”等重大课题,不断对实践作出新的理论概括,不断丰富发展中国特色社会主义理论体系,不断推进马克思主义中国化、时代化、大众化的发展。

2. 大力推进马克思主义学习型政党建设。我们党的历史表明,学习不仅关系党员自身的成长进步,而且关系党和国家事业的兴衰成败。建设马克思主义学习型政党,是党中央从世情、国情、党情出发提出的重大而紧迫的战略任务,也是我们党旗帜鲜明地推进马克思主义中国化、时代化、大众化的具体体现。只有加强学习型政党建设,才能保持和增强党的先进性,提高党长期执政的能力,提高化解矛盾的本领和艺术,进一步增强党的凝聚力、创造力和战斗力。各级党组织和广大党员只有努力掌握和运用一切科学的新思想、新知识、新经验,才能使我们党始终走在时代前列、更好地引领中国发展进步。建设马克思主义学习型政党,推进马克思主义中国化、时代

化、大众化，没有现成的经验可借鉴，没有固定的模式可套用，有许多未知领域需要去探索，有许多崭新课题需要去研究，必须更加重视和不断改进全党的学习。这就要求各级党组织和全体党员按照科学理论武装、具有世界眼光、善于把握规律、富有创新精神的总体要求，更加注重向自己的历史经验学习、向人民群众及其创造的新鲜经验学习、向世界各国创造的人类文明有益成果学习，让学习真正成为一种政治责任、一种精神追求、一种生活方式，使各级党组织成为学习型党组织、各级领导班子成为学习型领导班子、全体党员成为学习型党员，在建设学习型政党中自觉推进马克思主义的中国化、时代化、大众化。

3. 坚持用发展着的马克思主义指导新的实践。马克思主义是在实践中不断发展的科学理论体系，马克思主义中国化、时代化、大众化是一个动态的发展的不断上升的过程，具有鲜明的实践特点和时代特征。推进马克思主义中国化、时代化、大众化，不仅是为了丰富发展马克思主义自身的需要，更重要的还在于指导实践、解决问题，归根到底是进一步推进党和国家事业发展。经过90年的长足发展，我们党站在了新的历史起点上，党所肩负的历史任务异常繁重，如何在错综复杂的国际国内形势下进一步推动经济发展和引领社会进步，成为我们党不得不面对的新课题。特别是当今世界正处在大发展大变革的时期，我国在新的历史起点上向前迈进面临许多新的挑战与机遇，如何抓住机遇迎接挑战，还有许多现实问题需要很好解决。我们必须坚持与世情、国情和党情相结合，坚持以我们正在做的事情为中心，着眼于马克思主义理论的运用，着眼于对实际问题的理论思考，着眼于新的实践和新的发展，用发展着的马克思主义指导新的实践，不断提高运用科学理论改造主观世界和客观世界的能力，使党的理论和实践始终体现时代性、把握规律性、富于创造性。

4. 积极回应人民群众的新需求新期待。关注人民群众的需要和诉求，满足人民群众的期待和愿望，是马克思主义理论创新的重要途径和最终归宿。随着改革开放的不断深入，我国经济体制深刻变革、社会结构深刻变动、利益格局深刻调整，社会经济成分、组织形式、就业方式、利益关系和分配方式日益多样化，人们的思想观念、价值取向、文化认同日趋多样，思想活动的独立性、选择性、多变性、差异性明显增强，特别是随着社会分层多元化、社会流动加速化、社会差别扩大化、社会矛盾复杂化，不同社会群体的思想活动呈现出日益明显的差异性。这给巩固和加强马克思主义在意识形态领域的指导地位带来了严峻挑战。我们必须从人们的实际需要出发，把马克思主义和人民大众的生活实践结合起来，研究回答一系列新的实践课题，概括提炼一系列新的实践经验，回应解答干部群众关心的热点难点问题，使党的理论创新成果真正做到贴近大众心灵、符合大众需求、代表大众利益、获得大众认同，不断丰富人们的精神世界、促进人的全面发展，这也是推进马克思主义中国化、时代化、大众化的题中应有之义。

（作者单位：山东社会科学院）

科学判断和理解党的历史方位的重大意义

李永清

中国共产党第十六次全国代表大会的报告明确指出:我们党历经革命、建设和改革,已经从领导人民为夺取全国政权而奋斗的党,成为领导人民掌握全国政权并长期执政的党;已经从受到外部封锁和实行计划经济条件下领导国家建设的党,成为对外开放和发展社会主义市场经济条件下领导国家建设的党。这是我党对自身历史方位的清醒的、科学的判断。在建党90周年之际,联系我党的历史和现实理解和思考这一科学判断,更加体会到其重大的现实意义与深远的历史意义。

一、科学判断党的历史方位是90年来我们党对自身建设的最重要认知成果

在中国共产党90年的奋斗历程中,有两大历史性转折。一次是1949年中华人民共和国的建立,它标志着我们党从一个领导人民为夺取全国政权而奋斗的党成为一个领导人民掌握全国政权的执政党;再一次是1978年党的十一届三中全会,它标志着我们党从一个在受到外部封锁和实行计划经济条件下领导国家建设的党逐步成为在对外开放和发展社会主义市场经济条件下领导国家建设的党。这两大转折的核心问题在于我们党由1949年以前以夺取政权为目标的政党转变为其后以领导建设为中心任务的执政党。实现这一地位的转变经过了28年艰苦卓绝的奋斗,认识这一地位的转变却花费了更长的时间,甚至付出了十年"文化大革命"这一沉重的历史代价。

新中国建立前夕,在党的七届二中全会上,毛泽东同志就提出了随着解放区的推进我党工作重心转移的问题。1954年,周恩来在七届四中全会的发言中就指出:我们的党是胜利的党、执政的党。1956年,邓小平在八大关于修改党章的报告中更加明确地指出:中国共产党已经是执政的党,已经在全部国家工作中居于领导地位。应当说,从建国到1956年这一时期,我党对自己作为执政党的地位和任务的认识是正确的,但也只是初步的。1957年"左"的思想出现,特别是1962年毛泽东强调阶级矛盾是社会的主要矛盾以

后，阶级斗争的传统意识又日益占据上风，我党对自己角色的定位和实际的执政地位偏差越来越大。一个已经取得政权的政党，仍然以阶级斗争为中心任务，以继续革命为追求。执政的地位变了，但执政的角色并没有转换过来，最终酿成所谓的无产阶级"文化大革命"。继续革命的对象，最终落到自己的同志身上——"资产阶级就在共产党内"。

1978 年党的十一届三中全会，重新开始了对党的执政地位、主要任务的正确认识，明确指出作为一个执政党必须以领导经济建设为中心，开启了我国改革开放的历史进程，使我党由一个在受到外部封锁和实行计划经济条件下领导国家建设的党逐步成为在对外开放和发展社会主义市场经济条件下领导国家建设的党。历史前进到 21 世纪，在党的历史地位实现了第一个重大转折 50 多年以后、第二个重大转折 10 余年以后，我们党终于对自己的历史方位有了清醒的认识和科学的判断。这一判断，既是对第一个重大转折的正确概括，也体现了我党对第二个转折后新的历史条件认识的清醒和自觉。所以说，党的历史方位的科学判断是建党 90 年来党对自身历史方位的最重要的认知。

二、科学判断党的历史方位是"三个代表"重要思想产生的基础

"三个代表"重要思想，是在科学判断党的历史方位的基础上提出来的。这一重要论断，深刻地揭示了"三个代表"重要思想产生的时代背景和实践基础。"三个代表"重要思想要求，在新的历史条件下，中国共产党必须始终代表中国先进生产力的发展要求，始终代表中国先进文化的前进方向，始终代表中国最广大人民的根本利益。

历史方位不完全等同于地位，它不是在一条直线上界定某一事物的位置，也不是在一个平面上界定某一事物的位置，而是在一个三维时空中界定某一事物的位置。正确判断一个政党的历史方位，既需要纵向地对比今天和昨天的不同，也需要横向地考察它所处的国际国内环境，还要考虑到政党自身阶级基础和群众基础的变化。

从纵向来看，中国共产党历史方位的变化就在于它从一个领导人民为夺取全国政权而奋斗的党变为掌握全国政权并领导国家建设的执政党。过去，作为领导人民为夺取全国政权而奋斗的党，它的首要任务是砸烂一个旧世界，而作为掌握全国政权并领导国家建设的执政党，它的首要任务是建设一个新世界。砸烂旧世界只需要完成对生产关系的变革，而建设新世界必须促进生产力的发展，必须成为先进生产力的代表。共产党不仅要代表工人、农民等劳动者的利益，还要代表所有为促进生产力发展、为建设中国特

色社会主义作贡献的社会阶层。只有这样,才能代表最广大人民的根本利益。

从横向来看,中国共产党历史方位的变化就在于它从一个在受到外部封锁和实行计划经济条件下领导国家建设的党成为在对外开放和发展社会主义市场经济条件下领导国家建设的党。改革开放和社会主义市场经济体制的建立为生产力的发展开辟了广阔的道路,使我国经济社会的发展取得了举世瞩目的成就。但同时,随着对外开放的不断拓展和改革的深入,我国遇到的国际挑战越来越复杂,国内经济成分、组织形式、就业方式和利益关系越来越多样化,这都成为"三个代表"重要思想产生的时代背景和要求。

从我党自身的阶级基础和群众基础来看,在夺权时期,党的阶级基础和群众基础主要包括工人、农民、小资产阶级及其他被统治、被压迫的社会阶层。执政后,党的主要任务是进行现代化建设,这一点决定了党不仅要有自己的阶级队伍,而且要尽可能地把所有的群众团结在自己的周围,以便调动一切积极因素,动员一切可能的力量投身到社会主义现代化建设中去。特别是随着我国现阶段所有制结构、产业结构、分配结构的变化,党的阶级基础和群众基础更是发生了前所未有的变化。这些变化,形成了"三个代表"重要思想产生的社会基础。

所以说,党的历史方位的变化及其科学判断是"三个代表"重要思想产生的重要基础。

三、科学判断和理解党的历史方位有利于深入学习和贯彻落实科学发展观

科学发展观这一战略思想的产生,同样基于对党的历史方位的科学判断。因此,要深刻理解和深入贯彻科学发展观,必须以今天我党所处的历史方位为出发点和立足点。

科学发展观,第一要义是发展,这是由新的历史条件下党所处的历史方位所决定的。过去,作为一个领导人民为夺取全国政权而奋斗的党,首要任务是取得政权。而当成为一个领导国家建设的执政党以后,领导发展就成为党的中心工作。贫穷不是社会主义,不能领导和推动社会发展的执政党不是社会主义条件下称职的执政党。特别是作为在对外开放和发展社会主义市场经济条件下长期领导国家建设的执政党,更需要牢牢扭住经济发展这一中心工作不放松,这是科学发展观的第一要义。

科学发展观,核心是以人为本。强调以人为本,在不同的历史时期有不同的针对性。欧洲文艺复兴时期强调以人为本,否定的是以神为本。资本

主义早期马克思强调以人为本，否定的是以物为本。我们认为，科学发展观强调以人为本，主要否定的是以阶级为本。只有科学把握党的历史方位，才能深刻理解科学发展观核心是以人为本的精神实质。在中国共产党领导人民为夺取全国政权而奋斗的革命时期，我党强调和坚持的就是以阶级为本。阶级是区分敌、我、友的根本依据，阶级利益是我们追求的根本利益，阶级斗争是实现夺权目标的根本手段，舍此不可能取得革命的胜利。但当我党成为执政党后，特别是社会主义改造完成以后，阶级斗争已不再是我国社会的主要矛盾，以阶级为本、以阶级斗争为纲不符合执政党的地位和角色。执政党所坚持和倡导的应当是以人为本、以社会和谐为纲。唯有如此，才能更好地保障人的权利、发挥人的积极性、实现人的价值、推动人和社会的全面发展。党的十一届三中全会提出党的工作重心由阶级斗争为纲向以经济建设为中心转移，这是对阶级为本在政策层面的否定。“三个代表”重要思想要求中国共产党要始终代表中国最广大人民的根本利益，是在指导思想上从以阶级为本向以人为本的转折。科学发展观提出核心是以人为本，是在理论层面上对阶级为本、阶级斗争为纲的彻底地否定。

科学发展观，基本要求是全面协调可持续，根本方法是统筹兼顾。作为一个在对外开放和发展社会主义市场经济条件下领导国家建设的执政党，面临着国际国内更加复杂的形式和更加艰巨的任务，必须按照中国特色社会主义事业总体布局，全面推进经济建设、政治建设、文化建设、社会建设、生态文明建设，促进现代化建设各个环节、各个方面相协调，促进生产关系与生产力、上层建筑与经济基础相协调。必须正确认识和妥善处理中国特色社会主义事业中的重大关系，统筹城乡发展、区域发展、经济社会发展、人与自然和谐发展、国内发展和对外开放，统筹中央和地方关系，统筹个人利益和集体利益、局部利益和整体利益、当前利益和长远利益关系，统筹国内国际两个大局。这些方方面面，只有从新时期党的历史方位出发，才能深刻理解并更加自觉地贯彻落实。

四、科学判断和理解党的历史方位有利于正确认识党的性质，推进党的先进性建设和执政能力建设

对党的历史方位提出科学判断之前，党章对我党的性质是这样表述的：中国共产党是中国工人阶级的先锋队，是中国各族人民利益的忠实代表，是中国社会主义事业的领导核心。在对党的历史方位提出科学判断之后，党章对党的性质作了如下的表述：中国共产党是中国工人阶级的先锋队，同时是中国人民和中华民族的先锋队，是中国特色社会主义事业的领导核心，代

表中国先进生产力的发展要求,代表中国先进文化的前进方向,代表中国最广大人民的根本利益。可见,基于对党的历史方位的科学认识和判断,对党的性质有了不同认识和表述。

在夺取政权时期,共产党代表的只能是工人、农民和其他被统治、被压迫阶级的利益。由于它的斗争矛头直指统治阶级,所以不可能代表社会中上层的利益。革命时期的共产党是工人阶级先锋队,它的阶级基础和群众基础是工人阶级和其他的劳苦大众。而历史方位发生变化以后,共产党由领导革命的党转变为领导建设的执政党,这就不仅要是中国工人阶级的先锋队,同时还要是中国人民和中华民族的先锋队,它代表的不仅是劳苦大众的利益,它还要代表最广大人民的利益。它必须成为中国先进生产力发展要求的代表,成为中国先进文化前进方向的代表,成为中国最广大人民的根本利益的代表。这一"最广大人民"的概念,涵盖着现存社会的所有阶层,要维护和保障的是每一位公民的权利,使每一位公民的政治权利、经济权利和社会权利都能得到落实,使每一位公民的生活水平都能随着经济和社会的发展不断提高。

党的历史方位发生变化后,党的先进性标准也发生了根本性变化。夺权时期党的首要目标是推翻现存统治、取得政权,党的一切工作,都紧紧围绕着这一中心任务进行。而执政时期党的首要任务是治理国家、领导建设、推动经济及社会的全面发展。夺权时期党的先进性集中表现为它的革命性,执政时期党的先进性集中表现为它领导国家建设的能力和水平。能否促进生产力的发展,促进文化的进步,满足最广大人民的根本利益,这成为执政党是否先进的根本标志。与此相联系,对党员先进性的要求也不同。夺权时期,谁最具有革命的积极性和坚定性,谁能在对敌斗争中忘我奋斗、不怕牺牲,谁就最先进,就有资格成为党的一员。执政时期党的首要任务是领导建设,谁能够为国家建设作出更大的贡献,为社会创造更多的财富,为人民做更多的事情,谁就最先进,谁就有资格成为党的一员。

因此,新的历史方位和历史使命,要求我党必须具有与此相适应的执政能力和领导水平,要求党的执政能力必须是全面的,体现在领导政治、经济、社会、文化等各项事业中,要求党的执政必须是科学的、民主的、依法的,要适应对外开放的国际环境和符合我国的历史阶段和社会实际。

五、科学判断和理解党的历史方位有利于解放思想,全面推进中国特色社会主义各项建设事业的发展

无论从历史的角度还是从现实的角度,无论从理论的角度还是从实践

的角度，科学判断和理解党的历史方位有利于进一步解放思想，全面推动中国特色社会主义各项建设事业的发展。

传统的马克思主义作为无产阶级革命的指导思想是非常完备和精辟的，它揭示了人类社会必然从资本主义社会进入社会主义社会的客观规律，指明了无产阶级革命的道路，论述了无产阶级及其他劳动群众推翻资产阶级及一切压迫阶级的战略和策略。它的确是无产阶级革命与夺权的最锐利的思想武器。但对于夺取政权以后共产党如何领导建设，马克思、恩格斯由于历史的原因没有涉及这一问题。列宁大量的著述是针对无产阶级如何夺取政权而言的，对于无产阶级及其先锋队如何领导国家建设这一问题，列宁晚年的八篇著作有所论述，但没有形成一个完备的理论体系。斯大林、毛泽东分别在领导苏联与中国社会主义建设的过程中，对于执政党如何领导国家建设都有一些有益的探索，但总体上来讲，他们都未从历史方位的转变这一高度系统、全面、科学地回答这一问题。所以，在无产阶级及其先锋队如何领导国家建设这一问题上，我们不可能从马克思主义的书本中找到现成的答案。面对历史方位的变化现实，中国共产党要成为一个成功地领导国家建设的执政党，必须扬弃传统的“革命”、“夺权”思维，进一步解放思想、与时俱进，形成与执政和领导建设相适应的理论思维，才能全面领导和推动中国特色社会主义各项建设事业的发展。

改革开放30多年来，特别是科学判断党的历史方位之后，我们党在领导经济建设、政治建设、文化建设和社会建设的过程中不断解放思想、转变观念，取得了一系列理论成果和实践成就。随着国际国内形势的发展变化和改革开放的深入，新的社会实践对我们的观念转变会不断提出新的要求。

在经济方面，必须从片面追求生产关系的变革，彻底转向真正尊重生产力发展的客观规律。当一个政党及其所代表的群众处在被统治地位，面临的是夺取政权这一任务时，强调生产关系变革的必然性和必要性无疑有利于夺权的实现。但成为执政党担负着领导国家建设任务时，必须真正尊重生产力发展的客观要求，必须把是否有利于生产力的发展作为确立什么样的生产关系的唯一标准，必须从对财产个人所有权的否定与剥夺，转向对财产个人所有权的肯定与保护。在传统的“革命”思维中，对财产的个人所有权是持根本否定态度的。原因很简单，无产阶级及其他劳动群众之所以革命，不仅是为了使自己在政治上上升为统治阶级，而且还要在经济上剥夺统治阶级及富有者的财产。没有对财产个人所有权的彻底否定，就难以对自己的革命行动作出正义的解释。但成为执政党后，就必须肯定和保护个人财产权。实践证明，人的需求才是社会发展的原动力，一个人需求满足的程度是和财产关系密切联系的。成为执政党后,作为国家建设的领导者,必须客观地评价社会各个阶层在建设中的作用,建立一种更有利于调动社会各方面积极性的分配制度。不得不承认,社会财富的创造是多种生产要素结合的结果。活劳动在财富的增值过程中起着关键的作用,但仅仅有活劳动,没有其他生产要素的介入,活劳动就无法完成价值的创造。在分配制度上,必须把按劳分配与按生产要素分配结合起来,否则就难以实现各种生产要素的最佳组合,就无法调动各种生产要素所有者的积极性。

在政治方面,必须从强调国家的阶级性、重视国家的镇压职能,转向重视国家的管理职能和服务职能。马克思、恩格斯、列宁强调国家的阶级性和镇压职能,主要是为了启发工人阶级的政治觉悟,激发革命热情。但党的历史方位转变以后,敌对的阶级不存在了,阶级斗争已不是社会的主要矛盾。这就决定了国家的阶级性在日趋消亡,国家的管理职能、服务职能日益成为其主要职能。面对复杂的社会矛盾,我们既要警惕国内外敌对势力的干扰和破坏,更要防止以阶级斗争的传统思维和方式思考和处理问题。对于极少数危害国家安全的犯罪分子,必须绳之以法,但不能搞阶级斗争扩大化。必须从权力高度集中的集权模式转向权力制约和监督的民主模式。执政党和革命时期政党的最大不同在于它手中已掌握了政权,如果不能完成从权力高度集中的集权模式向权力制约和监督的民主模式的转变,权力就会异化,干部就会腐败,政党就会变质。因此执政党要领导人民制定法律,要带头遵守法律并推动法律的实施,完成从高度集权的命令式领导向依法执政的转变。

在思想文化方面,必须从传统的"斗争哲学"转向"和合哲学",形成有利于执政和领导建设的意识形态和价值观念。过去,在论述事物的对立统一规律时,侧重其对立的一面,强调对立是绝对的、统一是相对的。这种哲学,突出了矛盾的不可调和性,有利于发动群众与统治阶级作斗争,符合夺取政权的需要。但是,当成为执政党后,再一味强调事物对立的一面,不利于各种社会矛盾的缓和和调解。实际上,任何矛盾既是对立的,也是统一的。面对具体的矛盾,是促使矛盾激化,还是缓解乃至消弭矛盾,人们的主观能动性具有很大作用。作为一个领导夺权的党,强调矛盾对立的一方面,通过激化矛盾来解决矛盾、取得政权,无可非议。但作为一个执政党,必须强调矛盾统一的一面,通过缓和矛盾来解决矛盾。

在社会方面,必须注重社会各个阶层利益的协调和矛盾的化解,推进和谐社会建设。当一个政党处在领导人民夺取政权的历史时期,它的第一要务是推翻现存的政权。在这一时期,教育群众认识阶级矛盾的不可调和,并组织群众开展疾风暴雨式的阶级斗争是一个政党领导被统治阶级取得政权必不可少的。从我国历史上来看,1956 年进入社会主义以后,无论是在 1957 年到 1978 年这一时期,还是在改革开放至今这段时间,我国都不存在矛盾尖锐对立的阶级,而只存在利益不完全相同的阶层。今天我国的社会阶层发生了新的变化,新的社会阶层与工人、农民、知识分子一样,都是有中国特色社会主义事业的建设者,他们的根本利益是一致的,也不存在不可调和的阶级矛盾。作为执政党,必须以"阶层利益整合"的思维去认识问题和解决问题。要通过整合各个阶层之间的利益,协调各个阶层之间的要求,使不同的社会阶层在建设中国特色社会主义事业这一伟大目标下各自发挥好自己的作用,共同构建社会主义和谐社会。

(作者单位:中共山东省委党校)

论中国共产党人精神

周向军

中国共产党在90年的历史进程中,形成和发展了中国共产党人精神。中国共产党人精神,就是指中国共产党人的精神品格或精神素养,直接体现在中国共产党人的情感、意志、性格、能力、思维品质、道德情操、人生态度、价值取向、理想追求和行为方式等方面各种精神因素的总和。中国共产党人精神,是在革命、建设和改革的实践中形成和发展起来的,反过来,它又有力地推动了革命、建设和改革的实践。在纪念中国共产党诞生90周年的时候,加强这一研究,具有特别重要的意义。本文试在以往研究的基础上,就中国共产党人精神的形成发展机制、表现形态和基本内涵、历史意义和现实价值等方面,力求作出有新意的探讨。

一、形成和发展机制

根据马克思主义的基本原理,一种精神的形成和发展,总是受多种因素的制约,并且是多种因素相互作用的结果。对于不同的精神来说,这些因素的具体内容和实际作用机制往往各有特点。中国共产党人精神的形成和发展,当然也是如此。考察它的形成发展机制,既有益于我们从发生学意义上加深对这一精神的理解,也有益于我们在新的历史条件下使这一精神得以切实地发扬光大。

中国共产党人精神的形成和发展,受到多种因素的影响,是多种因素相互作用的必然结果。其中,较为重要和突出的,至少有以下三个方面。

首先,中国共产党人精神深深地植根于革命、建设和改革的伟大实践中;实践是中国共产党人精神得以产生和发展的首要基础。中国共产党的建党精神是早期中国共产党人在适应时代和社会发展需要创建中国共产党的实践中形成和发展起来的,没有中国共产党创立的实践,就没有建党精神;井冈山精神是中国共产党领导井冈山革命根据地军民在艰苦卓绝的实践斗争中形成和发展起来的,没有井冈山的斗争实践,就没有井冈山精神;长征精神是在举世闻名的二万五千里长征中形成和发展起来的,没有伟大的长征实践,就不可能有长征精神;延安精神是在延安时期革命实践中产生和发展起来的,没有延安时期丰富的革命实践,就没有延安精神;西柏坡精神,是在同反革命武装战略决战中产生和发展起来的,没有党在西柏坡时期的革命活动,就没有西柏坡精神。同样地,在社会主义建设时期,中国共产党人精神的形成和发展也离不开中国共产党从事的新的实践。大庆精神是在艰难困苦的条件下开发大庆油田、甩掉“中国贫油”帽子的实践中形成发展起来的,没有开发大庆油田的实践,就没有大庆精神;“两弹一星精神”是在研制两弹一星的实践过程中形成发展起来的,没有研制两弹一星的实践,就没有两弹一星精神。在改革开放的新时期,伟大的创业精神是与改革开放的伟大实践紧密相连的;没有改革开放,就没有新时期的伟大创业精神。同样地,抗洪精神、抗非典精神和抗震精神,都是在抗洪、抗非典、抗地震的具体实践中形成和发展起来的。离开中国共产党人的实践活动,中国共产党人精神就成了无源之水、无本之木。

其次,中国共产党人精神是在积极吸收人类创造的优秀文化精神的基础上形成和发展起来的;优秀的人类文化精神是中国共产党人精神重要的文化基础。马克思主义关于意识发展的相对性原理告诉我们,一种精神的产生,不仅建立在深厚的实践基础上,而且与传统的和现实的精神因素的影响分不开。不同性质、不同类型精神的产生和发展,受到影响的精神因素是不一样的。同一种精神的产生和发展,也会受到多种精神因素的影响。中国共产党人精神的产生和发展,也是受多种精神因素影响的结果。其中影响较大的,至少有两种:一是马克思主义精神;二是中华民族精神。中国共产党从一建立起,就以马克思主义作为自己的指导思想,就在不断创造性地探索和回答“什么是马克思主义、怎样对待马克思主义”的问题。在这个过程中,对马克思主义精神,中国共产党人不仅有越来越深切的了解和理解,而且自觉地践行并将其内化为自己的精神。马克思主义最根本的理论特征,是辩证唯物主义和历史唯物主义的世界观和方法论;马克思主义最崇高的社会理想,是实现物质财富极大丰富、人民精神境界极大提高、每个人自由而全面发展的共产主义社会;马克思主义最鲜明的政治立场,是马克思主义政党的一切理论和奋斗都应致力于实现最广大人民的根本利益;马克思主义最重要的理论品质,是坚持一切从实际出发,理论联系实际,实事求是,在实践中检验真理和发展真理。① 其中,体现的实践精神、革命精神、科学精

① 参见胡锦涛:《在“三个代表”重要思想理论研讨会上的讲话》,人民出版社 2003 年版,第6～9 页。

神、民本精神、追求崇高理想的精神等等,都是中国共产党人精神的基本内容。可以说,马克思主义精神是中国共产党人精神的直接和首要来源,中国共产党人精神主要是从学习马克思主义精神而来的。

中国共产党人精神不仅与马克思主义精神分不开,也与中华民族精神有不可分割的联系。中国共产党诞生在中国这块土地上;她的精神,不可避免地要受到中国传统文化精神特别是中华民族精神的影响。众所周知,中华民族是历史悠久的民族,它以灿烂的文化著称于世。在优秀的传统文化中,中华民族精神是灵魂,它具有更加突出的意义和价值。中华民族精神内涵博大精深。就其基本方面说来,包括追求崇高的人格精神,关心社稷的爱国精神,自强不息的奋斗精神,厚德载物的凝聚精神等等。这些精神,以其无形的力量、潜移默化的影响,深深地积淀在民族心理、民族性格等等之中。中华民族的优秀儿女,无不以这样或那样的方式程度不同地受到中华民族精神的陶冶和感染,从而使他们的精神不同程度地打上中华民族精神的印记。中国共产党人作为中华民族优秀儿女的杰出代表,对中华民族精神有更加全面和深刻的认识和把握。中国共产党人在把马克思主义中国化的过程中,特别强调把马克思主义与中国文化相结合,使马克思主义精神与中华民族精神相结合。毛泽东曾经明确指出:“我们是马克思主义的历史主义者,我们不应当割断历史。从孔夫子到孙中山,我们应当给以总结,承继这一份珍贵的遗产。”①正是在承继中华民族精神遗产的过程中,中国共产党人形成和发展了中国共产党人精神。可以说,中华民族精神是中国共产党人精神的重要来源。中国共产党人精神是从学习中华民族精神而来的。

第三,中国共产党人精神是中国共产党人发挥自觉能动性,在改造客观世界的过程中,自觉地改造主观世界而形成的。如果说,革命、建设和改革的伟大实践,马克思主义精神和中华民族精神等等,是中国共产党人精神产生和发展的客观条件。这些条件,提供了中国共产党人精神形成和发展的必要性、可能性,而中国共产党人自觉能动性的发挥,则是中国共产党人精神发生发展从可能性变为现实性的主观条件。事实确实如此。中国共产党与别的政党不同,特别强调认识世界与改造世界的统一、改造客观世界与改造主观世界的统一。正如毛泽东所说:“社会的发展到了今天的时代,正确地认识世界和改造世界的责任,已经历史地落在无产阶级及其政党的肩上。……无产阶级和革命人民改造世界的斗争,包括实现下述的任务:改造

① 《毛泽东选集》(第2卷),人民出版社1991年版,第534页。

客观世界,也改造自己的主观世界——改造自己的认识能力,改造主观世界同客观世界的关系。”①为了担当起历史的责任,不同时期的真正的中国共产党人,总是紧密地结合实践的需要,积极主动、自觉认真地学习马克思主义特别是马克思主义精神,学习优秀的中华文化精神特别中华民族精神,从而形成自己的精神品格。

在90年党的发展历程中,中国共产党人的杰出代表,如李大钊,如毛泽东,如邓小平,等等,为中国共产党人精神的形成和发展,作出了特别重大的贡献。他们从理论与实践的结合上,阐述了精神的伟大意义,以身作则,形成自己内容丰富、特色独具、伟大而崇高的精神品格,同时为培育中国共产党人精神从许多方面做了积极的努力。以毛泽东为例。毛泽东特别强调精神的作用,他提出“人是要有点精神的”名言。为了培育、倡扬中国共产党人精神,他先后倡导了白求恩精神、张思德精神、愚公移山精神、雷锋精神等等。再如邓小平,在改革开放的新时期,不仅明确提出培养“四有”新人的任务,而且反复强调在新的历史条件下,要继续发扬革命战争时期的多种精神。在邓小平之后,江泽民、胡锦涛等党和国家领导人也都高度重视精神的作用,并对实践中产生的精神不断地加以总结、宣传和弘扬。可以说,中国共产党人精神的形成和发展,正是中国共产党人的杰出代表长期为培育这种精神而呕心沥血的结果。

二、表现形态和基本内涵

在中国共产党90年波澜壮阔的历史进程中形成和发展起来的中国共产党人精神,表现为多种多样的形态,具有极为丰富和深刻的内涵。如何概括中国共产党人精神的形态,如何揭示中国共产党人精神的内涵,是需要我们进一步探讨的重要课题。

中国共产党人精神形态表现是多种多样的,但如何概括,笔者认为,中国共产党人精神形态至少可以从以下既有区别又有联系的角度予以说明。

首先,从历史发展阶段和与实践主题的联系来说,中国共产党人精神的形态,可以概括为三种,即与党的历史“三个30年”相联系的“三种精神”:一是在从中国共产党成立到新中国的建立,即差不多“第一个30年”中,形成发展起来的革命精神;二是在从新中国成立到党的十一届三中全会召开前夕,即第二个30年中,形成和发展起来的建设精神;三是在从党的十一届三

① 《毛泽东选集》(第1卷),人民出版社1991年版,第296页。

中全会召开以来,即第三个30多年中,形成和发展起来的改革精神。当然,这种区分,仅是从不同时期党的实践主题的主要表现上说的,只具有相对的意义。事实上,在革命精神中有建设精神,在建设精神中也有革命精神,在改革精神中,既有革命精神,更有建设精神。因此不能将这种划分绝对化。

其次,从存在的地域特点说,中国共产党人精神的形态,可以主要概括为井冈山精神,苏区精神,延安精神,沂蒙精神,太行精神,西柏坡精神,大庆精神,小岗精神,华西精神,深圳精神,浦东精神,张家港精神,等等。

第三,从涉及事件的特点来说,中国共产党人精神的形态,可以主要概括为北伐精神,长征精神,抗战精神,解放精神,抗美援朝精神,红旗渠精神,"两弹一星"精神,九八抗洪精神,抗非典精神,抗震精神,等等。

第四,从主体范围来说,中国共产党人精神形态,可以概括为群体形态和个体形态两个方面。在个体形态方面,方志敏精神、张思德精神、刘胡兰精神,杨靖宇精神、赵一曼精神,黄继光精神、董存瑞精神,杨根思精神、罗盛教精神、邱少云精神,雷锋精神、王铁人精神、焦裕禄精神、孔繁森精神,等等,都是中国共产党精神在个体中表现出来的代表。最近,中央媒体宣传的"双百"人物中的共产党员,都是中国共产党人精神的个体表现。在群体形态方面,首先表现为以李大钊为主要代表的早期中国共产党人精神,以毛泽东为主要代表的中国共产党人精神,以邓小平为主要代表的中国共产党人精神,以江泽民为主要代表的中国共产党人精神,以胡锦涛为主要代表的中国共产党人精神,等等。其次表现为狼牙山五壮士精神,刘老庄连精神,中国女排五连冠精神,等等。

应当指出的是,以上几种形态尽管有区别,但也是紧密联系的,其区别只是相对的,它们之间是相互联系,相互依存,相互作用和相互包含的,绝不能将他们对立起来、割裂开来。

在中国共产党人精神的多样形态中,蕴含着丰富而深刻的内涵。对中国共产党人精神的内涵界定,人们也发表了许多不完全相同的看法。综合学界的看法,加上个人的理解,在笔者看来,就其基本方面说,至少有以下几点。

首先,追求崇高精神。这种精神,主要指的是始终坚持马克思主义的科学信仰,为实现共产主义的崇高理想而坚定不移、奋斗终身的精神。夏明翰烈士的诗句"砍头不要紧,只要主义真,杀了夏明翰,还有后来人"是这种精神的生动写照。毛泽东改造中国与世界的雄心壮志,邓小平坚信世界上赞成马克思主义的人会多起来,社会主义终将在曲折中发展的态度,都是这种精神的集中表现。

其次,彻底革命精神。这一精神,主要指的是坚定的革命信念,百折不挠的革命意志,对革命的无限忠诚,勇于革命和善于革命的精神。毛泽东曾经说过,共产党人要具有无产阶级的彻底革命的精神,不为名,不为利,不怕苦,不怕死,一心为革命,一心为人民,完全彻底地为中国人民和世界人民服务,对革命无限忠诚,为人民鞠躬尽瘁。这里,指的就是这种精神。

第三,实事求是精神。这一精神,主要指的是一切从实际出发,按照客观规律办事,实现主观与客观、理论与实践、知和行的具体的历史的统一,反对脱离实际的主观主义精神。这一精神,毛泽东在1930年写下的《反对本本主义》中就初步提出,在延安时期做了明确的进一步的阐发。邓小平在改革开放新时期恢复和发展了这一精神,强调实事求是马克思主义的精髓,干革命、搞建设,都要靠这个。他根据新情况,强调了实事求必须解放思想,并把两者有机统一了起来。江泽民根据时代新变化,强调坚持实事求是精神,必须做到与时俱进。胡锦涛在继续坚持解放思想、实事求是和与时俱进的过程中,特别强调求真务实。

第四,实践第一精神。这一精神,主要指的是,把实践作为认识的基础,积极投身于实践的精神。毛泽东在民主革命时期强调的从战争中学习战争,在游泳中学会游泳,阐述的实践是认识论的首先的和第一的观点,都是实践精神的重要体现。邓小平在改革开放新时期,强调实践是检验认识的唯一标准,要求不争论,摸着石头过河,大胆地试,大胆地闯等等,都是实践精神的具体体现。

第五,艰苦奋斗精神。这一精神,主要指的是不怕艰难困苦,奋发图强,勤俭节约,艰苦创业的精神。毛泽东提出的"两个务必",强调艰苦奋斗是我们的政治本色,邓小平、江泽民和胡锦涛在改革开放新时期要求的艰苦朴素、艰苦创业等,都是艰苦奋斗精神的体现。大庆精神、红旗渠精神、"两弹一星"精神等等,都是艰苦奋斗精神的典型。

第六,自力更生精神。这一精神,主要指的是独立自主,依靠自己的力量解决问题、克服困难,夺取胜利的精神。1930年,毛泽东在《反对本本主义》一文中,提出"中国革命斗争的胜利要靠中国的同志了解中国情况"的重要命题①;1945年,毛泽东作出"我们的方针要放在什么基点上?放在自己力量的基点上,叫做自力更生。……我们强调自力更生,我们能够依靠自己组织的力量,打败一切中外反动派"的论述②;在新中国建立后,毛泽东又把

① 《毛泽东选集》(第1卷),人民出版社1991年版,第115页。
② 《毛泽东选集》(第4卷),人民出版社1991年版,第1132页。

“自力更生为主,争取外援为辅”作为重要方针加以强调;在改革开放的条件下,邓小平强调解决中国的一切问题关键在我们国家的发展,特别是他提出的“在独立自主、自力更生的前提下,执行一系列已定的对外开放的经济政策”的思想等等,都是对自力更生精神很好的说明。

第七,牺牲奉献精神。这一精神,主要指的是真诚自愿对国家、对社会、对他人主动付出,不计得失、淡泊名利,爱岗敬业、尽职尽责,视党的利益高于一切,为祖国、为人民甘愿牺牲个人利益(包括生命)的精神。毛泽东在延安抗日军政大学讲话时,对学员们提出过这样的希望,第一个决心是要牺牲升官,第二个决心是要牺牲发财,第三更要下一个牺牲自己生命的最后的决心。这是对牺牲奉献精神很好的解读。

第八,改革创新精神。这一精神,主要指的是敢于说前人没有说过的话,做前人没有做过的事,走前人没有走过的路,勇于冲破一切陈规陋习,接受新理念,解决新问题,创造新理论,开辟新道路,建立新体制、新机制的精神。毛泽东强调的学习马克思,超过马克思的观点;邓小平强调的走自己的路的思想,提出的掌握新技术,要善于学习,更要善于创新的思想;江泽民把创新视为一个民族进步的灵魂和国家兴旺发达的不竭动力的观点;胡锦涛把提高自主创新能力、建设创新型国家作为重大战略加以强调。这一切都体现了鲜明的改革创新的精神。

第九,以人为本精神。这种精神,就是坚信人民群众创造历史,全心全意为人民服务,实行从群众来到群众去的路线,一切理论和奋斗都致力于实现最广大人民的根本利益的精神。毛泽东一直倡导的群众观点和群众路线,邓小平在改革开放时期强调的人民利益标准,江泽民把代表最广大人民的根本利益作为“三个代表”重要思想的核心内容之一,胡锦涛把以人为本作为科学发展观的核心,都是以人为本精神的重要体现。

需要特别指出的是,中国共产党人精神的内涵博大精深,远不止以上几个方面。譬如团结协作精神,顾全大局精神,廉洁自律精神等,也都是其重要内涵。要把这些内涵丰富的诸多精神辩证地统一起来,作为有机的整体来认识、把握和践行。

三、历史意义和现实价值

中国共产党人精神具有重要的意义或价值。正如它的形态和内涵是多方面的一样,其意义或价值也是多方面的。从不同的角度可以作出不同的说明。

首先,中国共产党人精神是革命、建设和改革的实践取得伟大成就的重要精神条件。中国共产党的90年,是把马克思列宁主义同中国实践相结合而不断追求真理、开拓创新的90年,是为民族解放、国家富强和人民幸福而不断艰苦奋斗、发愤图强的90年。在这个过程中,取得了举世瞩目的成就:完成了新民主主义革命任务,实现了民族独立和人民解放;建立了社会主义制度,实现了中国历史上最广泛最深刻的社会变革;开创了建设有中国特色社会主义事业,为实现中华民族的伟大复兴开创了正确道路;建立了人民民主专政的国家政权,中国人民掌握了自己的命运;建立了独立的和比较完整的国民经济体系,经济实力和综合国力显著增强;不断发展社会主义文化,全国人民的精神生活日益丰富;彻底结束了旧中国一盘散沙的局面,实现了国家的高度统一和各民族的空前团结;锻造了一支党绝对领导下的人民军队,建立起巩固的国防;坚持独立自主的和平外交政策,为世界和平与发展的崇高事业作出了重要贡献;等等。诚然取得这一切成就的原因是多方面的,但是无论如何也不能否认,与中国共产党人精神有不可分割的联系。假如没有中国共产党人精神,怎么能够解决敌强我弱的矛盾,怎么能够克服艰难困苦的条件,怎么能够赢得的广大群众的信任和支持呢?没有中国共产党人精神,怎么能够开创新民主主义革命道路、社会主义改造道路和中国特色社会主义道路呢?

其次,中国共产党人精神是在推进马克思主义中国化历史进程的重要精神条件。中国共产党的90年,是把马克思主义中国化的90年。在这个过程中,与实践上的成功相联系,是在理论上创造性地发展了马克思列宁主义,其最突出的表现,就是形成了中国化马克思主义的两大理论成果,即毛泽东思想和中国特色社会主义理论体系。诚然,取得这两大理论成果的原因是多方面,但无论如何也不能否认,与中国共产党人精神有不可分割的联系。假如没有中国共产党人精神,怎么能够克服主观主义特别是教条主义的干扰,怎么能够冲破"两个凡是"的束缚,怎么能够实现市场经济体制与社会主义制度的结合呢?

第三,中国共产党人精神是中国共产党从小到大,从弱到强,不断地发展、壮大的重要精神条件。中国共产党的90年,是为完成肩负的历史使命而不断经受考验、发展壮大的90年。在这个过程中,党从最初的十几个人,发展到今天接近八千万党员的大党;从在实践中遭受挫折和屈辱发展为今天光荣伟大和正确的党;从一个革命党转变成为在一个拥有十几亿人口大国中执政的党。诚然,党的不断发展和壮大的原因是多方面的,但是,无论如何也不能否认,与中国共产党人精神有不可分割的联系。试想一下,假如没有中国共产党人精神,怎么能够在逆境中生存,怎么能够战胜白色恐怖,怎么能够前赴后继呢,怎么能够凝聚人心、增强党的向心力呢?

中国共产党人精神不仅具有重要的历史意义,而且具有强烈的现实价值。

首先,中国共产党人精神对于进一步推进中国特色社会主义事业具有重要的现实价值。经过全党和全国各族人民30多年的共同努力,中国特色社会主义事业发展取得了举世瞩目的成就。在新世纪新阶段,如何更好更快地推进中国特色社会主义事业的发展,是摆在我们面前的一个重大的课题,需要多方面的条件,作出多方面的努力,但弘扬中国共产党人精神是一个重要的方面。这对于抓住机遇,迎接挑战,进一步推进中国特色社会主义事业的发展,具有不可低估的意义。

其次,中国共产党人精神对于在推进马克思主义中国化历史进程中在实践创新基础上做好理论创新具有重要的现实价值。从一般地说来,马克思主义中国化的基本任务至少有两个方面,即实践创新和理论创新。实践创新是基础,理论创新是先导。实现实践创新基础上的理论创新,需要开展多方面的工作,但是,无论如何也不能否认,弘扬中国共产党人精神是一个不容忽视的方面。以往,中国共产党之所以能取得两大理论成果,除了客观条件,还有主观条件。而主观条件的重要内容,就是中国共产党人精神。当前和今后,党要进一步作好实践基础上的理论创新,必须重视发挥中国共产党人精神的作用。

第三,中国共产党人精神对于进一步建设社会主义核心价值体系具有重要的现实价值。社会主义核心价值体系是社会主义中国的精神旗帜。弘扬中国共产党人精神是一个不容忽视的方面。因为中国共产党人精神与社会主义核心价值体系有内在的本质上的联系,前者是后者的具体表现;弘扬中国共产党人精神,在一定的意义上可以说,就是建设社会主义核心价值体系。以社会主义核心价值体系的灵魂马克思主义指导思想为例,如果具有了中国共产党人关于追求崇高的精神,对马克思主义有科学的信仰,树立了共产主义的崇高理想,坚持马克思主义的指导,就会成为自觉的行动。再以社会主义核心价值体系的精髓之一民族精神为例,中国共产党人精神之所以对于弘扬民族精神有意义,主要是因为,它既是民族精神的发扬光大,又是时代精神的具体体现,是两者在其自身的有机统一和高度升华。

第四,中国共产党人精神对于提高党的执政能力,进一步加强党的自身建设具有重要的现实价值。改革开放以来,中国共产党高度重视自身建设,坚持党要管党、从严治党,全面推进党的建设新的伟大工程,推动党的建设在不断改进中得到加强。随着改革开放和社会主义市场经济不断发展,随着党执政时间的增加和党的队伍的变化,党的自身建设面临许多新课题新考验,党面临的执政考验、改革开放考验、发展社会主义市场经济考验将是长期的、复杂的,管党治党的任务比过去任何时候都更为繁重。要适应新形势新要求,弘扬中国共产党人精神是一个不容忽视的方面。只有进一步弘扬中国共产党人精神,才能有力地提高党的思想理论水平、改进党的工作作风,从而提升党的执政能力,进一步推进党的建设新的伟大工程。

历史和现实告诉我们,中国共产党人精神是中国共产党在90年伟大实践中创造的一份弥足珍贵的精神财富。依靠这笔财富,党领导的事业和党自身的发展已经取得举世公认的成就;进一步运用好这笔财富,必将使党的事业和党自身的发展获得新的更大的进步。

(作者单位:山东大学马克思主义学院)

始终坚持党的领导　不断创造新的业绩

孙浩然

今年是中国共产党成立90周年。90年前中国共产党的诞生,是一个"开天辟地的大事变",中国人民从此有了坚强的领导核心。经过90年的峥嵘岁月,昔日积贫积弱的中国发生了翻天覆地的历史巨变。从贫穷落后到繁荣昌盛,从山河破碎到祖国统一,从受人欺凌到备受尊重,一个面向现代化、面向世界、面向未来的社会主义中国巍然屹立在世界东方。

中国人民在追求独立、自由、民主、富强的过程中认识到,中国共产党是真正代表人民根本利益、全心全意为国为民的政党,社会主义制度是保证人民当家做主的好制度;党的领导和社会主义制度对于国家富强、民族振兴、人民幸福具有最大的意义、最大的价值。所以,中国共产党的领导和社会主义道路,是中国历史、中国人民的选择;党的领导和执政地位、社会主义的国家制度之所以能够载入我国宪法,就在于中国共产党为人民、为国家建立的丰功伟绩,就在于人民基于一个世纪的历史经验特别是新旧中国的鲜明对比所确认的事实和真理。

中国共产党能够取得领导和执政地位,就在于她从诞生之日起就是中国工人阶级的先锋队,同时是中国人民和中华民族的先锋队,勇敢地担当起带领人民创造幸福生活、实现中华民族伟大复兴的历史使命。党是中国最广大人民根本利益的忠实代表,全心全意为人民服务是党的根本宗旨,立党为公、执政为民是党的核心价值观。除了最广大人民的利益,党没有自己特殊的利益。在90年的征程中,中国共产党始终坚持人民利益高于一切,始终为人民的解放和幸福而英勇奋斗。

中国共产党能够取得领导和执政地位,就在于她始终教育和号召自己的党员、干部,以对人民、对国家、对民族的无限忠诚,以无私无畏的自我牺牲精神,前赴后继,英勇奋斗,为人民、为祖国建功立业。大公无私、先人后己,吃苦在前、享受在后,以身作则、模范带头,清正廉洁、艰苦奋斗,忠诚老实、言行一致,严守纪律、服从组织,在一切困难和危险的时刻挺身而出、英勇斗争、不怕牺牲,等等,都是党的优良传统和一贯作风。党长期坚持用这些思想和作风教育自己的党员、训练自己的干部，每一个党员从入党那一天起就在接受着这些思想和作风的灌注、熏陶。这些思想和作风，犹如党内生活的空气和养分，成为培育和滋养共产党人党性的精神元素。这些思想和作风，是党的先进性的具体体现，是中国共产党区别于其他任何政党、党员干部不同于普通老百姓的显著标志。

中国共产党能够取得领导和执政地位，就在于她来自人民，深深植根于人民，人民群众是她的力量源泉和胜利之本。党始终坚持马克思主义关于人民群众是历史的创造者的观点，始终同人民群众同呼吸、共命运、心连心，始终把实现人民群众的意志和利益作为一切工作的出发点和归宿，始终依靠人民群众的智慧和力量推进党和人民的事业。党在长期奋斗中深深懂得，保持同人民群众的血肉联系是我们党的最大优势，脱离群众是党的最大危险。党在自己的工作中实行“一切为了群众，一切依靠群众，从群众中来，到群众中去”的根本工作路线，虚心向群众学习，倾听群众呼声，体察群众意愿，集中群众智慧，从人民群众创造历史的实践活动中汲取营养，同时又使党的理论路线方针政策为群众所掌握，振奋起人民群众建设新生活的巨大热情和创造精神，以推动历史前进。正是在中国共产党的坚强领导下，才结束了旧中国一盘散沙的局面，中国人民才空前地团结和组织起来，在争取解放和创造幸福生活的征程上取得一个又一个的胜利。

中国共产党能够取得领导和执政地位，就在于她凭着为人民建立的丰功伟绩而赢得中国人民的衷心拥护和信赖，凭着自己的先锋模范作用而把群众紧紧吸引在、团结在自己的周围。是中国共产党领导人民经过长期英勇顽强的奋斗，才结束了旧中国战乱不断、积贫积弱、备受屈辱的历史。新中国成立后党虽然犯过错误、走过弯路，但党的性质和宗旨始终没有变，这使我们党具有强大的自我更新能力，能够郑重对待自己的失误，总结经验教训，勇于改革创新，终于找到了中国特色社会主义的正确道路。实行改革开放30多年来，国民经济持续快速发展，经济总量和综合国力大幅度跃升，人民生活实现了从温饱不足到总体小康的历史性跨越，国家面貌又一次发生了翻天覆地的变化。人民之所以爱戴、信赖和拥护我们党，不仅在于党的理论路线方针政策的正确，而且在于广大党员、干部的先锋模范作用。在中国，从来没有一个政治组织像我们党这样，集中了那么多先进分子，组织得那么严密和广泛，并且在长期艰苦卓绝的斗争中为中华民族作出了那么多牺牲，建树了那么多功绩，创造了那么多奇迹。党的领导和执政地位之所以能够载入我国宪法，就在于党为人民建立的丰功伟绩，在于人民基于自己切身体验所确认的事实和真理。

展望未来,再过10年,我们将迎来建党100周年。在未来10年,能否继续抓住和用好重要战略机遇期,不断创造新的光辉业绩,实现更高水平的全面小康,这是对我们党执政能力的重大考验。我们必须注重把抓住发展机遇和创新发展理念、发展模式有机结合起来,努力实现又好又快发展;注重处理好政府和市场的关系,努力提高全社会资源配置效率;注重处理好经济发展和收入分配的关系,努力促进经济良性循环和社会和谐稳定;注重把维护中央权威和发挥地方积极性统一起来,努力增强政策执行力和发展活力;注重统筹国内发展和对外开放,努力实现互利共赢。在坚定不移推动发展过程中,不断深化对中国特色社会主义的规律性认识,更加注重以人为本,充分调动全社会的发展积极性,为全面建设小康社会,实现中华民族伟大复兴凝聚起强大力量。

继续抓住和用好重要战略机遇期,关键在于坚持和改善党的领导。必须适应国内外形势新变化,深入思考关系党的建设理论和实践的全局性、前瞻性、战略性问题,不断深化对推进党的建设新的伟大工程的规律性认识,不断深化对共产党执政规律、社会主义建设规律和人类社会发展规律的认识,着眼于继续解放思想、坚持改革开放、推动科学发展、促进社会和谐,着眼于提高党的执政能力、保持和发展党的先进性,着眼于增强全党为党和人民事业不懈奋斗的使命感和责任感,着眼于保持党同人民群众的血肉联系,全面推进思想建设、组织建设、作风建设、制度建设和反腐倡廉建设,提高党的建设科学化水平。

基础不牢,地动山摇。当前正在开展的创先争优活动,是加强和改进党的建设、巩固党的领导和执政地位的新举措,对于进一步推动学习实践科学发展观向深度和广度发展,对于激发各级党组织和广大党员生机活力、始终保持党同人民群众血肉联系、提高党的执政能力、保持和发展党的先进性,对于推动党的建设更好地服务党和国家工作大局、服务本地区本部门本单位中心工作、加快转变经济发展方式、促进经济社会又好又快发展,都具有十分重要的意义。我们要充分认识搞好这项活动的重要性和必要性,以高度的政治责任感,积极投身这项活动,争创先进、争当模范,在推动科学发展、促进社会和谐、服务人民群众、加强基层组织的实践中建功立业。

90年的辉煌已经载入史册。历史的目光注视着我们,时代的重任召唤着我们。让我们紧密团结在以胡锦涛同志为总书记的党中央周围,继往开来,顽强拼搏,坚定不移地沿着中国特色社会主义道路奋勇前进,为夺取全面建设小康社会新胜利、开创中国特色社会主义事业新局面作出新的更大的贡献!

(作者单位:中共山东省委政策研究室)

试论山东党建90年的基本经验

孔维同

建党90年来,山东党组织为山东的革命、建设和改革提供了坚强的组织保证,积累了不少宝贵经验,对全国党建作出了一定贡献。本文试从历史的角度出发,对山东党建90年的基本经验,作如下三点总结:

一、以坚定信仰为根

没有革命的理论就没有革命的行动,政治思想建设和忠诚教育永远是一个政党最根本的建设。山东党组织坚持一手抓理论武装,一手抓实践锻炼,不断强化人们对马克思主义的信仰、对共产主义和社会主义的信念、对改革开放和现代化建设的信心、对党和政府的信任,引导广大党员干部群众做马克思主义的忠诚实践者和衷心拥护者。

一是引导人民忠于党的事业。如王尽美因积劳成疾而逝世,留给同志们的遗嘱即是:“全体同志要好好工作,为无产阶级和全人类的解放和共产主义的彻底实现而奋斗到底。”为了共产主义,山东共产党人抛头颅、洒热血,其中仅“四五惨案”时,就有邓恩铭等22名山东党的重要干部集体英勇就义。解放战争时期,山东党组织发动解放区群众全力支前,涌现出了“沂蒙六姐妹”等支前模范,用小车推出了淮海战役的胜利。

二是引导人民忠于国家。如三年困难时期,山东沂蒙人民靠节衣缩食向国家交粮3.6亿公斤、油820万公斤,并接收了由政府统一组织来的6万余名灾民。2003年抗击非典时,山东要人给人,要物给物,要钱给钱,成为北京和全国其他疫情较重地区的大后方。山东现有抗美援朝战士9万多人、烈军属18万多人,均占全国的十分之一,有伤残军人12万多人,占全国的七分之一。

三是引导人民忠于民族。如抗战爆发后,山东党组织领导齐鲁儿女发动了气势磅礴的抗日武装起义,创建了全国唯一的基本以一个省的行政区划为主的山东抗日根据地,整个抗战期间共对敌作战7.8万余次,毙伤俘日伪军53余万人,成为我党最强大的抗日根据地。莒南县渊子崖村开展了与侵略者血战到底的自卫战，被山东党组织授予“抗日楷模村”，成为闻名全国的“中华抗日第一村”。

二、以改革创新为本

创新是民族进步的灵魂，是国家兴旺发达的不竭动力，也是政党永葆生机活力的本源。山东党组织坚持以改革的精神建设党，勇于探索，敢于试验，善于创新，持续不断地以新理念、新思路、新举措打开党建工作的新局面。

一是在建党这件开天辟地的大事上走在了全国前列。早在1920年，济南即成立了“励新学会”等进步组织，出版《励新》等进步刊物宣传新思想、新文化；1921年春，济南早期党组织建立，成为全国最早建立党组织的省份之一；1921年7月，王尽美、邓恩铭以济南共产主义小组代表的名义参加了党的一大，成为党的创始人之一；党的一大后，中国共产党山东区支部即正式建立。

二是率先成立省民主政府。抗战末期，山东党组织领导山东抗日根据地军民成立了山东省政府，成为全国最早由我党领导的省民主政府，为此后抽调6000名地方干部去东北、粉碎国民党对山东解放区的重点进攻、支援淮海战役前线、抽调10万名干部南下等，奠定了最为坚实的组织基础。

三是创新村级组织建设体制。上世纪90年代初，针对农村基层组织建设中存在的普遍性问题，山东坚定不移地加强以党支部为核心的村级组织建设，创造了闻名全国的“莱西经验”，为全国的村级组织建设树立了标杆，指明了方向。

四是创新村“两委”运行机制。《村民委员会组织法》正式实施后，针对实践中存在的突出问题，山东第一个提出并推行村“两委”成员“双向进入，交叉任职”，理顺了党支部和村委会关系，确立了村“两委”的领导体制和工作机制，推动了村民自治的健康发展。

五是创新农村党组织设置方式。进入新世纪后，面对农业产业化的新形势，山东在全国较早地推行“产业建支部”，初步构建起以产业关系为纽带、以产业党组织为主体、以镇村党组织为核心的农村党组织设置运行新格局，为优化调整农村党组织设置方式进行了有益探索和实践。

三、以示范引导为基

榜样的力量是无穷的，典型引路是有效推进工作的基本方法。建党以来，山东党组织在各个领域、各种层面、各条战线，都培养和推出了一大批先进典型，为广大党员干部群众树立了一系列光辉榜样，并组织开展了广泛的宣传学习活动，带动了山东的整体工作，在全省和全国都产生了重大影响。

一是基层党组织先进典型。如莒南县厉家寨党组织发动群众治山治水，被毛泽东同志赞扬为“愚公移山，改造中国，厉家寨是一个好例”；平邑县九间棚村党支部带领群众艰苦创业，受到众多中央领导同志的赞扬，成为当时全国影响很大的典型；邹城市张庄镇实行民情恳谈制度，架起了干群之间的“民情通道”，为新时期思想政治工作探索了一条新路子，等等。

二是基层党组织书记先进典型。如兖州市沙河村党支部书记刘运库富了群众却未富自己，被誉为“亿元村里的穷支书”；小鸭集团党委书记李淑敏善做思想政治工作，被群众亲切地称为“书记大姐”；寿光市三元朱村党总支书记王乐义带领群众发展大棚蔬菜，被誉为“新时期农村党支部书记的好榜样”，等等。

三是领导干部先进典型。如山东籍干部焦裕禄在兰考县工作期间，带领人民治沙、治水、治碱，因忘我工作而以身殉职，被誉为“党的好干部”、“县委书记的榜样”；聊城干部孔繁森三次进藏，历时十载，情洒雪域高原，被誉为“新时期的焦裕禄”、“领导干部的楷模”；原寿光县委书记王伯祥敢闯敢干、创新创业，离任18年仍被百姓传颂，被誉为“新时期县委书记的榜样”，等等。

四是党员先进典型。如“八十年代新雷锋”、“当代保尔”——张海迪，百姓信赖的“铁面”检察官——白云，特等伤残军人、“当代中国的保尔·柯察金”——朱彦夫，当代产业工人的杰出代表——许振超，献身少数民族教育事业的乡村教师管新刚，好民警王勤利，等等。

五是为民服务先进典型。如坚持“人民城市人民建”的潍坊市，“严格执法热情服务”的济南交警，“千金一诺万象新”的烟台社会服务承诺制，实行政务公开、群众监督、为民解难的济南民政系统，“唯民所需从民所愿”的文登市农村精神文明建设，等等。

这三方面基本经验，是马克思主义党建学说与山东90年革命、建设和改革实践相结合的产物。随着我们党党建理论和经济文化强省建设实践的不断发展，山东党建的基本经验将不断丰富，新鲜经验将不断涌现，对全国党建的贡献将不断增多，山东党组织也将永葆先进性，并带领山东人民取得新的、更大的胜利！

（作者单位：中共山东省委政策研究室）

创新是确保中国共产党90年来不断战胜苦难走向辉煌的伟大法宝

——纪念中国共产党成立90周年

姚　军

纵观中国共产党90年发展壮大的辉煌历程，从救国救民到强国富民，历经无数苦难，次次重要历史关头，中国共产党人以为最广大人民谋利益的宗旨与胸怀，凝聚起不可战胜的力量，每每力挽狂澜。寻找根源，不难发现，中国共产党之所以能够一次次引领中华民族破浪前行，源自党的理论创新、体制创新和实践创新，这是确保中国共产党90年来不断战胜苦难走向辉煌的伟大法宝。

一、创新，挽救了面临夭折的中国共产党，并从苦难中发展壮大，带领民众走进新中国成立的辉煌

从孙中山的"三民主义"到俄国"十月革命"一声炮响送来了共产主义的理论，为中国共产党的产生和成立奠定了坚实的理论基础。但刚刚成立的中国共产党，在政治上和组织上呈现出的幼稚以及在领导中国革命实践上的空白，造成了党对共产国际和苏俄的过度依赖和盲目崇拜，使之面临的都是生死攸关的苦难：党的第一次全国代表大会即宣布成立的会议在白色恐怖中从上海急忙转移到了浙江嘉兴南湖上召开；上海、郑州、广州工人暴动以及南昌起义相继失败。"城市中心论"的消亡，给党带来了新的问题，中国革命的道路该如何走？

以毛泽东为代表的中国共产党领导的农民起义，开创了"农村包围城市"的新革命道路。"星星之火，可以燎原"、抗日战争"持久战"的理论创新、"支部建在连上"的体制创新、井冈山会师及反围剿胜利、八年全民抗战的实践创新，都有力地证明了只有结合中国实际的党所领导的创新，才能真正有用于中国革命的实际，才能真正使新生的中国共产党战胜苦难逐步发展壮大。

党的理论创新为党的领导开创了新局面。从成立之日起,中国共产党就秉承这样的宗旨:党除了最广大人民群众的根本利益,没有自己特殊的利益。创新理论的传播像野火燎原一样,把革命的火种植根于普通民众之中,让没有文化的贫苦民众从为了填饱肚子到逐渐明白了什么是革命、为什么革命、为谁而参加革命的道理;让少部分面对暂时失败而动摇了意志的各级指挥官重新燃起了跟党走的希望、坚定了为党的事业献身的信念。

由于执行错误路线和教条的军事指挥,第五次反围剿的失败,又使我们的党陷入了濒临"夭折"的境况,战略转移初期至遵义会议召开,我们党损失了无数的优秀指战员,在对党的信仰和追求上,许多党员迷茫甚至有的高级干部无所适从。又是在这生死关头,走进党的中央领导核心的毛泽东,从战略的高度选择了引导中国革命走向胜利的方向。1936年10月,当九死一生的长征大军在黄土高原胜利会师的时候,病榻上的鲁迅从白色恐怖的上海发去贺电:在你们身上,寄托着中国和人类的未来。虽然当时的中国共产党和她所创建的人民军队还都十分弱小,鲁迅先生却依然认定这些历尽千难万险的红色种子就是"中华民族的脊梁"。

党的体制创新为党的发展壮大储存了力量。把党的基层组织支部建在连上,创新了党对军队的领导体制,从根本上区别于旧军阀的家长制管理,红军以连排为单位直接成为党的"战斗堡垒",让党的路线方针政策和指挥直接贯通到最前线,从而确保战无不胜。抗战爆发后,中国共产党以民族大义为重,将红军改编成八路军、新四军,从战术上、人员素质上、武器装备以及后勤保障上的条件得以较大改善,把日本侵略者置于我们数万万站起来了的人民的包围之下。正如毛泽东所指出的,中国共产党所提出的全民抗战路线和持久战的战略总方针,是唯一能使弱国打败强国、夺取抗战胜利的正确路线。

党的实践创新提升了党领导革命的能力。秋收起义、井冈山会师开辟了"农村包围城市"的革命斗争道路探索;建立苏区使党的军队有了人力、财力、物力和群众基础上的保障;民主加集中的军事指挥,丰富了以"十六字方针"为主要内容的朱、毛游击战军事理论。面对日本帝国主义的外侮,以民族大义为重,中国共产党不计前嫌,创造性地与国民党进行了第二次国共合作,共同抗击民族的敌人。创新地发挥了以"游击战"、"地道战"、"地雷战"多种形式战法相结合的"全民为战"的军事思想,取得了抗日战争的全面胜利,并发展壮大了我们党所领导的解放区力量和地方武装。同时,进行了土地改革和文化整风运动,使我们的党在政治、组织、军事、外交、经济建设和统一战线等各个领域积累了广泛的经验,让我们党的纲领、党的形象、党的魅力从陕北走向了全国,从而也全面奠定了解放战争的胜利和新中国成立的基础。中国共产党创造性地提出,以政治协商会议替代全国代表会议的形式组建新中国、建立新政权的思路,不失时机地完成了近30年艰苦卓绝的革命斗争,取得了伟大的胜利,中华民族从此站起来了,中国人民从此高高昂起了头颅,中国共产党领导苦难的民众揭开了新中国成立的辉煌篇章。

二、创新,使经受了内忧外患考验的中国共产党,从动乱中稳住了国家航向,并浴火重生寻找到了掌握真理的幸福

中国共产党面对战后满目疮痍的国家,没有被困难吓倒,创造性地以“中国人民志愿军”形式取得了“抗美援朝”的胜利;创造性地完成了“两弹一星”的研制成功、基本完成了国家领土的统一;创造性地建设了中国重工业基地、找到了石油、煤炭等建设资源。当然,也不可避免地发起了一次又一次的政治运动,最后导致了“文化大革命”十年浩劫。再一次力挽狂澜的是以邓小平为核心的党中央带领全党,稳住了风雨飘摇中近30年的中国这艘巨轮的航向,以“实践是检验真理的唯一标准”大讨论为契入点,组织全党寻找到了一条引导中国走向改革开放、富民强国的光辉大道。

创新,从理念上、思想上统一了建设初期全党的奋斗目标,更是凝聚了全党的斗志。从独立解放到伟大复兴,中国共产党带领中华民族选择着自己的命运,而人民也在命运的转折中进行着历史的选择。革命胜利了,一些党员理想信念动摇,党员意识和执政意识淡薄;一些党员干部事业心和责任感不强,思想作风不端正,工作作风不扎实;一些党员领导干部理论水平不高,解决复杂矛盾的能力不强。解决中国的问题关键在党,党在不同时期的着眼点是不同的,新中国的恢复建设时期,既要克服帝国主义的封锁,还要在国际上广交朋友、打开外交局面;既要组织国民经济的基础性建设,还要应对帝国主义在我周边发动的挑衅战争。“帝国主义是纸老虎”、“全球划分三个世界”的理论,既树立了全党面对各种困难的信心,也凝聚了全党的斗志,为新中国建设奠定了坚实的基础。

创新,从完成社会主义改造到第一个“五年计划”实施,中国经济和社会建设的管理、运行机制得到全面创新。1949~1952年,党领导全国人民实施建国纲领,国民经济得到全面恢复;1953~1956年,完成了对农业、手工业和资本主义工商业的社会主义改造,确立了社会主义制度在中国的确立。党的八大宣布,中国进入社会主义社会。

创新,30年建设新中国的实践,是探索的过程,更是积累的过程。以毛泽东、周恩来、刘少奇、朱德为代表的党的中央领导核心,抓住时机,集中力

量办大事，迅速完成了国家基础性建设；1966～1976年，又呕心沥血，在面对思想混乱、法制瘫痪、社会动荡的艰难困苦中，维持经济、社会的相对平稳发展；为1978年中国开启“改革开放”奠定了坚实的物质基础。

三、创新，改革开放30年的成就考验了党的先进性，更激励伟大的党带领全国人民走向更宏伟的辉煌

一个政党的先进性从来都是具体的，而不是抽象的；是历史的，而不是一劳永逸的。理论创新确保党的先进性，全党树立以科学发展观为指导的发展理念，用“三个代表”、“党的先进性”、“以人为本”、“科学发展”、“两型社会”、“民生为天”理论统一全党思想，凝聚全党力量，并深入贯彻到党的工作的各个领域，解决实际工作中的重点和难点问题，始终把握群众的脉搏，时刻依靠群众，一切为了群众。理论和实践创新提升了人民群众对党和政府的信任，并凝聚成“富民强国”的伟大动力。我国改革开放30年取得的成就，创造了人类发展史上的伟大奇迹。党把推动社会主义物质文明、政治文明、精神文明协调发展相统一，加强对权力运行的制约和监督，保证把人民赋予的权力用来为人民谋利益。中国特色社会主义理论更加推动了改革开放，更大程度地解放了全党的思想。中国特色的市场经济体制，把中国经济建设带上了发展的高速路，创造了国民经济连续几十年高速增长的奇迹。文化建设、社会建设、民生建设得到全面、长足发展，从免除几千年农民的农业税、到城镇农村居民的养老、医疗保险、义务教育全部免费等等，中国老百姓的生活一天比一天好，一天比一天有盼头、有希望，更加信赖和依靠伟大的中国共产党。

100多年前，恩格斯曾指出，一个知道自己的目的，也知道怎样达到这个目的的政党，一个真正想达到这个目的并且具有达到这个目的所必不可缺的顽强精神的政党——这样的政党将是不可战胜的。

（作者单位：中共山东省委政策研究室）

以改革创新精神推进反腐倡廉建设

山东省纪律监察委员会研究室

我们党自诞生之日起,在加强党的建设进程中就一直注重改革创新问题;改革开放以来,更加注重以改革创新精神推进党的建设新的伟大工程,更加注重以改革创新精神推进反腐倡廉建设。党的十六大以来,胡锦涛同志在历次中央纪委全会上发表的一系列重要讲话中,几乎每次都强调改革创新问题。可见,改革创新精神对反腐倡廉、加强党的建设极端重要。我们在纪念建党90周年之际,一定要按照中央的部署要求,把改革创新精神贯彻和体现到反腐倡廉建设和纪检监察工作各个方面,积极探索,大胆实践,着力推进反腐倡廉理念思路、体制机制、方式方法和干部队伍建设创新,不断推动反腐倡廉建设向纵深发展。

一、突破思维定势,推进反腐倡廉理念思路创新

思想指导行动,思路决定出路。推进反腐倡廉建设改革创新,首先要解放思想、与时俱进,破除不合时宜的思想观念,创新工作思路。当前,着重树立五种新理念:一是树立服务大局的理念。紧紧围绕发展这个党执政兴国的第一要务,自觉把反腐倡廉建设放在党和国家工作全局中谋划和推进,实现反腐倡廉与经济文化强省建设同频共振、协调发展。加强对中央和省重大决策部署贯彻落实情况的监督检查,切实纠正违背科学发展观的行为,确保政令畅通。二是树立以人为本的理念。增强群众观念,真心实意为群众办好事、办实事,认真解决群众反映强烈的突出问题,坚决纠正损害群众利益的不正之风。坚持把尊重人、理解人、关心人贯穿于反腐倡廉工作全过程,注重关口前移、预防为先,在严肃执行纪律的同时,重视保护党员干部的民主权利和合法权益,保护广大党员干部干事创业的积极性。三是树立统筹推进的理念。坚持标本兼治、惩防并举,在坚决惩治腐败的同时,加大预防腐败工作力度,努力形成拒腐防变教育机制、反腐倡廉制度体系、权力运行监控机制,从源头上铲除腐败滋生的土壤和条件,把阶段性任务与战略性目标结合起来,整合各方面资源和力量,综合运用各种措施,增强反腐倡廉

建设的整体性、系统性、实效性。四是树立依法治理的理念。坚持靠法制、靠制度惩治和预防腐败，用制度管权、按制度办事、靠制度管人。把严格依法、按政策办事贯穿到纪检监察工作各个环节，以事实为依据，以法纪为准绳，做到严格、规范、公正、文明执纪。五是树立民主公开的理念。大力推行各项公开制度，拓宽社情民意表达和群众利益诉求渠道，广泛听取群众的意见建议，落实群众的知情权、参与权、表达权、监督权，充分发挥人民群众在党风廉政建设和反腐败斗争中的积极作用。

二、把握科学规律，推进反腐倡廉体制机制创新

胡锦涛总书记指出，反复发生的问题要从规律上找原因，普遍发生的问题要从体制机制上找原因。要按照胡总书记要求，深化对新形势下反腐倡廉工作特点和规律的认识，突出重点、破解难点，努力在体制机制改革和制度创新上取得突破。一是推进重点领域和关键环节改革，最大限度消除体制障碍。针对一些领域腐败现象易发多发的特点，继续深化行政审批、干部人事、财税、投资、金融、国有资产管理和司法等方面体制改革，加快完善市场体系建设，充分发挥市场在资源配置中的基础性作用，凡是应该由市场机制解决的事情尽量用市场机制去解决，凡是应该由社会组织承担的事情尽量让社会组织去承担，切断行政权力和微观经济活动的利益联系，形成防治腐败的长效机制。二是加大制度创新力度，完善权力公开透明运行机制。加强对权力的监督制约，做到权力配置科学、界限明确、行使依法、运行公开。创新各类公开制度，全面推进党的基层组织党务公开，扎实推进政务、司法、厂务、村务和公共企事业单位办事公开，健全重大事项公示和听证制度，畅通党务政务信息公开渠道，防止暗箱操作。认真治理领导干部以权谋私和渎职侵权问题，着力解决招标投标方面和土地征用、房屋拆迁中侵害群众权益问题。制定党政正职监督制度，严格设定和规范集体决策事项，建立依法、民主、公开的决策机制，健全决策失误纠错改正机制和责任追究制度。健全防止利益冲突制度，按照加快形成统一开放、竞争有序的现代市场体系要求，推进公共资源交易统一规范管理，规范和完善建设工程招投标、国有土地使用权和矿业权出让、产权交易、政府采购等行为，严禁领导干部及其家属和身边工作人员以任何形式干预、操纵招标投标活动，防止权力寻租。创新职务消费制度，采取专项治理、查办案件、制度规范等措施，下大力气解决公款吃喝、公车私用、公款出国(境)旅游等“三公”问题，严格控制和压缩行政经费，坚决抵制享乐主义和奢靡之风。完善选人用人制度，进一步规范考核评价、公开竞争、初始提名等制度，推行党委常委会、全委会讨论决定干

部票决制，强化对拟提拔干部的廉政考察，加强对换届工作纪律执行情况的监督检查，防止和纠正用人上的不正之风。三是深化基层党风廉政建设，强化民主管理和监督。结合村“两委”换届工作，强化对基层党员干部特别是基层站所工作人员的教育、管理和监督，制定农村基层干部廉洁履行职责规定，全面推行村务监督委员会制度，健全村级民主监督体系，加强对农村集体“三资”的统一监管，进一步深化乡镇政务公开和村务公开。加强城市社区党风廉政建设，探索在城市社区建立纪检组织，在城市社区居民中聘请党风政风监督员、信息员，构建覆盖严密的社区监督网络体系，不断提高社区纪检组织工作水平。加强国有企业党风建设和反腐倡廉工作，研究国有企业腐败问题的衍生规律和预防途径，完善“三重一大”集体决策制度，规范职务消费行为，强化企业风险管理，确保国有企业领导人员廉洁从业。加强高等学校党风廉政建设，健全高校领导班子科学民主决策机制，强化对学费、教材、基建、科研资金等的监督管理，深入推进校务公开。

三、注重工作实效，推进反腐倡廉方式方法创新

反腐倡廉形势和任务在不断发展变化，工作的方式方法也要与时俱进。要坚持用系统的思维、统筹的观念、科学的方法来推进反腐倡廉建设，在坚持和完善以往行之有效方式方法的同时，积极探索具有较强针对性、实践性和可操作性的新办法、新手段。一是积极运用现代科技手段预防腐败。学习掌握系统论、控制论、信息论和现代管理学、心理学、组织学等理论和知识，积极运用心理分析、数据统计等方法，充分利用现代信息技术手段，提高反腐倡廉建设科学化水平。要积极打造电子政务服务、行政权力监察、公共资源交易监察、公共资金监察、舆论监督、党风廉政教育六大电子平台，加快建立纵向贯通省市县、横向涵盖各领域的科技防腐网络，不断提高反腐倡廉工作科技含量。二是创新教育方式。着眼于构筑思想道德和党纪国法两道防线，不断改进方式方法，增强反腐倡廉教育的科学性、有效性和说服力。坚持每年一个教育主题，以各级警示教育基地为依托开展警示教育，以廉政教育测试为手段开展党纪条规教育，以权力部门为重点开展岗位廉政教育，以丰富多彩的廉政文化活动为载体加强廉政文化建设，增强教育的综合效果。加大对反腐倡廉方针政策、成效经验、先进典型等的正面宣传力度，及时披露重大案件信息和群众关注的反腐倡廉热点信息，加强反腐倡廉舆情的收集、分析和研判，及时监控、科学分析、妥善应对、审慎处理重要涉腐舆情，牢牢掌握工作主动权和主导权，努力为反腐倡廉建设营造良好舆论氛围。三是创新监督方式。注重监督方式的改进和运用，着眼于健全权力制

约和监督机制,进一步探索加强监督的有效思路和办法。以专门机关有效履行监督职责为重点加大自上而下的监督力度,努力探索党委、纪委和部门党组、纪检组加强对下级党政领导班子及其成员监督的方式和广度,确保监督到位、有力、有效;以权力运行公开透明为重点加大自下而上的监督力度,让权力在阳光下运行,确保权力正确行使;以拓宽监督渠道为重点加大资源整合力度,将党内监督与人大监督、政协民主监督、司法监督、舆论监督和群众监督结合起来,提高监督工作的整体效能。四是创新办案方法。认真分析研究违法违纪行为特点规律,拓宽办案视野,创新办案方法。在查办案件工作中,注重查办案件与重点领域专项治理相结合,挖掘案源,深入揭露和查办工程建设、房地产开发、土地管理、国有资产管理、金融、司法等领域的腐败案件,坚决遏制腐败现象易发多发的势头;注重查办案件与实行党政领导干部问责制相结合,建立问责的快速反应机制,及时对责任人实施责任追究;注重查办案件与强化教育管理相结合,认真研究违纪违法案件发生的特点规律,剖析发案原因,利用典型案例开展警示教育,有针对性地建章立制,发挥查案工作的治本功能。五是创新组织协调方法。贯彻反腐败领导体制和工作机制,把纪委组织协调和部门各负其责有机结合起来,进一步改进组织协调方式方法。既要善于组织,认真负起牵头抓总的责任,把握定位,工作到位,防止越位,发挥职能部门的积极性;又要敢于协调,对涉及全局性的重要工作,主动协调到位,促进部门切实负起责任,形成反腐倡廉建设的整体合力。

四、夯实组织基础,推进纪检监察干部队伍建设创新

加强和改进纪检监察干部队伍建设,是深入推进党风廉政建设和反腐败斗争的基础工程。推进纪检监察干部队伍建设创新,要全面加强纪检监察干部队伍的思想政治建设、能力建设、组织建设、作风建设和制度建设,为深入推进反腐倡廉建设提供坚强组织保证。一是把思想政治建设放在首位,提高纪检监察干部队伍的思想政治素质和政策理论水平。坚持用科学理论武装头脑,有针对性地进行系统的马克思列宁主义、毛泽东思想、邓小平理论和“三个代表”重要思想学习教育,加强科学发展观教育,用科学发展观所体现的马克思主义立场、观点、方法谋划和推进纪检监察工作。增强党性修养,深入开展党性党风党纪教育、理想信念教育和廉洁从政教育,引导纪检监察干部不断增强政治意识、表率意识、法治意识、创新意识和宗旨意识。进一步改进作风,着力解决纪检监察干部在思想作风、学风、工作作风、领导作风和生活作风等方面存在的突出问题,认真落实纪检监察机关领导

干部下访、工作联系点和工作日中午禁酒等制度。加强职业道德建设，明确纪检监察干部职业道德要求，教育引导纪检监察干部带头落实“四个对”基本要求，为正确履行职责奠定良好的思想道德基础。二是加强能力建设，提高纪检监察干部队伍履行职责的本领。努力推进学习型纪检监察机关和学习型领导班子建设，健全理论学习中心组学习制度、调查研究制度、个人自学制度，营造浓厚学习氛围。积极推进纪检监察干部培训的规范化、制度化，以政策理论培训、党性党风党纪教育和知识技能培训为重点，科学利用各级廉政教育中心、党校、行政学院、高等院校等培训资源，拓展国（境）外培训渠道。完善年轻干部到基层锻炼制度，有计划地选派缺少基层工作经历的年轻干部到县乡党政机关、农村（社区）、企业、学校挂职任职，努力形成优秀人才到基层一线培养、在基层一线发现、从基层一线选拔的良性机制。三是推进制度改革与创新，完善纪检监察干部队伍建设长效机制。建立纪检监察机关干部资格准入制度，新录用的公务员除具备《公务员法》规定的条件外，还应具备良好的政治素质和大学本科以上学历；注意选调和录用一批熟悉经济、法律、审计等专业知识的优秀干部充实纪检监察干部队伍。完善从基层一线选拔干部制度，上级纪检监察机关要注重从下级纪检监察机关选拔优秀干部，建立纪检监察干部逐级遴选机制。建立适应纪检监察工作特点的干部交流制度，各级纪检监察机关领导班子成员在同一职位任职满10年的必须交流，在同一班子内任职满10年的应当交流，市、县级纪委书记不得在本人成长地任职。健全纪检监察干部考核评价机制，综合运用民主推荐、民主测评、民意调查、实绩分析、个别谈话、综合评价等办法，规范纪检监察干部考核内容，改进考核方式，全面、准确、科学地评价纪检监察干部的现实表现和工作实绩。四是严格管理监督，树立纪检监察干部的良好形象。健全纪检监察系统内部监督机制，上级纪检监察机关要结合年度考核、换届考察或专项检查，加强对下级纪检监察机关的监督，并通过开展述职和评议等活动，自觉接受下级纪检监察机关的监督。要教育引导纪检监察干部认真遵守各项纪律规定，秉公执纪，严格自律，自觉接受党组织、党员和人民群众的监督，接受社会和舆论的监督，树立可亲、可信、可敬的良好形象，努力做党的忠诚卫士、当群众的贴心人。

学习之道越走越畅

——党的90年学习经验对建设学习型党组织启示

冷兴邦

非学无以立党兴党,非学无以治国安邦。回望90年光辉历程,我们党之所以始终具有旺盛的生命力,党领导的伟大事业之所以能够不断取得胜利,从根本上说,就是因为有了马克思主义先进理论的指导,就是因为我们党善于用一切人类的先进文化知识不断充实提高自己。回顾建党以来90年学习史,盘点梳理这些生生不息、历久弥新的学习品质和优良传统,对于我们建设马克思主义学习型政党、建设学习型党组织,具有十分重要的借鉴和启示意义。

一、坚持把学习作为关系全局的战略性、基础性工作来抓,紧密围绕不同时期党的历史任务和中心工作开展学习

重视学习、善于学习,把学习作为党组织建设的重要内容和主要特征,立足不同时期的历史任务和中心工作抓学习促学习,以学习提高各级党组织和广大党员干部的理论素养、实践能力和执政本领,是我们党的建设工作的一条宝贵经验。

党从成立之初,就开始学习和探索在半殖民地、半封建社会中如何开展民主革命。但由于理论准备不足,党在幼年时期多次发生“左”、右倾错误,这些错误使革命遭受巨大损失,也促使全党认识到学习的极端重要性。从20世纪30年代后期开始,党通过总结革命胜利和失败的经验教训,重视学习的自觉性大大提高。特别是延安时期,党中央根据抗战全面爆发后革命形势的变化和党的建设实际,开展了一场深入持久的全党学习运动。这场学习运动从1938年10月毛泽东同志在六届六中全会号召全党开展学习竞赛为起点,1942年2月以后与全党范围的整风运动结合在一起,1945年4月六届七中全会通过《关于若干历史问题的决议》后为止。这场历时7年的学

习运动，既是一次全党范围的马克思主义的思想教育运动，也是破除党内把马克思主义教条化、把共产国际决议和苏联经验神圣化错误倾向的伟大思想解放运动，对于加强无产阶级政党建设，增强党的战斗力，是一次成功的实践和伟大创举，为党的工作重心调整和党的执政做了较好的思想理论准备。

新中国成立后，党的工作重心由农村转向城市，工作条件发生了巨大变化。毛泽东同志曾风趣地将此比喻为“进京赶考”，而且表示“绝不当李自成”。为了适应各项建设事业对领导干部和专门技术人才的急迫需求，党中央采取了一系列措施开展空前规模的干部学习培训工作，调训大量干部到各种军政干部学校、补习学校等学技术、学管理、学科学，迅速培养起大批能适应新岗位和新任务的干部，从而有力地领导了社会主义三大改造的完成和促进各项建设事业的进行。但在“文化大革命”中，党在对待党内学习的问题上走了一些弯路。学习思想走入极端，甚至出现“知识越多越反动”的论调。

粉碎“四人帮”之后，为了尽快将党和国家的工作重心转移到经济建设上来，邓小平同志果断提出解放思想、实事求是，重新强调党的学习，恢复马克思主义政党实事求是的学风。他指出：“这些年来，应当承认学得不好。主要的精力放到政治运动上去了，建设的本领没有学好，建设没有上去，政治也发生了严重的曲折。现在要搞现代化建设，就更加不懂了。所以在全党必须再重新进行一次学习。”①党的十三届四中全会后，江泽民同志继承发扬党重视学习的优良传统，毫不放松地抓学习，要求全党学习、学习、再学习，实践、实践、再实践。以胡锦涛同志为总书记的党中央进一步强调，学习是党始终走在时代前列引领中国发展进步的决定性因素。党的十七大报告明确指出：要按照建设学习型政党的要求，紧密结合改革开放和现代化建设的生动实践，深入学习马克思列宁主义、毛泽东思想、邓小平理论和“三个代表”重要思想，提高运用科学理论分析和解决实际问题的能力。党的十七届四中全会提出“把建设马克思主义学习型政党作为重大而紧迫的战略任务抓紧抓好”。

党的90年成长壮大的历程表明：我们党历来高度重视学习问题，始终把学习作为一项事关党的事业兴旺发达的战略任务来抓，靠学习立党、靠学习执政，不断提高领导水平和实践能力，始终走在时代前列，推动党的事业实

---

① 《邓小平文选》(第2卷)，人民出版社1994年第2版，第153页。

现大进步大发展。站在建党 90 周年新的历史起点上，我们党提出建设马克思主义学习型政党、建设学习型党组织，必将把全党学习引向一个新的高度。我们应紧紧抓住这一历史契机，把学习型党组织建设贯穿党的建设全过程，努力把各级党组织建设成为学习新知识、增长新本领的大学校，引导全体党员学以立德、学以增智、学以创业，真正把中国共产党发展成为科学理论武装、具有世界眼光、善于把握规律、富有创新精神的马克思主义政党。

二、始终突出政治理论学习，把强化理论武装作为首要的政治任务

思想旗帜和政治属性是政党的根本特征。我们党高度重视在思想上建党，始终把政治理论学习摆在突出位置，坚持用马克思主义理论教育和武装全体党员，自觉划清马克思主义同反马克思主义的界限，排除各种错误倾向的干扰，避免和减少工作中出现片面性、绝对化和左右摇摆不定，不断保持党的革命性和先进性。

建党伊始，我们党就明确宣称：坚持以马列主义作为党的指导思想，注重从思想上建党。在第二次国内革命战争时期，党在井冈山革命根据地、中央苏区都坚持用无产阶级思想教育广大干部，其重点是反对和克服非无产阶级思想，把农民和小资产阶级革命知识分子改造成为坚强的无产阶级革命战士。这一时期已经注重结合中国革命的实际来开展政治理论学习和教育，在苏区创办了培养党务干部的马克思主义学校，以及培养行政干部和各方面专门人才的苏维埃大学、中央教育干部学校等。抗日战争爆发以后，中华民族处于水深火热之中。具有远见卓识的中国共产党人不但没有放松马列主义理论的研究和学习，相反更是注重和加强了这方面的努力。尤其是在 1938 年中共六届六中全会到 1942 年整风运动的这段时期，在延安掀起了一场前所未有的全党理论学习高潮。当时各个干部学校都将理论学习作为重点，还成立了马列主义研究会、政治经济学研究会、中国问题研究会等各种研究小组和团体，促使在职干部认真学习马列主义理论，使全党在马克思列宁主义思想一致的基础上获得了空前的团结和统一。

新中国成立后，党中央高度重视干部的理论学习。成立《毛泽东选集》出版委员会，有计划地编选毛泽东著作；成立马克思、恩格斯、列宁、斯大林著作编译局，系统、准确地编译马恩列斯的全部著作。全国各省市区党委宣传部还纷纷组建了专门从事对在职干部进行马列主义理论教育的讲师团，极大地促进了干部理论教育和马克思主义中国化的成果——毛泽东思想的传播。

进入新时期以后，邓小平多次强调："学习什么？根本的是要学习马列主义、毛泽东思想。"①，他强调"毛泽东思想的精髓是实事求是"。在邓小平之后，江泽民同志强调："我们党有一条宝贵经验，就是每当革命和建设处在重大历史关头，总是特别重视理论指导，总是结合不断发展的实际加强党员、干部的理论学习。现在建设有中国特色社会主义事业正处在重大历史关头，尤其需要重视这条经验，用好这条经验。"②党的十六大之后，胡锦涛同志多次强调，党在思想理论上的提高，是党和国家事业不断发展的思想保证，"共产党员加强学习，首先要加强理论学习"③。中共中央在历次制订的全国干部教育规划中，也都结合当时的实际将马列主义以及毛泽东思想、邓小平理论、"三个代表"重要思想、科学发展观，这些马克思主义中国化的成果作为干部教育培训的重要内容教育干部。在全党开展的"三讲"教育、"三个代表"重要思想学习教育活动、"保持共产党先进性"教育活动、深入学习实践科学发展观活动等集中教育活动，都以学习实践党的理论创新成果为主题，不断强化了党员干部对中国特色社会主义的坚定信念。

党的90年奋发学习历程昭示：一个站在时代前列的政党，必须一刻不能离开理论武装；一个善于学习的政党，必须一刻不能放松理论学习，这是我们党领导革命建设、治国理政的重要经验和政治优势。站在建党90周年新的历史起点上，扎实推进学习型党组织建设，必须坚持不懈地用党的理论创新成果武装全党，不断促进和保持党的先进性和纯洁性，更好地提高全体党员素质，激发全党智慧，凝聚全党力量，为全面建成小康社会打下具有决定性意义的基础，为开创中国特色社会主义事业新局面提供强大的精神动力。

三、发挥党员领导干部骨干带头作用，做推动全党学习最为有力的带动者和促进者

在保持和发扬我党重视学习、坚持学习的优良传统中，党的领导干部特别是中央领导同志以身作则、率先垂范，发挥了很好的示范带动作用，促进了全党上下形成了一级抓一级、一级带一级、层层抓学习的良好局面。

延安时期，我们党成立了中央学习研究组、中央总学习委员会、中央思

---

① 《邓小平文选》(第2卷)，人民出版社1994年第2版，第153页。

② 江泽民：《在学习邓小平理论工作会议上的讲话》，见《十五大以来重要文献选编》(上)，人民出版社2000年版，第485～486页。

③ 胡锦涛：《在新时期保持共产党员先进性专题报告会上的讲话》(2005年1月14日)，见《十六大以来重要文献选编》(中)，中央文献出版社2006年版，第622～623页。

想方法学习小组,延安和各根据地还成立了高级学习组和学习委员会。中央书记处把在延安的48名高级干部编成9个小组,由中央直接领导学习,组织在延安的高级干部和七大代表700多人集中学习,后来又安排1000多名干部集中学习。高中级领导干部一律参加学习竞赛。这是我们党领导干部带学帮学促学,进行得最为丰富多彩、生动活泼的一个历史时期。据《毛泽东年谱》记载,从1936年10月到1945年2月,毛泽东到抗大、陕公、党校、鲁艺、女大等院校授课、讲话和作报告达100余次。例如1937年4月到8月,他到抗大讲授《辩证法唯物论(讲授提纲)》,每星期二、四上午讲课4小时,下午还参加学员讨论,共授课110多小时,坚持3个多月。此外,他还经常给学校、教员、学员题词、写信、参加各种活动,与他们谈话等,极大地促进了当时全党学习深入广泛地开展。

在解放战争和社会主义建设时期,面对中国革命和建设的新情况新问题,领导干部带头学习的良好作风得以继续发扬。中共中央1951年2月出台的《关于加强理论教育的决定(草案)》明确提出:提高党的理论水平的主要责任在党的高级干部身上,党的高级干部应当是全党勤奋地钻研马克思列宁主义的模范。这一时期,毛泽东同志高度关心关注全党学习教育工作,针对党员干部不同阶段的学习情况,以自己或中央名义不断向全党推荐学习书目。比如1945年在党的七大上,毛泽东特别提出党内干部要读《共产党宣言》等5本马列著作;1949年在革命即将取得全国胜利的时候,党的七届二中全会决定干部要学习《社会发展史》等12本马列主义著作;1953年我国进入大规模经济建设时期,为了学习苏联建设社会主义的经验,中央决定全党干部学习《联共(布)党史》;1958年由于"大跃进"出现严重失误和干部产生思想混乱,毛泽东建议县级以上的领导干部读《苏联社会主义经济问题》、《马恩列斯论共产主义社会》两本书;1963年,毛泽东又提出学习30本马列著作的意见,积极倡导学习理论、应用理论。

进入新时期,邓小平同志从改革开放和社会主义现代化建设的实际出发,进一步突出强调领导干部学习的重要性紧迫性。他曾指出,为了"防止一些同志,特别是一些新上来的中青年同志在日益复杂的斗争中迷失方向。因此,我希望党中央能作出切实可行的决定,使全党的各级干部,首先是领导干部,在繁忙的工作中,仍然有一定的时间学习"①。江泽民同志、胡锦涛同志也多次强调领导干部学习的重要意义。江泽民同志指出:"我们的高级

① 《邓小平文选》(第3卷),人民出版社1993年版,第146~147页。

干部，特别是各地区各部门的主要负责人，是负责全面工作的，他们的知识和才干应该力求全面，既懂自然科学知识，又懂社会科学知识，既有丰富的书本知识，又有丰富的实践经验，这样才能把全面的领导工作担当好。”①胡锦涛在党的十七届四中全会第二次全体会议上也强调，党的领导干部特别是我们中央委员会的同志要自觉把学习作为提高素质、增长本领、做好领导工作的根本途径，努力作不断学习、善于学习的表率。党的十三届四中全会以来，党中央坚持开展了政治局集体学习形式，仅党的十七大以来，中央政治局就组织了27次集体学习活动，身体力行认真学习，给全党同志特别是各级领导干部作出了榜样。

党的90年奋发学习历程昭示：广泛推动全党学习全社会学习，领导班子和领导干部的示范带动至关重要，具有强大的行为导向和风气引领作用，是推动把各项学习任务落到实处的重要工作方法。站在建党90周年新的历史起点上，扎实推进学习型党组织建设，广大领导干部要切实树立强烈的学习意识，发扬党的刻苦学习精神，以高度的政治自觉先学一步、学在前面，努力在全面系统掌握马克思主义理论特别是中国特色社会主义理论体系上走在前面，努力在学习掌握现代科学知识上走在前面，努力在弘扬理论联系实际的马克思主义学风上走在前面，以自己的示范作用带动全党全社会形成良好的崇学尚学风尚。

四、大力弘扬理论联系实际的马克思主义学风，把向书本学习、向实践学习与向群众学习统一起来

理论的活力植根于实践，学习的目的全在于运用。马克思主义学风的核心是坚持理论联系实际，是改造客观世界与主观世界的有机统一，其方法在于联系，其价值在于实践。党的90年奋斗历史表明，党的理论与实际结合得好的时候，我们的事业就顺利发展，结合得不好的时候，则遭到挫折。

大革命时期，由于当时我们党还处于幼年时期，对于马克思列宁主义理论、中国社会状况以及中国革命的特点和规律缺乏深刻认识，还不善于将马克思主义基本原理同中国革命的实践结合起来。同时由于共产国际及其在中国的代表在指导中国革命的过程中，对中国的实际了解不够，作出了许多错误指示，致使党的中央机关在大革命后期犯了以陈独秀为代表的右倾机

① 《江泽民文选》(第3卷)，人民出版社2006年版，第51页。

会主义错误。

大革命失败后，以毛泽东同志为主要代表的中国共产党人，从当时的中国实际出发，确定了土地革命和武装起义的总方针，开创了井冈山革命根据地，走出了一条农村包围城市的道路。历史证明了毛泽东同志关于工农武装割据的理论及由此而来的战略战术是正确的，这是从中国实际出发，对马克思主义创造性的发展。但由于党内一些领导同志和共产国际对马克思列宁主义的教条理解，对中国情况和革命实际缺乏正确认识，"左"倾冒险主义在中央一度占据了统治地位，最终导致红军在第五次反"围剿"作战中失败。

延安时期，我们党把学风问题作为"第一个重要的问题"，把科学对待马克思主义作为学风建设的核心任务。1938 年，党的六届六中全会明确提出了马克思主义中国化的任务。延安整风时期，毛泽东同志指出："马克思列宁主义理论和中国革命实际，怎样互相联系呢？拿一句通俗的话来讲，就是'有的放矢'。'矢'就是箭，'的'就是靶，放箭要对准靶。马克思列宁主义和中国革命的关系，就是箭和靶的关系。"①此后，中央反复号召全党，要从教条主义的束缚中解放出来，把马克思主义基本原理同中国革命实际相结合，推进马克思主义中国化。这一时期的学风建设，把学风问题提高到马克思主义思想路线的高度，在解放思想中统一思想，创造了从思想上转变学风的历史经验。

新中国成立后，随着对生产资料私有制的社会主义改造基本完成，党面临着怎样建设社会主义这一全新课题。毛泽东同志在借鉴苏联社会主义建设经验教训的基础上，开始思考在中国怎样建设和发展社会主义的问题，形成了许多科学认识和宝贵思想成果，使党领导全国各族人民在探索社会主义建设的道路上取得了很大成就。其间，也经历了曲折，发生了严重的失误，特别是"文化大革命"那样全局性错误，使社会主义事业遭遇重大挫折。一个重要原因是毛泽东同志脱离了当时中国的实际，对形势作出了错误估计，使这些正确思想有不少没有得到贯彻落实。

进入新时期，以邓小平同志为核心的党的第二代中央领导集体，大力弘扬马克思主义学风，重新确立了解放思想、实事求是的思想路线，准确把握我国仍处于并将长期处于社会主义初级阶段这一基本国情，形成了"一个中心、两个基本点"的基本路线，团结带领全党全国各族人民开辟了中国特色社会主义道路，使中国的改革和发展呈现出前所未有的大好局面。党的十

① 《毛泽东选集》（第 3 卷），人民出版社 1991 年版，第 819 ~ 820 页。

三届四中全会以后,以江泽民同志为核心的党的第三代中央领导集体,高举邓小平理论伟大旗帜,继续推进中国特色社会主义伟大事业,进一步回答了什么是社会主义、怎样建设社会主义、建设什么样的党、怎样建设党的问题,形成了"三个代表"重要思想。党的十六大以来,以胡锦涛为总书记的党中央,坚持以邓小平理论和"三个代表"重要思想为指导,在推进中国特色社会主义的历史进程中,深化了对什么是马克思主义、怎样对待马克思主义,什么是社会主义、怎样建设社会主义,建设什么样的党、怎样建设党,实现什么样的发展、怎样发展等问题的认识,形成了科学发展观等一系列重大战略思想,进一步丰富和发展了中国特色社会主义理论体系。

党的 90 年奋发学习历程昭示:党的学风如何,直接关系到党的性质、宗旨能否真正得到体现和保持,关系到我们能否真正发挥科学理论对实践的指导作用。学风端正,事业兴旺;学风不正,事业受损。站在建党 90 周年新的历史起点上,扎实推进学习型党组织建设,必须坚持理论联系实际的马克思主义学风,把学习型党组织建设与促进改革发展稳定紧密结合起来,把学习与推动本地区本部门本单位的各项工作紧密结合起来,学用结合、学以致用,在实践中深化学习,做到学习理论与运用理论相统一,不断推动重大现实问题的解决。

五、始终把制度建设作为推进学习的基础环节,着力健全制度,用制度管学习促学习

制度是约束行为、促进规范的最佳选择。没有制度保证,学习的任务就难以落到实处。从党的历史上看,我们党总是能够基于不同历史时期的形势任务和党员干部队伍建设实践,制定出一系列关于学习的规定、决定和意见,对探索学习制度的规范化,积累了大量的宝贵经验。

延安时期,针对党员干部队伍的发展状况不适应新形势需要的实际,中共中央书记处在 1940 年 1 月发布了《关于干部学习的指示》,这是第一个有关在职干部教育的中央文件。该文件不仅规定了党员干部学习的主要课程,而且详尽地规定了一系列的学习制度。比如,建立了在职干部平均每日两小时的学习制度、学习小组制度、学习指导制度、严格的定期汇报与检查总结制度等。1942 年 2 月,中共中央《关于在职干部教育的规定》进一步明确提出了"做什么,学什么"的口号,把在职干部教育的内容,分为业务教育、政治教育、文化教育、理论教育四种范围,进一步推进了党员干部学习制度化建设。

新中国成立后,特别是到了社会主义建设时期,党的学习教育培训管理

体系更加完备,既继承了战争条件下那种强调组织纪律性、动员程度高的特点,又适应党已成为执政党的事实,进一步制度化、系统化。围绕开展大规模干部学习教育培训工作,中共中央先后于1953年12月、1961年9月,发布出台了《关于加强干部文化教育工作的指示》、《关于轮训干部的决定》,这两个文件对干部文化学习的方式、干部业余文化补习学校或文化补习班的学制、课程、教学时间、教师和制度均提出了详细要求;对于干部学习的教材编辑、干部文化教育事业编制和经费以及领导体制都作了完整的规定。这一时期也将高级领导干部的学习摆上了重要位置,先后颁布了中共中央《关于加强理论教育的决定(草案)》、《关于党的高级干部自修马克思列宁主义办法的规定》、《关于如何组织高级干部自修哲学的两项意见》等,这些文件对党的高级干部提出要自觉加强理论修养的要求,明确规定了高级干部自修的课程、时间以及考核考查的方法等具体规章制度。

进入新时期,面对改革开放和市场经济发展带来的新挑战新形势,我们党进一步加强和改进学习制度建设。1982年,中共中央、国务院作出《关于中央党政机关干部教育工作的决定》。1989年,中共中央下发了《关于建立健全省部级在职领导干部学习制度的通知》。中共中央先后在2000年和2008年出台了《关于加强和改进党委(党组)中心组学习的意见》、《关于进一步加强和改进党委(党组)中心组学习的意见》,对各级党委(党组)中心学习制度建设进行了细致规定。同时,自上世纪90年代以来,中共中央先后下发了五个全国性干部教育培训规划,出台了《干部教育培训工作条例(试行)》。特别是2009年12月,中共中央出台了《关于推进学习型党组织建设的意见》,标志着党的学习制度体系建设进入一个新的阶段。

党的90年奋发学习历程昭示:要"把全党变成一个大学校"、办成"无期大学",很重要的一点就是建立一套符合实际、行之有效的学习制度。站在建党90周年新的历史起点上,扎实推进学习型党组织建设,必须在健全制度、完善制度、提高制度执行力上下工夫,通过督促检查、考核考评等形式,使学习由"软任务"向"硬约束"转变,由"抓活动"向"促常态"转变,不断提高学习型党组织建设的制度化规范化科学化水平。

(作者单位:中共山东省委宣传部理论处)

党的统一战线的形成、发展及其历史经验研究

刘　建

在中国共产党90年波澜壮阔的光辉历程中,统一战线始终同中国革命、建设和改革开放事业息息相关、紧密相连。统一战线作为党的重要法宝,在长期曲折的发展过程中,为实现民族独立解放、创建新中国、建立社会主义制度、推进社会主义现代化建设和祖国和平统一大业建立了不可磨灭的历史功勋。全面回顾统一战线的艰苦奋斗历程,认真总结历史经验,深化认识,对新的形势下统一战线事业的巩固、扩大和发展,为实现党和国家的三大任务发挥更大的作用,具有重要的指导意义。

一、党的统一战线形成发展的依据和条件

(一)中国共产党统一战线形成发展的理论依据和条件

中国共产党领导的统一战线是以马克思列宁主义关于统一战线的理论为指导的。马克思、恩格斯关于统一战线的基本思想,主要有以下几个方面:第一,提出了无产阶级统一战线的根本指导思想。马克思、恩格斯强调,无产阶级的革命不仅是为了自身的解放,而且始终代表着全体劳动人民的根本利益。“被剥削被压迫的阶级,如果不同时使整个社会永远摆脱剥削、压迫和阶级斗争,就不再能使自己从剥削它的那个阶级下解放出来。”①第二,提出了无产阶级政党之间的联合和无产阶级内部团结统一的必要性与可能性。为了加强无产阶级内部的团结,马克思、恩格斯提出了“全世界无产者联合起来”的著名口号。第三,指出农民是无产阶级的天然同盟军,无产阶级必须联合农民建立无产阶级领导的工农联盟的思想。马克思强调指出:无产阶级必须联合广大农民,实现了这一联合,“无产阶级革命就会得到一种合唱,若没有这种合唱,它在一切农民国度中的独唱是不免要变成孤鸿

①② 《马克思恩格斯选集》(第1卷),人民出版社1995年版,第252页,第684页。

哀鸣的"②。第四,提出无产阶级要"支持"、"联合"其他政党和阶级,但必须坚持自己的独立性。马克思、恩格斯指出:在资产阶级民主革命中,"只要资产阶级采取革命的行动,共产党就同它一起去反对专制君主制、封建土地所有制和小市民的反动性。但是,共产党一分钟也不忽略教育工人尽可能明确地意识到资产阶级和无产阶级的敌对的对立",对同盟者不放弃"采取批判态度的权利。"①

上述马克思、恩格斯关于统一战线理论的基本思想,奠定了无产阶级统一战线的理论与策略基础。列宁把马克思主义关于无产阶级革命的科学理论变成了现实,并且在实践马克思主义理论过程中又发展了这一理论。其主要贡献是:第一,明确提出无产阶级统一战线的概念,强调无产阶级必须坚持统一战线策略。1922 年 4 月,列宁在《我们付出的代价太大了》一文中,明确提出了"统一战线"的概念,并精辟地论述了工人运动内部的统一战线问题。第二,提出了无产阶级及其政党要善于利用敌对势力之间的一切矛盾,以获得最广泛的同盟者的思想。第三,提出了工农联盟的思想,强调工农联盟的重要性。第四,提出无产阶级与被压迫民族联合起来的广泛的统一战线思想。

(二)中国共产党统一战线形成发展的历史依据和条件

统一战线问题是中国革命的基本问题之一,它所产生的社会历史条件,就是中国半殖民地半封建的社会性质。由中国社会性质所决定的反帝反封建的革命任务,必然要求各革命阶级建立统一战线。在半殖民地半封建的近代中国,帝国主义同中华民族的矛盾,封建主义同人民大众的矛盾,成了社会的主要矛盾。因此,反帝反封建便成为中国革命的主要任务。可是,要完成这两项任务并非易事,其主要原因是敌人的强大。首先,敌人是多方面的。不仅有经济力量、军事力量和政治组织力量占相对优势的各帝国主义列强,而且有受外国列强支持的国内封建势力,还有一个由内外敌人所培植的官僚、买办资产阶级。其次,敌人中有复杂的联盟关系。各国列强为着共同的利益,在一定条件下可以暂时联合,向革命力量进攻;某一列强和受它支持的一派封建军阀或买办阶级相互勾结,共同对付革命力量;各派军阀也可以随其主子的驱使而采取某些统一行动。所以,无产阶级不能孤军作战,必须联合各革命阶级,结成广泛的统一战线,进行长期艰苦的斗争,方能取得革命的胜利。

---

① 《马克思恩格斯选集》(第 1 卷),人民出版社 1995 年版,第 306 页。

近代中国社会的民族矛盾和阶级矛盾，决定了中国革命有可能建立统一战线。帝国主义对中华民族的民族压迫和封建、官僚买办阶级对人民大众的阶级压迫，造成了反对帝国主义、封建主义和官僚资本主义的广泛的社会基础，中国革命完全有可能建立统一战线。工人阶级生活在社会的最底层，身受三大敌人残酷的剥削和压迫，有着强烈的争取民族独立和阶级解放的愿望。他们是先进生产力的代表，公而忘私，富有远见，能在长期的斗争中把一切可以争取的力量团结到自己的周围，成为统一战线中的中坚力量。农民阶级占了全国人口的80%左右，是三大敌人压迫、剥削的主要对象，是革命的主力军，是工人阶级最好的同盟军，是统一战线的主要社会基础。城市小资产阶级包括大多数的知识分子、小商人、手工业者和自由职业者。他们也遭受民族压迫和阶级剥削，经常处于失业和破产的威胁之下，迫切要求改变现状，有革命的愿望。特别是其中的大多数知识分子、青年学生，往往在革命中起着先锋和桥梁的作用，是一股重要的革命力量。民族资产阶级是一个复杂的具有两面性的阶级，他们一方面受到帝国主义、封建主义的压迫和束缚，具有一定的革命性；另一方面，他们又与帝国主义、封建主义有着千丝万缕的联系，因而具有妥协性。但是，从主要方面看，这一阶级是在内外敌人的排挤和压迫下生存的，是作为他们的对立面而发展的，在一定的条件下，可以成为无产阶级的盟友。

（三）中国共产党统一战线形成发展的现实依据和条件

我国已经进入全面建设小康社会的新阶段。统一战线不仅面临的形势任务和社会环境发生了深刻变化，出现了一些新问题新情况，而且统一战线的内部结构也发生了深刻变化，新的社会阶层作为建设者成为统一战线的重要组成部分。统一战线要充分发挥作为党执政兴国重要法宝的作用，就必须根据新的形势、任务与实践的需要，深入研究关系统一战线巩固发展和作用发挥的全局性、根本性和前瞻性问题，以更好地指导全面建设小康社会新阶段的统一战线工作。

进入全面建设小康社会的历史阶段，如何认识统一战线的地位和作用，仍然是统一战线巩固发展和作用发挥面临的首要问题。胡锦涛指出，统一战线不仅是我们党夺取中国革命、建设和改革事业胜利的重要法宝，也是我们党执政兴国的重要法宝。这一重要论断，着眼于中国共产党历史方位的变化，深刻总结了党执政60年以来的基本经验和世界一些大党老党丧失政权的历史教训，不仅进一步丰富了统一战线重要法宝的内涵，是统一战线基本理论的创新和发展，也是党在全面建设小康社会新阶段赋予统一战线的光荣使命。我们必须站在新的历史起点上，联系党的基本理论的创新和发展，联系当今世界上一些政党执政的经验与教训，联系全面建设小康社会新阶段的形势任务和实现中华民族伟大复兴的神圣使命，把理论与实践相结合，深入研究统一战线为中国共产党执政兴国服务的内容、形式、途径和渠道，进一步提高和深化对新世纪新阶段统一战线重要地位的认识，更加自觉地运用统一战线为实现党的总目标总任务服务。

二、中国共产党统一战线形成发展的历史过程

在党领导中国人民进行革命建设和改革的历史实践中，党的统一战线的形成发展经历了一个长期复杂的过程，大致经历了三个阶段。

（一）新民主主义革命时期的民族的、革命的统一战线

中国共产党在领导中国革命建设和改革的实践中，把马克思列宁主义关于统一战线的基本理论运用于中国实际，并在理论上、实践上发展了这一理论，形成了具有中国特色的民族的、革命的统一战线。这个时期的统一战线，就是中国共产党为实现新民主主义革命的总任务，与其他革命的阶级、阶层、政党、集团以及一切可以联合的力量结成的政治联盟。

在新民主主义革命时期，由于革命经历了不同的发展阶段，各个阶段的革命任务不同，统一战线的构成和具体形式也不同，大体上经历了四种形式，即大革命时期以第一次国共合作为基础的国民革命统一战线；土地革命时期的工农民主统一战线；抗日战争时期的抗日民族统一战线和解放战争时期的人民民主统一战线。这四个阶段的统一战线，都是以新民主主义革命为基础，都属于民族的、革命的统一战线。

（二）社会主义革命和建设时期的人民民主统一战线

1949 年 10 月 1 日，中华人民共和国宣告成立，从此开创了中国历史的新纪元。我国进入了由新民主主义社会向社会主义社会转变的过渡时期。我国的人民民主统一战线也开始进入一个新的历史阶段，形成了自己的组织形式——中国人民政治协商会议。从以反对帝国主义、反对封建主义、反对官僚资本主义为内容的新民主主义纲领，发展到具有向社会主义过渡性质和特点的中国人民政协的《共同纲领》。从配合武装斗争夺取政权，发展到巩固人民民主专政的国家政权，恢复和发展国民经济，然后逐步进行社会主义改造和社会主义建设，为实现社会主义而奋斗。

这个时期党的统一战线工作，总的说来，坚持了党的方针政策，在团结推动广大爱国力量、积极参加社会主义建设、保持全国政治形势的稳定和各族人民的大团结，特别是为顺利地渡过“大跃进”造成的严重经济困难等方面，作出了积极的贡献。但是，1957 年下半年后，党的工作指导思想上犯了

"左"倾错误,轻易改变了"八大"对我国社会主要矛盾的科学论断,从而造成一系列的严重失误,给党的统战工作造成极大损失。持续十多年的"文化大革命",是党的历史上"左"倾错误占统治地位时间最长、危害最大的时期,长期动乱使党、国家和各族人民遭到新中国成立以来最严重的挫折和损失,统一战线工作也遭到前所未有的严重破坏。

(三)改革开放新时期的爱国统一战线

1978 年党的十一届三中全会作出了把党的工作重心转移到社会主义现代化建设上来的战略决策,重新确立了马克思主义的思想路线、政治路线和组织路线,实现了建国以来我国历史上具有深远意义的伟大转折。以邓小平同志为核心的党的第二代中央领导集体开辟了社会主义事业发展的新时期,党的统一战线也发生了历史性的变化,形成了新时期的爱国统一战线。

以江泽民同志为核心的党的第三代中央领导集体和以胡锦涛为总书记的新一届中央领导集体,始终坚持邓小平理论为指导,高度重视建立和发展最广泛的统一战线,最大限度地争取人心、凝聚力量,使统一战线进一步发展成为全体社会主义劳动者、社会主义事业建设者、拥护社会主义爱国者和拥护祖国统一的爱国者最广泛的联盟。新世纪新阶段,在党中央的正确领导下,经过全党各级组织、统战部门以及统一战线各方面成员的共同努力,统一战线在服务全面建设小康社会、实现祖国和平统一、维护世界和平发展三大历史任务中,取得了显著成绩,开创了统战工作的新局面。

三、中国共产党建立、巩固和发展统一战线的基本经验

中国共产党在 90 年领导人民从事革命、建设和改革的伟大实践中,在建立、巩固和发展统一战线的历程中积累了丰富的历史经验供我们借鉴。

(一)坚持中国共产党的领导是统一战线发展壮大的根本保证

领导权问题是统一战线的根本问题。坚持中国共产党对统一战线的领导权,是统一战线总结正反两方面历史经验得出的基本结论。坚持中国共产党的领导权,是由我国具体国情和统一战线实际状况所决定的。中国共产党是工人阶级先锋队,是中国人民革命和建设事业的领导核心,要团结统一战线各方面成员,为争取新民主主义和社会主义的前途而共同奋斗,必须坚持由中国共产党来领导,而不可能由其他政党来领导。

坚持党的领导,必须改善党的领导。历史经验证明,实现党对统一战线的领导,一是要依靠党的正确路线和政策,依靠广大党员的先锋模范作用,团结党外人士为实现共同目标而奋斗。二是要充分发扬民主,坚持平等相待,寓党的领导于民主协商之中。三是要照顾党外人士的利益,了解他们的

实际要求,帮助解决具体困难和问题。四是要加强思想政治工作,给予必要的政治引导,针对各种错误的言行进行必要的批评,甚至斗争,坚持党的领导,必须形成全党重视统战工作的局面,这是充分发挥统一战线作用的根本保证。①

(二)坚持围绕中心服务大局是统一战线存在发展的价值所在

党和国家的中心任务是为解决中国社会特定历史发展时期的主要矛盾而提出的,决定着党在不同时期的路线、方针和政策。统一战线是党的总路线和总政策的组成部分,只有服从、服务于党和国家的中心任务,才能坚持正确的目标和方向,为中国革命和建设作出重大贡献。

回顾统一战线 90 年的历史发展,可以看出,统一战线的作用和价值的大小是与为党的中心工作服务的程度紧密联系在一起的。在新的形势下,统一战线只有牢固树立为党和国家中心任务服务的指导思想,才能找准位置,发挥优势,永葆统一战线的生机和活力。

(三)坚持大团结大联合是统一战线工作的永恒主题

大团结、大联合是统一战线永恒的主题。90 年来,党在各个历史时期建立的统一战线,具体性质、目标、任务虽有不同,但是,为了大目标,去实现大团结、大联合,却是一个共同的特点。只有调动千千万万的同盟者,组成浩浩荡荡的革命和建设队伍,我们党才能克服各种困难,战胜各种挑战,从胜利走向胜利。

在新时期实现大团结、大联合,必须高举爱国主义、社会主义两面旗帜。在当代中国,爱国主义和社会主义在本质上是统一的。只要我们高举爱国主义和社会主义两面旗帜,就一定可以打破阶级、阶层、党派、团体的界限,实现中华儿女最广泛的大团结、大联合,共同为实现祖国的完全统一和中华民族的全面振兴而奋斗。

(四)坚持一致性和多样性的统一是统一战线巩固发展的基石

统一战线是同和异的矛盾统一体。"同"主要是统一战线成员基于共同利益而确立的共同目标和要求。"异"主要是统一战线成员之间在信仰上、世界观上、具体利益和要求上存在的差别。对于统一战线中的各种差异和分歧,首先要求"同"。通过主动宣传党的路线方针政策,积极开展教育引导帮助,把统一战线成员的思想认识统一到共同的理想和奋斗目标上来;对有损于共同政治基础的倾向,要负责地予以指出,热情及时地帮助纠正。其次

---

① 中央统战部研究室《中国共产党建立、巩固和发展统一战线的基本经验》,载《民主与科学》2001 年第 3 期。

是存“异”。对不同性质的异要具体分析,区别对待。

(五)坚持照顾同盟者的利益,实现合作共赢,是统一战线持续发展的重要条件

唯物史观认为,物质利益是人们从事一切活动的主要驱动因素。在统一战线中,如果不能在坚持共同利益的前提下,兼顾同盟者的具体利益,中国共产党就不能团结同盟者为实现各个时期的目标和任务而共同奋斗并取得胜利。毛泽东曾指出,“对被领导者给以物质福利,至少不损害其利益,同时对被领导者给以政治教育”①,是共产党实现对统一战线领导权的一个必须具备的条件。统一战线90年的历史证明,照顾同盟者利益,是巩固和发展统一战线必须坚持的一个重要原则。

照顾同盟者的利益,是新时期中国共产党带领同盟者继续前进的重要保证。同盟者的利益会因时代的变化和发展而有所不同,但照顾同盟者利益的原则不能因形势发展和任务的变化而改变。当前,随着改革的深入和社会主义市场经济体制的建立,我国经济结构和社会关系出现了多样化的趋势,利益格局不断调整,党外人士在政治安排、生活待遇和工作条件方面遇到了许多新情况、新问题。我们要妥善解决这些问题,切实照顾同盟者的利益,充分调动统一战线各方面人士的积极性,同心同德地把建设有中国特色的社会主义现代化建设事业全面推向前进。

(作者单位:山东省社会主义学院)

① 《毛泽东选集》(第4卷),人民出版社1991年版,第1273页。

中国共产党处理治国理政与自身建设关系的实践探索和基本经验

山东大学政党研究所课题组

治国理政与自身建设的关系问题，本质上反映的是党的政治路线与党的建设关系问题。实现治国理政与自身建设关系的科学化，既是马克思主义政党保持先进性的要求，也是马克思主义政党发挥政治功能的基本保证。对于中国共产党来讲，治国理政与自身建设关系的问题，在新中国成立以前具体表现为围绕取得全国政权的革命根据地建设与党的自身建设的关系，新中国成立以来则集中表现为围绕社会主义物质文明、精神文明、政治文明、社会文明及生态文明建设与党的自身建设的关系。在世情、国情和党情发生重大变化的新的社会历史条件下，全面总结中国共产党处理治国理政与自身建设的关系的历史经验，牢牢把握党的自身建设同党的政治路线密切联系的规律，深入探讨中国共产党把推进党的建设伟大工程同推进党领导的伟大事业紧密结合起来的实现机制，是按照科学规律谋划党的建设，进一步从战略上加强和改进党的建设的需要；是进一步增强党应对各种挑战和风险，提高党的领导水平和执政能力的需要；是把科学发展观的要求体现在党的全部工作之中，推进党的各项工作科学发展的需要。

一、中国共产党处理治国理政与自身建设关系的实践探索

党的建设同党的事业的紧密联系，从根本上讲，是由社会历史发展规律和党的性质与历史使命所决定的。对中国共产党来说，党的建设从来不是一件独立的事情，它始终围绕着党领导的伟大事业展开，始终服务于党治国理政的理论与实践。

（一）党的第一代中央领导集体处理治国理政与自身建设关系的实践探索

中国共产党自诞生时起，就立即投入了反帝反封建的革命斗争，以实现共产主义社会制度为己任，以在中国建立无产阶级专政为奋斗目标。由于

中国革命走的是一条农村包围城市、武装夺取政权的道路,所以在取得全国政权之前,中国共产党已经在一些局部地区建立了地方政权。从第一个的茶陵工农兵政权到中华苏维埃政府,再到敌后抗日民主政权,在这些政权下,人民群众享有选举权和被选举权,基层实行直接选举,这是共产党人治国理政的最直接体现。在中国共产党领导中国人民走新民主主义革命道路的进程中,以毛泽东为代表的共产党人深知,要担负起领导中国革命和建设的重任,就必须不断加强党的自身建设。毛泽东同志在中国的特殊环境里,着眼于中国革命的特点和任务,运用马列主义建党学说的基本原理,成功地解决了如何把以农民为主体的中国共产党建设成为马克思主义政党的时代难题,对于如何处理治国理政与自身建设关系也积累了丰富的经验。

从1921年中国共产党成立到1949年,中国共产党的建设、成长和发展经历了党的幼年时期、土地革命战争和抗日战争和解放战争时期四个历史阶段。抗日战争时期,毛泽东通过对中国共产党和中国革命经验教训的总结和反思,对中国共产党和中国革命的基本规律及其特点获得了更深刻的认识。1939年10月,毛泽东在《〈共产党人〉发刊词》中第一次提出了党的建设同党的政治路线密切联系的原理。他指出,党的建设的过程,党的马克思主义化的过程,是同党的政治路线密切地联系着的,是同党对于统一战线问题、武装斗争问题之正确处理或不正确处理密切联系着的。抗日战争时期,党确立了正确的政治路线,治国理政有了明确的方向,即后来重新概括为:无产阶级领导的,人民大众的,反对帝国主义、封建主义和官僚资本主义的新民主主义革命总路线和总政策。这条总路线和总政策,是党在新民主主义革命历史阶段执行各项具体路线、政策的依据,抗日战争和解放战争的最后胜利,就是在这条总路线和总政策的指引下取得的。在正确的治国理政路线的指引下,我们的党日益发展壮大,党的思想建设、组织建设和作风建设逐渐有机融为一体。在思想建设方面,毛泽东在《古田会议决议案》中首次提出了必须首先着重从思想上政治上建设党的原则。在延安整风运动期间,提出了实事求是的思想路线,确立了党的思想建设的主要原则、基本内容、重要形式和基本方法。在组织建设方面,把民主集中制提高到我们党和国家的根本组织制度的高度,提出了德才兼备的干部标准和任人唯贤的干部路线。在作风建设方面,在党的七大《论联合政府》中总结出三大作风,即:理论和实践相结合的作风、和人民群众密切地联系在一起的作风以及自我批评的作风。正是在不断加强党的建设的政治实践中,我们党团结带领广大人民群众,取得了抗日战争、解放战争的伟大胜利。

新中国成立初期,我们党适应工作重心从农村转入城市、开始由城市领导农村的重大转变,密切结合民主改革和恢复国民经济的各项工作加强自身建设,使党员质量和党组织的战斗力进一步提高,党的政策得到社会各阶层人民的拥护和支持,党在群众中的威信空前提高。我们党依靠理论路线的正确、党组织和党员干部富有战斗力等优势,领导人民巩固了新生的人民政权,迅速医治了战争创伤,荡涤了旧社会的污泥浊水,完成了全国土地改革,基本完成了对生产资料所有制的社会主义改造,实现了从新民主主义向社会主义的转变,展开了大规模的社会主义经济文化建设。1956 年 9 月召开的党的八大在制定适合我国国情的正确路线方针政策的同时,明确提出党的建设的基本任务是提高全党的马列主义水平,坚持理论联系实际、实事求是的原则,把马克思主义的普遍真理同中国革命的具体实践密切结合,反对主观主义、官僚主义和宗派主义。八大以后到"文化大革命"前的十年,党领导人民艰辛探索适合我国情况的社会主义建设道路,其间成功与挫折交替,正确与失误交织,从总体上说我国社会主义建设事业取得的成就是有目共睹的,党的建设各方面工作是扎实有效的,党经历了在曲折中发展的过程。

(二)改革开放以来党的中央领导集体处理治国理政与自身建设关系的实践探索

党的十一届三中全会果断地停止了"以阶级斗争为纲"的口号,作出了全党工作的着重点转移到社会主义现代化建设上来和实行改革开放的伟大战略决策,实现了党的治国理政路线的拨乱反正,我国进入了改革开放和现代化建设的新的历史时期。在实现工作重心的战略转移过程中,党围绕社会主义初级阶段的基本路线,在引领当代中国发展进步中加强和改进党的建设,中国共产党治国理政与自身建设步入了新的历史阶段。

1982 年 9 月,邓小平同志在党的十二大开幕词中,从总结我们党长期历史经验、推进马克思主义中国化的理论高度,郑重地提出了把马克思主义的普遍真理同我国的具体实践结合起来,走自己的路,建设有中国特色的社会主义的基本结论。据此,党的十二大确定了治国理政的宏伟纲领,同时也提出了把党建设成为领导社会主义现代化事业的坚强核心的任务。党的十三大系统地阐明了党在社会主义初级阶段建设有中国特色社会主义的基本路线,其核心内容就是"一个中心、两个基本点"。经济建设是各项工作的中心,四项基本原则和改革开放是两个基本点,是服从和服务于经济建设这个中心的。这条基本路线是党的十一届三中全会以来路线的继续和发展,重新认识和系统回答了什么是社会主义和如何建设社会主义这个根本问题。与这条基本路线相适应,党的十三大还提出了党的建设的指导思想,即新时期党的一切工作,都必须保证党的基本路线的贯彻和执行。党的自身建设也必须进行改革,以适应改革开放的新形势。这个指导思想体现在党的建设目标上,就是把我们的党建设成为有战斗力的马克思主义政党,成为领导全国人民进行社会主义物质文明和精神文明建设的坚强核心。党的十四大指出:要毫不动摇地坚持以建设有中国特色社会主义理论为指导的党的基本路线。这是我们事业能够经受住风险考验,顺利到达目标的最可靠的保证。此后,党的十五大和十六大又以党章的形式正式载明:中国共产党要领导全国各族人民实现社会主义现代化的宏伟目标,必须紧密围绕党的基本路线加强和改进党的建设,必须坚持党要管党、从严治党,发扬党的优良传统和作风,不断提高党的领导水平和执政水平,提高拒腐防变和抵御风险的能力,不断增强党的阶级基础和扩大党的群众基础,不断提高党的创造力、凝聚力、战斗力,使我们党始终走在时代前列,成为领导全国人民沿着中国特色社会主义道路不断前进的坚强核心。党的十七大提出要深入贯彻落实科学发展观,必须始终坚持"一个中心、两个基本点"的基本路线,必须切实加强和改进党的建设。党的十七届四中全会则进一步明确要坚持把推进党的建设新的伟大工程同推进党领导的伟大事业紧密结合起来,保证党始终成为社会主义事业的坚强领导核心。在正确的治国理政方针的指引下,党坚持把推进中国特色社会主义伟大事业同推进党的建设新的伟大工程结合起来,不断加强党的执政能力建设和自身建设。一方面,党的建设始终坚持服从和服务于党和国家工作大局,坚持从建设中国特色社会主义伟大实践中开辟党的建设的宽阔舞台和活力源泉,把服务中国特色社会主义伟大事业、实现中华民族伟大复兴作为党的建设的根本方向。另一方面,建设中国特色社会主义始终以党的建设为支撑、为保证,把党的建设的成效贯穿到国家发展的各个领域,把国家的发展作为党执政兴国的第一要务。伟大事业不断为伟大工程注入新的生机和活力、开辟广阔的前景,伟大工程紧紧围绕伟大事业来进行,确保其蓬勃发展,从而使新世纪党的治国理政与党的建设呈现出相互促进、相辅相成的生动局面。

二、中国共产党正确处理治国理政与自身建设关系的基本经验

自中国共产党成立以来,我们党始终围绕治国理政不断加强和改进党的建设,取得了举世瞩目的成就。结合我们党处理治国理政与自身建设关系的伟大历程,可以总结出如下经验。

(一)处理好党治国理政与自身建设关系要围绕党的政治路线来加强党的建设

党的建设历来同党的政治路线密切联系着。党的建设围绕党的政治路

线来进行，为实现党的中心任务服务，保证党的政治路线的贯彻执行，是我们党在长期治国理政与党的建设实践中逐步探索形成的一条基本原则。民主革命时期，围绕党的政治路线加强党的建设是我们取得新民主主义革命胜利的三大法宝之一；建国后，在探索社会主义建设的过程中，对于党的政治路线和党的建设的关系我们积累了正反两方面的经验、教训。进入改革开放历史新时期，我们党坚定实现了工作重心的战略转移，逐步形成党在社会主义初级阶段的基本路线，围绕全面贯彻这个基本路线开辟了党的建设新的伟大工程，党的建设重新沿着正确的方向前进。实践证明，能否制定正确的政治路线，关系党的前途命运，关系党的建设能否健康发展；是否围绕正确政治路线加强党的建设，决定党的政治路线的贯彻执行，决定党的建设成效，决定治国理政与自身建设的科学化程度，关系党和国家的前途命运。

（二）处理好党治国理政与自身建设关系要不断丰富和发展马克思主义

马克思主义是中国共产党治国理政的理论指导，思想理论建设是党的根本建设。从治国理政与自身建设的关系上来看，中国共产党自建党以来90年的历史，就是一部从局部执政到全面执政过程中用发展着的马克思主义指导党治国理政与自身建设的历史。毛泽东思想就是在党领导开辟农村包围城市的革命道路、进行根据地建设的局部执政实践和开辟党的建设的伟大工程中形成的，并在转向全国执政中发展完善的。中国特色社会主义理论体系，就是包括邓小平理论、"三个代表"重要思想以及科学发展观等重大战略思想在内的科学理论体系，始终围绕什么是社会主义、怎样建设社会主义，建设什么样的党、怎样建设党，实现什么样的发展、怎样发展等重大理论和实际问题展开，是在中国改革开放的伟大事业取得举世瞩目的成就、中国特色社会主义事业和党的建设有机融为一体的过程中进一步发展起来的中国化的马克思主义。正是由于在领导中国革命、建设和改革的过程中，在处理党治国理政与自身建设的过程中坚持把马克思主义同中国具体实际相结合，我们党才能紧紧围绕党的政治路线加强党的建设，制定出正确的执政方略，实现党在指导思想上的与时俱进。比如建国后，我们党用了30多年的时间，经过正反两方面经验的比较，才认识到什么是社会主义、怎样建设社会主义，建设什么样的党、怎样建设党这个执政党必须解决的根本问题，从而制定了一系列新的路线、方针和政策，实现了党治国理政与自身建设的良性互动。这其中所蕴含的深刻经验证明必须始终坚持解放思想、实事求是、与时俱进的思想路线，坚持不断开拓，勇于创新。创新的过程，就是把马克思主义基本原理和中国实际相结合的过程，就是不断加强意识形态的过程。

坚定地站在马克思主义的立场上、以全人类的伟大创造丰富和发展马克思主义,以马克思主义中国化的最新成果武装全党,着力于解决党在治国理政和自身建设中所面临的实际问题,是处理好党治国理政与自身建设关系的根本所在。

(三)处理好党治国理政与自身建设关系要实现党内民主与人民民主的有机统一

党是民主政治体系的主导,人民是民主实践的主体;党内民主是人民民主发展的政治前提,人民民主是社会主义民主政治的最高形态和根本目标;实现党内民主与人民民主的有机统一和良性互动是中国共产党在深刻认识马克思主义执政党治国理政和自身建设历史的经验教训的基础上形成的重要结论。在延安时期,黄炎培向毛泽东提出共产党是否找到跳出人亡政息的“历史周期率”的问题,毛泽东当时就鲜明地回答:我们已经找到了新路,这就是民主的新路。让人民当家做主,人民人人都来负责,监督政府。这样,我们革命胜利后,不会导致人亡政息。换句话来说就是建设民主政治,走发展党内民主和人民民主的新路来管党治党和治国理政,把坚持共产党领导、人民当家做主和依法治国有机统一起来,保障党员和人民在党和国家中的主体地位与民主权利,加强党和国家的民主监督,就有可能拒腐防变,实现长期执政。解放战争后期,在中国共产党的领导下,全国各民主党派、无党派民主人士、各人民团体、各界爱国人士代表在北京共商国是,共同开创了符合中国国情的实现人民民主新模式。新中国成立后,党在抓好党内民主建设的基础上,把“主权在民”的思想发展到一个新的境界,从制度形态和政治实践上使其由理想变为现实。党创立了把党的领导和发扬人民民主紧密地统一结合起来的新的执政方式和执政体制,在不断健全和完善民主集中制、促进党内民主生活的正常化的基础上,领导人民建立了人民民主专政的国家政权,充分利用人民代表大会制度这个平台团结民主党派,领导人民群众,执掌国家政权,实行对政府和司法机关的领导,推动了中国政治民主的有序发展。党的十一届三中全会以后,党继续积极稳妥地推进党内民主和人民民主,坚持党内民主与人民民主的辩证统一,坚持党的领导、人民当家做主和依法治国的辩证统一,逐步探索出了一条中国特色民主政治发展的道路——“从党内民主到人民民主”的民主政治之路,党和国家的事业蒸蒸日上。历史证明,什么时候党内民主生活积极健康,人民民主就会得到发扬;什么时候人民民主得到坚持和发展,党内民主才会得到真正的促进。以党内民主示范人民民主,以人民民主促进党内民主,对处理好党治国理政和自身建设的关系意义重大。

（四）处理好党治国理政与自身建设关系要实现党政关系的科学化

党政关系是社会主义政党政治关系的重要内容，党政关系状况直接反映着中国共产党治国理政的科学化水平。中国的党政关系是在特殊的历史条件下形成的，是中国政治制度和基本国情的反映，其形成和发展有一定的历史必然性和合理性，也产生过积极效应，但是，传统党政关系模式的局限性和弊端同样十分明显，其突出表现就是“党政职能不分”和“权力过分集中”。中国的党政关系经历了革命战争年代的初步探索，建国之初的党政相对分离，“文革”时的以党代政、党政不分，再到十一届三中全会后党政关系日益科学化的过程。科学化的党政关系是既能有效影响国家政权，又不能包办代替国家政权职能的党政关系；是既要制定和执行政策，又不能以政策代替法律的党政关系；是既要树立党的威信，又不能以党组织的名义来挤占其他组织政治空间的党政关系；是既要民主执政，科学执政，又要依法执政的党政关系。正是在实现党政关系科学化的过程中，我们党通过党权与政权关系的科学认定和有效运行，使包括政党权利在内的人民权利得到最大限度的保障，使包括政党权力在内的国家权力得到最有效的制约，从而使人民民主得到又好又快的发展。因而，党政关系的科学化，不仅在总的方向和趋势上，而且从根本内容上解决了党治国理政与自身建设的核心问题。

（五）处理好党治国理政与自身建设关系要实现党与社会关系的科学化

政党与社会的关系，就是党民关系或党群关系。政党与社会的关系，既是一个政党来源于社会，政党以社会为基础的关系，又是一个政党服务社会，社会借助政党组织实现自身发展的关系。

执政党与社会的关系状况，既是马克思主义执政党自身建设水平的具体反映，也是其治国理政科学化水平的集中体现。从历史上看，我们党历来就是靠宣传群众、组织群众、依靠群众起家，从胜利走向胜利的。党的七大专门论述了党的群众路线的极端重要性，并将它提到了党的根本的政治路线和组织路线的高度。在新民主主义革命时期，正是因为党始终坚持群众路线，保持着与人民群众的血肉联系，才取得了革命的伟大胜利。建国后，党坚持群众路线，继承和发扬党的优良传统和优良作风，反对和防止各种不正之风，党领导的社会主义建设事业继续发展。改革开放以来，党继承和发扬在长期实践中积累的群众工作经验和优良传统，坚持人民是历史创造者的马克思主义根本观点，充分尊重人民群众的首创精神，不断改进新的历史条件下党的群众工作，在利益格局深刻调整中兼顾不同群体的利益诉求，妥善协调和处理不同方面群众的利益关系，使我们党从人民群众中吸取了巨大的物质精神力量。党的十六届四中全会第一次提出了构建“社会主义和谐社会”的科学命题,目的就在于从理念层面提升对治国理政与自身建设根本目标的认识,是进一步提升党社关系地位的重要举措。历史一再证明,我们党的根基在人民,血脉在人民,力量在人民。我们党的治国理政与自身建设,最重要的就是要把最广大人民的根本利益作为党和国家全部工作的出发点和落脚点,组织和动员全党紧紧依靠人民群众始终不渝地为中国人民和中华民族的根本利益而不懈奋斗。

(作者单位:山东大学政党研究所)

构建现代社会良性运行机制跳出历史周期率

——中国共产党90年历史实践的考察与思考

张福记

1945年7月,民主人士黄炎培在延安曾问毛泽东,能否找到跳出历史周期率的新路,毛泽东回答已经找到,就是民主,让人民起来监督政府。[①] 学术界关于跳出历史周期率的相关论文,其研究思路基本上都是顺着黄炎培和毛泽东的对话,从政治民主和党的建设进行论述的。21世纪的今天,我们已经看到号称实行民主的许多发展中国家,社会仍然动荡不定,国家政局不稳,没有很好地解决社会长治久安的问题。单纯的政治民主化解决不了跳出历史周期率实现社会长治久安的目标。中国共产党建党以来90年的历史实践,实际上也是构建社会良性运转系统的过程,在庆祝建党90年之际,重新审视这一曲折发展的历史过程,总结其中的经验教训,将为当代中国社会的改革与发展提供有益的历史借鉴。

一、考察中国共产党构建现代社会良性运行机制历程的重要意义

中国共产党1921年诞生以来,为中华民族的复兴已经奋斗了90年,一直在探索中国社会发展的规律。回顾这一艰辛曲折的历程,可以说既有失败挫折,更有辉煌胜利。作为一个善于反思历史的政党,正是从诸多失败的教训和成功的经验中,使其不断成熟,逐步寻找到符合中国国情又顺应世界发展潮流的有中国特色的革命与现代化建设之路。

(一)探索社会主义现代化建设规律的内在要求

中国共产党诞生已经90年,全国执政也60多年,系统探索社会主义建设的规律,少走弯路,少付代价,从而实现社会的长治久安,是十分重大的使

---

① 黄炎培:《八十年来 附〈延安归来〉》,中国文史出版社1982年版,第156~157页。

命。中国作为世界上少有的历史悠久、幅员辽阔、人口和民族众多的超大型后发现代化国家，其社会发展之路注定不同于其他国家，必然有其特殊之处，经过30多年改革开放，中国社会现代化进程又到了一个新的关键点，人均3000多美元，也正是改革攻坚期、矛盾突发期。在这种新的形势下，如何进一步推进改革，将中国社会主义现代化建设导向坦途，成为我们必须思考的问题。尽管中央提出了科学发展观和和谐社会建设等重大理论，但社会上对这些理论的意义的认识还有待深入。如学术界理论界对社会主义现代化的认识，还存在不少片面认识，没有达成共识。有的把现代化等同于工业化、城市化，有的推崇GDP至上、或者民主制度万能。这些认识应该说都没找到现代化建设的根本，工业化、民主化等只是现代化的部分特征，却不是其真正的本质，现代化的本质应该是构建现代良性社会运转系统，推进社会政治、经济、文化协调发展。回顾中国共产党90年的曲折的历史实践过程，有许多经验教训值得我们认真总结。

（二）世界上其他国家现代化进程中沉痛教训的警示

实现社会的现代化是当代每个民族国家的目标，但环顾全球，真正成功的不多，不少国家在现代化的过程中不断动荡，甚至走向崩溃。首先需要提到的是苏东剧变。前苏联共产党执政70多年，出人意料地垮台，国家分裂；其他东欧社会主义国家的共产党组织也失去政权，社会主义遭遇严重挫折。出现这种局面，固然有外来势力破坏的因素，但根本上还在于执政党对社会主义现代化建设规律的认识不到位，方针政策有失误，没有成功构建现代社会良性运转系统，社会缺乏活力，人民的生产积极性不高，社会结构不协调，最终导致社会崩溃。拉美国家的现代化比中国起步早，也一度达到人均3000多美元，但现代化进程中，动荡不断，仍然难以摆脱贫穷落后的面貌。东南亚的菲律宾、泰国、巴基斯坦等国家，虽然实行西方的民主制度，但也没有改变国家贫穷、动荡的局面。世界范围金融危机后，不少发达国家也面临民主体制下难以处理好民众保持更高福利的期望与国家财力难以支撑的矛盾。因而不少国家的民众不断示威游行，更有不少国家发生内战。世界各国发展的曲折进程给我们提出警示，一个政党过去先进不等于现在先进，现在先进不等于永远先进。中国共产党要长期执政，实现社会的长治久安，就必须不断加深对社会主义现代化建设规律的认识，使党和国家的方针政策不出现大的错误。

（三）反思历史是中国共产党推进马克思主义中国化的重要途径

重视反思历史是中国共产党的优良传统，是推进马克思主义中国化，形成科学指导理论的重要途径之一。毛泽东思想和中国特色社会主义理论体系的形成与完善,正是依托于一次次深入的反思历史。回顾历史走过的道路,是一个时思时新的过程。立足于中共90年历史实践的成功与挫折,对中国共产党探索社会发展规律的理论和实践,会有新的心得。

二、关于现代良性运行社会系统及中国传统社会历史周期率的基本认识

(一)现代良性运行社会系统的基本认识

现代社会是一个复杂的有机的社会运行系统,其构成要素的功能之和不能代替社会系统整体之功能,犹如无数个体树木功能之和无法包涵森林整体功能一样。我们必须用系统思维的视角,整体地去理解社会的运行与发展,才能真正把握社会运行的规律。

一个良性运行的现代社会必须是一个开放的社会系统,只有这样,才能更好地与外部保持物质、能量与信息的交换,并激活系统内部的结构要素,从而推动社会结构不断分化与整合,充满活力,逐步向高级有序的社会转化。一个良性运行的现代社会必然是社会结构协调发展的高度有序的系统,表现为社会分工与协作发达,经济、政治、思想文化子结构的相互依赖相互促进。一个现代良性运行的社会是动态有序的活结构,社会诸要素不断地发展演化,表现为社会不断变迁和动态变化。一个现代良性运行的社会具有自我持续进步的能力,表现为社会具有可持续性进步的特征和永不枯竭的创新能力,不再会被一些偶然因素阻挡而崩溃。社会良性运行还与人口、生态环境、经济条件、政治条件、文化与心理条件紧密相关,自然与国际环境也有密切关系,外来威胁的大小直接影响现代社会良性运行的状态。

(二)中国传统社会周期性治乱循环的原因

自秦代以来,中国历史呈现出鲜明的王朝更替的特征,平均二三百年一次社会大动荡,王朝更迭都伴随着大规模的社会暴动,血雨腥风,整个社会在积重难返的矛盾中崩溃,在较长时期的社会动荡的废墟上重建,开始新的王朝统治。传统社会周期性治乱循环根源于社会系统的封闭性和结构失调,以致矛盾日益尖锐,最终发生自下而上的以农民为主体的改朝换代的武装起义。具体来讲:

1.落后生产方式基础上广大人民生活的极端贫困是历史周期率不断重演的经济根源。每一次大规模的治乱循环的前夜都会出现广大地区众多人民生活的极端贫困,陷入严重生存危机的现象,大规模的饥民或者流民揭竿而起是普遍的特征。这既与不合理的大地主土地所有制有关,也与生产技术落后下人口不断增加超过土地承载能力的客观因素有联系。后人往往强

调政治腐败，而忽视了经济增长的作用。社会经济没有全面的增长，抗风险的能力弱小，无论采取什么样的分配方法，都会存在大量的饥民，再加上自然灾害等因素，社会的稳定性就难以保证。

2. 家国一体基础上的君主专制及封建官僚政治下的权力滥用及官员腐败是历史周期率不断重演的政治制度根源。在原始的以家族部落的基础的酋邦传统作用下，中国古代社会盛行家天下，“普天之下，莫非王土，率土之滨，莫非王臣”，广大人民没有基本权利。家天下的传统中国社会盛行家长制、官本位与德治原则。君主是国与家的绝对独裁，权力没有真正有效的监督与制约；各级官僚是君主的家奴，完全听命和服务于君主，虽然有专设的监督机构，但高度专制制度下，无法真正实现权力制衡。绝对的权力导致绝对的腐败，中国历代王朝，尤其是后期，官员普遍腐败，官民矛盾日益激化，由于没有正常有效的权力制衡机制，最终官逼民反成为王朝更替的常规模式。

同时，家国一体的专制制度下国家实现重农抑商、官营甚至闭关锁国等政策，将重要的经济财富都控制在政府手中，社会经济没有活力，难以快速发展，中国传统社会难以积聚使社会向新质转型的足够能量，以致长期走不出中世纪。对此，马克思的唯物史观有清晰的解释。马克思强调历史条件提供的可能性，重视生产力发展和经济进步对社会发展的根本意义。在马克思看来，历史上的阶级斗争及其冲突，“为它们的经济状况的发展程度、它们的生产的性质和方式以及由生产所决定的交换的性质和方式所制约”①。“无论哪一个社会形态，在它所能容纳的全部生产力发挥出来以前，是决不会灭亡的；而新的更高的生产关系，在它的物质存在条件在旧社会的胎胞里成熟以前，是决不会出现的。所以人类始终只提出自己能够解决的任务，因为只要仔细考察就可以发现，任务本身，只有在解决它的物质条件已经存在或者至少是在生成过程中的时候，才会发生。”②没有生产力的巨大增长和高度发展，“那就只会有贫穷、极端贫困的普遍化；而在极端贫困的情况下，必须重新开始争取必需品的斗争，全部陈腐污浊的东西又要死灰复燃”③。中国古代周期性的治乱循环和近现代中国社会发展进程的艰难曲折，都证实了马克思论断的正确性。

3. 普遍存在的社会等级制度使得社会资源分配严重失衡，这是历史周期率不断重演的社会原因。中国传统社会是一个等级分明的社会，主体的

①③ 《马克思恩格斯选集》（第1卷），人民出版社1995年版，第583页，第86页。
② 《马克思恩格斯选集》（第2卷），人民出版社1995年版，第33页。

等级分野标准为官本位,依据官职的高低形成不同的等级,享有不同的权利;二是以土地、金钱等财富多寡为补充性的级别划分。广大民众没有基本的政治权利和真正的财产权。家族统治下皇族与官僚及地主是社会的既得利益群体,他们拥有政治、经济与文化的各项特权,并有法律制度、国家机器及一整套意识形态和教化手段对其既得利益进行维护与保障。然而,在整个社会经济落后,物质存在严重匮乏的形势下,这种缺乏制衡的旨在维护少数人特权的制度的演化逻辑必然会突破失衡的临界点,导致处于弱势的大多数百姓无法通过正常渠道,很好地维护自己的基本利益,从而呈现出上层统治阶级日益奢侈、贪腐、蛮横而不知收敛,下层百姓权益在日常生活中不断遭到侵蚀而得不到有效维护,如果再加上大规模的严重的自然灾害等因素,社会便会出现众多民众的生存危机,流民大量增加,社会从而进入失序状态,在此起彼伏的各种形式的群体抗议和暴力运动中,政权的更替难以避免。

自然导致古代中国社会周期性动荡的因素是多方面的。治乱循环的周期率与外来势力的冲击相关;与传统社会保障不健全及救济能力弱相关;与人类赖以生存和发展的自然环境恶化有关;与封建专制制度的机制弊端约束有关等等。

三、中国共产党构建社会良性运行系统实践的曲折进程

中国共产党的90年,经历了领导中国人民进行新民主主义革命、社会主义全面建设和改革开放全面发展三个时期。这三个时期中国共产党都为构建现代良性运转的社会系统进行过努力,但由于把握社会运行规律是一个十分困难的事情,难免出现失误与挫折,但从大历史的角度看,正是由于这种曲折经历,才为后来的更清醒更科学地认识社会运行规律奠定了坚实的基础。

(一)新民主主义革命终结了近代百年社会的无序状态而走向有序,为中国社会良性运行系统的构建排除了根本性障碍

近代中国是被西方列强的坚船利炮轰出中世纪的,同时也是在新一轮传统社会周期性治乱循环中迈步走向现代社会的,中国历史上规模最大的太平天国运动正是自乾隆中后期社会矛盾日益激化的产物。在内外力量的夹击下,清政府日益衰败。从此,近代中国社会处于严重的民族危机、政治危机和文化危机之中。

西方列强通过一系列的侵华战争,获得种种在华特权,攫取了中国人民用来生存和发展的宝贵财富,并通过银行和投资等控制了中国的经济命脉,

从而扼杀了中国社会发展的生机活力,中国社会成为一个半殖民地半封建社会。不获得民族解放,中国社会良性运行的系统建立就是一个幻想。

近代中国仍是一个落后的小农经济占据主体的农民国家,太平天国被镇压后,由于封建土地制度没有改变,专制制度没有变化,同时政府主导的工业化运动和新式军队建设所需大量资金必然来自对广大农民的剥削,再加上对外国的巨额赔款,社会经济的危机严重。辛亥革命后军阀割据进一步加深了中国社会的危机,流民增加,土匪遍地,大小军阀混战不断,中国社会全面陷入动荡失序中。在中国社会的全面危机中,传统的儒家文化也日益失去其整合人心的作用,至五四运动时期被普遍批判。

20 世纪 20 年代,危机重重、贫穷落后的中国社会需要新的领导力量和理论体系,重新整合社会力量,完成历史赋予的实现民族解放和国家统一的使命。历史选择了中国共产党。当时中国社会兴起了孙中山领导的国民党和共产国际支持的中国共产党。二者合作掀起国民革命,推翻了北洋军阀的反动统治,实现了国家的初步统一。然而,孙中山去世后的国民党,维护旧势力利益的国民党右派占据上风,采取了残酷屠杀同盟者中国共产党,于是国民党日益走向反动,从革命党变为保守派。1927 年以蒋介石为首的国民党执政后,面临着严峻的社会矛盾和民族危机。日本从 1931 年入侵东北,一步步蚕吞中国领土,国内军阀割据没有消除,而乡村危机则受国际经济危机等因素影响则走向高潮。非常时期需要非常措施,历史要求执政的国民党政权必须采取革命的措施,进一步推进社会革命,解决农民问题,调协社会利益,得到广大农民的支持,从而完成抗击日本侵略者的使命。然而,为镇压共产党而大肆清党的国民党,将大批有为的青年志士排除在党外,投机分子和既得利益阶层的人员充斥国民党内,不愿推进社会进一步的革命,寄托于社会合作,然而连缓和地主与农民矛盾的"二五减租"也进行不下去,因为地方政府基本为保守势力把持,国民党组织在地方也没有权力,最终孙中山的民生主义成为一句空话。而蒋介石坚持一个政党、一个主义、一个领袖。坚持一党执政,个人独裁,思想上将孙中山的三民主义儒家化,阉割其革命进步的思想内核。在一个农民国度里,革命与建设都离不开广大农民的支持,这是中国国情决定的。虽然中国共产党早期也一度犯了严重的"左倾"错误,但依靠农民的根本没放弃,尤其是 1935 年后,以毛泽东为首的党中央走向成熟,形成了新民主主义革命理论体系,制订了正确的革命路线,最终赢得了革命的胜利。

新民主主义革命胜利的伟大意义首先在于最终完成了民族独立民族解放的使命,中国有了独立自主发展的权力;实现了中国大陆的统一,同时全面实行土地革命,推翻了封建剥削制度,实现了阶级解放,广大人民翻身做了主人,并完成了中国社会的整合,结束了中国社会长期动荡无序的状态,为中国大规模的现代化建设奠定了坚实的基础。

(二)全面社会主义建设时期对构建社会良性运行系统的曲折探索

新中国成立前,毛泽东就在思考跳出历史周期率的问题。早在延安整风时期,毛泽东就将郭沫若写的《甲申三百年祭》作为整风学习的材料下发,要求党员和干部以李自成为鉴,以后又提出"进京赶考",不学李自成;做到两个"务必",防止敌人的糖衣炮弹的腐蚀。

毛泽东提出了依靠民主和依靠党员干部自律的总体思路。在延安回答黄炎培的问题时就非常自信的强调找到了答案:"这条新路就是民主,只有让人民来监督政府,政府才不会松懈,只有人人起来负责,才不会人亡政息。"①建国后为了确保党员和干部全心全意为人民服务,中国共产党采取了一系列的措施。主要的方式是通过运动的方式,整党整风,克服党员干部的官僚主义习气、特权思想,树立共产主义品德;同时惩治官员腐败问题。整党整风一般与群众运动相结合,发动群众,揭发批判党员干部的不正之风。当这些在毛泽东看来都作用不大,无法克服官员脱离群众搞特权搞官僚主义时,最后发动了"文化大革命"运动,号召全国人民起来斗"走资本主义道路的当权派"。毛泽东真诚地想超越斯大林模式,寻找一个又快又好、公平与效率兼顾的社会主义现代化建设模式,但时代的局限使他的实验遭遇挫折。从历史实践效果来看,毛泽东发现了传统社会主义体制带来的一些深层问题,但没有找到解决问题的好办法。"大跃进"和人民公社化运动使得经济结构严重失衡,带来全国大饥荒;大民主的方法遏制官员腐败,社会付出了巨大代价;"文化大革命"运动没有带来文化的繁荣,结果是全国内乱不断。

从构建社会良性运行系统的角度看,中国遇到了当时难以避免的挫折。(1)中国社会遭到以美国为首的西方资本主义国家的封锁,在"左倾"思想指导下实行自我封锁。20世纪60年代世界掀起现代化建设的第二次高潮,中国周边的日本、韩国等一些国家开始迅速发展,步入现代化国家之列。而中国社会隔离于世界现代化的潮流之外,陷入"文化大革命"运动的内乱中,丧失了一次快速实现现代化宝贵机遇。(2)当时没有更好的社会主义模式供仿效,传统社会主义模式强调计划经济和绝对的公有制,企业和公民个体没

① 黄炎培:《八十年来 附〈延安归来〉》,中国文史出版社1982年版,第156~157页。

有自主权力，生产积极性不高，社会流动机制狭窄，形成严重的二元社会，社会失去了生机活力。(3)重工业为中心的工业化模式，导致经济结构严重失调，民生问题难以解决。(4)阶级斗争为纲的指导下，中国社会政治运动和思想批判不断，中国社会实际上处于动乱失序状态。(5)中央高度集权，领袖个人崇拜严重，缺乏民主决策的机制。最终影响了教育科技的全面发展，经济落后物质匮乏的状况没有根本的改善，至1978年改革开放前夕，许多农村地区基本的温饱问题没有解决。这30年曲折探索教训深刻，为后来的改革开放提供了重要的反思依据。

(三)改革开放新时期社会良性运行系统的全面构建

1978年党的十一届三中全会开启了中国社会主义现代化建设的新时代。以邓小平为核心的第二代中央领导集体，在全面反思过去的历史，系统总结世界现代化经验教训的基础上，回到马克思主义唯物史观的最基本立足点，那就是大力发展社会生产力，确立了经济建设为中心的战略，注意处理改革、发展、稳定三者的关系，从实现农村联产承包责任制开始，渐进地推进经济体制改革，逐步打破传统社会主义的僵化体制，从而开始了全面改革开放的伟大事业。改革开放也是不断纠正传统社会主义时期社会结构失调、发展缺乏活力的过程，实际上也是在逐步构建社会良性运行系统，从而为社会主义的长治久安奠定坚实的基础。良性社会系统的构建显然不是一蹴而就的，有它自己的内在逻辑。一般来讲，社会系统由结构失调和良性运行转化，遵循木桶定理的法则，即首先寻找木桶最短的部分，进行修补，或者说寻找影响社会系统良性运行的最主要的矛盾，有时也称做瓶颈需求。中国的改革正是按照这一逻辑展开，并随着社会发展不同阶段主要矛盾的变化，而日益推进中国社会的社会系统诸领域的变革。

1. 大力发展经济，解决基本的温饱问题，从而为社会良性运行跳出历史周期率奠定了最基本的条件。前面已经分析，中国传统社会周期性治乱循环的发生根本原因之一，就是百姓吃饭问题解决不了；马克思主义理论大厦也是基于人首先要吃饭这一基本常识进行构建的。中国的社会主义搞了30年，人民起码的温饱还没解决，社会主义的优越性何在？邓小平正是坚持马克思主义唯物史观的基本原则，坚持实事求是的原则，提出了大力发展生产力和经济建设为中心的战略决策。紧紧抓住经济建设，重视农业的发展，中国的经济发展获得了举世瞩目的伟大成就，主要靠自己有限的耕地，养活了世界五分之一的人口，从而为社会的良性发展和长治久安奠定了无比坚实的根基。对于这一成就，我们怎样称赞都不过分。后来的中央领导一直重视农业问题，提出了保持18亿亩耕地红线的目标，并随着工业化的进步，提出以工补农的政策，支持农业和农村发展，并破天荒地废除了存在几千年的农业土地税。当然推进农业的现代化之路还十分艰巨，“三农”问题的凸显，表明还有大量的工作要做。

2. 建立开放的社会系统。中国社会的发展离不开世界，只有全面融入世界的潮流，才能获得社会发展的市场、能源、信息、技术等，社会系统才会拥有更多的动力源。中国经历了从个别特区对外开放，到沿海、沿江流域乃至全面开放；2001 年中国主动申请加入世界贸易组织，并从引进来到走出去，从而全面抓住了全球化浪潮提供的机遇，发挥我们的后发优势，迅速崛起为世界经济贸易大国，至今已经成为世界第二大经济体。没有对外开放，就不可能有中国如此快速发展的伟大成就。

3. 全面推进社会主义政治经济体制改革，社会系统充满活力。在不断深化社会主义的前提下，实现了从高度集中的计划经济体制向社会主义市场经济的转变，所有制方面从过去“一大二公”的追求中转为公有制为主体多种所有制并存的格局。与此相适应，政治体制也进行了一系列的改革。提倡依法治国，打破人治传统；结束任职终身制，贯彻选拔干部的“四化”原则；进行行政管理体制改革，1982 年以来中国政府规模比较大的行政管理体制改革先后进行了六次，核心在于简政放权，提高效率，解决功能错位问题，建设真正的廉洁、高效、服务型政府。同时调动地方政府的积极性，调动企业和公民个人自由选择的权利，加强政治协商和人民代表大会制度的建设，加强党内民主和社会民主的推进，提高公民政治参与水平。30 多年的改革调动各方面的生产积极性，使社会充满生机活力，使中国社会良性运行机制基本建立起来，保证了中国社会快速的发展，且没有发生大的动荡与失序。

4. 提倡精神文明建设，树立社会主义核心价值观。在中国这样一个民族众多、人口庞大的相对落后的国家，要实现国家的富强民主文明和谐的现代化目标，没有高素质的公民，没有核心价值理念引领，是不可能完成的。在改革开放的过程中，也确实存在金钱至上、享受至上、道德滑坡、信仰迷失等问题。作为社会良性运行系统的一个要件，没有精神文明的实质进步，社会系统就会发生失衡，容易出现种种问题。早在改革开放初期，邓小平就提出建设社会主义精神文明问题，强调加强社会主义思想教育，加强公民道德建设，进入新世纪中央又提出社会主义核心价值观教育。总的来看，我们在思想文化建设方面取得了巨大成就，形成了马克思主义基本原理与中国实际相结合而形成的中国特色社会主义理论体系，并不断推进马克思主义大众化，武装党员、干部与广大民众。同时也存在有待进一步解决的问题。

5. 提出科学发展理论，实现中国社会结构的协调发展。随着改革开放进程的不断深入，中国社会出现了的发展失调的问题，表现为行业之间、地区之间、城乡之间、沿海与内地发展的不平衡，收入分配差距严重，从而威胁到社会系统的平稳运转。中央提出了科学发展理论，旨在构建社会的良性运转系统，加强生态文明建设，注意人类社会与自然环境的协调发展。为此采取了调结构、税收改革及中央财政的再分配等举措。

6. 以和谐社会建设理论为指导，加强民生建设。和谐社会与科学发展观主旨都在于构建现代社会良性运转系统，推进中国持续发展。改革开放以来，一度 GDP 至上，忽视了民生各项工作，一度出现看病难、上学难等问题。社会救济、社会保障等工作也关乎社会系统的良性运行。近几年，中央及各级政府拿出更多的精力和财力投入民生建设，既是民心问题，更是社会系统的良性运行，确保中国长治久安的问题。尽管民生建设任务艰巨，但取得的成就有目共睹。

综上所述，中国共产党的 90 年，历经风雨，取得了举世瞩目的成就，其革命、建设与改革，都在不同层面上推进了中国社会良性运转系统的构建，从而为中国社会主义现代化建设顺利发展，为中华民族的伟大复兴作出了伟大的贡献。我们有理由相信，在中国共产党的领导下，我们一定能克服种种困难，不断取得中国特色社会主义建设的更大胜利。

（作者单位：山东师范大学政法学院）

关于学习型党组织的历史考察与思考

梁纯生　丁　林

党的十七届四中全会对党自身建设的经验、问题，以及解决问题的方针方法作了规定，把建设马克思主义学习型政党作为重大而紧迫的战略任务提到全党面前。建设学习型党组织是建设马克思主义学习型政党的基础工程，在纪念建党90年之际，认真回顾与思考有关学习型党组织建设问题，对于推进党的建设的伟大工程，意义十分重要。

一、党性与创新：学习型党组织的独特内涵与特征

关于学习概念的界定有很多种，《辞源》的解释是"学"乃"仿效"，"习"乃"练习"，但处于不同境遇的研究者对"学（知）"与"习（行）"有着不同的侧重，所以依此归纳起来可以划分为三类：求知说①、践行说②和知行说③。而如果细究不同学说的理论背景，我们不难发现他们对"认知（学）—内化—行为（习）"这一内在的循环模式的充分认可。"学"有经验知识之学，也有实践活动之学；"习"有观察模仿之"习"，也有提升创造之"习"。所以"学"与"习"是一种天然的统一。此外，从发展的视角来看，学习还应该涵盖三个由低到高的层次：认知仿效；行为引导；持续创新。而且在每一个层次，"认知（学）—内化—行为（习）"的循环模式都在起作用。

---

① 例如谢德民在《论学习》中指出："学习的定义最一般、最简单、最本质的表述是求知。"著名教育心理学家潘菽认为，"人的学习是个体掌握人类社会经验的过程"，"学生的学习是认识的一种特殊形式"。

② 例如行为主义认为学习"是一个行为变化的过程"。

③ 例如信息论学者认为："学习是学习者吸取信息并输出信息，通过反馈与评价得知正确与否的整体过程。"建构主义者认为："学习一方面是对新信息的意义的建构，同时又包含对原有经验的改造和重组。强调学习者在学习过程中并不是发展起供日后提取出来以指导活动的图式或命题网络，相反，他们形成的对概念的理解是丰富的、有着经验背景的，从而在面临新的情境时，能够灵活地建构起用于指导活动的图式。"

(一)学习型党组织的基本内涵

具体到学习型党组织,除却上述有关学习的认知外,其内涵的独特性还体现于其党性规定。彼得·圣吉(Peter M. Senge)把学习型组织的基本涵义界定为“持续开发创造未来的能力的组织”①,进而从建立共同愿景(Building Shared Vision)、团队学习(Team Learning)、改变心智模式(Improve Mental Models)、自我超越(Personal Mastery)和系统思考(System Thinking)等五个要素切入,对学习型组织进行详尽地定义。依此为参照,学习型党组织的内涵则应有以下几个方面:

1. 明确的党纲。党的纲领即是学习型党组织的共同愿景。党的纲领包括基本纲领和最高纲领,前者确定每个阶段的中心任务和奋斗目标,后者规定党的最终目标和任务。纲领高度概括组织的未来目标、历史使命和核心价值,蕴涵着组织之所以存在的目的和理由,组织的职责和使命均由此产生。

2. 马克思主义理论指导。以马克思主义作为自己行动的指南,这是党性的内容之一。马克思主义认识论认为,正确的思想源自学习实践,进而指导实践。

3. 组织的集体意识。集体意识指的是成员对集体的正确态度,也是与归属感和认同感相联系的组织意识。具有优越性和持久性的组织,必然是以成员之间的尊严与地位平等为前提条件。与之同时,有序与权威也是其必要条件。

4. 人人学习与终身学习理念。作为学习型党组织的核心理念,人人学习与终身学习的终极目的就是在自我不断超越的基础上实现人的全面发展。就其实现的方式而言,则是建构“自学习机制”,把工作和学习充分结合。人人学习与终身学习不仅强调学习要经常化、制度化,更重要的是要通过学习形成一个团队的“共同理念”。

5. 持续创新。持续创新是学习的最高层次,也是学习型党组织的精神所在。作为工人阶级的先锋队、人民利益的忠实代表和社会主义事业的领导核心,保持和发展党的先进性是一种必然选择,而先进性的体现,就是持续的、全面的创新。

(二)学习型党组织的主要特征

1. 政治性与持久性的统一。政党的共同愿景必然是以政权的获得和巩

① [美]彼得·圣吉:《第五项修炼》(第1版),中信出版社2009年版,第15页。

固为核心，马克思主义政党的性质决定了立公、执政为民的本质特征，作为学习型党组织共同愿景的党纲具有清晰、持久、独特的特点。党组织全员学习、党员终身学习的理念也应体现此项特征。

2. 先进性与时代性的统一。作为中国先进生产力的发展要求、先进文化的前进方向和最广大人民的根本利益的代表，保持与时俱进和自身先进性是对党组织的客观要求。“‘三个代表’重要思想同马克思列宁主义、毛泽东思想和邓小平理论是一脉相承而又与时俱进的科学体系，是马克思主义在中国发展的最新成果。”①“贯彻‘三个代表’重要思想，关键在坚持与时俱进，核心在坚持党的先进性，本质在坚持执政为民。”②

3. 系统性与生成性的统一。系统性体现在两个层面，一是系统思考，一是系统学习，两者均是在马克思主义理论的指导之下进行。生成性主要体现于学习型党组织的持续创新，同时也涵盖个体的自我发展和完善。

4. 开放性与广泛性的统一。从学习主体而言，开放性与广泛性的统一体现于学习行为的全员参与、终身学习；从学习的对象来看，开放性与广泛性的统一体现于内容的择取空间和时效。“积极推动党员干部学习人类社会创造的一切文明成果，学习现代化建设所需要的经济、政治、文化、科技、社会和国际等各方面知识，学习反映当代世界发展趋势的现代市场经济、现代国际关系、现代社会管理和现代信息技术等方面知识。”③

二、发轫与变迁：对学习型党组织的历史考察

党的纲领作为学习型党组织的共同愿景，总是根据革命或建设的不同发展阶段的客观实际而有所调整。所以，我们不妨据此划分不同阶段，进而探究学习型党组织的发轫与变迁。

（一）萌芽期：中国共产党的诞生和共同愿景的达成

从洋务运动到戊戌变法，从太平天国到辛亥革命，打开充斥着苦难与抗争的中国近代史，我们不难发现中国共产党的诞生其实就是中华民族学习与反思的产物，马克思主义在中国的广泛传播和中国工人运动的蓬勃兴起则是诞生的外在条件。

1921 年，刚刚诞生的中国共产党召开了一大，会议讨论并通过了兼有党纲和党章的内容的《中国共产党的第一个纲领》，其主要内容为承认无产阶

---

① 胡锦涛：《在“三个代表”重要思想研讨会上的讲话》。

② 《江泽民文选》（第 3 卷），人民出版社 2006 年版，第 536 页。

③ 2010 年 2 月 1 日中共中央办公厅印发的《关于推进学习型党组织建设的意见》。

级专政、消除阶级区分、消灭私有制和联合第三国际等。1922年,中共二大根据列宁关于殖民地半殖民地的学说和远东大会的精神,分析了国际形势和中国社会政治经济状况,讨论了党的任务并制定了党的纲领。其中,为了实现渐次达到一个共产主义的社会的最高纲领,大会提出在目前历史条件下的最低纲领:消除内乱,打倒军阀,建设国内和平;推翻国际帝国主义的压迫,达到中华民族完全独立;统一中国为真正的民主共和国。"二大在我党历史上具有里程碑的意义,它与党的一大共同完成了党的创建任务。"①

随着共同愿景的达成,共产党人以马克思列宁主义为指导,开始深入实际,积极行动,调查研究中国社会情况,总结斗争经验,研究中国革命的特点和中国革命的规律。在国共合作、武装起义、抗日统一战线等系列经历中,共产党人完成了许多伟大的创举:形成了农村包围城市理论、建立了革命的武装、提出了从实际出发独立地解决中国革命问题、第一次明确规定"党部的指导原则为民主集中制"②等。1930年5月,毛泽东同志针对当时普遍存在的把马克思主义教条化、把共产国际决议和苏联经验神圣化的错误倾向,撰写了《反对本本主义》一文,揭示了理论与实际相结合、向实践学习、向群众学习的根本思路。抗日战争时期,他又全面总结了以前历次革命的经验,写了《〈共产党人〉发刊词》、《新民主主义论》、《论联合政府》等著作,系统地阐述了新民主主义革命的理论。1941年开始的延安整风运动,更是一次伟大的学习与总结。

由此可见,我们党自诞生之日起,已经基本涵盖了学习型党组织的诸项要素。虽然还存在着诸如马克思主义理论的教条化、组织的集体意识淡薄、学习松懈、创新能力不足等部分问题,但并不影响学习型党组织雏形的构建。

(二)发展期:马克思主义理论中国化的飞跃及与中国革命具体实践的结合

毛泽东同志一直强调理论的学习和与实践的结合。他在《改造我们的学习》中曾总结:"中国共产党的二十年,就是马克思列宁主义的普遍真理和中国革命的具体实践日益结合的二十年。"在这20年里,中国共产党人为把马克思主义理论与中国革命的实践相结合作出了巨大努力,走工农武装割据、农村包围城市、武装夺取政权的道路,这是以血的代价换来的。

中共七大通过的党章总纲首先分析了中国社会的性质和革命的性质,指出中国共产党在目前阶段的任务,同时在修改后的党章总纲中还规定:

---

① 董瑞丰:《党章85年与时俱进》,载《瞭望》2007年第30期。

② 见1927年6月1日中共中央政治局通过的《中国共产党第三次修正章程议决案》。

"中国共产党,以马克思列宁主义的理论与中国革命的实践之统一的思想——毛泽东思想作为自己一切工作的指针,反对任何教条主义的或经验主义的偏向。"这意味着中国共产党在24年的艰苦历程中所取得的最重要的理论成果——毛泽东思想得到了最终确认,这是马克思主义中国化的第一次历史性飞跃。

中国共产党在新民主主义时期制定过7部具有共同愿景内容的党章。其中一大到六大制定的6部党章,都是在共产国际直接指导帮助下制定的,反映出党在幼年时期党的建设的一些特点。1945年七大制定的党章,则是在1943年共产国际解散后由中国共产党独立自主制定的,标志着中国共产党在政治上和党的建设上的完全成熟。

毛泽东思想的确立正是中国共产党人不断学习和创新的结果,也是马列主义与中国革命实践相结合的结果。

(三)成熟期:科学社会主义发展道路的探索与中国特色社会主义理论体系的形成

1956年中共第八次全国代表大会通过的《中国共产党章程》,是中国共产党执政以后制定的第一部党章。新党章根据执政党的特点,提出了全面开展社会主义建设的任务。

1978年12月,邓小平同志在中共中央工作会议上特别强调:"实现四个现代化是一场深刻的伟大的革命。在这场伟大的革命中,我们是在不断解决新的矛盾中前进的。因此,全党同志一定要善于学习,善于重新学习。""学习什么?根本的是要学习马列主义、毛泽东思想,要努力把马克思主义的普遍原则同我国实现四个现代化的具体实践结合起来。"在科学社会主义发展道路的探索中,以邓小平同志为代表的中国共产党人着眼于我国改革开放和社会主义现代化建设新的历史实践,强调马克思主义理论的学习和应用,积极号召中央和地方的高级干部都要学习和钻研现代化经济建设,大胆吸收和借鉴人类社会创造的一切文明成果,面向现代化、面向世界、面向未来。

1989年9月底,江泽民同志在庆祝中华人民共和国成立40周年大会上的讲话中强调:"鉴于世界和中国的许多新情况、新问题,鉴于我们党在中国社会中担负的重大责任和国际共产主义运动中所处的重要地位,有必要把学习和研究马克思主义基本理论,在马克思主义指导下研究和探讨当前重大的政治、经济、社会理论问题作为一项紧迫任务,提到全党面前。"

党的十七大报告指出,改革开放以来我们取得一切成绩和进步的根本原因,归结起来就是:开辟了中国特色社会主义道路,形成了中国特色社会主义理论体系。高举中国特色社会主义伟大旗帜，最根本的就是要坚持这条道路和这个理论体系。中国特色社会主义理论体系包括邓小平理论、“三个代表”重要思想以及科学发展观等重大战略思想，是马克思主义中国化的最新成果。中国特色社会主义理论体系，是在建设中国特色社会主义实践中产生、经过中国特色社会主义实践检验、指导中国特色社会主义建设的理论体系，因而是我们党推进中国特色社会主义伟大事业必须长期坚持的指导思想。

由此可见，中国共产党的成长过程就是一个学习的过程，一方面是马克思主义理论的学习，另一方面则是实践的学习。在历史中学习经验教训，在战争中学习战争，在经济建设中学习经济建设。在马克思主义理论的指导下，中国共产党人在革命和建设过程中实现了持续地创新。

三、关于几个现实问题的思考

推进学习型党组织建设必须加强中国特色社会主义理论体系的武装工作，努力掌握贯穿其中的马克思主义立场、观点、方法，做到真学、真懂、真信、真用，使学习成为不断增强政治上坚定、理论上清醒、实践上应用的过程。

（一）思想“庸俗化”和过程“表象化”问题

思想“庸俗化”是主体缺乏学习的紧迫感和责任感的表现。随着时代的发展和社会的进步，党的工作需要相应地体现时代性、把握规律性、富于创造性，这就需要共产党人注重理论学习，不断提高理论水平、政策水平和认识水平。“我们忙于事务，不注意学习，容易陷入庸俗的事务主义中去。不注意学习，忙于事务，思想就容易庸俗化。如果说要变质，那末思想的庸俗化就是一个危险的起点。我们还是要造成一种学习的空气，学习理论的空气，学习实际的空气。”[①]思想的“庸俗化”必然带来学习过程的“表象化”，也就是学而不通，学而不精，学而不用。割裂工作与学习的内在联系，注重学而漠视习，不能够依托对原有经验的改造和重组，灵活地建构起用于指导活动的图式。

对此，我们有必要在广大党员干部中深入进行马克思主义学习观教育，牢固树立学习是人生第一需要、是共产党员第一位政治责任的观念，学习是安身立命之本、兴党兴国之基的观念，以学习为荣、不学习为耻的观念，学习

① 《邓小平文选》（第1卷），人民出版社1994年版，第316页。

就是工作、学习就是解决问题的观念，使学习真正成为共产党人的一种基本的生活态度、一种高远的精神境界、一种自觉的价值追求，成为生活方式、工作方式最重要的须臾不可缺少的元素，成为实现个人全面发展、推动经济社会科学发展的强大动力。

（二）党性原则和学习中的伙伴关系之处置

刘少奇同志曾指出："共产党员的党性，就是无产者阶级性最高而集中的表现，就是无产者的最高表现，就是无产阶级利益最高而集中的表现。"[①]具有严格的组织性、纪律性，保持思想上政治上的高度一致，维护党的团结和统一，是党性的基本内容之一。如何在具有高度组织性、纪律性的团队内部实现真实的、平等互动的学习伙伴关系呢？

应该厘清的是："严格的组织性、纪律性、保持思想上政治上的高度一致"并不等同于"以服从为基调的文化"或"同质化"，两者最根本的区别是个体意愿的充分表达与否，所服从的意志代表整体利益与否。

健全建设学习型党组织的制度，这在中共中央办公厅印发的《关于推进学习型党组织建设的意见》中已有详细的要求，比如集体学习制度、培训制度、调查研究制度、党员个人自学制度、学习考核制度、学习成果转化制度等，而尤为重要的应是民主集中制在学习生活中的贯彻。在学习中推行民主集中制，其目的之一就是平等互动的伙伴关系之构建，即一方面重视组织中个体意愿的充分表达，另一方面还注重通过深度会谈或批评与自我批评而达成意愿整合，并且在具体措施上具有科学性和规范性，以及可操作性。

（三）关于学习内容"碎片化"问题的探讨

基于发展阶段、认识水平、个体差异等现实因素的影响，学习内容的"碎片化"似乎无可避免，但我们又必须规避"试图通过重新拼起来的碎镜子来观察真实的映像"[②]的状况，所以，这就需要重新梳理一下相关问题的存在。

首先，"碎片化"的学习会组合成为"碎镜子"吗？我们的回答是可能但不必然。根据系统论的观点，系统总是由若干要素以一定结构形式联结构成的具有某种功能的有机整体，其基本特征为整体性、关联性、等级结构性、动态平衡性、时序性等。换而言之，"碎镜子"之所以"碎"，其原因是对结构形式的忽视。解决此问题的关键，在于系统思考的前提下学习内容的组织。日常的、部分的学习，不是杂乱的碎片堆积，而应视为有目的、有计划的整体或系统的成长积累。

---

① 刘少奇：《论共产党员的修养》，人民出版社1949年版，第94～95页。

② ［美］彼得·圣吉：《第五项修炼》（第1版），中信出版社2009年版，第3页。

其次,如果说系统思考是避免“碎片化”学习的前提,那么系统思考又是如何在之前产生的呢?作为一个概念框架、一个知识体系,我们认为系统思考基础性的来源有两种:其一是组织所肩负的职责和使命,以及共同愿景;其二则是对人类社会既往科学理论的总结和探究。因为学习的本身绝不是一个孤立的存在,相反的,它应该是一个运动的、开放的、联系的、生成的社会活动。

(作者单位:中国海洋大学党委宣传部)

90 年来理论创新的基本经验

张荣华

胡锦涛总书记在庆祝中国共产党成立 90 周年大会上强调指出："90 年来的发展历程告诉我们，理论上的成熟是政治上坚定的基础，理论上的与时俱进是行动上锐意进取的前提，思想上的统一是全党步调一致的重要保证。""实践发展永无止境，认识真理永无止境，理论创新永无止境。"理论创新是一个政党永葆生机与活力的源泉，是我们党和国家实现发展与进步的重要支撑。理论创新的理念，从党创建之日起就一直寓于我们党领导革命、建设与改革的实践中。不断推进党的理论创新，对于我们进一步明确理论创新对于中国革命、建设与改革的重要意义，提高党的理论水平和执政能力，更好地指导党和国家的社会主义建设实践，具有重要的现实意义。90 年来的历史证明，理论来源于实践、高于实践同时又能反作用于实践、指导实践。新形势下，必须从新的实际出发，坚持以科学理论指导党的建设，以改革创新精神研究和解决党的建设面临的重大理论和实际问题，全面推进党的建设新的伟大工程，不断提高党的建设科学化水平。

一、坚持解放思想，实事求是，与时俱进

在新民主主义革命时期，以毛泽东为核心的党的第一代领导集体在革命理论创新的探索中确定并坚持了解放思想、实事求是的原则，独立探索出一条农村包围城市、武装夺取政权的崭新道路，形成了以新民主主义理论为核心的毛泽东思想，指导新民主主义革命取得了伟大胜利。建国后，党同样很好地坚持了马克思主义与时俱进的理论品质，提出了具有中国特色的社会主义改造理论，短短的几年就完成了对农业、手工业和资本主义工商业的社会主义改造，为以后的社会主义建设奠定了坚实基础。

作为党的第二代领导集体核心的邓小平，坚持倡导并践行党的解放思想、实事求是、与时俱进的优良作风。从时代发展和国际国内形势出发，解放思想，独立思考，把全党和全国人民的思想从旧观念中解放出来，抓住什么是社会主义和怎样建设社会主义这个根本问题，深刻揭示社会主义的本

质，把对社会主义的认识提高到新的水平，开拓了马克思主义的新境界，创立了邓小平理论，成为党的指导思想与时俱进的又一伟大硕果。

世纪之交，党和国家面对新的机遇与挑战，党的第三代领导集体仍坚持高度重视理论创新，坚持解放思想、实事求是的思想路线，根据新时期党面临的新情况、新任务，创造性提出了“三个代表”重要思想。

进入新世纪，面对世界的大变动和中国的新发展，面对前所未有的机遇和挑战，以胡锦涛为总书记的新一代中央领导集体立足社会主义初级阶段基本国情，总结我国发展实践，借鉴国外发展经验，适应新的发展要求，提出了科学发展观这一马克思主义中国化的创新理论。

从党的历史实践可以看出，解放思想、实事求是、与时俱进是马列主义、毛泽东思想、邓小平理论、“三个代表”重要思想和科学发展观的精髓，是我党成功进行理论创新的一大要诀，什么时候坚持了这条路线，我们的理论就发展，我们的事业就前进、就胜利；什么时候背离了这条路线，我们的理论就会停滞，我们的事业就会遭到挫折和失败。这是经过党 90 年的理论建设实践所证明了的真理，它既为我们进行理论创新提供了科学的方法论，也是我们进行理论创新的基本要求和前提条件。

二、必须坚持理论与实践相结合

理论联系实际，是党一贯坚持的马克思主义学风，是党在理论上始终具有旺盛创造力的关键所在。

毛泽东较早地认识到了理论与实践之间不可割裂的联系，他形象地把理论和实践相结合比喻为箭和靶的关系，指出：理论和实践相结合，就是用马克思主义之矢射中国革命之的，确立了“以研究中国革命实际问题为中心，以马克思列宁主义基本原则为指导的方针”。

邓小平也十分重视理论与实践的结合问题，他要求“把马克思主义普遍原理同我国的具体实际结合起来，走自己的路”。强调必须致力于将马列主义基本理论与中国具体实际相结合，不断在实践中探索夺取革命胜利、实现国家富强的道路，以求在理论上不断创新，不断丰富和发展马克思主义。

江泽民强调，我们进行的理论创新，不是坐而论道，而是必须服务于、落脚于我们正在做的事情，着眼于当代中国的新的实践与新的发展。同时，把实践中的难题与挑战作为发展马克思主义的机遇，根据实践的新鲜经验不断推进理论创新。

胡锦涛要求，中国特色社会主义理论体系必须随着中国特色社会主义实践的发展而发展，我们要坚持以我国改革开放和现代化建设的实际问题、以我们正在做的事情为中心，着眼于马克思主义理论的运用，着眼于对实际问题的理论思考，着眼于新的实践和新的发展，深入研究和回答重大理论和现实问题，不断把党带领人民创造的成功经验上升为理论，不断赋予当代中国马克思主义鲜明的实践特色、民族特色和时代特色。

可见，理论与实践相结合，是中国共产党人在马克思主义中国化过程中得出的结论，是一条基本规律，也是我们进行理论创新的根本原则。在以后我们理论创新的道路上，需要坚持马克思主义的基本理论，但更要注意结合实践运用这些理论，决不能脱离历史条件和现实情况的变化，照抄照搬，食古不化，用理论裁剪现实，这样只能导致教条主义和本本主义，甚至对我们的现代化建设产生极大破坏作用。

三、必须坚持走群众路线，尊重群众的首创精神

人民群众是理论的创造者、实践者，又是理论创新的主体。正确认识人民群众推动历史发展的巨大作用，及时总结人民群众的实践经验，并将其上升为理论，向来是中国共产党理论创新的最重要的方法。

在党的发展历史上，毛泽东首先把马列主义关于“人民群众是历史的创造者”的理论系统地运用于党的全部活动，形成了党的根本工作路线——群众路线。

改革开放以后，人民群众的积极性和创造性空前高涨，邓小平对此给予了极大的支持和鼓励，他说：“改革开放中许许多多的东西，都是由群众在实践中提出来的”，“绝不是一个人的脑筋就可以钻出什么新东西来，是群众的智慧，集体的智慧。”①而十一届三中全会以来的实践也充分证明，人民群众是改革开放的主力军，群众的首创精神和实践活动是理论创新的不竭源泉。

世纪之交，以江泽民为核心的党的第三代领导集体也高度重视人民群众的理论创新。江泽民指出：“脱离实际，脱离亿万群众创造性的实践，不是真正的思想解放。”“理论创新，必须尊重人民群众的首创精神，坚持实践标准和‘三个有利于’标准。”②并在实践工作中身体力行，注重调查研究，尊重人民群众的历史地位，把科学的理论深深根植于人民群众创造历史的伟大实践，对改革开放以来人民群众在发展生产力、建设社会主义精神文明和政治文明过程中的创造活动不断进行深入研究和理论总结，提出一系列新论断、新观点，并形成了“三个代表”重要思想，在党的理论创新道路上取得了

① 见《胡锦涛在邓小平同志诞辰 100 周年纪念大会上的讲话》(2004 年 8 月 22 日)。

② 《江泽民文选》(第 3 卷)，人民出版社 2006 年版，第 131、132 页。

巨大成就。

近年来,以胡锦涛为总书记的党中央更是要求我们在理论创新中高度重视人民群众的重要作用。2003 年 7 月 1 日,胡锦涛在“三个代表”重要思想研讨会上的讲话中明确强调:最广大人民改造世界、创造幸福生活的伟大实践是理论创新的动力和源泉,脱离了人民群众的实践,理论创新就会成为无源之水,就不能对人民群众产生感召力、对实践发挥指导作用。把理论创新工作中的认识路线和群众路线统一了起来,要求根据群众的实践和依靠群众的实践不断推进理论创新。2008 年 12 月 18 日,胡锦涛在纪念党的十一届三中全会召开 30 周年大会上的讲话中要求,我们要尊重人民主体地位,发挥人民首创精神,在人民的实践创造中吸取营养,丰富和完善党的主张,使我们党在世界形势深刻变化的历史进程中始终走在时代前列,在应对国内外各种风险考验的历史进程中始终成为全国各族人民的主心骨,在发展中国特色社会主义的历史进程中始终成为坚强领导核心。

党的理论创新的全部历史启示我们:群众路线是理论创新的根本方法,走群众路线是理论创新的根本要求。人民群众是历史的创造者,其具有的首创精神是人民群众的历史主动性、积极性和创造性的集中体现,它代表了社会前进的方向,是推动历史发展和社会进步的巨大力量。如果人民群众创造历史的主体地位得不到确认,人民群众的创造精神得不到充分尊重,群众的实践经验得不到积极有效的推广,就会严重挫伤人民群众的创造热情,就激发不起人民群众对社会主义的信任与支持,社会主义事业就不能走向胜利。中国特色社会主义事业说到底是千百万人民群众的实践活动,因此,其中的理论创新应是全社会的一件大事。我们只有增强全社会的创新意识,不断提高人民群众的理论素质,吸引广大人民群众参与到理论创新的过程中来,才能保证我们的理论具有最广泛的群众性,具有最彻底的实践性和革命性,也只有这样,我们才能领导群众一道前进,开创中国特色社会主义事业的新局面。

(作者单位:中国石油大学马克思主义学院)

中国共产党建设社会主义新农村的理论与实践研究

李安增　孙迪亮

中国共产党自成立之日起就高度重视农村的发展和农民的富裕，而建设社会主义新农村更是中国共产党几代领导集体孜孜以求的目标。从 20 世纪 50 年代中国共产党明确提出“建设社会主义新农村”的号召至今，对新农村建设在我国已持续了半个多世纪。今天，全面考察中国共产党建设社会主义新农村的理论渊源和实践历程，认真总结其中的经验，对我国当下的新农村建设具有重要的鉴戒与启迪。

一、中国共产党建设社会主义新农村的理论溯源

按照“生产发展、生活宽裕、乡风文明、村容整洁、管理民主”的基本要求建设社会主义新农村，是以胡锦涛为总书记的党中央在新时期作出的一项重要战略决策。这一决策，既蕴含着许多基于新的实践而生成的新理念、新理论，从而体现出其现实创新性，也承接了古今中外许多有价值的相关思想理论，从而体现出其历史继承性。

（一）根本理论基础：马克思主义经典作家的农村发展理论

马克思、恩格斯等经典作家关于农村发展的理论，是马克思主义理论体系的重要组成部分，是新农村建设的重要理论基础和直接理论来源。这一理论的主要内容有：

第一，强化农业基础地位。在马克思、恩格斯看来，农业不仅是农村发展的基础，也是整个社会发展的基础。农业的这一基础地位表现在：其一，农业是人们的衣食之源、生存之本，农业生产是人类生存和社会发展的首要条件。其二，超过劳动者个人需要的农业劳动生产率是一切社会的基础。“农业劳动是其他一切劳动得以独立存在的自然基础和前提。”[①]其三，农业

① 《马克思恩格斯全集》（第 26 卷），人民出版社 1982 年版，第 28 ~ 29 页。

劳动生产率制约着农业和工业之间社会分工的发展程度。其四,农业劳动生产率决定着农业人口向城市和非农产业转移的速度和规模。鉴于农业具有此等基础地位,所以农村发展必须以农业发展为首要。

第二,通过实现工农结合,逐步消灭城乡差别。城乡差别和工农差别问题,是马克思、恩格斯农村发展理论关注的重点。早在《共产党宣言》中,马克思、恩格斯就提出了“把农业和工业结合起来,促使城乡对立逐步消灭”①的思想。马克思、恩格斯认为,在一定的历史阶段,由于社会分工和商品经济的发展,产生了工商业与农业的分离,从而导致了城市与乡村的分离以及城乡利益的对立。“一切发达的、以商品交换为媒介的分工的基础,都是城乡的分离。”②马克思、恩格斯还论证了有助于缩小城乡差别和工农差别的基本因素,包括乡村工业化与劳动力的非农化、人口的自由迁移与全面流动、农村人口的城市化、地产的自由交易和地产的集中、城市工商业资本流向农村和农业、农村居民组织起来维护自己的利益以及国家的帮助等。③ 农村发展的结果,绝不是要维系或扩大城乡差别,而是消灭城乡差别。

第三,高度关注农民利益。农民是农村的主体,农村发展无疑应致力于实现和增进农民利益。马克思、恩格斯认为,无产阶级在争取建立民主政治或取得政治统治之后,必须保护农民利益,为此可采取的政策措施主要有:其一,结成工农联盟。农民特别是小农虽然具有利益的同一性,但他们不能以自己的名义来保护自己的利益,工人阶级及其政党应当把农民争取和团结起来。其二,遵循农民自愿原则,调整和变革农村生产关系。根据农村生产力水平不断变革农村生产关系,是农村发展的重要动力,但农村生产关系的变革不应采取强制手段,而应当遵循农民自愿、循序渐进的原则。其三,对农业进行社会主义改造。为了挽救小农和农业,必须将小农组合为社会联合劳动体的一部分,必须对农业进行社会化经营,而这只有通过发展农业合作社和对农业进行社会主义改造。其四,无产阶级国家应当慷慨地对待农民。“为了农民的利益而必须牺牲的一些社会资金,从资本主义经济的观点看来好像只是白花钱,然而这却是一项极好的投资,因为这种物质牺牲可能使花在整个社会改造上的费用节省9/10。因此,在这个意义上说来,我们

---

① 《马克思恩格斯选集》(第1卷),人民出版社1995版,第294页。

② 《马克思恩格斯全集》(第23卷),人民出版社1972年版,第390页。

③ 何增科:《马克思、恩格斯关于农业和农民问题的基本观点述要》,载《马克思主义与现实》2005年第5期,第49~59页。

可以很慷慨地对待农民。”①

马克思、恩格斯的上述农村发展理论虽然是基于西方发达国家农村状况而提出的，但对我国当下的新农村建设仍具有重要指导意义，要求我们在新农村建设中必须做到：紧抓农业不放松，强化现代农业建设；统筹城乡发展，努力缩小城乡差距和地区差距；调整国民收入分配格局，强化国家支农体系建设；从全局和战略的高度认识农民问题，全力维护和增进农民利益。这些要求，恰恰是在当前的新农村建设中被一再强调和遵循的。

（二）直接理论来源：中国共产党三代领导核心的“三农”思想

以毛泽东、邓小平、江泽民为核心的党的三代领导核心，为解决“三农”问题进行了长期不懈的探索，并且取得了许多富有建设性的思想理论成果。这些成果，是新一届领导集体的新农村建设思想的直接理论来源。

第一，把现代农业建设确立为新农村建设的首要任务，是对党的三代领导核心农业基础论的继承与发展。坚持农业基础论，是中国共产党的一贯思想。早在民主革命时期，毛泽东就把农业特别是粮食生产作为革命成功的根本命脉。在《论十大关系》中，毛泽东还明确提出了“农业是国民经济基础”的战略思想。改革开放后，邓小平多次重申农业在国民经济全局中的战略地位，强调农业问题要始终抓得很紧，如果农业出了问题，多少年缓不过来，整个经济和社会发展的全局就要受到严重影响。上世纪90年代后，针对农业在市场经济条件下因比较效益低而容易被忽视的问题，江泽民要求坚定不移地贯彻以农业为基础的方针。他指出：“农业在我国经济社会发展中的基础地位和战略作用，永远忽视不得，只能加强，不能削弱。”②以胡锦涛为总书记的党中央更是特别强调农业在新农村建设和党的全部工作中的战略地位。胡锦涛多次强调，农业丰则基础强，农民富则国家盛，农村稳则社会安，解决“三农”问题的基础在于现代农业建设。2004年到2010年连续发布的七个“中央一号文件”，都要求积极推进现代农业建设，并强调把发展现代农业作为建设社会主义新农村的首要任务。这些重要理念和论断，体现了新一届领导集体对三代领导核心农业基础论的继承与发展。

第二，把农民确立为新农村建设的根本主体，是对党的三代领导核心农民主体观的继承与发展。把农民当作农村的真正主人，尊重农民在革命和建设中的主体性，是中国共产党的一贯主张。在民主革命时期，毛泽东坚持把农民问题当作民主革命的中心问题来抓，把农民当作民主革命的主力军，

① 《马克思恩格斯选集》（第4卷），人民出版社1995年版，第500～501页。

② 《江泽民文选》（第1卷），人民出版社2006年版，第259页。

以此来推动革命的发展。新中国成立后,毛泽东又多次强调,全党无论任何时候都不能忘了农民问题。“中国这个国家,离开农民休想干出什么事业来。”①邓小平在领导农村改革与发展中,非常重视尊重农民的自主性和创造性,要求全党一定要正确对待农村中出现的新生事物,在农村办任何事情都要尊重农民的意愿。江泽民也曾指出,对农村中出现的新事物,要鼓励试、允许看、不争论,引导农民大胆试验和探索,“坚持从群众中来、到群众中去的根本工作路线,及时总结广大农民的实践经验,形成正确的政策,用于指导和推进改革”②。对于今天的新农村建设来说,农民的主体性表现为建设新农村的积极性,在推动自身富裕和农村现代化中的强烈进取心,以及改造自己的革新精神。胡锦涛多次强调:广大农民群众是推动生产力发展最活跃、最积极的因素。充分发挥群众的主体作用,是建设社会主义新农村的关键。党的十七届三中全会再次重申:“坚持以人为本,尊重农民意愿,着力解决农民最关心最直接最现实的利益问题,充分发挥农民主体作用和首创精神,紧紧依靠亿万农民建设社会主义新农村。”这些思想,与三代领导核心的农民主体观是一脉相承的。

第三,把增进农民利益确立为新农村建设的最终归宿,是对党的三代领导核心农民利益观的继承与发展。始终以增进广大农民的切身利益作为农村工作的根本出发点和归宿,是贯穿三代领导核心“三农”思想的主线。新中国成立后,毛泽东多次强调:党和政府必须注意处理好同农民的利益关系,绝不可剥夺农民,不可侵占农民利益。他甚至指出,实行产品调拨,就是剥夺农民,要“使农民群众共同富裕起来,穷的要富裕,所有农民都要富裕,并且富裕的程度要大大地超过现在的富裕农民。”③农村改革后,针对中国还存在大量农村贫困人口这一客观事实,邓小平要求尽快改善农民生活,认为“农民没有摆脱贫困,就是我国没有摆脱贫困。”④江泽民也指出,全面实现小康社会的重点和难点都在农村,“广大农民不能富裕起来,全面建设小康社会的目标也不可能最终实现。”⑤上述思想,都表现出对农民利益的极大关注,这对于明确新农村建设的主旨和归宿具有重要的现实启示。以胡锦涛为总书记的党中央反复强调,在推进新农村建设中,“必须坚持以人为本,着

---

① 董边:《毛泽东和他的秘书田家英》,中央文献出版社 1989 年版,第 63 页。

② 江泽民:《全面推进农村改革,开创我国农业和农村工作新局面》,见《人民日报》1998 年 10 月 5 日。

③ 黄道霞:《建国以来农业合作化史料汇编》,中共党史出版社 1992 年版,第 262 页。

④ 《邓小平文选》(第 3 卷),人民出版社 1993 年版,第 237 页。

⑤ 《江泽民论有中国特色社会主义(专题摘编)》,中央文献出版社 2002 年版,第 131 页。

力解决农民生产生活中最迫切的实际问题,切实让农民得到实惠”①。党的十七届三中全会又强调:必须切实保障农民权益,始终把实现好、维护好、发展好广大农民根本利益作为农村一切工作的出发点和落脚点;必须发展农村公共事业,使广大农民学有所教、劳有所得、病有所医、老有所养、住有所居。这些思路和政策,彰显了新一届领导集体对农民利益的高度关注。

(三)国际经验借鉴:国外农村建设的经验与启示

建设新型农村,是世界上所有国家实现由传统社会向现代社会转型的一个必经阶段。当今一些发达国家或地区早已踏上或经历了这个历史阶段,完成新农村建设的历史任务。除了众所周知的韩国的新村运动之外,其他发达国家,如日本、法国、德国、英国等也都成功地实现了农村的现代转型,并从中积累了丰富经验。

第一,重视培育新型农民。农民作为农村经济社会发展的主体力量,其素质高低直接决定着农村建设的水平和过程。发达国家十分重视对农民的文化教育和科技培训。现代新村教育是韩国新村运动的核心。韩国之所以用短短30年时间就走完了西方发达国家100多年才走完的农村城市化道路,韩国人自认为根本原因就在于高度重视对农民的思想启蒙和素质教育。新村运动伊始,韩国就特地成立了专门的研修院,负责培训新村运动的农民骨干,举行农业科技知识讲座,指导农民发展市场农业、生态农业和高效农业。日本于20世纪80年代就普及了高中教育,农村40%的适龄青年直接进入了大学校园。在农村建设中,日本有效地整合政府、学校和民间力量,有计划、分层次、有重点地开展了对农民的免费职业技术教育培训,从而革新了农民的精神面貌和整体素质,推动了农村建设。第二,强化农村基础设施建设。加强农村基础设施建设,是新农村建设的物质基础和前提条件。韩国在1970年启动新村之前,农村基础设施还非常落后,当时韩国农民最迫切的要求是改善自己的居住生活条件和村容村貌。韩国政府顺应广大农民的要求,大力加强基础设施建设,内容包括修路架桥、修筑河堤、安装电灯、普及自来水、改善住房条件、修建村民会馆、修建村公共澡堂和洗衣房等措施。此外,政府还鼓励和扶持农民植树、种花、种草,进行生态建设,美化生活环境。到20世纪70年代后期,除了个别极为偏僻的农村外,韩国全国实现了村村通车,在改善农村居民生活、生产设施上取得了巨大成功,为新村运动奠定了基础。

---

① 《中共中央国务院关于推进社会主义新农村建设的若干意见》,见《人民日报》2006年2月22日。

第三，发挥政府的主导作用。国际经验表明，政府在新农村建设中应发挥出其主导作用，这种主导作用至少体现在四个方面：一是对农村建设的倡导与推动。比如，韩国的新村运动就是韩国政府为了改变农村与城市发展的不协调状况而倡导起来的。二是对农村建设的规划与规范。韩国所实施的新村运动的项目都是由专家经过周密研究后设计的，新村运动发展到今天，已经历了六个阶段，政府对每一个阶段都有明确的规划目标。三是提供物力、财力支持。法国政府为了推动农村改革和实现农业现代化，对农业经营者长期提供优惠贷款，仅 20 世纪 70 年代中期提供的农业贷款总额就高达 90 亿法郎。四是提供制度和机制上的保障。韩国政府为支持新村运动，在运动之初成立了由内务、农林、工商、建设、文教、邮电、经济企划院等部门行政官员组成的特别委员会，道、直辖市、市、郡、面、邑、村也成立了相应机构，形成了从中央到地方的组织领导体系。①

第四，尊重农民的主体地位。韩国新村运动之所以取得巨大成功，与农民的积极、广泛参与密切相关。新村运动的完善和提高，是在动态发展过程中通过政府与民间的互动来实现的。新村运动的重要内容和精神实质，就是通过倡导“自助、勤勉、合作”的精神，培养农民的主体意识，激发农民的主动性和积极性，挖掘农民自身的潜在能力，进而使新村运动最终转变为“民间主导型”的群众运动。此外，德国巴伐利亚州于上世纪 50 年代开始进行建设新农村的试验，并很快取得了显著成效。“巴伐利亚试验”随后成为德国农村发展的普遍模式，并自 1990 年起成为欧盟农村政策的方向和标本。巴伐利亚州成功的一条重要经验，就是依靠村民的积极参与进行乡村变革。

上述经验虽然不能简单地复制、应用于我国，但对我国新农村建设毕竟具有不可忽视的借鉴、启示之义。

二、中国共产党建设社会主义新农村的实践历程

从中共党史的视角来看，建设社会主义新农村，是一个既“新”又“旧”的话题。其“新”在于，新一届领导集体关于新农村建设的理论和实践都颇具创新性；其“旧”在于，提出“建设社会主义新农村”，并非始自近年，而是始自上世纪 50 年代。

（一）1956 ~ 1978 年：作为政治口号被屡屡提及

新中国成立之初，发展农业尤其是粮食生产，以解决几亿人口的吃饭问

① 林风：《国外农村建设的基本经验及其对我国建设社会主义新农村的启示》，载《经济研究参考》2006 年第 73 期，第 28 ~ 31 页。

题,无疑是当时农村建设的当务之急。为了加速农业发展,1955 年底,毛泽东主持制订了《农业十七条》,后进一步扩展为《1956 年到 1967 年全国农业发展纲要(草案)》,并于 1956 年 1 月由中共中央政治局予以公布。由于《纲要》就农村工作的任务及长远奋斗目标作了一系列的规定,因此被认为是指导社会主义新农村建设的伟大纲领。自此,“建设社会主义新农村”这一提法便开始出现在党中央的文件及党和国家领导人的讲话中。

为落实《纲要》,一届全国人大三次会议于 1956 年 6 月通过了《高级农业生产合作社示范章程》。1956 年 7 月 2 日,《人民日报》发表了题为《建设社会主义的新农村》的社论,指出:“实现了这个章程 (高级农业合作社示范章程)的各种规定,就一定能够发展和巩固高级农业合作社,推动和提高农业生产,把我国的农村完全建设成为社会主义的新农村。”①1957 年 10 月 26 日,党中央向社会各界公布了《1956 年到 1967 年全国农业发展纲要(修正草案)》,不仅提出了建设社会主义新农村的任务,还规划了社会主义新农村建设的具体内容,包括:增加农作物的产量,发展畜牧业、渔业、手工业,发展农村教育事业、卫生事业、文化娱乐和体育活动,发展农村广播网、电话网和邮政网等。次日,《人民日报》又发表了题为《建设社会主义新农村的伟大纲领》的社论,标志着这个《纲要》实际上是全面规划社会主义新农村建设的第一个正式文件。1959 年 9 月,时任农业部部长的廖鲁言在《十年来农业战线的光辉成就》一文中指出:“随着我国农业劳动生产率和农产品商品率的不断提高,几亿农民的物质生活水平和文化生活水平,也将在生产高度发展的基础上达到世界最先进的水平。这就是我国社会主义新农村的光明前景。”②同年 10 月 18 日,邓子恢在《人民日报》上发表《中国农业的社会主义改造》一文,指出:“党中央根据毛泽东同志的建议,适时地提出‘全国农业发展纲要’,描绘出一幅光明灿烂的前景。通过展开全民讨论,给广大农民以深刻的前途教育,这实际上是一次建设社会主义新农村的全民大动员。”③1960 年 4 月,谭震林副总理在二届全国人大二次会议上作了题为《为提前实现农业发展纲要而奋斗》的报告,报告指出:“事实完全证明,这个纲要是一个群众性纲领,它能够调动最广大群众的积极性来发展我国的农业,建设我

① 转引自孙耀武:《“建设新农村”内涵的历史演进及时代特征》,载《经济论坛》2006 年第 10 期,第 15 ~ 16 页。

② 廖鲁言:《十年来农业战线的光辉成就》,见《人民日报》1959 年 9 月 26 日。

③ 李云:《建设社会主义新农村:历史回顾与现代反思》,载《延安大学学报(社科版)》2006 年第 6 期,第 68 ~ 71 页。

国的社会主义新农村。”[①]大会最后通过的决议指出：“中共中央制定的1956年到1967年全国农业发展纲要，是高速度发展我国社会主义农业和建设社会主义新农村的伟大纲领。”[②]由此可见，上世纪50年代后期，建设社会主义新农村的号召不仅被明确提出，而且被多次强调。尤其是《纲要》的出台，标志着“建设社会主义新农村”从此成为中国农村发展的总方向。

60年代初期，为了解决粮食危机，推动城镇人口向农村转移，党中央再次发出了建设社会主义新农村的号召。1963年12月，党中央发布的《关于动员和组织城市知识青年参加农村社会主义建设的决定（草案）》提出，在今后一个相当长的时期内，要动员和组织大批城市知识青年下乡参加农业生产，建设社会主义的新农村。“文化大革命”期间，因我党指导思想上的偏误，社会主义新农村建设遭遇严重挫折，甚至陷入停顿。

（二）1978～2001年：作为执政理念被日益凸现

在1979年3月召开的党的理论工作务虚会上，邓小平曾指出：“耕地少，人口多特别是农民多，这种情况不是很容易改变的。这就成为中国现代化建设必须考虑的特点。”[③]显然，重视农业和农民问题，并在此基础上推进新农村建设，是邓小平建构中国特色现代化道路的重要着眼点。“改革开放以来，邓小平同志和其他老一辈革命家，根据他们丰富的实践经验，无论观察形势、研究问题，还是制定规划、作出决策，总是首先考虑农业、农村和农民问题，总是把农业、农村和农民问题放在党的工作和国家的发展战略的首位。”[④]实践证明，邓小平对“三农”问题的“考虑”，始终贯穿于他对中国特色社会主义现代化全局的谋划之中，而这也正是社会主义现代化的“中国特色”的重要体现。

正是在上述执政理念的指导下，建设社会主义新农村的任务在十一届三中全会后被再次提出。在1982、1983、1984年的“一号文件”中，都提出了建设社会主义新农村的任务。其中，1983年的“一号文件”提出了建设具有高度物质文明和高度精神文明的新农村的口号，而1984年的“一号文件”则号召农村各级党组织，“带领广大共产党员、共青团员和社会主义建设积极分子，团结亿万农民，为建设社会主义新农村而奋斗”[⑤]。1984年1月21日，中共中央办公厅在批发《全国文明村（镇）建设座谈会纪要》的通知中，使用

① 谭震林：《为提前实现农业发展纲要而奋斗》，见《人民日报》1960年4月7日。
② 《第二届全国人民代表大会第二次会议决议》，见《人民日报》1960年4月11日。
③ 《邓小平文选》（第2卷），人民出版社1994年版，第164页。
④ 《十四大以来重要文献选编》（上），人民出版社1995年版，第424页。
⑤ 《新时期农业和农村工作重要文献选编》，中央文献出版社1992年版，第237页。

了“建设具有中国特色的社会主义新农村”①。的提法。1987 年 1 月，中央政治局会议通过的《把农村改革引向深入》的决议又发出了“为建设繁荣富裕文明的社会主义新农村而奋斗”②的号召。1991 年，党的十三届八中全会通过了《关于进一步加强农业和农村工作的决定》，《决定》在第一部分两处提出建设新农村，一处称为“建设有中国特色社会主义的新农村”，一处称为“建设社会主义新农村”。不仅如此，全会还确定了 90 年代农业和农村工作总的目标，从而勾画出了“有中国特色社会主义的新农村”的美好蓝图：“在全面发展农村经济的基础上，使广大农民的生活从温饱达到小康水平，逐步实现物质生活比较丰裕，精神生活比较充实，居住环境改善，健康水平提高，公益事业发展，社会治安良好。”③1998 年党的十五届三中全会作出了《关于农业和农村工作若干重大问题的决定》，确定了到 2010 年建设有中国特色社会主义新农村的经济、政治、文化三个方面的目标：在经济上，坚持以公有制为主体、多种所有制经济共同发展，不断解放和发展农村生产力；在政治上，坚持中国共产党的领导，加强农村社会主义民主政治建设，进一步扩大基层民主，保证农民依法直接行使民主权利；在文化上，坚持全面推进农村社会主义精神文明建设，培养有理想、有道德、有文化、有纪律的新型农民。这是党的文献中第一次对“建设社会主义新农村”内涵作出具体概括。这一时期“建设社会主义新农村”的提法带有明显的时代性和创新性：一是强调建设“有中国特色”的社会主义新农村，这表明中国共产党在农村建设问题上已完全摆脱了苏联模式的影响；二是开始强调城市对农村的支持和服务，如 1984 年的“一号文件”就提出过“国家设在农村的一切企事业单位……与农民共同建设农村的物质文明和精神文明，为促进商品生产发展、加强工农联盟、建设社会主义新农村作出新的贡献”④的要求；三是“建设社会主义新农村”已不仅仅是一种口号，而已经成为一种坚定的执政理念，并被赋予了丰富具体的内涵，具有较强的可操作性。当然，这一时期的新农村建设仍存在不足，主要表现在：未能从根本上动摇城乡二元结构，依然存在着农业服从于工业、农村服从于城市的趋向，并导致农村发展的不平衡性加剧。

（三）2002 年至今：作为国家战略被全面实施

2002 年党的十六大提出了全面建设小康社会的宏伟目标，并强调实现这个目标的重点和难点都在农村。大会虽然没有明确提出“建设社会主义新农村”，但认为解决“三农”问题必须统筹城乡经济社会发展。在 2003 年

---

①②③④ 《新时期农业和农村工作重要文献选编》，中央文献出版社 1992 年版，第 238 页，第 448 页，第 762 页，第 228 页。

的中央农村工作会议上，胡锦涛明确提出把解决“三农”作为“全党工作的重中之重”的战略思想。在这一思想指导下，党和国家对“三农”工作的方针政策进行了重大调整。同年，党的十六届三中全会提出了科学发展观和“五个统筹”思想，并将“统筹城乡发展”放在“五个统筹”之首，这意味着“建设社会主义新农村”的新理念呼之欲出。在2004年的十六届四中全会上，胡锦涛首次提出了“两个趋向”的重要论断，从而为党中央作出建设社会主义新农村的战略决策提供了直接的理论依据。2005年，党的十六届五中全会从系统解决“三农”问题出发，正式提出了“建设社会主义新农村”这一立意高远的国家战略，并对建设社会主义新农村进行了具体部署。2006年1月25日，胡锦涛在主持中央政治局第28次集体学习时强调指出：“要从建设中国特色社会主义事业的全局出发，深刻认识建设社会主义新农村的重要性和紧迫性，切实增强做好建设社会主义新农村各项工作的自觉性和坚定性，积极、全面、扎实地把建设社会主义新农村的重大历史任务落到实处，使建设社会主义新农村成为惠及广大农民群众的民心工程。”①2月21日，中央下发了《中共中央国务院关于推进社会主义新农村建设的若干意见》，明确了今后五年我国经济社会发展的奋斗目标和行动纲领，提出了建设社会主义新农村的重大历史任务，为做好当前和今后一个时期的“三农”工作指明了方向。这一阶段与前两个阶段相比，在新农村建设方面具有工作对象更突出、建设思路更科学、目标内涵更全面、动力源泉更强大等新特点。

三、中国共产党建设社会主义新农村的经验启示

(一)新农村建设必须以统筹城乡发展为首要前提

农村建设涉及全社会的方方面面。任何国家都不可能仅仅依靠农民自身的力量来实现建设新农村。实现工农互助和城乡互利，特别是逐步加大工业反哺农业、城市支援农村的力度，这是推进新农村建设的重要前提。毛泽东在新中国成立初期就指出：“城乡必须兼顾，必须使城市工作和乡村工作，使工人和农民，使工业和农业，紧密地联系起来。”②邓小平也一贯重视以工促农、以城带乡问题，认为“工业区、工业城市要带动附近农村，帮助农村发展小型工业，搞好农业生产，并且把这一点纳入自己的计划。……工业支

① 胡锦涛：《统一思想，科学规划，扎实推进，使建设社会主义新农村成为惠及广大农民的民心工程》，见《人民日报》2006年1月27日。

② 《毛泽东选集》(第4卷)，人民出版社1991年版，第1427页。

援农业，农业反过来又支援工业，这是个加强工农联盟的问题"①。后来江泽民在总结农村改革的基本经验时曾指出："以农村的改革和发展推动城市，又以城市的改革和发展支持农村，这是中国改革的成功之路。"②党的十六大以来，党中央一再强调统筹城乡发展，形成城乡经济社会发展一体化的新格局。尤其是十七届三中全会把城乡统筹问题摆在农村改革发展的核心位置，并为彻底破解城乡二元结构提出了八大举措。毋庸置疑，近些年来，新农村建设之所以能迅速取得巨大成效，与新一届领导集体牢固树立统筹城乡发展的科学理念并将之付诸行动是分不开的。

（二）新农村建设必须以发展现代农业为产业基础

新农村建设虽然涵盖经济社会等各领域，但其核心和基础在于农村经济发展。鉴于农业是农村的主要产业，因而发展农村经济首要的是大力发展农业。新中国成立以来，无论我们处于何种环境、面对何种任务，中国共产党都始终关注农业生产。建国之初，毛泽东多次谈到，实现四个现代化首先必须实现农业现代化。邓小平也指出："农业是根本，不要忘掉。"③他还强调，我国农业现代化不能照抄西方国家或苏联一类国家的办法，要走出一条在社会主义制度下合乎中国情况的道路。江泽民进一步强调：没有农业的现代化，就不可能有整个国民经济的现代化。党的十六大以来，党中央对现代农业建设愈加重视。2006 年的"中央一号文件"指出："推进现代农业建设，强化社会主义新农村建设的产业支撑。"2007 年的"中央一号文件"进一步强调："发展现代农业是社会主义新农村建设的首要任务，是以科学发展观统领农村工作的必然要求。推进现代农业建设……是建设社会主义新农村的产业基础。"可以说，农业现代化的发展水平，是衡量新农村建设成败的一个重要尺度。没有农业的稳步发展及其现代化，新农村建设是不可想象的。

（三）新农村建设必须以农民积极性为根本动力

充分相信和紧紧依靠农民，充分调动农民的积极性，是我们党领导革命和建设的一条基本经验。推进新农村建设，其根本动力也在于农民的积极性。上世纪的中国，无论是梁漱溟的乡村建设运动，还是晏阳初的平民教育试验，之所以收效甚微，一个重要原因在于未能重视农民、把握农民和凝聚农民，缺乏农民的主动参与，没有充分发挥农民的积极性，其结果必然导致梁漱溟所哀叹的"号称乡村运动而乡村不动"之局面。上世纪 80 年代中期

---

① 《邓小平文选》(第 2 卷)，人民出版社 1994 年版，第 28 ~ 29 页。

② 《中共中央关于农业和农村工作若干重大问题的决定》，人民出版社 1998 年版，第 5 页。

③ 《邓小平文选》(第 3 卷)，人民出版社 1993 年版，第 23 页。

我国农村曾经出现良好的发展局面,也是通过破除人民公社体制进而解放农民、调动农民积极性的结果。而近些年来,虽然党中央反复强调充分发挥农民的主体作用和首创精神、紧紧依靠亿万农民建设社会主义新农村,但新农村建设的实际成效与中央的要求相去甚远,其深层原因之一在于未能真正启动农民的主体力量,未能充分而持久地调动农民积极性,从而致使新农村建设在某些地方成为"形象工程"、"害民工程"和"明星工程"。[①]

(四)新农村建设必须以农民合作经济组织为基本载体

在社会主义建设的不同时期,中国共产党关于新农村建设的具体思路虽然不尽相同,但在下列认识上是大致相同的:新农村建设虽然归根到底靠农民,但分散、孤立的个体农民难以担当新农村建设的重任,必须通过合适的形式把农民组织和联合起来。当年毛泽东之所以极力推进农业合作化,一个重要原因在于当时的农民力量弱小而分散,根本无力进行大规模的农业基础设施建设以提高农业生产力水平,因而也就无力快速推进新农村建设。实际上,新中国成立后的新农村建设就是伴随着农业合作化运动进行的,而后来党中央每次提及社会主义新农村建设的时候,也几乎都谈到了农民合作经济组织的发展问题。这个结论,可以从以下史料中得到佐证:其一,如上所述,"建设社会主义新农村"这一概念的首次出现,就是在一届全国人大三次会议通过《高级农业生产合作社示范章程》之时,该章程被称为"建设社会主义新农村的法规"。其二,1984、1987 年的中央"一号文件"以及 1991 年的十三届八中全会和 1998 年的十五届三中全会在提出"建设社会主义新农村"的任务时,都强调了农民合作经济组织的发展。其三,2006 年《中共中央国务院关于推进社会主义新农村建设的若干意见》指出:要积极引导和支持农民发展各类专业合作经济组织,加大扶持力度,建立有利于农民合作经济组织发展的信贷、财税和登记等制度。其四,2007 年《中共中央国务院关于积极发展现代农业扎实推进社会主义新农村建设的若干意见》强调:认真贯彻农民专业合作社法,支持农民专业合作组织加快发展。这些史实昭示着一个结论:农民合作经济组织与新农村建设之所以"同台演出",绝不是因为历史的巧合,而是因为二者具有高度的契合性,特别是新农村建设对农民合作经济组织具有的较强的依赖性。农民合作经济组织通过发挥自身的组织、凝聚作用,使农民群众以整体性力量出现在新农村建设的舞台上,从而成为新农村建设的重要载体。(作者单位:曲阜师范大学政治与公共管理学院)

① 于建嵘:《社会主义新农村建设需要建立新型农民组织》,载《河南社会科学》2006 年第 3 期,第 17 ~ 21 页。

学习型政党建设的历史探索与经验：从毛泽东到江泽民

马兆明

党的十七届四中全会作出了关于建设马克思主义学习型政党的战略部署，体现了对时代发展脉搏和新形势下党的建设新要求的高度自觉和清醒把握。中国共产党是一个重视学习并善于学习的党，是在马克思主义的学习与实践中解决了中国革命与建设中的一系列问题，成为中国特色社会主义事业的坚强领导核心。在中国共产党长期的革命与建设历程中，毛泽东、邓小平、江泽民先后对党的学习问题以及学习型政党建设进行了艰辛探索，不断地丰富学习型政党建设的理论与实践，为以胡锦涛为总书记的新的中央领导集体明确提出建设学习型政党战略并进行新的时代探索提供了理论基础和实践经验。

一、毛泽东对党的学习问题的初步探索与学习型政党建设

毛泽东是党的第一代领导核心，更是党内的学习楷模。他历来强调党内学习的重要性，对党的学习问题进行了初步探索，为学习型政党建设提供了理论基础与实践借鉴。

首先，关于学习的重要性问题，毛泽东认为要改善工作与建设大党就必须努力学习、加强学习。在延安在职干部教育动员大会上的讲话中，他指出："我们队伍里边有一种恐慌，不是经济恐慌，也不是政治恐慌，而是本领恐慌。过去学的本领只有一点点，今天用一些，明天用一些，渐渐告罄了。好像一个铺子，本来东西不多，一卖就完，空空如也，再开下去就不成了，再开就一定要进货。我们干部的'进货'，就是学习本领，这是我们许多干部所迫切需要的。"①同时，他还强调说："我们要建设大党，我们的干部非学习不可。学习是我们注重的工作，特别是干部同志，学习的需要更加迫切，如果

① 《毛泽东文集》(第2卷)，人民出版社1993年版，第178页。

不学习，就不能领导工作，不能改善工作与建设大党。”①毛泽东充分认识到“学习”对于党的工作与党的建设的重要性。他带头学习各种理论知识，并在党内多次发起学习运动，提高了党的革命与建设能力。

其次，关于学习的态度问题，毛泽东认为学习要与我国实际相结合，采取诚实和谦逊的态度。毛泽东在其著名的《实践论》中指出：“知识的问题是一个科学问题，来不得半点的虚伪和骄傲，决定地需要的倒是其反面——诚实和谦逊的态度。”②这实际上是从知识问题的属性出发，告诫全党在学习问题上应采取的科学态度。同时，毛泽东还从更深层次上谈到了学习态度问题，他说：“学习有两种态度。一种是教条主义的态度，不管我国情况，适用的和不适用的，一起搬来。这种态度不好。另一种态度，学习的时候用脑筋想一下，学那些和我国情况相适合的东西，即吸取对我们有益的经验，我们需要的是这样一种态度。”③从实质上看，毛泽东所讲的学习态度问题就是党的学风问题，具体来说就是对马克思主义采取何种态度的问题，为学习型政党建设提供了根本原则。态度问题处理不好，学习型政党建设就难以找到科学的方向，甚至会出现一些严重后果。对此，毛泽东曾指出：“不注重研究现状，不注重研究历史，不注重马克思列宁主义的应用，这些都是极坏的作用。这种作风传播初期，害了我们的许多同志。”④

第三，关于学习的内容问题，毛泽东认为全党要努力学习马克思主义理论，学会接受新事物、研究新问题，做到与时俱进。毛泽东历来重视党的思想建设，注重用马克思主义理论来武装全党。他认为，党需要学习的内容很多，但作为立党立国之本的马克思主义是我们党首先需要学习的，不仅要学习，而且要系统学习。他说：“没有正确的政治观点，就等于没有灵魂。”同时他又强调说：“思想和政治又是统帅，是灵魂。只要我们的思想工作和政治工作稍为一放松，经济工作和技术工作就一定会走到邪路上去。”⑤从而强调了马克思主义理论作为党的学习的主要内容的重要性，这毫无疑问地也是学习型政党建设的首要内容。当然，对马克思主义理论的学习需要系统化，力戒那种支离破碎、只言片语的学习。对此，毛泽东指出：“在担负主要领导责任的观点上说，如果我们党有一百个至二百个系统地而不是零碎地、实际地而不是空洞地学会了马克思列宁主义的同志，就会大大地提高我们党的

① 《毛泽东文集》(第2卷)，人民出版社1993年版，第179页。

② 《毛泽东选集》(第1卷)，人民出版社1991年版，第287页。

③⑤ 《毛泽东文集》(第7卷)，人民出版社1999年版，第242页，第351页。

④ 《毛泽东著作选读》(下册)，人民出版社1999年版，第474页。

战斗力量。”①另外,毛泽东还认为,学习内容是由共产党肩负的历史使命决定的,要学会在实践中研究新问题,不断学习新知识,做到与时俱进。在战争年代,党的中心任务是进行武装斗争,他特别强调学习军事理论,指出要学习掌握战争规律,从而能够把战争或作战的一切重要问题,都提到较高的原则性上去解决。新中国成立后,面对建设社会主义的崭新任务,他反复要求全党学习经济,学习科学技术,努力成为经济建设的内行和专家,努力使擅长打仗的革命党尽快转变成善于建设的执政党。②

第四,关于学习的方法问题,毛泽东认为要在实践中学习,要在社会中学习,要善于向群众学习,要有组织地学习。在《中国革命战争的战略问题》一文中,毛泽东指出:“读书是学习,使用也是学习,而且是更重要的学习。从战争学习战争——这是我们的主要方法。没有进学校机会的人,仍然可以学习战争,就是从战争中学习。”③而且,毛泽东认为社会就是学校,在社会工作中学习也是学习的主要方法。他说:“社会也是学校,一切在工作中学习。学习的书有两种:有字的讲义是书,社会上的一切也是书——‘无字天书’。”此外,他强调要向人民群众虚心学习。他说:“必须明白:群众是真正的英雄,而我们自己则往往是幼稚可笑的,不了解这一点,就不能得到起码的知识。”④难能可贵的是,毛泽东还提出了有组织学习的方法。他指出:“同志们不仅看看书就算了,而且要有组织地学习。全国各级党部,边区各级政府,各个民众团体,各类学校,都须设立这样的机关,建立这样的制度,来领导并进行学习。”⑤可以说,毛泽东的这些探索对当前学习型政党的学习制度和学习机制建设提供了借鉴与参考,为学习型政党建设提供了思想源泉。

二、邓小平对党的学习问题的深入探索与学习型政党建设

十一届三中全会吹响了改革开放的号角,中国进入了社会主义现代化建设的新时期。新的历史使命要求中国共产党必须对“文化大革命”的经验教训进行深刻总结,继续发扬优良的学习传统,认真学习新知识,善于解决新问题。因此,邓小平在毛泽东关于党的学习问题探索的基础上,从党的建设要求与实际出发,继续对这一问题进行了深入探索,形成了一些新的观

① 《毛泽东选集》(第2卷),人民出版社1991年版,第533页。
② 杜鸿林、万奎:《中共四代领导人对学习型政党建设的探索》,载《理论探讨》2010年第5期。
③ 《毛泽东选集》(第1卷),人民出版社1991年版,第181页。
④ 《毛泽东选集》(第3卷),人民出版社1991年版,第790页。
⑤ 《毛泽东文集》(第2卷),人民出版社1993年版,第179~180页。

点，丰富了学习型政党建设理论。

首先，关于学习的重要性，邓小平认为四个现代化要求全党要善于学习，善于重新学习。邓小平指出："实现四个现代化是一场深刻的伟大的革命。在这场伟大的革命中，我们是在不断地解决新的矛盾中前进的。因此，全党同志一定要善于学习，善于重新学习。"①他还讲到："全国胜利前夕，毛泽东同志号召全党重新学习。那一次我们学得不坏，进城以后，很快恢复了经济，成功地完成了社会主义改造。这些年来，应当承认学得不好。主要的精力放到政治运动上去了，建设的本领没有学好，建设没有上去，政治也发生了严重的曲折。现在要搞现代化建设，就更加不懂了。所以全党必须再重新进行一次学习。"②可见，邓小平是在总结"文化大革命"经验教训的基础上，从现代化建设的角度来表述了党的学习的重要性。从时代背景来说，这种重新学习实际上就是一个思想解放的过程，是思想解放在现代化建设中的具体体现。此外，邓小平还谈到了学习的终身性问题。他说："在不断出现的新问题面前，我们党总是要学，我们共产党人总是要学，我们中国人民总是要学。"③这就从另一个角度说明了，开展党内学习不仅是重要的而且是一个持续不断的过程。

其次，关于学习的态度，邓小平强调要坚持解放思想、实事求是的态度，强调学习要虚心，要钻进去。邓小平一贯坚持马克思主义理论要与中国实际相结合，学习马列要采取实事求是的态度。他反复强调说："马克思主义必须发展。我们不把马克思主义当作教条，而是把马克思主义同中国的具体实践相结合，提出自己的方针，所以才能取得胜利。"④"为了更有效地开展工作，学习是绝对不能少的，而要想学到一些东西，就要虚心，不虚心的人是会一无所成的。"⑤"我们党的各级领导干部，不能长期安于当外行，要钻进去，逐渐成为内行。"⑥解放思想、实事求是是学习的根本态度问题，也就是学风问题，而虚心则属于学习过程中的具体态度问题，但二者在学习过程中又是辩证统一的。

第三，关于学习的内容，邓小平认为要重点学习马列主义、毛泽东思想和经济建设、政治建设等方面的知识。马克思列宁主义、毛泽东思想是党的根本指导思想，是党的政治生命线。邓小平强调指出："根本的是要学习马

---

①②③⑥ 《邓小平文选》(第2卷)，人民出版社1994年版，第151～152页、第153页、第270页、第99页。

④ 《邓小平文选》(第3卷)，人民出版社1993年版，第191页。

⑤ 《邓小平文选》(第1卷)，人民出版社1994年版，第28页。

列主义、毛泽东思想。"①在这一问题上,邓小平既继承了毛泽东关于学习的一些基本观点,又赋予其时代内涵,主要体现在对马克思主义的理论创新上。除了坚持对根本指导思想的学习,邓小平还要求党内要对经济建设、教育与科学技术发展、社会管理等方面的知识进行全面系统的学习。他说:"当前大多数干部还要着重抓紧三个方面的学习:一个是学经济学,一个是学科学技术,一个是学管理。学习好,才可能领导好高速度、高水平的社会主义现代化建设。"②

第四,关于学习的方法,邓小平认为要建立学习制度,不仅从实践与书本上学,而且要善于从经验教训中学。在毛泽东对学习方法进行初步探索的基础上,邓小平进一步强调了建立学习制度的重要性。他说:"要把学习搞好,认真建立学习制度。……过去所以发生许多毛病,就是因为有些同志不重视学习,陷于事务主义的泥坑,不能经常吸收新的营养。学习可以使我们向前看,可以澄清各种混乱的思想。"③同时,他还强调指出:"从实践中学,从书本上学,从自己和人家的经验教训中学。要克服保守主义和本本主义。"④此外,邓小平还反复强调了学习的效果问题。他多次讲到学习马列要精,要管用。这实际上提出了对党内学习方法的一个检验标准。

邓小平在继承毛泽东有关政党学习的思想与观点的基础上,通过进一步的探索,提出一些新的思想。这些思想是对政党学习理论的创新和发展,为学习型政党建设提供了更加丰富的理论基础和实践条件。特别是,邓小平在真理标准问题大讨论和改革开放进程中,把学习活动与思想解放结合起来,通过学习推动思想解放,通过思想解放促进学习,从而凸显了党内学习的时代内涵。也正是在这一实践过程中,邓小平提出了通过建立学习制度开展党内学习的新思路,极大地丰富了毛泽东关于组织学习的思想,为学习型政党建设提供了科学的方法。

三、江泽民对党的学习问题的时代探索与学习型政党建设

20 世纪 90 年代改革开放进入关键时期,世界政治格局的新变化与经济全球化的深入发展,使中国现代化发展面临着新的机遇和挑战,对中国共产党建设提出了新的时代要求,使党面临着新的严峻考验和新的学习任务。江泽民从加强党的建设的角度出发,对党的学习问题进行了时代性探索,进一步丰富了毛泽东、邓小平关于政党学习的思想,促进了学习型政党建设。

---

①②③ 《邓小平文选》(第 2 卷),人民出版社 1994 年版,第 153 页。
④ 《邓小平文选》(第 1 卷),人民出版社 1994 年版,第 160 页。

第一,在学习的重要性和价值方面,江泽民认为学习问题关系到国家、民族的兴衰和社会主义现代化事业的成败,而且有利于改造主观世界。他告诫全党:“在重大的历史转折关头,新矛盾、新问题、新情况、新知识、新经验层出不穷,我们更要注意学习。分析新矛盾,解决新问题,研究新情况,掌握新知识,探索新经验,既是新的实践过程,也是新的学习过程。不加强学习,就会处于盲目、被动和落后状态,就不可能取得领导的主动权。”“学习问题,关系到广大干部自身的进步,关系到国家、民族的兴衰和社会主义现代化事业的成败。我们全党全民族都必须有这个共识。”①这就把党的学习与国家、民族、现代化紧密联系起来,从更高的角度表达了政党开展学习、不断学习的重要性。这一探索性认识也表明了学习型政党建设的必然性和紧迫性。同时,江泽民还认为,学习可以改造党员的主观世界,提高党的精神境界。他说:“学习搞好了,掌握的理论知识和科学文化知识多了,政治认识和精神境界提高了,讲政治、讲正气才讲得起来。勤于学习,善于学习,不仅有利于我们更好地改造客观世界,而且也有利于我们更好地改造主观世界。全党同志特别是领导干部,一定要坚持学习、学习、再学习。”②

第二,在学习的态度方面,江泽民认为学风问题是一个重大的政治问题,关系到党的兴衰,强调要理论联系实际,养成勤奋学习的风气。从历史实践看,学风问题一直是党的建设中的一个重大问题,最根本的就是对待马克思主义的态度问题。江泽民对此强调说:“学风问题是一个关系党的兴衰和事业成败的重大政治问题。一个党委、一个领导干部,能不能坚持理论联系实际的学风,运用马克思主义的立场、观点、方法来研究和解决工作中面临的现实问题,是理论上和政治上是否成熟的一个根本标志。”③因此,江泽民提出要在全党养成勤奋学习的风气,他说:“当今时代,是要求人们必须终身学习的时代。不实现知识的不断更新,就必定要落后。……要在全党养成勤奋学习的风气,并把这种风气大力推广到全国人民特别是广大青少年中去。这样,我们才能更好地完成历史赋予我们的改革和建设的伟大任务。”④

第三,在学习的内容方面,江泽民认为首先要学习党的基本理论,学习

---

① 江泽民:《论党的建设》,中央文献出版社 2001 年版,第 144、145 页。

② 《江泽民文选》(第 3 卷),人民出版社 2006 年版,第 185 页。

③ 江泽民:《在第二期中央委员和候补委员学习邓小平理论和十五大精神研讨班结业式上的讲话》,见《人民日报》1998 年 6 月 3 日。

④ 江泽民:《在纪念党的十一届三中全会召开二十周年大会上的讲话》,见《人民日报》1998 年 12 月 18 日。

马列主义、毛泽东思想和邓小平理论,同时全方位学习科学文化知识。在中国,学习马克思主义理论就是要用马克思主义中国化的最新成果来武装全党,马克思主义理论是管总的东西,所以“马列主义、毛泽东思想一定不能丢,丢了就丧失根本”①。“我们有一条宝贵经验,就是每当革命和建设处在重大历史关头,总是特别重视理论指导,总是结合不断发展的实际加强党员、干部的理论学习。”②这里的理论指导实际上就是马列主义、毛泽东思想、邓小平理论。同时,江泽民要求要全方位地学习科学文化知识。他说:“做一名合格的政治领导者,哲学、政治学、经济学、法学、历史学、文学和科学技术等方面的知识都要学,特别要注重学习反映当代世界政治、经济、文化新发展的各种新知识,努力使自己的思想水平和知识水平适应时代前进的需要。”③

第四,在学习的方法方面,江泽民认为学习要有的放矢、学以致用,要结合自身实际制定学习计划,把学习作为任用领导干部的标准。他说:“学习不应该是经院式的,而要有的放矢、学以致用。……我们要坚持解放思想、实事求是的思想路线,系统周密地研究中国改革和建设的实际问题,决不能满足于一知半解,而要不断研究新情况、解决新问题,勇敢地开拓理论和实践的新境界。”④为此,他认为应该结合自身的知识状况和工作实际,合理地制定学习计划,使学习逐步积累和深入。同时,江泽民认为应该把学习的具体安排和执行情况作为考察、任用领导干部的一个基本标准。这种安排无疑会更有效地推进党内学习进程,使党的学习真正落到实处。

综上所述,江泽民对党的学习问题的探索是在毛泽东、邓小平基础上的进一步深化与发展,是时代发展的必然要求。这一探索进程使我们充分认识到“学习”对于党的重要性,甚至关系到党的生死存亡与国家事业的成败。这也为建设学习型政党战略的提出提供了最有力的理论依据。这一探索进一步丰富了党的学习内容,强调了理论联系实际的学风,创新了学习方法,使党的学习具有了时代特性,为当前建设学习型政党提供了多方面的实践经验。

从历史脉络中我们可以看到,中国共产党的发展历史实际上就是党通过不断学习取得成功的历史,是在革命和建设实践中不断开拓进取,把自身逐步建设为一个学习型政党的历史。在长期的发展历程中,毛泽东、邓小平、江泽民对党的学习问题进行了一脉相承而又有创新发展的探索,有力地

---

①③④ 《江泽民文选》(第2卷),人民出版社2006年版,第12页,第284~285,第304页。

② 江泽民:《论党的建设》,中央文献出版社2001年版,第289页。

推动了中国共产党的建设进程,极大地丰富了马克思主义的党建理论。这些探索及其经验的形成为当代建设学习型政党提供了理论基础和实践借鉴,推动了当前学习型政党的建设进程。

(作者单位:济南大学政治与公共管理学院)

山东半岛蓝色经济区与生态文化建设

曲新英

打造山东半岛蓝色经济区，是胡锦涛总书记站在全球高度谋划我国海洋发展的重大战略部署，是开辟陆海统筹发展新路径、促进山东半岛加速崛起的重大战略。生态文化作为以人与自然和谐为核心理念的文化，是蓝色经济区建设的必然选择和价值取向。在纪念建党90周年之际，面向未来，如何从半岛实际出发，构建物质、精神和制度三个层面协调有序的生态文化，为蓝色经济战略提供切实有力的支撑，把山东半岛真正打造成为“全国海洋科技产业发展的先导区，生态文明建设与社会和谐进步的示范区，海陆统筹开发和城乡一体发展的先行区”，已经成为蓝色经济区建设中亟待解决的重要问题。

一、生态文化是人类文化发展的新阶段

文化是人的生存和发展方式。以人与自然的关系为尺度，人类文化的发展可以划分为三个历史阶段：一是自然中心主义为核心的“神本文化”；二是人类中心主义为核心的“人本文化”；三是人与自然和谐发展思想为核心的“生态文化”。

在远古时代，人类对现实的自然界缺乏理性的理解，只能以原始的感性能力感知周围的一切。认为自然界中存在着各种神秘莫测的主宰人类命运的“神力”。自然界既是令人依赖的对象，又是让人恐惧、迷信和崇拜的偶像，这是人对自然界怀有的最初的朴素的情感，即古代朴素的自然观。在人类社会初期，以人服从自然为前提，人与自然的关系始终处于一种直观、朴素、简单的状态。以朴素自然观为基础形成的崇敬自然界威力，对之顶礼膜拜的行为和观念，就是神本文化，具有绝对依附于自然的自然中心主义的文化特征。

人本文化起始于农业文明。农业文明改变了人与自然的关系，人类开始由依附自然到积极地干预自然。工业文明以后，人类从古代对自然力的崇拜，转向对科学技术的崇拜。凭借科学技术的力量，人类改造自然、控制

自然和干预自然的能力大大提高，特别是在笛卡儿机械论自然观的影响下，人们过分强调人与自然的对立和人的主体性地位，逐渐形成了“征服自然”、“统治自然”、“人定胜天”等观念，致使人类把自然界当作索取资源的仓库，毫无节制地开发、掠夺自然资源，同时又把自然界当作抛撒废弃物的垃圾场，毫无顾忌地排放废弃物。这种无度的行为，造成了人与自然的尖锐对立，引发了环境污染、气候异常、自然资源濒临枯竭等全球性问题，直接威胁着整个人类的生存与发展。这种以机械论自然观为基础的人本文化，最根本的就是以人类中心主义为价值取向，以人统治自然的思想为基础，割断了人与自然的和谐关系。

生态危机迫使人类重新审视人与自然的关系，反思自己的观念和行为，认识到，人类起源于自然、生存于自然、发展于自然，人与自然本是一个不可分离的有机整体，人类理应与自然和谐相处、共同发展。而生态危机实质上是文化危机，是人们传统的价值观念、行为方式、社会政治经济和文化体制相对落后的结果。因此，要摆脱生态危机，必须超越旧的世界观，转向宇宙一体化的、生态学的世界观，并在这种新的世界观的指导下，进行一场真正世界意义的文化革命。这种文化革命，实质上就是以生态文明代替工业文明，建设人与自然协调发展的生态文化，树立人与自然和谐统一的生态自然观，重建人与自然的和谐关系。生态文化是人与自然关系的新的价值取向，是由人征服自然的文化，转向人与自然和谐发展的文化，是人类文化发展的新阶段。

二、生态文化是蓝色经济战略的必然选择

狭义的生态文化，专指以生态价值观为指导的社会意识形式；广义的生态文化是指人类新的生存方式，即人与自然和谐发展的生存方式，它不仅包括人们的思想、观念、意识，还应该包括人类为解决生态问题及相关的社会问题，求得更好地生存与可持续发展所采取的种种手段，以及保证这些手段顺利实施的所有战略、制度等。

生态文化作为促进人与自然协调发展的文化，应作广义的理解，它包括物质、精神和制度三个层面的含义，主要是指实现人与自然协调发展的生产方式、生活方式以及人类精神活动及其成果，即生态文明的世界观、方法论；还包括协调人与自然关系的体制、制度、政策、法规、机构、组织等。

蓝色经济战略是科学发展战略。蓝色经济本质上是生态经济，它打破海陆分离的传统发展观念，强调海陆统筹、一体推进，并在海陆统筹中实现人、海洋、经济与社会和谐发展。生态环境的优化是蓝色经济区建设的必由

之路,人与自然和谐、可持续发展是蓝色经济区的命脉。生态文化作为蓝色经济战略的必然选择和价值取向,是能对自然、社会、人文等各类资源进行协调与整合的文化,是充满生命张力的文化。生态文化互利共生、多元共存、竞争发展的生态学基本理念与蓝色经济战略目标相一致。因此,蓝色经济战略离不开生态文化的支撑,生态文化在山东半岛蓝色经济区建设中有着无可替代的引导和润滑功能。

首先,生态文化具有导向功能。生态文化蕴含着和谐共生的理念,引领整个社会价值观念、生产方式和生活方式的转变,引导人们树立人与自然和谐、人与人和谐的科学发展理念。蓝色经济区以海洋为特色,强调人、海洋、经济与社会和谐发展。要实现海陆互利、互补,达到共生、共赢的和谐,必须构建起民主开放、良性互动的思维态势。开放、多元、浓厚的生态文化氛围,有助于培育贵和向善的生态道德和价值观念,并使之根植于人们的思想意识中,进而转化为人们的世界观、价值观、道德观。

其次,生态文化具有协调功能。生态文化蕴含着人与自然、人与人的和谐性、协调性,是一种体现时代精神和生态文明的先进文化。生态文化强调生态系统的整体和谐观念,不仅有利于实现人与自然的和谐,还有助于改善人与人的关系。生态文化强调人与自然的平等观,生态价值观把人类道德共同体的范围扩大到整个生态系统,从而科学地协调人类社会与自然界的生态平衡关系,使人与自然的关系达到一种和谐的、可持续发展的状态,实现“自然的人化”和“人的自然化”的协调发展,有助于海陆优势互补,实现人—海洋—陆地—经济—社会复合生态系统协调发展,

再次,生态文化具有约束功能。生态文化蕴含着生态伦理道德观念,将人伦道德扩展到整个自然界,以生态伦理和生态价值观来约束人类对自然的行为,追求人与自然万物共存共生的大生命观。调整人与自然的关系、约束人类的行为,仅仅依靠政策、法律法规、制度等手段是不够的,还必须建构人与自然和谐的生态价值体系,使人类的行为受到理性和道德的双重约束。生态文化正是以生态伦理和生态价值观为基础,经过提炼升华,形成具有生态特色的行为规范,对人的观念行为具有很强的理性和道德的规范约束作用,成为支配和约束人行为的内在动力。

最后,生态文化具有激励功能。生态文化蕴含着可持续发展的理念,它实质上追求一种公正、安全、文明、健康、富裕的社会生存和发展环境。可持续发展观的实质就是人与自然共同进化,当代与后代永续发展,局部的、现实的利益与整体的、长远的利益辩证统一。因此,生态文化能够最大限度地启发、诱导、刺激公众的环保热情和创造力,增强人们保护生态的荣誉感、使

命感和责任感。生态文化作为一种崭新的文化模式，日益渗透到人类社会各种活动甚至思维和意识中，深深地影响着人们的生产、生活和思维方式。

三、生态文化建设是打造山东半岛蓝色经济区的奠基工程

蓝色经济区是涵盖了自然生态、社会经济、科技文化诸多因素的复合功能区。推动蓝色经济区建设，关键在于按照科学发展的要求，以加快转变发展方式作为主攻方向，立足环境保护，形成资源开发、产业培植、区域打造、生态保护"四位一体"的开发、保护、利用新格局。绝不以牺牲资源、环境为代价来换取一时发展，要努力走出一条以集成创新实现集成绩效，以立体发展创造综合效益，资源节约、环境友好的蓝色经济发展新路子。

打造半岛蓝色经济区是一项全新的事业，必须以创新的思维、创新的途径、创新的方法，解决影响和制约蓝色经济发展的突出问题。作为全国第六个生态省建设试点省份，山东在发展循环经济、治理环境污染等方面取得了明显成效。然而，生态文化相对薄弱，特别是生态观念较为淡薄、生态机制不健全、循环经济相对滞后，仍然是制约山东半岛蓝色经济区建设的主要瓶颈。打造山东半岛蓝色经济区，当务之急是加强生态文化建设，倡导和谐发展的思维方式和生态价值观念，崇尚更加健康、文明、科学的生产、生活方式。

(一)培育生态观念:蓝色经济区建设的精神动力

建设生态文化，实现人与自然的和谐发展，最根本、也是最关键的是普及生态教育，培养生态意识。生态教育要从娃娃抓起，要使生态观念熔铸于人们的思维和日常行为习惯中，使人与自然和谐发展的生态价值观成为人们的终生理念，这是生态教育的关键，也是生态文化建设的核心。

价值观是隐含在人的意识中最深层的东西，往往不为人们明晰地察觉，但它对人的意志、情感和信念的影响却是巨大的。人类的价值观和生存方式是影响人的生产和消费方式的深层动力。从一定意义上可以说，人类精神世界中价值取向的褊狭才是最终造成生态系统失调的根本原因。深入探究便不难发现，引发当代生态危机的深层原因或者社会意识原因，是以人类中心主义为价值取向的传统价值观。可以说，树立科学的生态价值观，是人类摆脱生态危机的根本所在，也是建设生态文化的核心所在。

生态价值观是人们对生态环境在经济发展和社会进步中所处的地位和所起的作用的总的看法，是实现人与自然协调发展的必然价值取向。生态价值观倡导重建人与自然平等、友善、共存的关系，注重发展的可持续性，强调经济效益、社会效益和生态效益的统一。生态价值观以实现人类的持续

生存与发展这一社会利益为最高目标,要求人们变革生产方式和消费观念,建立节约型生态化的生产力和生产方式以及生态经济新秩序,实现良性的生态循环。

生态价值观的建构是基于对传统发展观的人类中心主义的扬弃,基于对人与自然关系的重新认识,特别是对自然价值的最新认知。生态文化建设就是要实现从人统治自然的人本文化过渡到人与自然和谐发展的生态文化。这是人的价值观念的根本转变,这种转变解决了人类中心主义价值取向过渡到人与自然和谐发展的价值取向。人类只有从价值观上,在人与自然之间建立一种和谐平等的关系,从内心深处尊重和热爱自然,威胁人类生存的环境危机和生态失调问题才有可能真正得到解决。

(二)发展生态生产力:蓝色经济区建设的经济基础

建设山东半岛蓝色经济区,必须转变发展方式,充分考虑“绿色”发展,要从生态、环保的角度考虑产业发展和布局,以保护海洋生态环境和陆域生态环境为基础,集约和节约利用生态资源,强化节能减排。打造山东半岛蓝色经济区,要把握海陆经济的内在联系,打破海陆分割的二元结构,推进海陆经济一体化统筹发展。

要大力发展生态生产力,实现从单纯以人的物质利益为目标的传统发展模式转向人和自然双向关怀进而实现二者共存共荣的生态发展模式。发展生态生产力,最根本的是实现人类生产方式和生活方式的转变。

其一,生产方式的转变。传统生产力观念的生产方式,是“原料和能源高投入、产品低产出、环境高污染”,它的生产模式是“资源—产品—废弃物和污染排放”,是一种线性的非循环的生产方式。这种生产方式,以排放大量废弃物为特征,造成严重的环境污染、生态破坏和资源浪费。

发展生态生产力,实现人与自然的和谐,要切实改变掠夺自然的不合理的生产方式和发展观念,向新的生产方式的转变,即向“原料和能源低投入、产品高产出、环境低污染”的生产方式转变。这种生产方式采用新的生产技术(生态技术)和新的生产工艺(生态工艺),其生产过程是无废物或者废物还原、废物利用的过程,它的生产模式是“资源—产品—再生资源—再生产品……”。新的生产方式,以资源和能源的充分利用为特征,它的技术过程是线性和循环的,被称为循环经济。循环经济(又称绿色经济、生态经济),是一种以资源的高效和循环利用为核心,以减量化、再使用、可循环为主要内容,以低投入、低消耗、低排放、高效益为基本特征,符合可持续发展理念的经济增长方式。

循环经济作为一种新的生产力发展方式,可以实现经济社会和环境的

"双赢"发展,是从根本上实现人与自然和谐的有效途径。蓝色经济区建设就是要以循环经济模式大范围、大规模开发和利用海洋资源,掀起一场向海洋要食品、要资源、要财富的蓝色革命,大力发展海洋经济、保护海洋环境。因此,实现生产方式从传统经济向循环经济的转变,是生态文化建设的根本要求,也是建设蓝色经济区的基础工程。

其二,生活方式的转变。传统观念的生活方式是高消费的、享乐主义的生活方式,不仅大大超出了人们生活的基本需要,而且有大量的挥霍浪费。这种高消费的生活方式对地球的影响是毁灭性的。建设生态文化要求人们对生活方式、消费观念来一次新的革命,由追求物质享受向崇尚自然、追求健康理性状态转变,倡导符合生态要求,有利于环境保护,有利于消费者健康,有利于资源可持续利用的生活方式,即可持续发展的生活方式。这种生活方式,以提高生活质量为中心,崇尚健康向上的精神生活,重视绿色消费。绿色消费作为一种适度、环保、可持续的消费观,它追求健康理性的生态文明的生活方式,以实现人与自然的协调发展。①

发展先进生产力,必须将物质生产能力、环境生产能力和管理协调能力有机统一起来,改变不合理的生产和生活方式,倡导绿色消费观,合理开发、利用和保护自然,实现人与自然的和谐共处。

(三)健全生态机制:蓝色经济区建设的制度保障

目前,在公众环境意识不高、企业急功近利的思想还普遍存在的情况下,紧紧依靠宣传教育难以遏制"边建设、边破坏"、"边治理、边污染"的情况发生,必须加强生态立法,转变政府职能,建立和完善政府主导、执法监督、公众参与、科学决策等生态机制,这是生态文化建设的有力保障。

首先,建立健全各项环保政策和生态法律法规制度。发挥政府的作用,围绕加快海洋开发,强化海洋管理,促进海洋保护的目标,推进相关海洋管理立法工作,加大海洋执法力度,构建适合山东半岛蓝色经济区开发需要的海洋法制环境。我国现有的生态法律、法规体系还很不完善,存在着执法不严、违法不究等现象。为此,必须加大环保立法力度,尽快建立健全海陆环保法律法规体系;完善环保执法体系,加强环保执法队伍建设。

其次,要制定和完善相应的考核、监督和保障等方面的机制。

其一,要抓住政府部门、领导干部的施政行为这个根本环节,以科学发展观引导正确的政绩观。引导干部树立和坚持以经济建设为中心同人与自

① 崔如波:《绿色消费:21 世纪全新的生活理念》,载《理论前沿》2002 年第 4 期,第 17 页。

然和谐发展相统一的发展理念,科学设置绿色 GDP 和包括资源、环境、人才等在内的考核指标,使政绩考核成为生态文化建设的助推器。

其二,健全生态管理体制。应借鉴发达国家"经济靠市场,生态保护靠政府"的有益经验,建立廉洁、高效、透明的政府管理体制,使政府职能部门合理分工、有效协调,在政府与民众、企业之间形成合作互动、平等交流的新型关系。

其三,各级政府要建立健全行政执法责任制,完善监督管理体系和机制,切实做到有法可依,有法必依,执法必严,违法必究。

其四,完善科学决策的保障机制。建立健全科学的、负责任的决策机制和利益补偿机制,实行重大环保问题听证制度,完善生态奖惩机制,激励企业和个人保护生态的积极性和自觉性。

再次,建立健全公众参与机制。生态文化建设,必须依靠广大群众的积极参与。公众参与,应体现在环境规划、决策、监督、投资等方面,要使人们明确自己的法律权利和义务;要在全社会形成提倡节约、爱护生态环境的社会价值观念、生活方式和消费行为。

(四)绿色技术创新:蓝色经济区建设的技术保证

绿色技术创新是解决环境与资源问题、实现可持续发展的必然选择,是生态文化建设的重要内容。

所谓绿色技术,是指能减少污染、降低消耗、治理污染或改善生态的技术体系。绿色技术是由相关知识、能力和物质手段构成的动态系统。保护环境、改造生态的知识、能力和物质手段三个要素结合在一起,相互作用,构成现实的绿色技术。绿色技术包括清洁生产技术、治理污染技术和改善生态技术。

绿色技术创新也称为生态技术创新,它包括以保护环境为目标的管理创新和技术创新。绿色技术创新负载着一种新型的人与自然关系,强调防止、治理环境污染,维护自然生态平衡。

绿色技术创新的主体是企业,党委政府要积极鼓励和推动企业进行绿色技术创新,采用先进生产方式,建立绿色的营销机制、网络化供应链、环境评价与管理系统,以切实有效地推动人与自然互利互惠的生态化的发展。构建生态文化,实现人与自然的和谐,是山东半岛蓝色经济区建设的奠基工程。我们要通过构建生态文化,倡导人与自然和谐的生态文明价值观,从而加快推进山东半岛蓝色经济区建设的进程。

(作者单位:青岛大学)

试论“老渤海精神”的内涵与意义

李双安　阎化川

2009年10月17日，胡锦涛总书记在滨州市视察和听取工作汇报时，曾对滨州市、县的主要领导们说：“我知道滨州市是原来的渤海革命老区。要继承发扬老渤海精神。”①胡锦涛同志所说的“渤海革命老区”，是1944年1月由清河区与冀鲁边区合并成立，是当时山东5个抗日根据地(渤海、胶东、滨海、鲁中、鲁南)之中行政区划面积最大、人口最多的一个战略区，简称“渤海区”。

“老渤海精神”形成于艰苦卓绝的革命战争年代，是以渤海老区为载体、历经10余年、从1000余万渤海军民身上展现出来的一种宝贵精神财富。此后，它成为鼓舞无数渤海儿女忠诚于党、艰苦奋斗的精神法宝，至今仍激励我们在改革开放的历史新时期开拓奋进。② 本文认为，“老渤海精神”的内涵，可以提炼为：忠诚于党、艰苦奋斗、无私奉献。③

一、“老渤海精神”的培育和形成

滨州市是原渤海区的中心区域。“滨州”是后周显德三年(956)设置，元代隶属济南路，明代隶属济南府，清雍正十二年(1734)之后隶属新成立的武定府。④ 在抗战时期，这里分属清河区和冀鲁边区。1944年1月，清河区与冀鲁边区合并成立了渤海区，是当时山东面积最大、人口最多的抗日根据地。1950年渤海区撤销，成立惠民地(专)区。⑤ 1992年成立滨州地区，2000

---

① 参看人民网滨州2010年10月18日电(http://unn.people.com.cn/GB/22220/106301/132145/12983028.html)。

② “老渤海精神”，系当地俗称，尽管没有“新渤海精神”之谓，却有“新时期滨州精神”与之呼应。本文为行文方便，据此而沿用。

③ 本文是滨州市党建研究课题组的系列研究成果之一。课题组由市委领导和分管领导担任组长、副组长，市委党史研究室等单位承担具体研究工作。

④ (清)《山东通志》(第3卷)，四库全书本。

⑤ 《中共渤海区地方史》，中央文献出版社2000年版(下引只注明书名)，第588页。

年撤地建市，即今滨州市。

（一）在艰苦的抗日战斗争环境中，渤海区军民坚定信念，开创和坚持了平原抗日斗争

渤海区的前身是冀鲁边区和清河区。“七七事变”后，日本侵略军大举南侵，冀鲁边区首当其冲。中国共产党领导当地民众积极开展救亡运动，组织抗日武装，建立平原抗日根据地。7 月 15 日，中共津南工委在盐山县发动武装起义，建立华北民众抗日救国会和救国军。随后，中共冀鲁边工委成立，担负起组织领导民众坚持游击战争、创建抗日根据地的革命使命。鲁北各县纷纷组织乡农学校，武装抗日。阳信县乡农学校党组织于 11 月 10 日，在流坡坞一带打响了山东省武装抗日斗争的第一枪。1938 年 9 月，八路军一一五师三四三旅政委肖华率领东进抗日挺进纵队抵达冀鲁边区，创建冀鲁边区抗日根据地。先后组织韩集伏击战、三打灯明寺、激战大宗家等战斗，狠狠打击了入侵日寇的嚣张气焰，极大振奋了渤海人民抗击日寇的战斗精神。

中共山东省委积极在清河区恢复和建立各级党组织，坚持敌后游击战争，创建清河平原抗日根据地。1937 年 12 月，先后组织领导黑铁山起义、寿光牛头镇起义，分别建立山东人民抗日救国军第五军、八路军鲁东游击队第八支队。此后，潍县、昌邑、广饶、临朐、益都、临淄等地先后爆发抗日武装起义，组建了八路军鲁东游击队第七、九、十支队及临淄青年学生志愿军训团（三大队）。一时间，渤海平原抗日烽火遍地起。党领导的这些抗日武装坚持游击战争，纵横驰骋在辽阔的渤海平原上，为创立渤海区抗日根据地夯实革命基础。

1944 年 1 月，清河区与冀鲁边区合并，建立中共渤海区党委、八路军渤海军区，加强了这一地区的统一领导。1944 年，渤海区展开局部反攻，相继对日伪军发起夏季、秋季攻势作战，全部恢复被日伪军“蚕食”的益（都）寿（光）临（淄）广（饶）四边根据地，先后攻克鲁北重镇利津等 4 座县城。从 1945 年初开始，渤海军区开始春、夏季的新攻势作战。渤海区根据地迅速扩大，为全面反攻创造了条件。8 月，渤海军区组成山东第四前线指挥部和山东野战军第七师，兵分三路向日本侵略军及伪军展开大反攻。在 7、8、9 月三个月中，渤海区共歼敌 3 万余人，解放县城 33 座，人口 600 余万，境内敌伪势力基本肃清。至此，渤海区已发展成西起津浦铁路，东至渤海，北近天津，南至胶济铁路，面积达 5. 2 万平方公里，辖 40 余个县市，人口近 1000 万的解放区。

八年抗战，渤海区军民也付出了巨大牺牲。据统计，在八年抗战中，渤海区损失财物为2755亿元北海币,[①]被杀害群众达13684人,部队战士伤亡共5459人(其中牺牲3227人)。期间,山东对敌作战7.8万余次,歼灭日伪军53万余人。而渤海区军民从1945年至1948年底三年时间,便进行战斗3129次,攻克和摧毁日伪蒋据点与城镇505处,毙伤俘日伪蒋军67900余人。[②] 解放战争时期曾任渤海军区司令员的袁也烈同志,在1943年《清河平原游击战争第六年战斗总结》中说:"抗战的第六年,是最艰苦的一年,是我根据地党政军民艰苦战斗的一年,是以艰苦战斗换得胜利的一年。……这一年,清河部队平均一天作战一次。"[③]当年战争环境之残酷,由此可见一斑。在异常艰苦的斗争环境中,在中华民族危难之时,渤海区军民在党的领导下,不怕牺牲、艰苦奋战,忠诚团结、共克时艰,创造了平原抗战的典范。

(二)在解放战争时期,渤海区军民"顾全大局、无私奉献",整个渤海区成为华东的后方基地

渤海区内平原地域广阔,海岸线长,物产丰富,盛产粮棉油和其他农副产品,正常年景自给有余,是山东的粮仓。抗战胜利后,渤海区组织了规模空前的支前和大参军运动,渤海区一度成为整个华东区的可靠后方和后勤供应基地,有华东"小西柏坡"之称。

在国民党重点进攻山东解放区时期,华东局、华东军区领导机关转移至渤海区黄河以北;同时,鲁中、鲁南区党委部分所属机关、学校、医院及部分家属、老区群众,华野后方机关和东江纵队共40多万人,撤至渤海解放区。在当时物质极度匮乏的战争年代,渤海区广大党政军民发扬"老渤海精神",举全区之力,毅然承担这一革命重任,接纳了如此众多的人员。在1947年下半年,渤海区黄河以北各县,尤其是阳信、滨县、惠民、沾化四个县,几乎村村户户都住满了外来军民。在"老渤海精神"的激励下,渤海区广大人民群众宁愿自己吃糠咽菜,也要竞相捐献衣粮,涌现了许多感人事迹。

"一切为了胜利,一切为了前线",是解放战争时期渤海区军民喊出的最响亮的口号。据统计,1946年,渤海区共征粮1.45亿公斤,占当年山东全省

---

① 当时山东各抗日根据地使用北海银行发行的北海币,冀鲁边区、清河区都设有北海银行分行,渤海区成立后合并为渤海分行。北海币在1938年与国民党政府发行的法币比价为1:1;到抗战后期北海币升值,在1943年底北海币与法币比价达到1:5;北海币与法币最高比价达到1:9之后,各根据地即停用法币,北海币成为本位币。

② 参阅《中共渤海区地方史》、《中共山东地方史》、《三区大事记》有关章节。

③ 《袁也烈纪念文集》,中央文献出版社1999年版(下引只注明书名);第153~157页,《清河平原游击战争第六年战斗总结(1943年)》,原载山东清河区《群众报》社于1943年编印的《敌后抗日根据地是怎样形成的》一书。

征收公粮 5 亿公斤的近 30%。1947 年,渤海区共征粮 3 亿公斤,占当年山东全省征收公粮 6.2 亿公斤的 48%。渤海区许多村庄的农民,所交公粮甚至竟然占其总收入的 40% 以上。1948 年,渤海区为支援解放战争,共运粮15.5亿斤。在 1948 年 10 月淮海战役中,山东解放区负责筹运了 3.9 亿斤粮食,而渤海区独自承担了 1.3 亿斤的筹粮任务,实际筹运粮食 1.5 亿斤,占山东解放区运粮任务的 38%。整个解放战争时期,渤海区共抽调支前民工达81.9万人次,组成担架团、轮战营、运输队,先后参加了周张、青沧、潍县、济南及淮海、渡江等战役;先后动员 17.2 万名青壮年参军,组建了 3 个纵队、1 个教导旅、1 个后备兵团,还补充组建了两广纵队等。1949 年初为迎接全国解放,山东抽调 15000 名南下干部,其中渤海区抽调 5000 余名,占全省的1/3。①

在这片土地上,留下了许多老一辈无产阶级革命家如景晓村、马耀南、杨国夫、廖容标、李人凤等人的战斗足迹,洒下了许多革命烈士如于文彬、黄骅、马耀南、杨忠、里希等人的热血……据 1982 年国家民政部统一组织的普查统计和后来的补充登记,有原始资料记载的渤海区烈士共 55308 人。渤海区广大军民作出的这些重大贡献,付出如此巨大的牺牲,彰显了老渤海精神之中的“顾全大局、无私奉献”精神。

二、“老渤海精神”的丰富内涵

“老渤海精神”是一个宽泛的概念,具有非常丰富的内涵和外延,当然也会出现不同的表述。

(一)对“老渤海精神”的不同表述

多年来,滨州市(原惠民地区)历届领导及社会各界,均曾对“老渤海精神”做过精辟论述。

1978 ~ 1983 年担任惠民地委书记的袁承恩认为,“老渤海精神”的内涵是信念坚定,务实创新,艰苦奋斗,无私奉献。②

1998 年,时任地委书记王道玉曾将“老渤海精神”表述为:“不屈不挠、艰苦奋斗、顾全大局、无私奉献。”③

2007 年 5 月 14 日,在七市支持渤海革命老区纪念园建设协调工作会议

---

① 参阅《中共渤海区地方史》、《中共山东地方史》、《三区大事记》有关章节。

② 参看袁承恩:《发扬老渤海精神,再创滨州新辉煌》,见《老渤海精神研究文集》,山东省东营市新华印刷厂 2010 年版(下引只注明书名),第 70 ~ 80 页。

③ 参看《中共惠民地区历史大事记·序言》,山东人民出版社 1998 年版(下引只注明书名)。

上,时任市委书记孙德汉将“老渤海精神”提炼为:“奋斗、奉献。”原山东省委副书记王修智在这次会议上则将“老渤海精神”概括为:“一往无前、敢于胜利,自力更生、艰苦奋斗,顾全大局、团结协作。”

原中共滨州市委党史委副主任张守文认为,“老渤海精神”就是“依靠人民、不怕牺牲、顾全大局、无私奉献”的精神,它是渤海区军民革命斗争的实践,也是渤海区军民革命精神的体现。①

以上表述提法不一,但基本概括了“老渤海精神”的实质,体现了“老渤海精神”的核心内容。我们理解都是在着重强调两点:一是艰苦奋斗,二是无私奉献。因为只有“信念坚定”才能够在艰苦斗争环境下不屈不挠地奋斗,“不屈不挠”是形容“奋斗”历程的艰苦;强调“顾全大局”之意在凸显“奉献”的无私,这与“奋斗、奉献”的提法殊途同归,异曲同工。

(二)“老渤海精神”的涵义

我们认为,“老渤海精神”的内涵,都至少应该包括以下几层含义:

第一,不屈不挠、艰苦奋斗的精神。

“老渤海精神”首先应当是一种不怕牺牲、艰苦奋斗、积极进取的战斗精神。其“奋斗”精神,目前已经基本得到大家认可。原渤海军区司令员杨国夫在其《回忆录》中指出:“回顾这段历史,是叫后人知道,渤海人民对中华民族解放事业是有贡献的……渤海人民淳朴的思想、艰苦奋斗的作风、不怕牺牲的精神,是值得永远发扬光大的。”②杨国夫这些论述,是对“老渤海精神”的一个间接阐释,即他认为“老渤海精神”应当是一种“艰苦奋斗的作风、不怕牺牲的精神”,并且“值得永远发扬光大”。因此,“老渤海精神”的内涵,首先应是一种英勇奋进的战斗精神,或曰奋斗精神。在奋斗的过程中,不怕牺牲,不怕艰苦,百折不挠,勇往直前。

艰苦奋斗作为“老渤海精神”的内核,业已得到了大家的共识。(1)北京八路军山东抗日根据地研究会渤海分会会长李克进认为,讲“老渤海精神”,艰苦奋斗是这种精神的重要内核。③ (2)原渤海区老领导马法贤等认为,“老渤海精神”首先就是“万众一心、奋力发展”精神,即他们认为“老渤海精神”的首要之义是“团结奋斗”,亦即强调其“奋斗”精神。④ (3)原渤海区老同志

① 参看张守文:《对“老渤海精神”的理解》,见《老渤海精神研究文集》,第139~149页。

② 参看王信一:《战斗在清河平原——杨国夫副司令员回忆录摘编》,见《渤海烽火》,中国文史出版社2005年版(下引只注明书名),第35~53页。

③ 参看李克进:《艰苦奋斗的老渤海精神》,见《老渤海精神研究文集》,第81~93页。

④ 参看马法贤、朱清泽:《不朽殊勋,光耀千秋——论湮没多年的渤海区党政军民的历史性贡献》,见《老渤海精神研究文集》,第57~69页。

李振功认为,“老渤海精神”就是理想、奋斗、前进、必胜,或者说是艰苦奋斗、勇往直前,其实也是强调“奋斗”精神。[①] (4)原渤海区老领导的后人潘汝刚认为,不屈不挠、艰苦奋斗是“老渤海精神”厚重的历史内涵之一。[②] 等等。

第二,顾全大局、无私奉献的精神。

在解放战争时期,渤海区于1946年和1948年发起两次大规模的参军运动,有166233名青年参军,组织了4个师,组建了28个新兵团。惠民县10天动员了611人参军,滨县有1900人参军,其中1520人是18~25岁的贫雇农优秀青年。广大农民除了直接参军外,还以大批人力物力积极支援前线。在1947年蒋介石重点进攻山东的过程中,渤海区为支前做了大量工作。淮海战役之后是渡江战役,渤海区展开了更大规模的支前工作。据统计,全区支前民兵民工达819000余人次,平均十几人中就有一人支前;全区出动担架25000余副,挑子15000余副,大车652000余辆,小推车630000余辆,牲口978000余头,运粮1.5亿斤,柴草250万斤,煤800万斤。[③] 因此,“老渤海精神”中的“顾全大局、无私奉献”精神,最为突出,最能引起大家的共鸣。

在“老渤海精神”概括语的征集过程中,关于“无私奉献”精神这一层面的表述也较为一致。(1)原渤海区老同志侯营生认为:“老渤海精神”概括地说就是无私奉献和敢于胜利的革命精神。[④] 我们理解,无私奉献和敢于胜利的革命精神,实际还是在强调其“奉献”精神。因为要战胜敌人、夺取胜利,就意味着必须作出奉献和牺牲。牺牲是奉献的形式之一,奉献则包含着牺牲。(2)潘汝刚认为:顾全大局、无私奉献是“老渤海精神”的另一历史内涵,体现了渤海人的坚定信仰、政治素质和无怨无悔的高风亮节。[⑤] 综上,我们理解,尽管“老渤海精神”的文字表述不同,但是不外乎“艰苦奋斗”精神和“无私奉献”精神(或曰不怕牺牲、艰苦奋斗,顾全大局、无私奉献)这两个层面的意思。

第三,对党忠诚、团结协作的精神。

---

① 参看李振功:《浅谈渤海革命老区精神及其继承发扬》,见《老渤海精神研究文集》,第437~440页。

② 参看潘汝刚:《老渤海精神探源剳某些艺术家商榷》,见《老渤海精神研究文集》,第218~237页。

③ 引自《景晓村文集》,中共党史出版社1995年版(下引只注明书名);第391~401页,《关于渤海区土地改革和土地会议的回忆(1985年)》。

④ 参看侯营生:《关于老渤海精神的探讨》,见《老渤海精神研究文集》,第165~187页。

⑤ 参看潘汝刚:《老渤海精神探源剳某些艺术家商榷》,见《老渤海精神研究文集》,第218~237页。

始终坚持党的领导，忠诚于党的事业，政治坚定，团结协作，不计个人得失进退，是“老渤海精神”的另一重要内涵。渤海区是由冀鲁边区和清河区合并成立的，冀鲁边区早期一段时间不隶属中共山东省委领导。1930 年代初期，中共津南特委和乐陵中心县委建立，由中共河北省委领导。1937 年 5 月，冀鲁边区工委成立，于文斌任书记。冀鲁边区工委由山东省委、河北省委两方人员组成，主要接受山东省委的领导。这是抗战期间首次使用“冀鲁边”之名。河北省委为这一地区武装起义做了大量准备工作，山东省委促成了该地区武装起义的成功进行。10 月后，由于隶属关系的更迭，冀鲁边区党组织与上级失去联系。次年 3 月，于文斌不幸牺牲；这时，山东省委又转移至泰安地区，联系不上。为了开展和加强工作，河北省委派李启华等 5 人到冀鲁边区，加强了对冀鲁边区的直接领导。1938 年 7 月，冀鲁豫边区省委派马国瑞指导冀鲁边区工作，成立冀鲁边区军政委员会，马国瑞任书记。9 月，冀鲁边区特委成立，李启华任书记。此间，冀鲁边区特委成为这一地区的统一领导机构，冀鲁边区党组织由北方局直接领导，军事上受一二九师指导。9 月下旬，肖华带领挺进纵队到达冀鲁边区，健全了冀鲁边区特委，成立军政委员会。关于冀鲁边区的隶属关系，明确指出：“冀鲁边区是一个统一的战略地区……冀南区党委代北方局领导冀鲁边特委，将来交山东分局领导，并建立一个战略区的区党委组织。”①1941 年 2 月，冀鲁边区党委成立，重新归属山东分局领导。在“冀鲁边斗争最艰苦、最困难的时候，得到了上级党的关怀和支持，得到了冀南、冀中、清河区等友邻地区的支援”。1942 年，北方局派王卓如为冀鲁边区党委书记，实现了各级党委领导的一元化。② 但是，军事指挥隶属一一五师，而不是山东纵队。清河区于 1938 年 5 月成立清河特委，1939 年 7 月改为清河地委，1940 年 10 月改为清河区党委。政治上隶属于山东分局，军事上隶属于山东纵队。随着山东抗日根据地实行一元化领导，1944 年 1 月，中共渤海区党委成立，决定由原清河区党委书记景晓村任书记，原冀鲁边区党委书记王卓如任副书记。在艰难的战争年代，渤海区军民始终坚持党的领导，对党忠诚，团结协作，不计个人得失进退，坚决执行上级党的命令，同心同德，顽强战斗，最终夺取了抗战和解放战争的伟大胜利。在艰苦战斗的岁月里，渤海区军民逐渐形成了以“对党忠诚、团结协作”

---

① 李启华：《冀鲁边抗日根据地的开辟和发展》，见《鲁北烽火》，山东文艺出版社 1985 年版；第 158 页。

② 王卓如、李广文：《在冀鲁边区艰难的日子里》，见《血肉长城——山东人民抗日斗争史实精选》，山东人民出版社 1995 年版，第 55 页。

为内核的“老渤海精神”。

1947 年 11 月，中共华东局副书记康生全盘否定渤海区的土改工作，区党委书记景晓村、副书记王卓如、行署主任李人凤、行署公安局长李震等先后被免职或撤职。[①] 各地委、县委、区委一部分主要领导，也相继被免职、撤职、调走。阳信县委全部大换血，10 个区委书记撤换了 7 人。此后，由于康生的打击和压制，渤海区的革命历史地位长期得不到应有宣传，渤海区的干部也较长时期不受重用。尽管如此，渤海区军民仍然坚持党的领导，相信组织，忠诚于党，负重前进，自强不息，表现出了很高的政治素质。1947 年 12 月，渤海区全面开展三查三整运动、新式整军运动，并成为运动的典型。1948 年 1 月，毛泽东即批示全军，号召推广“渤海整军经验”。在长期的革命战争中，渤海军民无论多么艰难困苦，无论什么坎坷磨难，都百折不挠、艰苦奋斗，都始终不渝地坚持中国共产党的领导、坚定革命理想信念。2007 年 6 月 1 日，中央电视台新闻联播“永远的丰碑 · 红色记忆”栏目播放了《渤海区抗日根据地》专题片，《人民日报》等中央权威媒体也于次日纷纷转载。

关于“老渤海精神”中的“对党忠诚、团结协作”这一层面，景晓村曾做过总结。1981 年，景晓村在《从胜利走向胜利——渤海区军民对日反攻和解放战争的回忆》一文中，谈到渤海区军民为什么有“这样高的热情支援战争和英勇奋斗呢”，将其概括为：“首先，这是因为他们有高度的政治觉悟……因而，不怕艰苦，不怕牺牲，义无反顾，勇往直前。……第四，解放区的人民和军队都是有组织的力量，组织起来的人民有自觉的纪律，能够互帮互学，发扬正气，教育改进落后，使得整个人民团结一致，同心同德，为自己的事业英勇奋斗。”[②]他认为，渤海区的这些成就，都是在党的坚强领导下和渤海军民政治觉悟较高的基础之上而取得的，因此“忠诚于党”是“老渤海精神”的必然体现。

（三）对“老渤海精神”概括语的征集

为了尽可能精确地提炼“老渤海精神”，我们先后在《滨州日报》等报刊和“渤海春秋”、“中国滨州”等网站登载征集启事，向曾在渤海区工作过的老领导、老同志以及原渤海区 6 个兄弟市的党史部门、党史工作者和爱好者，共计发出征集信件 1000 余封，收到了许多很好的意见和建议。经过初步概括、

① 1984 年 3 月，中共中央和山东省委撤销对景晓村等人的错误处理，参见鲁普发[1984]9 号文件。

② 《从胜利走向胜利——渤海区军民对日反攻和解放战争的回忆（1981 年）》，见《景晓村文集》，第 362 ~ 380 页。

统计，大致如下：①奋斗、奉献；②团结、奋斗、奉献；③团结、奋斗、牺牲、奉献；④英勇、团结、奉献；⑤顾全大局、艰苦奋斗、无私奉献；⑥顾全大局、艰苦奋斗、不屈不挠、无私奉献；⑦奋力发展、愈挫愈坚、相忍为国、共克时艰；⑧万众一心、攻坚克难、奋勇开拓、敢于胜利；⑨自强不息、无私奉献；⑩顾全大局、团结奋斗、勇于牺牲、甘愿奉献、不辱使命、勇往直前；⑪一往无前、敢于胜利，自力更生、艰苦奋斗，顾全大局、团结协作。

经过组织专家讨论，认为可以归纳为以下三条：①奋斗、奉献、团结；②不屈不挠、艰苦奋斗，顾全大局、无私奉献；③不怕牺牲、团结奋斗，顾全大局、无私奉献，坚忍顽强、共克时艰。而且大家一致认为，关于“老渤海精神”的这些表述，虽然文字大同小异，或者各有侧重，但实际上都已经不同程度地触及了“老渤海精神”的内核与实质——“奋斗、奉献、忠诚”精神。

基于此，我们初步认为“老渤海精神”的内涵体现在“对党忠诚、不怕牺牲，不屈不挠、艰苦奋斗，顾全大局、无私奉献”这三方面，可以提炼为：忠诚于党、艰苦奋斗、无私奉献，或者概括为“忠诚、奋斗、奉献”。当然，我们也真诚欢迎社会各界党史专家学者对此继续探讨。

三、继承发扬“老渤海精神”

“老渤海精神”是先烈们在战争年代，用生命与鲜血、激情与责任所孕育和形成的，是1000万渤海人民不怕牺牲、克敌制胜的革命法宝。在社会主义革命、建设和改革开放的新时期，进一步学习、研究和宣传“老渤海精神”，具有重要的现实意义。

英雄的渤海区，素有反抗外敌侵略的光荣传统，“老渤海精神”是中华民族优秀品质的集中体现和优秀传统文化的伟大继承与发展。渤海区的革命斗争历史，是中国革命史的一部分。渤海区共产党人前仆后继、不怕牺牲，是中国共产党人革命品格的集中体现和具体反映。“老渤海精神”，是我党光荣传统的重要组成部分。它深深植根于渤海大地上，深刻影响着渤海人的人生观、价值观，是支撑我们深化改革开放、继续开拓奋进的智慧之源。

（作者单位：中共滨州市委党史研究室）

推动沂蒙精神与时代精神相结合
为实现科学发展提供强大精神动力

王志东

胡锦涛总书记在庆祝中国共产党成立90周年大会上的讲话中指出："要在全体人民中大力弘扬以爱国主义为核心的民族精神和以改革创新为核心的时代精神，增强民族自尊心、自信心、自豪感，激励全党全国各族人民为实现中华民族伟大复兴而团结奋斗。"我们学习贯彻胡总书记的重要讲话精神，必须根据新世纪新阶段社会主义建设实践要求，加强社会主义核心价值体系建设，推动沂蒙精神与时代精神相结合，进一步丰富内涵，赋予其新的历史使命，为全面推动科学发展提供强大精神动力支撑。

一、沂蒙精神的历史渊源和发展阶段

沂蒙精神植根于临沂古老的文化传统，诞生于革命战争年代，成长和发展于社会主义建设时期，贯穿在临沂传统文化、革命文化和当代文化的历史流变过程之中，是沂蒙人民在长期的革命和建设实践中形成的先进群体意识，是推动现代化建设的宝贵精神财富。

（一）优秀历史文化传统是沂蒙精神产生的深厚根基

临沂历史悠久，文化灿烂。据考古证明，这里是东夷文化的重要发源地，曾经创造了灿烂的古代文明。银雀山汉墓出土的《孙膑兵法》竹简，被称为世界50件重大考古发现之一；沂南发现的汉画像石墓，属全国仅有。追根溯源，沂蒙地区隶属于古东夷文化圈，东夷文化的最大特点就是好仁尚礼，民风淳朴。以后，沂蒙地区又深受儒家文化的浸润。但是，传统临沂地区不仅包括山区文化，也存有平原文化、丘陵文化，甚至还蕴含着海疆文化，所以，沂蒙精神不仅深受以儒家文化为核心的鲁文化的熏陶，也在很大程度上受到齐文化的铸造，它不仅打上了内陆文明的历史印迹，同时还带有海洋文明的底色。许多著名历史人物如大禹、老子、孔子、荀子、秦始皇、苏轼、子夏等都曾在临沂活动过。在多元文化的塑造下，临沂大地涌现出了一大批名人雅士、精英人物,如郑子、曾子、王羲之、诸葛亮、刘舞、左宝贵、王祥等,他们既是沂蒙精神的杰出代表,又对沂蒙精神的形成和发展产生了重大作用。总的来看,沂蒙精神不仅汲取了东夷文化好仁尚德的精神品质,也吸收了儒家文化、鲁文化"敦厚重礼"、齐文化开放进取、求真务实的品格,同时还吸纳了南部楚文化豪放精明的特质。源远流长的历史文化底蕴,为沂蒙精神的产生奠定了深厚的文化基础。

(二)革命斗争与先进思想的双重淬炼是沂蒙精神的诞生摇篮

沂蒙山是著名的革命老区。早在建党初期,中共一大代表王尽美就在这里撒下革命的火种,1927年这里就建立了党组织。八路军一一五师进驻沂蒙山区,山东党、政、军机关,华东局、华东军区机关相继在这里建立,刘少奇、陈毅、罗荣桓、徐向前、粟裕等老一辈无产阶级革命家都曾经在这里工作、战斗过。当时的沂蒙山区成了山东乃至华东地区的政治、军事、文化中心。在马克思主义先进思想的指引和党的坚强领导下,沂蒙人民在长期的革命斗争中树立起坚定的社会主义信念和共产主义理想,不畏险阻、敢于斗争的传统逐渐升华为不怕牺牲、积极进取、爱党爱军、奋发图强、艰苦创业等精神气质。沂蒙儿女以极大的热情和崇高的精神积极参军参战,碾小米、做军鞋、送弹药、抬担架,全区460万人中有20多万参军入伍,100多万人参战支前,6万多革命烈士牺牲在这片土地上。涌现出了同仇敌忾与日寇血战到底的著名"抗日楷模村"渊子崖,用乳汁救伤员的"红嫂",为革命作出重大贡献的"沂蒙母亲"王换于,支前模范"沂蒙六姐妹"等大批英雄典型。共产党的理想教育、先进文化的指引下和革命战争的洗礼中,诞生了伟大的沂蒙精神。

(三)社会主义建设的伟大实践是沂蒙精神成长的沃土

新中国建立后,面对战争留下的巨大创伤和贫困的自然条件,沂蒙人民继承发扬光荣传统向贫穷宣战,自力更生,艰苦奋斗,愚公移山,改造中国。为改变靠天吃饭的自然状况,解除年年汛期带来的无穷水患,仅上个世纪五六十年代,临沂就修建了50余座大中型水库,建起了沂沭河洪水东调工程,为此有40万农民舍弃了自己的家园,为顾全大局作出了重大牺牲。厉家寨、王家坊前、高家柳沟艰苦创业的事迹,受到了毛泽东同志的批示表彰。沂蒙精神的弘扬光大,使60年代的临沂成为全国农业先进地区之一。改革开放以来,沂蒙人民解放思想,艰苦创业,改革开放,敢为人先,经济快速发展,社会事业全面进步,1995年在国务院确定的18个连片扶贫地区中率先实现整体脱贫,走上了加快发展的道路;涌现出了九间棚、沈泉庄等一大批改革开放的先进典型。

二、沂蒙精神的深刻内涵和主要特征

沂蒙精神作为中华民族精神在沂蒙老区的一种具体承载，是沂蒙人民在长期革命、建设和改革开放的实践中逐步形成的一种先进群体意识，是与井冈山精神、延安精神、西柏坡精神一脉相承的伟大革命精神，由传统精神、革命精神、时代精神三大类型构成，是千万沂蒙人民的强大精神支柱。它秉承沂蒙优秀思想文化和革命传统，根植沂蒙革命和建设的实践沃土，经过战争年代的洗礼，建设时期的陶冶，改革时期的考验，形成“爱党爱军、开拓奋进、艰苦创业、无私奉献”的基本内涵。

“爱党爱军”集中展示了沂蒙人民所具有的立场坚定、方向明确、追求执著的崇高政治信仰，这是沂蒙精神的灵魂。革命战争年代，爱党爱军主要体现在对党忠诚，热爱军队，参军参战，支持革命。新中国建立后，这种坚定正确的政治信仰更突出地表现为高举中国特色社会主义理论旗帜，在大是大非问题上自觉与党中央保持高度一致，坚定不移地走中国特色社会主义道路，这是沂蒙人民政治本色的根本体现。“开拓奋进”高度概括了沂蒙人民追求进步、改革创新、敢为人先的先进思想意识，这是沂蒙精神的永恒主题。不安于现状，不墨守成规，敢于走前人没有走过的路这是沂蒙人的重要特点和秉性。正是这种秉性，使沂蒙儿女在翻身求解放、求自由中不停地求索，勇于接受新思想、新文化，敢于冒极大的风险支持革命、参与革命。也正是这种秉性，使沂蒙人民在改革开放中革故鼎新，勇于走在时代潮流的前头。“艰苦创业”充分体现了沂蒙人民自力更生、坚忍不拔、艰苦奋斗、自强不息的精神风貌，这是沂蒙人民的特殊品格。战场上，沂蒙人民特别能战斗，在社会主义市场经济条件下，沂蒙人民将艰苦创业寓于改革开放之中，求真务实，埋头苦干，创造出许多令人瞩目的奇迹。“无私奉献”精辟概括了沂蒙人民顾全大局、公而忘私、自我牺牲、勇于奉献的价值取向，这是沂蒙精神的核心。沂蒙人民坚守道义，一旦认清了前进的道路，就义无反顾地走下去，哪怕赴汤蹈火也在所不惜。不管是战争年代还是和平建设时期，沂蒙人民总是以党和国家利益为重，关键时刻挺身而出，充分体现了老区人民正确的价值观念和崇高的思想风范。

沂蒙精神基础深厚，内涵丰富，体系科学，在其形成、发展过程中体现出鲜明的时代性、先进性、开放性、实践性特征。

（一）沂蒙精神具有鲜明的时代特征

沂蒙精神虽然产生于革命战争年代，但它却是时代的产物，随着时代的发展而不断完善和提升，具有与时俱进的优秀品质。抗日战争和解放战争时期,沂蒙老区有20万人参军,百万儿女拥军支前,10万将士埋下忠骨,村村有烈士,乡乡有“红嫂”。在党的培养下,沂蒙精神在血与火的熔炼中形成。这一时期,沂蒙精神内化为对党无限忠诚、对人民军队无比热爱、对社会主义和共产主义信仰无比坚定的思想品格和为祖国解放事业勇于牺牲的奉献情怀。社会主义建设时期,沂蒙人民战天斗地,改造自然,涌现出毛泽东同志亲笔批示的厉家寨、王家坊前、高家柳沟等一大批先进典型,集中表现出了强烈的主人翁意识和自强不息的艰苦奋斗精神。进入改革开放的新时期,沂蒙人民坚持艰苦创业,奋力开拓,建起了江北最大的批发市场临沂批发城,率先在全国老区中实现了乡乡通公路、村村通电通电话,率先实现整体脱贫,创造了许多令人赞叹的奇迹,开创了沂蒙老区崭新的发展局面,充分体现了既继承艰苦奋斗、埋头苦干的优良传统,又不因循守旧、敢于创新、敢为人先的精神风貌。

(二)沂蒙精神是先进文化的象征

沂蒙精神所突出表现出的时代性,决定了它的先进性。马克思主义者认为,先进性是时代的,时代性是对先进性的本质规定。衡量一种精神文化是不是具有先进性,关键是看它是不是符合时代的要求。实践已证明,沂蒙精神从产生、发展到发扬光大,都与中国共产党90年的风雨历程息息相关,与共和国兴衰荣辱密切相连,既是沂蒙儿女精神风貌的生动写照,又是时代发展所形成的精神财富。它总是伴随着时代的进步而提高,伴随着社会的发展而完善,始终代表了先进文化的前进方向,逐步形成了较为完善的思想体系。这其中,“爱党爱军”是沂蒙精神的灵魂,体现了沂蒙人民所具有的立场坚定、方向明确、追求执著的崇高政治信仰;“开拓奋进”是沂蒙精神的主题,体现了沂蒙人民追求进步、改革创新、敢为人先的先进思想意识;“艰苦创业”是沂蒙精神的特殊品格,体现了沂蒙人民不管在什么困难条件下,都能自力更生、坚忍不拔、艰苦奋斗的精神风貌;“无私奉献”是沂蒙精神的核心,体现了沂蒙人民顾全大局、公而忘私、自我牺牲、勇于奉献的价值取向。沂蒙精神汲取了优秀传统文化、革命文化和现实文化的精华,反映了中国特色社会主义先进文化的基本内容和价值标准,体现了一种面向未来、面向科学、面向现代化的趋势,因而具有一种先进性文化的重要本质特征。

(三)沂蒙精神具有开放兼容的理论特质

产生于沂蒙山区;发展于沂蒙大地,沂蒙精神无疑具有鲜明的地域文化特色。但是沂蒙精神又绝不是一种封闭的、落后的、单纯地域性的精神文化形态。如果说,作为一种精神,已使沂蒙精神具有一般精神文化形态共同的、普遍性的特点,那么,其开放的、兼容并蓄的理论特质,更使沂蒙精神升华为一种具有普遍意义的民族精神。虽然形成于沂蒙山区，但它继承了中华民族的优良传统和美德，吸收了民族精神的精华，无论从理论架构，还是精神实质，都表现出与以爱国主义为核心，以团结统一、爱好和平、勤劳勇敢、自强不息为主要内容的民族精神高度的一致性。同时，沂蒙精神具有开阔的眼光和博大的胸怀。虽然它是一种历史传统的延续和淀积，但本质上又是开放的、面向现实的、面向未来的。它不断汲取着时代的精华，凡是属于优秀的、进步的、先进的文化，都是沂蒙精神不竭的汲取源泉。尤其他与同为革命战争年代产生的井冈山精神、延安精神、西柏坡精神一脉相承，相互借鉴、相互补充、相互融通。之所以如此，是因为它们所产生的政治条件，决定了它们同属于伟大的革命精神；它们所产生的时代背景，以及发展的历程决定了它们同属于伟大的时代精神；它们所产生的群众基础，以及所发挥的教育功能，决定了它们同属于伟大的民族精神。“越是民族的，越是世界的”。在这个意义上，沂蒙精神也是山东的、中国的、世界的。党的十六大报告明确提出：“一个民族，没有振奋的精神和高尚的品格，就不可能自立于世界民族之林。”进一步弘扬以沂蒙精神、井冈山精神、延安精神、西柏坡等精神为代表的优秀民族精神文化，是确保中华民族自立于世界民族之林的重要条件。

（四）沂蒙精神具有强大的实践功能

沂蒙精神不仅是理论的，更是实践的。它源于实践，在实践中提炼、升华，又指导实践，内化为一种改造自然、改造社会的强大精神力量。多年以来，临沂市各级党委、政府把沂蒙精神作为宝贵的精神财富、巨大的政治优势和加快发展的强大力量，紧紧围绕经济建设中心，深入持久地开展弘扬活动，有力地推动了经济社会各项事业的发展。1995 年，临沂市在全国 18 个联片贫困地区中率先实现整体脱贫，解决了温饱问题；2000 年基本达到小康水平，经济发展踏上快速起飞的道路；2010 年全市实现生产总值 2400 亿元。改革发展的实践证明，沂蒙精神是临沂市经济建设的助推器，精神文明建设的“大舞台”，党员干部教育的生动教材。因此，它是我国物质文明、精神文明和政治文明建设不可或缺的重要组成部分，具有强大的社会功能和时代价值。

三、沂蒙精神新的历史使命和发展要求

沂蒙精神历久弥新，其生命力在于具有与时俱进的品格，开放包容的特质。在新世纪新阶段，面对不断发展的新形势，必须丰富发展沂蒙精神的时代内涵，推动沂蒙精神与以改革创新为核心的时代精神相结合，开拓沂蒙精

神发展的新境界，主动体现时代发展脉搏，推动科学发展，率先发展，又好又快发展。

(一)推动科学发展是沂蒙精神在新世纪新阶段的历史使命

进入新时期，我国现代化建设面临新形势新任务，在建设小康社会的伟大历史进程中，科学发展已经成为时代主题，沂蒙精神在新的历史阶段必须自觉承担起推动科学发展的历史使命。

十七大报告指出，科学发展观，是立足社会主义初级阶段基本国情，总结我国发展实践，借鉴国外发展经验，适应新的发展要求提出来的，是我国经济社会发展的重要指导方针，是发展中国特色社会主义必须坚持和贯彻的重大战略思想。进入新时期，我国发展呈现出一系列新的阶段性特征，主要是：经济实力显著增强，同时生产力水平总体上还不高，自主创新能力还不强，长期形成的结构性矛盾和粗放型增长方式尚未根本改变；社会主义市场经济体制初步建立，同时影响发展的体制机制障碍依然存在，改革攻坚面临深层次矛盾和问题；人民生活总体上达到小康水平，同时收入分配差距拉大趋势还未根本扭转，城乡贫困人口和低收入人口还有相当数量，统筹兼顾各方面利益难度加大；协调发展取得显著成绩，同时农业基础薄弱、农村发展滞后的局面尚未改变，缩小城乡、区域发展差距和促进经济社会协调发展任务艰巨；社会主义民主政治不断发展、依法治国基本方略扎实贯彻，同时民主法制建设与扩大人民民主和经济社会发展的要求还不完全适应，政治体制改革需要继续深化；社会主义文化更加繁荣，同时人民精神文化需求日趋旺盛，人们思想活动的独立性、选择性、多变性、差异性明显增强，对发展社会主义先进文化提出了更高要求；社会活力显著增强，同时社会结构、社会组织形式、社会利益格局发生深刻变化，社会建设和管理面临诸多新课题；对外开放日益扩大，同时面临的国际竞争日趋激烈，发达国家在经济科技上占优势的压力长期存在，可以预见和难以预见的风险增多，统筹国内发展和对外开放要求更高。我们必须始终保持清醒头脑，立足社会主义初级阶段这个最大的实际，科学分析我国全面参与经济全球化的新机遇新挑战，全面认识工业化、信息化、城镇化、市场化、国际化深入发展的新形势新任务，深刻把握我国发展面临的新课题新矛盾，更加自觉地走科学发展道路，奋力开拓中国特色社会主义更为广阔的发展前景。沂蒙精神必须根据新的历史阶段的发展要求，按照科学发展观的要求，不断丰富发展自身的内涵，为推动社会主义各项事业实现科学发展提供强大的精神动力和智力支持。

(二)永远弘扬沂蒙精神是保持政治本色和先进性的重要保证

胡锦涛同志在中国共产党成立90周年大会的重要讲话中指出，总结90

年的发展历程，我们党保持和发展马克思主义政党先进性的根本点是：坚持解放思想、实事求是、与时俱进，以科学态度对待马克思主义，用发展着的马克思主义指导新的实践，坚持真理、修正错误，坚定不移走自己的路，始终保持党开拓前进的精神动力；坚持为了人民、依靠人民，诚心诚意为人民谋利益，从人民群众中汲取智慧和力量，始终保持党同人民群众的血肉联系，始终保持党的肌体健康。对于我们党面临的考验与危险，胡锦涛指出："执政考验、改革开放考验、市场经济考验、外部环境考验是长期的、复杂的、严峻的。精神懈怠的危险，能力不足的危险，脱离群众的危险，消极腐败的危险，更加尖锐地摆在全党面前。"在新的历史条件下，各级领导干部一定要经得住任何考验，一定要居安思危，增强忧患意识，想方设法克服"四个危险"。在精神上，要始终保持昂扬向上、奋发有为的沂蒙精神状态。高尚的精神能超越时代，无私奉献精神是人类社会文明进步的重要标志，是人类最纯洁最崇高最伟大的精神，更是共产党人理想信念与行动的集中体现，是共产党人战胜一切艰难险阻取得胜利的力量源泉，是共产党人永恒不变的政治本色。在思想上，要坚持沂蒙精神，加强党性修养，经得起市场经济条件下的各种考验，淡泊名利，无私奉献，秉公用权，廉洁自律，筑牢思想上、制度上的防线，拒腐防变和抵御风险能力。要进一步密切党同人民群众的血肉联系，把人民放在心中最高位置，尊重人民主体地位，尊重人民首创精神，把政治智慧的增长、执政本领的增强深深扎根于人民的创造性实践之中。始终坚持立党为公、执政为民的宗旨，把实现好、维护好、发展好最广大人民的根本利益作为制定和实施一切政策的根本出发点和落脚点，深入一线体察人民群众的意愿，关心和解决人民群众最现实、最关心、最直接的利益问题，为科学发展提供思想保证、精神动力和智力支持。

（三）突出以改革创新为核心的时代精神是沂蒙精神丰富发展的基本要求

以改革创新为核心的时代精神，是当代中国人精神气质的集中写照，是激发社会创造活力的强大力量。以改革创新为核心的时代精神植根于改革开放伟大实践，1978 年召开的党的十一届三中全会，重新确立了实事求是的思想路线，开启了改革开放的时代序幕。进入新时期，在经济社会发展的每一个重要阶段，我们党始终坚持用发展着的马克思主义指导发展着的实践，高度尊重人民首创精神，不断赋予当代中国马克思主义鲜明的实践特色、民族特色、时代特色，推动着经济社会不断发展。从农村家庭联产承包责任制改革到乡镇企业异军突起，从突破计划经济体制到建立社会主义市场经济体制，从东部率先到西部开发、东北振兴、中部崛起，从沿海开放开发试点到沿江沿边逐步推广，从经济领域到政治、文化、社会等各个领域，全方位、深层次、宽领域的改革开放全面展开。改革开放的伟大进程，既是通过体制机制改革释放发展活力的物质文明建设过程，也是在解放思想中统一思想、凝聚共识的精神文明建设过程。以改革创新为核心的时代精神，正是在这一时代背景下和社会基础上孕育形成的。以改革创新为核心的时代精神，既是对改革开放实践经验的概括提升，又是对马克思主义与时俱进理论品格的坚持发展，也是对中华民族革故鼎新、富于进取优良传统的传承延续。它顺应当今世界大势和时代潮流，为中国特色社会主义这一前无古人的历史伟业提供了强大精神动力，并深深融入人们的思想意识和社会心理，成为全党全国人民团结奋斗的强大精神支撑。沂蒙精神必须与科学发展的实践要求相适应，与时代精神相结合，在"开拓奋进"的基础上，进一步突出改革和创新，树立突破陈规、大胆探索、勇于创造的思想观念，增强不甘落后、奋勇争先、追求进步的责任感和使命感，形成坚忍不拔、自强不息、锐意进取的精神状态。

四、弘扬沂蒙精神，推动科学发展

伟大的事业需要强大的精神支柱，需要崇高的精神来推动。沂蒙精神与井冈山精神、延安精神、西柏坡精神一样并不是只属于某个地区、某段历史时期的精神遗产，而是一种具有普遍意义和深远影响的精神力量，是中华民族共同的精神财富，具有强大的精神支撑价值和精神动力价值。在新的历史条件下，继承、发展和弘扬沂蒙精神，要坚持与时俱进，努力开拓创新，丰富时代内涵，创新载体形式，努力发挥沂蒙精神对实现中华民族伟大复兴的持续推动作用。

（一）弘扬沂蒙精神，要把精神文明建设与市场经济规律结合起来

沂蒙精神倡导全心全意为人民服务，主张顾全大局、自我牺牲、公而忘私、勇于奉献。在改革开放和发展社会主义市场经济的条件下，我们应该在坚持党的最高纲领的前提下，按照建立和完善社会主义市场经济体制的要求，从实际出发努力完成党在现阶段的任务，把发扬无私奉献的精神与按市场规律办事、尊重和保护人民群众的正当利益和合法权益有机结合起来。通过弘扬沂蒙精神，从积极的方面引导人们同那些见利忘义、损人利己和不择手段坑害他人的思想及行为作斗争，倡导社会主义的道德风尚。

（二）弘扬和培育沂蒙精神，必须把沂蒙精神教育纳入国民教育全过程

社会教育是国民教育的大课堂，弘扬和培育沂蒙精神本身就是一项要求群众广泛参与的实践活动和庞大社会工程，社会各部门要认真履行职责，

加强综合管理，齐抓共管，形成学校、家庭、社会互相协调的整体合力。家庭是开展教育的起点，沂蒙精神教育要从家庭抓起，从娃娃抓起。学校要把沂蒙精神教育作为培育和弘扬民族精神的重要内容，覆盖教学全过程，通过各种途径、方式和手段，让青少年熟悉临沂的历史和文化，感受沂蒙人民的优良道德传统、淳厚民风和崇高品格，学习体现时代精神的先进事迹，将沂蒙精神内化为青少年的思想素质和精神品格。要充分发挥现代媒体的作用，扩大沂蒙精神宣传教育的覆盖面，营造弘扬和培育沂蒙精神的浓厚氛围。要把沂蒙精神教育纳入精神文明建设全过程，渗透在精神文明建设的各个基本方面。

（三）弘扬沂蒙精神，必须与时俱进，准确把握时代特征

面对不断发展的新形势，要自觉坚持实践第一的观点，一切从发展着的实际出发，主动地反映新时代实践的脉搏，积极追赶时代潮流，不断在实践中充实新内容，开拓沂蒙精神发展的新境界。要在吸收人类文明成果中丰富发展沂蒙精神。沂蒙精神是一种开放的精神，弘扬沂蒙精神要积极借鉴吸收人类文明发展的新成果，丰富发展沂蒙精神的时代内涵。要在继承优秀传统中丰富发展沂蒙精神。在理论研究和创新中丰富发展沂蒙精神。沂蒙精神的新发展还要靠广大理论工作者继续坚持解放思想、与时俱进、实事求是的思想路线，认真研究新时期沂蒙精神发展的新规律，不断进行理论创新，推出新成果，作出新概括。

（四）弘扬沂蒙精神，要积极探索新形式和有效载体

努力提高弘扬和培育沂蒙精神的水平。充分利用革命文化资源，开展多种形式的沂蒙精神教育。沂蒙大地是一片英雄的土地，革命文物遍布，拥有华东革命烈士陵园、孟良崮战役纪念馆、抗大分校遗址，还有散布于各县区的烈士陵园和数不清的战役、战斗遗址等，要充分利用这些丰富的教材，通过纪念活动、瞻仰、慰问、走访、座谈等方式，使沂蒙精神教育活动既长年不断，又高潮迭起。要采取群众喜闻乐见的形式，广泛深入地开展沂蒙精神教育。要继续通过文化艺术节庆、影视、戏曲、文学、书画等手段，写沂蒙、演沂蒙、唱沂蒙、画沂蒙，不断增强沂蒙精神宣传教育的渗透力和感染力。要大力总结、推广各类先进典型，把弘扬沂蒙精神具体化，充分地发挥典型的示范和带动作用。要继续加强先进典型的培养和推广，对老典型，继续挖掘新内涵，对新典型要加大培养、推广力度，使广大干部群众在新的历史条件下，学有榜样，赶有目标，做有实效。

（五）弘扬沂蒙精神，要实施文化与经济融合发展战略

当今世界，经济与文化的融合越来越密切，越来越呈现出经济文化化、文化经济化的趋势特点，如果积极主动地在产业产品、经济活动中注入合理的价值理念、先进的科学技术和优秀的人文精神，将会极大地提高经济发展的内在质量设和水平。沂蒙精神作为老区人民最宝贵的精神财富和政治品牌，在推动沂蒙地区社会发展中，不断地实现着由政治概念向经济概念、政治优势向经济优势转化、经济政治文化相互融合的过程。沂蒙精神弘扬的战略措施要和地方经济发展战略一起规划制定，相互协调，相互促进，以达到文化带动经济，经济促进文化的科学协调发展。要深入挖掘沂蒙精神的文化内涵，进行市场化开发，把沂蒙精神的弘扬寓于文化产业的生产销售之中。要把沂蒙精神宣传与发展红色文化旅游紧密结合在一起，充分挖掘沂蒙地区优秀的革命文化资源，精心设计红色文化旅游线路等，精心打造临沂红色文化旅游品牌。

（作者单位：山东社会科学院）

群众是真正的铜墙铁壁

——革命战争时期沂蒙党组织群众工作经验及启示

杨 静

兵民是胜利之本,群众是真正的铜墙铁壁。中国共产党是一个善于做群众工作的党,是一个在扎实的群众工作中获得群众支持并不断发展进步的党。党的群众工作是伴随中国共产党的诞生而产生的,是由党的性质和宗旨决定的,是党的优良传统和强大政治优势,是马克思主义关于人民群众是历史的创造者的原理和毛泽东人民战争思想的重要内容和经验总结。党的群众工作是我们党争取群众、发动群众、凝聚群众 ,从而实现奋斗目标的一项十分重要的工作。早在民主革命战争时期,毛泽东同志就鲜明地指出:"真正的铜墙铁壁是什么?是群众,是千百万真心实意地拥护革命的群众。"①抗日战争时期,为了巩固统一战线,争取抗战力量,1939 年中共中央作出了《关于深入群众工作的决定》,这是党的历史上第一个关于群众工作的决定。

沂蒙山区是著名的革命老区。抗日战争和解放战争时期,沂蒙是山东、华东党、政、军、群领导机关所在地的指挥中心。在革命战争时期,在贫穷、闭塞、落后的沂蒙山区,面对几乎全是农民的群众,沂蒙党组织通过卓有成效的工作,把最广大的群众团结在自己的周围,与人民群众建立起荣辱与共、血肉相连的密切联系。正因为共产党真心实意地为群众谋利益,沂蒙地区的群众才那么真心实意地拥护革命、拥护共产党。当时,沂蒙地区 420 万人口有 20 万人参军、百万儿女支前。陈毅元帅曾动情地说,中国革命的胜利是根据地人民用小推车推出来的。是什么让广大人民群众义无反顾地献出自己的财富、青春甚至生命?当年力量并不算强大的共产党,是如何能够"唤起工农千百万",点燃中国革命的燎原之火?这其中的因素很多,"爱党

---

① 《毛泽东选集》(第 1 卷),人民出版社 1991 年版,第 139 页。

爱军、开拓奋进、艰苦创业、无私奉献"的沂蒙精神当然是最好的注脚。而其中一个重要的方面,就是我们党的群众路线、群众工作起了很大作用。"一粒米当军粮、一块布作军装,最后一个儿子送战场",这是当时党群干群血肉联系、军民鱼水情深的真实写照。在纪念中国共产党成立90周年之际,回顾和总结革命战争时期党的群众工作的宝贵经验,对于做好新形势下的群众工作,密切党与群众的血肉联系,推进党的伟大事业,具有十分重要的意义。

一、宣传群众、动员群众、组织群众,武装群众,帮助群众建立革命政权

善于发动、组织和宣传群众是中国革命胜利和社会主义建设、改革不断发展的基本经验。宣传教育群众是党的群众工作的一项重要内容。革命战争时期,沂蒙党组织十分注重启发群众的革命觉悟,发动群众、宣传群众和组织群众的深度和广度是此前未有过的。

首先,广泛地宣传鼓动群众,组建多种宣传机构。为了开展好政治宣传工作,沂蒙根据地创办各种期刊30多种,如《山东文化》、《农村生活》、《山东群众》、《山东画报》等,均拥有较多读者,产生了较大影响。1939年1月1日,山东分局在沂水县王庄创办了机关报《大众日报》。《发刊词》即阐明报纸宗旨为:"发动民众,组织民众,武装民众,宣传抗战,坚持敌后抗日游击战争,创建抗日民主根据地。"从方式上看,为收到好的效果,根据农民的特点,政治宣传采用了多种通俗的形式,如标语、口号、图画、演戏、红色歌谣、化装讲演、讲解报纸等。民间形式的墙头诗和民歌体创作,浅显易懂,在对敌斗争和大生产运动中起到了鼓舞斗志的作用,如"鲁南山高冬风凉,抗日首推张家庄。莫嫌地僻村庄小,人人晓得打东洋"。著名的《沂蒙山小调》,更是家喻户晓,人人会唱。

文艺会演是宣传教育群众的重要形式。1941年5月,省战工会教育处与省文协组织抗大一分校文工团、第一一五师战士剧社、山东纵队第二旅突进剧社、省妇救会姊妹剧团、山东纵队鲁迅艺术学校宣传大队等八大剧团,在滨海区沭水县渊子崖村举行为期11天的联合公演,演出了《回到前线去》、《十八勇士》、《生产大合唱》等剧目。同年,抗大一分校文工团、第一一五师战士剧社等11个文艺团体,相继在苍马办事处驻地西盘村和第一一五师师部驻地蛟龙湾举行联合公演,使广大群众受到了深刻教育。沂蒙根据地涌现出数以千计的农村业余剧团。它们宣传抗日救亡、锄奸反特、动参支前、大生产运动、减租减息和歌颂英模人物等。1940年12月,山东省战工会颁发的战时国民教育方案,确定社会教育的基本形式是,县设民众教育馆,

区、乡设中心俱乐部，村设俱乐部。县区村均设立冬学运动委员会等。庄户学(村学)、妇女识字班、村头识字牌、黑板报、读报组、农村剧团、俱乐部普遍发展。不少村庄联系群众，结合实际，把学校搬到山坡、河岸、田野、树林里，把教育与群众的生产劳动结合起来。群众学什么就教什么，和群众一起劳动生产，在生产中教育群众，由于教育与实际结合，与群众的翻身生产结合，使群众认识到文化翻身的重要和抗战的道理。

其次，深入细致地开展群众思想政治工作。沂蒙各级党组织深入农村，吃住在农民家里，和农民交朋友，向他们宣传党的政治主张，党的纲领、路线、方针和政策，着重启发群众的革命觉悟和阶级觉悟，扩大党的政治影响，使人民群众了解共产党的宗旨，了解共产党军队的性质和任务，从而唤起广大群众起来开展土地革命，建立和巩固党的政权，发展经济，支援革命战争。

其三，建立广泛的群众组织，人人都来做群众工作。革命斗争时期，我们党除了建立健全党的基层组织外，还建立健全了各种革命群众组织。在沂蒙党组织创立之初，我们党就十分重视群众组织的建设。随着党组织的扩大，沂蒙党组织根据党中央的指示精神，广泛发动群众，广大工农群众在斗争中不断组织起来立群众团体组织。1929 年 1 月，沂水县农民协会成立。随后，工人、士兵、学生、商民、妇女等联合会与协会相继成立。1939 年 4 月 25 日，在山东分局的领导下，苏鲁战区青年救国会临时代表大会在沂水县夏蔚村召开，1939 年至 1940 年上半年，沂蒙抗日根据地先后成立了各级工、农、青、妇群众组织领导机关；各地的工人救国会、农民救国会、青年救国会、妇女救国会、抗日自卫团等群众组织纷纷建立。这些群众团体的建立，壮大了革命队伍，促进了根据地工农运动的深入发展。

其四，组织农民暴动。土地革命时期，中共临沂党组织以大无畏的革命精神，先后发动领导了日照、沂水、苍山、蒙阴龙须崮等四次农民革命武装暴动，沉重打击了农村的封建势力，提高了农民的斗争觉悟，扩大了共产党在群众中的影响，为尔后创建根据奠定了坚实的群众基础。

其五，动员群众参军参战。1941 年后，日军大规模“扫荡”和“蚕食”，国民党顽固派也向我大举“摩擦”，根据地缩小，部队减员，抗日战争进入艰苦岁月。这期间，八路军频繁作战，伤亡大量增加，再加上经济困难，部队生活十分困苦。在此形势下，动员参军、动员归队，成为根据地党政军民的一项艰巨任务。中共沂蒙党组织把动员参军工作作为头等大事来抓，广泛发动群众，动员青壮年入伍。各级成立了“动参委员会”、“动员家属会”，发动群众，运用灵活切实的工作方法，从思想教育入手，动员青壮年入伍。动参中，妇救会、识字班发挥了重要的作用。她们提出了“宁为抗日阵亡壮士的遗妇,不做逃避参军懦夫的娇妻”等口号,有效地推动了参军的工作。

1945 年 8 月 28 日,中共鲁中区党委发出《关于武装动员工作的紧急决定》,计划动员参军 1.2 万人。沂蒙山区沂中县半个月就有 3804 名青年参军。在抗日战争中,沂蒙儿女在中国共产党领导下,高举抗日救亡的大旗,与日本侵略军进行了艰苦卓绝的斗争,创建了著名的沂蒙抗日根据地。解放战争爆发后,沂蒙人民坚定地跟着共产党走,多次掀起参加热潮,共产党员、干部、民兵和广大青年,都把参军看成自己的神圣职责。纷纷报名参加参战。涌现出许多父送子、妻送郎、兄弟争着上战场的动人事迹。有一家农民,两个儿子争着参军,互不相让,只得开家庭会解决。他们在参军大会上说:“国民党害了咱,共产党救了咱,没有解放军,上哪捞胜利? 咱不参军谁参军?”沂南东北村宫成美,结婚七天就把新郎送到部队上。据不完全统计,仅从 1948 年秋到 1949 年秋一年时间,沂蒙山区就有 4.3 万多人参军,他们像千百条小溪流渠,汇成了奔腾万里的大江长河,源远流长,滚滚向前。沂蒙人民在“一切为了战争”、“一切为了前线胜利”的号召下,积极行动起来,参军参战,为赢得革命战争的胜利作出了巨大的牺牲和无私的奉献,用生命和鲜血在中国解放战争史上谱写了光辉的篇章。

二、关心群众生活,真心实意为群众谋利益,凝聚群众的革命力量

沂蒙党组织在宣传教育群众的同时,也特别注重解决群众生产生活中的实际问题,用群众看得见的利益去激发他们的积极性。1934 年 1 月,毛泽东同志指出,一切群众的实际生活问题,都是我们应当注意的问题,假如我们对这些问题注意了、解决了,满足了群众的需要,群众就会真心围绕在我们的周围,热烈地拥护我们。革命战争时期,中共沂蒙党组织之所以能够成功地局部执政,关键是得到了广大人民群众的拥护和支持。而要取得群众的拥护和支持,就必须为群众谋利益。

抗日战争爆发后,中国共产党为了团结抗日力量,建立、巩固和扩大抗日民族统一战线,夺取抗战的胜利,将土地革命时期没收地主的土地政策,改变为减租减息的政策。1937 年 8 月 1 日,中国共产党在《关于南方各游击区域工作的指示》中提出:“停止没收地主土地财产,注意改善群众的日常生活。”8 月 22 至 25 日,中共中央政治局在陕北洛川召开扩大会议,通过了《抗日救国十大纲领》,正式决定以“双减”作为党在抗战时期解决农民问题的基本政策。

1940 年 4 月 20 日,临沂店子村佃农召开会议,要求取消地主对佃农的

额外剥削,实行"分半减息"。当时,凡是初步实行"双减"、增加工资的地方,都程度不同地调动了群众抗日生产的积极性。但当时由于对"双减"的意义认识不足,战争形势严酷,根据地刚刚建立,致使"双减"只是停留在宣传政策阶段,尚未有深入发动群众,形成广泛的、大规模的群众运动。有些地方虽然初步开展了"双减",但由于发动群众不充分,明减暗不减的现象比较突出,有的地方在纠正了不敢放手发动群众的倾向后,又发生了不交租交息,甚至乱打、乱斗等违反政策的做法。

1942 年 4 月,刘少奇同志受党中央委托从苏北到达山东,帮助山东分局总结了四年来的工作,在肯定成绩的基础上,指出了"减租减息尚未开展";"基本群众没有真正发动起来"等问题,并进一步指出群众工作是各项工作中是最薄弱的一环,过去存在着不应有的轻视。但这一工作又是一切工作的中心环节。要想把其他工作做好,首先要依靠群众,依靠成千上万群众的积极性充分发挥出来。为深入开展"双减增资"运动,鲁中二地委(沂蒙)、二专署召开了各县、区党政群众干部大会,动员广大干部深入发动群众,开展"双减增资"运动。据不完全统计,1942 年,沂蒙二志署减息粮 12672 公斤、款 15072.8 元,减租粮 74686 公斤,增资粮 25.25 万公斤、款 4875 元。沂蒙抗日根据地通过开展"双减增资"等群众运动,以贫雇农为骨干,建立健全了农救会、青救会、妇救会等。同时,在充分发动群众的基础上,"双减增资"等群众运动也削弱了封建势力,减轻了封建剥削,改善了广大贫雇农的生活,发动、组织起了基本群众,并团结了其他阶层,确定了基本群众的优势。而从各级领导机关抽调骨干力量,组成工作团,深入广大乡村,动员、号召人民群众控诉汉奸、特务,国民党反动派的滔天大罪,用血的事实教育人民、唤起发众,也进一步激励了翻身农民的斗争热情。

在群众运动中,农救会员也学会了如何进行斗争,如何组织群众、运用群众力量等。在开展群众运动过程中,各村庄还进行了建党建政工作,进一步巩固了党的工作。

为了解除抗日将士的后顾之忧,保障部队的巩固和扩大,根据地普遍开展了群众性的优待抗属、烈属活动。如帮助解决生产、生活中的困难,送优待粮;成立抗属委员会、帮工队等。沂蒙地区党群关系的密切,部队的战斗力进一步提高,充分调动了广大群众抗战的积极性,从而粉碎了敌人的"清剿"、"蚕食",巩固发展了抗日根据地。

三、弘扬老区干部好作风，发挥共产党人的模范作用，密切党群关系

身教重于言教，是中华民族的优良传统。沂蒙革命斗争时期，中国共产党人以身作则，先锋模范作用发挥得好，令人信服。沂蒙老区干部好作风，是党的优良传统和作风的重要组成部分，是中华民族优秀人文道德和精神血脉的传承与发扬，

第一一五师在鲁南期间，生活极为困苦。鲁南山区本来就是山东最穷困的地区之一。抗战爆发以来，由于日伪实行残酷的经济封锁，根据地缺衣少食，日用品匮乏，困难到了极点。中日徐州会战期间，双方几十万大军在此拉锯式血战，生产力遭到严重破坏；加上敌人封锁，鲁南山区经济十分困难。第一一五师到来后，吃的是又黑又硬的糁子、高粱煎饼。蔬菜更是匮乏，有时战士们不得不把柳树芽弄来，用盐腌一腌，卷在煎饼里吃。在如此艰苦的情况下，各级干部以身作则，和战士同甘共苦。陈光代师长和罗荣桓政委，也经常和战士们一起吃煎饼卷咸菜。罗荣桓政委患有严重的痔疮病，大便时经常流血，吃煎饼则更加重，工作人员十分心疼。总想在生活上照顾他，但他坚决拒绝接受。罗政委工作繁忙，常常工作到深夜。当时，中共中央规定，对高级干部实行保健，组织上给他一点补贴，而他则用这笔费用招待下面来汇报工作的同志。

四、拥军支前，鱼水情深，群众工作效果显著

1941 年敌人扫荡更加频繁，特别是这年冬天，日寇调集五万重兵，对我山东腹地——沂蒙山区实行铁壁合围，大举扫荡，妄图一举消灭我山东分局、省战时工作委员会、一一五师师部、山东纵队指挥部等首脑机关。扫荡持续两月之久，所到之处实行“三光政策”，并环绕蒙山筑碉堡、建设据点、修公路、挖封锁沟，妄图彻底搞垮我根据地。由于日伪顽夹击，我山东各抗日根据地被分割、蚕食，日益缩小。交通堵塞，部队减员，组织遭摧残，生产受破坏，加上灾荒严重，军需民食极端困难。到 1942 年，面临的局面更为艰苦。面对如此艰难的局面，沂蒙根据地人民群众，给予了我们部队极大的帮助。当地干部群众宁肯自己吃糠、吃地瓜叶，甚至以树叶、野菜充饥，也要把用小麦、玉米、小米、高粱做的煎饼送给部队；宿营时，有的群众 把刚结婚的新房也腾给部队住，妇救会、“识字班”的妇女到各班去问寒问暖，抢着缝洗衣服、鞋袜；许多老大娘把自己赖以换取油盐的鸡蛋拿出来，甚至杀了老母鸡，送给部队的伤病员。

在孟良崮战役期间，沂蒙解放区各级党政军群组织，自上而下来了一次大动员，带领人民群众全力以赴，支援前线。地方武装、民兵组织站岗、放哨、打游击、架桥、铺路、当向导，密切配合主力作战，几十万民兵从鲁中、鲁南、滨海拥向战场。他们不顾敌机轰炸和敌人炮火的封锁，运粮、送弹、救护伤员，为前线军需提供了有力的保障。滨北首批1.6万人的小车常备运输机，历尽千辛万苦胜利完成几十万斤军粮转运任务。莒北运粮队多次遭到敌机扫射，但仍坚持把粮食送到前线，保证进攻部队吃上饭。指战员们目睹民工的英勇行为，十分感激地说："不消灭七十四师，对不起群众，对不起运粮队。"在几十万支前大军中，还有许多女同志。沂南县土山区前胶良识字班分了八副担架，二三十里的路，她们来回几趟，圆满完成了运送伤员的任务。

沂蒙山区山高沟深，河沟纵横，给我军机动、作战物资运送造成困难。当地群众自发组织起来，克服困难，修起一条条大路，架起一座座桥梁。沂南到临蒙公路两侧的1万多群众冒雨苦战3昼夜，抢修公路100余公里，架桥40多座。战役发起的第二天，通往战场的一座桥被敌机炸断，鲁南担架队伤员无法运物资。群众和担架队员，一齐跳进水里，抱着桥桩，扛着桥板，让部队和支前人员通过。1947年5月15日《鲁中大众》有一首歌谣，就是对当时支前情况的真实写照："沂中民夫队，出发上前线，担架又运输，个个是好汉，决心前去争模范。不怕山又高，不怕路又远，出夫为自己，受累咱不嫌，吃苦耐劳积极干，给养和子弹，急忙送前线，前方伤病员，快快送医院，全心全意来支援。干就好好干，立功争模范，奖旗扛过来，五星戴胸前，又光荣来又体面。为了要活命，为了把身翻，蒋贼进鲁中，坚决和他干，消灭贼老蒋，回家大团圆。"蒙阴县的"沂蒙六姐妹"，在村干部随军上前线后，自动组成村政领导班子，承担起繁重的支前任务。她们带领全村民众加工军粮，为部队当向导，运弹药，洗军衣，做军鞋，救伤员，昼夜不停。她们洗衣达800多身，做鞋300多双，运弹药24箱，加工粮食、熟食数万斤。

陈毅同志对山东人民群众参战支前给予了高度评价，他说："我陈毅死在棺材里也忘不了山东人民对我们的支援，他们在战争中作出了许多可歌可泣的英雄事迹。"在《记淮海前线见闻》中他说："几十万，民工走不通。骏马高车送粮食，随军旋转逐西东，前线争立功。担架队，几夜不曾睡，稳步轻行问伤病；同志带花最高贵，疼痛可减退！"

综上所述，沂蒙党组织在革命战争时期群众工作的经验启示我们，人民群众是党的力量源泉和胜利之本，群众工作是我们党的优良传统和政治优势，党同人民群众的关系如何，关系到党的兴旺发达和生死存亡。在新的形势和条件下，沂蒙地区各级党组织高度重视群众工作，以密切党同人民群体的血肉联系为核心，以保障改善民生和解决群众利益诉求为重点，以创新群众工作方式方法为关键，以建立健全体制机制为保证，扎实做好联系群众、宣传群众、组织群众、服务群众、团结群众的工作，凝聚全市人民群众的力量，推动了临沂经济社会的科学发展、跨越发展。

（作者单位：临沂市委党史研究室）

山东昌潍社教运动的历史考察与评价

——以档案文献与口述史料并重合参为研究路径

高培忠

绪　论

1962 年 9 月八届十中全会召开后，中共中央决定在全国城乡发动一次普遍的社会主义教育运动（简称社教运动，又称“四清”运动）①。这场运动波及全国三分之一的广大地区，直到 1966 年下半年随着“文化大革命”的开展而结束，历时近 4 年。其时间之长、范围之广、参加人员之多，是建国后历次政治运动中不多见的。无论从其在国史和中共党史中的地位，还是其本身的影响而言，社教运动都是值得关注的。

当时的昌潍专区是山东省最大的地区之一，共计有 1 市 14 县，在城市“五反”运动中又被作为山东省的 6 个试点地区之一。作为一个社教运动的个案，对昌潍专区社教运动的全过程进行研究和剖析，可以得出大量来自基层的翔实数据，掌握一批有价值的典型案例，分析运动过程中中央与地方相互影响的互动机制，对于深入研究全国的社教运动是有价值的。另外，通过研究一个地区的社教运动，可以直接深化对建国后中共党史中一些问题的认识，可以总结正反两面的经验教训，为现实提供服务。

由于工作关系，笔者从三年前就开始关注和研究山东省昌潍专区的社教运动专题。当时正在参加山东大学专门史专业的在职研究生学习，便将此专题作为本人硕士论文的选题。几年中，笔者先后到山东省档案馆、潍坊市档案馆、潍城区档案馆、诸城市档案馆，查阅了大量档案资料。考虑到运动的亲历者大都健在，他们的口述史料是极具历史价值的，笔者又有选择地采访了一些运动的亲历者。本文拟在档案文献资料和口述历史资料并重合参的基础上，对昌潍地区社教运动作全景式的研究与叙述，并在此基础上结

① 中共中央党史研究室：《中国共产党历史》（第 2 卷），中共党史出版社 2011 年版，第 719 页。

合历史背景、社会背景作一定深度的理论分析,以期达到以史为鉴、观照现实的目的。由于本次研讨会论文字数要求所限,许多问题无法展开考述,本文只能算是本专题研究的一个较为详细的提纲。

关于这场运动的称谓。第一,“社教运动”一词实际上有广义与狭义之分。广义的“社教运动”,当指建国后开展的历次社会主义教育运动;而狭义的“社教运动”,当专指上世纪60年代前期的这场社会主义教育运动,即后来所称的“四清”运动。本文所称“社教”,皆就其狭义而言。第二,“社教运动”与“四清”运动两种称谓的关系。从中央文件上看,中共中央在运动过程中颁布的“两个十条”、“二十三条”等文件中,均称“社会主义教育运动”,只是由于大部分时间内教育的形式和内容主要是“四清”,个别情况下行文中也可见“四清”运动,而党的十一届六中全会通过的《关于建国以来党的若干历史问题的决议》只称社会主义教育运动,未提“四清”;从党史正本上看,中共中央党史研究室编著的《中国共产党的七十年》、《中国共产党简史》、《中国共产党历史》第2卷等主要称社会主义教育运动或简称社教运动,本文拟主要采用“社教运动”称之,个别章节和段落也用“四清”运动提法。根据中央和山东省委的部署,昌潍专区的社教运动,大体经历了社教试点、农村社教运动的铺开、城乡社教运动的大兵团作战三个阶段。

一、昌潍专区的农村社教试点

昌潍专区的“社教”试点阶段从1962年11月省委试点会议后开始,到1963年5月“前十条”颁发结束。该阶段尚未将“四清”作为运动的主要内容和手段。

“昌潍”作为一级行政区划,始自1948年,主要经历了昌潍专区、昌潍地区、潍坊地区、潍坊市几个时期。① 社教运动时期的昌潍专区,下辖潍坊市(县级),潍县、益都、昌邑、安丘、高密、诸城、五莲、寿光、昌乐、临朐、平度、临淄、胶县、胶南,共计1市14县。截至1962年底,昌潍专区共计有人民公社268个,生产大队12590个,生产队62525个,人口总数839.91万人(其中农业人口802.1万人)②。

1962年冬至1963年春,昌潍地委根据省委的统一部署,为开展社会主

---

① 《从“昌潍专区”到“潍坊市”的沿革过程》,潍坊市情网,http://www.wfsq.gov.cn/html/2009-12/2009-12-24-16-45-35.html。

② 中共潍坊市委党史研究室:《中共潍坊历史大事记(1949.10~2001.6)》,中共党史出版社2001年版,第48~49页。

义教育运动做了一系列的摸底、酝酿与准备工作。主要包括在全区范围内传达八届十中全会精神,突出批判“黑暗风”、“单干风”;[①]根据省委要求,开展各级干部的培训工作;在干部训练的基础上,组织地委、专署机关的部分干部开展调查摸底工作;在全区范围内开展以整顿干部作风为主要内容的整社整风。[②]

对于社教试点,大部分受访者没有提及,他们印象最深的还是大兵团作战的海阳“四清”和昌潍四县一市“四清”。离休干部张宏孟[③]全过程参加了昌潍专区的社教运动,对于以上农村社教试点的准备工作,他有着清楚的记忆:“1962 年晚秋,地委通知我上省委党校学习,学习时间预计一个多月。当时我在昌潍农校工作,同去的有各县的、有地委直属机关的,都是些局级以上的干部。到那儿以后才知道,说要开展社会主义教育,先摸摸底,做些调查,需要调一批年轻的干部来党校学习培训。从党校学习回来,我就跟地委机关的十几个同志上了潍县朱里公社。抓了两个点:东于渠村和西于渠村。在那儿一直工作到傍年根儿,回来过的春节。主要是去摸底,了解农村的经济情况、政治情况、干部情况,听听社员的反映,帮助搞年终决算分配。”[④]

1963 年 2 月中共中央北京工作会议之后,昌潍地委随即根据中央和省委部署在城市组织了“五反”,在农村开展了社教试点。试点中始终强调抓好以下几个环节:第一,以阶级斗争为纲,充分揭开阶级斗争的盖子。第二,自上而下,层层“洗澡”,层层搞深搞透。第三,建立贫下中农组织,重新组织阶级队伍。第四,狠抓整改,即抓经济退赔、抓改善干部作风、抓组织处理。第五,社教运动与当前生产紧密结合。[⑤]总的来看,这一阶段的社教运动,虽然有过分强调“阶级斗争”的弊端,但由于比较切合农村实际,基本上还是健康发展的。

对于社教试点过程中的一些具体做法,张宏孟也有清楚的回忆:“过了春节以后,也就是 1963 年春,地委又组织我们去了昌邑,搞社教试点,抓了宋

---

① 中共潍坊市委党史资料征集研究委员会:《中共潍坊市党史大事记(1921 年—1991 年)》,中共党史出版社 1994 年版,第 356 ~ 357 页。

② 中共潍坊市委党史研究室:《中共潍坊历史大事记(1949. 10—2001. 6)》,中共党史出版社 2001 年版,第 49 页。

③ 张宏孟,男,1925 年 11 月 3 日生于山东莱阳,中专文化程度。1945 年参加革命,同年入党。建国后从事青年和教育工作,曾任潍坊市劳动局第一技工学校党支部书记,1990 年离休。

④ 张宏孟:《我所亲历的昌潍社教全过程》,2007 年 12 月采访,高培忠整理。

⑤ 中共昌潍地委:《关于开展农村社会主义教育运动的情况报告》(1963. 5. 7) ,1 - 1 - 2922,潍坊市档案馆藏。

庄、饮马两个公社,仍然是调查农村情况,但比在朱里时更深入更细致了。后来宋庄和饮马的干部,都集中到了石埠,地委书记魏坚毅同志亲自抓。那时还没有正式提出‘四清’,主要是以阶级斗争为纲,调查干部中成分不太好的,或是跟还乡团及其遗属有关系的,比如忘记了阶级斗争而结成儿女亲家的,清理了一批过去镇反运动中不彻底的人。当时在石埠镇搞了一个阶级斗争展览馆,总结了国民党还乡团在昌南屠杀革命军属、党员、干部的情况,有实物,有图片,也有漫画。并且搞了一个灵堂,把死难的村干部、积极分子一个一个都立了牌位,非常感动人,激起了群众对国民党屠杀行为的愤慨,调动起阶级感情来了。展览搞了一个月左右,当时昌潍各个县的干部都来参观,搞得很成功。”①

二、昌潍专区农村“社教”运动的铺开

“前十条”正式出台之前,中央有关文件尚未正式提出以“四清”作为开展社会主义教育运动的主要方法,但由于中央有关会议上对河北等地在社教运动中开展“四清”的做法给予了肯定,并转发了有关报告材料,所以昌潍地区在此阶段已经开始开展“四清”,即清工分、清账目、清财物、清仓库,但仅仅是在部分试点单位进行,处于探索阶段。“前十条”颁发后,昌潍地委便根据中央和省委要求,在全区范围内开展以“四清”为主要内容的社会主义教育。

1963 年 11 月,中共中央专门发出通知,决定将“前十条”、“后十条”一起下发全国城乡,并要求“向一切人宣读,使他们懂得党的政策”,“要使全国人家喻户晓,做一次伟大的宣传运动”。在开展“两个十条”宣传的同时,昌潍专区第一批 64 个公社的社会主义教育运动也全面展开。具体分为开好三级干部会议和工作组进村两大步骤。昌潍专区当时共有 268 处公社,12600 个大队,截至 1964 年 5 月,第一批 64 个公社、3235 个大队已经搞完以“小四清”为主要内容的社教运动。地委随即根据省委的规定,决定从地县社三级党政群机关抽调 3000 余名干部,另外再抽调 1000 余名临时工(包括大队支部书记、大学生、在乡贫下中农成分的高中生),组成一支 4000 人以上的社会主义教育运动的专业队伍,分地县两个层次进行培训,准备进行第二批社教运动。②

---

① 张宏孟:《我所亲历的昌潍社教全过程》,2007 年 12 月采访,高培忠整理。

② 中共昌潍地委办公室:《何子健同志在全区农村社会主义教育座谈会议上的讲话提纲》(1964.6.3),1-1-3080,潍坊市档案馆藏。

但就在此时(1964 年 5、6 月间),正在召开的中共中央工作会议对社教运动有了新的部署。再加同年 9 月,中央公布的“后十条”修正案,对形势作了更加严重的估计,并规定整个运动都由工作队领导,改变了原来依靠基层组织和基层干部的规定。根据“后十条”修正案和中央有关会议精神,山东省委召开常委扩大会议,决定在曲阜、海阳、齐河、长岛等 4 个县进行社会主义教育试点工作①,社教运动的“大兵团作战”阶段由此开始。在这种形势下,昌潍地委根据中央和省委的要求,对本区社会主义教育运动作出了重新部署。

三、城乡“四清”运动的高潮——大兵团作战

先来看海阳社教。1964 年 9 月,根据中央指示精神,山东省委确定在曲阜、齐河、海阳、长岛 4 县进行社会主义教育试点工作,并抽调脱产干部、大专院校师生、军队干部、回乡知青 5.3 万人(后来实际参加人数为 5.4 万人。②),组成 4 个社教工作团,于 10 月下旬至 11 月上旬先后分赴上述各县。工作团机关设有团部办公室和政治部,下面分别设立大队、分队、工作组。每个大队负责一个公社,每个分队负责由几个村组成的一个片,每个工作组负责一个村,每个组有工作队员 20 人左右。③

昌潍地委根据省委常委扩大会议精神,迅速准备在本区内搞点,初步决定在昌乐县进行社会主义教育试点,并组织了规模庞大的社教队伍。1964 年 10 月,地委决定成立社会主义教育昌乐工作团,随后开始对 4331 名社教工作队员进行培训。④ 王仁邦⑤就是这时被抽调的农村高中生中的一员。“1964 年 10 月中旬,生产大队会计通知我到潍县县委党校学习。大概是 10 月 18 日报的到,报到后才知道,县委要集训社会主义教育工作队队员。参加集训的除脱产干部外,还有 100 多名农村知识青年。农村青年的条件是:在农村劳动 2 年以上、18 ~ 24 周岁的初中以上文化程度的毕业生。在县委党

---

① 中共山东省委党史研究室、山东省档案馆编:《中共山东历史大事记(1949 年 10 月 ~ 1978 年 12 月)》,中共党史出版社 2001 年版,第 457 页。

② 中共山东省委《关于农村点上四清运动的初步总结和今后运动部署的报告》(1965. 5. 27),1 - 1 - 3270,潍坊市档案馆藏。

③ 段复群:《我所亲历的海阳、高密四清》,2007 年 12 月采访,高培忠整理。

④ 中共昌潍地委:《关于训练社会主义教育工作队的总结报告》(1964. 11. 10),1 - 1 - 3087,潍坊市档案馆藏。

⑤ 王仁邦,男,1947 年 1 生于山东潍县泊子村,1964 年 10 月参加工作。1966 年 10 月起先后在潍县公安局、县委办公室、昌潍地委组织部、潍坊市档案局工作, 1990 年任潍坊市档案局副局长。2007 年退休。

校的集训,主要是学习讨论‘前十条’和‘后十条’。集训大约进行了10多天,到10月底结束后,又到地委党校进行了七八天的集训。通过两次近20天的集训学习,对于搞好社会主义教育运动的意义、方法等都有了初步了解和认识,为入村工作奠定了一定基础。”①

就在昌潍地委紧锣密鼓地组织社教工作队训练期间,1964年11月初,山东省委对全省社教运动作适当调整:昌潍、惠民两个地区本年不搞点,把两地区的全部人员分别集中到海阳、齐河两个点,昌潍专区负责海阳5个公社的社教工作。根据省委部署,昌潍地委对社教工作队组织机构进行了调整,采取省地县社四级干部混合编队的办法,划分了5个大队、44个分队、251个工作组,并建立了党的组织,这套组织既是这次学习的领导机构,也是下去工作的领导机构。

1964年11月7日开始,昌潍地区的“社教”干部由地委书记魏坚毅带队,分期分批开赴海阳,大致于11月上旬全部到达。地委副书记李惠民②,地委常委、秘书长王凤文也随队参加了海阳“社教”运动。上述几位地委领导并不担任具体职务,是以蹲点指导的形式参加运动,如魏坚毅在徐家店公社蹲点,李惠民在郭城公社蹲点,王凤文在发城公社蹲点。③ 张宏孟回忆说,“魏坚毅说,谁要是公开了我的身份,我就按纪律处理你们。我们都叫他老魏,没人敢叫魏书记。”④

工作队进村大致上分四步进行。第一步是访贫问苦,扎根串联,确定依靠对象。社教队员段复群⑤后来担任过潍坊市委党史研究室主任,他的回忆在语言表述等方面与其他人有着明显的不同:“工作队一进村,就坚持‘三同’,即同吃、同住、同劳动。强调要坚定不移地依靠贫农、团结中农、打击地富反坏右等等。首先召开干部群众大会进行动员,所有的干部都没有亮身份,只说是毛主席、党中央派来的工作队员,后来根据上级部署公布了各自的身份。进村后,先挨门挨户进行走访,了解家庭经济状况,了解祖宗三代有无历史问题,能不能依靠。为了与群众打成一片,工作队员全部住到户

---

① 王仁邦:《我所亲历的“四清”运动》,2009年8月采访,高培忠整理。

② 李惠民,男,1921年生于山东昌邑。1940年5月加入中国共产党。1949年后曾任中共昌邑县县委书记、昌潍地委组织部部长、地委副书记、昌潍行署专员。1983年任山东省人民检察院检察长、党组书记。

③ 段复群:《我所亲历的海阳、高密四清》,2007年12月采访,高培忠整理。

④ 张宏孟:《我所亲历的昌潍社教全过程》,2007年12月采访,高培忠整理。

⑤ 段复群,男,1935年生于山东青州。中国人民大学中共党史系毕业。1949年参加工作,先后在昌潍地委宣传部等单位工作,曾任潍坊市委党史研究室主任。1995年离休。

里，原则是哪个户最穷，哪个户最脏，就住哪个户。老百姓对我们很好，规定不准吃面，我们就跟他们一样吃饼子、地瓜。每天给户里一斤粮票、四毛钱。”①

第二步是开展“四清”，就是原来的“小四清”，实际也就是“大四清”中的“清经济”。通过“洗澡”、查账和发动群众三结合的方法进行的。“生产大队主要是清理仓库，生产队里就是清理工分。把社员记工分手册全部集中起来，由工作队员一份一份地核实。凡是大小队干部工分多于群众的一律减下来，干部的工分不能高于普通群众。这样在清理的基础上进行登记造册，搞退赔。然后把各个队里的东西都集中起来，搞所谓‘分斗争果实’活动，让群众得到实惠。这样搞，有些人很高兴，基层干部大多很不满意。基层干部工分高固然有不合理情况，但这种一刀切的做法显然也是不公正的。”②

第三步，开展“小四清”的同时，对党员进行整顿。组织党员学习党章，学习党的基本知识，学习“前十条”、“后十条”、“二十三条”，明确了党员的标准，强调要坚定不移地走社会主义道路。搞了一段以后，在这个基础上进行了党员登记。“有一部分老党员没登记上，因为当时对老党员提出，凡是不能发挥作用的都要退党。后来贯彻‘二十三条’，这种情况基本都作了纠正。整党当中出现过这种偏差，劝说老党员退党，也有缓登的，不予登记的。这次整党不是一个单独的阶段，算是穿插进行的。”③

第四步，通过贯彻“二十三条”纠正了一些“左”的做法。“刚去时一切都由工作组负责，所有干部一律靠边站了。这些办法是极左的，后来贯彻‘二十三条’都纠正了。对原来靠边站的干部，大部分都解放了出来。大小队干部重新组织起来，真正处理的很少，除个别干部有所调整，基本上还是原班人马。”④

1965 年 8 月，昌潍地区组成的社教工作队基本结束工作，陆续撤回。

在整个社教运动中，从“小四清”即清工分、清账目、清账物、清仓库，转为“大四清”即清政治、清经济、清思想、清组织，经过了一个逐渐发展变化的过程。先是 1964 年 9 月，中共中央推广桃园经验；后是 1965 年 1 月，中共中央颁布“二十三条”，要求今后城市和乡村的社会主义教育运动，一律简称四清：清政治、清经济、清组织、清思想。从此，全国的社会主义教育运动正式从“小四清”转为“大四清”。在这个过程中，昌潍地委也随着形势的发展，根

---

①②③ 段复群：《我所亲历的海阳、高密四清》，2007 年 12 月采访，高培忠整理。

④ 李惠民：《我所亲历的海阳社教》，2008 年 2 月采访，高培忠整理。

据中央和省委的指示精神，不断调整着社教运动的工作部署。

我们再来看昌潍一市四县“四清”。1965年7月，昌潍地委召开全委扩大会议，贯彻省委指示，决定今冬明春社会主义教育，在诸城、高密、胶县和胶南4个县进行。[①] 根据省委部署，昌潍一市四县“四清”工作团先后于9月中旬至10上旬组建完成。[②] 同时，为了统一指导各“四清”工作团的工作，昌潍地委成立了“四清”工作总团，因地委书记魏坚毅任诸城县“四清”工作团团长，便同时兼任总团团长，总团部也设在诸城。[③]

一市四县的“四清”运动大致上遵循了海阳“四清”的做法。上述5个“四清”工作团成立后，首先进驻各县市进行为期10天左右的集中培训，然后便进驻公社、村庄、厂矿开展工作。每个县都组成了3000余人的工作团，工作队员包括地直机关和县社干部。潍坊市的城市“四清”与四县的农村“四清”机构设置上有所不同，当时先从大的厂矿企业开始，如潍柴、坊子煤矿、造纸厂等，一个大队负责一至两个企业，根据企业机构设置情况，“四清”工作队从大队到中队、分队、工作组层层接管并开展运动。[④]

各“四清”工作团在运动中，首先从抓生产入手开展了大张旗鼓的宣传发动，为下一步开展“四清”奠定坚实的基础。运动中主要是从群众的迫切需要出发，通过抓突出问题，消除了绝大多数人的顾虑，工作队的威信得到提高。之后运动很快转入第二阶段，即“四清”阶段。

一是清经济。各“四清”工作团一般于11月中下旬召开了各公社的三级干部会议和贫下中农代表会议，然后组织干部向群众“洗手洗澡”，发动群众核实定案。据当时昌潍地委的统计，从已揭发出来的材料来看：经济上贪污盗窃、投机倒把、多吃多占、挥霍浪费的情况是相当惊人的。第一批单位，共有大小队干部69846人，其中经济不清的60028人，占86%；公社干部9138人，经济不清的即有6403人，占70.1%；共清出现金102.43万元，粮食4.7万斤，布票5.9万尺。[⑤] 同时，根据中央指示精神，各“四清”工作团组织进行了经济退赔工作。

---

① 中共潍坊市委党史研究室：《中共潍坊历史大事记(1949年10月~2001年6月)》，中共党史出版社2001年版，第55页。

② 中共潍坊市委党史资料征集研究委员会编：《中共潍坊市党史大事记(1921~1991)》，中共党史出版社1994年版，第378~379页。

③ 于庆璋：《忆昌潍四清运动》，2009年9月采访，高培忠整理。

④ 张有为：《我所亲历的坊子煤矿“四清”运动》，2007年12月采访，高培忠整理。

⑤ 中共昌潍地委：《关于贯彻省委农村社会主义教育工作会议的情况报告》(1965.12.24)，1-1-3206，潍坊市档案馆藏。

二是清思想。在清经济告一段落后,大致从1966年2、3月开始,各县逐渐转到清思想、揭生产斗争盖子方面来。通过放手发动群众,揭矛盾、找原因,挖生产斗争的“穷根子”。最后,对照“农业六十条”,把开荒地、山林地、坟茔地和占为己有的公物收归集体所有。昌潍地委在报告中称,不少地方的干部不领着走社会主义这条道,地富反坏就千方百计地破坏这条道,因而群众也信不着这条好道。如高密县大牟家公社,每户平均二亩自留地,社员都不向集体投肥,不愿给集体干活,自留地的产量平均每亩690斤,集体产量平均每亩260斤。集体的地有的6年没有施肥,社员称之为“卫生地”。①当时留传一句话:“一罐尿,两条道,就看你往哪里倒。”②

三是清政治和开展对敌斗争。这项工作从1966年3、4月间开始,各县工作团大致经历一个多月时间。昌潍地委在报告中称,第一批开展运动的单位,清理出有严重政治问题的大队支部书记116人,清出有严重政治问题的党员1034人,占党员总数的7.3%。“四清”工作队从县到公社到生产大队,层层建立了贫下中农协会,生产队建立了贫协小组。

四是清组织,整党、建党。具体步骤一般分为三步,即党员教育、审查鉴定、党员登记和组织处理,整党的支部都设立了党员登记站,由工作队员负责办理党员登记手续,通过召开支部党员大会,用党员的标准进行民主评议,够标准的准予登记,不够标准的分别给予处理。如胶南县参加“四清”运动的党员共10811名,顺利进行登记的有7953名,占78.1%。③

在一市四县开展“四清”运动的过程中,昌潍地委于1965年冬至1966年初,利用农闲时节组织了面上的社教。1966年5月,“文化大革命”正式爆发。这时,各地正按既定计划开展四清运动。为了能使“文化大革命”顺利进行,各地都对“四清”运动进行重新部署,并把“文化大革命”纳入“四清”计划之内,但随着“文化大革命”的不断深入,各地又以“文化大革命”为中心带动“四清”,把“四清”又纳入“文化大革命”中去,“四清”运动实际上也不了了之。

发生于上世纪60年代的这场社教运动,在当时以及以后很长一段时间

---

① 中共昌潍地委:《关于贯彻省委农村社会主义教育工作会议的情况报告》(1965.12.24),1-1-3206,潍坊市档案馆藏。

② 高安营:《对诸城县贾悦公社韩庄大队四清运动情况的回忆》,2008年4月采访,高培忠整理。

③ 中共胶南市委组织部、中共胶南市委党史研究室编:《中共胶南地方史》(第2卷),中共党史出版社2005年版,第287页。

被认为是一次伟大的革命运动,有着极其重大的作用。[①] 40 多年后的今天,我们应该对这场运动作怎样的历史定位?下面,结合昌潍专区的实际情况,力求从正反两个方面对社教运动作出实事求是的评价。

不可否认,社教运动在某些方面还有值得肯定之处,主要表现在以下几点:

第一,这场运动对于改善干部工作作风,密切干群关系,产生了较好的促进作用。社教运动开展的基本出发点就是认为基层干部作风存在严重问题,认为"在我们一部分干部中,资产阶级思想作风确有滋长"。为此,在社教运动期间,中共中央要求各级干部要"好好地洗洗澡",对社、队普遍存在的"四不清"矛盾,"必须予以解决";要求干部必须积极参加生产劳动,并将之作为衡量四清运动是否搞好的重要标准之一。[②]

这些措施对解决干部队伍中的不良作风、密切干群关系,起到了一定的积极作用。据于庆璋[③]回忆,大批"四清"干部到农村,同群众同吃、同住、同劳动、同学习,确实受到群众的欢迎。诸城"四清"时,他曾随地委书记魏坚毅到焦家庄子村蹲点,作为地委书记的魏坚毅,与群众一起刨地瓜、抬筐土、挑水、干农活,有时还赶大车,而且一连干上好几天。"我印象很深刻,当时在村子里吃饭,真正了解了老百姓的疾苦。老百姓的生活到什么程度,只有一家一户去吃,这才真正体会到啊,光听别人说那就不行,因此和群众的感情自然就拉近了,以后碰到什么困难想想,这就比群众好多了,也就心满意足了,这种力量一辈子起作用。当然现在生活条件好了,不一定要求再像当年干部那样,但那种勤奋学习的精神面貌,那种生龙活虎的干劲等等,还是应该继续发扬的。"[④]参加过海阳和胶南社教的王仁邦也在回忆中说:"工作队员任劳任怨、遵守纪律的工作态度影响了我的一生。"[⑤]

第二,运动过程中始终强调抓生产,并没有因开展阶级斗争而对生产工作造成特别大的影响。"前十条"提出了农村中的十个根本问题,要求各地"在不误生产、密切结合生产的条件下,分期分批地有步骤地推行"。"后十

---

① 郭德宏、林小波:《四清运动实录》,浙江人民出版社 2005 年版,第 334 页。

② 中共中央:《关于印发和宣传农村社会主义教育运动问题的两个文件的通知》(1963 年 11 月 14 日,中共山东省委办公厅翻印),1-1-3087,潍坊市档案馆藏。

③ 于庆璋,男,1933 年 3 月生于山东省安丘县。1951 年 6 月参加工作,曾在潍坊市总工会、市委宣传部、昌潍地委政策研究室工作,1981 年任昌潍地区经委副主任,1988 年任潍坊市沿海经济开发办公室主任。1994 年退休。社教运动期间任昌潍社教总团部秘书。

④ 于庆璋:《忆昌潍四清运动》,2009 年 9 月采访,高培忠整理。

⑤ 王仁邦:《我所亲历的四清运动》,2009 年 8 月采访,高培忠整理。

条”中明确指出:“运动进行的每一个步骤,都不能耽误生产。”在“二十三条”中,除把增产作为搞好运动的一条标准外,还规定财贸机关应当在投资、贷款等方面,适当支持进行四清地区的生产建设。这些政策措施的执行,对于社教运动中坚持抓紧工农业生产起到了积极作用。

以昌潍地区为例,在农业方面,自 1961 年开始,粮食产量逐年提高,1965 年粮食总产量 48 亿斤,达到了历史最高水平。1963 年到 1965 年,农业总产值以平均每年 15.3% 的速度增长。[①] 在工业方面,农业与工业、重工业与轻工业以及重工业内部行业之间的比例逐渐趋于协调,企业管理水平有了大幅度提高,企业的经济效益有了全面好转,从 1963 年到 1965 年,全区工业总产值以年均 25% 的速度增长。[②]这虽然主要是经济调整的结果,但也与社教运动没有对生产造成大的影响,有直接的关系。

第三,对改善农村生产和企业经营管理,健全巩固集体经济起了积极作用。同时,对于打击反革命破坏活动和刑事犯罪活动,刹住歪风邪气,维护社会秩序,也起了一定的作用。中共中央在开展“五反”和“四清”的指示中,对改善经济管理,健全巩固集体经济等都作了规定。这些措施对于改善经济管理,堵塞漏洞,巩固集体经济起了积极作用。同时,在运动期间,社会上确实存在一些敌对分子的违法犯罪活动,社教运动对这些破坏活动和犯罪活动进行了斗争,在一定程度上维护了社会安定,刹住了歪风。据于庆璋回忆,“大批干部下乡搞‘四清’,严厉打击和震慑了少数不法分子,社会治安状况良好,社会风气明显好转,人民生活安定,无后顾之忧,真是夜不闭户,这是建国以来少有的”[③]。

但是,社教运动毕竟是在“以阶级斗争为纲”的思想指导下进行的,许多不同性质的问题都被认为是阶级斗争或是阶级斗争在党内的反映,因而混淆了两类矛盾,使经济社会各方面都受到了严重影响。主要表现在以下几个方面:

第一,错误估计了国内的阶级斗争形势,严重扩大了打击面,挫伤了一大批基层干部群众的政治热情和生产积极性。作为重点开展“社教”运动的县社队,几乎都对阶级敌人的破坏活动,作出了过于严重的估计。对于农村基层干部存在的一些问题,也在阶级斗争扩大化的总体估计下,看得十分严重。由此提出,整个运动由工作队领导。在这种“左”的思想指导下,普遍地

---

①② 中共山东省委党史研究室:《二十世纪六十年代山东国民经济调整》,天马图书有限公司 2002 年版,第 346 页。

③ 于庆璋:《忆昌潍四清运动》,2009 年 9 月采访,高培忠整理。

产生了打击面过宽、撤换、处分干部过多等现象,使一大批党员和干部受到不应有的伤害。从而影响了农村基层干部的积极性。从昌潍专区来看,实际情况也远没有宣称的那样严重,比如1965年底诸城县在公社三干会上初步揭发,到会干部17690人,其中坏人打进来的157人,好人被拉出去的159人,占到会干部总数的1.68%。①

第二,对"农业六十条"等较合理经济政策的贯彻执行产生干扰,一些调整农村经济的政策未能认真执行。社教运动中,为了进行社会主义和资本主义两条道路的斗争,有些县社队将包产到户视为"刮单干风"、"走资本主义道路"而予以取缔和严厉批判,并无视"农业六十条"的规定,随意没收社员的自留地、开荒地,搞生产大队核算,或者继续平调生产队和社员的资金搞集体建设。② 经历过昌潍社教全过程的张宏孟回忆:"当时的情况不像今天,比如老百姓养鸡下几个蛋,应该是卖给供销社,这是计划经济时代的国家观念、集体观念,是社会主义思想。但是你说老百姓孩子上学用笔用纸,有病吃药,哪来钱哪?那时每年一次按工分分配。你说卖上次鸡蛋就是资本主义,这不是牵强附会吗?你因为这个批判人家对吗?你只能去教育。你需要钱的时候卖点可以,但主要卖给国家。那时对于这类事情,我就是睁一只眼闭一只眼。"③

第三,社教运动最为严重的后果是为"文化大革命"做了理论与实践上的准备。④由于"左"倾理论与"左"倾实践的恶性循环,阶级斗争一再被人为放大。"二十三条"提出"社教"运动的重点是"整党内那些走资本主义道路的当权派",实际上提出了开展"文化大革命"的最基本的理论根据。运动中所犯的一些"左"的错误,在社会上累积了大量的矛盾和纷争。而这些矛盾和纷争在运动期间被暂时压了下来,在号召群众进行"四大"的旗号下又一触即燃,许多地方发生了翻"四清"运动案子和揪斗四清工作队员的事件。李惠民回忆:"海阳社教遗留下的问题就是两派对立,后来'文革'期间两派对立得很厉害,并且纷纷要来潍坊揪这些搞'社教'的头头。针对这个情况,后来中央专门下发通知,'四清'工作队一律不准揪斗。"⑤

当然,社教运动的错误还只是局部性的错误,没有达到支配全局的程

① 中共昌潍地委:《关于放手发动群众开展四清运动的情况报告》(1965.11.30),1-1-3206,潍坊档案馆藏。

②④ 郭德宏、林小波:《四清运动实录》,浙江人民出版社2005年版,第345页,第347页。

③ 张宏孟:《我所亲历的昌潍社教全过程》,2007年12月采访,高培忠整理。

⑤ 李惠民:《我所亲历的海阳社教》,2008年2月采访,高培忠整理。

度。社教运动只是在全国大约1/3的城乡地区开展,而且是有领导分期分批地进行。以昌潍地区为例,当时昌潍地区共有1市14县,正式开展“四清”运动的只有1市4县,占1/3左右,这与全国的情况基本差不多。虽然在理论上提出了“走资本主义道路的当权派”的错误观点,但在实际中并未加以全面贯彻;当时规定的一些具体政策有不少是正确的,对运动中出现的某些偏差,也作过一些纠正。

(作者单位:中共潍坊市委党史研究室)

政治承诺与中国共产党的生命力

——基于十七次党代会报告的研究

王庆德

一

现代民主政治的基本特征是政党由人民授权，取得执政地位，掌握政治权力，为国家和人民创造稳定的政治秩序，满足人民群众的文化生活需求，为人民群众谋福利。而获得人民授权的关键在于政党的政治承诺。因为人民选择哪一个政党执政不仅仅要看它曾经为人民做过什么，更重要的在于它将要为人们作出什么。换言之，一个政党若要长久执政，就不能仅仅躺在曾经的历史功绩上，更要着眼于未来，以负责任的政治承诺来换取人民的信赖与认可。

作为政治学的核心概念，政治承诺是指政治组织或行为人有决心、有责任、有义务去从事公共事务活动而对人民所作出的许诺，它构成了对未来政治行动的约束与限制，从而使得政治过程透明化和具有可预见性。正如康德所言："我们如果不能有任何承诺，我们怎么知道我们能有什么未来，我们根本无由对未来充满希望。"①政治承诺正是建立在人民的期望和要求之上，它不仅是政党执政的政治规划和设计，同时也是与人民达成的政治共识。没有政治承诺，人民就无法了解政党执政的目的和任务，该政党也就没有执政的可能性；而脱离人民的期望和要求的政治承诺就是虚无的承诺，从而无法得到民众的信任、支持和认同，同样不能获取人民的授权。一个政党，如果无法作出政治承诺，就失去了执政资源，也就失去了合法性，失去了存在的理由。因此，人民选择哪一个政党执政，从根本上取决于该政党是否能够作出合适的政治承诺，能否担当政治责任。

---

① 转引自赵明：《康德〈论永久和平〉的法哲学基础》，华东师范大学出版社 2006 年版，第 116 ~117 页。

中国共产党经过28年的奋斗取得政权，又经过62年的执政考验，之所以能够长久地成为中国人民的领导力量，为人民群众所认同，就是在于中国共产党所作出的政治承诺。换句话说，中国共产党90年的历程就是一部政治承诺与践诺的历史。正是由于中国共产党敢于作出其他政治组织所无法作出的政治承诺，并勇于承担践诺的政治责任，才得到了中国人民的信任、支持和认同。可以说，与人民群众利益相一致的政治承诺就是政治合法性的决定因子。用邓小平同志的话说，就是人民“支持不支持”、“拥护不拥护”、“答应不答应”，这就是中国共产党政治承诺的根本内容。本质而言，对于政治权力的主体——人民来说，政治承诺实际上就是对未来公共生活和政治过程的一种确定性判断，使人民对于未来的生活愿景有所把握。因此，对于中国共产党这样的大国执政党来说，必须从理论到实践上高度重视政治承诺，才能巩固自己的长期执政地位。

二

中国共产党对于中国人民的政治承诺，集中体现在党的历次代表大会的政治报告之中。中共建党以来，已经举行过17次全国代表大会，在每次党代会的报告中，中国共产党对其执政理念、价值取向、政策目标、任务措施等进行了系统阐明，根据对当时社会主要矛盾的分析，对未来一段时期的革命任务和执政方向作出政治承诺，引导人民群众有序地进行社会主义革命和建设。通过系统梳理17次党代会报告主要内容，我们可以中国共产党把建党90年来所作的政治承诺分为三种类型。

（一）民族解放承诺

中国共产党建党伊始，面临内忧外患的局面。一方面，中国自鸦片战争失败以后，一步一步变为半殖民地半封建社会，西方列强侵略瓜分我国不止；另一方面，中国的先进分子历经千辛万苦，探索救国救民的真理，尝试过种种改造中国社会的方案。这些探索和斗争，虽然每一次都在一定历史条件下推动了中国历史的进步，但却都未能改变中国半殖民地半封建的社会性质和中国人民的悲惨命运。正是在这种背景下，中国共产党在一大至七大的政治报告中，明确了中国共产党的使命，对灾难深重的中国人民作出了民族解放和国家独立的政治承诺。

中共一大所通过的《中国共产党宣言》指出，中国共产党的目的是“要按照共产主义者的理想，创造一个新的社会”。其中，“第一步就得铲除现在的资本制度。要铲除资本制度,只有用强力打倒资本家的国家”①。在这一总体目标之下,中共二大所通过的《中国共产党第二次全国代表大会宣言》,具体分析了“国际帝国主义宰割下之中国”和“中国政治经济现状与受压迫的劳苦群众”的基本情况,指明了“中国共产党的任务及其目前的奋斗”。其长远目标是“要组织无产阶级,用阶级斗争的手段,建立劳农专政的政治,铲除私有财产制度,渐次达到一个共产主义的社会”;其短期目标是,“引导工人们帮助民主主义的革命运动,使工人和贫农与小资产阶级建立民主主义的联合战线”。具体来说,“中国共产党为工人和贫农的利益在这个联合战线里奋斗的目标是:(一)消除内乱,打倒军阀,建设国内和平;(二)推翻国际帝国主义的压迫,达到中华民族完全独立;(三)统一中国本部(东三省在内)为真正民主共和国”。②

这一政治承诺具有鲜明的时代性,反映了当时中国人民的共同心愿。正是在作出为民族解放和国家独立这一政治承诺后,大多数的中国人民渐渐认同了中国共产党对于中国革命的领导权,聚拢在中国共产党的领导之下。至党的七大时,在民族解放即将胜利之际,毛泽东所作的政治报告《论联合政府》进一步分析了中国人民的根本要求,就是“实行民主的改革,克服目前的危机,动员和统一全中国的抗日力量,有力地和同盟国配合作战,打败日本侵略者,使中国人民从日本侵略者手中解放出来。然后,需要在广泛的民主基础之上,召开国民代表大会,成立包括更广大范围的各党各派和无党无派代表人物在内的同样是联合性质的民主的正式的政府,领导解放后的全国人民,将中国建设成为一个独立、自由、民主、统一和富强的新国家。一句话,走团结和民主的路线,打败侵略者,建设新中国”③。因此,中国共产党的政治承诺就是“在彻底地打败日本侵略者之后,建立一个以全国绝对大多数人民为基础而在工人阶级领导之下的统一战线的民主联盟的国家制度,我们把这样的国家制度称之为新民主主义的国家制度”。

这一承诺符合国家利益,符合人民利益,符合最大多数中国人的根本要求,“因为,第一,它取得了和可能取得数百万产业工人,数千万手工业工人和雇佣农民的同意;其次,也取得了和可能取得占中国人口百分之八十,即在四亿五千万人口中占了三亿六千万的农民阶级的同意;又其次,也取得了

① 中共中央办公厅:《党史资料汇报》(第一号),1956年6月3日。

② 中共二大史料编纂委员会:《中国共产党第二次全国代表大会》,中共党史出版社2006年版,第122页。

③ 《毛泽东选集》(第3卷),人民出版社1991年版,第1029~1030页。

和可能取得广大的城市小资产阶级、民族资产阶级、开明士绅及其他爱国分子的同意"①。

正是因为中国共产党在建国前作出了民族解放、国家独立的政治承诺，团结了一切爱国者和革命者，满足广大人民群众最基本的生存要求，得到了最大多数人民对共产党的支持，动员了广大工农群众参加共产党领导的革命，通过新民主主义革命的形式，推翻国民党反动统治，改变原来不合理的制度，建立了新的社会主义制度，中国共产党由此成为社会主义事业的领导者。

（二）国家富强承诺

建国之后，中国共产党领导中国人民，已经完成了新民主主义革命，并且基本上取得了社会主义革命的胜利。这就使我国出现了一种完全新的社会面貌。在旧中国社会中的主要矛盾，即中国人民同帝国主义、封建主义、官僚资本主义的统治的矛盾，由于新民主主义革命的胜利而解决了。现在这种社会主义改造已经取得决定性的胜利，这就表明，我国的无产阶级同资产阶级之间的矛盾已经基本上解决，几千年来的阶级剥削制度的历史已经基本上结束，社会主义的社会制度在我国已经基本上建立起来了。

在这种形势下，中国共产党审时度势，明确了建国后我国的主要矛盾，"是人民对于建立先进的工业国的要求同落后的农业国的现实之间的矛盾，是人民对于经济文化迅速发展的需要同当前经济文化不能满足人民需要的状况之间的矛盾"②。而这一矛盾的实质，在我国社会主义制度已经建立的情况下，也就是先进的社会主义制度同落后的社会生产力之间的矛盾。

根据社会主要矛盾的变化，中国共产党认为此时的任务是把我国尽快地从落后的农业国变为先进的工业国，以经济建设为中心，最大程度地发展生产力，最大程度地提高人民群众的物质文化生活水平，使国家富强，屹立于世界民族之林。

正是从八大开始，中国共产党的政治承诺由民族解放转变为国家富强。这一承诺的实现远比民族革命更为艰巨，需要几代人的奋斗才可能实现。因此，党的十一届三中全会以后，以邓小平为首的第二代领导集体，将国家富强承诺进一步细化为三步走。第一步，到 1990 年，实现国民生产总

---

① 《毛泽东选集》（第 3 卷），人民出版社 1991 年版，第 1056 页。

② 中共中央党史研究室：《中国共产党历史》（第 2 卷），中共党史出版社 2011 年版，第 396 页。

值比1980年翻一番,解决人民的温饱问题。第二步,到20世纪末,使国民生产总值再增长一倍,人民生活达到小康水平。第三步,到21世纪中叶,人均国民生产总值达到中等发达国家水平,人民生活比较富裕,基本实现现代化。

以经济建设为中心,靠经济发展争取人民的支持,以具体的经济指标作为政党执政的约束性条件,可以说,正是靠这种分阶段的政治承诺赢得了民心,正是靠不断地政治践诺巩固了中国共产党的执政根基。改革开放30年来的共识正是建立在中国共产党的国家富强的政治承诺之上。

(三)共同富裕承诺

但是,仅仅依靠经济发展,仅仅用经济绩效作为政治承诺的内容,能不能持久地赢得人民认同和支持?现在历史证明,这是不行的。改革开放以后,人民生活水平提高了,也出现了"端起大碗吃肉,放下筷子骂娘"的现象,正好说明了这一点。我们现在比较多的观念是:只要经济发展了,人民就会拥护,但如果把政权的合法性和政党的合法性维系在经济绩效和经济增长上,就会出现合法性的困境。一些国家当它经济还在发展的时候,合法性没有问题,而一旦经济稍微出一点问题,政权就面临危机甚至倒台。因此,如何通过强国真正实现富民,实现人民群众的共同富裕,实现社会公正,就成为中国共产党在新时期政治承诺的着重点。

2002年,新世纪伊始,中国共产党在十六大的报告中,通过全面建设小康社会这一目标,明确了"共同富裕"的政治承诺。报告指出:"二十一世纪头二十年,对我国来说,是一个必须紧紧抓住并且可以大有作为的重要战略机遇期。根据十五大提出的到二〇一〇年、建党一百年和新中国成立一百年的发展目标,我们要在本世纪头二十年,集中力量,全面建设惠及十几亿人口的更高水平的小康社会,使经济更加发展、民主更加健全、科教更加进步、文化更加繁荣、社会更加和谐、人民生活更加殷实。"对于人民生活,特别作出承诺:"社会保障体系比较健全,社会就业比较充分,家庭财产普遍增加,人民过上更加富足的生活。促进人与自然的和谐,推动整个社会走上生产发展、生活富裕、生态良好的文明发展道路。"①

2007年,在党的十七大报告中,对于共同富裕承诺作了进一步阐发:要"加快发展社会事业,全面改善人民生活。现代国民教育体系更加完善,终身教育体系基本形成,全民受教育程度和创新人才培养水平明显提高。社

① 《江泽民文选》(第3卷),人民出版社2006年版,第542~543页。

会就业更加充分。覆盖城乡居民的社会保障体系基本建立,人人享有基本生活保障。合理有序的收入分配格局基本形成,中等收入者占多数,绝对贫困现象基本消除。人人享有基本医疗卫生服务。社会管理体系更加健全”①。

2010 年,在党的十七届五中全会关于十二五规划的建议中,更进一步明确指出:“坚持把保障和改善民生作为加快转变经济发展方式的根本出发点和落脚点。完善保障和改善民生的制度安排,把促进就业放在经济社会发展优先位置,加快发展各项社会事业,推进基本公共服务均等化,加大收入分配调节力度,坚定不移走共同富裕道路,使发展成果惠及全体人民。”②

政治承诺的根本是民生承诺。无论民族解放还是国家富强,最后落脚点仍然是人民群众的生活有没有得到改善。即使政治行动再具有正义性和崇高性,人民群众在现实生活中得不到实惠,就可能将执政的政党抛弃。因此,共同富裕,改善民生不仅仅是一个经济问题,社会问题,更是一个政治问题,更需要政党在此方面作出政治承诺。中国共产党正是顺应了历史发展的潮流,回应了百姓心声,将国家富强的政治承诺落实到人民群众身上,转化为共同富裕承诺,将执政的目的化约为人民的幸福,重建了改革共识,赢得了人民的拥戴。

三

十七次党代会报告所展现的不同时期中国共产党的政治承诺,符合中国实际和历史发展趋势,符合人民群众的根本利益,具有鲜明的中国特色社会主义的特征。

(一)长远性

与其他政党相比,中国共产党的最大优势就是把践行社会主义、实现共产主义理想作为自己的毕生奋斗目标,这是其他政党都难以做到的。西方国家的政党组织为了上台执政,同样必须要对人民群众作出相应的政治承诺。但是,他们所作的政治承诺往往只是注重当下的形势和某个阶层民众

---

① 中共中央文献研究室:《十七大以来重要文献选编》(上),中央文献出版社 2009 年版,第 8 页。

② 《中共中央关于制定国民经济和社会发展第十二个五年规划的建议》,人民出版社 2010 年版,第 4 页。

的利益诉求,不能够根据国家的长远发展和人民群众的根本利益诉求作出承诺,具有极大的短视性。中国共产党的政治承诺首先是着眼于国家和民族的长远发展,把国家的根本利益作为政治承诺的核心内容。因此,党代会报告所表现的政治承诺就是从民族解放到国家富强的发展和提升。同时,中国共产党又是把全体人民群众的切身利益作为其政治承诺的最终任务,注重改善民生和共同富裕,强调权为民所用,利为民所谋,情为民所系,坚定不移走共同富裕道路,使发展成果惠及全体人民。因此,在这一点上,中国共产党所作的政治承诺具有其他政党无可比拟的优势。

(二)务实性

中国共产党的政治承诺与时代发展相适应,符合不同时期人民的期望,不好高骛远,具有践行的可能性,呈现出阶段性和务实性的特征。中国共产党建党以来,经历了新民主主义革命、社会主义建设、改革开放等历史时期,不同的历史阶段所要完成的任务和使命不同,政治承诺自然也不尽相同。从民族解放,经国家富强,到共同富裕,这一系列政治承诺完整展现了中国共产党对于各个不同时期务实性的认识和把握,使之所作的政治承诺具有可操作性和实践性,最终能够完成政治承诺的践行。中国共产党不像有些西方政党,为了上台执政,对选民许下不可能完成的承诺,仅仅为权力而许诺,仅仅为执政而承诺。中国共产党更多的是以人民利益和国家利益作为政治承诺的根本内容,使不同历史阶段的政治承诺符合人民群众的根本利益,从而达到人民群众对其执政的最大满意度。

(三)责任性

信守政治承诺不仅仅是一种道德义务,更是一种政治性的义务。一个政党敢于公开作出政治承诺,就意味着它必须以自己的信誉作抵押,勇于担当政治性的责任。毫无疑问,任何一种政治承诺都是建立在对未来的理性分析基础之上的。但是,人类的理性不是无限的,而是相对有限的,这就不可避免地导致有些政治承诺可能会脱离现实。同时,外在条件的变化也会导致政治承诺的目标指向无法落实。这时,执政者就要适时调整原来的政治承诺,同时要向人民解释清楚,并勇于担当由此造成的过错和损失。建党以来,中国共产党就是一个勇于承担历史重任和政治责任的党,敢于纠正自身错误的党。例如,在党的八大报告中,中国共产党已经科学分析了当时社会的主要矛盾,并将工作重心转移到发展生产力上来,作出了强国富民的政治承诺。但是,随着在实际工作中错误地发动了“大跃进”运动,接着又遭受了三年自然灾害的影响,使得原来所作出的政治承诺无法落实。面对这种局面,中国共产党适时地对国民经济和社会政治关系进行了全面的调整,在

1952 年 1 月召开的“七千人大会”上，毛泽东、刘少奇等党和国家的领导人直面现实，对“大跃进”以来经济建设工作的基本经验教训进行了深刻地自我批评和反省。[①] 正是由于中国共产党能够不断地调整自身工作的不足和错误，勇于承担政治责任，因此才能不断引领中国人民进行社会主义建设。

（作者单位：中共山东省委党校政法部）

① 中共中央党史研究室：《中国共产党历史》（第 2 卷），中共党史出版社 2011 年版，第 597 页。

干部考核评价 90 年:历程·特征·启示

林学启

干部考核评价是选拔任用干部的前提,考核评价的结果是选拔任用干部的重要依据。党成立以来,我党在干部考核评价方面作了积极的探索,积累了考核评价的许多经验,经过 90 多年的发展,干部考核评价工作逐渐形成了体现科学发展观和正确政绩观要求的体制机制。总结建党以来干部考核评价工作的主要做法和基本经验,对我们做好今后干部考评工作可以提供有益借鉴。

一、新民主主义时期的干部考核评价机制:革命性的选择

干部考核是干部管理工作中不可缺少的、基础性的重要环节。我国干部考核制度,是在新民主主义革命时期党的干部考核工作的基础上,逐步建立和发展起来的。

新民主主义革命时期,干部考核主要表现为对干部的"审查"制度,其主要目的,一是为了"防止和清除奸细";二是为了了解干部的长处和弱点,以便更好地使用干部。建党初期,我们党由于受共产国际的束缚,和党内"左"倾教条主义的影响,在选拔干部的审查标准上,存在着"唯成分论"的严重倾向。党的二大通过的《关于议会行动的决议案》指出,每次示威运动发生,本党议员必为示威行列的领袖,跑在群众的前面。这里把勇敢、有革命精神、跑在群众前面作为选择本党议员的标准,就是注重客观表现、注重实绩的思想,因为当时的实绩就是与反动势力斗争的成效。党的"八七会议"后不久,中国共产党临时中央政治局扩大会议通过的《最近组织问题的重要任务决议案》主张"党的指导机关成分工农化,党员成分工农群众化"。当时"左"倾路线的代表把"党的指导机关里占大多数是知识分子及小资产阶级的代表"①作为革命失败的主要原因之一。于是,一大批工人被提拔到党的领导

① 中国人民解放军政治学院党史教研室编:《中共党史参考资料》(第 5 册),内部印发,1978 年,第 130 页。

机关,担任中央委员和党的主要领导人,以此“标准”来体现和保证党的干部的纯洁性与先进性。土地革命战争时期,赣东北根据地确定的干部标准是在斗争中表现忠诚、积极、有办法、有成绩、为群众所信任。“有成绩、为群众所信任”,这和“群众公认、注重实绩”原则的表达如出一辙。毛泽东在1938年10月召开的中共中央六届六中全会上提出衡量干部的主要标准,就是“才德兼备”。“才德兼备”标准的提出改变了以往干部选拔任用工作中只重视社会成分的做法。依据这一干部标准去挑选使用干部,就是“任人唯贤”的干部路线。在革命战争年代,中国共产党选拔任用干部的标准主要集中在“德”和“才”上。“德”是指对共产主义的执著追求,对党和人民的无限忠诚;“才”主要是指独立开展工作的能力,能够指挥战斗或者宣传动员群众,等等。而“任人唯贤”的“贤”也主要是指“德”和“才”的有机统一。

二、社会主义建设时期的干部考核评价机制:适应于调整

新中国成立以后,我们在干部考核中一直是注重全面考核。党适应新的变化和要求,首先确立了党管干部的原则并迅速壮大了干部队伍,但由于干部的功能和任务发生了变化,干部中反映的问题也极为多而杂,加上国内外形势的瞬息万变,干部考察工作显得更为重要。为此,中共中央很快建立了干部考察鉴定制度。1949年11月4日,中央组织部颁布了《关于干部鉴定工作的规定》,同时在全国范围内实行干部鉴定工作,一年进行一次。目的在于经过鉴定使干部能够更好地认识自己,提高自己,改进工作,同时也使党组织能够更系统地、全面地了解干部,以便有计划地培养和选拔干部。对干部的鉴定,坚持抗战时期的“才德标准”,并提出专业化的问题。“才”即工作能力和业务水平;“德”即政治品质,包括立场、观点、作风、掌握政策、遵守纪律、联系群众、学习态度等方面;专业化则是能否胜任所担任职务。干部鉴定方法主要采取自我检讨、群众讨论、领导负责审查三方面结合进行。文件规定,对干部的鉴定结果将尽可能地与选举劳模结合起来。干部鉴定制度的建立,有利于及时发现干部中存在的问题,不仅推动了干部改进工作作风,努力提高自身素质,还有利于正确执行党的干部政策。这一时期的干部考察鉴定工作主要结合当时开展的各种政治运动进行,因对“才德标准”把握的偏差,不可避免地出现一些偏向,如不少干部的鉴定内容一般化、概念化,主要问题交代不清、分寸不恰当等,因此,这些鉴定并不是完全准确。

经过清理运动和整党等,对新干部有了初步了解,并处理了一些最突出的干部问题。但是,由于党的任务十分繁重,干部调动频繁,出现了一些历史不清、来历不明的新干部,漏审了一些老干部,某些领导干部麻痹大意,忽

视从政治上考察干部，干部队伍不纯、腐败问题等给党的正常工作带来不少麻烦。为保证国家经济建设的顺利进行，1953 年 11 月，中共中央作出《关于审查干部的决定》。决定对审查干部的目的作了明确阐述，即全面了解干部的政治面貌，清除混入干部队伍中的反革命分子、阶级异己分子、蜕化堕落分子，以纯洁党的干部队伍；同时，又要多方面了解和熟悉干部的思想品质、工作才能，以便党有计划和正确地培养使用干部。虽然后来审查过程中出现了只注重“政治考察”而忽视“业务能力”的偏向，加上“左”倾思想的影响，导致一些干部的错审，对经济建设造成一定负面影响，但我们党及时发现并纠正了这一偏向，总体上达到了应有的效果。

1956 年底，我国社会主义改造基本完成，进入全面社会主义建设的时期。党的干部队伍的素质明显不能适应经济建设发展的需要。中共中央提出了新的干部队伍建设方针，即领导干部特别是中央领导成员应该随着社会主义建设的发展而逐步实现知识化、专业化。1958 年 1 月，毛泽东在杭州会议和南宁会议上，同与会同志对建国八年来的革命和建设的经验进行讨论时指出：“政治家要懂业务，懂得太多有困难，懂得太少也不行，一定要懂一些。不懂得实际的是假红，是空头政治家。一方面要反对空头政治家，另一方面要反对迷失方向的实际家。”①政治和业务的统一即又红又专标准。“红”强调政治立场，主要看是否拥护党、拥护社会主义；“专”侧重技术水平，主要看能否善于钻研业务，掌握为社会主义服务的本领。1962 年 9 月，党的八届七中全会上提出了加强干部管理的七条措施，其中明确指出必须重新考察了解干部、使考察了解干部成为经常性的制度；并决定恢复干部鉴定制度。1964 年 3 月 3 日，中央组织部部长安子文在中央局组织部长座谈会上又强调了干部考核选拔的德才兼备、又红又专标准。同年，毛泽东针对帝国主义把“和平演变”的希望寄托在中国共产党第三代、第四代身上的预言，再次强调了这五条标准：(1)必须是真正的马克思列宁主义者；(2)必须是全心全意为中国和世界大多数人服务的革命者；(3)必须是能够团结绝大多数人一道工作的无产阶级政治家；(4)必须是党的民主集中制的模范执行者；(5)必须谦虚谨慎，戒骄戒躁，富于自我批评精神，勇于改正自己工作中的缺点和错误。又红又专和五条政治标准成为党考核评价干部的原则与标准，这一时期考核评价干部还注重群众性，看一个干部的好坏，关键是看他能不能善于深入群众，团结群众，也即能否从很好地执行从群众来到群众去的工

① 《毛泽东著作选读》(下册)，人民出版社 1986 年版，第 779 ~ 780 页。

作路线。然而,由于反右斗争及其扩大化,加上党的领导人对形势的错误估计,导致干部考评严重偏离“又红又专”,出现“红”强“专”弱,甚至不红不专,干部考核只注重家庭出身、资历,不能辩证地历史地考察干部,因此,也就不能正确地识别和选拔干部。十年的严重内乱,给党的干部队伍造成灾难。当时针对各级领导干部的种种所谓“运动”,更是对党的干部工作的极大破坏。从而导致整个干部考核评价管理监督体制被打乱,整个干部队伍素质空前降低。在“文化大革命”中后期,在周恩来、邓小平等同志的努力下,党的干部工作开始恢复并取得了一定成效。

总的看,新中国成立后的近30年,党的干部考核评价机制尚未成形,考核内容、方法、制度都不完善。但党在这一时期探索出考核选拔干部的许多宝贵经验,如坚持党管干部的原则,任人唯贤的用人路线,德才兼备、重在表现的考核评价标准,又红又专及干部知识化专业化的鉴定审查标准等。在这期间,党在干部考核评价方面,还制定了一些制度,摸索出一些有用的方法,这些都为改革开放后我们党考核评价干部提供了重要的启示。

三、改革开放新时期干部考核评价机制:完善与创新

1978年底,党的十一届三中全会作出了把党和国家的工作重点转移到经济建设上来和实行改革开放的伟大决策,实现了具有深远意义的伟大转折。随着党和国家工作中心的转移以及经济体制和政治体制等方面的改革逐步展开,党的干部队伍和干部制度已经不能适应现代化建设的需要。从1979年起,党着手干部制度改革以加强干部队伍建设。真正意义上的考核评价工作机制开始建立健全。1978年6月2日,邓小平在全军政治工作会议上指出:“在整顿过程中,要严格考核干部,并且把它作为一项制度坚持下去。”①12月13日,他在中央工作会议上说:“因为是非功过不清,赏罚不明,干和不干一个样,甚至干得好的反而受到打击,什么事不干的,四平八稳的,都成了‘不倒翁’。在这种不成文法底下,人们就不愿意去动脑筋了。”②1979年6月,全国人大五届二次会议政府工作报告进一步提出要建立和完善干部考核制度。1979年11月21日,中央组织部下发了《关于实行干部考核制度的意见》。意见规定了干部考核的标准和内容,要坚持德才兼备的原则,按照各类干部胜任现职所应具备的条件,从德、能、勤、绩四个方面进行考核,并对德、能、勤、绩作了具体阐释。1983年7月,中央组织部召开全国组

---

①② 《邓小平文选》(第2卷),人民出版社1994年版,第124页,第142页。

织工作座谈会,提出要对党政领导干部实行年度考核,规定了德、能、勤、绩四个方面的考核内容,着重考察干部的工作实绩。根据中央要求,各地大胆探索,积极试验,并注意吸收现代人事管理科学知识,努力寻求改革干部考核的方法和制度。1988 年 6 月,中央组织部下发了《关于试行地方党政领导干部年度工作考核制度的意见》,并在全国开始试行。意见对考核的目的和对象都作了具体阐述和规定。

1995 年 8 月,中央组织部下发《关于加强和完善县(市)党委、政府领导班子工作实绩考核的通知》,在全国选择 9 个地(市)共 148 个县(市)进行试点。1996 年,中央对全国 107 个省部级领导班子进行届中考察,地方各级也开展该项工作。在总结实绩考核和届中考察经验的基础上,中央组织部制定下发了《党政领导干部考核工作暂行规定》。2000 年,中央下发《深化干部人事制度改革纲要》,明确提出完善党政领导干部考核制度,一是建立健全党政领导干部定期考核制度,普遍实行届中和届末考核;二是研究制定防止干部考察失真失实的对策。这样,党的干部考核评价便有了理论的指导和制度的安排,为实现考核评价的制度化迈出了重要一步。

党的十六大以来,我们党面临团结和带领全国各族人民如何实现发展以及怎样发展的重任,如何肩负人民重托为民执好政、掌好权是摆在每个干部面前的现实问题。以胡锦涛为总书记的党中央把握国际国内发展的新形势,顺应人民的新要求和新期待,以科学发展观为指导,着力实现经济、政治、文化、社会和生态文明的全面、协调和可持续发展,实现社会公平正义,实现发展的成果由人民共享。党的干部工作也在科学发展观指导下,开启新的篇章,体现科学发展观要求的干部考核评价机制应运而生。2009 年,中央印发了《关于建立促进科学发展的党政领导班子和领导干部考核评价机制的意见》(以下简称《意见》)。同时,为了深入贯彻落实《意见》,经中央批准,中央组织部制定了《地方党政领导班子和领导干部综合考核评价办法(试行)》、《党政工作部门领导班子和领导干部综合考核评价办法(试行)》、《党政领导班子和领导干部年度考核办法(试行)》(以下分别简称三《办法》),与《意见》一起形成促进科学发展的党政领导班子和领导干部考核评价机制。新考核办法以科学用人、促进科学发展为核心,突出民主、重视民意、扩大民生,并强化对干部考核考核结果运用。一个《意见》、三个《办法》,体现了中央对干部考核工作的新部署,意味着科学发展观的要求将被贯穿于干部考核的全过程。这一干部考核评价新模式的启动,是进一步提高全党干部工作科学化、民主化、制度化水平的重要标志。

四、几点启示

(一)考核评价的指导原则须体现继承性和时代性。原则决定导向,科学规范的指导原则决定正确的用人导向。德才兼备、实绩突出和群众公认成为党考核评价干部的共识。党的十七大报告指出:“按照德才兼备、注重实绩、群众公认原则选拔干部,提高选人用人公信度。”党的十七届四中全会在坚持三原则的同时,重点强调完善干部“德”的评价标准,“从政治品质和道德品行等方面完善干部德的评价标准,重点看是否忠于党、忠于国家、忠于人民,是否确立正确的世界观、权力观、事业观,是否真抓实干、敢于负责、锐意进取,是否作风正派、清正廉洁、情趣健康。注重从履行岗位职责、完成急难险重任务、关键时刻表现、对待个人名利等方面考察干部的德”。德才兼备、实绩突出和群众公认三原则成为新世纪新阶段考核评价工作的指导原则体现了党的干部工作的继承性和开创性的统一。

(二)考核评价指标体系须体现科学发展观和正确政绩观。2002 年,中央出台《党政领导干部选拔任用工作条例》,规定党政领导干部六项基本条件。从德、能、勤、绩、廉和贯彻执行民主集中制情况全面考核评价干部。《意见》指出,要完善考核内容,增强考核内容的科学性,充分体现科学发展观和正确政绩观的要求,充分体现把政治标准放在首位,充分体现不同区域、不同层次、不同类型的特点,充分体现考核内容的激励性和约束性。既注重考核发展速度,又注重考核发展方式发展质量;既注重考核经济建设情况,又注重考核经济社会协调发展、人与自然和谐发展,特别是履行维护稳定第一责任、保障和改善民生的实际成效;既注重考核已经取得的显绩,又注重考核打基础、利长远的潜绩。

(三)考核评价方式须体现科学性、系统性、民主性。党的十七大强调扩大干部工作民主,增强民主推荐、民主测评的科学性和真实性。要改进考核方式,增强考核方式的完整性和系统性。强调扩大考核民主和增加透明度,就是要通过落实广大群众对领导干部工作的知情权、参与权、选择权和监督权,引导领导干部抓大事、干实事、做群众满意的事。

(四)考核评价结果须得到科学运用。考核结果是干部选拔任用、培养教育、管理监督、激励约束的重要依据,对考核结果的运用好坏一定程度上决定着干部考核选拔工作的质量和可持续发展。十七届四中全会指出,健全促进科学发展的领导班子和领导干部考核评价机制,强化考核结果运用,引导各级领导干部树立正确政绩观,作出经得起实践、人民、历史检验的实绩。

（五）干部考核评价工作的组织领导和监督机制须逐步健全。加强干部考核评价工作的组织领导和监督是做好干部考核评价工作的保障，是干部考核评价机制的重要组成部分。体现科学发展观要求的干部考核评价体系，必然是组织领导有力、监督保障健全的体系。按照科学发展观统筹兼顾的要求，干部考核评价要在各党委（党组）的统一领导和安排部署下，组织和人事部门牵头并相互配合，其他各单位（部门）协调协作，综合社会专家、评估机构、社会公众等参与考核评价的整个过程，并吸收新闻媒体、社会团体等参与考核评价的监督工作，确保干部考核评价工作在阳光下运行。

党的干部考核评价机制是动态的、开放的、不断发展的，需要逐步完善。尽管我们现行的考核评价工作机制存在这样那样的问题，但只要我们坚持德才兼备、注重实绩、群众公认的考评原则，不断完善体现科学发展观和正确政绩观要求的考核内容体系，创新考评方式方法，科学合理地运用考评结果，并逐步健全考评工作保障监督机制，就一定能够考评出能干事、能干成事、人民满意的好干部。

（作者单位：山东省委党校党史部）

党的建设新布局与党的建设科学化

谭　建

党的建设新布局是党的十七大提出的，由党的先进性建设，党的执政能力建设，党的思想、组织、作风、制度、反腐倡廉建设等构成的一个整体；以党的执政能力建设和先进性建设作为主线（其中，以党的先进性建设为核心，以党的执政能力建设为重点），以党的思想、组织、作风、制度、反腐倡廉建设为基础，形成的一种新布局。党的建设科学化是党的十七届四中全会提出的重大命题和重大任务，这是对加强和改进新形势下党的建设提出的新要求，是根据世情、国情、党情的新变化对建设什么样的党、怎样建设党的新认识和新概括，对实施和推进党的建设新布局具有重要的理论意义和实践价值。

一、党的建设新布局与党的建设科学化是内在统一的

党的建设新布局与党的建设科学化是从不同角度、不同方面针对党的建设新的伟大工程作出的认识和概括，两者是内在统一的。无论是构建党的建设新布局，还是提高党的建设科学化水平，都体现了我们党对世情、国情、党情深刻变化的清醒认识，反映了我们党对巩固执政地位、坚持长期执政的深刻自觉，揭示了我们党对执政规律的自觉追求和科学把握。

（一）在完善新布局过程中提出提高党的建设科学化水平的任务

改革开放以来，党不断总结正反两方面的经验，进行了许多富有创造性的探索，提出了许多新思想新观点，对党的建设规律的认识逐步深化。党的建设新布局就是我们党富有创造性的新探索。党在揭示和完善新布局过程中，提出了提高党的建设科学化水平的任务。一方面，党的建设新布局在各个方面取得实实在在的成效，使提出提高党的建设科学化水平具有了现实可能性。另一方面，党的建设新布局使我们党对执政党建设规律的认识达到了新的高度，为提出提高党的建设科学化水平提供了重要理论支撑。这表明了党的建设理论体系中各个子理论是相互联系、相互作用的，一个子理论的逐步深化的过程，也在为另一个子理论的提出准备条件。提高党的建设的科学化水平，首先要提高我们党进一步认识、把握规律的水平，并把对

于规律的认识、把握上升为理论,进而指导党的建设的实践发展。

(二)新布局是党的建设科学化水平提高的产物,同时又内在的要求党的建设不断提高科学化水平

党的建设新布局是我们党结合世情、国情、党情、社情的变化,立足党历史方位的变化,围绕着"建设一个什么样的执政党、怎样建设这样一个执政党"这一中心问题,对党的各方面建设的有效整合。它促进了党的各方面建设的科学统一,使党的建设成为一个有机统一、全面推进的系统工程。就理论来说,党的建设新布局是由一系列相互联系、相互影响、相互贯通的思想、观点、论断组成的科学体系,就实践而言,党的建设新布局是通过我们党对政党建设规律的不断探索、认识与运用而前进发展的。可以说,党的建设新布局本身是科学化的产物,它标志着党的建设科学化水平提升到了一个新境界,同时,由于新布局还处于一个不断完善的过程之中,在新的实践中必将面临许多新情况、新问题,表现出新特点,要求我们继续探索和认识、把握党的建设规律,这种认识和把握过程就是科学化的过程。

(三)党的建设新布局与党的建设科学化在提出背景、立足基础、追求方向、实现目标等方面是根本一致的

首先,提出背景一致。二者都是在世情、国情、党情处于深刻而广泛的变化时代背景下,根据党自身历史方位和中心任务的变化,坚持解放思想、实事求是、与时俱进,按照时代发展变化的要求,冲破落后的思想观念束缚,积极借鉴人类政治文明和外国政党建设的有益成果和经验,一切从客观实际出发,自觉认识和运用党的建设规律,在继承与创新有机结合的基础上提出的重大命题。

其次,立足基础一致。能否做到推进党的建设新布局和提高党的建设科学化水平,最根本的就在于能否自觉地坚持解放思想、实事求是、与时俱进,及时研究新情况、解决新问题、总结新经验。必须按照时代发展要求提高自己、用改革创新精神完善自己,勇于变革、勇于创新,永不僵化、永不停滞,这是我们党不断提高党的建设科学化水平、推进和完善党的建设新布局的决定性因素。

再次,追求方向与实现目标一致。党的建设新布局中提出的党的建设总目标,鲜明集中地体现了党的根本宗旨、思想路线、工作作风和精神风貌,符合党情,具有鲜明时代特色,与马克思主义政党建设科学化要求是一致的。因为,提高党的建设科学化水平,最根本的是要牢牢把握党的建设总目标,坚持以执政能力建设和先进性建设为主线,在对党的建设规律认识不断深化的基础上,自觉按照规律的要求科学地提出和实现党的建设各项任务。

这些任务及其实现的举措科学与否，会不同程度地影响党的建设总目标的实现。

（四）党的建设新布局与党的建设科学化相互作用、互为条件，是辩证统一的

首先，党的建设科学化与坚持党的先进性、提高党的执政能力是有机统一的整体，是马克思主义政党自身建设的本质要求。党的建设科学化是党的先进性的本质体现。党的先进性与党的建设科学化二者都是复合概念。从本质上说，党的先进性是建立在科学认识和正确把握人类社会发展规律基础之上的先进性，体现了科学性与先进性的有机统一。马克思主义政党之所以具有其他政党所无法比拟的先进性，就在于它能够深刻揭示社会发展的客观规律，并以科学理论指导党的建设、以科学精神体现党的先进性。纵观马克思主义政党发展史，始终强调以科学理论为指导，建设以科学理论武装的先进政党，是加强党的自身建设的一条主线。党的建设科学化是提高执政能力的本质要求。党的执政能力与党的建设科学化具有内在逻辑关系。党的执政能力就是按照客观规律和执政规律治国理政的能力，遵循客观规律，就能提升执政能力；违背客观规律，就会削弱执政能力。执政党对客观规律的认识和把握是一个与时俱进的过程，只有在时代发展的历史进程中不断深化对共产党执政规律、社会主义建设规律、人类社会发展规律的认识，才能把握社会发展的趋势和走向，有效提高党的执政能力，完成党所肩负的历史使命。

其次，党的建设新布局与党的建设科学化相互作用、互为条件。推进党的建设科学化是一项系统工程，在涉及党的建设内容方面是与党的建设新布局高度一致的，不仅包括党的执政能力建设和先进性建设，而且涵盖党的思想建设、组织建设、作风建设、制度建设和反腐倡廉建设等各个方面。党的思想建设、组织建设、作风建设、制度建设和反腐倡廉建设都需要科学化，各项建设之中的每一项具体的建设内容也都有一个不断科学化的问题，党的各方面建设是在科学化中不断推进的，而科学化的过程又是各方面建设完善和深化的过程。因此，党的建设新布局与党的建设科学化是相互作用、互为条件、辩证统一的。

二、党的建设科学化的基本要求和有效途径

“推进党的建设科学化”，“提高党的建设科学化水平”，要求我们必须准确把握新形势下党的建设科学化的基本要求和有效途径，努力推进党的建设科学化。

(一)党的建设科学化的基本要求

党的建设是一门治党治国的科学,必须走科学化之路。所谓党的建设的科学化,是党在科学理论指导下,适应时代和实践的发展变化,自觉把握和运用党的建设规律,不断加强党各个方面的建设,使党永葆蓬勃生机和旺盛活力的实践过程。提高党的建设科学化水平,就是要着眼于研究和探索无产阶级政党产生、发展的规律、无产阶级政党自身建设的规律,无产阶级政党实现领导作用的规律,并且根据不同历史时期的任务变化与形势要求,历史地、全面地、逻辑地回答建设一个什么样的党以及怎样建设党的根本问题。党的建设科学化是关系党的生存和发展的全局性问题。在党的建设实践中,不断提高党的建设科学化水平,需要牢牢把握以下基本要求。

一是要全面认识和自觉运用马克思主义执政党建设规律。这是提高党的建设科学化水平的根本要求。胡锦涛同志在党的十七届四中全会第二次全体会议上的讲话中指出:“提高党的建设科学化水平,说到底是要不断把握和自觉运用马克思主义执政党建设规律。”这一重要论断深刻揭示了党的建设科学化的根本要求。我们党成立以来不断加强自身建设的实践表明,党的建设有其内在的客观规律。这种规律具有客观性、普遍性、内在性和动态性。它的客观性、普遍性要求我们必须在遵循规律的基础上运用规律;它的内在性和动态性要求我们必须充分发挥主观能动性,才能做到全面认识和准确把握规律。要使党的建设始终保持正确方向并切实取得成效,不断提高科学化水平,就必须按照规律办事。要更加自觉地认识和把握马克思主义执政党建设规律,使党的建设实践更好地建立在运用规律的基础之上,使党的建设各项工作努力克服片面性,减少盲目性,避免随意性,增强工作的原则性、系统性、预见性、创造性。

二是要科学总结和正确运用党的建设基本经验。能不能科学总结党的建设基本经验,善不善于运用党的建设基本经验,关乎党的建设科学化的成效。我们党在长期执政实践中探索形成的一些基本经验,既是对长期以来我们党加强自身建设历史经验的系统总结,也汲取了世界上一些执政党兴衰成败的经验教训,体现和深化了对共产党执政规律、社会主义建设规律、人类社会发展规律的认识。新形势下,这些经验,我们应长期坚持和运用,并在实践中不断加以丰富和发展。

三是要落实党的建设总体部署和主要任务。提高党的建设科学化必须要与党的建设总体部署和主要任务相统一。必须始终围绕实现全面建设小康社会的奋斗目标来进行,围绕提高党的执政能力、保持和发展党的先进性这一主线来展开,围绕实现党的建设的六大任务来实践,不断激发全党同志为实现党的目标而奋斗的内在动力,不断巩固和扩大党的执政之基、力量之源。

四是要弘扬改革创新精神。坚持改革创新,是我们党始终保持马克思主义政党本色、始终具有蓬勃活力的根本奥秘之所在。当前,在世情、国情、党情发生深刻变化的情况下,在党面临长期、复杂、严峻的执政考验、改革开放考验、市场经济考验、外部环境考验的形势下,要提高党的建设科学化水平,就必须大力弘扬改革创新精神,勇于变革、勇于创新,永不僵化、永不停滞,继续推进党的建设新的伟大工程。

(二)提高党的建设科学化水平的有效途径

在新的历史起点上提高党的建设科学化水平,要求我们必须坚持解放思想、实事求是、与时俱进,及时研究新情况,解决新问题,总结新经验,用科学的理论、科学的制度和科学的方法提高党的建设科学化水平。

一是坚持以科学理论指导党的建设。坚持以科学理论为指导,是党的建设科学化的重要前提,是保证党的建设科学运行的决定力量。以科学理论指导党的建设,最根本的是用中国特色社会主义理论体系武装全党,用科学发展观统领党的建设,指导党的建设实践,把科学发展观的要求贯穿到党的思想建设、组织建设、作风建设、制度建设和反腐倡廉建设的各个方面;要大力弘扬理论联系实际、学以致用的学风,深入研究推动科学发展、促进社会和谐对党的建设提出的新要求,把学习科学理论同研究解决党的建设面临的突出问题结合起来,认真总结加强党的执政能力建设和先进性建设的新鲜经验,增强党建工作的原则性、系统性、预见性、创造性;要把坚持马克思主义同发展马克思主义紧密结合起来,结合我国国情和时代特征大力推进理论创新,不断推进马克思主义的中国化、时代化、大众化,用发展着的马克思主义指导党的建设新的伟大实践。

二是坚持以科学制度保障党的建设。科学制度是党建科学理论的固化形式,是党建规律的凝结。制度建设既是党的建设的重要组成部分,又是党的其他方面建设的重要保证。以科学制度保障党的建设,必须建立健全以党章为根本、以民主集中制为核心、由一系列相关具体制度组成的内容完备、结构合理、功能健全、科学管用的党的建设和党内生活制度体系。要坚持以科学发展观为指导,严格遵循执政党建设规律进行制度建设,不断增强党内生活和党的建设制度的严密性与科学性,既要重视党的基本法规制度建设,又要结合实际制定具体的实施细则;既要注重明确制度设计的目的,目的决定设计方向,制度制定应以解决问题、减少弊端为目的,又要注重制度设计的路径,设计路径决定制度成效,应逐步扩大制度制定的参与范围;既应有实体性制度,又应有程序性制度;既要明确规定应该怎么办,又要明确规定违反规定怎么处理,减少和限制制度执行的自由裁量空间,推进党的建设的科学化、制度化、规范化。

三是坚持以科学方法推进党的建设。科学方法是科学理论的实践形态,是实现党的建设科学化的关键。以科学方法推进党的建设,最根本的是要坚持继承和创新相统一。要继承我们党在长期实践中积累的成功方法,特别是辩证唯物主义和历史唯物主义的方法、群众工作的方法,实践的方法、调查研究的方法、统筹兼顾的方法、等等。同时又要根据新的实践,适应世情、国情、党情的新变化,不断创新和丰富党的建设有效管用的新方法,积极探索运用现代管理学、组织学、心理学等现代科学方法,积极探索和运用现代信息技术开展党建工作,增强党建工作的时代性和实效性,推动党的建设科学化再上新台阶。还要积极借鉴外国执政党在其执政实践中,形成的一些自身建设方面的有益做法,以不断提高党的建设科学化水平。

三、以党的建设科学化推动党的建设新布局

推进党的建设科学化是一个实践过程,是党把关于自身建设的科学理论通过实践逐步成为现实的过程。这个实践过程不是一次成功的实践就可以完成的,它是一个连续不断、持续发展的历史实践过程。这一历史实践过程既是一个党的建设科学化水平不断得到提高的过程,又是一个不断推动党的建设新布局完善与实施的过程。

(一)推进党的建设新布局过程中还存在不少突出问题,需要通过提高党的建设科学化水平来克服

十七届四中全会的《决定》以科学的态度和实事求是的精神,客观分析了党的建设存在的不适应新形势新任务要求、不符合党的性质和宗旨的问题。存在这些问题说明,党的建设确实存在一些不科学的因素。这些不科学的因素,在党的建设新布局中的思想建设、组织建设、作风建设、反腐倡廉建设、制度建设等各个方面都有表现。这就需要通过提高党的建设科学化水平来克服。党的建设科学化正是体现在科学解决这些新问题的过程中。每一个新问题的科学解决,都意味着推进党的建设科学化的新发展,意味着党的建设科学化水平的提高,也意味着党的建设新布局的顺利实施和有效推进。

(二)党的建设新布局是一个系统工程,必须遵循内在的运行规律,即科学化推进

党的建设新布局作为一项极为复杂和庞大的系统工程,是按照由相互作用和相互依赖的若干具体建设结合而成、保证政党功能充分发挥的有机

统一整体。新布局涵盖了以党的执政能力建设和先进性建设为主线的思想理论建设、组织建设、作风建设、制度建设和反腐倡廉建设，党的建设系统更加完备。党的建设新布局不是无序进行的，而是有着内在的运行规律，必须科学化推进。其中，党的思想理论建设成为党的建设的根本与基础，没有科学的思想理论作指导，党的建设新布局会脱离正确方向；党的组织建设是党的建设的保障，没有组织建设，新布局就无法落到实处；党的作风建设是党的建设的外在表现，没有作风建设，其他建设成效难以体现；党的制度建设是党的建设的关键，没有制度建设，其他建设就会因缺少载体而流于空泛；党的反腐倡廉建设是党的建设的要害，没有反腐倡廉建设，其他建设就难以取信于民。同时，作为主线，先进性建设是党的五项建设的灵魂，执政能力建设是党的五项建设的着眼点。没有先进性建设和执政能力建设的贯穿，党的建设新布局就将失去动力和目标。这充分表明，新布局中各项建设有着内在的不可分割的联系，每一项建设都会牵涉和影响其他方面的建设。党的各方面建设不能单一进行，而需作为一个整体，采用系统观念和科学思路进行推动和运行；而把党的先进性建设和执政能力建设贯穿于党的建设全过程，正是中国共产党对党的建设规律不断认识和运用而形成的布局，体现出新布局与党的建设科学化的内在统一。

（作者单位：山东省委党校党建部）

中国共产党推进马克思主义中国化的宝贵经验

王格芳　杨海波

中国共产党是中国特色社会主义事业的领导核心，办好中国的事情关键在党，推进马克思主义中国化关键也在党。90年党的建设的实践证明，中国共产党是一个善于推进马克思主义中国化的政党。认真总结这些宝贵经验，有利于我们把握马克思主义中国化的基本规律，更加科学地推进马克思主义中国化进程，更好地指导和推动中国特色社会主义伟大事业。

一、以坚持马克思主义指导地位为马克思主义中国化的内在前提

马克思主义中国化是坚持和发展马克思主义的辩证统一过程，是在坚持中发展、在发展中坚持的。如果根本背弃了马克思主义，马克思主义中国化也就无从谈起。

坚持马克思主义的指导地位，首先是由马克思主义本身的科学性和先进性所决定的。马克思主义是人类文明成果的集大成，从根本上揭示了自然、社会和思维发展的一般规律和总的趋势，是指导人们认识世界、观察事物、分析问题、解决问题的“望远镜”和“显微镜”。马克思主义克服了一切剥削阶级和小资产阶级思想体系所固有的狭隘性和片面性，把实现物质财富极大丰富、人民精神境界极大提高、每个人自由而全面发展的共产主义社会作为自己最崇高的社会理想。马克思主义诞生以来，没有哪一种理论、学说能像马克思主义一样，对推动社会进步起到那样巨大的作用，造成那样深远的影响。

坚持马克思主义的指导地位，也是中国共产党总结历史经验、顺应时代潮流的正确选择。中国共产党成立于中华民族处于深重灾难之时。1840年鸦片战争以后，为了救亡图存，改良主义、社会达尔文主义、无政府主义、实用主义、民粹主义、旧民主主义等各种思潮都在我国流行过，但是，它们都先

后失败了。十月革命一声炮响，给中国送来了马克思列宁主义，中国的面貌为之一新。中国共产党从成立之日始，就把马克思列宁主义郑重地写在自己的旗帜上，此后，每当中国革命和建设发展到一个重大转折时期，面对新的形势和任务，党中央都特别强调要坚持马克思主义的指导地位，注重结合不断发展的实际加强对马克思主义理论的学习，从而使我们党领导全国人民在社会主义革命、建设和改革的过程中，顺利地度过了一道道难关，不断开创中国特色社会主义事业的新局面。

坚持马克思主义的指导地位，也是苏东剧变教训留给我们的深刻鉴戒。前苏联共产党的总书记戈尔巴乔夫放弃马克思主义理论的指导，提出了所谓的“新思维”，成为苏联解体和东欧剧变的一个重要原因。苏联解体的教训深刻地警示我们：在世界各种思想文化相互激荡的形势下，在错综复杂的斗争中，只有保持指导思想上的坚定性，才能保持政治上的清醒和坚定。理论上的混乱，指导思想上的多元，必然会带来严重的后果。

坚持马克思主义基本原理同推进马克思主义中国化结合起来，既坚持科学理论的指导，又坚定不移地走自己的路，这是总结中国共产党的历史得出的最基本的经验。毛泽东曾经说过：“马克思这些老祖宗的书，必须读，他们的基本原理必须遵守。”①邓小平也曾说过：“老祖宗不能丢啊！”②江泽民多次强调：“马克思主义的基本原理任何时候都要坚持，否则我们的事业就会因为没有正确的理论基础和思想灵魂而迷失方向，就会归于失败。”③胡锦涛也指出：“马克思主义是我们立党立国的根本指导思想。坚持和巩固马克思主义指导地位，是党和人民团结一致、始终沿着正确方向前进的根本思想保证。”④

在推进马克思主义中国化进程中始终坚持马克思主义的指导地位，一个非常重要的问题就是要深刻认识和科学对待马克思主义中国化的理论成果同马克思主义“老祖宗”既一脉相承又与时俱进的内在联系，决不能把二者孤立起来、割裂开来。针对建国后一段时期党内存在的把毛泽东思想同马克思列宁主义孤立起来的错误思想，邓小平曾经指出，忘了马克思列宁主义，看不到毛泽东思想与马克思列宁主义之间的内在联系，“光讲毛泽东思

① 《毛泽东文集》（第8卷），人民出版社1999年版，第109页。

② 《邓小平文选》（第3卷），人民出版社1993年版，第369页。

③ 《江泽民文选》（第3卷），人民出版社2006年版，第282页。

④ 胡锦涛：《在纪念党的十一届三中全会召开30周年大会上的讲话》，载《求是》2008年第24期。

想，不提马克思列宁主义，看起来好像是把毛泽东思想抬高了，实际上是把毛泽东思想的作用降低了。”①“毛泽东思想同马克思列宁主义是一回事。毛泽东思想坚持了马克思列宁主义的普遍真理，并且在马克思列宁主义的宝库里面增添了很多新的内容。所以，不要把毛泽东思想同马克思列宁主义割裂开来，好像它是另外一个东西。”②坚持科学理论武装和推动理论创新，决不能割断马克思主义自身发展的历史性联系和它的统一的科学思想体系。在新世纪新阶段，继续推进马克思主义中国化，就是要努力实现对马克思列宁主义、毛泽东思想和中国特色社会主义理论体系坚持和发展的辩证统一。

二、以坚持解放思想、实事求是为马克思主义中国化的强大动力

坚持马克思主义的指导地位，推进马克思主义中国化，关键是要深刻领会和准确把握马克思主义的精神实质。

马克思、恩格斯创立了辩证唯物主义和历史唯物主义，毛泽东用中国化的语言将其概括为“实事求是”。邓小平在深刻理解和科学把握马克思主义的基础上，明确指出：“实事求是，是无产阶级世界观的基础，是马克思主义的思想基础。”③“实事求是是马克思主义的精髓。”④邓小平对“实事求是”在马克思主义理论体系中的这一科学定位，指明了联结坚持马克思主义与发展马克思主义的纽带，为我们正确认识和对待马克思主义指明了方向，为中国共产党推进马克思主义中国化开辟了道路。

回顾我国革命、建设和改革的历史进程，正反两方面的经验教训充分证明，实事求是是我们革命、建设和改革取得成功的根本保证，是我们党和国家事业永葆生机和活力的法宝。

新民主主义革命时期，把马克思主义教条化、把共产国际指示和苏联经验神圣化的错误倾向曾经一度在党内盛行，致使中国革命事业屡次陷入困境。特别是以王明为代表的“左”倾冒险主义错误统治我党长达四年之久，给中国革命造成了不可估量的损失。而毛泽东则坚持实事求是，领导中国人民开创了一条农村包围城市、武装夺取政权的有中国特色的革命道路，完成了反帝反封建的任务，建立了中华人民共和国。正如邓小平所说：毛泽东

---

①② 《邓小平文选》（第1卷），人民出版社1994年版，第284页，第283页。

③ 《邓小平文选》（第2卷），人民出版社1994年版，第143页。

④ 《邓小平文选》（第3卷），人民出版社1993年版，第382页。

同志之所以伟大，能够把中国革命引导到胜利，归根到底就是靠实事求是。

建国后，在由新民主主义向社会主义转变的伟大变革中，毛泽东和党中央继续坚持实事求是的思想路线，开辟了一条适合中国特点的社会主义改造道路，使我们在比较短的历史时期内比较顺利地实现了在中国这样一个占世界人口近1/4的“一穷二白”的大国中建立社会主义制度的艰巨任务，使中国迈上了社会主义的康庄大道。

然而，1958年以后，我们在不同程度上偏离了实事求是的思想路线。总路线、“大跃进”和人民公社化运动严重违背了客观经济规律，结果只能是事与愿违，欲速则不达。农业生产遭到严重破坏，国家财政连年出现大量赤字，国民经济内部比例严重失调，人民生活水平急剧下降，再加上连年自然灾害和苏联背信弃义撕毁合同，对我逼债，1960年我国国民经济陷入极其严重的困难境地。后来，又由于毛泽东的主观主义和个人专断，错误地发动了一场全国范围的“文化大革命”，再加上林彪、江青反革命集团的别有用心、变本加厉和推波助澜，“文化大革命”持续了长达十年之久。“文化大革命”期间，唯心主义盛行，形而上学猖獗，极左思潮占统治地位，党的实事求是的思想路线不能得到贯彻执行，结果使我们遭受了建国以来最严重的挫折和损失，全国陷入严重的政治、社会危机。

粉碎“四人帮”之后的头两年，党中央不仅没有很好地纠正“文化大革命”的错误和“左”倾路线，反而又提出了“两个凡是”这样严重背离马克思主义精神实质的错误方针。因此，唯心主义、形而上学仍大行其道，人们的思想观念仍处于僵化保守状态，党和国家的工作只能在徘徊中前进。在中国面临向何处去的重大历史关头，1978年邓小平发表《解放思想，实事求是，团结一致向前看》的著名讲话，号召全党“解放思想，开动脑筋，实事求是，团结一致向前看，首先是解放思想”。他大声疾呼：“一个党，一个国家，一个民族，如果一切从本本出发，思想僵化，迷信盛行，那它就不能前进，它的生机就停止了，就要亡党亡国。”“只有思想解放了，我们才能正确地以马列主义、毛泽东思想为指导，解决过去遗留的问题，解决新出现的一系列问题。”①

解放思想与实事求是是辩证统一的。离开了解放思想，实事求是就会受到主观上的干扰和障碍；离开了实事求是，解放思想就会陷入主观幻想的歧途。这两种情况都是形而上学和唯心主义的表现。坚持一切从实际出发，用发展的观点去看待问题，用科学的、客观的态度去研究事物在发展变

---

① 《邓小平文选》（第2卷），人民出版社1994年版，第143、141页。

化中表现出来的特点和规律,进而不断地认识新情况、解决新问题,这本身既是解放思想的过程,也是实事求是的过程。

改革开放以来,全党全国人民在党中央领导下,以我国改革开放和现代化建设的实际问题、以我们正在做的事情为中心,着眼于马克思主义理论的运用,着眼于对实际问题的理论思考,着眼于新的实践和新的发展,自觉地把思想认识从那些不合时宜的观念、做法和体制的束缚中解放出来,从对马克思主义的错误的和教条式的理解中解放出来,从主观主义和形而上学的桎梏中解放出来,不断推进理论创新、制度创新、科技创新、文化创新以及其他各方面的创新,不断开拓马克思主义理论发展的新境界,中国特色社会主义道路越走越宽广,当代中国马克思主义不断放射出灿烂的真理光芒。正如江泽民所指出:“我们党在理论和实践上的每一步前进,改革和建设的每一步发展,都是坚持党的思想路线,解放思想、实事求是的结果。”①

三、以坚持“从群众中来,到群众中去”为马克思主义中国化的根本途径

“从群众中来,到群众中去”的群众路线,既是我们党的工作路线、领导方法和工作方法,也是推进马克思主义中国化的根本途径。

“从群众中来”,就是集中群众的智慧和经验、愿望和要求,制定正确的路线、方针、政策和办法的过程。人民群众是社会实践的主体,直接接触各种客观实际,其愿望和要求、智慧和经验最丰富、最生动、最现实。一切正确的路线、方针、政策和办法,只能来源于从事社会实践的人民群众。正如毛泽东所说:“我们的领导机关,就制定路线、方针、政策和办法这一方面说来,只是一个加工工厂。”②其原料或半成品只能来自人民群众的实践。由于群众的愿望和要求、智慧和经验,是分散的不系统的,有的甚至是片面的、错误的,因此,作为领导者,必须善于深入到群众之中,调查研究,虚心倾听各方面的各种意见,并运用马克思主义的立场、观点和方法,对群众的意见进行去粗取精、去伪存真、由此及彼、由表及里的科学加工,形成正确的集中的系统的领导意见,并制定出正确的路线、方针、政策、办法。由此可见“从群众中来”的过程,实际上也就是从实践到认识的过程。

“到群众中去”,就是把从群众中集中起来的领导意见和制定出来的路线、方针、政策、办法,再回到群众中去,向群众进行宣传、解释,使群众了解、

---

① 《江泽民文选》(第2卷),人民出版社2006年版,第250页。

② 《毛泽东著作选读》(下册),人民出版社1986年版,第819页。

接受,并自觉地付诸实践。同时,也使党制定的路线、方针、政策、办法在群众的实践中接受检验和修正。正如毛泽东所说:“善于把党的政策变为群众的行动,善于使我们的每一个运动,每一个斗争,不但领导干部懂得,而且广大的群众都能懂得,都能掌握,这是一项马克思列宁主义的领导艺术。我们的工作犯不犯错误,其界限也在这里。”①“到群众中去”的过程,实际上也就是由认识到实践,以认识指导实践,并由实践检验认识正确与否的过程。

由于人们的认识会受到各种限制,特别是客观事物是不断发展变化的,人民群众在实践中也会不断产生新的愿望和要求,不断创造出新的经验,因此,“从群众中来,到群众中去”不能一劳永逸,必须反复不断地进行,从而使我们党的认识随着情况的变化而不断完善、发展,使我们党制定的路线、方针、政策、办法始终与人民群众的愿望和要求保持具体的、历史的统一。“从群众中来,到群众中去”无限循环往复的过程,实际上也就是“实践、认识、再实践、再认识”循环往复以至无穷的过程。正是这种循环往复,使中国共产党说出许多“老祖宗”没有说过的新话,不断推进马克思主义中国化的进程。

四、以坚持实现和发展中国最广大人民的根本利益为马克思主义中国化的根本目的

马克思主义中国化绝不是单纯为了“中国化”而“中国化”,而是有着内在的核心价值取向,这就是实现和发展中国最广大人民的根本利益。

实现和发展人们的利益,是人类社会发展的永恒主题。中国共产党成立以来,党的历届领导集体的核心都高度重视最广大人民的利益问题。毛泽东认为,“一切为了群众”是共产党人一切言论和行动的出发点和落脚点,是共产党人区别于其他任何政党的一个显著的标志。他指出:“共产党人的一切言论行动,必须以合乎最广大人民群众的最大利益,为最广大人民群众所拥护为最高标准。”②邓小平认为,要根据“人民拥护不拥护”、“人民赞成不赞成”、“人民高兴不高兴”、“人民答应不答应”来制定、落实各项路线、方针、政策,他在确立实践标准的基础上提出了生产力标准和人民利益标准,并使这三个标准有机地统一起来。早在1962年邓小平就指出:“生产关系究竟以什么形式为最好,恐怕要采取这样一种态度,就是哪种形式在哪个地方能够比较容易比较快地恢复和发展农业生产,就采取哪种形式;群众愿意

① 《毛泽东选集》(第4卷),人民出版社1991年版,第1319~1320页。

② 《毛泽东选集》(第3卷),人民出版社1991年版,第1096页。

采取哪种形式,就应该采取哪种形式,不合法的使它合法起来。”①后来,随着我们在实践中逐步提出了一系列行之有效且为广大人民拥护的路线、方针、政策,他又反复强调指出:“我们的政策不会变,谁也变不了。因为这些政策见效、对头,人民都拥护。”“我相信,凡是符合最大多数人的根本利益,受到广大人民拥护的事情,不论前进的道路上还有多少困难,一定会得到成功。”②“三个代表”重要思想深刻揭示了我们党的立党之本、执政之基、力量之源归根到底在于人民群众的支持和拥护,始终代表最广大人民群众的根本利益是“三个代表”重要思想的根本出发点和落脚点。胡锦涛不仅反复强调“马克思主义政党的一切理论和奋斗都应致力于实现最广大人民的根本利益,这是马克思主义最鲜明的政治立场”③,而且进一步明确提出以人为本、立党为公、执政为民的执政理念,坚持发展为了人民、发展依靠人民、发展成果由人民共享。

中国共产党90年的历史,就是一部为了实现和发展中国最广大人民的根本利益而不懈奋斗的实践史。新民主主义革命时期,以毛泽东为代表的中国共产党人领导人民推翻了帝国主义、封建主义和官僚资本主义这“三座大山”的压迫,中国人民从此站起来了。新中国成立后,党领导人民在一穷二白的基础上建立起独立的、比较完整的工业体系和国民经济体系,在极其困难的条件下使人民生活的基本温饱有了保障。十一届三中全会以后,以邓小平为代表的中国共产党人,打破“左”的错误的束缚,实行了改革开放的富民政策,全国人民迎来了一个生产力发展和民生改善的新时期。党的十三届四中全会以来,以江泽民为核心的党的第三代中央领导集体和以胡锦涛为总书记的新一届中央领导集体坚持权为民所用、情为民所系、利为民所谋的执政理念,根据时代发展的新要求和人民群众的新期待,努力在经济社会发展的各个环节、各项工作中都体现和保障人民群众的利益(例如,经济建设着眼于改善人民生活,政治建设着眼于保障人民当家做主的权利和合法权益,文化建设着眼于提高人民精神生活质量、不断丰富人们的精神世界);妥善协调各方面的利益关系,正确反映和兼顾不同地区、不同部门、不同方面群众的利益;在全国人民根本利益一致的基础上关心每个人的利益要求,积极帮助城乡特殊困难群众解决生产生活问题;着力解决关系人民群众切身利益的突出问题(例如,土地征用中侵害农民利益,城镇拆迁中侵害

① 《邓小平文选》(第1卷),人民出版社1994年版,第323页。
② 《邓小平文选》(第3卷),人民出版社1993年版,第72、142页。
③ 《十六大以来重要文献选编》(上),中央文献出版社2005年版,第364页。

居民利益，企业重组改制和破产中侵害职工合法权益，拖欠和克扣农民工工资，教育乱收费，药品购销、医疗服务中的不正之风，等等），我国进入了一个改善人民生活的新时代。

建党 90 年来的实践证明，立党为公，执政为民，诚心诚意为人民谋利益，这是党受到人民群众拥护、领导人民夺取革命、建设和改革事业胜利的奥秘所在，也是保持和发展党的先进性、巩固党的执政地位的根本所在。与时俱进不断发展着的马克思主义中国化的理论成果，正是由于始终坚持实现和发展中国最广大人民群众根本利益的价值取向，才成为凝聚和指引人民群众团结奋斗的共同思想基础和强大精神支柱。

（作者单位：中共山东省委党校、山东出版集团有限公司）

论中国共产党人的科学世界观

贾英健

世界观是人们对整个世界总的看法和根本观点,它是在人的实践活动中处理人与外部世界之间关系中形成的对世界一切事物的一般看法。对一个政党来说,在实现自己的历史任务和历史使命的过程中,也会遇到处理周围世界的各种复杂的关系问题,并在处理各种关系中形成对周围世界的认识这一世界观的问题。无产阶级政党从它产生之日始,就在自己的纲领上向世人公开宣称他们的世界观是马克思主义的,他们在长期的实践活动中以马克思主义世界观为指导,形成了自己的鲜活的执政理念。"立党为公,执政为民"作为中国共产党的执政理念,是对自身长期奋斗业绩和基本历史经验的新概括,是马克思主义理论的新发展,也是对当前乃至今后一个相当长的时期党的建设和党的事业提出的新要求。它基于时代发展要求和对历史规律的正确把握,以人民群众为主体,以实现共产主义的伟大理想为精神支柱,以为党和人民的事业无私奉献、全心全意为人民谋利益、推动人类社会历史不断进步作为自己最崇高的追求和最大的价值,是中国共产党人的科学世界观。在纪念中国共产党成立 90 周年之际,认真总结中国共产党在科学世界观方面的历史经验,对于全面推进当前建设中国特色社会主义的伟大实践无疑具有重要的理论意义和实践价值。

一、以时代要求为依据的社会发展观

发展是当今世界和中国的核心和主题,对于致力于实现中华民族伟大复兴,带领全体人民走上共同富裕道路的中国共产党来说,发展是执政兴国的第一要务。社会主义是全面发展的社会,这种全面发展观绝不是存在于人的头脑中的空想,它以时代要求为依据,是对时代发展要求所作出的积极回应。时代之所以是一切理论的出发点和重要依据,根本的在于理论的产生是适应解决重大的现实问题而出现的。一般说来,时代是揭示的人类社会发展过程中的不同历史阶段,这个阶段通常是指以经济、政治、文化、科技等状况来划分的较长时期。任何时代都有自己的特征,不同的时代特征既反映着时代的历史变化，又反映着时代赋予人类要解决的历史课题。从上个世纪70年代开始，以邓小平为代表的第二代中央领导集体，从时代发展的现实状况的分析入手，在纷繁复杂的矛盾中敢于并善于抓住主要矛盾，深刻揭示了当今世界基本矛盾的主要内容，提出了和平与发展是当今时代的主题的论断，并以此为依据，形成了反映时代精神精华的新的中国社会发展观。

在人类走进21世纪的今天，世界格局继续向多极化发展，经济全球化速度的加快，科学技术的迅猛发展，多元文化的交锋和对峙异常剧烈，世界社会主义运动继续处于低潮。所有这一切表明，在当今这样一个和平与发展的时代，国际政治格局跌宕起伏，复杂多变，各种新情况、新问题也大量涌现，这些问题大致表现在两个方面：一是面对时代特征出现的上述新的变化，如何在这种机遇和挑战并存的时代中如何去寻求中国社会的发展问题；二是对于一个执政党来说，如何通过加强自身的建设，使其能够始终站在时代的前列，通过解决时代提出的重大课题，带领全国人民完成自己的伟大历史使命。而能否解决上述问题，关键取决于能否坚持科学的世界观，能否用科学的世界观去观察世界、把握时代、坚定信念、确立正确的执政观。改革开放30多年来，邓小平理论深入人心，但是在现实生活中伴随着新旧体制的转变和社会生活的深刻变化而出现的拜金主义、享乐主义、极端个人主义，也使一些共产党人失去了人生的理想和信念，由人民的公仆蜕变成腐败分子，成为社会的蛀虫、历史的罪人。从这种蜕变中我们不难看到，共产党人一旦放弃世界观的改造，就难以树立正确的人生观、权力观、群众观，最终走向人民的反面。共产党人只有树立起科学的世界观，才能在当前历史性大变动中经受住考验，保持清醒的头脑，肩负起历史使命，自觉抵制腐朽思想文化的侵蚀和影响，保持共产党人的先进性，从而更好地推动具有中国特色的社会主义建设事业的顺利进行。正是在对上述问题的思考中，我们党提出了“立党为公，执政为民”的执政理念，这一理念，体现了以时代要求为依据的社会发展观。

二、以历史规律为基础的社会实践观

社会实践观是马克思、恩格斯在批判包括费尔巴哈在内的一切旧唯物主义基础上建立的。在《关于费尔巴哈的提纲》中，马克思彻底地批判和清算了费尔巴哈的人本主义哲学，建立起一种崭新的“社会实践”观。马克思指出,“社会生活在本质上是实践的”①,自然界、人、社会生活中的一切现象(包括一切意识现象)及其相互之间的本质关系,都能在人的社会实践中,以及对这个实践的理解中得到合理的解决。人的实践活动分为改造自然的实践和改造社会的实践两类。改造自然的实践,实际上就是推动生产力发展的实践;改造社会的实践,实际上就是改造或改善生产关系和上层建筑的实践。这两类实践既互相区别,又互相联系,共同推动人类社会不断向前发展。人的实践活动尽管有其无法摆脱的物质性特征,但是它也具有非常鲜明的目的性。人是为了实现自己的特定目的才去开展实践活动的,为了在实践中实现自己的目的,人就又必须使自己的行动符合历史发展的规律性,人为了能够实际地把握历史发展的规律性,其前提则是思维地把握历史规律。

中国共产党是以马克思主义武装起来的无产阶级先进政党,中国共产党在领导中国人民进行革命和建设过程中,总是能够坚持马克思主义的社会实践观,来认识和处理实践活动中的提出的理论问题。中国共产党十分注重社会生产力发展对我国社会发展的重要性,并把对发展生产力的社会实践的认识提高到唯物主义历史观的高度去认识。新民主主义革命的目的就是破除阻碍生产力发展的旧的生产关系,从根本上解放生产力。在社会主义建设时期,党作为中国先进生产力的代表仍然肩负着解放和发展生产力的历史重任。不断促进先进生产力的发展,这是共产党执政的根本。在世界社会主义运动处于低潮的时候,我们党能够继续执政和发展,社会主义在中国能够充满生机和活力,就是由于我们大胆地进行了改革开放,开创了建设有中国特色社会主义的新局面。1978 年,邓小平在视察东北地区时就说过:“按照历史唯物主义观点来看,正确的政治领导的成果,归根结底要表现在社会生产力的发展上,人民物质文化生活的改善上。如果在一个很长的历史时期内,社会主义国家生产力发展的速度比资本主义国家慢,还谈什么优越性?”②又说:“社会主义的本质,是解放生产力,发展生产力,消灭剥削,消除两极分化,最终达到共同富裕。”③

大力发展科学技术,是人类实践活动以及社会进步和发展必不可少的重要条件。人类要想有效地改造自然,发展社会生产力,必须了解科学和掌握技术。科学技术是人与自然的关系发展程度的标志,反映了人类认识和

---

① 《马克思恩格斯选集》(第 1 卷),人民出版社 1995 年版,第 60 页。

② 《邓小平文选》(第 2 卷),人民出版社 1994 年版,第 128 页。

③ 《邓小平文选》(第 3 卷),人民出版社 1993 年版,第 110、373 页。

改造自然的能力和水平。科学技术水平越高,人们改造自然的实践活动就越有效,科学技术越发展,人类的生产力水平也就越高。我们党根据科学技术与生产实践之间关系所发生的变化,提出科学技术是第一生产力的观点,为发展马克思主义实践观注入新的思想和新的观点。正是在把马克思主义实践观点同历史观中的生产力观点进一步结合起来、统一起来,并应用到建设有中国特色社会主义实践的过程中,才形成当代中国马克思主义的实践观,从而引导人们把关注的目光投向物质实践,实现了全党、全国的工作重心的转移。我们党还针对改革开放过程中存在的"离开生产力来抽象谈论社会主义"的错误,提出了"三个有利于"的判断标准。后来又将是否代表社会主义先进生产力的发展要求写进了"三个代表"重要思想之中。科学发展观的提出,不仅继续强调了生产力发展在社会发展中的重要地位,而且也将这一发展放在社会的全面协调可持续发展中来认识,从"三个有利于"到"三个代表"重要思想,再到科学发展观,标志着我党对马克思主义实践观更进一步深化和具体化,它深深扎根于当代中国改革开放的社会实践,是当代中国马克思主义实践观的重要组成部分。

实践活动以历史规律为依据,但是人对历史规律的认识和把握,却总是受到主客观等条件的限制,这就要求实践应该是一种开放式的,对历史规律采取一种实践的态度,进行实践的思维,并在实践不断发展的基础上,深化对历史规律的认识。我们党之所以在社会主义现代化建设过程中能够取得巨大的成就,是与这种开放式的实践思维有很大关系。正是凭借着这种实践思维方式,我们党在对社会主义的认识中能够正确地认识和把握规律,提出像"计划和市场都是经济手段","社会主义也可以搞市场经济,资本主义也有计划"的新论断,不要停留在姓"社"姓"资"的抽象争论,大胆地试和闯的"发明","一国两制"的新构想,以及科学社会主义的"三大理论建构"等等,从而确保我们党的实践能够按照历史规律的要求健康发展。

以历史规律为依据进行实践活动,需要对实践活动有一种历史的视野,把社会实践看作是一个具体的历史的过程。实践之所以应看作是具体的,是因为任何实践都是在一定的具体条件下进行的,我们每进行一项实践活动都不能忽视这种具体条件的制约。正因为如此,马克思要求人们要从当时的历史条件出发来运用原理,从事实践活动。毛泽东强调实践过程中的马克思主义的理论与中国的实际相结合。邓小平则强调"中国特色"。江泽民则从建设有中国特色的社会主义实践出发、要求我们党把其先进性放在具体的历史条件下来认识。胡锦涛则要求以改革创新的精神全面推进党的建设的伟大工程,开创中国特色社会主义实践的新局面。实践活动之所以又是历史的,是因为实践活动赖以存在的条件是历史的变化的,这就是说,实践不是一劳永逸的,它总是在一定条件下、一定层次上的实践,有着特定的实践限制,人们在特定条件下所进行的实践只能有特定的深度和广度。既然如此,党在领导人民进行有中国特色的社会主义实践中,就应该始终遵循历史的规律,站在实践的前列,努力做到"立党为公、执政为民",才能使党的事业不断兴旺发达。

三、以人民群众为主体的历史价值观

对于任何一个政党来说,要想得以生存下去,首要的是要解决好"依靠谁,为了谁"这一基本问题。对这一问题的回答,构成了不同政党的世界观。马克思主义政党在回答这一问题的时候,总是围绕着人民群众这一主体来阐发自己的世界观的。从这种意义上说,无产阶级政党的世界观和历史观是一致的。历史观作为世界观在社会历史领域具体表现,其核心是群众史观。

中国共产党历来重视人民群众在历史发展中的伟大作用和决定性地位。毛泽东十分强调主体在改造客观世界过程中的主体作用,尤其推崇人民群众在破坏旧世界,建设新世界过程中的巨大作用,他说:"人民,只有人民,才是社会历史发展的真正动力。"①共产党人应时时刻刻不忘人民群众这一历史主体的利益,依靠群众进行革命和建设实践。邓小平也多次从为人民服务的角度强调了人民群众的历史主体作用。他指出:"群众是我们力量的源泉,群众路线和群众观点是我们的传家宝。"②"党只有紧紧地依靠群众,密切地联系群众,随时听取群众的呼声,了解群众的情绪,代表群众的利益,才能形成强大的力量,顺利地完成自己的各项任务。"③胡锦涛则指出:"相信谁、依靠谁、为了谁,是否始终站在最广大人民的立场上,是区分唯物史观和唯心史观的分水岭";"全国各族人民是中国特色社会主义事业的主体,人民群众积极性创造性的充分发挥是我们事业成功的保证"④。总之,人民是历史的创造者,人民是国家和社会的主人,是决定我们国家前途和命运的最终因素、最根本力量。正是基于这一颠扑不破的真理的认识,作为马克思主义的执政党,一定是也必须是为公为民的。也正是基于这一唯物史观的观点,

---

① 《毛泽东选集》(第3卷),人民出版社1991年版,第1031页。

②③ 《邓小平文选》(第2卷),人民出版社1994年版,第368、342页。

④ 胡锦涛:《在"三个代表"重要思想理论研讨会上的讲话》(单行本),人民出版社2003年版,第16~17页。

作为全党全国人民在新世纪新阶段继续团结奋斗的共同思想基础的“科学发展观”的重要思想,其本质必然是立党为公、执政为民。

人民群众为主体的历史观要求党要紧紧把握当代中国的人民群众在构成成分上的新变化,并对建设中国特色社会主义的主体构成作出新判断。经过 30 多年的改革开放和经济社会发展,中国的社会结构已经发生了深刻的变化,出现了民营科技企业的创业人员和技术人员、受聘于外资企业的管理技术人员、个体户、私营企业主、中介组织的从业人员、自由职业人员等新的社会阶层。如何看待新的社会阶层,这是一个重大的理论和实践课题。“立党为公,执政为民”的新的执政理念明确地提出,包括知识分子在内的工人阶级、广大农民,始终是推动我国先进生产力发展和社会全面进步的根本力量,在社会变革中出现的新的社会阶层都是中国特色社会主义事业的建设者。这是一个新的社会主义建设的人民主体观,它进一步拓展了“人民群众”这一范畴的时代内涵,增强了党的阶级基础,扩大了党的群众基础。这是党在建设时期在“人民群众”观念上的第一次解放。这一解放绝不仅仅只是语词上的变化,而是体现了中国共产党执政方针的变化。对此,十六大报告指出:“对为祖国富强贡献力量的社会各阶层人们都要团结,对他们的创业精神都要鼓励,对他们的合法权益都要保护,对他们中的优秀分子都要表彰,努力形成全体人民各尽其能、各得其所而又和谐相处的局面。”可以看出,党在执政观念上显然已经真正调整到引导和促进市场经济发展的实践上来了。党的历史也表明,人民群众范围不断扩大的过程,就是党的阶级基础不断增强、群众基础不断扩大的过程,也是党所领导的事业不断从胜利走向胜利的过程。在新的历史条件下,党要完成全面推进改革开放和现代化建设、实现中华民族伟大复兴的历史使命,就必须把一切拥护和参加改革开放和现代化建设的阶级、阶层和社会集团纳入人民群众的范围,并把当代中国人民群众各阶层的变化作为发展社会主义市场经济的必然要求和必然结果,这是我党对人民群众主体的新认识。

我党从对上述关于人民群众主体地位的新变化的认识出发,提出了促进人的全面发展的新要求。从立党为公和执政为民的关系来看,立党为公的目的是执政为民,而执政为民,最根本的是要为实现人的全面发展这一目标服务。当前,我们已经实现了人民生活总体上达到小康水平的目标,广大人民群众在生活需求、生活方式、价值观念、文化需求等方面都出现了一系列新的变化,对于自身的发展也提出了一系列新的更高的要求。这些变化和要求,是新世纪人民群众切身利益的具体反映。因此,建设中国特色社会主义的各项事业,既要着眼于人民现实的物质文化生活需要,又要着眼于促进人民素质的提高,促进人的全面发展。

四、以共产主义为最高境界的社会理想观

理想作为一种人类特有的精神现象,它通常用来指人们对自己未来远景设定的一种目标,最高理想是人生最高的目标和追求,它对人的一生的思想和行动,都具有支配和决定作用,是人生的根本动力。一个人选择什么样的理想目标,如何实现自己的理想,是个理想观问题。共产党人把实现共产主义作为自己的理想追求,以为实现共产主义事业奋斗终生作为实现这种理想的基本途径和过程,形成了崇高的共产主义社会理想观。

共产党人始终将共产主义理想作为自己的最崇高理想。之所以如此,从个人方面来说,共产主义理想是人生强大的精神支柱。共产主义作为一种理想,像一盏灯塔,总是为人们提供一种正确的前进方向,为人生目标的确立起着定向作用。如果理想错了,人生的方向也就不会正确,这就从根本上失去了人生的意义。不仅能够为人生提供坐标和定向作用,而且还能净化、升华人们的思想道德。共产主义理想能使人立得高,看得远,心地坦荡,光明磊落,这样就有助于正确对待名利、得失、荣辱、生死等人生中的重大问题,有助于抵御非无产阶级思想的侵袭。正因为如此,对美好未来的憧憬,就成为激发起人们打不垮、压不弯、勇猛奋进的巨大精神力量。正如邓小平指出的:“我们多年奋斗就是为了共产主义,我们的信念理想就是要搞共产主义。在我们最困难的时期,共产主义的理想是我们的精神支柱,多少人牺牲就是为了实现这个理想。”①从群体的角度来说,共产主义理想对人的活动具有重要的凝聚作用,并能促成人的团结。理想是主体对未来的设想和期望,如果主体是一个团体或一个社会时,这种设想和期望就是主体中各成员共同追求的目标及共同的信仰,同时也是维系主体并使之成为一个整体的精神纽带,这就是理想的凝聚作用。这种凝聚作用一方面表现为对党的所有成员在心理上具有亲和力。无产阶级政党可以通过对共产主义这一理想目标的提倡,并用这一理想对其成员的思想进行沟通,使成员在统一的思想指导下,产生对党的目标、理想、准则,思想的“认同感”和作为党的先进组织一员的“使命感”,使党的成员在潜意识中形成一种对党的强烈的向心力。另一方面,无产阶级政党的理想的凝聚作用,还表现为对各种非无产阶级的思想具有排斥作用方面。党的先进性的凝聚作用往往自发的表现为一种排

① 《邓小平文选》(第3卷),人民出版社1993年版,第137页。

他性。任何一个共产党人都不是生活在真空中的,他往往受到社会上各种非共产主义的理想观念的影响,各种非无产阶级的思想往往会对人的思想起到动摇作用,甚至会危及无产阶级政党统一。在这种情况下,将人们的思想统一到共产主义的理想和信念上来,实际上就在共产主义和非共产主义之间作了明确的理想划界,就会对各种非共产主义的思想起到屏障作用,这无疑将在政党成员之间形成强大的凝聚力,从而产生出巨大的战斗力。

中国共产党是马克思主义理论武装起来的先进的无产阶级政党,它从诞生开始,就把共产主义确定为自己执政的奋斗目标,在党的一大通过的《中国共产党纲领》中,我党就把"推翻资本家阶级的政权"、"承认无产阶级专政"、"消灭资本家所有制"等内容作为自己的行动纲领。在党的二大发表的《中国共产党第二次全国大会宣言》中,我党明确提出自己的奋斗目标,是"要组织无产阶级,用阶级斗争的手段,建立劳农专政的政治,铲除私有财产制度,渐次达到一个共产主义社会"。毛泽东在《新民主主义论》中指出:"共产主义是无产阶级的整个思想体系,同时又是一种新的社会制度。这种思想体系和社会制度,是区别于任何别的思想体系和社会制度的,是自人类历史以来,最完全最进步最革命最合理的。"①在中国共产党领导人民进行革命和建设的90年的奋斗历程中,我们党始终把共产主义这个最高理想写在自己的旗帜上,从没有因为革命和建设中的顺利还是挫折而动摇过这一理想。共产主义理想深深扎根于每一个共产党人的心目之中,它不仅仅是满足人们对未来美好前景的一种憧憬,而已成为推动党的事业发展的强大动力,支撑几代共产党人为之不懈奋斗的精神支柱,孕育了一代又一代中国共产党人的献身精神和艰苦创业精神。无数革命先烈为共产主义的伟大理想,浴血奋战,不怕牺牲,前赴后继,经过艰苦卓绝的斗争,推翻了压在中国人民头上的三座大山,赢得了民族的解放和国家的独立,夺取了新民主主义革命和社会主义革命的伟大胜利。在社会主义建设事业中,成千上万的共产党员在共产主义理想的伟大旗帜下,自力更生,艰苦奋斗,用自己的辛勤劳动,甚至用自己的鲜血与生命,开创了人民共和国的千秋伟业,奏响了为共产主义理想而奋斗的一曲曲时代凯歌。

共产党人虽然将共产主义视为自己的远大理想目标,但他们总是能够从现实出发确立自己在社会历史发展的不同时期的具体任务,来为这一远大理想最终实现不断奠定社会基础。邓小平说:"我们共产党人的最高理想

① 《毛泽东选集》(第2卷),人民出版社1991年版,第686页。

是实现共产主义,在不同历史阶段又有代表那个阶段最广大人民利益的奋斗纲领。”①这就是说,共产党人的奋斗目标,既有最高纲领,又有不同历史发展阶段上的具体纲领,我们党把各个历史发展阶段上的纲领称之为最低纲领,最高纲领和最低纲领是统一的。党的最高纲领就是实现共产主义,这是共产党人的崇高理想,任何时候都不能动摇,否则就会迷失方向;最低纲领就是党在各个历史阶段的基本纲领,是党的现实任务,必须兢兢业业、扎扎实实地做好,否则就会脱离实际,也不可能最终实现最高纲领。很显然,党对不同阶段上的纲领的制定,其重要依据是对社会发展不同阶段的科学定位。在对社会主义发展阶段进行了科学定位的基础上,我们党提出了社会主义初级阶段的基本路线和纲领,把建设有中国特色的社会主义作为这一纲领的历史任务和奋斗目标。有中国特色的社会主义,是马克思主义基本原理与当代中国实际相结合的产物。它以解放和发展生产力为全部工作的根本出发点,以全体人民共同富裕为最终目标,以改革开放为鲜明特征,以完善和发展社会主义制度为改革性质,以保持社会稳定,做到改革、发展、稳定三者统一为本质要求。建设有中国特色的社会主义,是共产主义理想在现阶段的具体体现。在现阶段,为实现共产主义理想而奋斗,就是要脚踏实地为实践党的基本纲领而奋斗。只有脚踏实地做好现阶段的每一项工作,才能最终实现共产主义的远大目标;只有胸怀共产主义远大目标,才能在实际工作中保持正确的方向。离开基本纲领,脱离社会主义初级阶段的实际讲社会主义,就容易陷入空谈,这既是中国共产党90年历史经验得出的必然结论,又是马克思主义的一条基本原则。它既鼓舞着全党同志进一步树立共产主义的远大理想,坚定共产主义必胜的信念,又激励着我们着眼当前,立足现实,脚踏实地地为实现党在现阶段的历史任务而不懈努力。

(作者单位:中共山东省委党校)

① 《邓小平文选》(第3卷),人民出版社1993年版,第373页。

继承和发扬批评与自我批评的优良作风

牛兰春

我们党90年的发展历史证明,批评和自我批评是党的优良传统和作风,是坚持真理、修正错误、增进团结、凝聚力量的重要武器。这些年来,一些党员干部出现问题,原因固然有多种,但都与他们丢掉了批评与自我批评这一有力武器、丧失了免疫能力有直接的关系。在党内政治生活中,不善于、不敢于、不愿意开展批评与自我批评的现象屡见不鲜,由此导致批评武器的“钝化”,凝聚力、战斗力甚至党的先进性的丧失。对此,党的十七届四中全会《决定》特别强调:要“大兴批评和自我批评之风”,“坚决反对党内生活庸俗化”。这一要求可谓切中时弊,意义重大。

一、批评与自我批评关系党的事业的兴衰成败

在党的七大上,毛泽东同志第一次把党内批评概括为党的三大作风之一。这是对我们党在长期革命实践中所形成的优良作风的科学总结。

在我们党的历史上,曾多次运用批评与自我批评的方法解决党内矛盾、纠正重大错误,对于改进党的作风、统一全党思想、推动革命和建设的胜利发挥了十分重要的作用。

1935年1月召开的遵义会议,党充分运用批评与自我批评这一武器,初步清算了王明“左”倾机会主义错误,重新确立了毛泽东同志在党和军队的领导地位。这次会议,挽救了党,挽救了红军,挽救了中国革命。

1942年开始的延安整风运动,是我们党运用批评与自我批评武器解决党内矛盾的第一次大规模实践。整风的方针就是:惩前毖后,治病救人,既要弄清思想,又要团结同志。通过整风,大批干部特别是党的高级干部自觉掌握了马克思主义的普遍真理和中国革命具体实践相结合的基本方向,全党达到了空前的团结,为党的七大的胜利召开、为夺取抗日战争的最后胜利和人民民主革命在全国的胜利奠定了重要的基础。

在党即将成为全国性执政党的情况下,党于1949年3月召开了七届二中全会,毛泽东同志估计到在革命取得胜利、掌握政权的情况下,党自身可

能出现的问题,向全党提出了“两个务必”的重要思想。怎样做到“两个务必”? 他强调,要加强思想改造,经常运用批评和自我批评这个有力武器,去掉不良作风,保持优良作风。

新中国建立后,我们党在领导全国人民进行社会主义革命和建设的伟大实践过程中,多次开展整党、整风运动,组织全党运用批评和自我批评这个武器洗刷党肌体上的灰尘,保持了党的先进性和纯洁性。但到了十年“文革”时期,林彪、“四人帮”一伙出于篡党夺权的需要,肆意践踏党规党法,严重败坏了党的民主作风和批评与自我批评的优良传统,严重破坏了党和国家的政治生活。

党的十一届三中全会前后,以邓小平同志为核心的中央领导集体努力恢复和发扬党的优良传统和作风。1977 年 4 月,邓小平同志就以马克思主义的睿智和勇气批评“两个凡是”的错误思想,随后又支持和领导了“实践是检验真理唯一标准”的大讨论,引导全党和全国人民冲破“左”倾教条主义的束缚,打破了长期形成的沉闷局面,从而迎来了思想大解放。在这种背景下,党的十一届三中全会出现了多年没有过的批评和自我批评的良好风气,大家本着“解放思想、实事求是,团结一致向前看”的精神,畅所欲言,运用“团结—批评—团结”的方法,对犯错误的同志提出了许多批评意见,犯有错误的同志也都程度不同地作了自我批评。全会实现了工作重心的伟大转折,开启了改革开放的新时代。

可见,能否正确地、切实有效地开展批评和自我批评,直接关系到党的事业的兴衰成败。

二、开展好批评和自我批评要矫正对批评的错误理解

从党的历史看,党内的批评和自我批评,就是党员之间针对存在的缺点和错误提出意见,其目的是提醒被批评者改进自己的不足,体现了同志之间的关心、爱护之情。当前,之所以开展批评难,首要的原因是对批评的含义存在一些错误的理解。

(一)片面接受“文革”教训,认为开展批评就是整人

在运用批评与自我批评武器方面,党曾犯过“左”的错误。“文化大革命”中的“无限上纲、无情打击”,伤害了不少同志,也玷污了批评与自我批评这一方法本身。有些同志没有能够真正划清批评与自我批评的实在性与“文革”中“左”的错误的界限:批评别人,怕说极左流毒未肃清,是故意整人;作自我批评,又唯恐被别人揪住“辫子”,无限上纲,心有余悸,不敢也不愿开展批评与自我批评。毛泽东同志早就告诫我们:“批评和自我批评,是抵制

各种政治灰尘和政治微生物侵蚀我们思想和党的肌体的唯一有效方法。”不能真正有效地开展批评与自我批评，其结果是一些错误思想得不到纠正，存在的问题得不到根治。

（二）开展批评会造成隔阂、影响同志之间的团结和谐

受传统的、根深蒂固的错误批评观念的影响，有的认为，批评就是挑别人的错；挑别人的错肯定会令对方难堪；对方难堪自然会怪罪于我，由此会种下关系不和的种子。这种观念的同志没有认清，党内同志间的批评完全是为了帮助同志改正缺点和错误，使其不断进步。勇于开展批评是对事业、对同志关心的表现，作为被批评者，应该感激你才对，怎么会怪罪你呢？相反，如果明知别人有错，你却不及时指出来，听之任之，可能会使他犯更大的错误，带来更严重的后果，到时候他肯定会怪罪你不及时提醒、及时指正，甚至会怀疑你存心要出他的洋相，那才真会形成隔阂、影响相互关系哩！当前我们就是要警惕党内批评中的“零存整取”现象，即对犯小错误的同志既不批评也不指出，将批评和意见“零存”不提，当犯了大错受到法律惩办时再“整取”出来，大加挞伐之。这是对同志缺乏起码的爱护，是对党组织极不负责任的表现。

（三）开展批评会给自己招来麻烦

这种顾虑是前面那种顾虑的延伸，前提依然是认定批评会伤害对方，因而担心遭到对方的报复。所谓“批评领导怕穿小鞋，批评同事怕难共事，批评下级怕丢选票”，就是这种顾虑的形象说法。应该说，随着党内生活日益正常化，随着广大党员、干部修养水平的普遍提高，因开展批评而遭受打击报复的现象会越来越少。而且，我们党始终是保护和支持党员对任何人包括任何一级党的领导干部提出批评，严禁压制批评搞打击报复行为的；广大党员也都具有正义感，不会听任个别人搞打击报复而坐视不管。

（四）进行自我批评会使自己丢面子

有些同志担心，在大庭广众面前公开承认自己的错误，有失面子。因此，明知别人批评得对，也不肯接受；或明知自己有错误，也不肯公开作自我批评。其实，担心承认错误有失面子的顾虑是完全多余的。道理很简单，我们每个人都会有缺点、犯错误，不犯错误的人是没有的。一个党员有没有党性、有没有修养，不在于他犯不犯错误，而在于他敢不敢承认错误，有没有勇气和行动改正错误。不掩过，不饰非，勇于承认并改正错误的人，只会赢得同志们的尊敬，怎么会丢面子呢？相反，有了缺点、错误，不肯公开承认，甚至极力狡辩、掩饰，使脸上的灰尘越积越厚，最后却大丢其面子，那才会被人看不起，才会有失脸面哩！经常作自我批评，虚心接受别人的批评，公开承认自己的缺点、错误,这不仅无损于自己的“脸面”和形象,相反,大家会更加佩服和称赞你。

(五)开展批评就是“挑刺、找茬”

批评是为了帮人改正错误,克服缺点,当然要挑毛病而不是歌功颂德,但如果为了批评而批评,“鸡蛋里头挑骨头”,批评就只会产生消极作用,会使人们讨厌批评。不幸的是,许多人都确信,只有采用刺人的语言和严厉的态度,批评才能产生效用,根深蒂固的观念就是批评等于挑刺。经常会听到批评者一开始总免不了要说上这样的话:“我本来不想说的,可是……”“说了也许你不相信,这样做是为了你好”,等等。很显然,他们认为批评的本意肯定会被对方误解,一定会伤害对方的自尊心和感情,因而有必要表白一番。受“批评就是找茬子”这种观念的支配,批评活动的双方都不能心平气和地对待它。挑刺式的批评有十分严重的伤害力,受其影响,真正有建设性的批评也不易被人采纳。

三、开展好批评与自我批评要讲究批评的方式和方法

社会心理学研究和现代领导活动的实践都证明,正确的批评方式,能引起积极的心理反应。反之,则会使被批评者产生逆反心理。这就告诉我们,在实践中要使批评真正产生积极效果,必须讲究科学的方式和方法。

(一)如何批评别人

古语讲:“良药苦口利于病,忠言逆耳利于行。”古人把“忠言”与“苦药”等同,足见批评的话确实不中听。因此,开展批评时,要讲究一点语言艺术,不必板着面孔,要像药剂师在“良药”外包上糖衣一样,把批评的话变得顺耳、悦耳一些。具体讲,在批评别人时,应做到“三宜三不宜”。

1. 批评下级时,宜循循善诱,不宜“电闪雷鸣”。领导者在批评下级时,应注意这么几点:一是说服而不是压服。有些领导批评下属,习惯于摆出一副居高临下、盛气凌人的架势,以为这样可以使下属毫无抵抗地接受批评。其实,这不过是一厢情愿。在现代社会中,人们信奉的是真理,而不是权威,握有真理才有权威。领导者批评下属,要坚持以理服人。以理服人,威信自生;以势压人,威信扫地。二是鼓励而不是威胁。一般说来,领导或多或少是个比下级有权、有经验、有头脑的人,下属当然希望受到领导的重视和信任。这就是领导的批评比其他人的批评更有威力的奥秘所在。同时,来自这样一个人的批评,也常常使人产生一些联想。因而下属对领导的批评总是相当敏感的,尤其关注“弦外之音”中是否含有不信任的威胁意味。一旦感觉受到威胁,就很难正确领会批评的真实含义。身为领导者,应努力避免

自己的批评被下级误认为是威胁,最直接的要求是做到不使用含有威胁意味的词句,多说正面鼓励的话,而且改变一下上级对下级说话的方式,把你要说的实质问题,作为一种参考性建议提供给下属,这样效果会更好些。三是听听被批评者的想法。只站在自己的立场上发表意见,不顾对方有何感受和看法,这是领导者通常容易犯的一个错误。解决这个问题其实也很简单,即在批评中加一道程序:指出了问题,提出了改进的意见和建议以后,别忘了问一句:“你以为如何?”“你看这样是否更好些?”了解一下对方对你的批评所持的看法。双方若能坦率和推心置腹地交换意见,这对下属接受你的批评,无疑会创造极为有利的条件。

2. 批评同级时,宜义正辞和,不宜“声色俱厉”。同级之间,彼此的职责、地位相等,相互之间没有统属关系,在开展批评时,往往容易使被批评者产生“越界干涉”、“出风头”、“多管闲事”等误解。实际上,在一个单位内部,各岗位之间是一种分工与合作的关系,而绝不是彼此完全孤立的。这就是说,同级之间在工作上的联系、合作和配合是完全必要的,相互之间的矛盾和分歧是不可避免的,这就决定了同级之间的批评是必不可少的。如何开展好同级之间的批评?应注意这么几点:一是批评与你相关的行为。如果你所批评的行为对你的工作并不产生任何影响,那就有越界之嫌,对方会认为你是为了抬高自己、贬损对方。二是说明你的意见的可行性。在批评中充分阐述你的意见的可行性,说明你的批评是认真、负责的。但是,千万不要过多地去证明你的意见如何高明,尤其是不能通过自己意见与对方意见的对比来达到这一点。同时,你不要试图证明你的意见是唯一可行的方案,而只是给对方提供一种选择。三是选择适当场合。大庭广众之下受到指责总是件难堪的事。因此,同级间的批评更应注意选择适当场合来进行。一般说来,同级间的批评适宜于在比较融洽的气氛下、用谈心的方式来进行。一般性、苗头性的问题,一般不宜在会上或领导在场的情况下提出,以个别交谈、私下提醒为好。

3. 批评领导时,宜间接委婉,不宜以“众议压人”。“批评领导怕给小鞋穿”,这恐怕是一种普遍的心理。确实,在各种类型的人际批评中,批评领导是最难的。但批评领导也并非绝对行不通的事,关键在于你能否成功地运用批评的艺术。一是要相信绝大多数领导同志具有“闻过则喜”的雅量。人们所以不敢批评领导,主要“理由”是:批评是件得罪人的事,没有人喜欢批评,尤其是不喜欢来自职务比自己低的人的批评。应该说,这是十分普遍的现象,但并非绝对如此,也并非不可移易。一个有高度事业心、有自知之明的领导者,深恐工作有失误,深信“人非圣贤,孰能无过”的道理,深知职位高并不等于什么都比别人强,因而他是绝不会拒绝对工作有益的批评的。二是注意维护领导的威信与尊严。要让领导接受你的批评,不能莽撞行事,必须面对他毕竟是领导这个事实。许多对领导的批评所以失败,大多都因为忽视了这一点。要在不伤害领导威信与尊严的条件下使批评为领导所接受,真正取得积极效果,以下几点要特别注意:首先,你不要扮演一个批评者的角色,应该抱着讨论协商的态度,去与领导谈一件与你和他都有关的事情。其次,不要费心思去证明领导是不对的而你才是对的。最后,要注意批评的时间、场合。除非重大原则问题,对领导的批评不要在大众场合下进行,以单独场合为宜。因为在大庭广众之下批评领导,他比常人更感受到羞侮,本能的反感驱使他更多地考虑如何反驳你以挽回面子,防止"丢丑",至于你的意见正确与否,他根本来不及考虑。

(二)如何接受批评

"闻过则喜"是人们的一种理智的要求、美好的愿望。人的天性是争强好胜的,排斥批评这种弱点使人往往很难做到对待别人的批评能泰然处之。古人云:"胜人者力,自胜者强。"能够战胜自己的惰性,积极、坦然地对待批评,是强者的表现。如何接受批评?

1. 控制情绪。人们对事物作出何种评价,常常受到情绪的干扰,而这种评价又决定了他将采取何种态度。人们能否正确评价、积极接受批评,很大程度上取决于被批评时情绪如何。如果能抑制住情绪的冲动,保持一种平和的心境来面对批评,就能比较客观地评价批评,从而采取积极的态度。怎样做到在面对批评时保持一种平和的心境,关键是以积极的观点来认识批评。前面讲到的习惯把批评看成是贬义的观念,先入为主地挡住了我们积极接受批评的机会。不愉快的感觉一旦强烈得超出我们控制的范围,批评这种刺激就完全丧失了其本来的意义,更不会产生任何积极作用。假如你能控制住情绪,你就会得到两个好处:第一,你对批评的反应跳出了"受到伤害"这种传统的错误认识;第二,情绪的平静可以导致自信心的增强,因而可以正面地坦然对待批评。

2. 分析批评。冷静地对待批评是否意味着要无条件地接受批评?当然不是。身为被批评者完全有权利对批评作出鉴别:批评的事实是否准确?对事实的评价是否客观公正?提出的改进方向是否正确?提出的改进措施是否自己力所能及?如果你得到四个完全肯定的答案,你就应该决定接受这一批评并立即采取行动;如果得出的结论都是否定的,批评不合理或对你毫无益处,你有权拒绝这一批评,并决定采取解释、申辩等措施;如果前两个答案是肯定的、后两个答案是否定的,你可以同对方进一步探讨一下到底采取何种改进的措施和行动为好。总之,听到批评以后应该采取何种行动,你应该作出自己的判断,而这些都是建立在对批评作出客观分析基础之上的。

3. 采取行动。批评的目的不仅仅在于使被批评者认识自己的错误,更重要的在于改正错误。对批评的正确反应是:接受批评必须积极而且有效。积极接受批评,是指将批评意见衡量之后公正地断定出好与不好,使自己能够与批评者沟通意见,然后再决定采取什么样的行动。只有当你真正地把你的决定付诸实践了,这才算是有效地接受了批评。有些人接受批评尚算诚恳,但行动上并无任何改善。这是因为,有的认为批评确实有道理,但要改正起来却有点得不偿失,因而置之不理;有的虽然心理上很积极地认同了别人的批评,但又觉得现在改正已为时太晚,因而无实践改正的动力。当然,也不排除某些人心口不一的情况。别人批评得对,指出的改进意见也很明确,也确实是自己完全有能力改正的,这就没有什么可犹豫的,应及时采取坚决的改正行动。

(三)如何自我批评

自我批评包括自我反省和公开检讨两种情况。两者的批评主体、客体是一致的,但前者的"听众"是自己,后者的听众则是他人。我们常说的"共产党员要勇于自我批评",主要指的是后一种行为。

1."公开亮丑"的意义。许多人总是不解地问:通过自我解剖,随时把自己的思想和行为"过滤"一遍,发现缺点和错误及时加以纠正,这已经够了,"私了"同样可以达到目的,为什么还要当着众人的面讲出来呢?公开讲出来绝非多此一举,而是绝对必要。首先,可以借此消除或挽回因自己所犯错误造成的不良影响。第二,可以让其他人也从自己所犯错误中得到教益。第三,讲出来,使大家都知道你改正错误的措施,以便大家监督自己改正错误。有人说,当着众人的面讲一些使自己脸热的事,真有点难以启齿。其实,脸热一热并无坏处,它可以使自己对犯错误的教训记得更牢一些,改正的决心更大一些。

2."亮丑"要讲究技巧。要使自我批评取得好的效果,在怎么讲上还是大有讲究的。一是态度要诚恳。在自我批评时仅仅在心底有讲真话的诚意还不够,还必须从语言上表现出来。有些人在作自我批评时,虽是据实讲来,可一脸的不高兴,表现得极为勉强,给人一种"不情愿"、"被强迫"的感觉。别人会认为你缺乏诚意,担心帮助你会"自讨没趣",无论你讲多少"欢迎大家批评帮助"之类的话,他都会敷衍你,你自然也就讨不到"真经"了。二是分寸要适度。自我批评时要客观公正,既不能躲躲闪闪,回避实质;也不能无限上纲,乱戴帽子。讲事实要真实,分析危害和原因要中肯,这是对自己负责的表现,也是尊重听众的表现。三是要注意交流。不能只顾埋头讲自个的,要注意观察听众的表情,随时回答别人的询问。别人帮助分析原因和危害时要注意倾听,交流看法,共同探讨改正错误的措施。

3. 完善自我的方法。批评和自我批评的最终目的都是为了改正自己的缺点和错误,完善自己的品格,改进自己的工作。当然,改正错误并不是一件容易的事,有些缺点、错误与自己的习惯、性格密切相关,下决心改正它也许不难,可实际行动起来并不容易。要切实取得效果还必须讲究一点艺术。一是与自己"立约"。有些错误特别是习惯性行为是极其顽固的,要想改正它,最好不要只在心里制定个大概计划,而应清清楚楚地写下来,要改到什么程度,用什么方法来改,都见诸白纸黑字。正如条约对双方都具有约束力一样,与自己立约也可以督促自己去改进行为。二是作改过记录。即随时观察自己在履行约定、改正缺点和错误方面的进展,并作下记录。这样,一方面可以随时了解自己践约的情况。另一方面,可以随时提醒自己应在哪些方面加大力度,采取更有力的措施。三是防止重复犯错。为防止被批评的行为再次发生,可以为自己设置种种阻碍。心理学家称之为"减少刺激"。这种办法就是用环境因素促进行为的改变。有些不正确行为的发生是有一定客观条件的,你如果把这个条件改变了,这种行为就不大容易发生了。

(作者单位:泰安市委党校党史党建教研部)

良好治政道德:共产党人治国理政的一大法宝

——纪念中国共产党建党90周年

张存俭

所谓治政道德,是指受权于人民的治政者的职业操守,是治政者在治党、治国、治社会中应当遵守的以廉政勤政为主体的行为准则和思想规范,能够体现出治政者的道德品质和理想信念。中国的治政道德一般是指党政机关、事业单位公务人员的治政道德,及传统常说的“官德”,是一种必须强调的岗位纪律。治政道德的核心是廉政勤政,“勤而不废、廉而不贪”。治政道德的状况很大程度上代表和直接影响着整个社会的道德状况。审视中国共产党建党90年治政道德建设的实践,治政者应铭记胡锦涛总书记提出的“常修为政之德,常思贪欲之害,常怀律己之心”。

一、治政道德建设的必然性

治政道德作为一种社会意识形态,是人类进入文明时代的产物,是人类自身不断进步与发展的标志。它关乎执政党的地位和生命,关乎整个社会的精神风貌,关乎国运民生。

(一)治政道德规定“人类心灵的秩序”

道德作为“人类心灵的秩序”历来为人们所重视。康德有句名言:“在这世界上,唯有两样东西可以让我的心灵得到深深的震撼,一个是我头顶灿烂的星空,另一个就是我内心崇高的道德法则。”以德治国对公民的理想与行为的升华作用是法律所不能替代的。德治的作用特征,一是有助于法律的完善。良法的产生并实施取决于立法者的道德价值取向和道德水准,取决于全社会道德伦理水平。立法者只有超越个人的好恶,寻求展示社会公众道德标准。从某种意义上说,立法者素质的高低直接决定着所立之法是否体现对人类终极关怀、正义平等。从整个社会来看,如果能够通过德治营造出崇尚知识、尊老爱幼、见义勇为、热心助人等良好的道德氛围,无疑为法律的制定完善和顺利实施提供良好的价值指导和社会公认的伦理道德基础。

二是控制手段具有灵活性。社会不断进步与发展必然要求其控制手段及时加以规范。但是,法律从酝酿、制定到颁布、执行需要进行反复调查论证,是一个较复杂的过程,有一定的周期。当一种新的社会关系产生,新的矛盾纠纷产生后,以新的法律手段调整需要一定的时间,因而具有滞后性。加上法律一经制定实施后具有稳定性和权威性,非经法定程序,任何人不得随意修改,更加重了法律的时间滞后性。而道德却随着新问题新情况的出现而很快产生与此相适应的价值评判标准和道德观。在有关法律法规出台前,传统道德所倡导的行为规范对制约某些行为具有积极意义。对于这种道德制约手段,社会是否通过各种方式予以倡导和重视,是否有效利用是其发挥作用大小的前提。三是控制空间具有广阔性。一方面,道德规范可以弥补法律条文的某些“空白”或薄弱环节。在任何国家、任何时候,法律的漏洞始终存在,再完善的法律体系也不可能涵盖所有的社会关系和所有人的行为,这就需要在除法律调节之外的行为空间进行道德调节。另一方面,道德具有理想性,道德的调节可深入社会公众的精神领域。人的内心世界是道德的传统阵地。法律解决的是什么不可为,而道德是解决为什么不可为,要给人们指出什么是至善和理想意义上的高尚,一旦道德的赏罚使善恶利害产生恒常联系,逐渐形成个体的道德心理沉淀和积累一定的道德经验,并在此基础上感受、理解和把握社会道德,进而转化为个体的内驱力,推动其自觉而积极地进行“自我立法”和自觉守法。由此可以看出,道德和法律并不矛盾。

(二)治政道德奠定以德治国的基础

“德治”作为一种既可以与“人治”相配合,又可以与“法治”相配合的国家政治和社会治理模式,无论在古代社会,还是在现代社会中,都具有无可替代的重要作用。现代“德治”规定性的前提为:道德的自治和自觉。道德的核心是人类的自治性。自从有了人类,就有了人类对自我、他者、社会、自然及其相互关系的思想和追问,对自我价值和社会理想的追求,对自我行为的认识、导引和规范。这种人类对自我行为的认识、导引和规范大致有两类:一类是外在强制性的“他治”,如政治、法律、制度;一类是内在自觉性的“自律”和“自治”,如道德、伦理、宗教。“德治”的核心是道德,因此,认识道德的本质规定性,是揭示现代“德治”规定性的前提。道德的最高体现是自觉性。恩格斯指出,在未来的共产主义社会,人是社会的,是个人与他人、个人与社会辩证统一的人,此时的人不再是“粗行的、盲目的、陷于矛盾的人”,而是“自由的、自觉的、有创造能力的人”。人的道德活动按其本性和历史目标看,应该是自由自觉的活动,这是道德的内在要求。在一定的意义上,道德是人对自身本质的价值反思而形成的自觉自由的意志过程。人的道德意识最初表现为他律，通过他律与自律的协调统一，成为人的理性智慧即道德自觉。道德的自觉性是人的本质力量的最高体现。道德的自觉性表明，人之存在的本质特征是：他已逾越动物王国与本能相适应的藩篱，超越了自然。

（三）治政道德体现以德治国价值的取向

建设富强、文明、民主、和谐的新社会，实现中华民族民族的伟大复兴，所应具有的共同的信念，也应是以德治国的基本价值取向。第一，社会公正。注重社会的机会平等，进而实现社会的事实平等；拥有社会平等意识，具有扶贫济困的道德情怀。第二，为民服务。以广大人民群众的根本利益为一切言论行为的最高准则；确立为人民大众谋利益的原则立场，做人民的公仆和勤务员；从群众中来，到群众中去；把人民群众的根本利益实现好、发展好、维护好。第三，集体主义。统筹国家、集体、个人三者之间的利益；在集体利益与个人利益发生矛盾而又不能兼顾时，集体利益具有优先权；集体要保障个人正当利益，为个人正当利益的实现和健康个性的发展创造条件；反对形形色色的个人主义和利己主义。第四，爱国主义。争取和维护祖国的独立、统一和尊严，同一切分裂祖国统一，破坏民族团结的行为作斗争；坚信只有社会主义才能救中国和发展中国，积极投身于实现中华民族复兴的伟业；反对强权政治，维护和平，共建和谐世界。第五，崇尚民主。具有社会平等意识和协商精神，具有科学的组织、管理的意识；努力探索社会政治参与的方式途径、政策制定和利益整合的政治机制；正确处理自由和纪律的关系、权利和义务的关系，努力促成各个利益群体和谐共处的良好社会氛围。第六，热爱科学。崇尚科学精神，反对迷信盲从；尊重客观规律，实事求是，与时俱进；勤奋求知，知行统一，终生学习；尊重知识，尊重创造，追求真理。第七，热爱劳动。相信劳动创造世界、树立劳动光荣意识，培养劳动习惯、练就劳动本领，各尽所能、按劳分配；培养头脑聪颖、身心健康、善于创造，体力劳动和脑力劳动结合的新型劳动者。第八，英雄主义。保持追求事业的旺盛热情，不怕牺牲，勇往直前；藐视一切困难和敌人，维护保持民族利益和气节；敢于同专制、压迫、腐败等社会上不公正现象作斗争，敢于坚持真理、修正错误；注重修身正己、自强不息，勤俭节约，励精图治。

二、治政道德的基本内容

中国治政道德的内容比较丰富，从纵向的角度来看可分为古代治政道德和当代治政道德。

(一)中国古代治政道德的借鉴

综观中国的治政道德传统,其基本内容可以概括为以下七个方面:

1. 克明俊德。“克明俊德”语出《尚书·尧典》,意思是说,如果治国者能发扬光大高尚的道德,就可以做到帝王家族和睦,百官职守昭明,万国协调发展,天下民心和善。这一传统治国道德目标,在《礼记·礼运》中被描绘成“大道之行,天下为公”的“大同”世界。为此,孔子要求治国从政者要遵守恭、敬、惠、义等道德准则,即“君子之道四焉:其行己也恭,其事上也敬,其养民也惠,其使民也义。”《左传》甚至提出更鲜明的论断:“德,国之基也。”

2. 以民为本。“以民为本”源于《尚书》所说“民惟邦本”,意思是只有民众才是国家的根本。《论语》记载了孔子回答子贡“问政”的一句名言:“民无信不立。”类似的古语还有很多,例如:“‘传曰:君者,舟也;庶人者,水也。水则载舟,水则覆舟。’故君人者,欲安则莫若平政爱民矣,欲荣则莫若隆礼敬士矣,欲立功臣则莫若尚贤使能矣,是君人者之大节矣。”(《荀子·王制》)

3. 立身惟正。鲁国的执政大臣向孔子求教从政治国之道。孔子回答得非常精彩:“政者,正也。子帅以正,孰敢不正?”韩非则精辟地指出:“修身洁白而行公行正,居官无私,人臣之公义也。”陈宏谋的《从政遗规》记有:“当官之法,唯有三事:曰清,曰慎,曰勤。”“为政当以公平正大行之,是非毁誉,皆所不恤。”“正以处心,廉以律己,忠以事君,恭以事上,信以接物,宽以待下,敬以处事,居官之七要也。”

4. 明道善策。中国传统德治中很重视行政决策要符合道德要求。因为,“国无政,不用善,则自取谪于日月之灾,故政不可不慎也。务三而已:一曰择人,二曰因民,三曰从时”(《左传·昭公七年》)。《荀子·议兵》认为:“隆礼贵义者其国治,简礼贱义者其国乱。”《从政遗规·薛文清公要语》将“明道善策”的内涵概括为三要素,即“养民生,复民性,禁民非,治天下之三要。”

5. 举贤任能。孔子主张“举贤”,他告诫鲁哀公说:“举直错诸枉,则民服;举枉错诸直,则民不服。”孟子提出“进贤论”,在他看来,“尊贤使能,俊杰在位”,就可“无敌于天下”。荀子更深刻地指出:“法不能独立,类不能自行,得其人则存,失其人则亡。”结论是:“贵贤,仁也。”唐太宗李世民《帝范》中“求贤篇”写道:“夫国之匡辅,必有忠良。任使得人,天下自治。”“为政之要,惟在得人”;“致安之本,惟在得人。”

6. 教而后刑。孟子曰:“善政,民畏之;善教,民爱之。善政得民财,善教得民心。”(《孟子·尽心上》) 荀子对“教而后刑”做过全面的阐述:“不教而诛,则刑繁而邪不胜;教而不诛,则奸民不惩;诛而不赏,则勤励之民不劝;诛赏而不类,则下疑俗俭而百姓不一。"(《荀子·富国》)《汉书·董仲舒传》则形象地写道:"夫万民之从利也,如水之走下;不以教化堤防之,不能止也。是故教化立而奸邪皆止者,其堤防完也;教化废而奸邪并出,刑罚不能胜者,其堤防坏也。古之王者明于此,是故南面而治天下,莫不以教化为大务。"

7. 选官重德。官吏既要具备普通社会道德和基本的职业道德,如忠于国家、忠于职守、勤于政事、扬清激浊、办事公道、救危助困等,又应在权力运行的过程中养成官德,也就是权力道德,如清正廉洁、诚实无私、遵纪守法等。西周选拔官吏的"六德"(即知:知识;仁:仁义;圣:长相好;义:讲义气;中:正直;和:谦)与"六行"(即孝:对父母孝顺;友:对朋友友好;睦:能邻里和睦;姻:对妻子以礼相待;任:对社会有责任感;恤:体恤老百姓)。唐朝对官吏考绩的法定标准为"四善二十七最",所谓"四善"专指品德,"一曰德义有闻,二曰清慎明著,三曰公平可称,四曰恪勤匪懈"。"二十七最"主要是根据不同部门的职责规定的具体标准,其中第三条是"扬清激浊、褒贬必当,为考校之最"(《唐六典·尚书吏部》)。《大学》中曾说,"修身,齐家,治国,平天下",把"修身"为人看成封建时代为官治国的最起码的资格。修身其实就是一种道德修养,治政先治身,这是为官为人古今遵循的规律与真谛。司马光在《资治通鉴》里分析智伯无德而亡时写道:"才德全尽谓之圣人,才德兼亡谓之愚人,德胜才谓之君子,才胜德谓之小人。""才者,德之资也;德者,才之帅也"。德为导向,才是基础;德靠才来发挥,才靠德来统帅。相对于才而言,德更为根本,朱元璋这位以重典治国治官著称的明代开国君主,也认为"礼乐者治本之膏梁",在察举贤才时,"以德行为本,而文艺次之"。还有的学者总结说,古代官德概而言之,为官之本在为民,为官之基在廉政,为官之道在务实,为官之态在审慎,为官之则在节俭。

(二)中国当代治政道德的主要内容

每个时代无不彰显着时代的风貌,而作为支撑其精神风貌的主流价值观,则构成时代的道德基石。基于中国民间的"本分做人、勤恳从政、清廉修身、勤俭持家",以及毛泽东提出的"德才兼备"、"任人唯贤"、"三要三不要",邓小平提出的"四有"、"四化",江泽民提出的"四自"、"三讲",胡锦涛提出的"三民"、"三常"、"八荣八耻",党和国家制定的国家公务员八条行为规范及德能勤绩考核标准,县级领导干部的六项基本条件等这些与时俱进的治政道德要求,形成了"为民、务实、清廉、勤政、选贤、慎权、团结、创新"的中国当代治政道德的八项主要内容。

1. 为民。为民服务是履宪之德。以爱国爱民为荣,以损国害民为耻。受权于民的治政者,依照宪法服务人民,天经地义。应做到热爱祖国,忠于宪法,权为民所用、情为民所系、利为民所谋,把人民的根本利益实现好、发展好,维护好。自觉做人民公仆,让人民群众满意。

2.务实。坚持实事求是思想方法之德。以诚实守信为荣,以见利忘义为耻。坚持党的基本理论、基本路线、基本纲领和基本经验。尊重真理,修正错误。诚实守信,讲实话、办实事、鼓实劲、求实效。不唯书、不唯上,只唯实。禁止脱离实际,弄虚作假,损害群众利益和党群干群关系,做到人前人后一个样,台上台下一个样,对人对己一个样。

3.清廉。做人本分清廉之德。以艰苦奋斗为荣,以骄奢淫逸为耻。公平正义,没有偏私。一身正气,两袖清风。克己奉公,秉公办事。淡泊名利,艰苦奋斗,勤俭节约,爱惜公物,反对拜金主义和享乐主义。“平天下”先“治家”,管住配偶、子女和身边工作人员。禁止利用职权和职务上的影响谋取不正当利益,假公济私、化公为私。做到常修为政之德、常思贪欲之害、常怀律己之心。做到自重、自省、自警、自励。自觉抵制各种诱惑和各种不良思想的侵蚀,筑牢拒腐防变的思想道德防线。

4.勤政。勤于政务之德。以辛勤劳动为荣,以好逸恶劳为耻。忠于职守,勤奋敬业,尽职尽责,钻研业务,精益求精。改进工作作风,讲求工作方法,做到雷厉风行、马上就办,注重治政的高速度、高效益和高评价。

5.选贤。提携后起之德。以选贤任能为荣,以压制贻误人才为耻。德才兼备、以德为先,坚持老中青三结合的班子配备原则,为党和国家事业兴旺发达后继有人,大公无私,选贤任能。

6.慎权。公正用权之德。以遵纪守法为荣,以违法乱纪为耻。对治政者“法有规定必为之”,对公民“法无规定即自由”。依法办事,按照规定的职责权限和工作程序履行职责、公正文明执法,不以权谋私、贪赃枉法。权为民授,有权必有责,用权受监督,侵权要赔偿。为人民掌好权,用好权。

7.团结。整治资源之德。以团结互助为荣,以损人利己为耻。坚持民主集中制,作风民主,不独断专行。服从大局,相互配合,相互支持,团结一致。严于律己,宽以待人。“要搞马列主义,不要搞修正主义;要团结,不要分裂;要光明正大,不要搞阴谋诡计。”要搞五湖四海,不搞小团体主义。勇于批评与自我批评,能团结同自己有不同意见的同志一道工作。

8.创新。善政之德。以崇尚科学为荣,以愚昧无知为耻。谦虚谨慎,勤于学习,善于思考,勇于创新;创新科学治政、民主治政、依法治政方式;实现理论创新、制度创新、体制机制创新;创造性地开展工作,做到与时俱进。促进富强、民主、文明、和谐的社会主义现代化国家进程,实现中华民族的伟大复兴。

三、治政道德建设的方向

人无信不立,国无德不强。《世说新语》也讲:“百行以德为首。”所以,新世纪在治国理政中应该重视治政道德建设。

(一)加强治政道德教育

“官德”应当高于“民德”。开展治政道德的专项教育和整治活动。加强以德治党、以德治政、以德治官和从严治官重要性的宣传教育,改善道德培育环境,促进良好道德风尚的形成。加强治政道德意识教育。在党政领导干部中加强“为民、务实、清廉、勤政、选贤、慎权、团结、创新”的治政道德教育,弄清“入党为什么、在位干什么、身后留什么”的问题,强化道德修养,使官德意识入脑入心,焕发治政者道德自律意识。做到“五官”端正:就是“眼不偏”:能够透过现象看本质,避免“一叶障目,不见泰山”的错误;“耳不软”:既要从谏如流,又要辨别真伪;“嘴不浮”:敢讲真话实话、不讲虚话假话;“手不长”:牢记“吃人嘴软,拿人手短”;“腿不懒”:勤下基层,感知新事物,解决新问题。加强治政者党风廉政教育。加强道德修养,更要抓住德的核心。刘少奇曾经指出,党性是共产主义道德的最高表现。因此,党员领导干部要培育良好道德,关键就是要加强党性修养。要提高拒腐防变的能力,解决部分治政者理想信念淡化、党纲法纪的“失律”、生活轨道“失衡”、道德行为“失范”的问题。进而充分利用治政道德对公众道德所具有的导向和示范功能,以良好的党政德治之风带民风社风,从而推进社会整体道德的发展完善。加强治政者自身伦理道德教育。养成个人优秀品格,塑造完美德性,强化道德良知,逐步养成道德责任感和道德评判力。加强以德治家教育。领导干部的家庭是社会肌体中最活跃的细胞,对整个社会肌体的健康影响极大。如果领导干部治家不力,在群众中就会造成很坏的影响。治政不能忘记“治家”,治家不能只用“爱”来联系家庭关系,还要用“义”和“理”作为维系家庭关系的纽带。对配偶不嫌不宠,警惕“枕头风参政”;对子女不娇不惯,严加管教。管住配偶、子女和身边工作人员,通过培育良好的家风,筑起反腐倡廉的家庭防线。加强“修齐治平”教育。“修”即修身,修身“三立”:立德、立功、立言。“齐”即齐家,齐家食作学:“食”(吃饭)为天,“作”(工作)为大,“学”(学习)为上。“治”即治国,治国法理情,以法以理以情三位一体治理。“平”即平天下,平天下:以人为本,实事求是,科学发展,与时俱进。通过系列教育,坚定理想信念,培养高尚的道德情操,丰富人格魅力,提升治政者形象,形成道德示范群体。

(二)强化干部任用以德为先导向

在党政干部的提升、任免、考核、考察、奖励中,坚持德才兼备、以德为先的选贤任能标准,明确领导干部选拔任用过程中的道德导向。特别在干部任免中,要严把进口关、管理关、出口关,切实保证新任领导干部的道德素质过硬。建立领导干部道德责任体系和责任追究制度,举荐干部跟踪负责、责任追究制度,干部治政道德民意反馈制度,切实保证从严治党、从严治政、从严治官,不断完善治政者的道德自律机制。

(三)加强治政道德规范体系建设

依据治政道德建设的范围治党、治政、治社会,治政道德的重点以德治党、以德治政、以德育民,关键在于以德治官;治政道德的主要内容"为民、务实、清廉、勤政、选贤、慎权、团结、创新";治政道德的体系框架即治政道德的主体建设、治政道德的客体建设、治政道德规范约束监督机制、治政道德环境建设,等等。建立与社会主义市场经济及现代化建设相适应的治政道德体系,使治政者有规可循,有章可守,形成治政者树立道德、遵守道德、共建道德的道德规范、约束、发展体系。在完善道德规范体系方面,特别要注重设计科学的道德评价指标体系,完善治政道德考核评价奖惩制度,建立领导干部个人道德档案,加快道德立法步伐,完善道德他律机制。

(四)发挥舆论监督作用

加强全民道德教化,要分层次进行道德建设,在调整各种利益关系中加强道德建设,形成良好的道德建设环境。注重提高公民的道德意识,培育公民的道德情感,提高全体人民的思想道德素质,使之内化为行为规范。道德建设应注重从娃娃抓起。把对群众道德教育和道德教化的成果,作为衡量各地区、各单位精神文明建设的重要标准之一,在思想建设中努力使道德教育成为改变社会风气、提高人民道德水平的一个重要手段。充分发挥媒体与人民群众创造的各种形式的道德监督和评价的作用,形成良好的道德舆论氛围。

(作者单位:中共菏泽市委党校)

改革开放以来中国共产党意识形态创新的历史考察与经验总结

郑鹏飞

意识形态建设是事关社会主义革命和建设兴衰成败的重大现实问题，作为马克思主义的政党，中国共产党人在长期革命和建设实践中，始终高度重视意识形态的培育和建设工作。特别是改革开放以来，中国共产党坚持与时俱进、开拓创新的精神，改变了自身意识形态建设的理念，不断进行意识形态的建设和创新，进一步丰富了马克思主义中国化理论，拓展了党的意识形态的时代性与实践性的空间，维护和巩固了党的执政地位。在纪念建党 90 周年之际，历史地考察改革开放以来中国共产党在意识形态领域的探索和创新过程，总结这一时期中国共产党意识形态建设的成功经验，对于科学地揭示意识形态建设的基本规律，深化社会主义和谐社会意识形态的研究、推进社会主义和谐社会建设具有重要的理论意义和现实意义。

一、改革开放以来中国共产党意识形态创新的历史考察

从转型政治学的角度考察，改革开放以来，中国共产党意识形态的创新大体可以分为两个阶段：意识形态的世俗化阶段和价值重构阶段。

（一）意识形态的世俗化阶段

所谓世俗化就是逐渐扬弃对传统意识形态带有乌托邦色彩的崇拜。这一时期意识形态创新的主要理论成果有：

1. 实践检验论

“文革”后，我们党在意识形态的第一次创新和突破来自于真理标准大讨论，讨论的结果就是“实践是检验真理的唯一标准”，即用实践作为判断真理的标准，以此作为新时期意识形态的基础，这个标准也成为我们改革开放意识形态理论创新的第一个重要成果。

“实践检验论”的政治意义在于两个方面，首先实践标准成为划分判断“左”的教条与正确的路线方针政策的客观标准。“实践是检验真理的唯一

标准”确立以后，改革开放在面对保守势力的攻击时就能够底气十足：你不是反对改革、反对开放吗？那好，把大家的观点都放到“实践”中检验好了，包括毛泽东本人的指示。检验的结果是继续向“左”走是死路一条！而过去那些在实践中有利于生产力发展但被传统的意识形态判断为“资本主义的”、“非马克思主义的”东西，显示出强大的生命力，解放了生产力，调动了人们的积极性，说明它们是符合马克思主义真理的，是应该予以支持和肯定的，从而依靠“实践”这个意识形态新标准获得了合法身份。其次，“实践检验论”为改革开放提供了极高的意识形态权威性。“实践检验论”和“实事求是”是息息相通的，“实事求是”恰恰是毛泽东一直强调而深入人心的政治观点。强调“实践是检验真理的唯一标准”作为区分真假马克思主义的尺度，具有很高的意识形态权威性。确立了实践检验标准，党在当时就实现了既保持现存秩序的历史连续性，又找到合法摆脱激进“左派”思想话语霸权的路径。

2. 初级阶段论

社会主义初级阶段理论是在党的十三大上正式提出来的，党的十五大中央又作了进一步的阐述。

“初级阶段论”的关键意义在于，强调中国还处在社会主义初级阶段，中国还很落后，生产力水平还很低，因此必须大胆利用一切行之有效的方式、方法包括资本主义国家实现现代化的经验，特别是发达资本主义国家行之有效的管理经验、组织形式和市场机制来加快发展。“把社会主义与市场经济结合起来，是一个伟大的创举。这就需要……深化改革，解决体制转变中的深层次矛盾和关键问题；需要扩大开放，吸收和借鉴世界各国包括资本主义发达国家的先进技术和管理经验。”[①]这样做我们党就能够克服“左”的教条僵化思想对市场经济取向改革的阻挠，同时也坚持了意识形态话语系统逻辑上的自圆其说，为搞市场经济提供了理论上的合法性，让那些反对市场经济和改革开放的人难以在同样的话语系统中对其发起挑战——如果认同初级阶段理论，就找不到理由反对以建立社会主义市场经济为取向的改革。

3.“三个代表”论

随着市场经济的不断发展，无论是在经济上还是社会上，更重要的是人们在思想上变得越来越“多元化”了。人们的想法越来越多，也越来越敢想了，其中一个以前不敢想或者是敢想但不敢说的问题开始有人开始提出来

① 《江泽民文选》（第2卷），人民出版社2006年版，第16页。

了，这就是我们党在新时期执政的合法性基础问题。“三个代表”重要思想就是我们党对这一问题的有力回应：中国共产党在新时期、在现代化建设中应该而且能够代表先进生产力的发展要求、先进文化的前进方向和最广大人民的根本利益，把发展先进生产力、先进文化，代表人民的根本利益作为新时期执政的合法性、正当性基础。“三个代表”理论的创新，初步完成了我们党从“打天下”的革命党的意识形态，向“坐天下”的执政党的意识形态的历史转变，为我们这样一个领导国家建设的党提供了长期执政的根据。

至此，改革开放后我们党的意识形态创新完成了第一个阶段。在这一阶段，意识形态理论的创新成果，除了上面提到的“三论”之外，还有“四项基本原则论”和“社会主义精神文明论”等，这些新的理论创新成果，共同构成了转型时期执政党意识形态话语的有机系统。

世俗化了的意识形态可以用一句话来概括：国家要强大，人民要富裕。在党和国家意识形态层面，表现为以 GDP 为中心的发展主义；在日常生活层面，表现为物欲至上的消费主义。消费主义的价值观和国家的发展主义意识形态正好互补，它们共同的立场都是唯物的、物欲的。从上到下，整个社会很少有人思考伦理和精神的位置在哪里？富强之后，中国将展现什么样的文明？对此，上述三论并不能完全回答。这是因为，以上三论的政治功能是从意识形态上支持实现从平均主义理想王国向世俗社会的过渡。更具体地说，上述三论的政治功能，主要是强调以实效作为合法性基础。其实质是引导中国共产党通过追求实效，而抛弃了乌托邦理想主义与教条主义。而实效合法性并不能提供一个社会得以凝聚的长久性的普遍性的精神资源。但意识形态必须具有这样的精神资源，才能在信仰层面上，使天下归心。寻求符合中国人民共同愿望的、能成为社会成员凝聚力的精神基础的新的意识形态创新，就成为我们党意识形态创新的下一步目标。

（二）价值重构阶段

这一阶段的主要任务，是力求寻求新的社会凝聚目标与终极价值观，以凝聚社会成员，实现更美好的更人性化的社会理想。这一阶段意识形态创新的主要理论成果有：

1. 政治文明论

政治文明论的主旨是，建设具有中国特色的社会主义，必须建构一种新的政治文明，它与社会主义物质文明、社会主义精神文明三足鼎立，相互支持，构成一个新社会的基石。“政治文明论”的重要意义在于：运用与野蛮相对立的“文明”的概念，作为执政党追求的未来理想社会的核心价值。由于文明是全人类共同的财富，是人类共同追求的目标，这就使得我们党的意识形态，向全人类共同价值融合的方向发展。

在政治文明的内涵中，包括“完善社会主义民主制度”、“加强社会主义法制建设”、“改革和完善党的领导方式和执政方式”、“改革和完善决策机制”、“深化行政管理体制改革”、“推进司法体制干部人事制度”、“对权力的制约和监督”、“维护社会稳定”等九个方面的建设和改革。把政治体制改革与机制完善，作为政治文明的基本内涵，从而使政治改革的方向，实际上是与世界文明的共同价值渐进的趋同。提出建设政治文明也就意味着我们正在逐渐的认同自由、民主、人权、公正等这样一些具有普世意义的价值观。虽然我们强调我们对自由、民主、人权有自己的理解和实践方式，但不管怎么说，至少在理论上，党在意识形态上开始慢慢接受而不是一味地拒斥和批判这样一些东西。

2. 和谐社会论

中国共产党提出构建社会主义和谐社会，这在党的政治文化上，第一次明确提出了以全社会的和谐，而不是以革命和阶级斗争，来构建美好社会。公平正义、民主法制、诚信友爱、充满活力、安定有序、人与自然和谐相处这些社会主义和谐社会的特征，都具有普世价值的意义，成为我们党执政所要实现的社会目标，能够对人们产生强大吸引力和凝聚力。这样我们党就在意识形态理论上彻底抛弃了阶级冲突与斗争来实现平均主义社会的目标意识，而追求各阶层的团结友爱、社会各方面利益的妥善协调。“三个代表论”、“和谐社会论”和“政治文明论”所强调的社会价值，是我们党从革命党的意识形态向执政党的意识形态转变的重要步骤。这些新的意识形态话语已经摆脱了阶级斗争与平均主义的终极理想的价值标准，在探索形成社会新的价值目标方面迈出了重要的一步。这是自上世纪 20 年代大革命以来，中国共产党政治文化的最具里程碑意义的重大转折。

3. 科学发展论

如果说改革开放让我们放弃“以阶级斗争为纲”，把工作重心转移到经济建设上来，成功地从“以政治为本位”转向“以物质为本位”的话，那么相应的，科学发展观及其指导下的构建和谐社会目标的提出，标志着我们党在思维方式上实现了从“以物质为本位”向“以人为本位”的重大转变。

在意识形态的世俗化阶段，世俗化了的意识形态就是 GDP 主义和消费主义，这是一种典型的“以物为本”的发展观。这种发展观极度的追求经济发展速度和财富的积累，忽视经济结构的平衡，忽视社会公平，忽视生态保护，更忽视对人的尊严和价值的尊重。科学发展观比我们党在历史上任何一个时期都更加强调以人为本，是一种以人为本的价值思维方式，它既是对传统的“以物为本”思维方式的超越,也是对西方工具理性思维方式的超越,既契合了当代世界文明发展的方向,也适应了当前我国意识形态日益感性化、生活化的趋势。

4. 核心价值论

改革开放30年来,一个以法制与市场竞争为基础建构的新社会,正在日益形成。然而,当这样一个新型社会逐渐来临时,用什么来建构社会的核心价值观念?用什么价值来聚合社会人心?未来中国的社会应该是一个什么样的社会?我们党在提出“政治文明”、“和谐社会”、“科学发展”思想后,开始思考和探索这样一些重大问题,在2006年10月党的十六届六中全会上正式提出建设“社会主义核心价值体系”。核心价值论的重大意义在于:社会主义核心价值体系为构建和谐社会提供精神支柱和认同基础。和谐社会建设的实质就是使各种社会关系、社会行动走向和谐,要实现社会关系及行动的和谐一致,就要有和谐统一的价值观系统来支持,因为社会关系与行动受到人们价值观的影响和支配。所以,“讲和谐,必须讲共同的价值取向。没有一个共同的旗帜、共同的理想和信念,就不会有和谐的基础”①。构建社会主义核心价值体系,把与时俱进的马克思主义、中国特色社会主义、爱国主义和基本荣辱观作为共同的旗帜、共同的信念、共同的心理和共同的规范,有利于促进各民族、各政党团体、各社会阶层、各利益群体之间平和地化解矛盾与冲突、消除对立和对抗,实现社会的和谐与协调。

意识形态是一个真理性与价值性高度统一的科学的思想体系。回顾我党意识形态建设的历史,能够发现在意识形态建设过程中,意识形态的真理性和价值性并非总是完全统一的。改革开放前是片面强调意识形态的价值性而忽视真理性,最典型的体现就是“跑步进入共产主义”、“宁要社会主义的草,不要资本主义的苗”等;从改革开放到“三个代表”重要思想提出,又一度弱化了意识形态的价值性,而过分强调其真理性。从江泽民“七一”讲话至今,意识形态建设逐渐走向真理性与价值性的统一。在意识形态的真理性和价值性的统一问题上,我们党也经历了一个探索和认识逐步深化的过程。从2001年的“三个代表”重要思想,到2002年江泽民“5·31讲话”提出“社会主义政治文明建设论”、2003年10月十六届三中全会提出“科学发展观”、2004年9月十六届四中全会提出“社会主义和谐社会理论”、2006年10月十六届六中全会提出建设“社会主义核心价值体系”、2007年十七大上提

① 焦国成:《试论社会主义核心价值体系的基本理念》,载《道德与文明》2007年第1期。

出“弘扬中华文化,建设中华民族共有精神家园”,我们党是一步一个台阶,层层递进、环环紧扣、逐步推进和深化,是一个从物质到文明、从政治到文化、从文化到信仰的逐步深化和升华的过程,最终触及信仰层面,也就触及了问题的根源。

二、改革开放以来中国共产党意识形态创新的基本经验

改革开放以来,党的意识形态创新取得巨大进步,其创新理论成果凝结在中国特色社会主义理论体系当中,成为指导改革开放的有力思想武器。对此进行深入考察分析,可以总结出以下宝贵经验:

(一)要始终高度重视党的意识形态建设

意识形态工作是党全部工作中极其重要的组成部分,可以说是我们党的生命之所在,灵魂之所系。意识形态建设贯穿于党的整个建设的全过程,渗透于党的建设的各个方面,是党的建设的基础和根本。高度重视意识形态工作,始终以先进的思想理论为指导,用科学理论来武装,是中国共产党区别于其他任何政党的一个显著特征。党的发展史清晰的表明,离开马克思主义意识形态的指导,就谈不上党的发展壮大和永葆党的先进性,更不可能取得改革开放以来的伟大成就。意识形态先进与否,决定着政党的兴衰和国家的强弱。同时,作为国家的精神支柱,意识形态还发挥着凝聚人心的作用,成为衡量我国软实力的重要尺度。在全球化和改革开放条件下,意识形态不可能“淡化”,更不会“终结”,反而会更加突出。高度重视党的意识形态建设工作是提高党的执政能力和巩固党的执政地位的客观要求,在现阶段更具有迫切性。始终高度重视党的意识形态建设,永葆党的思想理论先进性,能够更好地动员人们专注于党确定的奋斗目标,从而最大限度地凝聚人们的力量,获得人们的支持,增强人们对党执政地位和执政理念的认同和拥护。我们要从党和国家发展的全局、从巩固党的执政地位的战略高度来深刻认识加强党的意识形态建设工作的极端重要性,牢牢掌握意识形态工作的主导权和主动权。

(二)意识形态建设要毫不动摇地坚持和发展马克思主义

以什么理论为指导,决定了一个政党的性质,也是一个政党区别于其他政党的重要标志。马克思主义是我们立党立国的指导思想,是社会主义意识形态的旗帜和灵魂。正是由于马克思主义在中国的不断发展,带来了中国革命的胜利和中国特色社会主义事业的巨大成功。我们党进行意识形态创新发展都要始终坚持马克思主义的指导地位,这是我们进行意识形态建设最为重要的经验。在改革开放不断深入和全球化迅猛发展的条件下,我

们党所领导的社会主义现代化建设，必然要遵循市场经济的一般规律，但在指导思想上则要坚持马克思主义的主导地位，这是意识形态建设的核心，丝毫不能动摇。改革开放以来，我们党能够经得起各种风险的考验，在全球化浪潮中巍然屹立，“最重要的一条，就是党，尤其是党的领导层，对马克思主义，对社会主义，有坚定的信念。每当改革开放和现代化建设遇到新问题新矛盾的时候，党中央总是明确要求全党学习马克思主义，用当代中国的马克思主义来指导实践，解决问题”①。当前世界各种思想文化相互激荡，如果党的意识形态的建设偏离了马克思主义的基本方向，搞所谓指导思想的多元化，那么党的性质和执政的实践就会发生改变，就面临亡党亡国的危险。坚持用马克思主义统领意识形态建设工作，就是要在意识形态领域坚定不移地坚持马列主义、毛泽东思想、邓小平理论和“三个代表”重要思想，不断增强全面落实科学发展观的自觉性和坚定性，使我们党始终保持无产阶级先锋队性质，始终成为中国先进生产力发展要求、中国先进文化前进方向、中国最广大人民根本利益的忠实代表。

（三）意识形态建设要积极回应时代的挑战，不断实现理论创新

实践的发展是无止境的，马克思主义理论的发展也是如此。恩格斯曾说过：“我们所在的党没有提出任何一劳永逸的现成方案。我们对未来非资本主义社会区别于现代社会的特征的看法，是从历史事实和发展过程中得出的确切结论；脱离这些事实和过程，就没有任何理论价值和实际价值。”②恩格斯所描述的历史事实和发展过程实质就是社会实践。正确判断时代特征，准确把握发展趋势，不断进行意识形态的建设，是关系到马克思主义政党前途命运的重大问题，也是衡量马克思主义政党先进性的重要依据。随着全球化发展日益深入，科学技术发展日新月异，我们改革开放和现代化事业的不断前进，党执政条件和执政环境发生了显著变化，面临四个方面的挑战：一是来自资本主义制度的挑战；二是力图“修正”马克思主义，甚至否认马克思主义的思潮；三是新的时代条件下提出的一系列需要研究和回答的新问题；四是社会主义在新形势下不断改革的挑战。③ 这就要求我们党要以改革的精神来推动自身建设，在理论上要求总结新的实践经验，借鉴当代文明的有益成果，推动理论创新的发展，使自己的意识形态具有现实性，从而更好地对时代问题进行解答，对历史实践进行回应。正如江泽民所言：“什

---

① 朱兆中：《中国社会主义意识形态建设纵论》，上海人民出版社 2003 年版，第 262 页。

② 《马克思恩格斯选集》（第 3 卷），人民出版社 1995 年版，第 419 页。

③ 赵连章：《对加强我国主流意识形态建设的思考》，载《科学社会主义》2006 年第 2 期。

么时候我们紧密结合实践不断推进理论创新，党的事业就充满生机和活力；什么时候理论的发展落后于实践，党的事业就会受到损害，甚至发生挫折。"[①]中国共产党作为具有马克思主义宽广视野和创新精神的政党，坚持解放思想、实事求是、与时俱进的思想路线，善于创新、勇于创新，自觉地把思想认识从那些不合时宜的观念、做法和体制的束缚中解放出来，从对马克思主义的错误和教条式理解中解放出来，从主观主义和形而上学的桎梏中解放出来，把马克思主义基本原理与中国具体实际相结合，不断进行新的理论探索和理论总结，使党的意识形态成为一个具有创新和自我超越能力的开放体系。

(四)意识形态建设要有世界眼光和全球思维

邓小平理论、"三个代表"重要思想、科学发展观都是在经济全球化飞速发展和中国不断扩大参与其中的背景下产生的。在这个过程中，党的意识形态既受到强烈冲击，也显示出前所未有的生命力。我们党要用世界眼光、宽广的全球思维来对待自身的意识形态建设，把执政党意识形态建设放在全球范围内去加以审视和解读。要清醒地认识到全球化为不同社会制度的国家之间在经济、政治、文化等领域的接触、对话和交流提供了宽广的平台。我们党要把握住全球化为加强和改进自身意识形态建设所创造的新机遇，尤其要积极汲取其他国家包括西方发达国家执政党意识形态建设的经验教训，在全球化平台上展示出社会主义的价值所在和优越性。同时，又要看到在全球化时代，社会主义与资本主义这两种社会制度将长期并存，相互竞争，相互影响。党的意识形态建设是任重而道远，既要防范和化解西方意识形态的渗透和侵蚀，抵制和反对各种错误和反动的意识形态和思潮，又要不断增强社会主义意识形态的生命力和号召力。从而确保我们一方面能够积极参与到全球化进程中，不再固守封闭和僵化的发展道路，另一方面，能够保证我们在参与到全球化过程中坚持马克思主义和社会主义的正确方向不动摇。

（作者单位：中共日照市委党校）

① 《江泽民文选》(第3卷)，人民出版社2006年版，第334页。

新中国成立以来党领导社会主义文化建设的光辉历程

涂可国

新中国成立以来,中国共产党领导全国人民在进行经济建设、政治建设、社会建设的同时,广泛开展社会主义文化建设,取得了令人瞩目的辉煌成就。特别是改革开放30年来,我们党更加自觉更加主动地推动社会主义先进文化建设,为中国社会主义现代化建设和整个经济社会发展提供了有力的精神动力、智力支持、文化产品、行为规范和思想保证。实践表明,62年来,我们党在领导社会主义文化建设过程中,始终坚持同社会主义建设和社会主义改革相同步,始终同中国经济社会发展相适应,始终同中国共产党的发展壮大相一致,从而走出了一条具有鲜明中国特色、充分体现中国共产党人先进性、与社会主义宏伟大业相协调的文化建设之路。在纪念中国共产党成立90年之际,深入总结回顾62年来我党领导社会主义文化建设的发展历程、辉煌成就和宝贵经验,对于提高中国共产党领导社会主义文化建设的能力,促进新世纪中国文化大发展大繁荣,保障广大人民群众的文化权益,具有深远的历史意义和重大的现实价值。

在共和国不同的历史时期,我们党根据社会主义现代化建设的特点、要求、规律和环境变化,在社会主义文化建设的理想目标、主要任务、基本要求、重要原则和实现道路等方面进行了艰苦的理论探索和实践创造,取得了阶段性成果。1978年12月党的十一届三中全会作出了改革开放的伟大决策,实现了政治思想组织路线的拨乱反正,开创了社会主义文化建设的新局面。据此,可以把我党领导社会主义文化建设的伟大历程分为改革开放前30年和改革开放后32年两个大的历史时期。这两大时期又可以分为五个阶段。

一、第一阶段:从1949年新中国成立到1956年社会主义改造基本完成

从1949年到1956年整个社会主义恢复、改造与过渡时期,我们党领导社会主义文化建设取得了以下九大阶段性成果。

1. 明确提出了必将出现"文化建设的高潮"的论断。建国之初,在中国共产党和中央人民政府的领导下,全国人民在医治战争创伤、恢复经济发展的同时,着手发展科技、教育、文化事业,着力进行思想道德建设。建国后,毛泽东同志更加重视思想文化教育领域的工作,明确指出:"随着经济建设的高潮的到来,不可避免地将要出现一个文化建设的高潮。中国人被认为不文明的时代已经过去了,我们将以具有高度文化的民族出现于世界",充分表明了我党领导新生的人民政权致力于新兴文化建设的决心和勇气,这极大地鼓舞了全国人民投身于文化建设高潮社会实践中的斗志。

2. 领导进行旧有文化教育事业的改革工作。毛泽东同志在《为争取国家财政经济状况的基本好转而斗争》一文中明确指出:"有步骤地谨慎地进行旧有学校教育事业和旧有社会文化事业的改革工作,争取一切爱国的知识分子为人民服务"。在社会主义改造时期,我党所领导的教育改革工作,主要内容是加快实行国家对学校的领导,废除原来的反动政治教育,建立和加强革命的政治教育,着力解决教育向广大工农群众打开大门的问题。党要求大力开展扫盲运动,发展小学和中学并扩大吸收工农子弟入学,创建工农速成中学、工农干部文化补习班和技术进修班,积极发展和改革高等教育,1952年在全国范围进行院系调整,初步建立起社会主义教育体系。

3. 制定大力发展自然科学的政策。建国之初,新生共和国就成立了中国科学院。1954年春,中共中央批转中国科学院党组的报告,作出指示:"在国家有计划的经济建设已经开始的时候,必须大力发展自然科学,以促进生产技术的不断发展,并帮助全面了解和更有效的利用自然资源"。批示还系统地阐明了党的团结科学家的政策,确立了大力培养新生的科学力量和建立以中国科学院为中心、包括高等学校和各生产部门科学研究机构在内的全国科学研究工作体系的方针。

4. 积极引导广大知识分子进行科学理论学习。党在知识分子中广泛地组织了马克思主义基础知识和党的方针政策的学习。1951年,借助于党成立30周年的纪念活动和《毛泽东选集》的出版,推动在知识分子中学习中国共产党的知识和理论的热潮。党总结京津高校教师学习的经验,向全国高等学校和中等学校教师推广,并且逐步扩展到各界知识分子中去,成为全国

规模的知识分子的思想改造运动。这次学习运动,使大多数知识分子克服了旧思想,接受了新思想,树立了为人民服务的观念。

5. 开展了思想文化领域的批判活动。从1951年到1955年,党中央和毛泽东领导发动了五大批判运动,这就是:对电影《武训传》的批判、对胡适派资产阶级唯心主义的批判、对俞平伯《红楼梦》思想的批判、对胡风文艺思想的批判和对梁漱溟文化思想的批评。这五次文化批判活动对资产阶级思想进行了清理和批评,有力地宣传了历史唯物主义和辩证唯物主义。但批判过程中也暴露出把学术文化问题当成政治问题,并采取运动的办法来解决思想文化问题、流于简单化和片面化等弊端。

6. 提出了宣传唯物主义思想的根本任务。1955年3月,中共中央发布了《关于宣传唯物主义思想批判资产阶级唯心主义思想的指示》,强调指出,为了实现我国的社会主义现代化建设和社会主义改造,党在思想工作中的根本任务,就是宣传唯物主义思想,反对唯心主义思想,使广大干部和群众脱离资产阶级思想的影响,提高社会主义觉悟。《指示》就如何正确开展学术批评和讨论作出了一系列正确的原则规定,其中包括:“学术批评和讨论,应当是说理的,实事求是的。”“批评和讨论应当以研究工作为基础,反对采取简单、粗暴的态度。”“解决学术的争论,应当采取自由讨论的方法,反对采取行政命令的方法。应当容许被批评者进行反批评,而不是压制这种反批评。”学术讨论“应当分清政治上的反革命分子和学术思想上犯错误的人”等。这些规定不仅有助于纠正和防止学术批评、讨论中的偏差,使之沿着正确的轨道发展,也为后来我们党提出“双百”方针做了初步的思想准备。

7. 提出“双百”方针。1956年,根据马克思主义原理,结合我国的国情,毛泽东同志适时提出了“百花齐放,百家争鸣”的方针,指出:“百花齐放、百家争鸣的方针,是促进艺术发展和科学进步的方针,是促进我国的社会主义文化繁荣的方针,艺术上不同的形式和风格可以自由发展,科学上不同的学派可以自由争论……艺术和科学中的是非问题,应当通过艺术界科学界的自由讨论去解决,通过艺术和科学的实践去解决,而不应当采取简单的方法去解决。”“双百”方针的提出,不仅适应了国家迅速发展经济和文化的迫切要求,也为发展社会主义文化艺术和科学事业提供了科学指导,有力地推动了社会主义文化事业的健康发展。

8. 初步奠定了党对知识分子的政策基础。1956年,我国已基本完成对生产资料私有制的社会主义改造,开始探索中国自己建设社会主义的道路。在这一历史背景下,中央召开了关于知识分子问题的会议,周恩来代表中央宣布:经过建国后六年来贯彻执行党对知识分子的团结、教育、改造的政策,我国知识界已经发生了根本的变化;他们中间的绝大部分已经成为国家的工作人员,已经为社会主义服务,已经是工人阶级的一部分;社会主义建设必须依靠体力劳动和脑力劳动的密切结合,依靠工人、农民、知识分子的兄弟联盟。这个估计和判断奠定了社会主义时期党对知识分子正确政策的基础。

9. 发出了进行文化技术革命的号召。在1956年1月召开的关于知识分子问题的会议上,周恩来强调,社会主义时代比以前任何时代都更加需要充分地提高技术,发展科学和利用科学知识,科学是关系国防、经济和文化各方面的有决定性的因素,现代科学技术正在进行一日千里的突飞猛进,人类面临着一个新的科学技术和工业革命的前夕,我们必须急起直追,向现代科学进军。毛泽东在这个会上提出要进行技术革命、文化革命,革技术落后的命,革没有文化、愚昧无知的命,号召全党努力学习科学知识,同党外知识分子团结一致,为迅速赶上世界科学技术先进水平而奋斗。会后,制定了《1956—1967年科学技术发展远景规划纲要》。

二、第二阶段:从1956年到1978年十一届三中全会召开

从1956年到1976年,23年期间,我们党在领导文化建设过程中,走了弯路,使社会主义文化遭受重大挫折,但也取得了一些积极进展。

60年代初党和政府提出了《关于自然科学研究机构当前工作的十四条意见》和《关于当前文学艺术工作若干问题的意见》,对科学、文化、教育政策进行调整,积极贯彻落实科学和文艺工作中的"百花齐放,百家争鸣"方针;科学技术方面也取得了显著成果,1965年成功地爆破了中国第一颗原子弹,完成了人工合成牛胰岛素结晶;从1957年到1966年教育事业也取得了很大发展,高等学校毕业生近140万人。

由于我们党对在中国建设社会主义的艰巨性和复杂性估计不足,加之国内外出现了错综复杂的形势变化,导致中国文化建设遭受了较为严重的挫折,走过了一段曲折发展的路程。一是反右扩大化。1957年我党开展了以正确处理人民内部矛盾为主题的整风运动。在整风过程中,出现了极少数资产阶级右派分子乘机鼓吹所谓"大鸣"、"大放"、"大民主",向党和新生的社会主义制度放肆地发动进攻。这导致了毛泽东和党中央决定开展反击右派斗争,进而引发从数量和性质两个方面反右派斗争严重扩大化。二是从1964年到1965年在意识形态领域开展了过火的错误批判与斗争。在上个世纪60年代初我党进行的社会主义教育和"四清"运动中,以毛泽东为代表的党中央未能正确全面估计文艺界的形势,导致发动群众运动和政治斗

争来解决文艺问题。在文化部门、文艺单位和全国报刊上,对《李惠娘》、《谢瑶环》、《北国江南》、《早春二月》等许多戏曲和电影以及许多文艺理论观点公开进行政治批判。从1964年夏季开始,这种批判又扩大到学术界,各个学术领域都有一些代表人物和代表性的理论观点受到猛烈批判。三是发动了"文化大革命"。1966年至1976年的"文化大革命",是一场由领导者错误发动,被林彪、江青反革命集团利用,给国家和人民造成建国以来最严重挫折损失的内乱。在"文革"期间,全国文化事业遭到空前的破坏和摧残,大部分文化机构被撤销,文化工作者的社会地位空前下降,他们当中的许多优秀分子遭到迫害,人们的思想观念受到禁锢。

从1976年"文革"结束到十一届三中全会召开,党领导全国人民在致力于恢复经济工作的同时,努力推动教育、科学、文化工作走向正常化。但由于长期"左"的错误造成的政治上、思想上的混乱不容易消除,特别是受到"两个凡是"的桎梏,全国的文化工作仍处于徘徊前进的状态。这期间,我党领导文化建设所取得的成绩主要表现在积极推动教育、科学恢复性发展。1977年8月8日在科学和教育工作座谈会上,邓小平深刻阐述了我们国家要赶超世界先进水平必须从科学和教育着手,必须调动知识分子积极性,尊重劳动、尊重人才,必须改革和改进教育科学体制和机构、教育制度和教育质量和科研教育后勤工作。一大批文化工作者重新恢复工作,文艺创作逐步活跃起来,在"文化大革命"中被废弃的学校考试制度得到恢复,全国高等学校1977年重新通过统一考试招收新生。1978年3月18日,在全国科学大会堂开幕式上的讲话和1978年4月22日在全国教育工作会议上的讲话中,邓小平进一步论述了科学技术是生产力,建设宏大的又红又专的科学技术队伍,改革科研部门体制,提高教育质量,造就具有社会主义觉悟的一代新人,教育事业必须同国民经济发展的要求相适应,尊重教师的劳动和提高教师的质量等问题。

三、第三阶段:从1978年党的十一届三中全会召开到1991年庆祝中国共产党成立70周年大会

以邓小平和江泽民为代表的中国共产党第二代和第三代领导集体,坚持把马克思主义关于文化的基本观点运用于当代中国文化建设的具体实践,继承和发扬民族文化的优秀传统,吸收和借鉴人类社会创造的一切文明成果,提出了物质文明和精神文明一起抓的战略构想,从精神文明的视角在理论和实践上指导了社会主义文化建设,促进了社会主义文化建设理论的新发展,并在实践中取得了一系列重要成果。

1. 提出并系统阐述了社会主义精神文明建设理论。20 世纪 70 年代末 80 年代初，以邓小平为核心的第二代中央领导集体提出了“两个文明一起抓”的战略思想，确立了社会主义精神文明建设的战略地位。在 1979 年的国庆讲话中，叶剑英同志首次明确提出了社会主义精神文明及其建设的概念和任务。1979 年 10 月，邓小平同志指出：“我们要在建设高度物质文明的同时，提高全民族的科学文化水平，发展高尚的丰富多彩的文化生活，建设高度的社会主义精神文明。”1982 年 9 月，党的十二大明确提出了建设高度的社会主义精神文明的任务。1986 年 9 月，党的十二届六中全会通过了《中共中央关于社会主义精神文明建设指导方针的决议》，系统阐述了精神文明建设的指导思想、战略地位、主要任务和基本方针，深刻揭示了物质文明建设和精神文明建设的辩证统一关系，明确提出把精神文明建设纳入社会主义现代化建设的总体布局，是新的历史时期加强我国社会主义精神文明建设的第一个纲领性文件。由我党所提出来的以“两手都要抓，两手都要硬”为基本特色的社会主义精神文明建设理论，不仅丰富发展了马克思主义、毛泽东思想关于文化的理论，而且构成了邓小平文化理论的重要内容，是邓小平理论的重要组成部分，成为指导这一时期我党领导社会主义文化建设的重要方针，开创了以社会主义精神文明为基本主题的文化建设新阶段。

2. 在思想领域既反“左”又防右。为了保证改革开放和现代化事业的顺利健康发展，在党的领导下，全国各地一方面广泛开展思想解放运动，破除“极左”造成的思想束缚，开展真理标准和关于人性、人道主义和异化问题的大讨论。另一方面，随着改革开放的深入及思想解放运动的发展，国内也出现了某些右的思想倾向和淡化思想政治工作的现象。为了让现代化事业沿着正确方向发展，从 1978 年底到 1989 年上半年，各地经常性地进行坚持四项基本原则的教育，于 1983 年下半年到 1984 年上半年集中开展清除精神污染活动，并于 1986 年到 1989 年着力进行反对资产阶级自由化的思想斗争，以改变思想政治工作薄弱的局面。为了坚持“一个中心、两个基本点”，各级党组织还具体抓了学习马列主义、毛泽东思想、学习《邓小平文选》以及社会主义和共产主义教育、党的基本路线教育、国情教育、民主法制教育、初级阶段理论教育、自力更生艰苦创业教育等一系列思想教育工作。

3. 积极推动开展各项精神文明建设活动。一是广泛深入地开展“五讲四美三热爱”活动和“全民文明礼貌月”活动。二是广泛开展创建文明村庄、文明单位和军民共建精神文明的活动，发动群众制定各种文明规约、守则，建立党员联系户制度，开展评选“五好家庭”活动。三是大力开展移风易俗、改造社会风气的活动，狠抓职业道德教育，纠正行业不正之风。四是不断开展学习英模活动,在“三优一学”活动基础上,又推出“学雷锋、树新风”及“树优评先”活动,全国各地大力总结表彰和推广了一大批各项文明建设活动中涌现出来的先进个人和先进集体。

4. 大力推进科学教育事业的改革与发展。1978 年 3 月,邓小平同志在全国科学大会上提出了科学技术是生产力、四个现代化的关键是科学技术现代化的著名论断,重新确定知识分子是工人阶级的一部分,极大地鼓舞了广大科学技术工作者。全国部分地区开始进行科技体制改革的初步尝试。1982 年党的十二大把教育和科技列为党的三大战略之一。1985 年 3 月,邓小平同志在全国科技工作会议上的讲话中提出,要建立新的科学体制,以进一步解决科技和经济结合的问题。3 月 13 日,中共中央作出《关于科学技术体制改革的决定》。1983 年 10 月 1 日,邓小平同志为景山学校题词,提出:“教育要面向现代化,面向世界,面向未来。”从而确立了新时期我国教育的根本指导思想。1985 年 5 月 27 日,中共中央作出了《关于教育体制改革的决定》,指出,教育体制改革的根本目的,是提高民族素质,多出人才、出好人才。《决定》还对基础教育、中等教育、高等教育的改革作了若干规定。1987 年 10 月,党的十三大提出:“社会主义初级阶段,是通过改革和探索建立和发展充满活力的社会主义经济、政治、文化体制的阶段”,必须“把科学技术和教育事业放在首要位置,使经济建设转移到依靠科技进步和提高劳动者素质的轨道上来”。在党中央关于科技教育体制改革方针的指导下,全国各地启动了科技教育体制改革,有关科学教育的管理体制、投入体制、人才体制等方面的改革逐步铺开,基础教育、中等教育和高等教育得到同步发展。

5. 积极推动文化事业的改革和发展。长期以来,过去一直延续的艺术表演团体管理体制越来越不适应艺术生产的需要,严重束缚着文艺事业的发展。全国文化体制改革首先从艺术表演团体改革开始破题。1983 年,艺术表演团体实行承包责任制的改革在全国推行开来。同年,国务院在《政府工作报告》中提出文艺体制需要有领导、步骤地进行改革,改革的目的是为了促进社会主义文艺的繁荣。1985 年 4 月,中共中央办公厅、国务院办公厅转发了文化部《关于艺术表演团体的改革意见》,对全国艺术表演团体改革的内容、范围、步骤等进行了全面部署。1988 年,文化部、国家工商总局发布《关于加强文化市场管理工作的通知》,文化部设立了文化市场司,从此我国“文化市场”走向合法化和公开化。随着经济体制改革的不断深入,文化领域也开始探索“承包经营责任制”、“以文补文”、“多业助文”等多种经营模式。1987 年,文化部、财政部、国家工商总局联合颁布《文化事业单位开展有偿服务和经营活动的暂行办法》,鼓励文化事业单位利用存量人才、技术和设备等条件,开展有偿服务,补充事业经费的不足。为了增强文化事业单位的活力,我党在文化事业各个领域有计划、有步骤地推动改革的深入和发展。一是领导进行艺术、表演团体的管理体制改革。扩大艺术团体的自主权,改革艺术表演团体内部管理体制、艺术经营和收益分配制度,实行承包责任制。为把艺术表演团体改革进一步引向深入,1988 年,国务院批转文化部《关于加快和深化艺术表演团体体制改革的意见》。1989 年,中共中央下发《关于进一步繁荣文艺的若干意见》,提出国家主办的全民所有制艺术表演团体要少而精,大多数艺术表演团体实行多种所有制形式,由社会各种力量主办。文艺事业单位改革充分调动了广大艺术工作者的积极性,增强了艺术表演团体的生机与活力,促进了艺术生产力的解放和艺术事业的发展。二是推进新闻出版事业的改革与发展。1983 年 6 月,中共中央、国务院作出了《关于加强出版工作的决定》,确定了新时期出版工作的性质、任务和指导方针,出版工作从以"阶级斗争为纲"转到以经济建设为中心的正确轨道上来,第一次明确提出了出版工作者首先要注重社会效果,同时要注意经济效果,并对发展出版事业提出了一系列重要措施。为了加强新闻出版事业的宏观调控和依法管理,1987 年初,中央决定对新闻管理体制进行重大改革,成立中华人民共和国新闻出版署,主管全国的新闻出版事业。1988 年 4 月,中宣部和新闻出版署联合发出有关出版社和发行体制改革的文件,明确要求在发展社会主义有计划的商品经济的条件下,必须改革政企不分,统得过死,出版单位缺乏自主权、缺乏活力的旧体制。根据党中央有关新闻出版改革的精神,全国各地新闻出版系统开始探索合并、重组,下放部分人财物管理权,推行各种形式的岗位责任制和承包责任制,实行事业单位企业化管理经营机制。新闻出版业开始由生产型向生产经营型转变,促进了事业的大发展。三是促进广播电视事业的长足发展。党的十一届三中全会到建党七十周年,全国广播电视事业进入全面改革振兴的新阶段,尤其是 1983 年第十一次全国广播电视工作会议上,中央提出"四级办广播、四级办电视、四级混合覆盖"的方针,极大地调动了全国上下办广播、办电视的积极性。1985 年之后,广播电视宣传改革迈出更大步伐,更明确地把增加信息量、提高社会效益作为改革的目标,由单一的新闻发展到带有思辨性的专题节目,增加了教育性和服务性节目,以小版块主持人的形式推出了专题性栏目。四是大力促进社会文化事业的兴起与发展。从实行改革开放一直到 1991 年,随着经济的不断发展,人民群众在物质生活得到逐步改善的同时,对文化生活的要求日益迫切。发展群众文化特别是农村群众文化,成为文化工作的重要任务。党的十一届三中全会以后,我党坚持改革,大胆探索,突破了完全依靠国家办文化的旧模式，开始探索国家、集体、个人一起上，多层次、多形式兴办群众文化事业的新路子。

四、第四阶段：从庆祝中国共产党建党 70 周年大会到 2002 年党的十六大召开

从 1991 年到 2002 年，我党所领导的改革开放事业进一步向纵深发展，以江泽民为核心的党中央第三代领导集体深入分析了国内国际经济形式的新变化、新格局，对文化发展和文化建设作出了新的分析、新的认识，把社会主义精神文明建设与文化建设提高到中国社会主义现代化事业的战略高度来加以强调和重视，进一步推进了我国社会主义文化建设，提出了较为完善的中国特色社会主义文化理论，取得了丰富的实践成就。

1. 进一步完善了社会主义精神文明建设理论。1992 年邓小平同志南方谈话和党的十四大提出了建立社会主义市场经济体制的改革目标，把我国改革开放和社会主义现代化建设推向一个新的发展阶段，社会主义精神文明建设也在新形势下取得了长足发展。1996 年 10 月，党的十四届六中全会通过了《中共中央关于加强社会主义精神文明建设若干问题的决议》，规定了精神文明建设的总的指导思想和要求。《决议》以文化事业的提高和发展为主题，对各项文化事业主要是文学艺术、新闻出版、哲学社会科学提出了明确的要求，成为建设社会主义精神文明的跨世纪行动纲领。

2. 创立了较为系统的建设中国特色社会主义文化建设理论。这一时期，以江泽民为核心的党中央在强调社会主义精神文明建设重要性的同时，还对建设中国特色社会主义文化作了系统阐述。在 1991 年庆祝中国共产党成立 70 周年大会上的讲话中，江泽民同志着眼于社会主义不仅要实现经济繁荣，而且要实现社会的全面进步，创造性地提出了有中国特色社会主义的经济、政治、文化是有机统一、不可分割的整体的论断，对有中国特色社会主义文化理论与建设作了全面的阐述，首次明确提出了“有中国特色社会主义文化”崭新概念。同时，江泽民阐发了有中国特色社会主义文化建设的主要内容和主要观点，构成了有中国特色社会主义文化建设理论的雏形。1996 年在全国宣传部长会议上，江泽民同志又把建设有中国特色社会主义文化提到事关中华民族前途命运的高度进一步加以强调。同年召开的十四届六中全会作出了《中共中央关于加强社会主义精神文明建设若干重要问题的决议》。《决议》总结了改革开放以来文化工作的经验，以文化事业的提高和发展为主题，对各项文化事业提出了明确要求，是精神文明建设和文化建设的跨世纪行动纲领。1997 年党的十五大召开，标志着党的第三代中央领导

集体关于有中国特色社会主义文化理论思想体系的形成。在大会报告中,江泽民系统阐述了有中国特色社会主义文化建设问题,全面制定了我国社会主义初级阶段文化建设的基本纲领。十五大报告指出:“建设有中国特色社会主义的文化,就是以马克思主义为指导,以培育有理想、有道德、有文化、有纪律的公民为目标,发展面向现代化、面向世界、面向未来的,民族的科学的大众的社会主义文化。”报告还明确阐明了社会主义文化与精神文明的关系,指出,有中国特色社会主义的文化,就其主要内容来说,同改革开放以来我们一贯倡导的社会主义精神文明是一致的。2000 年 2 月,江泽民在广东视察工作时,首次提出了“三个代表”的思想。他强调指出,我们党要始终代表先进文化的前进方向,我们党只要始终代表中国先进社会生产力的发展要求、代表中国先进文化的前进方向、代表中国最广大人民的根本利益,就能永远立于不败之地。在庆祝建党 80 周年大会上的讲话中,江泽民同志进一步系统阐述了“三个代表”重要思想。“三个代表”重要思想的提出,标志着以江泽民为核心的中央领导集体关于中国特色社会主义文化建设理论走向更加成熟,并由此实现了我党历史上继新民主主义文化理论之后的又一次文化建设理论的新飞跃,是对马克思主义文化理论的新贡献。

3. 倡导弘扬各种优秀精神。我们党历来特别重视崇高精神的作用,注重用它去教育人、影响人、引导人和塑造人,推动社会主义文化建设。毛泽东曾指出,人总是要有点精神的。邓小平曾概括提炼出五种革命精神,即革命加拼命精神,严守纪律和自我牺牲的精神,大公无私和先人后己的精神,压倒一切敌人、压倒一切困难的精神,坚持革命乐观主义、排除万难去争取胜利的精神。在新的历史时期,江泽民更加自觉地去认识和把握优秀的革命精神和时代精神,对时代精神的内涵、本质、作用、意义、形态等作了全面论述。江泽民 1998 年在全国抗洪抢险总结表彰大会上深刻指出,一个民族、一个国家,如果没有自己的精神支柱,就等于没有灵魂,就会失去凝聚力和生命力,有没有高贵的民族精神,是衡量一个国家综合国力强弱的一个重要尺度;在一定条件下,精神可以变物质,精神的力量可以转化为物质的力量。从历史角度看,优秀精神大致包括传统民族精神、革命精神和时代精神。对这三种精神的本质内涵和社会意义,江泽民作了充分的分析和估计。江泽民指出:“中华民族有着自己的伟大民族精神。这个民族精神,积千年之精华,博大精深,根深蒂固,是中华民族生命机体中不可分割的重要成分。”中华民族优秀精神主要有爱国主义精神,自力更生、自强不息精神,等等。江泽民认为,一个国家,一个民族,一个人,总要有点精神,赤忱爱国、自强不息、乐于奉献,是我们最宝贵的精神财富;自尊、自信、自强的民族精神,是求生存、图发展的一种志气，一种自信力，是我们民族的灵魂。对于革命精神，江泽民不仅重申要大力发扬邓小平提出的“五种革命精神”，还强调了长征精神、抗大精神等，并指出这些革命精神仍是激励我们克服困难、奋发进取的重要动力。对于时代精神，江泽民强调要学习大庆精神，并在十四大报告中明确要求应当大力倡导和弘扬五四精神，解放思想、改革创新的精神，尊重科学、真抓实干的精神，顾全大局、团结协作的精神，谦虚谨慎、崇尚先进的精神，艰苦奋斗、无私奉献的精神。1993 年，江泽民要求积极倡导为现代化建设所要求的“解放思想、实事求是，积极探索、勇于创新，艰苦奋斗、知难而进，学习外国、自强不息，谦虚谨慎、不骄不躁，同心同德、顾全大局，勤俭节约、清正廉洁，励精图治、无私奉献”64 字创业精神。新世纪伊始，在全国宣传部长会议上，江泽民又提出大力宣传和弘扬为实现社会主义现代化而不懈奋斗的精神，这就是：解放思想、实事求是的精神，紧跟时代、勇于创新的精神，知难而进、一往无前的精神，艰苦奋斗、务求实效的精神，淡泊名利、无私奉献的精神。

4. 提出“以德治国”的战略思想。在 2001 年的全国宣传部长会议上，江泽民向全党同志提出了“以德治国”的战略方针，把“以德治国”提到了治国方略的战略高度。强调要坚持不懈地加强社会主义法制建设，依法治国，同时也要坚持不懈地加强社会主义道德建设，以德治国。“以德治国”，把“德治”和“法治”紧密结合起来，这是中国共产党领导全国人民全面执行、行使管理国家职能以来，第一次比较系统地论述法治和德治的关系，第一次明确提出要把“依法治国”和“以德治国”相结合，是对马克思主义、毛泽东思想、邓小平理论关于国家学说和道德学说的丰富和发展，是对建设有中国特色社会主义规律性认识的升华。

5. 号召加强全社会道德建设。以江泽民为核心的第三代中央领导集体十分重视道德建设的落实。在 1986 年《中共中央关于社会主义精神文明建设指导方针的决议》中，还只是讲到要加强社会公德和职业道德建设，而没有提及家庭道德建设。进入 20 世纪 90 年代，我党多次强调要加强家庭美德建设，强调进行家庭美德教育。在 1996 年《中共中央关于加强社会主义精神文明建设若干重要问题的决议》中，就不仅提出要加强家庭美德建设，还提出了用以指导和调节家庭成员人伦关系的重要规范，即尊老爱幼、男女平等、夫妻和睦、勤俭持家、邻里团结。这种操作性极强的要求，对推动厂矿、机关、部队、学校、社区、村镇等文化建设，都具有重要意义。

6. 强调文化创新的思想。以江泽民为核心的第三代中央领导集体从社会主义现代化建设的战略高度，提出和发展了文化创新的思想，提出了理论创新、体制创新、科技创新等有关文化创新的新范畴、新观念。在我党思想史上第一次明确阐述了文化创新的重大意义,强调指出:创新是一个民族的灵魂,是一个国家兴旺发达的不竭动力;知识和技术创新是人类社会经济、社会发展的重要动力和源泉,科技创新已越来越成为当今社会生产力解放和发展的重要基础和标志,理论创新是引导社会前进的先导力量,创新是有中国特色社会主义文化不断进步的根本途径,也是有中国特色社会主义文化能够代表中国先进文化前进方向的根本动力和源泉。

7. 提出科教兴国战略。以江泽民为核心的党中央第三代中央领导集体在社会主义改革开放和现代化建设进入新的历史时期,提出了科教兴国战略。1995 年,江泽民在全国科学技术大会上的讲话中对科教兴国战略的概念、必要性、含义及意义作了全面的阐述。同年 9 月,江泽民在党的十四届五中全会上作了《正确处理社会主义现代化建设中的若干重大关系》的讲话,进一步阐释了科教兴国战略,并把这一战略与经济增长方式联系在一起。1997 年,江泽民在十五大报告中讲到经济体制改革和经济发展时,再次强调科教兴国,并把其作为 8 个经济发展战略之一,这是我们党首次在党的全国代表大会上全面阐述科教兴国战略,也标志着科教兴国战略思想的最终完成。1993 年 2 月,中共中央、国务院发布了《中国教育改革和发展纲要》。1995 年 5 月,党中央、国务院作出《关于加速科学技术进步的决定》,提出了要坚定不移地实施科教兴国战略。1996 年 3 月,八届全国人大四次会议根据《中共中央关于制定国民经济和社会发展“九五”计划和 2010 远景目标的纲要》,把实施科教兴国战略确定为今后 15 年国民经济和社会发展必须认真贯彻的 9 条重要方针之一。

8. 进一步促进精神文明建设活动。这一时期,我们党围绕推进社会主义精神文明建设提出了许多新举措、新战略、新任务。一是江泽民同志在 1994 年提出了宣传思想工作要以科学的理论武装人、以正确的舆论引导人、以高尚的精神塑造人、以优秀的作品鼓舞人著名论断。二是 1996 年党的十四届六中全会通过的《中共中央关于加强社会主义精神文明建设若干重要问题的决议》对文化建设作出了新的部署。三是在总结山东等地开展“社会文化先进县”活动经验基础上,文化部等部门将创建文化先进县作为一项重要创举和重点工程在全国部署开展,并于 1993 年 5 月表彰了第一批全国文化先进县。四是自 1991 年开始中宣部组织实施了精神文明建设“五个一工程”评选活动,文化部组织开展了“文华奖”、“群星奖”的评选活动。五是为进一步推动新闻出版工作的改革与发展,1995 年 4 月,中共中央办公厅、国务院办公厅转发了新闻出版署党组《关于进一步加强和改进出版工作的报告》,对社会主义市场经济条件下出版工作的基本思路和原则,深化改革、繁荣出版的具体目标和措施,作出了明确的阐述。

9. 首次明确提出了“文化产业”概念。2000年10月在党的十五届五中全会通过的《中共中央关于制定国民经济和社会发展第十个五年计划的建议》中党和政府第一次提出“文化产业”的概念,并明确要求“深化文化改革,建立科学合理、灵活高效的管理体制和文化产品生产经营机制……完善文化产业政策,加强文化市场建设和管理,推动有关文化产业发展。”文化产业发展和建设问题被首次列入了我国国民经济和社会发展规划之中。此后,我们党按照“文化事业”和“文化产业”、“文化产业”和“文化市场”的新思路积极推进文化体制改革和发展,充分发挥市场在配置文化资源中的重要作用。

10. 大力推进文化体制改革。1992年邓小平同志发表南方谈话和党的十四大召开确定了社会主义市场经济体制;与此相适应,我党在领导文化体制改革方面作出了新的探索。十四大明确要求,我国文化发展也必须与经济社会发展相适应,实现由行政配置资源向市场配置资源的转变。1996年党的十四届六中全会通过的《中共中央关于加强社会主义精神文明建设若干重要问题的决议》提出改革文化体制是文化事业繁荣和发展的根本出路。2001年中共中央批转中宣部、广电总局、新闻出版署《关于深化新闻出版广播影视业改革的若干意见》,提出文化体制改革要以发展为主题,以结构调整为主线,以集团化建设为重点和突破口,着重在宏观管理体制、微观运行机制、政策法律体系、市场环境、开放格局五个方面积极进行探索创新。

五、第五阶段:从党的十六大召开至今

2002年召开的党的十六大,从牢牢把握先进文化的前进方向、坚持弘扬和培育民族精神、切实加强思想道德建设、大力发展教育和科学事业、积极发展文化事业和文化产业和继续深化文化体制改革等六个方面对新世纪中国社会主义文化建设作出了新的战略部署。党的十六大以来,以胡锦涛同志为总书记的党中央在文化建设上进一步提出了建设和谐文化、建设社会主义核心价值体系、树立社会主义荣辱观等许多新思想,并就社会主义文化建设各项工作提出了新要求、新创举、新目标和新思路。

1. 提出构建“和谐文化”战略任务。2004年9月党的十六届四中全会通过的《中共中央关于加强党的执政能力建设的决定》作出了构建社会主义和谐社会的战略决策,对文化建设提出了新的更高要求。2006年在党的十六届六中全会通过的《中央关于构建和谐社会若干重大问题的决定》首次明确

地提出了“和谐文化”概念，并指出，建设和谐文化是构建和谐社会的重要任务。十七大报告再次强调要“建设和谐文化，培育文明风尚”，并指出和谐文化是全体人民团结进步的重要精神支撑。提出构建和谐文化是我们党一个重大理论创新，它对于整个社会文化建设具有重要指导意义。

2. 提出树立社会主义荣辱观。2006 年 3 月，胡锦涛同志在我们党历史上第一次提出了以“八荣八耻”为主要内容的社会主义荣辱观。“八荣八耻”具体是指：以热爱祖国为荣、以危害祖国为耻，以服务人民为荣、以背离人民为耻，以崇尚科学为荣、以愚昧无知为耻，以辛勤劳动为荣、以好逸恶劳为耻，以团结互助为荣、以损人利己为耻，以诚实守信为荣、以见利忘义为耻，以遵纪守法为荣、以违法乱纪为耻，以艰苦奋斗为荣、以骄奢淫逸为耻。

3. 强调要构建社会主义核心价值体系。党的十六届六中全会提出了建设社会主义核心价值体系的战略任务，指出：马克思主义指导思想、中国特色社会主义共同理想、以爱国主义为核心的民族精神和以改革创新为核心的时代精神、社会主义荣辱观，构成社会主义核心价值体系的基本内容。党的十七大又从社会主义核心价值体系是社会主义意识形态的本质体现的战略高度进一步要求建设社会主义核心价值体系，增强社会主义意识形态的吸引力和凝聚力，并强调指出，要巩固马克思主义指导地位，坚持不懈地用马克思主义中国化最新成果武装全党、教育人民，用中国特色社会主义共同理想凝聚力量，用以爱国主义为核心的民族精神和以改革创新为核心的时代精神鼓舞斗志，用社会主义荣辱观引领风尚，巩固全党全国各族人民团结奋斗的共同思想基础；要切实把社会主义核心价值体系融入国民教育和精神文明建设全过程，转化为人民的自觉追求，积极探索用社会主义核心价值体系引领社会思潮的有效途径，主动做好意识形态工作，既尊重差异、包容多样，又有力抵制各种错误和腐朽思想的影响。

4. 强调要不断提高领导社会主义文化建设的能力。进入新世纪新阶段，我们党根据党的建设所面临的机遇和挑战并存的国内外环境，提出必须大力加强执政能力建设。十六届四中全会通过的《中共中央关于加强党的执政能力建设的决定》专门提出了党要不断提高领导社会主义文化建设的能力，并指出要坚持马克思主义在意识形态领域的指导地位，不断提高建设社会主义先进文化的能力。

5. 制定了《国家“十一五”时期文化发展规划纲要》。中共中央办公厅、国务院办公厅于 2006 年 8 月 5 日颁发了《国家“十一五”时期文化发展规划纲要》。《纲要》确立了国家十一五时期文化发展的指导思想、发展目标，提出了要大力加强理论和思想道德建设，完善公共文化服务体系，大力发展新闻事业和文化产业，积极推进文化创新、民族文化保护和对外文化交流，加强人才队伍建设，制定完善文化政策和保障措施。《纲要》的颁布实施对于我国社会主义文化建设起到了有益的推动和指导作用。

6. 积极探索文化体制改革。随着改革开放向纵深拓展，我党对文化体制改革进行探索的步伐进一步加快。党的十六大对文化体制改革和发展提出了一系列新的论述，第一次将文化分为文化事业和文化产业，明确了整个文化体制改革的方向和目标，提出要抓紧制定文化体制改革的总体方案，把深化改革同调整结构和促进发展结合起来。2003 年 6 月，中宣部召开的全国文化体制改革试点工作会议上，研究部署文化体制改革试点工作，确定北京、上海、重庆、广东、浙江、深圳、沈阳、西安、丽江 9 个省市和 35 个单位为改革试点单位。2003 年 10 月，党的十六届三中全会进一步确定了深化文化体制改革的总体思路和目标要求。2003 年 12 月，国务院办公厅印发了《关于文化体制改革试点中支持文化产业发展和经营性文化事业单位转制为企业的两个规定的通知》。2004 年 9 月，党的十六届四中全会明确提出要深化文化体制改革，解放和发展文化生产力。党的十六届五中全会强调要构建公共文化服务体系，积极发展文化事业和文化产业。2005 年 4 月和 8 月，国务院、文化部等单位分别印发了《关于非公有资本进入文化产业的若干决定》和《关于文化领域引进外资的若干意见》，明确了非公有资本和外资进入文化产业若干领域的界限。2005 年 12 月，《中共中央、国务院关于深化文化体制改革的若干意见》提出了文化体制改革的指导思想、原则要求和目标任务，提出推进和深化文化事业、文化企业单位改革，加快文化领域结构调整，培育现代文化市场体系，健全宏观管理体制等任务。2006 年 3 月，中央召开深化文化体制改革工作会议，提出以发展为主题，以改革为动力，以体制机制创新为重点，以创造更多更好适应人民群众需求的精神文化产品为目标，深入推进文化体制改革，解放和发展文化生产力，促进公益性文化事业全面繁荣和文化产业快速发展，为建设社会主义先进文化作出新的贡献。以此为标志，文化体制改革全面展开，文化事业的改革与发展进入全面推进的新阶段。

7. 发出了兴起社会主义文化建设新高潮的伟大号召。当今时代，文化越来越成为民族凝聚力和创造力的重要源泉、越来越成为综合国力竞争的重要因素，丰富精神文化生活越来越成为我国人民的热切愿望。根据这一新的形势，党的十七大报告提出要坚持社会主义先进文化前进方向，兴起社会主义文化建设新高潮。据此，报告不仅提出了要建设社会主义核心价值体系、增强社会主义意识形态的吸引力和凝聚力，建设和谐文化、培育文明风尚等新要求,同时还提出了一系列新观点、新措施和新方法,这就是:激发全民族文化创造活力,提高国家文化软实力;弘扬中华文化,建设中华民族共有精神家园;推进文化创新,增强文化发展活力,在时代的高起点上推动文化内容形式、体制机制、传播手段创新,解放和发展文化生产力;大力发展文化产业,实施重大文化产业项目带动战略,加快文化产业基地和区域性特色文化产业群建设,培育文化产业骨干企业和战略投资者,繁荣文化市场,增强国际竞争力;运用高新技术创新文化生产方式,培育新的文化业态,加快构建传输快捷、覆盖广泛的文化传播体系;设立国家荣誉制度,表彰有杰出贡献的文化工作者;要充分发挥人民在文化建设中的主体作用,调动广大文化工作者的积极性,更加自觉、更加主动地推动文化大发展大繁荣,在中国特色社会主义的伟大实践中进行文化创造,让人民共享文化发展成果。这些是党的十七大报告对社会主义文化建设思想的重大理论创新。

(作者单位:山东社会科学院)

加速实现社会管理现代化是中国共产党的重要历史使命

郝立忠

中国社会管理现代化能否实现、如何实现，是关系到建设小康社会、实现党和国家长治久安的重大的现实问题。按照科学发展观的要求，加速推进社会管理现代化，是历史赋予中国共产党的重要历史使命。国家“十二五规划”提出加强和创新社会管理，提高社会管理科学化水平，建设中国特色社会主义社会管理体系，则正式吹响了中国社会管理现代化的号角，为我们指明了方向。

一、社会管理现代化是社会发展的必要条件

认识实现社会管理现代化的重要性和必要性，必须从管理在现代社会中的重要地位和作用入手。

（一）社会管理是人类社会必不可少的一项管理活动

管理是通过合理的计划、组织、协调和监督，使用最少的人力、物力和财力，最大限度地实现各种实践目标的活动，是一种长期而普遍的社会现象，它存在于人类社会的各个领域和各个层次，是维持人类社会的存在和推动人类社会发展的重要力量。人类社会进行的一切活动，无论是政治活动、经济活动，还是文化活动、教育活动等，都必须把管理作为起始的推动力量。

所谓社会管理就是政府和社会组织为促进社会系统协调运转，对社会系统的组成部分、社会生活的不同领域以及社会发展的各个环节进行组织、协调、服务、监督和控制的过程。与社会的含义相对应，社会管理按照其外延的大小一般有两种意义上的理解，一种是广义的社会管理，即指政府和社会组织对人类一切活动的管理，包括政治管理、经济管理、文化管理、社会生活管理等。它所面对的管理对象是所谓的社会三大部门。另一种是狭义的社会管理，是指政府和社会组织对社会生活领域的管理，主要包括计划生育、人口流动、教育、医疗卫生、劳动就业、社会保障、社会组织、社会治安等

方面的管理，这实际上是对社会子系统之一的“社会生活”领域的管理。

社会管理的主要目的：一是保持整个社会的和谐与稳定，二是充分调动和发挥广大人民的积极性和创造性，推动社会健康、持续、快速发展。不论是广义的社会管理，还是狭义的社会管理，其主要内容都不外乎以下几个方面：保障公民权利、维护社会秩序、协调社会利益、管理社会组织、提供社会安全网、解决社会危机等。具体而言，社会管理的巨大作用主要体现在三个方面：

其一，从促进社会发展的各要素的相互关系来看，经济的发展与社会的政治体制、文化教育和科学技术的发展是相互依赖、相辅相成的。要促进社会经济的高速发展，不仅要有发达的文化教育和科学技术，更要有适合经济发展的政治体制。因此，要搞好经济管理，就必须首先搞好社会的政治、科学、文化、教育等方面的管理，尤其是政治方面的管理。一个好的政治制度，能为社会经济提供一个良好的发展环境；一个好的人事管理机构，能为社会提供一支优秀的管理队伍，使其成为推动经济发展的强大力量；发达的文化教育可以为经济发展提供生产和管理两方面的优秀人才；自然科学技术则可以直接或间接地转化为生产力，推动社会经济的发展；而社会科学及其技术则为社会管理提供理论基础和方法论指导。这一切都需要社会管理的推动作用才能实现。可以说，社会管理是经济管理的前提和保障。社会管理搞不好，也就不能真正搞好经济管理。那种单纯的抓经济的管理方法，非但不能促进社会经济的发展，反而会误国误民，后患无穷。

其二，从经济体制改革和政治体制改革的相互关系来看，经济体制改革和政治体制改革，究其实质都是促进社会发展的管理体制改革，二者是密切相关的。经济体制改革必须有政治体制改革作保障。首先，它需要政治体制改革为其提供一支为政清廉、心底无私的优秀的管理队伍，把改革的精神化为推动整个社会经济发展的动力。其次，它需要政治体制改革为其提供一个科学合理的有利于社会经济发展的政治环境，排除一些不利因素对改革的干扰。再次，它需要政治体制改革为其提供一个良好的社会环境，确立起公平合理的竞争机制，杜绝劳而不获的现象。因此，政治体制改革是比经济体制改革更为根本的管理体制改革。

其三，从社会发展与社会稳定的相互关系来看，强化社会管理，是解决社会中诸多不和谐因素的根本途径。一个社会是否能持续稳定、和谐发展，人均 GDP 水平并不是唯一的重要因素，更为重要的还要看是否有一套好的制度安排，是否有比较完善的社会管理与服务体系。各国的发展规律已经证明，在人均 GDP 刚刚突破 3000 美元的阶段，仍然是社会矛盾的高发期。

但由于不同国家社会管理水平的差异,社会矛盾的爆发程度和社会局面的稳定程度也会产生巨大的差异。因为,社会矛盾并不能随着人均GDP的升高自然而然地化解,它必须通过深化政治体制改革和调整利益分配关系来实现。其中最根本的手段有两个:一是加强对社会管理系统的民主监督,二是促进社会的公正。否则,社会的稳定与和谐发展是很难实现的。

(二)社会管理现代化是中国现代化的先导和保证

社会管理是社会建设的灵魂和助推剂,因而要实现社会建设的现代化就必须以社会管理现代化为先导。而所谓的现代化是一个相对概念,它既是对某一时代世界先进水平的描述,也是一个国家、一个民族赶超世界先进水平的过程。西方发达国家把截止到上世纪60年代的工业化的实现及其过程称作是"现代化",而把工业化之后的阶段称为"后工业化"或"后现代化"。对于中国这样一个发展中国家而言,所要追求的现代化绝不仅仅是西方发达国家截至上世纪60年代的狭义"现代化",而是迄今为止包括工业化之后的"后现代化"在内的广义现代化,它以赶超当代世界先进水平为最终目标。因此,我们所要追求的社会管理现代化,实际上是迄今为止世界上最优秀的社会组织与管理水平。

现代化的社会管理的主要内容包括政府自身管理、公共事务管理、整个社会的组织与协调三个方面,是一个政府为主导的政府与社会互动的过程。由于社会的良性运行必须建立在结构协调和功能协调的基础上才能稳定持久,因而现代社会管理的主要任务就是不断对社会进行"结构性调整"和"功能性调整",保证社会的健康持续发展。一方面,社会结构对社会和谐起着根本性的作用。只有当社会各要素的联系具有较高的有序性、较合理的比例关系和排列方式、较严密的组织构成时,整个社会才会出现结构性协调。否则,如果社会有序性受到破坏,各方面的比例关系失去平衡,社会要素之间本来能够形成合力的地方,变成相互冲突、相互抵消,整个社会就会出现结构性失调。而在一般情况下,社会往往呈现出中性状态:协调因素和不协调因素都占一定比例,社会处于基本协调状态,这就需要依靠社会管理对其进行动态调整。但由于每一种社会结构都代表着一种既得利益的格局,就有种种维护这种既得利益从而也维护这种社会结构的利益集团,因而社会结构一旦形成就会有某种稳定性,即有一种维持原来的秩序、组织、比例的倾向,也就是通常所说的"社会运行的惯性"。这也是社会结构的调整往往要受到来自既得利益集团的阻力,从而困难重重的根本原因。另一方面,功能的协调在社会运行与和谐社会建设中也起着重要作用。功能与社会结构紧密相连:结构是功能的基础,功能则是结构在运动中发挥出来的作用。所谓功能性的调整,就是使社会功能从有到无、从不协调到协调,使社会各系统的活动和作用相互配合、相互促进。

从西方发达国家的现代化历程来看,社会管理现代化的最终目标有两个:一是包括政府、议会、司法等机构在内的整个社会管理系统运行成本(包括腐败带来的成本损耗)的最小化和运行效率的最大化;二是宏观社会管理目标实现程度的最大化。为了实现这两个目标,西方发达国家主要采取了以下措施:一、政府、议会、司法等机构在社会管理上相互协调,从制度和机构两方面建立起包括决策、协调、监督、控制在内的管理职能的均衡发展;二、实现立法、司法和行政权的相互制约与监督,避免其中任何一种权力缺乏约束,并通过选举、监督、弹劾等措施,对各级行政权力进行制约和监督,以避免腐败现象的发生;三、精简机构和人员,通过绩效评价、电子政务、民众监督等手段,控制社会管理成本,提高社会管理效率,防止不良现象的发生;四、通过普选、人员培训、管理现代化教育等手段,提高民众参政议政意识和自我管理意识,为社会管理现代化奠定民众基础,实现国家宏观社会管理政策与民众行为的对接。

中国和西方发达国家的社会发展状况有着巨大的差异,一个处于"工业化"之前,一个处于"工业化"之后,并不处于同一水平线上。因此,在中国实现现代化的过程中,必须遵循科学发展观的基本要求,坚持学习与创新并举,在学习西方先进经验的同时,根据中国的具体情况走具有中国特色的现代化道路,不能生搬硬套西方发达国家的做法。同时,必须看到,西方发达国家的社会管理措施,也是根据自己的国情制订的。中国要实现社会管理现代化,必须根据国情走自己的路,不能盲目照搬西方发达国家的模式。同时,我们还必须看到:虽然我们不能照搬世界发达国家已有的社会管理模式和经验,但社会管理现代化的共同目标和要求则是我们必须恪守的,即通过建设现代化的管理体系并实现现代化的管理手段特别是强化对整个社会管理体系的民主监督,以追求整个社会管理系统运行成本(包括腐败带来的成本损耗)的最小化和运行效率的最大化、宏观社会管理目标实现程度的最大化为根本目标;以宏观社会管理中包括决策、协调、监督、控制在内的管理功能的均衡发展和国家宏观社会管理政策与民众行为的有效衔接为根本要求,搞好社会管理系统工程建设,实现社会管理的一体化和科学化。

中国是一个有着两千年封建传统的发展中国家,正处于经济社会快速发展的时期,经济体制和政治体制都还不够完善。在这种情况下,我们要实现民族复兴,追赶西方发达国家,就必须具有更低的发展成本和失误、更高的发展速度和发展效率、更好的制度、更好的法律和更好的环境,而这一切,必须通过实现社会管理的现代化才能够得以实现——否则,仅仅依靠几千年遗留下来的老传统和老办法,是无法实现这一宏伟目标的。因此,在全面实现现代化的进程中,必须把社会管理现代化作为中国现代化的先导和保证,优先实现社会管理的现代化,以社会管理现代化带动全面现代化。

二、加速实现社会管理现代化是历史赋予中国共产党的历史使命

管理是社会发展的起始推动力量,管理现代化被认为是与工业现代化、农业现代化、国防现代化和科技现代化相并列的"第五个现代化"。管理现代化追求的是社会诸要素、生产诸要素的密切结合,以及社会资源和自然资源的高效利用,是社会和谐而高效地运转、人民幸福安康、团结向前的可靠保证,它贯穿于工业现代化、农业现代化、国防现代化和科技现代化之中。与其他几个现代化相比,管理现代化是一个更重要的现代化。

(一)影响当代中国社会管理现代化进程的主要因素

在当代中国社会,我们的民主和法制还不够健全,加上政府及各类社会管理机构之间缺乏强有力的相互制约和监督,导致了宝塔型权力机构和家长式管理方式的普遍存在,使由权力缺乏有力监督而导致的腐败现象屡禁不止;各级各类社会管理人员的管理现代化意识淡漠,封建主义的管理模式、管理方法和管理理念还没有从根本上得到清除;执政党和政府及各类社会组织之间普遍存在机构重复设置、功能重叠、人浮于事的现象,管理成本高昂,管理效率低下;执政党和政府及各类社会组织之间缺乏强有力的相互制约和监督,导致了宝塔型权力机构和家长式管理方式的普遍存在,使由权力缺乏有力监督而导致的腐败现象屡禁不止;执政党和政府及各类社会组织的社会管理现代化意识淡漠,封建主义的管理模式、管理方法和管理理念还没有从根本上得到清除;国家竞争体系和诚信体系也不够健全。在民众思想文化素质上,与西方发达国家相比,民众的文化素质普遍较低,封建思想的影响还根深蒂固,民主和法治意识不强、竞争意识"诚信"意识薄弱,都在一定程度上制约着中国社会管理现代化的进程。改革开放以来,随着自由主义、享乐主义、无政府主义等资产阶级思想的侵蚀,以及官本位和权大于法等封建专制思想的死灰复燃,更使整个中国社会管理队伍面临着前所未有的考验。如何彻底清除封建主义和资本主义的影响,在此基础上实现社会管理现代化,以社会管理现代化带动全面现代化,已经成为一个重大的历史任务,摆在全体中国人民面前。

(二)社会管理现代化是一个长期被忽视的现代化

新中国成立以来,党和国家始终高度重视社会管理工作,特别是改革开放以来,不断根据国内外形势发展变化加强和改进社会管理。经过长期探索和实践,初步形成了党委领导、政府负责、社会协同、公众参与,领导体系、组织网络、法律法规比较完备的社会管理格局。但毋庸讳言,在我国,管理现代化又是一个长期被忽视的现代化。我国有几千年的封建主义传统,新中国建立以后又在意识形态等方面长期与西方世界处于对峙状态,再加上对马克思"管理二重性"理论的长期误解,西方先进的管理经验特别是社会管理方面的经验一直得不到重视。改革开放以后,我们提出了工业现代化、农业现代化、国防现代化和科技现代化的"四个现代化"目标,而管理现代化并没有纳入目标体系当中。对西方先进管理经验的学习也仅仅局限于企业管理和金融管理的狭窄范围之内,并且往往是局限于操作流程的引进而不是整个管理系统工程的建设。因此,与其他几个现代化相比,我国在管理现代化方面同西方发达国家的差距更大,在社会管理的许多方面,封建主义的影响还很深远。

(三)实现社会管理现代化是历史赋予中国共产党的历史使命

目前,我国人均 GDP 刚刚进入 4000 美元,仍处于并将长期处于社会主义初级阶段,人民日益增长的物质文化需要同落后的社会生产之间的矛盾这一社会主要矛盾没有变,发展中不平衡、不协调、不可持续问题依然突出,整个社会管理系统解决各种社会问题的物质基础还比较薄弱,各种社会矛盾仍然比较尖锐。因此,作为执政党,如何带领其领导下的政府,从全中国最广大人民的根本利益出发,进行政治体制改革,彻底破除封建主义的影响,实现社会管理的现代化,以社会管理现代化带动全面现代化,是历史赋予中国共产党的历史使命.

令人可喜的是,在第十二个五年规划的开局之年,这种伟大使命感已经不再只是一种认识,而且已经列入了执政党及其领导下的政府的战略规划:《中共中央关于制定国民经济和社会发展第十二个五年规划的建议》明确提出"加强和创新社会管理。按照健全党委领导、政府负责、社会协同、公众参与的社会管理格局的要求,加强社会管理法律、体制、能力建设。"《国民经济和社会发展第十二个五年规划纲要》更是专门用一篇的篇幅部署"标本兼治加强和创新社会管理",强调要"适应经济体制深刻变革、社会结构深刻变动、利益格局深刻调整、思想观念深刻变化的新形势,创新社会管理体制机制,加强社会管理能力建设,建立健全中国特色社会主义社会管理体系,确保社会既充满活力又和谐稳定",这都充分显示了党和国家对社会管理创新的重视程度。胡锦涛同志2011年2月19日在省部级主要领导干部社会管理及其创新专题研讨班开班式上的讲话中,强调“加强和创新社会管理”,“对实现全面建设小康社会宏伟目标、实现党和国家长治久安具有重大战略意义”,更是把社会管理提高到了前所未有的高度来认识。

三、按照科学发展观的要求,加速推进中国社会的管理现代化

科学发展观是社会管理现代化的行动指南,社会管理现代化的实现程度则是检验科学发展观贯彻落实程度的尺度。因而,要实现中国社会管理的现代化,就必须按照科学发展观对社会管理现代化的基本要求,在实现社会管理现代化的过程中坚持全面发展、和谐发展和科学发展,在立足于中国国情的同时,坚持以最广大人民群众的根本利益为立足点和出发点,以人民的幸福为最终目标。

(一)以最广大人民群众根本利益为立足点和出发点

科学发展观坚持以人为本,坚持一切工作以最广大人民群众根本利益为立足点和出发点。根据这个原则,在当代中国社会管理中,我们做任何事情——无论是政治体制改革,还是经济体制、科技体制、教育体制、文化体制的改革,都必须把最广大人民群众的根本利益即国家和民族的长远利益放在首位,看是否有利于提高人民的生活水平,是否有利于增强综合国力,是否有利于社会的健康、持续发展,而不能从某一党派或某一集团的利益出发,把党派或集团的利益凌驾于人民利益之上、凌驾于法律之上,或是仅顾一时,片面考虑经济发展,把推动经济的一时发展作为目标。正如胡锦涛同志2011年2月19日在省部级主要领导干部社会管理及其创新专题研讨班开班式上的讲话中所指出的:“社会管理,说到底是对人的管理和服务,涉及广大人民群众切身利益,必须始终坚持以人为本、执政为民,切实贯彻党的全心全意为人民服务的根本宗旨,不断实现好、维护好、发展好最广大人民根本利益。”必须坚持人民主体地位,把群众满意不满意作为加强和创新社会管理的出发点和落脚点。

(二)坚持理论与实际相统一

科学发展观的科学性首先表现在理论与实际相统一。正确的、科学的理论必须与实际相统一,有一个从实践到理论,再从理论到实践的完整过程。任何理论,即使它是正确的、科学的,如果只停留在口头上,而不想或不能付诸实践,只能是空话。就社会管理而言,也是如此。社会管理现代化,是全面现代化的先导,是全面建设小康社会的关键所在。科学发展观为中国的全面现代化提供了世界观和方法论的指导,但它终究不是具体的管理

实践。要实现全面现代化,必须在马克思主义基本要求的指导下,通过实现社会管理现代化,把全国各族人民的创造性和积极性调动起来,形成组织严密、团结协调、低耗高效的现代化建设系统工程。

(三)坚持中国特色与世界视野的统一

管理系统工程的建设,包括管理理论和观念、管理机构和管理体系、管理方法和措施、管理监督和反馈等方面,直接目标是管理的低成本、高效率;最终目标是社会的高速、健康、持续发展,它实际上是一个实现社会管理现代化的过程。人类社会发展到21世纪,世界发达国家经过了几百年的发展,在社会管理以及政府管理等方面,已经十分成熟,社会运行质量已经达到了相当高的程度。在这种情况下,我们要赶超世界发达国家,必须以更强的民族凝聚力、更高的社会运作质量、更快的发展速度、更小的发展成本和损耗来保证。这就要求在社会管理中实现中国特色与世界视野的统一,使我们的社会管理现代化道路既有中国特色,由具有先进性。否则,忽视社会管理现代化的建设,走一步看一步,必然会丧失赶超发达国家的历史机遇。

(四)坚持走具有中国特色的社会管理现代化道路

进入新世纪以后,国家之间综合国力的竞争日益激烈,落后的社会管理模式必然造成人力物力资源的巨大浪费,影响社会的健康发展。因此,根据科学发展观和社会管理现代化的要求,在借鉴世界发达国家已有的社会管理经验的基础上,实现社会管理由传统模式向现代模式转型,走具有中国特色的社会管理现代化道路,是必然的选择。一是要根据马克思主义的基本精神,实现最广大人民根本利益与政治、经济体制改革的对接;二是要根据科学发展观的原则和要求,从科学发展观的基本内涵和要求出发,实现科学发展观与社会管理实践的有效对接;三是要根据社会管理现代化的原则和要求,实现中国社会管理理论与西方先进社会管理理论的有效对接,树立正确的社会管理理念。与此同时,还要把社会管理现代化作为基本国策,纳入国家的现代化战略,并大力加强民族精神的建设,提高公民素质。在此基础上,按照整个社会管理系统结构和功能的最优化,目标实现程度的最大化,和管理成本的最小化的原则,大力加强社会管理系统工程的建设,全面实现社会管理的现代化。

(作者单位:山东社会科学院)

历史性转变与中国共产党发展的主题和主线

刘大可　吕世忠

党的十七届四中全会决定指出，中国共产党成立以来，始终以实现中华民族伟大复兴为己任，带领人民不断取得革命、建设、改革的伟大胜利，相继实现了从半殖民地半封建社会到民族独立、人民当家做主新社会的历史性转变，从新民主主义革命到社会主义革命和建设的历史性转变，从高度集中的计划经济体制到充满活力的社会主义市场经济体制、从封闭半封闭到全方位开放的历史性转变。这三大历史性转变，集中体现了近代以来中华民族的历史性进步，充分证明了中国共产党为民族和人民作出的历史性贡献，是中国共产党认识世界、改造世界的伟大创举。回首历史，我们发现，三次历史性转变从未偏离我党发展的主题和主线，即为实现争取民族独立、人民解放，实现国家富强、人民共同富裕两大历史任务不懈奋斗，取得了举世瞩目的伟大成就和极其宝贵的基本经验。

一、三次历史性转变与中华民族命运的根本转变

从 1840 年鸦片战争开始，近代中国遭到绝大部分西方列强的侵略。这些国家通过经济的、政治的、军事的、文化的各种手段，强迫中国签订一系列不平等条约，使中国丧失独立和主权，成为一个半殖民地国家。帝国主义势力的入侵，既在客观上促进了资本主义的一定发展，又由于同中国封建势力相结合，竭力维护封建剥削制度及其上层建筑，不仅阻碍了民族资本主义的发展，而且使封建主义制度在已经有了一些资本主义成分的中国仍然占据统治地位，致使中国成为一个半封建的国家。帝国主义国家还在对中国的长期侵略奴役中造成一个为他们服务的官僚买办资产阶级。这个阶级和原有的封建地主阶级一起，成为帝国主义统治中国的两个主要的社会基础。代表这两个阶级利益的各派军阀、官僚势力，是帝国主义在中国的代理人，亦是中国积贫积弱的主要因素。因此，求得民族独立和人民解放，实现国家繁荣富强和人民共同富裕，是近代以来中华民族面临的两大历史任务。中国共产党从成立之日起，就始终不渝地担当起实现这两大历史任务的重任，

艰辛探索实现民族独立富强、人民解放幸福的正确道路，及时有力地领导并推进了中国社会的历史性转变。经过28年的浴血奋战，取得了新民主主义革命的胜利，建立了新中国。中国新民主主义革命的胜利，是20世纪继俄国十月社会主义革命和反法西斯的第二次世界大战之后，世界历史上最重大的政治事件。它从根本上改变了中国社会的发展方向，为实现由新民主主义到社会主义的转变，建立社会主义制度；为中国摆脱贫穷落后的面貌，实现国家繁荣富强和人民共同富裕，扫清了障碍，创造了必要的前提。

中华人民共和国的成立，标志着第一次历史性转变的实现。新中国的成立从根本上改变了中华民族的前途命运，开辟了民族复兴、国家富强的光明前景。从此，一个任人宰割、四分五裂、独裁专制、民不聊生的旧中国不复存在，一个独立自主、和平统一、人民民主、文明幸福的新中国如同一轮朝阳升起在世界东方。没有共产党，就没有新中国。我们党以马克思主义的先进理论为指导思想，在革命斗争实践中逐步成熟，从党内“左”、右倾错误中吸取教训，正确认识和解决了什么是中国革命的性质和任务、怎样进行中国革命等重大问题，把马克思主义基本原理同中国具体实际相结合，形成了毛泽东思想，开创了符合中国国情的新民主主义革命道路。

新中国成立后，党带领全国人民迅速医治战争创伤，恢复国民经济，发展新民主主义经济，进行各项社会改革，进而不失时机地提出过渡时期总路线，创造性地完成了从新民主主义革命到社会主义革命的转变，在中国建立起社会主义基本制度。在全面转入大规模的社会主义建设后，党又带领全国人民对适合中国国情的建设社会主义道路进行艰辛探索，不仅建立起独立的比较完整的工业体系和国民经济体系，而且积累了进行社会主义建设的重要经验。在中国这样一个经济文化落后和地区发展很不平衡的大国建设社会主义，是十分艰巨而复杂的任务。由于国际局势复杂多变，由于国内建设任务的艰巨繁重，由于缺乏领导建设社会主义的现成经验，1957年后发生了把阶级斗争扩大化和经济建设上急躁冒进的严重错误，1966年后甚至发生了10年严重的全局性的错误。但是，综观新中国成立后29年的历史，中国共产党领导社会主义革命和社会主义建设取得的成就是具有决定意义的，这些成就从根本上改变了中国人民的前途命运，为当代中国发展进步奠定了坚实基础。中华人民共和国成立后的29年，是深刻影响中国历史发展进程的29年，是中国共产党人在探索中前进、党和人民事业在曲折中发展的29年。回顾这29年的历史，邓小平同志指出：“社会主义革命已经使我国大大缩短了同发达资本主义国家在经济发展方面的差距。我们尽管犯过一些错误，但我们还是在三十年间取得了旧中国几百年、几千年所没有取得过的进步。”江泽民同志指出：“在党和毛泽东同志领导下，中国社会发生了天翻地覆的变化。中国从一个半殖民地半封建社会，进入到社会主义新时代。”胡锦涛同志指出：“在社会主义革命和建设时期，我们确立了社会主义基本制度，在一穷二白的基础上建立了独立的比较完整的工业体系和国民经济体系，使古老的中国以崭新的姿态屹立在世界的东方。”

社会主义基本制度确立后，我们党开始艰辛探索社会主义建设规律，取得了宝贵经验。但由于历史的原因，我们并没有完全搞清楚什么是社会主义、怎样建设社会主义的问题。党的十一届三中全会标志着我们党重新确立了马克思主义的思想路线、政治路线、组织路线，标志着中国共产党人在新的时代条件下的伟大觉醒，显示了我们党顺应时代潮流和人民愿望、勇敢开辟建设社会主义新路的坚强决心。以党的十一届三中全会为光辉起点，我们党终于从严重挫折中重新奋起，带领人民开始了一场新的伟大革命——改革开放，实现了中国社会的第三次历史性转变。我们党领导改革开放这场新的革命，所肩负任务的艰巨性和繁重性世所罕见，所面临矛盾和问题的规模和复杂性世所罕见，所面对的困难和风险也世所罕见。对此，我们党始终坚持解放思想、实事求是、与时俱进，开辟了中国特色社会主义道路，形成了马克思主义中国化第二次历史性飞跃的理论成果——中国特色社会主义理论体系，创造性地探索和回答了什么是马克思主义、怎样对待马克思主义，什么是社会主义、怎样建设社会主义，建设什么样的党、怎样建设党，实现什么样的发展、怎样发展等重大理论和实际问题，积累了宝贵经验。在改革开放的历史进程中，我们逐步建立起充满活力的社会主义市场经济体制，形成了全方位开放的发展环境，赋予了社会主义新的生机和活力；中国人民的面貌、社会主义中国的面貌、中国共产党的面貌发生了历史性变化。

中华人民共和国的建立，社会主义制度的确立，中国特色社会主义道路的开辟和发展，是三次历史性转变的必然结果。三次历史性转变，带来了中国社会翻天覆地的沧桑巨变，彻底改变了旧中国贫穷落后的面貌，成就了新中国的辉煌。特别是改革开放以来，我国综合国力大幅跃升，2010 年，国内生产总值达到 39.8 万亿元，居世界第二位，教育、科技、文化、卫生、体育事业全面进步。众多尖端科技领域处于世界领先地位，国防和军队建设取得巨大成绩，祖国统一大业迈出重大步伐。人民生活明显改善，人民过上了殷实的生活，基本权益得到保障，精神生活丰富多彩，总体上达到小康水平。特别是我们解决了十几亿人的吃饭问题，贫困人口大幅下降。这是一件了不起的事情，是对全人类作出的重大贡献。国际地位显著提高，现在，任何一个国家都不能忽视中国的存在,中国同世界的关系发生了历史性的变化。奥运会、残奥会、世博会的成功举办,显示了中国的力量,扩大了中国的影响。中国创造的奇迹,令世人惊叹;中国的发展前景,影响世界走向。今天的中国人,在世界上扬眉吐气。中华民族巍然屹立于世界民族之林。这些辉煌成就,充分显示了中国特色社会主义的优越性,展现了改革开放的伟大力量,极大增强了全国各族人民的自信心和自豪感,增强了中华民族的凝聚力和向心力,必将激励我们在新的历史征程上奋勇前进。正如胡锦涛同志指出的:"这三件大事,从根本上改变了中国人民的前途命运,决定了中国历史的发展方向,在世界上产生了深刻而广泛的影响。"

我们相信,我们党一定会以对国家和人民高度负责的精神,通过艰苦细致的工作和坚持不懈的努力,团结带领全国各族人民,解放思想、实事求是、与时俱进、开拓创新,加快解决经济社会发展中出现的各种问题,最终实现全面建设小康社会的宏伟目标,实现中华民族的伟大复兴。

二、中国共产党历史发展的主题和主线

党的历史发展的主题和主线,是党的历史活动的主要轨迹和脉络。90年来,中国共产党始终围绕近代以来中国社会面临的求得民族独立、人民解放和实现国家繁荣富强、人民共同富裕两大历史任务,团结带领全国各族人民进行不懈奋斗,这是党的历史发展的主题和主线。

(一)党的历史发展的主题和主线是历史的必然

近代以来中华民族面临的两大历史任务是中国共产党要完成的重要历史使命。完成两大历史任务,之所以成为党的历史发展的主题和主线,是由近代以来中国社会性质和主要矛盾决定的。

实现中华民族伟大复兴,是近代以来中华民族梦寐以求的社会理想。鸦片战争后,西方列强不断对中国进行军事、政治、经济、文化的侵略和渗透,中国逐步沦为半殖民地半封建社会,中国人民从此受到帝国主义和封建主义双重压迫,帝国主义和中华民族的矛盾、封建主义和人民大众的矛盾是社会的主要矛盾。这样,中华民族要实现伟大的民族复兴,就必须完成求得民族独立、人民解放和实现国家繁荣富强、人民共同富裕两大历史任务。这两大任务紧密相连,前一任务为后一任务扫清障碍,创造必要前提条件。为完成这两大历史任务,以挽救中华民族危亡为出发点,中国社会各阶级、各党派进行了不屈不挠的探索。但由于阶级局限性,农民阶级、地主阶级、资产阶级,都不能把中国从危难中拯救出来,都不能改变中国人民的境遇和命运。而中国共产党作为工人阶级的先锋队,代表中国新的生产力和生产关

系发展方向,代表中国最广大人民的根本利益,实现两大历史任务的重任就落在了中国共产党身上。

中国共产党自诞生之日起就自觉担负起完成两大历史任务、实现中华民族伟大复兴的历史使命。中国共产党坚持把马克思主义基本原理同中国具体国情相结合,深刻研究中国革命的特点和规律,创造性地走出了一条中国革命的道路,从而为中国人民争取民族独立、人民解放开辟了通向胜利的道路。在中国共产党的领导下,中国人民经过28年的艰苦奋斗,推翻了帝国主义、封建主义、官僚资本主义的统治,取得了新民主革命的胜利,建立了中华人民共和国,完成了求得民族独立和人民解放的历史任务,为中华民族伟大复兴创造了前提条件。

新中国成立后,我国进入了新民主主义社会。这个历史阶段是近代中国从半殖民地半封建社会走向社会主义社会的中介和桥梁,我国社会的主要矛盾在建国初期是广大人民群众同帝国主义、封建主义、国民党残余势力之间的矛盾;1952年年底,新民主主义革命任务特别是土地改革在全国完成后,中国社会的主要矛盾国内是工人阶级同资产阶级的矛盾,国外是中国同帝国主义国家之间的矛盾。这就决定了我国既要彻底完成民主革命遗留下来的民族独立和人民解放的历史任务,又要迅速恢复国民经济,进行社会主义改造,积极实现国家繁荣富强和共同富裕的历史任务。

1956年,我国创造性地完成了对个体农业、手工业和资本主义工商业的社会主义改造,初步建立起社会主义基本制度。虽然我国进入了社会主义社会,但我国是在生产力相对落后基础上建立起来的社会主义社会,我国社会主义处于并将长期处于社会主义初级阶段。这个社会阶段的主要矛盾是人民日益增长的物质文化需要同落后的社会生产之间的矛盾。这决定了我国必须大力发展社会生产力,集中力量进行社会主义现代化建设,满足人民日益增长的物质文化需要,努力实现国家繁荣富强和人民共同富裕的历史任务。

纵观中国近现代史,由中国共产党领导中国人民完成近代中国两大历史任务,是历史的选择、人民的选择;中国共产党成立以来90年的历史,就是为了实现中华民族伟大复兴,围绕近代中国两大历史任务,领导全国各族人民不断取得革命、建设和改革伟大胜利的历史。

(二)我们党何以能够始终把握主题主线

我们党之所以能始终把握主题主线,原因是多方面的。主要有:

第一,我们党是始终以实现中华民族伟大复兴为己任、具有高度历史责任感和使命感的党。中国共产党是由一批有着崇高理想、远大抱负、献身精神、高度负责的先进分子组成的，是中国工人阶级的先锋队，同时是中国人民和中华民族的先锋队。从诞生之日起，我们党就承担起领导民族复兴的历史重任，并为之进行了艰苦卓绝、前赴后继的不懈奋斗。在民族复兴道路上的每一步，共产党人总是冲在最前头，以大无畏的牺牲精神带领和感动着中国人民。他们是革命的先锋，建设的英模，改革的闯将。没有中国共产党的坚强领导和浴血奋斗，就不会有国家和民族今天的辉煌。我们要用已经取得的成就来鼓舞人民，更要看到与世界在很多方面仍然存在的巨大差距，必须时刻牢记“两个务必”，做到居安思危。

第二，我们党是以马克思主义为指导、用先进理论武装起来的党。中国在近代历史上之所以落后，关键是思想理念落后；中华民族的无数次奋争之所以失败，关键是没有正确的理论指导。产生于19世纪中叶欧洲的马克思主义，集人类文明之精华，揭示了社会发展的科学真理。尽管当时中国相当落后，但是由于中国人学习和接受了马克思主义，就一下子与人类最为先进的理念和由此造成的世界革命形势联系了起来。用这一科学的世界观、方法论武装起来的中国共产党人，深入而详尽地分析中国的问题，有效地不断解决中国的问题，领导人民一步步走向胜利，中华民族的复兴展现出无限光明的前景。在这个过程中，我们深刻认识到，马克思主义必须与中国实际相结合，必须随着时代的发展而发展，必须为全党所掌握并教育人民。毫不动摇地坚持马克思主义，毫不动摇地坚持马克思主义中国化、时代化、大众化，这是我们能够取得成功的根本原因。

第三，我们党是以全心全意为人民服务为根本宗旨、有着光荣传统和优良作风的党。中国共产党之所以能够赢得人民的支持，就在于她完全是为了人民的，而没有任何自己的特殊利益。全心全意为人民服务，集中体现了我们党的性质和宗旨。这不仅表现在党的路线方针政策上，很重要的还表现在共产党人的作风上。我们过去靠这个感动了中国人民这个“上帝”，推翻了三座大山。在改革开放的今天，仍然有一个怎样继续感动“上帝”的问题。党的优良传统作风，是我们的特殊政治优势。今天，我们要把这一宗旨和作风体现在党和国家的决策上，体现在各个方面的工作上，体现在涉及群众切身利益的具体问题的解决上，体现在党员干部的一言一行上。特别是在利益日益多元、复杂的情况下，要始终站在大多数人民群众的立场上想问题、办事情，首先要有这种强烈的意识。人民群众对我们党的态度，是衡量我们党是否保持了先进性、执政地位是否巩固的试金石。

第四，我们党是高度重视自身建设、以改革创新精神不断自我完善和发展的党。改造中国，其任务的艰巨性、复杂性、繁重性世所罕见，需要领导这一事业的党无比坚强。党的建设被称为革命和建设的一大法宝,原因就在这里。我们曾经把一个党内成分绝大多数是农民的党成功地改造为一个工人阶级先锋队组织,完成了领导中国革命的重任。这是一个伟大工程,也是一个伟大创举。现在,我们又面临着在长期执政、世情国情党情发生巨大变化的情况下,怎样把党建设好的艰巨任务。要继续发扬这种创新精神,完成这一新的伟大工程。我们党从不掩盖自己的缺点,是一个勇于进行自我批评、不断完善自己的党。要针对党自身存在的突出问题,从思想建设、组织建设、作风建设、制度建设和反腐倡廉建设等方面,全面加强和改进党的建设。特别需要根据历史条件的变化,创新党的领导方式、组织方式、活动方式等。

三、中国共产党成功把握主题主线的基本经验

90 年后的今天,我们还要认真总结中国共产党围绕近代中国两大历史任务而奋斗的基本经验,将其转化为不断开拓的智慧和力量,把中华民族复兴伟业不断推向前进。

1. 必须坚持和巩固中国共产党的领导地位。近代以来中国历史证明:只有中国共产党才能领导和团结全国各族人民担当起完成两大历史任务、实现中华民族伟大复兴的历史重任。90 年来,在中国共产党的领导下,我们已经完成了民族独立和人民解放的历史任务,国家繁荣富强和人民共同富裕的历史任务也取得辉煌成就。但中华民族伟大复兴是一项艰巨而复杂的任务,只有在中国共产党的领导下才能实现。在中国这样一个人口众多的发展中大国,要实现民族复兴的历史重任,必须有一个强有力的领导核心以凝聚社会各方面力量,保持社会和谐稳定。中国共产党以其先进性和全心全意为人民服务的宗旨,决定了党能够凝聚全国各族人民的意志,沿着中国特色社会主义的发展方向和共同富裕的目标,把中华民族伟大复兴事业不断推向前进。因此,坚持和巩固中国共产党的领导地位,不仅是历史的选择,而且是现实的需要。

2. 必须牢牢扭住经济建设这个中心。生产力是人类社会发展的最终决定力量,经济发展是社会全面进步的基础。以经济建设为中心,大力发展生产力,是实现国家繁荣富强和人民共同富裕的根本保证。新中国成立 60 多年的历史反复说明,什么时候坚持经济建设这个中心,国家就会富强,人民就会富裕;什么时候偏离经济建设这个中心,国家发展就会延缓,人民生活就会下降。中国共产党的执政地位是历史的选择,人民之所以选择中国共产党成为中国的领导核心,从根本上说是因为她能够领导中国人民实现民

富国强、振兴中华。当代中国仍处于并将长期处于社会主义初级阶段的基本国情没有变,人口多、底子薄、发展不平衡的状况还没有变,人民日益增长的物质文化需要同落后的社会生产之间的矛盾这一社会主要矛盾也没有变,发展仍然是解决中国所有问题的关键。必须牢牢扭住经济建设这个中心不动摇,推动科学发展,更加自觉、更加坚定地聚精会神搞建设、一心一意谋发展,坚定不移地实现民族复兴的伟大目标。

3.必须大力扩大人民民主。人民民主是社会主义的生命,人民当家做主是社会主义民主政治的本质和核心。中国共产党自成立之日起就把争取民主作为奋斗目标。随着新中国的成立,中国人民结束了长期以来受压迫和欺凌的历史,第一次成为新国家新社会的主人。但是,由于我国社会主义民主政治是建立在相对落后的经济文化基础上的,我国又缺乏民主法治传统,加上社会主义民主建立的时间还不长,人民民主的具体制度和实现形式还不够完善,人民群众的民主权利还受到各种因素限制,发展社会主义民主政治还要走很长的路。我们必须积极稳妥推进政治体制改革,发展社会主义民主政治,健全民主制度,丰富民主形式,拓宽民主渠道,依法实行民主选举、民主决策、民主管理、民主监督,保障人民的知情权、参与权、表达权、监督权,实现社会主义民主政治制度化、规范化、程序化,切实保障人民能依法管理国家事务和社会事务、管理经济和文化事业。

4.必须大力推进人民共同富裕。共同富裕是社会公平正义的必然要求,是社会主义的本质规定,是中国共产党的价值取向。共同富裕既不是同步富裕,也不是绝对平均主义,而是全体人民在社会发展的基础上共享发展成果。党在探索共同富裕的道路上,曾经搞过绝对平均主义,结果导致共同贫穷。改革开放以来,我国居民收入总体上有了很大提高,但贫富差距问题也十分突出,已经逼近社会容忍的“红线”,成为影响社会公平正义、和谐稳定的重要因素。这些经验教训启示我们,必须在经济发展的基础上,促进充分就业,合理调整收入分配关系,加快建立覆盖城乡居民的社会保障体系,建立基本医疗卫生制度,努力使全体人民学有所教、劳有所得、病有所医、老有所养、住有所居,逐步实现人民共同富裕。

(作者单位:山东社会科学院)

从革命到发展

——论改革开放以来中国共产党人马克思主义观的转型

李述森

马克思主义是中国共产党的根本指导思想。建党90年来，中国共产党人随着内外环境、目标任务和自身地位的改变，不断对马克思主义理论学说进行重新解读与诠释。在革命年代，中国共产党人主要挖掘的是马克思主义理论学说中的革命性内涵，将马克思主义主要看作是一种革命学说，而新中国成立后，国家的现代化建设事业被提到了首位，再将马克思主义主要看作是一种革命学说就不能满足时代的需要了，而必须大力挖掘其发展性内涵。以毛泽东为核心的党的第一代领导集体为此进行了初步的尝试，但中国共产党人马克思主义观的全面转型是在改革开放以后，由邓小平及其后的几代领导人完成的。中国共产党马克思主义观的转型体现了共产党人与时俱进的思想品格和以人民利益为旨归的价值目标。正因为有了这种转型，中国的社会主义建设事业才取得了举世瞩目的辉煌成就。

一

马克思主义是一个庞大的理论体系，包含世界观、方法论、战略策略等诸多方面的内容。但如果进行总体性地概括，马克思主义主要有两大内涵，即革命性内涵和发展性内涵。二者有机统一于马克思主义理论体系中，分别为无产阶级与共产党人不同时期的历史任务提供理论支持。

马克思主义首先是一种革命学说。作为人道主义者，马克思、恩格斯一开始就对资本主义采取强烈的批判立场，主张无产阶级通过暴力革命推翻资本主义雇佣奴隶制度。他们的早期著作《共产党宣言》就集中体现了这种革命性立场：资产阶级“使人和人之间除了赤裸裸的利害关系，除了冷酷无情的‘现金交易’，就再也没有任何别的联系了。……它把人的尊严变成了交换价值，用一种没有良心的贸易自由代替了无数特许的和自力挣得的自由。总而言之,它用公开的、无耻的、直接的、露骨的剥削代替了由宗教幻想和政治幻想掩盖着的剥削”①。无产阶级“是资产阶级的、资产阶级国家的奴隶,他们每日每时都受机器、受监工、首先是受各个经营工厂的资产者本人的奴役。这种专制制度越是公开地把营利宣布为自己的最终目的,它就越是可鄙、可恨和可恶”②。共产党人的最近目的是“使无产阶级成为阶级,推翻资产阶级的统治,由无产阶级夺取政权”③。共产党人的目的“只有用暴力推翻全部现存的社会制度才能达到”④。为了对无产阶级的革命斗争提供指导,1848 年前后,马克思、恩格斯还提出了一系列的理论与策略,例如不断革命理论、无产阶级在资产阶级革命中争夺领导权的理论、由民主革命引发社会主义革命的理论等等。

但与此同时,马克思主义也是一种关于发展的理论学说,尤其是强调生产力发展重要性的学说。生产力是马克思主义理论学说的核心概念之一,马克思恩格斯事实上将其看作是解决其他一切问题的基础与前提。他们对资本主义的批判虽然充满了道德性,但从根本上说,他们否定资本主义的理由还是因为资本主义阻碍生产力的发展。同样在《共产党宣言》中,马恩也对资本主义在发展生产力方面的历史性作用给予了大力的肯定:“资产阶级在它的不到一百年的阶级统治中所创造的生产力,比过去一切世代创造的全部生产力还要多,还要大。”⑤为了强调生产力的重要性,马克思在 1850 年代末期提出了“两个绝不会”:“无论哪一个社会形态,在它所能容纳的全部生产力发挥出来以前,是绝不会灭亡的;而新的更高的生产关系,在它的物质存在条件在旧社会的胎胞里成熟以前,是绝不会出现的。”⑥而在《资本论》中又特别指出人类社会发展是一种自然历史过程:“我决不用玫瑰色描绘资本家和地主的面貌。不过这里涉及的人,只是经济范畴的人格化,是一定阶级关系和利益的承担着。我的观点是:社会经济形态的发展是一种自然历史过程。”⑦再一个鲜明的例子就是 1874 年恩格斯受马克思的委托对俄国民粹派的批判。当时俄国民粹派试图在前资本主义的俄国发动社会主义革命,恩格斯为此批判道:“现代社会主义力图实现的变革,简言之就是无产阶级战胜资产阶级,以及通过消灭一切阶级差别来建立新的社会组织。为此不但需要有能实现这个变革的无产阶级,而且还需要有使社会生产力发展

①②③④⑤ 《马克思恩格斯选集》(第 1 卷),人民出版社 1995 年版,第 275 页,第 279 页,第 285 页,第 307 页,第 277 页。

⑥ 《马克思恩格斯选集》(第 2 卷),人民出版社 1995 年版,第 33 页。

⑦ 《资本论》(第 1 卷),人民出版社 1975 年版,第 12 页。

到能够彻底消灭阶级差别的资产阶级。……谁竟然断言在一个虽然没有无产阶级然而也没有资产阶级的国家里更容易进行这种革命,那就只不过证明,他还需要学一学关于社会主义的初步知识。”[①]19 世纪末期资本主义国家通过改良使无产阶级的状况得到了很大改善,马克思、恩格斯敏锐地注意到了这一点,因而对暴力革命也不再像早期那样强调了。

实际上,人的全面发展才是马克思、恩格斯关注的中心问题。革命是为人的发展创造有利的前提条件,但人全面发展的基础还是生产力的发展和物质财富的极大丰富。在《哥达纲领批判》中,马克思、恩格斯非常强调物质财富充分涌流的重要性,强调人的全面发展这一价值目标。

二

毛泽东同志说过,十月革命一声炮响,给中国送来了马克思主义。的确,中国共产党人是通过俄国了解和接受马克思主义的,或者说接受的是俄国化的马克思主义。俄国化马克思主义的重要特点是其强化马克思主义理论学说的革命性的一面,并将其看作是马克思主义理论学说的主要内涵。

中国共产党接受革命马克思主义学说是由中国的具体国情和面临的主要历史任务决定的。从生产力条件看,同俄国一样,中国不具备进行社会主义革命的条件。但在当时各国都纳入世界体系的情况下,一国发展道路的选择已不仅仅是一个内部问题,而是与外部环境紧密相关。列宁就说俄国的十月革命在很大程度上就是战争造成的人民毫无出路的结果。中国的情况比俄国更为严重。自鸦片战争以来,中国饱受西方列强的欺凌,中华民族面临的首要任务已不是按部就班地发展生产力,而是避免全面沦为西方列强的殖民地和实现民族独立。为寻求救国救民的真理,中国无数仁人志士作出了巨大的牺牲,尝试过各种方案。维持半封建的社会制度显然已经不可取,但西方资本主义发展模式也不能解决中国的问题,因为走这条道路不仅不能使中国尽快地实现独立自强,而且由于其原始性、粗野性,还加重了广大人民群众面临的苦难。

革命马克思主义学说以其特有的功能满足了中华民族的政治诉求。首先,它坚决地反对资本主义符合了广大人民群众的愿望。中国传统文化历来强调“合”而反对“分”,强调整体而反对个人主义。而资本主义的重要特

---

① 《马克思恩格斯选集》(第 3 卷),人民出版社 1995 年版,第 272 ~ 273 页。

征之一就是将人们划分成相互对立的阶级。这对需要凝聚民族力量以对抗外侮的中国人民是非常不利的。另一方面,当时中国社会生产力发展水平极其低下,大多数人民群众面临着难以生存下去的困境。在这种情况下,实行物竞天择、适者生存的自由资本主义发展模式,势必会使处于弱势的劳苦大众走向破产和死亡。人民群众从心理上不会接受资本主义。其次,它坚决地主张暴力革命,强化了人民群众争取自身解放的意志和力量。西方资本主义列强奴役中国靠的是武力。中国人民要实现独立只能以暴制暴。革命马克思主义主张阶级斗争、暴力革命和反对改良,这就能够调动起全体人民群众的力量,使他们看到尽快改善自己处境的希望,使他们认识到自身的解放要靠自己,自己的命运掌握在自己手里。再次,弱化了西方社会制度对于中华民族的心理政治优势,增强了中国人民对抗西方列强的信心和决心。众所周知,西方列强本来是以船坚炮利的形象进入中国人民的视野之中的。为了与西方抗衡,中国人最初谋求在器物层面模仿和学习西方,但不久就失败了。随后便有仁人志士力图移植西方资本主义的社会制度。但中国的国情与西方截然不同。移植西方资本主义制度不仅不可能成功,而且还会增强西方之于中华民族的精神优势,弱化中国人民争取民族独立的信心和力量。最后,俄国共产党人的帮助也是中国人民接受革命马克思主义学说的重要外部推动因素。在所有西方大国都欺侮中国的情况下,十月革命后的苏俄以平等的地位对待中国、帮助中国建党和对中国革命给予大力的帮助,自然增强了革命马克思主义学说的吸引力。

事实证明,革命马克思主义学说的引入的确大大推动了中国人民的解放事业。中国共产党人高举反帝、反资、反对压迫和剥削的大旗,迅速将一切爱国志士和精英人士凝聚了起来,形成了空前的民族合力。没有革命马克思主义学说就不会有中华民族的解放,就不可能有中国进行现代化建设的外部条件。当然,在自身争取解放的过程中,中国共产党人对革命马克思主义学说也有创新性的发展,比如农村包围城市的暴力革命道路,统一战线思想等等。

三

如上所述,中国共产党人是在特定的条件下、为了特定的目标接受了革命马克思主义学说、强化了马克思主义理论学说中的革命性内涵的。而一旦条件发生变化,再仅仅将马克思主义看作是一种革命学说就会带来消极的后果了。当时的中国和中国共产党面临的最大变化就是民族独立的目标基本实现,中国共产党已经由革命党变成了执政党。这时,摆在中国共产党面前的首要任务是领导中国人民进行现代化建设,大力发展生产力,在经济上完成资本主义没有完成的任务,而不是向社会主义过渡,一味地变革生产关系。毛泽东开始时在一定程度上还是认识到了这一问题的。他在1956年就说过"我们的根本任务已经由解放生产力变为在新的生产关系下面保护和发展生产力"①。但随后又回到了革命的老路上去。由于坚持革命马克思主义学说,导致认为通过暴力手段就可以过渡到社会主义,于是一味地改变生产关系,过早地废除私有制,导致人民公社这种兵营制度的建立。后来则是"文化大革命"的发生和无产阶级专政下继续革命理论的大行其道。解放后中国共产党人所以长期坚持革命马克思主义学说,既有外部环境的影响,也有自身的原因。就外部影响而言,前苏联是主要的。前苏联模式的理论基础是革命马克思主义学说,而我们移植前苏联模式,必然就会强化革命马克思主义意识形态。

长期坚持革命马克思主义学说必然会损害国家的经济发展和现代化事业。到1970年代末,中国的国民经济已到了崩溃的边缘,人民生活水平极其低下,与西方发达国家的差距越来越大。严峻的现实迫使中国共产党人重新思考国家的发展道路。在民族独立已有绝对保证的情况下,大力发展生产力和不断提高人民的生活水平就成了必然的选择。但要实现发展道路的转变,必须先进行观念的转变。对于中国共产党人而言,就是必须对马克思主义和社会主义进行重新的认识与诠释。以邓小平为代表的党的第二代领导集体在改革开放之初就清醒地认识到"社会主义是什么,马克思主义是什么,过去我们并没有完全搞清楚"②,并以极大的理论勇气去重新定义马克思主义的基本内涵,开始主要将马克思主义阐释为一种发展的学说,从而为中国的改革开放事业提供了坚实的理论基础。

中国共产党人对马克思主义的重新定位是在国际与国内双重视角下进行的。邓小平对国际格局和国际形势做了新的判断,改变了世界主题是战争与革命、两大阵营尖锐对立的传统观念。认为当今世界的主题是和平与发展,世界性战争已很难再打起来,我们国家的外部环境总体上是好的。在这种情况下,完全可以与世界发达国家和平共处,引进它们的资金与技术,发展同它们的贸易,做到互利共赢。这就使我们集中精力进行经济建设有了良好的外部条件。同时,就国内情况而言,中国面临的最大问题是生产力

① 《毛泽东选集》(第4卷),人民出版社1991年版,第378页。

② 《邓小平选集》(第3卷),人民出版社1993年版,第137页。

发展水平低下,人民的温饱问题尚未得到解决。因此,发展生产力是中国面临的头等重要的任务。在这方面,中国共产党人能够从马克思主义理论学说中找到强有力的理论支持。因此,早在1950年邓小平就深刻指出:“共产党就是为发展社会生产力的,否则就违背了马克思主义理论。”①进入改革开放时期后,邓小平更是进一步将发展生产力作为社会主义的“中心任务”、“压倒一切的标准”,强调“马克思主义的基本原则就是发展生产力”。中国共产党人对马克思主义的重新认识是同对社会主义本质的看法紧密联系在一起的。邓小平明确提出我们现在所处的发展阶段是社会主义初级阶段。“社会主义本身是共产主义的初级阶段,而我们中国又处在社会主义的初级阶段,就是不发达的阶段。一切都要从这个实际出发,根据这个实际来制订规划。”②总之,邓小平对马克思主义的重新认识为中国共产党人马克思主义观的转型奠定了基础。

四

进入21世纪以后,我国的改革开放不断取得新的成就,我们党对马克思主义理论创新也提出了更高的要求。江泽民在十六大报告中号召中国共产党人“大力弘扬求真务实、开拓进取的精神,不断深化对共产党执政规律、社会主义建设规律和人类社会发展规律的认识,不断丰富和发展马克思主义”。而“三个代表”重要理论的提出,可以看作是新一代中国共产党领导人在新形势下对马克思主义发展内涵的进一步深化与创造性运用。中国共产党始终代表全体中国人民的根本利益。这是马克思主义理论学说的应有之义,是社会发展的目的所在。中国共产党始终代表先进生产力的发展要求,完全符合马克思主义理论学说对生产力基础性作用的强调。中国共产党始终代表先进文化的发展方向,是从上层建筑层面对社会全面发展的提出的要求。

近些年来,以胡锦涛为总书记的党中央在更广阔的范围内和更深的层次上践行着马克思主义的发展学说。科学发展观的提出具有里程碑式的意义。在此之前,我们国家虽然也重视发展、推动发展,但更多的是从物质生产力的数量方面努力的。这是必要的。因为没有量的增长就不能为各方面的发展奠定强大的物质基础。但只追求数量的发展也带来了一系列的负面

---

① 《邓小平选集》(第1卷),人民出版社1993年版,第148页。

② 《邓小平选集》(第3卷),人民出版社1993年版,第252页。

后果。主要是社会不能全面协调发展,人与自然的关系得到了很大程度的损害,以至于导致发展的不可持续。科学发展观的提出适时地纠正了这些问题,是以时代的眼光、全球的眼光对马克思主义发展学说的正确运用。

和谐社会理念的提出从另一个侧面丰富了马克思主义的发展学说。马克思主义创始人设想的理想社会是物质财富充分涌流的社会,更是和谐的社会。人与人之间和谐,人与自然和谐,政治与经济和谐。以人为本是社会和谐的基础。马克思主义充分关注人的自由与尊严,认为人是发展的终极目的。个人的自由发展是整个社会自由发展的前提。

在21世纪的今天,中国共产党人的马克思主义观已经彻底实现了从革命内涵向发展内涵的转变。在马克思主义发展学说的指导下,中国共产党人一定能够承担起历史赋予的、带领中国人民走向繁荣富强的重任,最终实现中华民族的伟大复兴。

(作者单位:山东社会科学院)

论中国特色社会主义的文明特质与时代意义

王立行

自建党90年来,我们党在近现代中国与近现代世界的复杂剧烈激荡的国内外环境中,对社会主义与文明的追求孜孜不断,持之以恒;经历了波澜壮阔而又雄浑绚丽的光辉历程。追求社会主义、建立社会主义、建设社会主义、发展社会主义、繁荣社会主义,成为90年来我们党、我们国家、我们社会历史进程的主题和主线。

社会主义与文明紧密相连。马克思主义关于社会主义和文明的观点是我国社会主义建设的理论基础和指导思想。文明概念一直是马克思主义观察和分析人类社会与社会主义社会的视野。马克思、恩格斯第一次以唯物史观的视野,揭示了人类社会文明发展的基本规律。社会主义文明代替资本主义文明是人类社会文明历史发展的必然趋势,这是马克思、恩格斯在考察了人类社会文明发展规律尤其是资本主义文明后得出的科学论断。根据唯物史观的理论,社会生产方式和基本矛盾的运动和变化推动着社会文明向前发展,促使人类由野蛮状态走向文明状态,由文明的低级阶段走向文明的高级阶段。对于社会主义、共产主义是文明发展的必然历史趋势,恩格斯认为:文明经过不同的发展阶段,“这一文明能够逐步发展到共产主义”。恩格斯在《家庭、私有制和国家的起源》一书中赞同摩尔根对文明时代的评断,指出:“自从进入文明时代以来,财富的增长是如此巨大,它的形式是如此繁多,它的用途是如此广泛,为了所有者的利益而对它进行的管理又是如此巧妙,以致这种财富对人民说来已经变成了一种无法控制的力量。人类的智慧在自己的创造物面前感到迷惘而不知所措了。然而,总有一天,人类的理智一定会强健到能够支配财富,一定会规定国家对它所保护的财产的关系,以及所有者的权利的范围。社会的利益绝对地高于个人的利益,必须使这两者处于一种公正而和谐的关系之中。只要进步仍将是未来的规律,像它对于过去那样,那么单纯追求财富就不是人类的最终的命运了。自从文明时代开始以来所经过的时间,只是人类已经经历过的生存时间的一小部分。

社会的瓦解,即将成为以财富为唯一的最终目的的那个历程的终结,因为这一历程包含着自我消灭的因素。管理上的民主,社会中的博爱,权利的平等,教育的普及,将揭开社会的下一个更高的阶段,经验、理智和科学正在不断向这个阶段努力。这将是古代氏族的自由、平等和博爱的复活,但却是在更高级形式上的复活。"在未来的新社会——社会主义、共产主义社会中,每个人将得到自由而全面的发展。马克思、恩格斯明确指出:代替那存在着阶级和阶级对立的资产阶级旧社会的,将是这样一个共同体,在那里,每个人的自由发展是一切人的自由发展的条件。人的自由全面发展是社会主义文明和共产主义文明的本质特征,也是社会主义文明区别于其他一切文明的根本标志;这是人类社会文明发展的高目标,是人类文明的新境界。自 19 世纪中叶至今一个半世纪的世界发展史充分证明,马克思主义关于人类文明、资本主义和社会主义的论断是科学的、正确的,并没有过时。

一、90 年来对我们党社会主义与文明追求和建设的历史进程

社会主义在我们党 90 年的历史过程中一以贯之,形成一条鲜明的主线。对于什么是社会主义、怎样建设社会主义这样一个基本问题,我们党经历了一个长期的认识过程,逐步实现了从不成熟到成熟、从比较简单到比较深刻、从局部到整体、从片面到全面的转变,大体可以分为革命阶段、建设阶段、改革阶段。

(一)革命历史阶段

在这一阶段,我们党明确了在中国建立社会主义的奋斗目标,认定只有社会主义才能救中国,领导人民进行了民主民族革命,经过 28 年的艰苦斗争,推翻了帝国主义、封建主义、官僚资本主义的统治,实现了国家独立、民族解放和人民自主,建立了新中国,中华民族的发展从此开始了新纪元。在这个过程中,毛泽东提出了从新民主主义社会走向社会主义社会的思想。他在《新民主主义论》中指出:"我们共产党人,多年以来,不但为中国的政治革命和经济革命而奋斗,而且为中国的文化革命而奋斗;一切这些的目的,在于建设一个中华民族的新社会和新国家。在这个新社会和新国家中,不但有新政治、新经济,而且有新文化。这就是说,我们不但要把一个政治上受压迫、经济上受剥削的中国,变为一个政治上自由和经济上繁荣的中国,而且要把一个被旧文化统治因而愚昧落后的中国,变为一个被新文化统治因而文明先进的中国。一句话,我们要建立一个新中国。建立中华民族的新文化,这就是我们在文化领域中的目的。"在这里,文明是指新文化,它与新政治、新经济并列,共同组成新民主主义社会。

（二）社会主义建设历史阶段

在这一阶段，我们党根据人民的根本利益要求与社会主义原则，废除了土地私有制和资产阶级私有制，开始建立起社会主义制度，建立起独立的比较完整的工业体系和国民经济体系，建立起全国人民代表大会制度和民族区域自治等政治社会制度，实现了中国历史上最广泛最深刻最全面的社会变革。这次变革，创造性地实现了由新民主主义向社会主义的转变，确立了社会主义的基本制度，使东方这样一个大国全面进入了社会主义社会。这次变革，不是暴力剥夺的方式，不是暴力消灭地主和资本家，而是以和平赎买的方式进行的。这次社会变革和社会跨越，有力地支持和推进了世界社会主义事业。但是，在社会主义建设过程中，也存在着照搬外国社会主义模式的弊端，遭受了挫折。

（三）改革开放阶段

在这一阶段，我们党领导全国各族人民开创了中国特色社会主义道路，坚持以经济建设为中心、坚持四项基本原则、实行改革开放，建立社会主义市场经济体制，大幅度提高了我国的综合国力和人民的生活水平，为全面建设小康社会、基本实现社会主义现代化开辟了广阔的前景。早在改革开放的初期，邓小平就明确提出了建设高度物质文明和高度的社会主义精神文明的观点。他指出："我们的国家已经进入社会主义现代化建设的新时期。我们要在大幅度提高社会生产力的同时，改革和完善社会主义的经济制度和政治制度，发展高度的社会主义民主和完备的社会主义法制。我们要在建设高度物质文明的同时，提高全民族的科学文化水平，发展高尚的丰富多彩的文化生活，建设高度的社会主义精神文明。同心同德地实现四个现代化，是今后一个相当长的时期内全国人民压倒一切的中心任务，是决定祖国命运的千秋大业。"①邓小平在党的十二大开幕词中指出，把马克思主义的普遍真理同我国的具体实际结合起来，走自己的路，建设有中国特色的社会主义，这就是我们总结长期历史经验得出的基本结论；我们一定要兢兢业业地做好自己的工作，加强同全国各族人民的团结，加强同全世界人民的团结，为把我国建设成为现代化的，高度文明、高度民主的社会主义，为反对霸权主义，维护世界和平，推进人类进步事业，而努力奋斗。十二大明确提出，要把我国建设成为高度文明、高度民主的社会主义国家。十三大制定的党的基本路线提出，要把我国建设成为富强、民主、文明的社会主义

① 《邓小平文选》（第2卷），人民出版社1994年版，第208～209页。

现代化国家,并阐述了我国将长期处于社会主义初级阶段的观点。十四大以来,我们党强调:社会主义社会是全面发展、全面进步的社会。社会主义现代化事业是物质文明和精神文明相辅相成、协调发展的事业。全党同志必须全面把握两个文明建设的辩证关系,在推进物质文明建设的同时,努力推进社会主义精神文明建设。在当代中国,发展先进文化,就是发展有中国特色社会主义的文化,就是建设社会主义精神文明。十六大以来,我们党再次强调:建设中国特色社会主义,是以经济建设为中心,社会主义物质文明、政治文明和精神文明全面发展、全面进步的事业。

文明是比社会主义更久远、更具综合性的概念。文明是人类社会发展过程中整体进步状态的标识。从人类社会发展的历史来看,人类文明是人们认识自然、适应自然并按照自然规律改造自然,协同与自然的相互关系,同时组织社会、认识社会、改造社会,推动社会进步的过程。在这一过程中,由于人们的生存需求、发展需求和社会生产力发展的水平不同,呈现出不同的文明形态。从人类文明的整体状态来看,人类在社会、经济、政治、文化、生态方面的所有进步,都是人类文明整体的组成部分,各个组成部分相互依存、相互作用、相互促进、相互影响,从而推动了整个人类社会文明的进步。中国特色社会主义现代文明的建设过程,就是经济、社会、政治、文化、人与自然生态环境的全面协调发展进步的过程。这个协调发展进步过程的主要内容是以物质文明建设为中心,以精神文明建设为先导,以社会文明建设为主体,以生态文明建设为基础,以政治文明建设为保证,彼此互为条件、互相作用、互相促进的全面协调发展进步。

二、中国特色社会主义的文明特质

中国特色社会主义是符合本国国情同时适应时代特征的社会主义。它既具有显著的中国特色、中国风格,又具有鲜明的时代特征、时代风貌;它既不同于西方的资本主义,也不同于传统的社会主义、民主社会主义。它是一种和当代中国国情紧密结合的新型的社会主义。

(一)中国特色社会主义是由人民民主与政治文明相结合而形成的自主自觉型文明

中国特色社会主义民主政治是由全国各族人民共同当家做主而形成的人民民主型文明。中国特色社会主义坚持逐步扩大社会主义民主政治,不断发展社会主义政治文明,形成了具有鲜明中国特色的社会主义政治文明。这种人民民主型文明,以人民为国家和社会的主体,以工人阶级领导的、以工农联盟为基础的人民民主专政的社会主义国家为国体。这种国家性质决定了坚持党的领导、人民当家做主和依法治国统一的运行机制。这种国家性质与人民民主相适应。人民民主规定了国家的一切权力属于人民、来源于人民、服从于人民、服务于人民。人民是国家的主人、社会的主人、自己的主人。人民民主是社会主义的生命,人民当家做主是社会主义民主政治的本质和核心。人民当家做主不仅是社会主义的命脉,也是社会主义政治文明的命脉,理所当然的也是中国特色社会主义文明的命脉。也就是说,人民当家做主决定了中国特色社会主义的文明特质。民主是现代文明的主导性要素;没有民主就没有现代文明。民主是社会主义的决定性要素;没有民主就没有社会主义,就没有社会主义现代化。扩大社会主义民主、推进社会主义政治文明是一个长期的、均衡的、持续的进程,不可能一蹴而就。当代中国顺应经济社会的发展变化和适应人民政治参与和管理参与积极性和愿望的日益高涨,以保证人民当家做主为根本,以增强党和国家的活力、发挥人民的创造性、调动人民的积极性为目标,深化推进社会主义政治文明。我们依法实行民主选举、民主决策、民主管理、民主监督,保障人民的平等权、知情权、参与权、表达权、监督权,坚持科学执政、民主执政、依法执政、公正执政,推进决策的科学化、民主化、公开化,最广泛地动员和组织人民依法管理国家事务和社会事务、管理经济和文化事业。我们始终坚定不移地发展社会主义政治文明,深化政治体制改革,坚持和完善人民代表大会制度、中国共产党领导的多党合作和政治协商制度、民族区域自治制度以及基层群众自治制度,壮大爱国统一战线,推进社会主义民主政治制度化、规范化、程序化,更好地保护人民当家做主,巩固和发展民主团结、生动活泼、安定和谐的政治局面。我国的政治体制改革是社会主义政治制度的自我健全、完善和发展,始终坚持中国特色社会主义政治发展道路,坚持党的领导、人民当家做主、依法治国的有机统一,坚持社会主义政治制度的特点和优势,坚持从我国国情出发,从人民利益出去,实事求是。我们借鉴和吸收人类文明优秀成果,但绝不照搬西方政治模式,我们独立自主地走既遵循人类文明基本规律,又具有中国特色的社会主义政治文明之路。

(二)中国特色社会主义是以法治与德治相结合而形成规范的法治型文明

法治是人类文明进步的显著标志法的功能是指法内在所具有的有益的功能和效能。法的功能决定了其具有内在性、应然性、有益性的特点。法具有重要的规范功能,包括指引功能、评价功能、预测功能、强制功能、教育功能。法的社会功能包括法的经济功能、政治功能、文化功能、社会公共事务功能。改革开放以来,建设社会主义法制的进程加快,法治理念逐步深入人心,立法得到加强。党的十五大作出“依法治国,建设社会主义法治国家”的战略决策,同时提出到2010年形成有中国特色的社会主义法律体系的重大任务。党的十六大再次强调加强社会主义法制建设;要加强立法工作,提高立法质量,到2010年形成中国特色社会主义法律体系。到2010年底,我国已制定现行有效法律236件、行政法规690多件、地方性法规8600多件,并全面完成对现行法律和行政法律、地方性法规的集中清理工作。目前,我国涵盖社会关系各个方面的法律部门已经齐全,各法律部门中基本的主要的法律已经制定,相应的行政法规和地方性法规也比较完备,法律体系内部总体做到了科学和谐统一。这样,一个立足中国国情和现实、适应改革开放和社会主义现代化建设需要、集中体现国家、党和人民意志的,以宪法为统帅,以宪法相关法、民法商法、行政法等多个法律部门的法律为主干,由法律、行政法规、地方性法规等多个层次的法律规范构成的中国特色社会主义法律体系已经形成。中国特色社会主义法律体系,是与我国社会主义初级阶段基本国情相适应、与社会主义基本原则和根本任务相一致、与当今时代特征和世情相适应的,由主题明确、门类齐全、结构完整、逻辑严谨、内部协调的全部法律法规所构成的统一整体。这样,国家经济建设、政治建设、文化建设、社会建设以及生态文明建设的各个方面实现了有法可依,整个国家和全社会进入了一个法制化、制度化、规范化、程序化、秩序化的轨道。中国特色社会主义法律体系的形成是我国社会主义民主法制建设史上的重要里程碑,是中国特色社会主义走向科学化、制度化、规范化、合理化、公正化的重要标志,具有重大的现实意义和深远的历史意义。首先,中国特色社会主义法律体系是中国特色社会主义永葆本色的法制根基。其次,中国特色社会主义法律体系全面规范和调整中国特色社会主义经济、政治、文化、社会及生态文明建设领域,使整个社会进入一个法治化、制度化、规范化、程序化的轨道。中国特色社会主义法律体系全面规范和调整中国特色社会主义经济,有利于建设和规范社会主义市场经济,有利于解放和发展生产力;具体言之,就是充分体现以及规范并保障社会主义公有制为主体、多种所有制经济共同发展的基本经济制度;规范并保障及引导市场在国家宏观调控下对资源配置的基础性作用;规范和完善以按劳分配为主体、多种分配方式并存的分配制度;规范和促进对外开放及国际经济合作与竞争及交流。总之,它有利于促进和维护国民经济持续快速健康发展,并使人民能够共享发展成果。再次,全社会大力弘扬社会主义法治精神,对全面贯彻落实依法治国基本方略、建设社会主义法治国家具有基础性作用。把加强宪法和法律实施作为弘扬社会主义法治精神的基本实践,不断推进科学立法、严格执法、公正司法、全民守法的进程。加强对全体人民的普法宣传教育，深入开展社会主义法治理念教育，特别是加强与人民群众生产生活密切相关的法律法规的宣传教育，推进全社会形成学法遵法守法用法的良好法治环境。

（三）中国特色社会主义是以科学发展观与以人为本价值观相结合而主导的科学发展型文明

经过60多年特别是近30多年的建设、改革和发展的实践，我们党提炼并确立了科学发展观的战略指导方针。科学发展观是马克思主义和科学社会主义关于发展问题的世界观和方法论的集中体现。发展是人类社会永恒的主题，是人们的普遍追求。发展观是关于发展的现象与本质、宗旨与目的、内涵与要求的总体看法和根本观点。发展观受世界观的统领，有什么样的世界观就会有什么样的发展观。唯物主义世界观为人们探索人类社会发展规律指明了方向、开辟了道路、打开了思路，使人们犹如在茫茫云海的迷雾中端正了航向、辨清了方位。科学发展观以马克思主义为指导，结合社会主义初级阶段的基本国情，贯彻了马克思主义基本原理，继承并发展了党的三代中央领导集体关于发展的重要思想和方针，在关于当代中国的发展战略、发展目标、发展宗旨、发展目的、发展布局、发展阶段、发展动力、发展要求、发展环境等重大问题上提出了一系列的新思想新观点新论断，从而形成了涵盖社会主义现代化建设各个方面的重要思想理论和方针政策，成为发展中国特色社会主义必须长期坚持与贯彻的重大战略思想和战略方针。科学发展观立足当代中国发展实际、指导全国现代化建设，借鉴和吸收了人类文明的共同优秀成果与当代世界发展的有益思想材料，是中国特色社会主义理论体系的有机组成部分。科学发展观体现了社会主义的本质要求。科学发展观的第一要义是发展，这是要实现体现社会主义本质、符合经济社会发展规律的科学的发展、又好又快的发展。社会主义发展的根本目的是不断实现好维护好发展好最广大人民的根本利益和权利，满足人的全面发展的需要。科学发展观的核心是以人为本，这就是要从最广大人民的根本利益出发来谋发展、促发展，不断满足人民日益增长的物质文化需要，做到发展为了人民、发展依靠人民、发展成果由人民共享，尊重人民的主体地位，发挥人民首创精神，始终把人民呼声作为第一信号，最终实现共同富裕、人民幸福、普遍尊严。社会主义的发展是在生产力与生产关系、经济基础与上层建筑之间的相互推动中推进的，经济发展是基础，同时也是物质文明主体，它能为政治发展、文化发展、社会发展奠定坚实的物质基础；而政治发展、文化发展、社会发展又反过来给经济发展以广泛影响。科学发展观的基本要求是全面协调可持续，这就是要坚持以经济建设为中心，全面实行和推进经济、政治、文化、社会及生态文明建设,夯实并促进现代化建设的全部门类及各个环节和各个方面之间的相互协调,夯实并促进生产关系与生产力、上层建筑与经济基础之间的相互协调,夯实并促进经济发展与人口资源环境之间的相互协调,逐步达到富强民主文明和谐的发展目标。科学发展观的根本方法是统筹兼顾,这就是发挥社会主义制度的特点和优势,正确认识和妥善处理全国社会主义事业中的重大关系,包括经济社会发展中的重大关系,统筹城乡发展、区域发展、经济社会发展、人与自然和谐发展、国内发展与对外开放。统筹中央与地方的关系,统筹个人利益与集体利益、局部利益与整体利益、当前利益与长远利益的关系,认真考虑和对待各方面的发展需要,正确反映和兼顾各方面的利益要求,充分调动全社会的发展积极性创造性主动性,从而保障发展的协调性协同性平衡性公平性,防止和避免发展的失衡、失序、失控,造成利益冲突、两极分化现象的出现。统筹国内国际两个大局,树立世界眼光,加强战略思维,善于从国际形势发展变化中把握发展机遇、应对风险挑战,营造良好的国际环境。既要总揽全局、统筹规划,又要抓住牵动全局的主要工作、事关群众利益的突出问题,着力推进、重点突破。

(四)中国特色社会主义是由改革发展与社会稳定有机统一而形成的稳定有序型文明

坚持将改革、发展与稳定的有机结合。改革开放30多年来,我们经过实践探索,把实施改革、促进发展与保持社会稳定有效结合起来,坚持了改革力度、发展速度与社会可承受程度的有机统一,确保了社会安定团结和稳定有序。当代中国大力实施改革、促进发展,又正确处理改革、发展与稳定之间的关系,把握改革是动力、发展是目的、稳定是前提的有机联系,把不断改善人民生活作为处理改革发展稳定关系的结合点,在社会稳定中推进改革发展,通过改革发展促进社会稳定。确立并实现改革发展与稳定的有机结合和有效统一,是关系中国特色社会主义现代化建设全局的重要指导方针。要推动社会主义现代化不断前进,就要不断地自觉地调整和改革生产关系与生产力、上层建筑与经济基础和社会不相适应的方面与环节。当代中国特色社会主义既坚定不移地大胆探索、勇于创新、敢于突破,又总揽全局、突出重点、分清先后循序渐进,在实践中积累经验,不断提高决策的科学性、增强改革措施的协调性,推进经济体制、政治体制、文化体制、社会体制以及其他各方面体制的相互协调,使改革获得广泛的社会认同和深厚的群众基础。

(五)中国特色社会主义是由公平正义与社会和谐相结合而形成的和谐型文明

社会和谐是中国特色社会主义的本质属性,是中国特色社会主义社会发展的方向和目标，同时又是国家富强、民族振兴、人民幸福的重要保证。构建社会主义和谐社会，是我们党以马克思列宁主义、毛泽东思想和中国特色社会主义理论包括邓小平理论和“三个代表”重要思想为指导，全面贯彻落实科学发展观，从中国特色社会主义事业总体布局和全面建设小康社会全局出发而提出的重大战略任务，反映了建设富强民主文明和谐的社会主义现代化国家的内在要求，体现了全党全国各族人民的根本利益和共同愿望。我们所要构建的社会主义和谐社会，是在中国特色社会主义道路上，中国共产党领导全体人民共同建设、共同享有的和谐社会。从中国特色社会主义总体布局出发，按照民主法治、公平正义、诚信友爱、充满活力、安定有序、人与自然和谐相处的总要求，以解决人民群众最关心、最直接、最现实的利益问题为重点，着力发展社会事业、促进社会公平正义、建设和谐文化、完善社会管理、增强社会创造活力，走共同富裕道路，推动社会建设与经济建设、政治建设、文化建设的协调发展。实现社会公平正义是中国特色社会主义的内在要求，处理好效率和公平的关系是中国特色社会主义的重大课题。讲求效率才能增添活力，注重公平才能促进和谐，坚持效率和公平有机结合才能更好体现社会主义的本质。我们通过深化改革、实行正确方针政策，努力提高全社会推动经济发展和其他各项事业发展的积极性，最大限度激发全社会的创造活力和发展活力。同时，在我国改革发展关键阶段，在经济体制深刻变革、社会结构深刻变动、利益格局深刻调整、思想观念深刻变化的条件下，我们把提高效率同更加注重社会公平结合起来，最大限度增加和谐因素，最大限度减少不和谐因素，不断促进经济效率提高、促进社会和谐。我们把实现好、维护好、发展好最广大人民的根本利益作为党和国家一切工作的出发点和落脚点，坚持发展为了人民、发展依靠人民、发展成果由人民共享，优先发展教育，大力促进就业，不断提高城乡居民收入，加快建立覆盖城乡居民的社会保障体系，加快发展医疗卫生事业，切实加强社会管理，加强生态文明建设，努力使全体人民学有所教、劳有所得、病有所医、老有所养、住有所居。我们要始终按照民主法治、公平正义、诚信友爱、充满活力、安定有序、人与自然和谐相处的总要求，大力发展社会事业，促进社会公平正义，努力形成社会和谐人人有责、和谐社会人人共享的生动局面。

（六）中国特色社会主义是由物质文明与精神文明相结合而形成的社会文明型文明

改革开放以来，我们党把发展社会生产力同提高全民族文明素质结合起来，推动物质文明和精神文明协调发展，更加自觉、更加主动地推动文化大发展大繁荣。我们既重视物的发展即社会生产力的发展,又重视人的发展即全民族文明素质的提高,坚持物质文明和精神文明两手抓,实行依法治国和以德治国相结合,为改革开放和社会主义现代化建设提供强大精神动力和智力支持、营造良好的舆论环境。中国特色社会主义是全面发展、全面进步的事业,是物质文明和精神文明相辅相成、协调发展的事业。我们把社会主义核心价值体系建设作为主线,贯穿到国民教育和精神文明建设全过程,坚持不懈地用马克思主义中国化最新成果武装全党、教育人民,用中国特色社会主义共同理想凝聚力量,用以爱国主义为核心的民族精神和以改革创新为核心的时代精神鼓舞斗志,用社会主义荣辱观引领风尚,巩固全党全国各族人民团结奋斗的共同思想基础。我们着力发展面向现代化、面向世界、面向未来的,民族的科学的大众的社会主义文化,贴近实际、贴近生活、贴近群众,深化文化体制改革,推进文化创新,激发全民族的文化创造活力,提高国家的文化软实力,推动文化事业和文化产业的不断发展、文化市场更加繁荣,使人民基本文化权益得到更好的保障,让人民共享文化发展的成果,使社会文化生活更加丰富多彩。

(七)中国特色社会主义是主张并实行和平外交与和谐世界相结合的人类和谐型文明

当今世界正处在大变革大调整之中。和平与发展仍然是时代主题,求和平、谋发展、促合作已经成为不可阻挡的时代潮流。世界多极化不可逆转,经济全球化深入发展,科技革命加速推进,全球和区域合作方兴未艾,国与国相互依存日益紧密,国际力量对比朝着有利于维护世界和平的方向发展,国际形势总体稳定。同时,世界仍然很不安宁。局部冲突和热点问题此起彼伏,全球经济失衡加剧,南北差距拉大,传统安全威胁和非传统安全威胁相互交织.世界和平与发展面临诸多难题和挑战。共同分享发展机遇,共同应对各种挑战,推进人类和平与发展的崇高事业,事关各国人民的根本利益,也是各国人民的共同心愿。我们主张,各国人民携手努力,推动建设持久和平、共同繁荣的和谐世界。为此,应该遵循联合国宪章宗旨和原则,恪守同际法和公认的国际关系准则,在国际关系中弘扬民主、和睦、协作、共赢精神。政治上相互尊重、平等协商,共同推进国际关系民主化;经济上相互合作、优势互补,共同推动经济全球化朝着均衡、普惠、共赢的方向发展;文化上相互借鉴、求同存异.尊重世界多样性,共同促进人类文明的繁荣进步;安全上相互信任、加强合作,坚持用和平方式而不是战争手段解决国际争端,共同维护世界和平稳定;环保上相互帮助、协力推进,共同呵护人类赖以生存的地球家园。当代中国同世界的关系发生了历史性变化,中国的前途命运日益紧密地同世界的前途命运联系在一起。不管国际风云如何变幻,中国政府和人民都高举和平、发展、合作旗帜,奉行独立自主的和平外交政策,维护国家主权、安全、发展利益,恪守维护世界和平、促进共同发展的外交政策宗旨。同时,纵观人类历史发展的过程,就是各种文明不断交流、融合、创新的过程。人类历史上各种文明都以各自的独特方式为人类进步作出了贡献。文明多样性是人类社会的客观现实,是当今世界的基本特征,也是人类进步的重要动力。历史经验表明,在人类文明交流的过程中,不仅需要克服自然的屏障和隔阂,而且需要超越思想的障碍和束缚,更需要克服形形色色的偏见和误解。意识形态、社会制度、发展模式的差异不应成为人类文明交流的障碍,更不能成为相互对抗的理由。我们应该积极维护世界多样性,推动不同文明的对话和交融,相互借鉴而不是相互排斥,使人类更加和睦幸福,让世界更加丰富多彩。

三、中国特色社会主义文明的时代意义

(一)中国特色社会主义是对社会主义的重大发展创新,为世界社会主义事业增添了生机和活力

中国特色社会主义理论是对马克思列宁主义、毛泽东思想的丰富、发展和创新,是马克思主义与中国实际和时代特征相结合的产物,是马克思主义中国化的最新理论成果。这一成果,突破了传统社会主义体制的束缚,将社会主义真正建立在现实基础之上,解决了什么是马克思主义、怎样对待马克思主义,什么是社会主义、怎样对待社会主义这个基本问题;并且进一步解决了社会主义国家应当建设什么样的党、怎样建设党,实现什么样的发展、怎样发展等一系列的基本问题,它以全新的创造性的科学社会主义理论和纲领、路线和方针,回答了时代对社会主义的挑战,解决了社会主义理论与本国实际相结合的根本问题,走出了一条具有本国特色同时又适合时代特征的社会主义道路,从而将经典社会主义提升到了现代社会主义水平,跟上了时代发展潮流,迈进了社会主义发展新阶段。中国特色社会主义不仅造福于13亿本国人民,而且对世界社会主义事业产生了巨大而深远的影响。上世纪90年代,苏联解体和东欧剧变,使世界社会主义事业遭受严重挫折,也使社会主义与资本主义在世界上的力量对比关系产生严重失衡,世界社会主义事业的发展处于困境。然而在这种低潮之中,中国特色社会主义建设的成功顶住了压力,在世界社会主义运动的恢复和发展中起到了中流砥柱的作用。中国特色社会主义是现代社会主义的一面光辉旗帜,引领世界社会主义运动从低谷走向发展。它的巨大成功,显示了社会主义的强大生

命力和社会主义制度的优越性，从而宣告了西方资本主义所鼓吹的“马克思主义过时论”和“社会主义失败论”的破产，并重新唤起世界劳动人民对社会主义的信念和信心。

(二)中国特色社会主义是对中华文明的重大发展创新，将中华文明提升到现代性高度，开创了中华文明发展的新阶段

胡锦涛指出：“中国是一个具有悠久历史的国家，也是一个正在发生深刻变革的国家。在五千多年文明发展的漫长进程中，中华民族以勤劳智慧的民族品格、不懈进取的创造活力、自强不息的奋斗精神创造了辉煌的中华文明，为人类文明进步作出了重大贡献。”①“中国将继续沿着中国特色社会主义道路前进。我们将以邓小平理论和‘三个代表’重要思想为指导，深入贯彻落实科学发展观，统筹城乡发展、区域发展、经济社会发展、人与自然和谐发展、国内发展和对外开放，更加注重解决民生问题，更加注重增强发展协调性，全面推进经济建设、政治建设、文化建设、社会建设，努力构建生产发展、生活富裕、生态良好的文明发展格局。”②中国特色社会主义与中华文明的有机结合，是中华民族发展史上的划时代的里程碑。一方面，中国特色社会主义给中华民族文明赋予新的灵魂和命脉，注入新的生机和活力，缔造新的文明形态，塑造新的文明形象，打造新的文明发展格局，开辟新的文明发展道路；另一方面，中华文明依托中国特色社会主义获得了新生，焕发了青春，走向复兴，重新恢复生命力创造力。我们党团结带领全国各族人民，高举中国特色社会主义旗帜，坚持中国特色社会主义道路，贯彻落实党的理论路线和方针政策，充分发挥社会主义的优势，充分调动全国各族人民当家做主创造财富的积极性，使社会面貌和国家整体状态发生了历史性的转变，社会生产力快速发展，综合国力大幅度提升，人民生活明显改善，国际地位和影响力显著提高，社会和谐稳定，社会主义经济建设、政治建设、文化建设、社会建设以及生态文明建设取得重大进展，创造了中国特色社会主义和中华文明相结合而成就的新形态。中国特色社会主义和中华文明的结合成功，宣告了西方一些人士鼓噪的所谓“中国崩溃论”、“中国威胁论”、“中国分裂论”、“中国统治论”的破产。中国特色社会主义和中华文明的结合成功，增强了人民的自信，提高了民族的尊严，提升了国家的形象。

①② 《十七大以来重要文献选编》(上)，中央文献出版社2009年版，第393页，第395页。

（三）中国特色社会主义是对人类文明的发展创新，开辟了人类发展的新道路新方式，开创了经济社会不发达国家走向成功繁荣的新途径

中国提出的实现世界持久和平、和谐世界的战略思想和外交方针，打造的和谐中国、和谐亚洲、和谐世界的国际战略布局，表达了世界人民要和平要发展的愿望和要求，为当代世界和人类发展指明了前进的新方向新目标，具有重大而深远的时代意义。仅在过去10年里，中国平均每年进口价值6870亿美元的商品，为相关国家和地区创造了1400多万个就业岗位。2010年中国国内生产总值实现10.3%的增长，为推动世界经济复苏作出了重要贡献。这充分表明中国发展是世界发展的一部分，中国发展得越好，对世界的作出的贡献越大。中国式的社会主义现代化建设的许多具体制度与具体做法不一定具有普适性，但蕴涵的世界观和方法论却有普遍价值，给世界很多国家的发展以启迪。

（作者单位：山东社会科学院）

中国共产党领导与中华民族伟大复兴

刘德龙

一部中国共产党的历史,就是党领导中国人民为中华民族伟大复兴而奋斗的历史。在这个奋斗过程中,中国共产党所经历的所有坎坷曲折,都与民族的命运密不可分;中国共产党所积累的体会和经验,都与民族的利益水乳交融。实现中华民族伟大复兴,坚持中国共产党的领导是必然选择和唯一途径。

一、实现中华民族的伟大复兴是历史赋予给中国共产党的庄严使命

实现中华民族伟大复兴是近代以来全体中国人民的夙愿,凝聚着每一位炎黄子孙的理想与希望。众所周知,华夏文明源远流长。在漫长的历史长河中,我国各族人民团结奋斗、自强不息,开发了祖国的锦绣河山,创造了灿烂的中华文明。自秦汉以来,经过近两千年的发展,至17、18世纪的"康乾盛世",中国社会相对稳定,经济总量居世界第一位。中国呈现出政治清明、社会安定、国力强盛、物产丰饶、百姓富庶的繁荣景象,为当时世界无国相匹敌,创造了世界历史上一个又一个奇迹,成为中华民族光耀千秋的复兴图样。但是到了清末时期,随着十八九世纪英法等国工业革命的完成,中国渐渐变得落后了,在资产阶级统治的西方世界,一种新的文明兴起并迅速发展。当时的清朝统治者却不看这个世界的大变化,夜郎自大,闭关自守,拒绝学习先进的科学技术。最后,在短短一百多年的时间里大大落后于西方国家,直至在西方列强的坚船利炮面前不堪一击。1840年鸦片战争的失败,在暴露中国生存危机的同时,也将中华民族挤向衰落的途程。一部挨打受辱的中国近代史,充满了中华民族难以忘怀的百年创伤。

为了挽救民族危亡,无数爱国志士一次次揭竿而起,一次次呼喊战斗。血与火的洗礼使他们逐渐懂得:处于半殖民地半封建社会的中华民族面临着两大艰巨的历史任务,求得民族独立人民解放和实现民富国强。无数志士仁人为救亡图存,纷纷起来寻求中华民族的自强之道。但是,由于没有正确的理论指导,这一次次革命都以失败而告终。从林则徐到严复,从太平天

国革命到戊戌变法再到辛亥革命，无数志士仁人为救亡图存、振兴中华、富国强民而苦苦探索，从未停止过。其中，孙中山“振兴中华”的口号给民族复兴带来了第一缕希望之光，“民主共和”，也是曾经最能激发中国人民信心和斗争的革命理想。然而，辛亥革命推翻了清朝的封建统治，却没有推翻帝国主义、封建主义、官僚资本主义三座大山。十月革命一声炮响，给中国送来了马克思主义。1921 年 7 月，马克思主义与中国工人运动相结合诞生了中国共产党。中国共产党的成立是中华民族历史上开天辟地的大事，从此中国革命的面貌焕然一新。用马克思主义武装起来的中国共产党自成立那天起，就是中国工人阶级的先锋队，同时是中国人民和中华民族的先锋队。中国共产党人在毛泽东思想指引下，坚持把马克思主义基本原理同中国具体革命实际相结合，开创了有中国特色的革命道路，取得了新民主主义革命的胜利，建立了社会主义制度。从此，中国人民在中国共产党的领导下，在社会主义建设、改革道路上不断探索，走出了一条中国特色社会主义道路的光明之路，取得了举世瞩目的伟大成就，中华民族伟大复兴的光辉前景愈加明晰。

二、中国共产党为实现中华民族伟大复兴而谱写的壮丽篇章

90 年来，中国共产党领导全国各族人民实现了三次历史性的巨变，谱写了中华民族伟大复兴的壮丽篇章。

第一，取得了新民主主义革命胜利，建立了新中国，为实现中华民族伟大复兴创造了政治前提。

1921 年中国共产党的成立，给灾难深重的中国带来了光明和希望。在领导新民主主义革命的 28 年中，中国共产党虽然历经风浪，在荆棘遍地的道路上十分艰难地前进，但始终不忘实现中华民族伟大复兴的庄严使命。从开展轰轰烈烈的第一次大革命运动到土地革命时期坚持农村革命根据地的伟大实践，从领导全民族的抗日战争到进行推翻蒋介石国民党反动政权的斗争，目标就是将中华民族带进新中国。在半殖民地半封建的国情下，离开彻底的反帝反封建革命，民族独立和人民解放根本无从谈起。中国共产党不负历史使命的突出之处就在于，它以领导推翻帝国主义和封建主义统治的革命斗争，显示了代表中国社会前进方向和最广大人民根本利益的先进性，从而创造性地开辟了一条民族独立和人民解放的独特之路。

中华人民共和国的成立，标志着中国近代以来无数仁人志士为之奋斗的民族独立、人民解放的基本历史任务的胜利完成，并由此开始了为实现国家繁荣富强、人民共同富裕的基本任务而奋斗的新征程；中华人民共和国的

成立,从根本上结束了100多年来中华民族遭受帝国主义侵略压迫的历史,中华民族一洗近百年蒙受的屈辱,开始以崭新的姿态自立于世界民族之林,占世界人口四分之一的中国人从此站立起来了;中华人民共和国的成立,从根本上结束了极少数剥削者统治广大劳动人民的历史,长期以来受尽压迫和欺凌的广大中国人民在政治上翻了身,第一次成为新社会、新国家的主人;中华人民共和国的成立,根本上改变了旧中国四分五裂的局面,迅速实现和巩固了全国范围(除台湾等岛屿以外)的国家统一,实现和巩固了全国各阶级阶层人民的大团结、社会政治局面趋向稳定,各族人民开始过上安居乐业的生活。

第二,建立了社会主义制度,实现了中国历史上最深刻的社会变革,为实现中华民族伟大复兴奠定了制度基础。

新中国成立后,党领导全国各族人民,仅仅用了三年就全面恢复了遭到严重破坏的国民经济。1953年,中国共产党根据国内经济、政治条件及国际形势的变化,正式提出了过渡时期的总路线,采取社会主义工业化和社会主义改造同时并举的方针,动员全党全国各族人民为实现总路线规定的任务而奋斗。至1956年,我国执行第一个五年计划的工业建设进展顺利,对农业、手工业、资本主义工商业的社会主义改造基本完成,社会主义基本制度在我国确立起来。

社会主义基本制度的确立,实现了中国历史上最深刻的社会变革,为实现中华民族伟大复兴奠定了制度基础。一是政治制度基础。它包括人民民主专政的根本制度和三大基本政治制度——人民代表大会制度、中国共产党领导的多党合作和政治协商制度、民族区域自治制度。二是经济制度基础。随着生产资料私有制的社会主义改造的完成,公有制经济的绝对优势地位得以确立,为后来改革、坚持和完善公有制为主体、多种所有制经济共同发展的基本经济制度奠定了基础。三是社会发展的其他制度基础。这包括教育、科学、文化、卫生、体育和社会建设等方面的基本制度。制度带有根本性、全局性、长期性,在始终不渝地坚持社会主义制度的前提下,根据我国实际,对制约社会进步和经济发展的体制机制进行改革创新,使社会主义制度不断焕发生机和活力。

第三,开辟了中国特色社会主义道路,迎来中华民族伟大复兴光明前景。

党的十一届三中全会彻底否定"以阶级斗争为纲"的错误理论和实践,作出把党和国家工作中心转移到经济建设上来,实行改革开放的历史性决策。30多年来,以邓小平同志为核心的党的第二代中央领导集体、以江泽民同志为核心的党的第三代中央领导集体和以胡锦涛为总书记的党中央,团结带领全党全国各族人民，承前启后，继往开来，接力推进改革开放伟大事业，谱写了中华民族自强不息、顽强奋进新的壮丽史诗，成功开辟了中国特色社会主义道路。中国特色社会主义道路，就是在中国共产党领导下，立足基本国情，以经济建设为中心，坚持四项基本原则，坚持改革开放，解放和发展社会生产力，巩固和完善社会主义制度，建设社会主义市场经济、社会主义民主政治、社会主义先进文化、社会主义和谐社会，建设富强民主文明和谐的社会主义现代化国家。

中国特色社会主义道路的开辟，迎来中华民族伟大复兴光明前景。30年来，我国以改革开放为强大动力，在民族复兴道路上，取得举世瞩目的新的伟大成就。我们成功实现了从“以阶级斗争为纲”到“以经济建设为中心”的转折、从计划经济体制到市场经济体制的转折、从封闭半封闭到全面开放的转折。我们坚持以发展为中心，综合国力迈上新台阶。2010年，我国经济总量上升为世界第二。我们还大力发展社会主义民主政治先进文化和社会事业，人民群众的政治、文化生活水平大大提高，社会和谐稳定得到巩固和发展等，这些成就，为实现中华民族伟大复兴迈开了最坚实的一大步。

三、中国共产党领导中华民族伟大复兴的经验启示

第一，实现中华民族伟大复兴必须不断推进马克思主义中国化。

一部中国共产党的历史，就是一部马克思主义中国化的历史。什么时候马克思主义与中国实际“结合”得好即坚持了马克思主义中国化，民族复兴的大业就会取得顺利发展，什么时候“结合”出了问题，民族复兴的大业就会遭受挫折。20世纪20年代末30年代初，在中国共产党内盛行将共产国际指示和苏联经验神圣化，照搬照抄马克思主义的本本，结果给中国革命带来了巨大损失。遵义会议后，以毛泽东为代表的中国共产党人坚持把马克思主义基本原理与中国革命的实际结合起来，实现了马克思主义中国化的第一次历史性飞跃，创立了马克思主义中国化的第一大理论成果——毛泽东思想。正是在毛泽东思想的指导下，我们取得了新民主主义革命和社会主义革命的胜利，建立了新中国和社会主义制度，为实现中华民族伟大复兴奠定了政治前提和制度基础。党的十一届三中全会以来，以邓小平、江泽民、胡锦涛为代表的中国共产党人，坚持解放思想、实事求是，不断推动马克思主义基本原理与中国国情和时代特征相结合，推进着马克思主义中国化，实现了马克思主义中国化的第二次历史性飞跃，形成了中国特色社会主义理论体系这一马克思主义中国化的最新成果。在此理论指导下，中国特色社会主义建设取得了举世瞩目的巨大成就，为实现民族复兴迈开了最有力

的一步。

第二,实现中华民族伟大复兴必须坚持走中国特色社会主义道路。

近现代中国的历史告诉我们:举什么旗,走什么路,不仅关乎中国社会的发展方向,更关乎中华民族的前途命运。为了拯救饱受列强践踏和欺凌的祖国,为了振兴遭受帝国主义宰割和蚕食的中华民族,实现中华民族的伟大复兴,无数仁人志士奋起寻求救国救民的真理和振兴中华的道路。无论是洪秀全,还是康有为、梁启超,再到孙中山、黄兴,都程度不同地以西方资本主义国家为师,提出了一个又一个方案,冀求摆脱落后挨打,实行资本主义制度,但最终结果都以失败而告终。以马克思主义为武装的中国共产党通过推翻帝国主义和封建主义统治的革命斗争,才从根本上改变了中华民族的命运,显示了社会主义的民族复兴之路。社会主义改造完成后,如何建设社会主义,发挥社会主义制度的优势,使国家更快发展起来,成为摆在全国人民面前的崭新课题。但是由于对如何走适合中国国情的社会主义道路缺乏规律性认识,机械照搬别国的模式,导致中国共产党在探索社会主义建设道路过程中发生了严重的失误,付出了沉重的代价,留下了深刻的历史经验和教训。改革开放以来,以邓小平、江泽民、胡锦涛为代表的中国共产党人,坚持独立自主,主张从中国人民和世界人民的根本利益出发,在国际上保持自己的独立地位,不与任何大国或国家集团结盟,奉行真正的不结盟政策。在发展道路上,坚持一切从中国社会主义初级阶段的实际出发,制定党在社会主义初级阶段的基本路线,成功开辟了中国特色社会主义道路,赋予了中华民族复兴新的强大生机。实践已经证明这是一条正确可靠的民族复兴之路。只有坚定不移地认准这条路走下去,才能确保中华民族伟大复兴的任务顺利完成。

第三,实现中华民族伟大复兴必须始终坚持以人为本的价值追求。

中国共产党的历史,就是领导中国人民闹革命、求富强、谋幸福的历史。从广泛意义上说,以人为本的价值追求贯穿于党领导中国革命和建设的整个过程。在民主革命时期,中国共产党“以人为本”的价值追求最主要表现在领导和依靠人民推翻三座大山,争取民族的独立和人民的解放,让人民摆脱长期以来被剥削、被压迫、被奴役的厄运。建国后,中国共产党“以人为本”的价值追求集中体现在让人民当家做主,领导和依靠人民进行社会主义建设,充分发挥人民群众建设社会主义的积极性、主动性和创造性,全心全意为人民服务。改革开放以来,以邓小平为代表的中国共产党人明确指出,社会主义的本质是最终实现共同富裕;人民“答应不答应”、“拥护不拥护”、“赞成不赞成”、“高兴不高兴”是新时期党制定基本路线和各项方针政策的出发点和归宿,是衡量党的路线方针政策是否正确的根本标准。在实践中,邓小平强调,要坚持社会主义方向,以经济建设为工作中心,实行改革开放,最大限度地保障和实现人民群众根本利益。进入20世纪90年代,以江泽民为代表的中国共产党人,提出的“三个代表”是一个有机的整体,它以生产力为逻辑起点,以文化为重要纽带,以人民利益为最终归宿。发展生产力也好,发展先进文化也好,归根到底都是为了满足广大人民群众的利益需求。新世纪以来,以胡锦涛为代表的中国共产党人始终把最广大人民的根本利益作为党和国家一切工作的出发点和落脚点,实现好、维护好、发展好最广大人民的根本利益,不断满足人民日益增长的物质文化需要,做到发展为了人民、发展依靠人民、发展成果由人民共享,促进人的全面发展。特别要以解决人民最关心、最直接、最现实的利益问题为重点,使经济发展成果更多体现到改善民生上。实践证明:只有始终坚持以人为本的价值追求,我们才能赢得人民群众的支持,才能凝聚全社会的智慧和力量,实现中华民族的伟大复兴。

第四,实现中华民族伟大复兴必须形成强大的民族凝聚力。

坚持统一战线的方针,团结一切可以团结的力量,调动一切可以调动的积极因素。这是实现中华民族伟大复兴的力量源泉。中华民族伟大复兴是全民族的事业,万众一心是这项事业成功的关键要素。20世纪初孙中山领导民族复兴的资产阶级革命运动之所以不能取得成功,重要原因之一就在于发动和组织民众的乏力。而20世纪中叶中国共产党领导民族复兴的新民主主义革命之所以获得胜利,最重要的原因就是调动了一切可以调动的力量、团结了一切可以团结的人,形成了强大的民族凝聚力。要实现中华民族的伟大复兴,必须要形成强大的民族凝聚力。必须充分调动人民群众的积极性,尊重人民的首创精神,发挥人民的主体作用;把广大人民的利益放在首位,始终把实现好、维护好、发展好最广大人民的根本利益作为党和国家一切工作的出发点和落脚点;必须把公平与正义作为社会建设的第一价值追求和目标,置于所有应解决的社会问题的首位。

第五,实现中华民族伟大复兴必须坚持中国共产党的领导。

中国共产党是领导中华民族实现伟大复兴使命的主心骨和顶梁柱。党的十七届四中全会通过的《中共中央关于加强和改进新形势下党的建设若干重大问题的决定》强调指出:“办好中国的事情,关键在党。坚持中国特色社会主义道路,推进社会主义现代化,实现中华民族伟大复兴,必须毫不动摇地坚持中国共产党的领导。”中国共产党在实现中华民族伟大复兴使命中的领导地位是由它的先进性所决定的。马克思主义思想武装是其理论科学性的体现;无产阶级先锋队、中国人民和中华民族先锋队的政党性质是其组织代表性的体现;代表中国先进生产力的发展要求、代表中国先进文化的前进方向、代表中国最广大人民的根本利益是其制定政策宗旨性的体现。这些方面构成的先进性是实现中华民族伟大复兴庄严使命的基本要求。实践层面上的历史检验和理论层面上的价值认定都向中国社会和中国人民揭示了一个真理:坚持中国共产党的领导是实现中华民族伟大复兴庄严使命的保障。坚持党的领导,必须要加强党的建设。与中国特色社会主义事业紧密联系、紧密配合的党的建设要始终贯穿改革创新精神,始终体现先进性这个根本,始终突出提高执政能力这个重点,始终贯彻党要管党、从严治党这个方针。

(作者单位:山东省社会科学界联合会)

当代党员领导干部正确政绩观形成的基本经验探析

刘要停

我们党和国家始终积极鼓励领导干部干事创业,并把工作成绩的大小、地方综合发展水平作为干部能力大小、能否得到重用的主要参照标准。目前,我们的领导干部干事创业的积极性很高,都在积极地想办法、出思路谋发展。我们社会这几年之所以能够得到快速的发展,人民群众所得到的实惠之所以有大幅度提高,与这种干事创业的主动性和能动性密切相关。在纪念建党90年之际,认真总结党员领导干部政绩观形成方面的经验,更好地激发党员干部干事创业的内在活力,很有意义。

一、党员领导干部要树立敢于创造政绩的观念

(一)我党历来非常重视政绩问题

政绩,在领导实践中,有时也称为实绩、成绩,指的是领导干部在执政期间所作出的工作业绩。政绩的大与小是衡量一个领导是否具备相应能力、是否真正为百姓办事的重要标准。在我党的历史上,中央几代领导人都高度重视政绩问题。毛泽东同志在新中国成立之初,就对全党作出了明确要求,要使生产事业迅速地恢复和发展起来,经济建设和社会事业发展要取得实实在在的成绩,并指出只有这样人民才会相信我们党,共产党的政权也才能得到人民的拥护。进入改革开放新时期后,邓小平同志多次指出,中央领导集体之所以得到人民群众的拥护,是因为搞了改革开放,提出了四个现代化的路线,真正干出了实绩。在新的历史条件下,江泽民同志反复强调,对领导干部的表现,党和人民归根到底还是要看他们的工作实绩。党的十六大以来,以胡锦涛为总书记的党中央非常重视政绩观建设。胡锦涛同志多次指出,领导干部要正确看待政绩,并以科学的标准衡量政绩。他多次强调,领导干部要干出政绩,要紧紧抓住"发展"这一执政兴国的第一要务,真正的政绩应是为官一任、造福一方,要为党和人民踏实工作,成绩要能够经

得起群众、实践和历史的检验。

(二)党员领导干部创造政绩的着力点

第一,要以讲政治的视角来指导干事创业。讲政治讲党性,是我党的优良传统。用政治的观点看政绩,要求领导干部在创造政绩过程中,认真学习党中央的方针政策,善于从政治上、从和谐稳定上、从经济社会发展的全局上着眼,认真分析判断整个形势的发展变化,统筹上级安排与地方实际两个大局,在结合本地实际中出实招、见实效,在解决和处理实际问题时注意政治影响和工作大局。这就要求地方的经济发展要与国家的方针政策和发展战略要求同步,不能为了地方的利益而损害整个国家的利益,时时注意维护国家的形象和人民的利益,保持中央的政令统一。

第二,要以群众的观点来指导干事创业。是为人民群众谋利益,还是为个人谋利益?这是衡量领导干部政绩观正确与否的分水岭。树立正确的政绩观,说到底就是要忠实实践党的宗旨,真正做到权为民所用、情为民所系、利为民所谋。共产党人的政绩,在于为了实现最广大人民群众的根本利益。为人民谋利益,为人民创政绩,把人民群众的冷暖时刻挂在心上,应该是每个人民公仆的终身追求。领导干部的真正政绩,主要体现在为最广大人民谋利益的过程中。领导干部要在坚决完成党的各项工作任务中体现出政绩,评价领导干部的工作是否是政绩、政绩的大小,最根本的是要看广大群众是否认可,这充分体现出党的各项工作任务与人民群众利益的根本一致性。坚持以群众观点来指导干事创业,还应充分调动人民群众的积极性,依靠群众的力量来完成各项工作,如果没有人民群众的支持,没有人民群众的奋力工作,光凭领导干部个人,是干不出任何政绩的。

第三,要以全面辩证的思维指导干事创业。全面的辩证的思维方式是领导干部树立正确政绩观的本质要求。要建立正确的政绩观,就要求我们用全面辩证的观点来看问题,“既要看经济建设成果,又要看社会进步;既要看城市变化,又要看农村发展;既要看硬环境的加强,又要看软环境的改善;既要看当前的发展,又要看发展的可持续性;既要看经济增长的总量,又要看人民群众得到的实惠;既要看经济社会发展的成果,又要看党的建设的成效”①。总之,正确的政绩观就是要坚持统筹兼顾,促进经济、政治、文化和社会的协调发展。

第四,要以发展的实际成果来检验干事创业。实践是检验真理的唯一标准,效果则是检验工作是否有效的唯一标杆。创造政绩并不是一句空话,

---

① 《科学发展观重要论述摘编》,中央文献出版社、党建文物出版社 2008 年版,第 84 页。

而是需要用实实在在的发展成果来体现的。这就要求领导干部要以求真务实的态度和作风,紧紧抓住当地经济社会发展的突出问题、关键问题和难点问题,充分发挥集体智慧、调动各方面的积极性,制定正确的思路对策,全力解决好这些问题,通过让人民群众得到实惠来取信于民,从而为党委政府赢得威信,领导干部个人也获得人民群众的认可和尊重。简言之,只有经过实践检验的政绩才是真正的政绩,才是促进社会发展、利国利民的政绩。

(三)要摒弃各种错误的政绩观

由于多种多样的原因和各种各样的目的,一些党员干部存在不正确的政绩观认识和行为。有些地方的领导干部并没有深刻理解科学发展观的深刻内涵,片面地认为“发展是第一要务”就是财政收入的增加,“以经济建设为中心”就是以经济总量为中心,因此出现了过分看重经济总量即 GDP 的现象。具体表现就是,每年都人为地按照增长比例下任务,整个地方的每个党委政府部门都有引资任务和年度引资目标,完不成任务轻则扣工资,重则调离单位、离岗离职。如此一来,政府工作的重要任务就是招商引资。这种作法确实为有些地方引进了一些项目,建立了一些企业,但在实践中也产生了不少负面影响:政府为了完成招商项目,把大批土地以极其低廉的价格给了招商项目,并且在税收上给了很大的优惠,造成政府收入的减少,长远发展上土地受限;对有些项目并没有进行长期认真调研,仓促上马,中途停产,造成了巨大的人力物力浪费;为了完成任务,一些地方弄虚作假,制造数字,投机取巧,瞒天过海,制造了许多虚假政绩。

有些地方的领导干部热衷于新官上任“三把火”,工作之初把气势造得很大,专干“显山露水”、“表现风光”的事,重视近期效果而轻视长远利益,重视局部利益而轻视长远发展,重视届内出效益而为今后和长远发展考虑得少。有些地方盲目跟风,大盖楼堂馆所,讲气派、讲排场、比阔气,并把这作为一任领导的主要政绩所在,至于地方的经济发展取得了哪些成就,人民的生活水平有哪些提高,却全然不顾。还有的地方为了应付上级的检查,精心部署检查现场,制造一片繁荣景观,文过饰非,报喜不报忧,掩盖社会矛盾,想方设法隐瞒、回避、淡化存在的问题,等检查考核一结束,就一切回到老样子,并不想从根本上解决问题,造成群众意见较大。

还有些地方过分注重上级领导的意愿和指示,方方面面都按照领导意旨办事。一切围着领导转,想尽一切办法了解领导的意图和想法,专做领导愿意看的,专讲领导愿意听的,唯领导是从,唯上级是听,对当地的实际情况并不愿意进行深入调查。有时为了迎合上级的意图,不惜牺牲地方利益,作出许多劳民伤财的事。有些领导干部不深入基层,不深入群众,不愿到矛盾集中的地方去工作,眼睛向上,遇到问题能回避就回避,实在回避不了的就应付了事,生怕得罪人,影响到自己的前程。一旦出了事情就尽力掩盖事实,先控制事态的发展,实在控制不了的,就到处找关系、找门路,千方百计摆平麻烦事。尤其严重的是,有部分人认为所有上述做法是领导有能力有水平的表现。

以上种种在政绩观问题上出现的误区,主观上是部分领导干部对"政绩"的认识错误,客观上则与我们尚缺乏健全的、系统的考核体系有密切关系。

二、党员领导干部要树立以科学发展观为指导的政绩观

要在科学发展观的指导下树立正确的政绩观,通过创造正确的政绩来促进科学发展观的落实。正确的政绩观要坚持以发展为第一要务,坚持全心全意为人民服务的根本宗旨,坚持经济社会的全面发展;要通过正确政绩观的带动并形成领导干部优良的工作作风,养成求真务实的工作态度,建设规范化的政绩评价制度体系,保证科学发展观的贯彻落实。

(一)科学发展观与正确政绩观之间的关系

科学发展观站在时代和历史发展的高度,坚持以邓小平理论和"三个代表"重要思想为指导,深刻分析了我国的基本国情,围绕中国特色社会主义的建设大业,深刻回答了经济建设、政治建设、文化建设、社会建设和党的建设方面所面临的一系列问题,是中国特色社会主义理论体系的重要组成部分,是马克思主义与时俱进的科学理论,是我们必须长期坚持和贯彻的重大战略思想。

科学发展观与正确的政绩观密切相关,互为条件。树立和落实科学发展观,要求必须坚持正确的政绩观,否则科学发展观就落实不到位,就没有成效;坚持正确的政绩观,必须以科学发展观为指导和评判标准,违背科学发展规律的政绩就不是正确的政绩。树立科学的发展观是解决当前经济社会发展中诸多矛盾和问题的基本原则,也是树立正确政绩观的前提;而正确的政绩观则是实践科学的发展观和搞好各项工作的重要保证。

领导干部在树立科学的发展观和正确的政绩观的过程中,需要做到以下几点:一是必须大兴求真务实之风。"我们想问题、办事情、作决策,都要符合中国现阶段国情。必须坚持一切从实际出发,既要积极进取,又要量力而行,不追求脱离实际的高指标,不盲目攀比;必须坚持办实事,求实效,珍惜民力,不搞劳民伤财的'形象工程';必须深入实际,察实情,讲实话,不虚

报浮夸，不做表面文章；必须立足当前，着眼长远，不急功近利。”①二是淡泊名利，不要把个人的名利、个人的得失看得太重，要时刻考虑到人民的利益、集体的利益、群众的利益，有时为了全局利益和大局利益，宁可牺牲个人利益，只有这样才能够创造出经得起人民检验的政绩；三是深化有关政绩评价体系和制度的改革，建立和健全政绩评价标准、考核制度和奖惩制度，以制度的刚性要求形成正确的政绩导向，促进领导干部形成正确的政绩观。

（二）以科学发展观为指导树立正确政绩观

树立正确的政绩观，首先要明确政绩是“促进发展”的政绩。必须牢牢抓住经济建设这个中心，促进经济持续又好又快发展，通过发展来完成全面建设小康社会的宏伟目标，通过发展来不断满足人民群众日益增长的物质文化需要，通过发展来解决经济社会发展中所遇到的各种矛盾和问题，通过发展来提高我国的国际地位。

其次，要明确作出政绩的目的是为了最广大人民的根本利益。一切方针政策的制定都要坚持以人为本的原则，要深怀爱民之心，恪守为民之责，善谋富民之策，把群众呼声作为第一信号，把群众需要作为第一选择，把群众满意作为第一标准，急群众之所急，想群众之所想，办群众之所需。只有这样才能干出群众公认的政绩。

再次，要明确政绩是“全面协调可持续发展”的政绩。单方面的发展成绩，片面的发展成绩，某一方面的发展以牺牲其他方面的发展为代价的“饮鸩止渴”式政绩，都不是正确的政绩观。正确的政绩观既要注重经济发展的总量，又要注重生态文明和资源的保护；既要着眼于当前发展，又要为长远发展打基础；既注重考核领导干部的显绩，又注重考核潜绩；等等。一句话，正确的政绩观就是全面协调可持续发展的政绩观。

（三）以正确的政绩观来保证科学发展观的落实

正确的政绩观是贯彻和落实科学发展观的重要保证。只有坚持实事求是、按客观规律办事的政绩观才能保证科学发展观真正落到实处，取得实效。这就要求领导干部在为民办事、干好工作的时候，一定要保持清醒的头脑，一切从我国的国情和本地区、本部门的实际出发，实事求是，按照外界事物的发展规律和人民的正当诉求要求办事。按规律创造政绩，就要加强对中国特色社会主义理论体系的学习和认识，因为这个理论体系集中体现了我党对社会主义建设规律、中国共产党执政规律和人类社会发展规律的认识。对于总的规律的认识要与具体规律的认识相结合，注重在领导实践中

---

① 温家宝：《牢固树立和认真落实科学发展观》，新华网2004年2月29日。

对工作规律、领导规律、发展规律、理论与实践相结合规律的研究与运用,坚持解放思想、改革创新不动摇,这不仅是树立正确政绩观的基本要求,也是落实科学发展观的前提。

通过建立健全正确的政绩观评价体系保证科学发展观的落实。按照正确政绩观要求完善干部选拔任用机制,大力选拔那些政治可靠、道德高尚、作风正派、工作扎实、成绩突出、群众满意的干部,对为人民创造突出政绩的党员干部,要及时给予表彰奖励,通过各种宣传媒介,大力宣传报道推广政绩突出而有能力的优秀干部,并及时把这批干部选拔到更加重要的工作岗位上;完善干部政绩评价体系,逐步建立干部政绩交由广大群众去评价认定的制度,制度要对考评目标、考评原则、考评主体、考评机构、考评内容、考评指标、考评程序、考评步骤、考评评价、绩效改进等等方面作出明确规定,所有这些步骤程序中,都要对群众参与做好硬性规定,加大群众意见在领导政绩评价中的影响,使人民群众真正担当领导干部政绩的检验者和裁决者;完善政绩评价标准,把经济建设、政治建设、文化建设、社会建设、生态文明建设以及党的建设的全面发展的所取得的成效,特别是把经济增长的速度和效益、群众生产生活条件提高和改善、社会发展的和谐稳定、自然环境的保护状态、领导干部的执政能力和领导水平、党组织的战斗力和凝聚力等等,纳入到政绩考核指标体系,并在具体目标任务上作出详细规定,以便于实际操作。以严格明确的政绩考核指挥棒,促使科学发展观的进一步落实。

通过正确政绩观的引导,在领导干部中弘扬一种真抓实干、艰苦奋斗的工作作风。正确的政绩观要求领导干部,把工作的着力点放到解决经济社会发展中的关键问题上,放到解决与人民群众生产生活密切相关的重要问题上,放到解决影响社会和谐稳定、党的执政能力不高的现实问题上,真正为人民群众谋福利;正确的政绩观要求领导干部,要深入基层、深入实际、深入群众,采取措施为民解困解难,真正为人民群众谋实利;正确的政绩观要求领导干部,在条件艰苦、工作困难的地方工作无怨无悔、尽心工作,在实际工作中不图虚名、踏实干事、任劳任怨,不计较个人得失,不与组织讲条件讲待遇,在工作目标设置上不为部门、局部利益所限,注重为长远发展目标打基础,踏实肯干。坚持这种工作作风的领导干部,是我们干部队伍的中坚力量,是我们党最为可靠的核心力量,同样,他们也是贯彻落实科学发展观的核心力量。

三、党员领导干部要树立经得起实践、人民、历史检验的政绩观

树立正确的政绩观必须经得起实践、人民、历史检验的理念,以创造实

实在在的成绩无愧于"人民公仆"的称号。实践的检验标准,体现在发展所取得的实实在在的成果上,是用事实来说话的;人民的检验标准,体现在人民群众对政绩的评价上,一个领导干部是否干出了政绩,人民群众最有发言权;历史的检验标准,体现在政绩能否经得起时间的检验,正确的成绩是不怕时间的磨洗的,无论过多少年,成绩依然是成绩,这是任何人都不能改变的,党员领导干部的功过是非,自有历史与后人作出客观公正的评判。

(一)党员领导干部的政绩要经得起实践的检验

领导干部所创造的政绩要经得起实践的检验,这是政绩观中的实践标准。

从国家建设层面来说,每年的《政府工作报告》中,都有一个部分是对过去一年工作的回顾,指出一年中工作上所取得的成绩,其中几个主要的评价指标如国内生产总值、财政收入、粮食产量、城镇新增就业人数、城镇居民人均可支配收入、农村居民人均纯收入以及每个指标的增长比例,都是用明确的数字来说明的。同时,报告中还必须要提到一年来所干的几件大事,如在经济结构调整、发展体制机制的创新、改善民生等方面所做的工作,这些就是一年来政府工作的主要成绩。

从地方层面来说,当地领导干部是否干出了政绩,也是用实实在在物质的东西和数字来反映的。比如多年失修的堤坝得到了维修加固,乡间的泥泞土路被改造成了平整宽阔的柏油路,当地的居住环境得到了极大的改善,农村的医疗保险、养老保险等有了切实可靠的保证,城镇居民的收入有了稳定的增长,生态环境优美更加宜人居住,人们生活的幸福指数逐步得到提高等等,都是具体的实在的政绩。

政绩要经得起实践检验,政绩要用事实说话,这一标准有效地保证了政绩之"实",也就是说要作出政绩就必须实干。优秀的政绩不是"玩"出来的,也不是"说"出来的,而是踏踏实实干出来的。只有不畏艰苦,求真务实,埋头苦干才能真正取的为实践所承认的优秀政绩。

(二)党员领导干部的政绩要经得起人民的检验

"这奖那奖,不如老百姓的夸奖;金杯银杯,不如老百姓的口碑",这两句看似普通的话,却道出了深刻的道理。这里的老百姓指的是人民,只有人民满意了、高兴了,才算干出了真正的成绩,这就是人民检验的标准。我们这里所说的领导干部政绩的人民检验标准,包含两层含义:一是用人民群众的评判标准来衡量政绩,看取得的政绩是否坚持了以人为本,是否使人民群众感到满意和高兴,是否是不断实现好维护好人民群众的根本利益;二是评判权在人民群众手中,人民群众是主考官,是评价主体。

"用人民群众的评判标准来衡量政绩"所强调的是所有政绩都要"以人为本",以人民群众的利益作为一切方针政策制定的根本出发点。领导干部在做决策、定计划、下任务之前,一定要考虑这样做能给人民群众带来什么好处,人民群众目前或长远能够得到什么实惠。这一点是非常重要的。在当前我国社会正处于迅速发展和转型的关键时期,很多工作涉及面比较广,很多问题性质比较复杂,很多决策效果存在短期和长期、片面和全面的分别,这就需要领导干部在工作过程中时刻本着"以人为本"的原则,综合权衡可能给人民利益带来的影响。比如对一些有可能对当地生态环境造成影响的重大项目和重大工程,一定要综合权衡利与弊,对人民利益影响是大还是小,绝对不能走先污染、后治理的道路,不能采取先危害、后补偿的办法,不能为了眼前利益而损害长远利益,为了局部利益而影响全局利益。

"评判权在人民群众手中"强调的是要通过创新政绩的评判方式,让人民群众积极参与到对领导政绩的评价之中。在领导工作的年度考核、届中考核、任期考核中,考核部门要广泛听取人民群众对领导干部成绩的看法,通过发放调查表、无记名投票、网络投票、信访调研、电话随机调查、召开有基层群众代表参加的座谈会、入户调查、暗访等多种方式,听取人民对领导干部本人、行为、工作的看法。当然这里的人民并不单纯是指基层群众,还包括领导身边的工作人员、上级机关、班子成员、下级部门、同级有关部门、单位内部成员、与领导关系密切人员、曾经反对过领导的人员,等等。从不同层次、不同领域人员的身上,能够得到对于领导工作的综合性评价。若是得到了大多数人的认可,为人民所称赞的政绩就是真正的政绩,反之,则是虚假的错误的政绩。

(三)党员领导干部的政绩要经得起历史的检验

正确政绩观的历史检验标准,就是既要看到政绩的现实效果,又要看到其对经济社会发展的长远影响,既要经得起现在的检验,又要经得起后人的评判,既对当下负责,又对历史的长远发展负责。这是一种可持续发展的政绩观。

政绩观的历史检验标准要求领导干部在施政过程中要对历史存敬畏之心,要有长远意识,要通过充分分析事物发展的客观规律来谋划发展。只有对历史存敬畏之心,才会科学的求发展,才会行而有所顾忌,才会顺时顺势而为,才能创造出真正无愧于时代、无愧于历史、无愧于人民的政绩。相反,如果不遵循历史检验标准,则会作出错误的判断和武断的决策,作出有悖于时代、有悖于人民、有悖于历史的错误政绩。

但是值得注意和警惕的是,目前我们的很多政绩并不符合历史检验的标准。比如,近来各地都热衷于搞工程,做建设,在搞设计时,都会标榜设计的建筑几十年不落伍,具有国际水平。但是真正做到的又有多少呢?有些地方是一个领导一个思路,道路每过几年就要拓宽一次,高架桥架了没几年就拆了,花费成千万上亿的大楼说拆就拆。为了城市的形象,一段时间里,固定爆破高楼好像成了时尚,爆后人们津津乐道爆破技术之高,叹服高科技的发展,但有多少人考虑到成本呢?过去一段时间,在中国房地产市场异常火爆时,在极大商业利益的驱动下,强行拆迁曾经成为一些地方政府的主要工作,也引起了一系列的流血事件。所有这些现象都不仅影响到人民群众的生活质量,甚至让他们在理想信念上也发生了动摇。这些所谓的政绩别说经得起历史的检验,就是当下的检验、几年的检验都过不了。因为过不了多少年,可能只要一纸通知,原来要坚持几十年的政绩工程在几年之内就不会存在。所以说是否是政绩,是需要由历史的发展来证明的,尤其是在评判政绩是否科学可持续时,历史检验标准就更为重要了。要以人民利益重于泰山的信念,反对一切形式主义,反对一切腐败行为,扎实工作,创造一切有益于人民、有益于社会、有益于国家的实实在在的政绩。

(作者单位:《山东社会科学》杂志社)

党执政以来党风廉政建设的基本经验研究

魏　磊

中国共产党是中国特色社会主义事业的领导核心,加强党风廉政建设,提高拒腐防变和抵御风险的能力,是巩固党的执政地位和保障国家长治久安的需要。新中国成立60年来,我们党对腐败现象的极端危害性和危险性始终保持高度警觉,坚定不移地走中国特色反腐倡廉道路,纯洁了党的组织和队伍,使我们党执政有了最牢固的政治基础和最深厚的力量源泉,积累了党风廉政建设的宝贵经验。

一、必须紧紧围绕经济社会发展这个主题,加强党风廉政建设

发展是党执政兴国的第一要务,是社会进步最根本的决定性因素。马克思在《政治经济学批判》中讲过:"物质生活的生产方式制约着整个社会生活、政治生活和精神生活的过程。"这就是说任何社会的发展与进步,都要受经济发展水平的制约。只有不断解放和发展生产力,才能为社会的全面进步和人的全面发展提供坚实的物质基础。为此,中共八大明确提出社会主义改造完成后,党和国家的主要任务是发展生产力,把我国从落后的农业国变为先进的工业国,满足人民群众日益增长的物质文化生活需要。邓小平全面总结了社会主义建设的经验教训,指出:"社会主义阶段的最根本任务就是发展生产力,社会主义的优越性归根到底要体现在它的生产力比资本主义发展得更快一些、更高一些,并且在发展生产力的基础上不断改善人民的物质文化生活。"第二代中央领导集体旗帜鲜明地作出了"发展是硬道理"的科学论断,确立了"以经济建设为中心"的党在社会主义初级阶段的基本路线。党的十六届六中全会指出:"社会要和谐,首先要发展。社会和谐在很大程度上取决于社会生产力的发展水平,取决于发展的协调性。"

党风廉政建设和反腐败工作作为党和国家工作的重要组成部分,必须紧紧围绕经济社会发展这个主题,服务大局,为促进发展、维护稳定服务。

毛泽东对腐败现象深恶痛绝:“应当使一切政府工作人员明白,贪污和浪费是极大的犯罪。”上世纪50年代,他领导发动的“三反”和“五反”运动,为国民经济的恢复和发展创造了良好的环境。邓小平提出,党风廉政建设要自觉地服从服务于经济建设和改革开放,提出“两手抓”的思想:“我们要有两手,一手就是坚持对外开放和对内搞活经济的政策,一手就是坚决打击经济犯罪活动。有了打击经济犯罪活动这一手,对外开放、对内搞活经济就可以沿着正确的方向走。”党的十三届四中全会以后,在建立社会主义市场经济体制的过程中,江泽民同志强调“开展反腐败斗争,就是保证改革开放和经济建设顺利进行的一项必不可少的重要工作”。党的十六大以来,经济社会发生深刻变化,围绕着构建社会主义和谐社会,以胡锦涛同志为总书记的党中央认为党风廉政建设“是维护社会公平正义和促进社会和谐的紧迫任务”。和谐社会的最基本要求就是民主法治、公平正义,腐败不除,就不可能有社会的和谐。

要始终把反腐倡廉建设放在党和国家工作全局中谋划和部署。实践证明,只有始终着眼党和国家工作全局,深入经济社会各个领域,注意了解和掌握我国经济社会发展的动态、趋势以及面临的新情况新问题,解决党风政风方面妨碍改革和发展的突出问题,党风廉政建设和反腐败斗争才能找准突破口和切入点,才能增强工作的针对性和实效性,支持和保护党员干部干事业的积极性,优化经济社会发展环境,使人民群众日益感受到加强党风廉政建设带来的实惠和利益,为全面建设小康社会、加快推进社会主义现代化提供有力保证。

二、必须坚持以人为本,切实维护广大人民群众的根本利益

全心全意为人民服务,坚决惩治腐败,始终保持党同人民群众的血肉联系,是党风廉政建设的核心问题。新中国第一部宪法第17条规定:“一切国家机关必须依靠人民群众,经常保持同群众的密切联系,倾听群众的意见,接受群众的监督。”1957年,毛泽东在《关于正确处理人民内部矛盾的问题》一文中提出:“国家机关实行民主集中制,国家机关必须依靠人民群众,国家机关工作人员必须为人民服务。”邓小平同志指出,我们要以人民“拥护不拥护”、“赞成不赞成”、“高兴不高兴”、“答应不答应”作为检验一切工作的标准,并于1985年提出“领导就是服务”,从而把执政党的领导作用和全心全意为人民服务紧密地联系起来。江泽民继承并发展了前两代中央领导集体以人为本的思想:“在任何时候任何情况下,党的一切工作和方针政策,都要以是否符合最广大人民群众的利益为最高衡量标准。这是我们观察和处理

问题的一个根本原则。”胡锦涛号召党员干部一定要做到权为民所用、情为民所系、利为民所谋。

以人为本,要把维护好广大人民群众的根本利益作为党风廉政建设的出发点和落脚点。秉持“民为邦本,本固邦宁”的理念,群众利益无小事,毛泽东说:“一定要每日每时关心群众利益,时刻想到自己的政策措施一定要适合当前群众的觉悟水平和当前群众的迫切要求。凡是违背这两条的,一定行不通,一定要失败。”十六大以来,党风廉政建设适应新形势新任务,不断开拓创新,一些提法也在根据形势的变化而变化。其中一个明显的变化就是:2004 年 1 月召开的中央纪委三次全会,将沿用多年的“纠正部门和行业不正之风”变为“纠正损害群众利益的不正之风”。群众利益的充分满足,有赖于对公众民意的充分尊重,党风廉政建设应该注意倾听群众的意见和呼声,以解决社会关注程度高、群众反映强烈的突出问题为重点,纠正漠视群众疾苦、与民争利的行为,维护社会公平正义,把党和国家保障和改善民生的各项政策措施落到实处,以党风廉政建设的实际成效取信于民。建立健全防治不正之风的长效机制,不断拓宽广大人民群众支持和参与反腐败的渠道,发挥人民群众在建设中的积极作用。注意保障普通党员干部的合法权益,加强党内民主建设,尊重党员主体地位,保障党员民主权利,加强警示教育,惩前毖后、治病救人,宽严相济。

三、必须注重制度建设,建立健全党风廉政建设的制度体系

党风廉政建设,制度是保证,必须注重制度建设。毛泽东相信“只有让人民监督政府,政府才不敢松懈。只有人人起来负责,才不会人亡政息”。新中国成立后,在不断发动群众运动,坚决清除贪污腐败现象的同时,建立党的纪律检察机关和国家监察机关,加强对党员干部的监督,为改革开放新时期深入推进党风廉政建设奠定了重要基础。邓小平认为,腐败之所以长期存在,不仅有思想原因,更与社会政治经济体制不够完善有关:“我们过去发生的各种错误,固然与某些领导人的思想、作风有关,但是组织制度、工作制度方面的问题更重要”,制度问题更带有根本性、全局性、稳定性和长期性。他高瞻远瞩,抓住了问题的关键,找到了治理腐败的突破口,即加强制度建设。他主张改革党和国家的领导制度,发展社会主义民主,健全社会主义法制。江泽民指出:“我们建立社会主义市场经济体制,要经历一个艰难的新旧体制转换过程。在这个过程中,由于制度和机制的不健全、不完善,工作中存在一些漏洞和薄弱环节,也会给腐败现象滋生以可乘之机。”党的十五大提出,党风廉政建设要“坚持标本兼治,教育是基础,法制是保证,监

督是关键”。新一届中央领导集体于2004年提出建立健全与社会主义市场经济体制相适应的教育、制度、监督并重的惩治和预防腐败体系，“加强廉政法制建设，真正形成用制度规范从政行为、按制度办事、靠制度管人的有效机制，保证领导干部廉洁从政”。此后，加快了建设惩防体系的步伐。2005年，中央颁布的《建立健全教育、制度、监督并重的惩治和预防腐败体系实施纲要》强调：“加强反腐倡廉制度建设，充分发挥制度在惩治和预防腐败中的保证作用。”十七大报告再次重申：“在坚决惩治腐败的同时，更加注重治本，更加注重预防，更加注重制度建设，拓展从源头上防治腐败工作领域。”

加快建立健全党风廉政建设的制度体系。面对当前在党风廉政建设制度的制定和落实等方面还存在的一些不完善的地方，比如某些制度对党政干部的从政行为作出了一些原则性规定，但是，具体可操作的实施细则较少；现实社会不断发展，各种新的腐败现象不断出现，很多旧制度难以适应党风廉政形势发展的需要的实际，我们党切实加强党风廉政的制度建设，坚持民主集中制这一党的根本组织制度，健全民主集中制的各项具体制度，健全集体领导与个人分工负责相结合的制度，增强工作的透明度，反对和防止个人或少数人专断。积极疏通党内监督渠道，保障党员权利，使党员更好地了解和参与党内事务。完善违纪行为惩处制度，使查处各种违纪行为有据可依，有章可循。加强反腐倡廉国家立法工作，研究制定反腐败方面的专门法律，建立健全防治腐败的法律法规，提高党风廉政建设的法制化水平。所有这些措施，保证了发腐败斗争的深入进行。

四、必须坚持改革创新，不断促进党风廉政建设

坚持改革创新，从源头上预防和治理腐败，是党风廉政建设的一条基本经验，也是新的历史条件下党风廉政建设的基本要求。60多年来，党风廉政建设经历了从依靠群众运动反腐到制度反腐，从着力治标、侧重遏制到标本兼治、综合治理，直至建立健全教育、制度、监督并重的惩治和预防腐败体系等阶段。这是一个认识上不断深化、实践上不断发展的过程，也是党风廉政建设不断改革创新的过程。目前我国经济社会发展取得了举世瞩目的成就，但客观现实告诉我们，由于长期处于社会主义初级阶段和社会转型时期，消极腐败现象绝不会因为经济发展和物质丰富而自然地缩减和消除。改革是党风廉政建设的必由之路和根本途径。要解放思想，开拓创新，适应世情、国情、党情的发展变化，从经济社会发展和反腐败斗争的实际出发，用发展的思路和改革的办法，加强对全局性、战略性问题的研究，不断推动党风廉政工作理念思路、方式方法、体制机制的创新，逐步缩小和铲除滋生腐

败的土壤和条件，力争把腐败行为遏制到最低限度。

要大力推进改革创新，促进党风廉政建设。

一是推进党风廉政建设的理论创新。理论是行动的先导，胡锦涛总书记在十七大报告中指出："思想理论建设是党的根本建设，党的理论创新引领各方面创新。"要认真研究我党党风廉政建设的历史和经验，借鉴国外反腐败的有益做法，推进党风廉政建设的理论创新，为反腐倡廉建设提供理论支撑和现实借鉴。

二是推进反腐倡廉教育创新。文化而润其内，养德以固其本。邓小平认为，对于腐败问题，"我们主要通过两个手段来解决，一个是教育，一个是法律"。领导干部是反腐倡廉教育的重点。一个干部或党员蜕化变质，往往是从思想上的蜕化变质开始的。要创新领导干部廉政教育形式，改进教育方法，提高教育的针对性和有效性，自律与他律相结合，优化领导干部的从政行为。促使广大党员干部常修为政之德、常思贪欲之害、常怀律己之心，提高自觉拒腐防变的意识和能力，奠定党风廉政建设的思想基础。重在教育干部，贵在引导群众，围绕社会主义核心价值体系，推动廉政文化建设内容形式和传播手段的创新，扩大覆盖面，动员人民群众广泛的社会参与，提高制度的约束力，增强监督的威慑力。

三是适应社会主义市场经济体制的要求，扎实推进体制机制改革。深化干部人事和司法体制改革、行政管理和社会体制改革、财税、金融和投资体制改革、国有企业改革，推进现代市场体系建设及相关改革，发挥市场机制配置资源的基础性作用，努力营造公开、公正、公平的市场经济秩序。

四是推进监督工作创新。缺乏监督的权力必然导致腐败，党风廉政建设要想取得好的效果，监督是关键。在党委的领导下，发挥各监督主体的积极作用，综合运用多种监督形式，努力形成结构合理、配置科学、程序严密的监督体制机制，提高监督的整体效能。关口前移、增强实效，强化事前和事中监督。把握监督重点，加强对领导机关、领导干部特别是各级领导班子主要负责人以及重点环节和重点部位权力行使的监督。

五、必须坚持科学的领导体制和工作机制，进一步形成工作合力

党风廉政建设和反腐败斗争是一项复杂艰巨的系统工程，必须坚持科学的领导体制和工作机制。没有科学配套的领导体制和工作机制，党风廉政建设就无法落到实处，不会变成社会成员自觉的行动指导，清廉之风就难以普遍树立起来。在长期的党风廉政建设的实践中，我们党积极探索并形

成了一套有效的领导体制和工作机制。十五大报告提出，“党委统一领导、党政齐抓共管、纪委组织协调、部门各负其责、依靠群众支持和参与，坚决遏制腐败现象”。十六大再次强调：“坚持和完善反腐败领导体制和工作机制，认真落实党风廉政建设责任制，形成防止和惩治腐败的合力。”这一领导体制和工作机制，有利于加强党对党风廉政建设的领导，发挥党的政治优势，充分发挥纪委的组织协调作用；有利于整合资源，调动各方面的积极性，形成反腐倡廉的整体合力，是深入开展党风廉政建设的组织保证。

必须进一步健全完善党风廉政建设的领导体制和工作机制。针对当前党所处的执政环境发生的重大变化，党风廉政建设立足当前、着眼长远、整体规划，党的领导体制和工作机制必须得到进一步完善。一是健全领导机制。各级党委是党风廉政建设的责任主体，应提高思想认识，把“软任务”变成“硬任务”，充分发挥总揽全局，协调各方的作用。加强组织领导，党委书记负有总的责任，领导班子成员分工负责，齐抓共管，把党风廉政建设作为一项政治任务，统筹考虑，纳入经济社会发展总体规划，列入党委和政府的重要议事日程。二是健全党风廉政建设具体的工作机制。各级纪委要充分履行党章赋予的职责，协助党委做好党风廉政建设任务的分解和落实，制定实施方案，组织有关部门抓好工作落实。要发挥国家预防腐败机构的职能作用，建立预防腐败的信息共享机制和测评机制，抓好预防腐败的趋势预测、组织协调、综合规划和政策制定，使反腐败工作更有预见性。三是健全党风廉政建设的考核评价和激励机制。把党风廉政建设作为评定工作实绩和干部奖惩的重要内容，严格责任考核，强化责任追究，促使党风廉政建设走上正常化、规范化和制度化的轨道。

60多年执政积累起来的党风廉政建设宝贵经验，是今后做好反腐倡廉工作的行动指南和应当遵守的基本原则。我们要充分利用这些成功的经验和做法，围绕中心，服务大局，坚持党的基本路线不动摇，解放思想、深化改革、创新制度，取得党风廉政建设和反腐败斗争的新成效，为全面推进党的建设新的伟大工程，构建社会主义和谐社会而奋斗。

（作者单位：中共山东省委党校党建部）

以改革创新精神全面推进党的建设新的伟大工程的思考

韩永生

胡锦涛同志在党的十七大报告提出，党要站在时代前列带领人民不断开创事业发展新局面，必须以改革创新精神加强自身建设，始终成为中国特色社会主义事业的坚强领导核心。以改革创新精神加强党的建设，全面推进党的建设新的伟大工程，是我们党准确把握世情国情党情的发展变化、坚持与时俱进、具有远见卓识的生动体现。

一、以改革创新精神全面推进党的建设新的伟大工程的重要性和紧迫性

改革创新是当今的时代潮流。一个站在时代前列、带领人民前进的党，必然是勇于改革、开拓进取的党，变革和改造客观世界，也不断改革党自身。以改革创新精神加强党的建设，是时代的呼唤，人民的期待，是党和国家事业发展的需要。

从世情看，和平与发展仍然是时代主题，但世界还很不安宁，无论是和平还是发展都面临着诸多难题和挑战。以改革求发展，以创新解难题，正在成为许多国家的战略选择。科学技术进步日新月异，经济全球化深入发展，世界多极化不可逆转，正在迅速改变着人类的生产、生活乃至思维方式。经济、政治和社会的深刻变革与调整，正在使改革创新能力越来越成为国家综合实力的重要组成部分，成为一个国家在国际社会中地位和影响力的重要标志。我们党只有顺应世界潮流，坚持与时俱进，坚持改革创新，才能始终走在时代前列，永葆生机与活力，带领全国人民坚定不移地走中国特色社会主义道路，使我国在激烈的国际竞争中永远立于不败之地。

从国情看，改革开放以来，我国经济社会发展取得了令世人瞩目的伟大成就。但我国仍处于并将长期处于社会主义初级阶段的基本国情没有变，发达国家在经济科技上占优势的基本态势没有变，世界上综合国力竞争日

趋激烈的基本趋势没有变,国际敌对势力对我国实施西化、分化的战略图谋没有变。聚精会神搞建设,一心一意谋发展,对于我们这样一个拥有13亿人口的发展中大国推进现代化,具有决定性意义。中国特色社会主义伟大事业是同党的建设新的伟大工程紧密结合的。改革开放,不仅使中国人民的面貌、社会主义中国的面貌发生了历史性变化,而且使中国共产党的面貌发生了历史性变化。这场革命既给我们党注入了巨大活力,也使党面临前所未有的严峻考验。经济体制、社会结构、利益格局、思想观念的深刻变化,对党的自身建设提出了许多崭新课题。只有以改革创新精神不断研究新情况,解决新问题,处理新矛盾,才能把党的事业不断推向前进。

从党情看,首先,我们党已经成立90年,在全国已经执政62年。一方面,我们党积累了治国理政和加强自身建设的宝贵经验,形成了许多优良传统并在新形势下不断继承和发扬;另一方面,一些过去曾经发挥过很好作用的组织形式、活动方式、制度规定,今天已不适用或不完全适用。我们党已经拥有7500多万名党员,新党员人数大量增加,大批年轻干部走上领导岗位。党在不断增添新鲜血液、充满活力的同时,也存在许多年轻党员和干部的思想觉悟、党性修养、意志品质等亟待提高的问题。同时,在新社会阶层发展党员成为现实,在经济和社会的"两个转型"中出现大量流动党员,党员教育和管理工作出现新特点。党的基层组织分布发生重大变化,"两新"组织(新经济组织、新社会组织)类型多、数量大,社区党建和"两新"组织党建成为推进基层党建的主阵地。在深刻变化的社会环境中,中国共产党面临许多前未有的新课题新考验,党员教育工作和管理任务比过去任何时候都要繁重。其次,我们党在改革开放和发展社会主义市场经济条件下长期执政。一方面,我们党形成了科学执政、民主执政、依法执政的理念并进行了成功实践;另一方面,党的执政能力同新形势新任务的要求还不完全相适应。再次,我们党在新的历史条件下始终致力于党的先进性建设。一方面,党的先进性得到保持并不断发展;另一方面,少数党员、干部的思想和行为与先进性要求不相符合,一些党员、干部滋生了骄傲自满、脱离群众、以权谋私等不良倾向,形式主义、官僚主义问题比较突出,消极腐败现象仍然比较严重。所有这些问题,都需要用新的思路、措施和方法来解决。我们要适应形势与任务的变化,切实转变那些不适应、不符合时代要求的思想观念、思维方式和工作方法,着力解决党内存在的突出问题,以改革创新精神全面加强党的建设,使我们党永远站在时代前列,始终成为中国工人阶级的先锋队,成为中国人民和中华民族的先锋队。这是时代的要求、人民的要求。

二、以改革创新精神全面推进党的建设新的伟大工程的原则要求

以改革创新精神全面推进党的建设新的伟大工程的实质，是党的自我完善和发展，改革那些不适应新形势新任务要求的思想观念、领导体制、执政方式以及组织形式、活动方式、管理办法等，根本目的是为了保持和发展党的先进性，增强党的创造力、凝聚力和战斗力。毫无疑问，党的性质、宗旨、指导思想和奋斗目标，党的领导地位、政治优势、优良传统等根本的方面，是决不能改变的，必须结合新的实践赋予新的时代内涵，长期坚持和不断发展。

(一)要有改革创新的精神状态

党的建设的任何改革创新，都不可能是轻而易举的事情，必然会遇到种种困难、阻力和障碍，只有保持良好的精神状态，才能不断取得突破和进展。这就要求我们具有强烈的改革创新意识，以昂扬向上、奋发有为、知难而进、开拓创新的勇气和毅力，克服各种不合时宜的传统观念和陈规陋习的影响，克服不思进取、满足现状的惰性。各项工作中，是采取开放式、创造性的思维方式，还是采取封闭式、保守性的思维方式，对于能否有效地推进改革创新，具有十分重要的影响和作用。努力形成改革创新的思维方式，就是要坚持解放思想、实事求是、与时俱进，敢于突破各种落后于时代的条条框框的束缚，不断推陈出新；具有宽广的胸怀、开阔的视野，树立世界眼光，增强全局观念，从共产党执政规律、中国特色社会主义建设规律、人类社会发展规律的高度来研究和思考党的建设问题；善于辩证地看问题，了解我国和世界发展大势，培养战略思维，全面认识和把握世界多极化、经济全球化、社会信息化、文化多元化给党的建设带来的深刻影响和提出的新要求；积极学习吸收人类文明的一切有益成果，大胆借鉴其他国家及政党治国理政的有益经验和做法。

(二)要有改革创新的思想作风

坚持改革创新的思想作风，就是要勇于实践、锐意进取、求真务实，一切从实际出发，既不能无视客观要求等待观望、止步不前，也不能只凭主观愿望急于求成、盲目而为。要讲究科学，尊重规律，将改革创新的热情同科学求实的态度结合起来，提高改革决策的科学性，增强改革措施的协调性。要提倡埋头苦干、扎实工作，努力取得改革创新的实效。要尊重广大党员群众的首创精神，发挥基层党组织和广大党员的积极性创造性，不断推进党的建设的改革创新。要有改革创新的工作方法。改革创新精神要通过具体的工

作内容和工作方法来体现，来落实。特别是针对新形势下出现的新情况新问题，要摆脱习惯性思维的束缚，在实践的基础上形成新的思路。注重形成新的载体，探索多种多样、切实有效的党内活动方式，搭建党员和党组织充分发挥作用的广阔舞台。注重采用现代科学技术带来的新方法新手段，充分发挥信息技术和互联网的作用，不断提高党建工作的科学化和现代化水平。

（三）要有改革创新的良好氛围

要在党内和全社会形成推崇创新、宽容失误、包容多样、尊重差异的良好环境和氛围，最大限度地调动广大党员干部参与改革创新实践的积极性和创造性。要积极推进党内民主建设，尊重党员主体地位，保障党员民主权利，以扩大党内民主带动人民民主，以增加党内和谐促进社会和谐，在党内和全社会范围内营造鼓励改革创新的氛围。

三、以改革创新精神全面推进党的建设新的伟大工程的路径选择

党的十七大明确提出了以改革创新精神加强党的建设的重大战略任务，为全面推进党的建设新的伟大工程进一步指明了方向，也向全党提出了如何以改革创新精神建设党的路径选择问题。

（一）坚持走中国特色社会主义道路是以改革创新精神全面推进党的建设新的伟大工程的方向

党的建设新的伟大工程是中国特色社会主义事业发展的一个部分，因此，必须把党的建设置于中国特色社会主义的进程中进行谋划、布局和实施。就是说，党的建设必须从建设中国特色社会主义的实践出发，坚定地走中国特色社会主义道路，以中国特色社会主义理论体系为指导。

一是党的建设新的伟大工程不能超越中国特色社会主义的发展阶段。社会主义初级阶段是一个长期的过程，从社会主义制度确立时起，至少需要上百年的时间。因此，党的建设必须立足于这个基本的国情。脱离了这个实际，党的建设就会流于形式。党的建设的目标和任务、内容和形式、标准和要求等，都要从社会主义初级阶段的实际出发。

二是党的建设新的伟大工程要解决中国特色社会主义发展面临的矛盾和问题。一个政党能否被社会认可和接受，关键看它能否满足社会的需求，能否有效地解决社会发展中面临的各种矛盾和问题，从而推动社会不断向前发展。我们党是执政党，掌握着国家公共权力，在促进社会发展中居于举足轻重的地位，能否解决好社会发展中面临的矛盾和问题，是对党执政能力

的考验,而执政能力的强弱,又是党的建设成效的具体体现。例如,在改革开放的各个发展阶段,我们总会面临各种僵化思想的阻碍。在这样的关键时刻,党能否解放思想、与时俱进,不断冲破各种陈旧观念的束缚,把改革开放推向深入,便是对党的建设成效的检验。

三是党的建设新的伟大工程要与中国特色社会主义发展的实践要求相协调。中国特色社会主义是一个有机的整体,涵盖经济、政治、文化、社会的方方面面,党的建设是这一伟大事业的有机组成部分。因此,中国特色社会主义发展的实践对党的建设提出了具体的要求,而党的建设就应与这些要求相适应。如依法治国是党领导人民治理国家的基本方略,建设法治国家是中国特色社会主义发展的重要任务,党的建设要与这一基本方略和重要任务相适应,就必须使党的一切活动都严格地在国家宪法和法律的范围内进行;同时,党的思想、组织、作风和反腐倡廉建设也都要以制度建设贯穿始终,要使党的制度成为党内的法规,并与国家的法律相一致。为此,党的建设的成效就要体现在不断完善的制度、不断健全的体制和不断优化的机制上。

(二)坚持充分尊重广大党员的主体地位和紧紧依靠广大党员是以改革创新精神全面推进党的建设新的伟大工程的根本

政党是由广大党员组成的,党员是党的主体,是党内的主人。胡锦涛曾明确指出:“党员是党的机体的细胞和党的行为主体”;党的十七大报告中明确提出要“尊重党员主体地位”。显然,以改革创新精神建设党,必须紧紧依靠党员这个党的主体,改革的目标方向、方法形式、内容重点等都应该由党员这个主体决定。之所以强调党员主体地位,其思想意义十分重大。

以改革创新精神建设党,就必须尊重和体现党员的主体地位。党如何改革,怎样建设,都要体现广大党员的意志,由他们作出决定,而不是由少数领导或“上级组织”来决定。实践表明,党员主体地位的确立必须通过有效的载体和途径。因此,首先,要实现确立党员主体地位载体和途径的多样性。党员作为主体,对党内事务的参与是多层次的,党员本身又来自各个不同阶层,只有通过多样性的载体和途径,党员的意志才能得到最充分有效的体现。其次,要体现确立党员主体地位载体和途径的公开性。公开、开放的平台和畅通的渠道,才能激发党员主体的活力,充分表达党员的主张,集中党员的智慧。事实上,党内如何改革、怎样改革,在党员中都有不同的意见,这些意见就是党内的“民意”。让这些党内的“民意”公开化,才有利于党员主体地位的实现。再次,要展现确立党员主体地位载体和途径的时代性。载体和途径的设置必须跟上时代的步伐,体现时代的要求。如党员对党内领导进行“信任性票决”,就是一种充满时代气息的形式,它既可以反映党员对党的领导的认可度,也可以反映党的领导成员或领导班子的群众基础。其四,要保障确立党员主体地位载体和途径的规范性。成熟有效的载体和途径应该以党内制度的方式加以规范,以产生长期、稳定的效果。最后,要体现确立党员主体地位载体和途径的创新性。正确地选择和创造适合实践要求的载体和途径,需要坚持解放思想,在实践中进行大胆探索,而不能拘泥于陈旧的形式;需要借鉴人类民主政治发展的成果,并结合中国社会的实际进行开拓创新。

(三)改革完善党内制度是以改革创新精神全面推进党的建设新的伟大工程的重点

制度建设是党的建设的重点,当然也是以改革创新精神加强党的建设的根本路径。当前,改革和完善党内制度,首先必须科学地设计好制度,弄清制度的目的、目标和功能,尤其要增强制度的合法性,这是增强制度效率、效益的先决条件。如制度规定的权力由谁来授予、由谁来监督等,这些问题非常重要。其次,要以创新的精神抓好制度建设。在改革开放的新时期,党的组织结构、成员构成、领导体制、活动方式、党员队伍等都发生了重大变化,社会经济、政治、文化环境等也发生了重大变化。作为党的制度,必须适应形势发展变化的要求。还要增强制度建设的预见性,对未来进行很好的谋划。再次,要对已有的制度进行清理。制度建设既要纳新,也要吐故。要及时废止那些不适应形势发展要求的旧制度,用更有针对性和现实性的制度取而代之。从党的建设整体的角度看,思想建设是灵魂,组织建设是关键,作风建设是保证,而制度建设则是根本。因此,要坚决把制度建设贯穿于党的建设的始终,用制度建设来巩固党的建设的成果从党的制度建设所面对的现实问题看,当前特别需要增强党员领导干部的制度意识。制度意识是基础性、内在性问题,是影响党的制度有效性的重要因素。目前存在的党内制度不够健全、对制度的执行力弱化现象,都与党员领导干部的制度意识不强有关。为此,需要通过多种方法和途径进一步强化党员领导干部的制度意识。

(四)坚持健全党的领导体制是以改革创新精神全面推进党的建设新的伟大工程的关键

党的领导体制,通常是指党为实现领导意图和职能而形成的机构设置形式及其运行模式。党的领导体制的内容主要包括党的领导组织结构、党的领导级次和幅度、党的领导机构的职责与权限划分以及党的领导干部的管理制度等。因此,领导体制极为重要,应该把领导体制的改革放在突出的位置。当前,健全党的领导体制应集中解决以下问题:一是改革完善党内监督机构。以权力制约权力是监督的核心问题,监督者必须具有相应的独立性、权威性,拥有相应的权力、地位,才能保证监督产生更好的效果。因此,需要建立与同级党委平行的党内监督机构,实行垂直式监督体制。纪委机关与同级党委不再是领导与被领导的关系,而是监督与被监督的关系,与同级党委平行行使权力;纪委机关的领导成员不兼任同级党政机构的任何职务;纪委机关有权参加同级党委领导班子或部门的任何会议;凡纪委机关的决定,同级党委无权否决;纪委机构领导由同级党代会产生,向党代会负责并报告工作。二是改革党内领导体制。现在党内领导体制主要是"常委制",重大决策权主要在常委会。这种体制虽有利于集中,具有一定的积极作用,但也存在监督弱化问题。因此,应把重大决策权转移到全委会,常委主要体现在"执行"层面。这样可以对党内的权力进行适当分解,也增加了对权力的制约性。三是建立党内外结合的监督体制,主要是发挥好群众与舆论监督的作用。事实证明,发挥群众的监督作用是完善党内监督体制的重要方面。这里的群众是泛指,既指广大人民群众,也指党内普通的党员群众。如在党内可以试行对领导干部的信任性票决;在党外可以公开进行广泛的民调;特别是通过制定制度、法规来保障人民群众的监督权。加强新闻媒介的监督,赋予新闻媒介知情权、采访权、评论权等,保障新闻媒介的独立性、自主性,更好地发挥新闻媒介的监督作用。

(五)合理地借鉴国外政党经验是以改革创新精神全面推进党的建设新的伟大工程的重要途径

中共中央政治局2004年6月29日下午就加强党的执政能力建设问题进行集体学习。中共中央总书记胡锦涛在主持学习时说,我国的历史文化、社会制度、发展水平与其他国家不同,对世界上其他政党执政的一些做法和措施,我们不能照抄照搬。但对他们在治国理政方面的有益做法,我们要研究和借鉴,以开阔眼界,打开思路,更好地从世界政治经济发展的大格局中把握加强党的执政能力建设的规律。要以改革创新的精神建设党,思路仅仅局限于党内、国内是不够的,还要拓宽我们的视野,学会借鉴其他政党的经验,才能适应这个时代发展的要求。改革开放以来,特别是20世纪90年代以来,随着世界经济一体化的发展和政治、文化交流的日益增多,我们对国外政党的了解逐渐深入,也获得了更多的国外政党发展方面的启示。在以改革创新精神加强党的建设的过程中,我们至少可以在以下四个方面从国外政党的经验中获得启示:一是形成政党内部的竞争机制。政党内部没有竞争,久而久之,政党的素质就会下降,政党的机能就会衰退,最终导致政党失去活力,失去对民众的吸引力。竞争性机制的形成主要建立在党内的选举机制上,在这方面,西方政党党内选举给我们有益的启示。如候选人的信息往往更公开、更透明、更准确而富有个性,这给选举人的自主选择提供了条件。再如,候选人的思想与党内成员的互动,有利于选举人更全面、更准确、更深入地认识候选人,有利于增强人选产生的合法性。事实上,在竞争中,不仅使党内的人才脱颖而出,更重要的是排除了不合适的人选。同时,竞选会在政党内部产生极大的压力,促使获得选举成功的人尽力履行职责。二是强调政党内部运作的法律化。西方国家政党内部运作机制的规范性,是其在自身发展和运作过程中,在内部各种力量的博弈中,在面对外部强大竞争压力的条件下逐步形成的。随着西方政党制度的发展,政党内部运作机制的规范性制度在国家法律中逐步体现出来。许多国家都通过立法将政党的运作建立在更加规范的基础上。因此,西方发达国家政党比较重视政党自身行为与国家法律的一致性,并努力使其有机衔接。三是重视加强对政党内部的监督。西方一些政党非常重视对自身的监督,以保证政党内部规范运行。特别是发挥大众媒体的监督作用,许多发达国家政要的丑闻都是新闻媒体首先揭露出来的。此外,注重有效发挥其他社会力量的监督作用,通过广泛的社会力量监督和制约执政党的政策和行为,有利于防止执政党独裁专断,保证政治权力的运作处于公众可以容忍的范围内。四是强化政党与民众的密切联系。西方政党执政是在选举中获得的,因此,政党之间的竞争性较强,这种竞争性迫使政党必须加强与民众的联系。如充分利用民调机构掌握社情民意,作为政党制定政策的参考;通过建立"思想库",加强政党与民众特别是青年知识分子的沟通;把一些民间组织作为政党的外围组织,以扩大政党的影响;通过建立基金会的方式来加强与民众直接和间接的联系等。当然,西方国家政党有它们的历史传统和特定国情、党情,我们不可能也不应该照抄照搬它们的做法和经验,但对其中折射出的政党发展的普遍规律和人类文明成果,我们完全可以结合自己的党情、国情加以借鉴吸收,使之成为以改革创新精神加强党的建设的有效资源。

(作者单位:中共山东省委党校党建教研部)

济南基层党组织建设问题的理性思考

刘晓钟

基层党组织建设是党的建设的重要组成部分。基层党组织是否始终保持先进性和良好的执政能力,关系着党在社会基层的领导能否有效实现,关系着党的执政基础牢固与否。面对新的形势和任务,基层党组织如何加强实现自身现代化建设,是党的建设的重大历史性课题。

一、基层党组织建设为济南经济社会发展提供根本保障

新中国成立以来特别是改革开放以来,济南市各级党组织始终高度重视加强党的建设,认真落实党要管党、从严治党责任,自觉把基层党组织建设摆在事关全局的重要位置来抓,以改革创新精神全面推进党的建设新的伟大工程,为经济社会发展和各项事业建设提供了坚强保证。

(一)基层党组织的地位决定其历史作用

基层党组织作为党的全部工作和执政的基础,在推动科学发展、促进社会和谐中承担着重要责任。基层党组织是党的各项方针政策的执行者。党的方针政策只有通过基层组织的有效执行,才能真正贯彻落实到基层,才能落地生根、开花结果,真正使改革发展的成果惠及于民。基层党组织是联系群众的桥梁和纽带。一个地区的规划和发展战略只有通过基层组织的作用,才能变成群众的自觉行动。而群众的诉求只有通过基层组织的传递和反映,才能变为上级党委、政府的科学决策,进而把群众的利益实现好、维护好、发展好。基层党组织是社会建设最有力的直接推动者。社会建设涉及社会各个方面的群众,涉及老百姓方方面面的具体利益,基层党组织只有做到为民利民、全心全意为百姓服务,真正把工作的重点放到发展经济、改善民生上,才能全面完成地方党委确定的社会建设的任务。胡锦涛总书记明确要求要“切实提高党的建设科学化水平,为经济社会又好又快发展提供有力保证”。这为我们进一步加强和改善新形势下基层党组织建设指明了方向。坚持党的建设科学化是推动经济社会发展的关键所在,是实现济南跨越发展的坚强保证。

（二）基层党组织建设为济南的发展创造出特有的历史机遇期

近年来济南同全国、全省一样，改革开放和现代化建设全面推进，各项工作都取得了重大进展。“十一五”时期，面对国际金融危机的严峻考验和筹办十一届全运会的重大任务，济南市各级党组织坚持以邓小平理论和“三个代表”重要思想为指导，深入贯彻落实科学发展观，按照“维护省城稳定、发展省会经济、建设美丽泉城”的总体思路，解放思想、提升境界，攻坚破难、锐意进取，社会主义经济、政治、文化、社会以及生态文明和党的建设取得重大进展，圆满完成了“十一五”规划确定的主要目标任务。经济社会发展的成功实践，为今后的发展积累了丰富的经验，奠定了良好的基础。

“十二五”时期，是济南经济发展转型升级、城市建设跨越提升、社会事业全面突破的关键时期，既面临难得的历史机遇，也面对诸多可以预见和难以预见的风险挑战。总的说来，济南的发展处于特有的重要战略机遇期。济南将把新型城市化作为推动省会科学发展、跨越发展的强大动力，坚持高起点规划、高标准建设、高效能管理，集中力量做大做强中心城区，加快城乡统筹和一体化发展，促进经济发展与人口、资源、环境相协调，努力走出一条集约发展、协调发展、组群发展和具有济南特色的新型城市化道路。按照“拓展城市发展空间，打造现代产业体系”总体思路，抢抓机遇，积极作为，全力做好“转方式、调结构、促增长、惠民生、保稳定”重点工作，经济社会发展将取得新的成绩和重大进展。这种历史机遇期的获得，既有全国大发展的时代背景因素，也有济南基层党组织努力建设的现实成果。

（三）加强和改进基层党组织建设使济南党的整体建设呈现出可喜的发展势头

近年来济南各级党组织认真贯彻党的十七大和十七届四中全会的重大部署，以加强党的执政能力建设和先进性建设为主线，以改革创新精神全面推进党的思想建设、组织建设、作风建设、制度建设和反腐倡廉建设，努力为省会现代化建设提供坚强保证。特别是高度重视基层党组织建设，把推进基层党组织建设工作创新摆上重要位置。在实际工作中，努力做到：把握政治方向这个根本点，发挥好政治导向功能，引导群众进一步坚定走中国特色社会主义道路的信心；把握发展经济这个着力点，坚持以科学发展观为指导，不断提高领导和谋划发展的能力，进一步提高党员带头致富和带领群众致富的能力；把握服务群众这个出发点，坚持以人为本，牢记党的宗旨，树立群众利益无小事的理念，关心关注事关群众切身利益的实际问题；把握化解矛盾这个突破点，维护和发展安定团结的政治局面，需要及时排除各种隐患，妥善处理各种社会矛盾。

二、济南基层党组织建设面临的新问题

(一)从“政治型”基层党组织建设情况来看

1. 主要还是一个提高党员综合素质问题。基层党组织和党员队伍中还存在一些不适应新形势新任务要求、不符合党的性质和宗旨的问题。党的思想理论建设中存在的突出问题是,受市场经济负面效应的影响,干部思想道德滑坡的问题比较严重,党员的先锋模范作用难以有效发挥。党的组织建设存在的突出问题是,一些基层党组织建设乏力,组织生活不健全,民主集中制难以有效执行,党组织缺乏解决自身矛盾的能力。党的作风建设存在的突出问题是,在市场经济的新形势下,党群关系受到严重影响,坚持党的优良传统作风面临严峻的挑战。必须清楚地看到,基层党组织建设的整体水平和党员干部的思想状况与建立和发展社会主义市场经济的要求还远不适应。当前,省会现代化建设正处于关键时期,国际国内不稳定不确定因素仍然很多,全市改革发展稳定的任务十分繁重,对基层党组织建设提出了新的更高的要求。

2. 怎样确保党的建设各项工作部署全面落到实处。抓落实是马克思主义政党自身建设的基本要求。习近平同志强调指出,我们党建立 90 年、新中国成立 60 多年,有今天的巨大成就和在全国各族人民中的崇高威望,靠的是把马克思主义基本原理同中国具体实际结合起来形成的正确的理论和路线方针政策,靠的是共产党人团结带领人民群众一步一个脚印把党的路线方针政策变成认识世界、改造世界的巨大精神力量和物质力量。基层是一切工作的落脚点。抓落实的重心要放在基层一线,解决落实不到位问题的思路和办法要到基层和群众中去寻找。

3. 基层党组织设置形式和发挥作用的方式需要进一步探索和完善。党组织的设置形式与经济组织形式不相一致,给党组织和党员的教育管理带来了新情况新问题。从对基层党组织的纵向管理来看,在市场经济体制下,一些经济组织及部分中介组织已成为无“上级”的独立实体。如何理顺这些单位党组织的隶属关系,怎样实行党的组织领导就成为我们应当解决的问题。从对基层党组织的横向管理来看,由于社会基层单位的性质、结构、规模等十分复杂,因而党的基层组织的任务职能、工作方法、活动方式各不相同,呈现多样性状态。这就需要地方各级党委在基层党的建设工作的宏观指导下,既要考虑基层党组织的共性特点,又要兼顾各类基层党组织的特殊性,不断提高基层党的建设工作的科学化水平。

（二）从“权力型”基层党组织建设情况来看

1. 对人民群众最根本利益的把握。最广大人民群众最根本利益与群众“最关心最直接最现实的利益”有时是存在矛盾的。最广大人民群众最根本利益，在一定意义上讲就是公共利益。但是，准确地把握公共利益是一个十分困难的事情。从不同个体表达中，抽象出一个所有个体都愿意接受的公共利益，也是十分困难的事情。同时，基层党组织把握公共利益，仅仅运用多数同意的表决机制不一定有效。

2. 体制的匡限。从近十年党建发展的路径来看，推动党建的动力源泉是自上而下的，而加强党建的实践探索是自下而上，推进党建新的改革也是从局部到整体，从试点到面上的进行的。从客观上讲，中国社会正处在深刻的历史转型过程当中，社会环境的变化给党的建设带来了很多新情况新问题，我们本身对这些问题的认识、把握是要有一个历史过程的。随着基层党组织建设的深化，任何基层组织建设面临的矛盾都会反映整个政治体制和政党体制存在的问题，正像一滴水能反映太阳的光芒那样，如果我们对整个政治体制改革和政党体制的发展没有清晰的方向的话，或者推动党建改革的党务工作者不理解这个方向的话，那么来自基层党组织的实践探索往往会偏离方向，并使其改革走向误区。如农村基层党组织政治功能的回归和职能的转变，这不仅仅是微观基层社会的适应问题，它更多地还要借助执政党领导方式的变革，国家对农村治理方式的转变，政府对农村管理体制的改革这些大的制度环境支持，否则农村基层党组织建设很难有较大突破性发展。

3. 既得利益的困惑。改革的实践证明，任何改革都是社会利益格局的重新调整，都会使一部分既得利益的受益者受到深刻的冲击。经历 30 多年的改革，中国的改革已深化到体制内部，某种程度上就变成了政府部门在体制、机制上的自我改革，变成了执政党自身执政方式和领导方式的改革，也就是说，改革设计和参与者本身，又是改革的对象，在这样的背景下，执政党要推动改革不可避免地受到既得利益者，以显性或隐性的方法进行抵制，使改革的公正性和进度受到影响。推进党的建设的任何改革都会触动掌握巨大社会资源的既得利益集团，无论是干部队伍的民主建设，还是对权力进行监督制约，还是实现政府公开阳光，都会遇到各种抵触，或者都会面临执行不力，执行大打折扣的挑战。这就是党的建设中的一些问题难以有效解决的深层次原因。

4. 工作方法的缺陷。基层党组织建设是一个复杂的社会系统工程，需要科学、扎实、适应社会多样化的工作方法。我们一直沿用的是战争年代传下来的，计划经济体制使之完备的，自上而下的组织动员的方式来推进党建。也就是通过发文件、听报告、下通知、走程序、做总结、写调研的官僚流程来推进党的建设发展,这种推进方式表面看起来部署完备,工作扎实,但实质上有不少地方是在认认真真走流程,至于如何结合实际有效改善和加强基层党组织建设,就看人们的文章写得如何,总结是否漂亮了。

以上存在问题说明,重视基层党组织建设不等于抓好基层党组织建设,抓了基层党组织建设不等于抓出真正的成效,如果思路不科学,方法不得当,在改革中患得患失,抓基层党组织建设可能就事倍功半,甚至事与愿违。

三、加强和改进济南基层党组织建设的有效路径探寻

(一)努力建设马克思主义学习型党组织

建设马克思主义学习型党组织是保持党在理论上实践上先进性的本质要求。学习是一切进步的先导,是求新求变的起点。中国共产党靠学习立党、靠学习执政。一部党领导中国革命、建设和改革的历史,就是一部创造性学习、创新性实践的历史。一个重视学习的政党,是充满希望、富有活力的政党;一个善于学习的政党,是能够与时俱进、开拓创新的政党。我们所要建设的马克思主义学习型党组织,应该是高举中国特色社会主义伟大旗帜,坚持推进马克思主义中国化并自觉用以指导实践的政党;是目光远大、胸怀宽阔、善于总结经验、善于吸收一切人类文明成果的政党;是始终走在时代前列,勇于变革、勇于创新,永不僵化、永不停滞的政党;是学以立德、学以增智、学以创业,在学习意识、学习能力、学习成效上引领全社会全民族的党组织。

(二)致力于解决经济社会发展中的具体问题

科学发展的伟大实践,就是一个不断发现问题、解决问题的过程。在具体实践中,一些问题得到了很好的解决,一些问题正在解决,也有些问题一时还没有找到解决的方法,需要进一步发展才能解决,还有些问题尚未明显表露出来。我们关注的问题应当是科学发展过程中需要解决的问题和影响科学发展的问题。要用科学发展观来审视现实中的问题,揭示问题、剖析问题,以科学发展观为统领,努力解决群众最关心、最直接、最现实的利益问题,促进经济和社会的全面、协调、可持续发展。要把握问题的本质属性,要把问题放在科学发展的大背景下进行分析对比,不仅要分析问题的静止状态,还要把握问题的运动状态、把握问题的走势,分析其可能对科学发展带来的各种影响。要不断消除不和谐因素,不断增加和谐因素,在卓有成效地妥善处理各种矛盾中前进。解决现阶段科学发展和社会和谐相关问题的基本路径是,要狠抓落实。抓落实是领导工作中一个极为重要的环节,是党的

思想路线和群众路线的根本要求。反对空谈、强调实干、注重落实，是我们党一个优良传统。各级领导干部要深入贯彻落实科学发展观，牢固树立宗旨意识和正确政绩观，狠抓落实、善抓落实，用百折不挠的意志争创一流业绩，不断开创各项工作新局面。

（三）提供体制和机制保障

以科学制度保障基层党组织建设创新，最根本的是严格遵循执政规律进行制度建设，切实增强制度的科学性、严密性、系统性。当前，一些制度过于原则宽泛，缺乏针对性和可操作性；一些制度系统性和配套性不强，不能有效发挥作用，严重影响了基层党组织建设的科学化水平。这就要求在制度建设中既重视实体性制度，又重视程序性制度；既明确规定应该怎么办，又明确规定违反制度该怎么处理，减少制度执行的自由裁量空间，使制度能有效发挥作用。同时，还应坚持解放思想、实事求是、与时俱进，对部分不适应时代要求和实际需要的制度进行修改、补充和完善，并适时制定新的制度，真正形成内容全面、结构合理、功能完备、科学管用的基层党组织建设制度体系。实现党的组织设置的科学化。随着经济体制改革的深化，要求党能站在全局高度，调整和改革自身组织体系和活动内容，根据市场经济需要和现代民主政治建设要求，加强党的组织制度建设，建立便捷、高效的组织体系，设置精干合理、高效规范的组织机构，形成关系协调、职责清晰的运行机制。

（四）善于总结济南和其他地方基层党组织建设经验

善于总结经验，是我们党领导人民战胜艰难险阻，不断取得革命和建设新胜利的重要法宝，是新的历史条件下党员、干部必须具备的基本素质之一。认真总结以往实际工作的经验，搞清工作中哪些是正确的需要坚持，哪些是错误的需要改正，把经验上升为理论，从而增强高举中国特色社会主义伟大旗帜、贯彻中央各项大政方针的自觉性和坚定性。善于总结经验是我们党的一项宝贵经验，是工作中的一种科学有效的基本方法。学会总结经验，是党员、干部提高水平增长才干的有效途径。一名合格的党员、干部，需要多方面的素质，需要从多方面发展自己和提高自己，其中一个有效途径，就是学会总结经验。正确总结经验，是实现主观和客观、理论和实践具体的历史的统一的基本条件。实事求是地总结经验，需要建立相应的工作制度。总结经验要自觉、及时、经常，总结经验的工作水平要不断提高，有赖于制度建设的完善。

（作者单位：中共济南市委党校）

浅论济南共产党早期组织成立的历史必然性

邱存梅

90年前的1921年春天，以王尽美、邓恩铭为代表的先进分子在济南成立中国共产党早期组织，并出席中共一大，参与了中国共产党的创建，在中国共产党的历史上写下了辉煌的一页。那么，在20世纪早期那个风云激荡的岁月里，济南的先进分子为什么能够从近代革命不断兴起又接连失败的阵痛中觉悟，选择和接受了马克思主义，寻找到民众解放的新出路，使代表最广大人民根本利益的党组织能够较早在济南建立，这是许多济南地方党史工作者在一直研究的课题，对于我们大家了解这段历史很有帮助。

一、济南近代化发展为济南共产党早期组织的成立打下了较为坚实的社会基础

1904年5月1日，北洋大臣兼直隶总督袁世凯、山东巡抚周馥联名上奏拟请在山东内地自开商埠，5月15日，清政府批准了该奏折，准许山东自行将济南等三地辟为商埠。济南自开商埠是近代中国改革开放进程的创举，这一举措，使得在清末新政改革中已走在各省前面的山东奠定了其优势地位，也使济南近代化、城市化的步伐加快。

开埠前，济南作为一个具有深厚历史文化积淀的典型内陆城市，政治功能占主导地位。开埠后，济南与外部世界的经济、文化联系变得越来越广泛，外国商品和资本以及随之而来的信息、人才、技术、企业经营理念的涌入，向人们展示了工业文明的魅力，昭示出一种新的生产方式和发展模式，对济南民族工商业的发展产生了客观示范效应和推动作用。广大绅商在振兴民族经济这一良好意愿的驱动下，产生了发展近代工业的要求。1905年，道员刘恩柱等人集资28万元，购德国42千瓦发电机两部，在济南院后街创办发电厂，成为济南开埠后第一家民营企业。此后近代工商企业如雨后春笋纷纷涌现。仅1904至1909年间，济南就相继出现了济南电灯公司、泺源

造纸厂、金启泰铁工厂等一大批近代化新式企业。济南逐渐脱离了单纯商业、手工业的经济模式，初步奠定了近代工业经济基础。

济南开埠后积极的通商惠工政策促进了经济的繁荣和发展，同时，经济的发展也推动着社会各个层面的变革：市政建设得到长足发展，新闻传媒应运而生，特别是近代教育发展迅速，1901 年建立了第一所高等学校，将济南最大的书院——泺源书院改建成山东大学堂，此为山东官办“新教育”之始，也是全国兴办最早的省立大学堂。20 世纪初的 10 余年间，济南基本建立起新式的近代教育体系。尽管在这些新式学堂中，走向末路的晚清王朝仍极力推崇儒学，但是新式学堂仿照日本和西方的学校制订教学内容，设置了大量关于社会和自然科学的新课程。这些新式的学堂教育极大地开启了民智，一大批来自社会底层和穷苦农工界的青少年接受了新知识，改变了原先受教育阶层的社会构成。这种新式教育体系的建立也为社会政治经济的转型提供了深层的思想文化基础，对人们的社会意识、文化心理等产生了深远的影响，在社会各阶层中普遍产生了趋新思变的精神动力。处在这种大变革中的济南为新文化、新思想的传播提供了宽松的思想舆论空间，也为济南早期马克思主义者的探索与实践提供了较为坚实的社会基础。

二、近代济南工人阶级的成长壮大为济南共产党早期组织的成立奠定了阶级基础

代表近代先进生产力的主要社会力量是近代产业工人阶级。在 19 世纪末到 20 世纪前期，济南的近代产业工人阶级经历了一个从无到有的历史发展过程。早 19 世纪 70 年代，清政府部分官员出于自强、富国的心态，开展了洋务运动，兴办了一批军事工业和民用工业。1875 年，山东巡抚丁宝桢奏准，在济南创办山东机器局，这是山东近代官办工业之始，也是清王朝统辖的重要军事工业之一。起初有工人 250 人，中日甲午战争时发展至千余人，自此，济南产生了首批产业工人。20 世纪初，随着民族工业的发展，济南的工人阶级队伍不断发展壮大起来。到 1919 年五四运动前夕，济南的产业工人总数已达到 2 万人左右，加之手工业工人、人力车工人等有 3 万至 4 万人之多。

在帝国主义、封建势力及资产阶级的压榨下，济南的工人阶级过着极端困苦的生活。由于不堪忍受帝国主义和封建把头的残酷压迫，济南工人自发的反抗斗争不断发生。1914 年，津浦铁路大槐树机器厂花车场，曾为反对监工、把头无故打人，剋扣工薪而群起打了该场把头，引起全厂各工场的响应，形成了全厂的罢工。同年，兴顺福铁工厂工人为要求改善生活而进行了

怠工斗争。这类斗争,由于是自发的、被动的,组织松散的,有其局限性,大都失败了,但它初步显示出济南工人不屈不挠的革命力量。五四前夕,济南工人阶级由被动的、自发的、组织松散的斗争逐渐发展到联合的反帝爱国行动。5月2日,济南3000余名搬运工人在北岗子举行了“收回青岛”演说大会。会后,为抵制日货发起组织“劳动五人团”。至5月下旬,已成立“劳动五人团”14个。五四运动中,济南工人阶级始终站在政治斗争的前沿,表现了强烈的反帝激情和顽强的斗争精神。5月8日,济南劳动界集会演说,到会者1000多人。5月28日,搬运工人李风林等迭次召集劳动界开会演说,誓不与日人交际。6月9日,济南车夫组织“十人救国团”进行排日活动,等等。五四运动中,济南工人阶级始在异常尖锐的国内外矛盾冲突中、在同中外反动势力的直接斗争中得到了锻炼和考验,这使力量尚显单薄的济南工人阶级在政治上迅速走向成熟,并以自己特有的组织性、纪律性和坚定的革命精神,成为运动中的主力军。

伴随着济南近代化进程而成长起来的济南工人阶级,尽管实力还不是十分强大,政治上还未完全成熟,但他们为改变自身处境和社会现实而作出的种种努力,却为济南的社会发展进程产生了深远的影响,为济南早期先进知识分子探索救国救民的真理奠定了坚实的阶级基础。

三、民族救亡运动冲击下的民众觉醒和马克思主义在济南的广泛传播为济南共产党早期组织的成立提供了深厚的思想基础

1919年爆发的五四运动,其直接导火索是“山东问题”。在国难当头之时,山东人民最先点燃了反帝爱国的火焰。济南是山东的政治、经济、文化中心,济南人民始终站在这场运动的最前沿,他们的不屈抗争推动着运动不断向纵深发展。在整个运动中,济南没有一个阶层不被卷入这场感天泣地的斗争之中。其持续时间之长全国少有,运动前,济南人民为收回主权而进行的抗争拉开了五四反帝爱国运动的序幕,6月28日,当中国代表拒绝在和约上签字后,全国范围内爱国运动的直接目标已经实现,而以济南为中心的山东各界反对日本继续占领山东的爱国斗争却一直没有停止。运动中,善良的济南民众对“公理战胜强权”美好词句从心存幻想到接受残酷的现实中,看见了帝国主义麒麟皮下的马脚,并且,与日本侵略者、北洋军阀政府、亲日派反动势力进行了多次直接抗争、交涉,对日本侵略者的残酷,北洋军阀政府的软弱、反动,亲日派反动势力的无耻行径有了真实的认识。济南人民在运动中经受了前所未有的锻炼和考验。五四运动唤醒了全中国,更唤醒了济南民众,极大地促进了济南人民的思想解放和意识觉醒。

五四运动也推动了马克思主义在济南的传播。早在五四运动前兴起的新文化运动,五四运动后发展成为以传播马克思主义为中心的思想运动。在马克思主义传播过程中,北京和上海各形成了一个宣传马克思主义的中心,并从南北方向各地辐射。济南地处京、津、沪、宁之间,新文化、新思潮经这里南北传输,日益强烈地撼动着传统文化的根基。尤其是在五四运动之后,全国各地出版的进步报刊和图书,在山东均得以流传。

五四运动以后,国民党员、山东省议会议员,曾在五四运动中以高昂的爱国热忱为收回山东主权而上下奔波的反帝爱国人士王乐平,在参与和宣传新文化运动的过程中,其强烈的爱国主义精神和追求民主、自由、平等的思想,逐步与社会主义思潮产生了共鸣。他一方面发起创办《民治日报》,辟有新文化专栏,登载有关文章与报导,一方面于 1919 年 10 月在济南天地坛自己家里,发起创办了齐鲁通讯社,并附设售书部。1920 年 9 月,王乐平将齐鲁通讯社售书部扩建为齐鲁书社,以扩大马克思主义的研究和宣传阵地。王乐平与上海、北京、广州等地的进步团体和出版界建立了密切的联系,全国各地出版单位都主动把新书刊寄来代销,当时推销的新书有《俄国革命史》、《辩证法》、《资本论入门》、《社会科学大纲》等,最盛行的是鲁迅、李大钊、瞿秋白等著译的书,对创造社、新青年出版社、新思潮、北京书店的出版物销售极广,另外还销售一些进步杂志和报纸等。除了经营这些进步书刊外,他还为读者提供了阅读的场所,经常举办各种不同形式的学术研讨会和讲演会。很快,齐鲁书社吸引了一批追求真理的进步青年,他们在这里如饥似渴地学习、研究、探讨着各种新思潮。以齐鲁书社为基地,逐步集中了一批以王尽美、邓恩铭等为骨干的追求真理、勇于探索的具有初步共产主义思想的知识分子。

在宣传马克思主义的诸多刊物中,在山东影响比较大的还有以山东旅京大学生主办的《曙光》杂志。该杂志社是山东旅京的大学生宋介、王统照、王晴霓、范予遂、徐彦之等于 1919 年 11 月创办的。主编宋介是山东滋阳(今兖州市)人,主笔王统照是山东诸城人,这些山东学子,在北京经五四运动的熏陶,立志于新文化运动。1920 年以后,由于十月革命影响的深入和马克思主义的广泛传播,《曙光》杂志的政治倾向由"促进社会改革"转变为传播马克思主义,大量发表介绍苏俄情况的文章和列宁著作译文。李大钊的一些重要文章曾在该刊发表。主编宋介的思想愈来愈倾向共产主义,他后来成为北京共产党早期组织成员。该刊最初就把故乡山东读者作为主要的发行对象之一,它在济南的齐鲁书社设立总代办处。《曙光》杂志社的同人与山东进步人士和学界的个人关系也很密切。王统照、王晴霓与山东进步人士王乐平、王翔千及进步学生王象午、王志坚等,都是出身于诸城县的王氏家族,交往颇深。宋介、徐彦之、王晴霓等《曙光》杂志社成员多次回山东活动,与王尽美、邓恩铭等交往甚密。《曙光》杂志对五四运动后山东新文化运动的影响是较大的,对推动马克思主义在山东的广泛传播发挥了重要作用。

四、济南早期马克思主义者的成长及其实践为济南共产党早期组织成立准备了必要的干部条件

共产党早期组织能够在济南成立,关键因素之一是在济南这片热土上成长起来了早期的马克思主义者,诞生了共产主义的举旗人。经过五四运动的风雨洗礼之后,一批先进知识分子开始倾向马克思主义,学习和研究马克思主义,逐步坚定了马克思主义信仰。在这批先进分子中,王尽美和邓恩铭是其中的优秀代表。

1898 年 6 月,王尽美出生在诸城县北杏村的一个佃农家庭里。在贫寒中挣扎度日的祖母和母亲想尽一切办法为他争取到读书的机会,并在读书过程中遇到了影响他一生的进步教师王新甫。1918 年春夏之交,王尽美告别故乡奔赴济南,抱着希望到师范学校研究教育原理,探讨教育的目的和方法的美好愿望,王尽美报考了山东省立第一师范学校。五四运动爆发后,他欣喜若狂地投入到波澜壮阔的爱国运动中,参加了请愿、罢课、游行等斗争,并在运动中脱颖而出,成长为领导济南学生运动的主要领袖之一。

经过五四运动的洗礼,王尽美的思想进一步成熟,特别是马克思主义在济南的广泛传播,使孜孜求索的王尽美豁然开朗。在诸城同乡王乐平开办的齐鲁书社里,他如饥似渴地学习着各种宣传马克思主义和民主自由思想的书籍、报刊。在这里,他和同样怀报国之志且有同乡之缘的王乐平联系密切起来,他还和省立一中的邓恩铭、山东公立工业专门学校的王象午和育英中学的教师王翔千等共同探讨救国救民、改造社会的道路和方法。

在研读马克思主义的过程中,王尽美逐步接受了马克思主义,并开始用马克思主义的观点、方法来分析社会问题。1920 年 10 月以后,王尽美发表了一系列用马克思主义阶级分析的方法剖析旧教育制度的论文,指出反动统治阶级办的教育“不是要去提高平民的知识,是要造出些鱼肉乡民的小绅士”①,“握乡村教育大权的,不是有教育经验的教育者,是横行乡曲的绅

① 中共山东省委党史资料征集研究委员会:《山东党史资料》1983 年第 2 期,第 177 页。

士。……教育，也不过是富贵人家的专利品，一般平民哪里敢梦想得到。"[1]因此，他相信"要普及乡村教育，使平民都有识字的机会，非先打破贫富阶级不可"[2]。他在为《成年辅习班与工学主义》一文所加的《瑞俊附志》中指出："劳动者所以屈服在资本家之下，那种利权并不是资本家所特有的，是以前那些劳动者假给他的，现在劳动者既觉悟了，就马上把这种利权收回来……我所以很希望劳动同胞中之先觉者，个个往实际插手去作才好。"[3]句句满含哲理和激情的文字表明，王尽美已不只是把马克思主义当成单纯的学理进行探讨，而是把它作为观察社会的工具。

与王尽美在同一历史时期完成世界观转变，成长起来的另一位齐鲁领袖是水族的优秀儿女、省立一中的学生邓恩铭。邓恩铭也在济南求学的过程中参加了五四运动，并被推举为省立一中学生自治会领导人兼出版部部长。邓恩铭在运动中广泛接触了社会，进一步拓展了政治视野。五四运动以后，俄国十月革命、马克思主义的宣传深深地吸引着邓恩铭。他频繁地出入齐鲁书社，头脑中久存的各种问题在进步书刊、进步文章中寻到了答案，以马克思主义指导中国革命、发动群众以斗争方式求得彻底改变现状的思想在邓恩铭心中日益强烈。1920 年 10 月，邓恩铭在《灾民号》上发表文章《灾民的我见》。《灾民的我见》不是单纯地谈论灾民问题，而是公开号召、鼓动灾民进行社会革命，铲除贫富悬殊的不平等现象，使中国永远不再出现灾民，实际上是向旧世界宣战的檄文。文章字里行间透着青年学生邓恩铭已经开始用马克思主义的观点和方法分析问题、观察社会，邓恩铭已成长为一名具有初步马克思主义觉悟的共产主义者。

济南早期的马克思主义者不只是把马克思主义当成单纯的学理进行探讨，而是以其为指导，积极投身现实斗争。1920 年夏秋之际，王尽美、邓恩铭等秘密成立了"康米尼斯特(英文'共产主义'音译)学会"，这是济南现代史上第一个研究、宣传马克思主义的团体。1920 年 11 月，"康米尼斯特学会"会员王志坚、吴健隼、王尽美等发起筹建励新学会，并出版《励新》半月刊，该刊刊载的文章大多是有关山东教育和妇女解放的内容，也有相当多的文章主张社会革命，强调工农劳动者在社会改造中的作用。尤其是在刊物的后期，可以深刻地感到他们的马克思主义倾向和无产阶级意识。济南早期马克思主义者组织的先进社团，创办的进步刊物，虽然在社会上没有引起很大

① 中共山东省委党史资料征集研究委员会:《山东党史资料》1983 年第 2 期，第 186 页。
② 中共山东省委党史资料征集研究委员会:《山东党史资料》1983 年第 2 期，第 192 页。
③ 中共山东省委党史资料征集研究委员会:《山东党史资料》1983 年第 2 期，第 211 页。

的波澜，但是，他们发表的文章，开展的诸多社会活动，对宣传新思想、介绍新文化、揭露社会黑暗、启蒙青年学生觉悟等都发挥了重要作用。

逐渐成长起来的王尽美、邓恩铭等济南早期马克思主义者大多是青年学生，虽然他们对马克思主义的研究还不可能达到李大钊、陈独秀那样的深度，但他们在政治斗争中立于时代潮头，融入人民大众之中，在各种救国思潮、各种救国方案的探索比较中，最终选择了马克思主义。他们的成长和实践为济南共产党早期组织的成立准备了必要的干部条件。

五、"南陈北李"的启迪是济南共产党早期组织成立的外部促动因素

最早酝酿在中国建立共产党组织的是陈独秀和李大钊。在共产国际的帮助下，两人分别在上海和北京率先发起成立党的早期组织。1920 年 8 月，上海共产党早期组织正式成立，同年 10 月，北京共产党早期组织成立。

上海共产党早期组织成立后，"函约各地社会主义分子组织支部"。"于是由陈独秀函约李大钊在北平组织，王乐平在济南组织"。五四运动以后，作为山东新文化运动旗手的王乐平不但得到新文化运动主将陈独秀的赏识，而且与上海先进知识分子之间的往来日渐增多。因此，上海共产党早期组织在济南寻找发起人，首先想到王乐平是极其自然的。

济南因"会当京沪文化带之要冲，地扼山东半岛之咽喉"的特殊地理位置，济南的先进知识分子早在五四运动后期就与北京有了来往联系。"南陈北李相约建党"后，济南又成为南北共产主义者来往必经之地，济南的共产主义者与北京的共产主义者有许多联系。李大钊领导的北京马克思学说研究会成立之后，王尽美曾赴北京大学参观学习，并作为外地通讯会员参加过该会的活动，王尽美与北京的共产主义者李大钊、张国焘、罗章龙、刘仁静等时有接触。

也正是因为特殊的地缘关系，在共产国际代表帮助上海、北京两地建立党组织的过程中，王尽美、邓恩铭等济南马克思主义者还结识了共产国际工作组成员杨明斋。1882 年出生于山东省平度县马戈庄的杨明斋，1901 年因家境艰难闯"关东"，进入俄罗斯。在俄国参加了十月革命，后被安排在外交机关当职员。1920 年 4 月，作为维经斯基的翻译、参谋和向导回到了祖国。他同维经斯基在联络南陈北李、促进建党的活动中，途经济南并在故乡停留。他和王尽美、邓恩铭等取得联系，宣传十月革命，传播马列主义。杨明斋的来济，对王尽美、邓恩铭的建党思想产生了积极的影响。

上海、北京的建党活动，共产国际工作组及杨明斋等的活动，把济南与

全国的共产主义运动联结到了一起。王乐平收到陈独秀让其“在济南组织”的信函之后,王乐平向陈独秀推荐了他比较了解的热衷共产主义的青年学生王尽美和邓恩铭。

王尽美、邓恩铭没有辜负王乐平的重托,在上海、北京共产党早期组织的影响和帮助下,在各种因素的交互作用下,1921 年春,共产党早期组织之一——济南共产党早期组织成立。济南共产党早期组织的成立标志着革命的火种在齐鲁大地上点燃了,从而结束了济南人民于黑暗中踯躅前行的历史,开启了济南乃至山东人民走向光明的新时代。90 年前,共产党的早期组织之一能够在济南成立,既根源于近代中国半殖民地半封建社会矛盾和人民反帝反封建革命斗争的发展演变,深受全国政治大气候的影响,同时也是济南地区社会历史环境孕育的结果,是济南先进分子在当时社会形势下探索与实践的必然选择。

(作者单位:济南市委党史研究室)

济南市学习型党组织建设的探索实践研究

鞠正江

一、济南市学习型党组织建设的实践探索及其成效

中共济南市委一贯重视学习型党组织建设，十六大尤其十七届四中全会以来，全力推进全市学习型党组织建设，取得了显著成效。

(一)明确学习目标，着力提升各级党员干部思想境界和领导素质

济南市推进学习型党组织建设提出了明确的学习目标要求，即：紧紧围绕党和政府工作大局，按照科学理论武装、具有世界眼光、善于把握规律、富有创新精神的要求，以提高思想政治水平为基本目标，深入学习马克思主义理论，学习党的路线方针政策和国家法律法规，学习党的历史和现代化建设所需要的各方面知识，不断在武装头脑、指导实践、推动工作上取得新成效。围绕这一目标，济南市在推进学习型党组织建设实践中重点实现好"三个结合"：与研究和把握济南市情相结合，力求在推动省会经济社会科学发展上有新突破；与研究和把握各级党组织建设的具体情况相结合，力求在全市各级党组织建设上有新进展；与研究和把握全市党员干部队伍建设的具体情况相结合，力求在不断解放思想、努力提升思想境界和提高领导素质上有新成效。几年来，济南市委和各级党组织坚持把"解放思想、提升境界"作为推进发展实践的首要环节，把转变观念作为学习型党组织建设的首要任务。广大党员干部带头深入分析济南经济社会发展的阶段性特征、努力探索把握经济社会发展的基本规律、着力回答破解经济社会发展的重大理论和实践问题，大大提高了战略思维、创新思维、辩证思维能力，增强了工作的原则性、系统性、预见性、创造性。

(二)建设学习载体，推进党组织学习的常态化、长效性

济南市各级党组织一贯重视学习载体的建设：一是充分利用和进一步完善传统学习载体，如进一步完善和丰富"三会一课"的活动内容和活动方式，坚持和完善党委理论学习和党组织学习日制度，结合党和国家重大政策出台、重大活动和重大纪念日、传统节庆活动积极组织党员干部学习等等；

二是坚持把主题教育活动作为学习型党组织建设和党员干部教育的重要途径。几年来,济南市委立足于本地区经济社会发展实践和党组织建设实际,选择不同时期的工作重点和人民群众关心的突出问题,先后在全市范围内开展了“解放思想大讨论活动”、“学习实践科学发展观活动”、“下基层、解难题、办实事”调研、“执政为民、廉洁高效”、“深入基层、服务群众”等一系列教育实践活动,引导广大党员干部深入研究本地区本部门发展实践中的突出问题,努力探索经济社会发展规律和领导管理规律,促进了党员干部学习生活化和学习工作化;三是充分发挥媒体的作用,积极搭建网络学习交流平台。济南市继续在济南日报和区县党报上开辟党委中心组学习园地和理论专栏、专版,在广播电视开设理论专题节目,同时,充分挖掘网络等新兴媒体的作用,在济南宣传网开辟中心组学习专栏,在舜网开设时政大家谈等栏目,邀请专家学者和党员干部就经济社会发展的热点问题、党员群众关心的焦点问题进行答疑解惑。自 2009 年开始,济南市依托“山东干部学习网”,在历下区积极试点党员干部在线学习,到 2010 年上半年,全区 2252 名注册学习的干部实现了参学人员 100% 登陆学习、100% 在线选课、100% 通过考试的“三个百分之百”目标,在线学习于 2010 年年底在全市各级党组织推广。

(三)创新学习方式,增强党组织学习的实效性、针对性

创新是学习型党组织永葆生机的源泉。近些年来,济南市不断创新学习方式,坚持团队学习、互动学习,探索建立形式灵活、学用结合的学习模式。一是改变传统的“念报纸、读文件”的灌输式组织学习,将组织学习内容紧密与本地区本部门的工作实际结合起来,充分利用研讨式、务虚会、读书会等方式积极引导干部在广泛的交流中达成学习共识和发展共识;二是坚持“请进来”和“走出去”相结合的干部教育培训方式,几年来济南市各级干部培训的师资结构作出重大调整,基本实现了本级党校教员、外请专家学者和实际工作领域精英以及主要领导干部“三三三”的师资结构,尤其是重视把国内外知名专家学习和著名企业家、社会活动家请进来讲座,取得良好效果。同时,分批次将济南市各级各类干部送出去学习,收到了良好效果;三是积极推进团队式研究型学习培训,济南市先后组织应急管理、城市管理、社会稳定等专题研讨班,将相近工作领域的干部集合到一起,选定研究题目,让大家带着实际问题学习理论、实地调查研究并研究探讨问题的解决路径,形成了一大批有理论分析、有战略思考、有工作思路的理论文章和调研报告;四是鼓励引导广大的党员干部到基层实践中学习。几年来,济南市广泛开展换位体验活动,鼓励引导广大党员“下基层、办实事、解难题”,不断深入群众,向群众学习;五是按照"干什么学什么、缺什么补什么"的基本理念,积极推广自主选学。

(四)健全学习制度,推进党组织学习的科学化、规范化

济南市各级党组织着眼于推进学习的科学化、规范化和长效化,以制度建设为抓手,不断创新和完善党员干部学习的工作体制机制:一是健全细化党组织集体学习制度,各级党组织逐步明确集体学习的学习时间、内容、目标和责任等具体要求;二是探索建立健全培训制度、基层党员轮训制度和党员个人自学制度,要求县处级以上党政领导干部参加脱产培训每年不少于110学时,基层党员培训和个人自学不少于150课时;三是建立健全调查研究制度。党组织和主要领导干部建立调研联系点,提出了市管领导干部基层调研每年不少于60天、处以下党员干部不少于90天的要求;四是探索建立学习考核激励制度。将学习情况与年终考核、评优、奖励、晋升挂钩。

二、当前济南市学习型党组织建设存在的主要问题及原因分析

(一)学习观念转变滞后,对学习型党组织建设的认识存在明显偏差

从党员个体层面上看,主要表现为:一是学习态度不端正,有的同志认为学历高、有知识,不用学习也能应付工作;有的认为干比学重要;党员干部中工作繁忙"没空学"、碌碌无为"不爱学"、装点门面"不真学"、急功近利"不深学"、不懂规律"不会学"的问题较为突出;二是学习力明显不足,有些同志把学习看作组织的要求,学习的主动性不足;有些同志把学习只看作是吸收知识、获取信息的过程,把学习与创新相分离,只是机械地学习;有些同志把"学什么、怎么学"当作个人的事情,忽视了组织要求和团队要求;等等。从组织主体层面上看,主要表现为:一是一些党组织对学习的重视程度不够,简单地把学习当作是一种组织活动形式,热衷于搞读书班、报告会等形式,甚至出现一些基层组织在被动地应付上级组织的要求;二是对学习的内容把握上容易出现两个极端,要么把组织学习等同于政治学习,生硬地进行马克思主义理论和特色社会主义理论体系地灌输。要么忽视理论学习,单一地强调经济、法律、社会管理、历史等应用知识学习,致使马克思主义理论体系被边缘化,乃至抛弃了马克思主义理论的指导地位。

(二)理论准备不足,学习载体和学习方式创新有待进一步规范

一些党组织和党员干部对于学习型党组织理解的表面化、肤浅化。把学习型党组织简单理解为加强组织成员的教育与培训,使学习型组织创建工作流于形式或停留在表面。主要表现为:一方面,一些单位把创建活动等

同于日常工作的“翻版”，习惯于传统的学习方式、学习运行管理机制，学习载体和学习方式创新严重不足；另一方面，一些党组织热衷于搞创新，出经验。盲目追求学习培训方式多样化、培训载体现代化、师资力量高级化、培训渠道多元化、运作机制市场化，急于总结“经验”，使学习型党组织建设有被“泛化”的态势。

（三）党内民主建设滞后，学习型党组织建设实践中的形式主义仍然存在

当前，一些党组织的党内民主建设滞后和学风不正，致使学习型党组织建设的形式主义依然存在。一些党组织贯彻民主集中制不力，有的对中央决策部署执行不认真，有的对党员民主权利保障落实不到位。一些党员干部法治意识、纪律观念淡薄，民主生活意识淡化。没有民主生活的保障，就不可能有党组织成员的主体性的发挥，学习型党组织的建立也就成为空谈。

（四）组织管理不适应，一些党组织的学习执行力和学习效果转化不足

一是传统地依托行政单位设置党组织的方式与人民群众的生产方式和生活方式多元化不相适应。二是基层党组织的党务工作者队伍建设滞后，当前，多数基层党组织的党务工作者队伍大多存在人数少、年龄老、专业化程度低的问题，难以适应学习型党组织建设的要求，往往存在力不从心，疲于应付的状况。三是组织管理手段单一，各级组织中普遍存在着“以会议贯彻会议、以文件落实文件”的现象，学习的执行力严重不足。四是对学习成果的转化重视不够，缺乏有效的成果转化投入保障机制和激励约束机制。

（五）制度设计不规范，推进学习型党组织建设的长效机制远未形成

一是组织领导机制尚未理顺。二是共同参与机制尚未形成。在推进学习型党组织建设实践中，组织主导特征明显，而党员的主动参与不够，党员干部的学习力、组织氛围的影响力、组织领导的引导力没有形成有效合力。三是学习投入保障机制尚不健全。四是学习管理机制不健全，一些基层党组织尚未形成规范有序的学习制度等，也没有建立相关学习考勤、通报、宣传检查、总结制度。五是激励约束机制不健全。在学习的监督机制方面，缺乏对学习的检查考核，在人才的选择与干部选拔、职称的晋升等方面缺乏一个科学识别、选拔、考核机制，等等。

三、推进学习型党组织建设的对策建议

（一）努力转变学习观念，营造学习型党组织建设的良好氛围

1. 引导党员群众树立学习生活化理念。只有把学习看成人生的价值存在，把学习作为生活的有机组成部分，工具性与价值性相结合才真正实现了

通过学习"谋生"和"乐生"的有机统一,才能够不断提高党员干部学习的积极性和主动性,真正实现"要我学"向"我要学"的转变,从而确立终身学习理念。

2. 引导党员干部树立学习工作化理念。要教育和引导广大党员干部认识到:学习不是一个孤立的过程,而是理论与实践不断结合的过程,是不断提高解决问题能力的过程。将学习同自身工作实际和成长发展结合起来,在工作中不断研究探索发展规律、工作规律和自身成长规律,通过学习促进工作,通过工作提升学习,做到"学习工作化,工作学习化"。

3. 引导党员干部树立学习团队化理念。当今社会已经发展到了既弘扬个性又凸显团队作用的时代。建设学习型党组织,就是要在重视党员个体学习和智力开发的前提下,更加关注党组织的集体学习和群体智力的开发,将个人学习与团体学习紧密结合,注重党员间的相互交流、相互智商,产生1 +1 >2的增值效应。

(二)科学设置学习内容,始终坚持学习型党组织建设的正确方向

1. 理论知识的学习。学习型党组织建设的首要内容就是理论知识学习。主要包括:(1)马克思主义理论的学习。学习马克思主义理论,重点是学好中国特色社会主义理论体系。(2)党的路线方针政策和国家法律法规的学习。(3)党的历史的学习。(4)本职工作知识的学习。(5)现代化建设所需要的经济、政治、文化、科技、社会和国际等各方面知识的学习。

2. 思想方法的学习。对马克思主义思想方法的学习,是学习型党组织学习的重要内容。只有思想方法科学了,才能正确地理解、运用马克思主义理论和各方面的知识。只有确立了先进的、富于创造的思想方法,才能科学地理解先进的理论,推进理论创新,才能创造性地实践理论,不断提出解决问题的新思路和新方法。

3. 学习力的培育。学习力包括学习动力、学习毅力、学习能力、学习效率和学习转化力等。要完成党的建设的根本任务,提高党员干部的战略思维、创新思维、辩证思维能力,增强工作的原则性、系统性、预见性、创造性,基础在于培育和提高其学习力。为此,党组织应采取各种举措使党的干部和广大党员确立明确且具有激发力的学习目标,增强终身学习的意识和意志,加快学习的速度,提高获取、理解、运用知识及将知识转化为自身持续发展的能力。

(三)推进学习方式创新,积极探索学习型党组织建设的有效途径

1. 创新建设学习型党组织的方法。加强和改进党委(党组)中心组学习,严格规范管理,增强学习效果。加强和改进务虚研讨,深入研究重大问题和热点难点问题。加强和改进专题调研,深入总结实践经验,形成改进工作的思路和举措。加强和改进个人自学,引导党员干部养成良好学习习惯。在这一些活动安排中可以采用参与式、互动式、体验式等学习方式方法。不断增强建设学习型党组织活动的吸引力凝聚力,扩大覆盖面和参与度。

2. 完善建设学习型党组织的途径。党的十七届四中全会指出的“向书本学习、向实践学习、向群众学习”是建设学习型党组织的基本路径。向书本学,必须以学习马克思主义基本理论、中国特色社会主义理论体系为核心内容。向实践学,是锻炼培养党员干部的现实路径。各级党员干部必须切实投身于宏大的社会主义事业发展实践中,才能感知到经济社会发展任务的繁重性、复杂性、艰巨性,才能作出既符合现实发展要求、又符合群众发展意愿的决策。向群众学,就是要深入基层、深入群众,尊重群众的首创精神,虚心向群众请教、真正做到问政于民、问需于民、问计于民。党的几代领导人都强调要尊重群众的首创精神,要向群众学习。这是我们党的一条宝贵经验。

3. 拓展建设学习型党组织的阵地。充分发挥党校、行政学院、干部学院在教育培训中的主渠道、主阵地作用,发挥高等学校、社科研究机构的作用。努力改进培训方法,提高培训质量。加强党员干部远程教育、电化教育等学习教育网络建设,通过建立各种专题性学习网站、网络图书书库、网上讲堂、网络学习园地、网上研究论坛等,以充分发挥现代媒体传播速度快、信息容量大、交互性强且不受时空限制等特点,不断提高党员干部学习教育的信息化水平,促进学习型党组织的建设。

(四)加强制度建设,不断完善学习型党组织建设的长效机制

1. 建立健全学习型党组织的领导管理机制。首先,要建立健全领导机制。确立各级党组织的“一把手”为建设学习型党组织“第一责任人”的制度,形成主要领导亲自抓,分管领导具体抓,从上至下一级抓一级、一级带一级、层层抓落实的领导机制。其次,要健全党委(党组)中心组学习制度;再次,要建立和完善逐步推进机制,要以先进典型为基础,把学习型党组织建设逐步从领导机关向基层单位、从城市向农村、从领导干部向一般党员扩展,以推动学习型党组织的真正形成。

2. 建立健全学习型党组织的团队学习机制。首先,通过建立健全包括集体研讨制度、学习联络员制度、党课制度、团队学习日制度、学习档案制度、巡学通报制度、经验交流制度、督促检查制度等在内的规章制度,推动团队学习的经常化、规范化。其次,要建立健全各级教育培训制度,完善多层次、多渠道、立体式的全员教育培训机制。再次,要建立健全经费投入机制,为学习型党组织建设提供坚实的物质保障。需要建立相应的财务制度,保证学习经费有预算、专门化、全覆盖,实现经费投入长效化。

3. 建立健全学习型党组织的考核、激励机制。首先,要建立健全科学有效的考核评估制度,形成多层次、全方位动态考核监督机制。要制定出科学合理的测评标准体系,准确设计测评要素,要进一步完善考核评价办法。要通过建立“干部述职时述学、党员评议时评学、组织考察时考学”的督学制度,实现考核评估制度的常态化。其次,建立健全激励约束机制。制定出一整套创建学习型先进党组织、学习型先进党员的考核奖惩制度和办法。要把学习型党组织的建设成果纳入领导班子建设的目标管理体系和领导干部综合评价体系。把学习型党组织建设的成果与个人利益挂钩,把党员个人的学业政绩同晋升提薪相结合,以此激发创建学习型党组织的内在动力。

4. 建立健全学习型党组织学习成果转化机制。一是将开展解放思想讨论常态化,不断强化广大党员干部责任意识、规律意识、忧患意识,将学习成果及时转化为全新发展观念。二是将专题调研制度和务虚会制度相衔接,引导党员干部将调研学习成果及时转化为推动创新发展的工作思路。三是探索建立学习成果检查考核制度。通过重点检查考核,引导各级党组织通过集体交流、经验介绍、媒体宣传、内参反映等形式,将学习成果及时运用于党委、政府和部门决策中,将学习成果真正转化为执政能力。

(五)积极发展党内民主,不断夯实学习型党组织建设的政治保障

1. 保障党员主体地位和民主权利,营造党内民主讨论环境。以落实党员知情权、参与权、选举权、监督权为重点,进一步提高党员对党内事务的参与度,充分发挥党员在党内生活中的主体作用。推进党务公开,健全党内情况通报制度,及时公布党内信息,畅通党内信息上下互通渠道、党员意见表达渠道。鼓励和保护党员讲真话、讲心里话,积极营造党内民主讨论、民主监督环境。

2. 弘扬党内优良作风,增强党内生活原则性和实效性。在党内,要进一步弘扬理论联系实际、密切联系群众、批评与自我批评的优良作风,坚决反对上下级和干部之间逢迎讨好、相互吹捧,坚决反对党内生活庸俗化。领导班子要开展严肃认真的批评和自我批评,做到知无不言、言无不尽,言者无罪、闻者足戒,有则改之、无则加勉。完善领导干部双重组织生活会制度,坚决纠正领导干部在组织内的特殊化,提高民主生活会质量,发挥民主生活会开展思想交流、提高党性修养、增进班子团结的重要作用。

3. 完善党内民主决策机制,坚决纠正党内一言堂、家长制。党的各级委员会按照集体领导、民主集中、个别酝酿、会议决定的原则决定重大事项。

提高科学决策、民主决策、依法决策水平，广泛听取党员、群众、基层干部意见和建议，发挥咨询研究机构、专家学者、社会听证在决策过程中的作用。健全决策失误纠错改正机制和责任追究制度。完善集体领导与个人分工负责相结合制度，提高运用民主方法形成共识、开展工作本领。

（作者单位：中共济南市委党校党史党建教研部）

从制度建设入手　切实维护群众利益

——胶州市九龙镇新时期创新群众工作的做法与启示

佟宝军　尉黎勇　韩新刚

胶州市九龙镇是全国村务公开民主管理先进单位和青岛市信访先进单位,先后创造了“三五三”、矛盾纠纷排查调解“三三”制工作体系等群众工作经验,群众工作一直走在全市、全省前列。特别是近年来,针对群众利益诉求多元化、主体意识不断增强的新形势,九龙镇坚持问情于民、问需于民,从影响群众工作的症结寻求突破,从制度建设入手,积极探索新形势下做好群众工作的新思路新办法,实现了做好群众工作与推动经济发展、社会管理的协调与统一。多年来,该镇从未发生青岛市级以上的上访事件,2010 年以来未出现一起胶州市级以上的上访事件。

一、坚持问情于民,探索群众工作新思路

做好群众工作,必先问情于民。九龙镇党委政府深入村户、贴近群众,在与群众近距离接触中,发现群众反映的突出问题,主要集中在“三个不满”上:对镇村两级工作效率不满,对村干部工作作风不满,部分群众对自身处境不满。这“三个不满”集中反映出基层群众工作中存在的不足:一是群众观念较淡薄。部分党员干部群众观念淡薄,宗旨意识不强,对群众缺乏感情,平时不联系群众,工作不依靠群众,思想上不贴近群众。二是工作体制不顺畅。乡镇机构设置及分工过细,甚至职能交叉、事出多门,部门解决群众问题能力有限,群众办一件事情常常要在部门之间和镇村两级之间跑多次,给群众带来了不便。三是方法手段不适应。从实践来看,以前很多事情的出发点是好的,由于工作方式方法不得当,群众的知情权、参与权、监督权得不到保障,制定的政策措施往往与群众意愿有偏差,有的好事也得不到群众的理解和支持。部分村庄还存在着做决策办事情不充分尊重群众意愿,对群众的真实需要考虑不周全,甚至侵害群众利益的现象。部分党员干部在各种矛盾和群众诉求面前工作方法简单,能力素质与加强和改进群众工

作的要求还有差距。

九龙镇党委政府充分认识到，要做好新时期的群众工作，解决好影响群众工作的这些突出问题，就必须在体制、制度创新上实现突破。从2009年起，该镇解放思想、大胆创新，以群众工作中心为依托，从制度建设入手，使群众的切身利益得到有效维护，开创了新形势下群众工作新局面。

二、主要做法

1. 建立社会稳定风险评估制度，确保在决策过程中不损害群众利益。以往基层党委政府在制定决策时，往往就事论事，没有从群众工作的角度出发，考虑这些决策是否会损害群众利益，是否会影响社会稳定。为从源头上有效预防，九龙镇建立健全了涉及民生的重大工程项目建设和重大政策制定的社会稳定风险评估机制，对拟上项目、征地拆迁等关乎群众利益的重大决策，都事先听取群众意见，汇聚民意、集中民智，做到有明显不稳定风险的政策不出台、绝大多数群众不支持的项目不立项、劳民伤财的事情坚决不干。近年来，全镇对45个项目实施了风险评估，暂缓实施2项，已实施项目的群众满意率达到100%。在村一级，依托村调委会，设立村级“民声畅谈室”，每周至少确定一天为民声畅谈开放日，及时受理群众反映的问题和建议，积极推进党务村务公开，消除了群众疑虑，密切了党群干群关系。

2. 实施群众工作“一岗双责”，确保从工作责任上维护好群众利益。按照传统观念和思维，解决群众诉求、做好群众工作仅是信访部门的责任，多数部门干事情、想问题只是从自身工作出发，很少考虑是否会影响到群众利益，以至于出了很多力、干了很多实事好事，而群众不满意的现象时有发生。为解决这一问题，九龙镇创新性地建立了群众工作“一岗双责”制度，明确规定任何部门、任何干部既有做好本职工作的责任，又有做好群众工作的责任，把群众工作作为各部门常抓不懈的硬任务，作为每个干部考核的硬指标。在定期进行的督查考核中，不单纯看你做了多少工作、取得了多少成绩，还要看你群众工作怎么样，群众对你满意不满意，做到双督查、双考核。由于实施了“一岗双责”，党员干部的群众工作意识进一步强化，抓稳定、促发展的大局意识和千方百计为群众排忧解难的服务意识明显提高。近年来，该镇没有发生一起由于基层干部不作为、乱作为而引发的群众上访事件。

3. 推进群众工作流程再造，确保服务群众的效率和水平不断提高。过去，乡镇部门囿于自身职责，解决群众问题能力有限，工作效率相对较低，往往引发群众不满。为此，九龙镇着眼于基层政府职能转变和提高便民服务效能,大力推进部门资源整合,将原来的“四办一所八中心”等31个部门整合为“六大部”的群众工作中心,即党群建设部、社会事务部、经济服务部、农村发展部、稳定工作部和综合协调部,实行一站式服务,让群众“只进一扇门、办妥所有事”,工作效率明显提高。在镇群众工作中心基础上,又将全镇50个村庄划分为6个管区,完善为以镇群众工作中心为枢纽、以管区便民服务室为节点、以村便民服务点为终端的群众工作服务网络,实施三级联动、分层服务,变“群众单个跑”为“干部集中跑”。通过流程再造,实现了“一个均衡、一个减少,两个集中、两个最大化”,即人员力量均衡、分管领导职数减少,关联事项集中办理、集中领导,最大化配置人力资源,最大化提升运转效率。

4. 建立民生资金保障机制,确保民生问题得到切实改善。过去,很多已确定的实事好事,由于财政资金保障不到位,没有真正把好事办好。比如九龙镇就曾因为新农合报销比例不到位,一度引发群众上访,后经调查是由于镇财政资金不到位,无法按上级规定执行。为此,近年来九龙镇突出财政资金的民生导向,把保障和改善民生作为群众工作的出发点和落脚点,建立了民生项目财政资金保障机制,优先保证民生项目资金得到落实。2010年以来,该镇先后投资2000多万元用于中小学新建扩建和改造、农村社区警务建设、中心敬老院建设、计生服务中心建设、保障落实农村合作医疗补助资金和农村合作医疗大病统筹等民生实事工程,向辖区内38户贫困户(重病家庭)、16名贫困大学生发放大病救助款、助学金共计30万元。此外,镇级财政预算还每月安排10万元用于发放社会优抚对象补助金。

5. 大力发展镇域经济,确保改善和保障民生的能力不断提升。过去,由于经济发展水平较低,九龙镇的地方财政基本上是“吃饭财政”,涉及群众利益的民生项目,往往是心有余而力不足。近年来,九龙镇确立了富民强镇的经济发展目标,立足地方优势,不断加快转变经济发展方式,2010年全镇纳税企业总数达到192家,完成财政收入6500万元,同比增长30%,镇域经济实力不断增强,改善和保障民生能力显著提高。与此同时,大力推进“一村一品”建设,引导种植养殖大户和农产品经纪人带头创建农业、畜牧业等专业合作社,全镇注册农业合作社8家,形成蔬菜型、养殖型村庄15个。2010年,全镇农民人均纯收入达到10500元,增长13%,其中工资性收入达到48%,全镇90%以上的家庭实现了“一户一就业”目标。

三、几点启示

启示一:加强和改进群众工作,更新观念是前提。基层党员干部的群众观念强不强、对群众的感情深不深，直接影响群众工作的成效，关系基层党委政府能否得到群众理解和支持。九龙镇党委政府牢固树立以群众工作为统揽的理念，坚持用群众观点思考问题，站在群众立场处理问题，强化群众工作考核导向，问情于民、问需于民、问计于民，倾听群众呼声，关心群众疾苦，了解群众所思所盼，真正成为群众的贴心人。

启示二：加强和改进群众工作，理顺体制是保证。好的体制是做好工作的重要保证。九龙镇党委政府针对以往群众工作中的问题，从服务民生的内容、效率、范围、方式、效果等方面入手，切实转变职能，照实际需要和群众需求，重置工作资源，完善便民服务网络，该突出的突出，该加强的加强，该弱化的弱化，工作效率成倍提高，得到了群众的真心拥护。

启示三：加强和改进群众工作，制度创新是关键。群众工作是贯穿各领域、各方面的经常性工作，需要制度创新作保障。九龙镇党委政府为把群众工作真正落到实处，探索建立了社会稳定风险评估、民生资金保障、“一岗双责”等一系列制度，把群众工作贯穿到党委政府工作的各个领域、各个方面，有效调动起基层党员干部的积极性主动性，形成了群众工作大家做、共同做、就近做、随时做的良好局面。

启示四：加强和改进群众工作，改善民生是根本。做好新形势下的群众工作，必须拿出硬措施，解决实际问题。从一定意义上讲，解决好民生问题是最大的群众工作。九龙镇党委政府坚持把保障和改善民生作为群众工作的关键，作为群众工作的现实着力点，通过实施民生资金保障、“一户一就业”、“一村一品”建设等措施，努力为群众解难事、办实事、谋利益，赢得了民心、促进了和谐。

（作者单位：胶州市市委政策研究室）

建党90年来统一战线工作的基本经验

谭龙生　宋善成

中国共产党成立90年来,统一战线始终与中国革命、建设和改革事业息息相关、紧密相连。统一战线作为党的一个重要法宝、一大政治优势和一项长期方针,在新民主主义革命、社会主义革命、社会主义建设和改革中发挥了重大作用。在纪念建党90周年之际,全面总结统一战线的历史经验,形成规律性共识,对巩固、扩大和发展党的统一战线,团结一切可以团结的力量,建设中国特色社会主义和实现中华民族伟大复兴具有重要意义。

一、统一战线是中国革命、建设和改革的一大法宝

统一战线是中国共产党领导人民夺取革命、建设和改革的胜利的重要法宝,也是党执政兴国的重要法宝。自成立以来,中国共产党始终立足中国革命、建设和改革的全局,把统一战线工作放在十分重要的地位,促进了统一战线工作的蓬勃发展。

我们党历来注重发挥统一战线在革命、建设和改革中争取人心、凝聚力量的巨大作用。从毛泽东、邓小平、江泽民到胡锦涛,历代党和国家领导人都非常重视和关心统一战线工作。毛泽东指出:"统一战线,武装斗争,党的建设,是中国共产党在中国革命中战胜敌人的三个法宝,三个主要的法宝。"①"中国新民主主义的革命要胜利,没有一个包括全民族绝大多数人口的最广泛的统一战线,是不可能的。"②中国革命离不开统一战线,正确处理这"三个法宝"及其相互关系,"就等于正确地领导了全部中国革命"③。党的十一届三中全会以后,随着党和国家工作重心的转移,统一战线工作进入到一个新的历史发展阶段,邓小平指出:"统一战线仍然是一个重要法宝,不

①③　《毛泽东选集》(第2卷),人民出版社1991年版,第606页。

②　《毛泽东选集》(第4卷),人民出版社1991年版,第1257页。

是可以削弱，而是应该加强，不是可以缩小，而是应该扩大。"①进入20世纪90年代，江泽民多次强调统一战线的重要性，指出："统一战线是我们党团结一切可以团结的力量，不断夺取革命和建设胜利的一大法宝。"②在新世纪新阶段，胡锦涛指出："统一战线作为党的一个重要法宝绝不能丢掉，作为党的一个政治优势绝不能削弱，作为党的一项长期方针绝不能动摇。"③这三个"绝不能"，突出地强调了统一战线对党的事业的极端重要性。"统一战线是我们党夺取革命、建设、改革事业胜利的重要法宝，是我们党执政兴国的重要法宝，是实现祖国完全统一和中华民族伟大复兴的重要法宝。"④在全面建设小康社会新的发展阶段，"全党必须高度重视统一战线工作，充分发挥统一战线不可替代的作用，为全面建设小康社会、实现中华民族伟大复兴提供最广泛的力量支持"⑤。

历史证明，统一战线在中国革命、建设和改革事业中有着不可替代的作用，任何目标的实现和事业的成功，都需要发挥统一战线的重要作用。在中国特色社会主义建设事业中，无论遇到什么情况，我们都要始终坚持和发展中国共产党领导的爱国统一战线，丝毫不能动摇。

二、坚持马克思主义基本原理与中国统一战线的实际相结合

坚持把马克思主义基本原理与中国统一战线的实际相结合，创造中国特色的统一战线理论、方针和政策，是统一战线工作的重要历史经验。在新民主主义革命和社会主义革命时期，中国共产党坚持把马克思主义的统一战线思想与中国革命实际相结合，创建了适合于中国革命的统一战线理论，形成了毛泽东统一战线思想，在新民主主义革命和社会主义革命过程中发挥了重要作用。毛泽东运用马克思主义的基本原理，探索和解决了中国革命和建设中的一些重大理论和现实问题。他把中国的资产阶级划分为官僚资产阶级和民族资产阶级，提出了两个联盟思想，提出了共产党与民主党派"长期共存、互相监督"的方针，提出了正确处理两类不同性质的矛盾，正确处理了中国共产党同民族资产阶级、民主党派、少数民族、知识分子等的关系，使统一战线为取得和巩固人民政权，建立社会主义制度和建设社会主义事业作出了重要贡献。

---

① 《邓小平文选》（第2卷），人民出版社1994年版，第203页。

② 《江泽民文选》（第1卷），人民出版社2006年版，第157页。

③④⑤ 《十六大以来重要文献选编》（下），中央文献出版社2008年版，第542页，第566页，第565页。

改革开放新时期以来，中国共产党坚持把马克思主义的统一战线思想与中国社会主义初级阶段的现代化建设的实际相结合，与统一祖国的实际相结合，形成了中国特色社会主义统一战线理论，在社会主义现代化建设和实现祖国统一的过程中发挥了重要作用。邓小平根据社会主义初级阶段的基本国情和党的工作重心的转移，阐明了新时期统一战线的性质、任务、对象和范围等重大理论问题，对统一战线工作的方针、政策作出了新概括。江泽民结合国内外形势的新变化和统一战线的新发展，进一步阐述了新形势下统一战线的本质、特点、职能和任务，完善了多党合作、民族、宗教等各个领域统一战线工作的理论政策。十六大以来，胡锦涛立足新的实践，把握时代特点，提出了一系列新思想，开拓了统一战线的新领域，创造性地继承、丰富和发展了中国特色社会主义统一战线理论。

毛泽东统一战线思想和中国特色社会主义统一战线理论既来源于马克思主义的统一战线思想，又发展了马克思主义的统一战线思想，并在实践当中取得了丰硕的成果。因此，在建设中国特色社会主义过程中，我们要继续走这条相结合的道路。

三、坚持服从国家大局、服务党的中心工作和任务

坚持服从国家大局、服务党的中心工作和任务，是统一战线的根本宗旨。中国共产党成立的唯一宗旨就是全心全意为人民服务，根本奋斗目标就是解放全人类，实现共产主义，而统一战线就是为实现这个伟大使命和崇高目标争取人心、凝聚力量的。在革命、建设和改革的不同时期，党的中心工作和任务不同，统一战线的任务也随之不同，但统一战线的重点工作始终是与党的中心工作和任务保持一致的。

在新民主主义革命和社会主义革命时期，国家的大局和党的中心任务就是取得革命胜利和民族解放，建立社会主义制度。国家要独立，民族要发展，人民要解放，就必须推翻压在人民头上的“三座大山”。在这一革命时期的不同阶段，中国共产党灵活运用统一战线政策，区别对待，团结了一切可以团结的力量，调动了一切积极因素，胜利地完成了这两次伟大的革命任务。

在社会主义现代化建设时期，社会的主要矛盾已经变成人民日益增长的物质文化需要同落后的社会生产之间的矛盾，这个主要矛盾贯穿于社会主义初级阶段的全过程和社会生活的各个方面。在这一时期，国家的大局和党的中心任务就是发展生产力，满足人民群众日益增长的物质文化需要。在这一要求下，统一战线的根本任务就是为国家的经济建设服务，就是要

"调动一切积极因素,努力化消极因素为积极因素,团结一切可以团结的力量,同心同德,群策群力,维护和发展安定团结的政治局面,为把我国建设成为现代化的社会主义强国而奋斗"①。中国共产党运用统一战线,充分发挥统一战线的优势,团结了一切可以团结的力量,调动了一切可以调动的积极因素,努力为促进中国特色社会主义经济建设、政治建设、文化建设、社会建设以及生态文明建设服务。在改革开放新时期,统一战线工作已经成为建设中国特色社会主义的重要组成部分,成为推动中国特色社会主义事业的重要力量。

在当代,国家的大局和党的中心任务还体现在实现祖国的完全统一和中华民族的伟大复兴。在这一要求下,统一战线就要为统一祖国、振兴中华作出贡献。中国共产党运用统一战线,高举爱国主义、社会主义两面旗帜,团结港澳同胞、台湾同胞和海外侨胞,打破阶级、阶层、党派、团体的界限,把全体社会主义的劳动者、全体社会主义的建设者、拥护社会主义的爱国者和拥护祖国统一的爱国者都团结起来,为实现祖国的完全统一和中华民族的伟大复兴而共同奋斗。

四、坚持和完善党对统一战线的领导

领导权问题是统一战线中的根本问题。中国共产党是统一战线的组织者和领导者,是统一战线的核心和支柱。党对统一战线实行领导,是统一战线的一个根本特点,也是统一战线得以长期存在和发展的根本保证。没有中国共产党的坚强领导,就不会有日益发展壮大的统一战线。毛泽东曾说:"领导中国民主主义革命和中国社会主义革命这样两个伟大的革命到达彻底的完成,除了中国共产党之外,是没有任何一个别的政党(不论是资产阶级的政党或小资产阶级的政党)能够担负的。而中国共产党则从自己建党的一天起,就把这样的两重任务放在自己的双肩之上了。"②"没有中国共产党的坚强的领导,任何革命统一战线也是不能胜利的。"③革命是这样,改革开放和现代化建设更是这样。

中国共产党要牢牢掌握对统一战线的领导权,主要有以下几个方面的原因:第一,俄国十月革命的胜利和中国辛亥革命的失败,使中国革命的历史任务落到中国共产党的肩上,中国共产党要领导中国革命取得胜利,前提

① 《邓小平文选》(第2卷),人民出版社1994年版,第187页。
② 《毛泽东选集》(第2卷),人民出版社1991年版,第652页。
③ 《毛泽东选集》(第4卷),人民出版社1991年版,第1257页。

是要取得革命的领导权,自然也要掌握统一战线的领导权。历史表明,中国共产党能否掌握统一战线的领导权,事关革命的成败。第二,从统一战线自身来说,统一战线要想长期存在和发展,必须有一个坚强的领导核心。而从中国的实际情况来看,领导统一战线的只能是中国共产党,而中国共产党也有能力、有条件领导好统一战线。历史表明,只有中国共产党才能救中国,只有中国共产党才能发展中国。第三,中国共产党是历经考验的中国革命和建设事业的坚强领导核心。自成立以来,中国共产党领导人民推翻了三座大山,建立起新中国;消灭了剥削和压迫,建立了社会主义制度;进行经济建设,开创了中国特色社会主义道路。历史表明,中国共产党是历经考验的、能够克服一切困难的、带领人民走向胜利的党,是任何敌人和困难都压不倒、摧不垮的坚强的党。

坚持党对统一战线的领导,既是我国统一战线的根本特点,又是巩固和发展统一战线的根本保证。坚持对统一战线的领导权,主要表现在对统一战线的政治领导,即:适应历史条件的要求,提出基本的政治口号和动员口号;模范实践党的政治主张;同各种危害统一战线团结的思潮和行为作斗争;等等。改善党对统一战线的领导,一要坚持正确的路线、方针、政策;二要保持各级党组织的政治坚定性,发挥全体党员的先锋模范作用;三要尊重、照顾和维护同盟者的利益,给同盟者以应得的物质利益,充分尊重和认真听取党外人士的意见,接受民主党派和无党派人士的民主监督。

五、坚持大团结大联合、团结一切可以团结的力量

邓小平指出,统一战线的本质是“团结大多数,孤立敌人”①。中国共产党为了实现自己的奋斗目标,就必须联合一切可以联合的阶级、阶层、政党、集团,团结一切可以团结的力量,组成最广泛的统一战线。历史表明,无论是夺取政权还是执掌政权,无论是革命还是建设,统一战线都必须始终坚持“大团结大联合”这个主题不动摇。

在革命战争时期,中国共产党尽可能地团结最广泛的力量,组成了革命的统一战线。在不同的革命阶段,统一战线所包含的范围又有所不同。国民大革命时期,中国共产党与国民党合作,组成了由广大工人、农民、城市小资产阶级参加的反帝反封建的民族统一战线。土地革命时期,中国共产党提出建立两个联盟,即工、农、知识分子和其他劳动者的联盟,工、农、知识分

① 《邓小平文选》(第1卷),人民出版社1994年版,第155页。

子和非劳动者的联盟,建立了工农民主统一战线。抗日战争时期,中国共产党与国民党实现第二次合作,组成了包括工人阶级、农民阶级、小资产阶级、民族资产阶级、蒋介石为首的国民党英美派在内的最广泛的抗日民族统一战线。解放战争时期,中国共产党组成了包括各民族、各民主阶级、各民主党派、各人民团体、广大华侨、各界民主人士及其他爱国分子和国民党统治集团中的一部分地方实力派在内的人民民主统一战线。

在社会主义建设时期,邓小平将统一战线的性质从"阶级联盟"上升为"政治联盟",不断扩大统一战线的工作范围,提出了"爱国统一战线"的概念,指出,爱国统一战线是包括"全体社会主义劳动者、拥护社会主义的爱国者和拥护祖国统一的爱国者的最广泛的联盟"①。在2004年的宪法修正案中,爱国统一战线中又增加了社会主义事业的建设者,成为"由中国共产党领导的,有各民主党派和各人民团体参加的,包括全体社会主义劳动者、社会主义事业的建设者、拥护社会主义的爱国者和拥护祖国统一的爱国者的广泛的爱国统一战线"。"在社会变革中出现的民营科技企业的创业人员和技术人员、受聘于外资企业的管理技术人员、个体户、私营企业主、中介组织的从业人员、自由职业人员等社会阶层,都是中国特色社会主义事业的建设者。"②十六大以来,爱国统一战线的工作范围和领域进一步扩大,社会和谐成为人们共同的目标。胡锦涛在十七大报告中指出,要努力壮大爱国统一战线,"促进政党关系、民族关系、宗教关系、阶层关系、海内外同胞关系的和谐"③,为各民族共同团结奋斗、共同繁荣发展而努力。

坚持大团结大联合,把一切能够团结的力量都团结起来,要做到以下方面:第一,高举爱国主义和社会主义两面旗帜,团结一切可以团结的人,只要有利于社会主义现代化建设、祖国的完全统一和中华民族的伟大复兴,只要有利于全国各民族的团结、社会的和谐进步和人民的幸福安康,只要有利于战胜国内外敌对势力的渗透、颠覆与和平演变,无论哪一个阶级、阶层,哪一个党派、团体,哪一个人,我们都要团结。第二,充分发扬民主,通过组织好民主参政议政、民主协商和民主监督,调动全体社会成员的积极性和创造性,创造宽松稳定、团结和谐的政治环境,建立起最广泛的团结和联合。第三,正确处理统一战线的内部矛盾,根据协调关系、化解矛盾、理顺情绪的总要求,按照"团结—批评—团结"的原则和具体情况具体分析、区别对待的办

① 《邓小平文选》(第2卷),人民出版社1994年版,第203页。

② 《江泽民文选》(第3卷),人民出版社2006年版,第539页。

③ 《十七大以来重要文献选编》(上),中央文献出版社2009年版,第24页。

法,预防和化解各种矛盾,实现中华民族的大团结大联合。

六、讲究战略策略、坚持原则坚定性与方法灵活性相统一

毛泽东指出:“我们的原则性必须是坚定的,我们也要有为了实现原则性的一切许可的和必需的灵活性。”①无论是在革命斗争中,还是在现代化建设中,都必须毫不动摇地坚持党的路线方针政策,而在实现党的路线方针政策中也可以采取灵活多样的形式和方法。因此,在统一战线工作中,要坚持原则的坚定性与策略的灵活性相统一,在不损害原则的前提下,可以作出必要的妥协和让步,以便更好地建立、发展、巩固和完善统一战线。

坚持原则坚定性与方法灵活性相统一,要坚持广泛团结、求同存异。历史表明,各阶级、阶层、党派、各族人民的大团结是国家繁荣、民族复兴的保证。巩固和发展最广泛的爱国统一战线,必须着眼于广泛团结,凡是对祖国和人民有益的,都要团结和联合。同时,也要坚持求同存异,这是建立统一战线的基础。特别是对港澳台同胞要“求大同、存小异”,即求统一祖国之同,存意识形态之异。坚持求同存异,就要具体问题具体分析,有的无碍大局,可以存而不论;有的对工作有益,可以允许存在;有的则涉及重大原则问题,就要旗帜鲜明地加以反对,进行斗争。

坚持原则坚定性与方法灵活性相统一,要注意策略和方法的灵活性。在革命战争时期,毛泽东非常注重策略的灵活性,提出了许多扩大和巩固统一战线的策略。比如,“发展进步势力,争取中间势力,孤立顽固势力”的策略;“尊重利益、晓之以理、动之以情、予之以利”;“既联合又斗争”的策略;“用革命的两面政策,去反对顽固派反革命的两面政策”;“有理、有利、有节”;等等。改革开放以来,邓小平采用各种灵活的方法扩大统一战线,但始终坚持四项基本原则和爱国主义原则,在巩固和发展最广泛的统一战线中始终坚持原则性和灵活性的统一。在解决祖国统一问题上,邓小平提出了“一国两制”的制度构想,使爱国统一战线发展壮大成了包括大陆同胞和台湾同胞、港澳同胞和海外侨胞的两大范围的联盟,形成了立足大陆、面向台湾、港澳、海内外的崭新格局,成为原则坚定性和策略灵活性高度统一的典范。

坚持原则坚定性与方法灵活性相统一,要注重调查研究,根据不同情况制定相应对策。有效发挥统一战线的作用,要从实际出发,实事求是,通过

---

① 《毛泽东选集》(第4卷),人民出版社1991年版,第1436页。

调查研究把握统一战线的特殊性。在新民主主义时期,毛泽东非常注重调查研究,根据革命的实际情况,提出了许多具有本国特色、地方特点的“土政策”、“土办法”。在社会主义建设新时期,邓小平结合现代化建设的实际,提出了“爱国统一战线”,“为社会主义现代化建设服务”,“建立团结友爱、互助合作的新型的民族关系”等政策。在新时期,党在调查研究的基础上,制定了一系列关于统一战线的新的方针政策,做到有的放矢,努力把统一战线工作落到实处。

(作者单位:青岛市政协研究室综合处、青岛市人民政协理论研究会)

论马克思主义与中国传统文化的契合与融通

刘宝福

在中国共产党建党90年的斗争历程中，在马克思主义与中国具体实践的结合过程中，先后实现了三次历史性的飞跃，产生了一系列重大理论成果，这就是毛泽东思想、邓小平理论和“三个代表”重要思想及科学发展观。马克思主义之所以能被中国人选择和接受，并在短时期内取得一系列的理论成果，归根结底是因为它能够和中华民族的传统文化及其表现形式紧密结合起来，并且能够从中国的传统文化中找到它发展所需的养料，而马克思主义与中国具体实际相结合的关节点就在于它能够实现与中国传统文化的契合与融通。

一、马克思主义与中国传统文化的结合

马克思主义与中国实际相结合，内在包含着与中国传统文化的相结合，中国传统文化作为中国实际的一部分，不理解中国传统文化，就不能够深刻地把握中国实际，因此也就不能真实地解决中国的问题。

作为一种历史悠久、内涵深厚、聚合力强、扩散性大的传统型的文化模式，中国传统文化在数千年历史的沉积过程中逐步形成了自己相对稳定的特征，并在此基础上凝聚成了具有独特东方神韵的中华文明。然而随着时代的发展，起源于自然经济基础上的传统文明不能及时内在地生发出适合于时代的新的思想主张，解决现实问题。在向西方的各种思想的试探性学习和尝试中，中国人接触了马克思主义。

马克思主义是源于欧洲工业文明时代的科学理论体系，是现代文明的产物，而本质上来看马克思主义属于西方文化思想的范畴，是在西方社会特有的社会历史条件、阶级基础和理论前提，以及西方特有的文化背景的共同作用下形成的，它对于中国传统文化以及深受这种文化熏陶的中华民族来说，确确实实是一种异体文化。任何文化都存在可传播性和可交流性，但任

何文化体系的外传，都必须有其文化“知音”，即文化的共通性，才能被另一种异体文化认同、吸收和同化，并在此基础上重构为新的文化形态，这种外来文化才会在相对于它的另一异体文化土壤里生根并结果。马克思主义作为一种全新的外来文化，尽管其具有无与伦比的渗透力，而且在中华民族文化体系中也或多或少地积淀着与其相容并且颇具亲和力的文化特质，但仍需经过相互冲撞、认同、融合和改铸后，其积极的文化功能才会得到体现。也就是说，马克思主义如果不为我们民族传统文化所认同、吸收和同化，并转化为新的民族意识，是很难在国民的价值观念中生根并结出果实来的。

马克思主义来到中国，为中国文化注入了新的活力。事实上，马克思主义的发展本身也是在不断吸取人类优秀文明成果的基础上进行的，中国优秀传统文化是马克思主义中国化不可或缺的思想来源。马克思主义虽然被誉为是普遍真理，但它本身并不能自动地解决中国的问题，必须与中国革命的实际、与中国传统文化特别是哲学思想相结合，从内容到形式都真正转变为具有中国风格和中国气派的中国化的马克思主义。

二、马克思主义与中国传统文化的契合

马克思主义在中国的广泛传播具有多方面的原因，其中一个非常重要的原因，就是中国传统文化与马克思主义思想体系有着某些契合点，为马克思主义在中国的传播和发展提供了适宜的文化土壤。

1. 中国传统哲学观与马克思主义哲学观的契合。中国传统文化认为“气”是世界的本原，“天下一气”。这种思想已经直观地猜测到了世界的物质统一性原理。古代思想家则从这一唯物主义世界观出发，力求用阴阳二气的对立统一来说明事物的运动变化。《老子》说：“万物负阴而抱阳，冲气以为和。”阴阳学说既显示了中国古代辩证法的民族特色，又显示了中国古代朴素辩证法与马克思主义唯物辩证法的内在相通性。其他如《孙子兵法》等中国传统的军事典籍更是闪耀着朴素唯物辩证法的思想光辉。中国哲学的重视习行践履、强调主观能动性的特点同马克思主义的实践观和认识论也有某种相通之处。《管子》云：仓廪实而知礼节，衣食足而知荣辱。这肯定了物质生活是精神生活的基础。韩非子、王充等也在一定程度上看到了物质生活条件在社会发展过程中的决定作用。这些虽还不能称为唯物史观，但与它有相通之处。

2. 传统均平思想与共产主义社会构想契合。中国传统文化中具有的一种均平思想，其核心就是社会公平。《礼记・礼运》设想了一个财富均平的“天下为公”的“大同”社会。洪秀全以“有田同耕，有饭同食，有衣同穿，有

钱同使,无处不均匀,无处不饱暖”为理想天国。康有为则认为大同社会无家界、无国界、无产界、一切财产归公。孙中山要求“国民之权利义务,无有贵贱之差,贫富之别,轻重厚薄,无稍不均”。马克思主义认为,共产主义社会,产品“一方面由社会直接占有,作为维持和扩大生产的资料,另一方面由个人直接占有,作为生活和享乐的资料”;实行“各尽所能,按需分配”的原则;消灭城乡之间、工农之间、脑体之间的差别,消灭阶级和国家,等等。可见,马克思主义所设想的共产主义社会是一个公平、公正的大同世界,在许多中国人看来,这种共产主义社会追求的也就是平均财富、社会公平和公正,因此与中国“天下为公”的大同构想有异曲同工之妙。

3. 中国传统人学思想与马克思主义人学理论契合。马克思主义人学理论的核心内容是人的解放和全面发展,未来社会的原则就是“每个人的全面而自由的发展”,而且“只有在共同体中才可能有个人自由”。马克思主义人学理论就是建立在唯物史观基础上的科学的、革命的爱民、重民学说。中国传统人学思想的特点之一,就是绵延不绝的重民、爱民,以民为本的思想。从《尚书·夏书·五子之歌》的“民惟邦本,本固邦宁”,《左传·桓公六年》的“夫民,神之主也。是以圣王先成民而后致力于神”,《荀子》的“君者舟也,庶人者水也。水则载舟,水则覆舟”,《孟子》的“民为贵,社稷次之,君为轻”,《管子·治国》的“凡治国之道,必先富民”,贾谊的《新书·大政上》的“闻之于政也,民无不为本也”,到唐太宗李世民认定的“君依于国,国依于民”,《宋史·朱熹传》的“天下之务莫大于恤民”,这一重民贵民的精神不断得到丰富和强化,与马克思主义关于人民群众是历史创造者等观点容易产生共鸣。中国传统人学思想的特点之二,就是以家族为本位追求人的社会价值。每个人首先要考虑的是自己对社会的责任和义务,如父慈、子孝、兄友、弟恭之类。马克思主义唯物史观认为人的本质是“社会关系的总和”,强调人的社会性而反对把人理解为“孤独的个体”。中国传统人学思想的特点之三,是对人的现实生活的关注。人,是马克思主义的真实主题和核心内容,是它的出发点和归宿。马克思主义的宗旨就是要通过对社会的批判改造,最终达到解放全人类。而中国哲学“主要关心的是社会,而不是宇宙,关心的是人际关系的日常功能,而不是关心地狱或天堂,关心人的今生,而不是它的来生”。对人的现实生活的关注,成为马克思主义与中国传统文化的一个重要结合点。

4. 经世致用、敢于斗争的传统与马克思主义实践性特点和阶级斗争思想契合。中国传统文化崇尚积极入世、求真务实的人生观。它以究天人之际为出发点,以治国、平天下为落脚点,时刻关注国事民瘼、天下苍生,力求通过经世致用,使"民以安,物以阜"。孔子在《礼记》中明确表示:"诵诗三百,授之以政,不达;使于四方,不能专对;虽多,亦奚以为?"《荀子》要求人们"凡言议期命,是非以圣王为师"。历代思想家无不倡经世,重教化。马克思主义哲学与同时代其他理论思潮或哲学的根本区别就在于其实践性。马克思主义力图通过活生生的实践去最大限度地争取和维护广大人民群众的权益。要经世救国,光靠重教是不够的。所以,传统文化又赋予了中国人民敢于斗争、不畏强暴的民族精神。因此,马克思主义的阶级斗争和暴力革命的学说在近代中国的历史条件下最容易获得先进的中国人的认同。

5.中国传统知行观与马克思主义理论和实践关系的观点契合。知与行的关系问题,是中国传统哲学的一个基本命题。在马克思主义理论中,知与行的问题实际上就是认识和实践的关系问题。在中国传统文化中,"知"代表认识、知识,引申为理论;"行"代表实行、行动,亦即实践,知行双方不能脱离。马克思主义特别强调理论联系实际,理论必须起到认识世界特别是改造世界的作用。于是,在强调文化、理论的阶级性(政治性)和实践性(实用性)方面,马克思主义与中国传统文化似乎达到了某种共振。当然,马克思主义的实践性特征与中国传统文化的实用性色彩,实质上并无任何相同之处,但人们在直观上却容易把二者等同起来。

三、马克思主义与中国传统文化的文化重构

马克思主义中国化的过程就是马克思主义与中国传统文化之间碰撞、结合的过程,这是一个创造人类文明发展的里程碑的过程,同时也是一个提升中国传统文化的过程。在马克思主义中国化的过程中,马克思主义因中国传统文化而丰富,中国传统文化也因马克思主义的指导加快了现代化的进程。准确把握马克思主义与中国传统文化相结合的方式方法需要把握以下原则:

1.实现中国传统文化现代化。应坚持社会主义先进文化的前进方向,不断汲取中国传统文化的精华,努力发展具有中国特色、中国作风、中国气派的社会主义文化。一要着力发掘传统文化的积极内涵。深入发掘中国传统文化的民族精神和价值观念,并通过新的诠释和创造性转化,使之与现代社会相适应、与现代文明相协调。中国传统文化所蕴涵的民族精神和价值观念,是中华民族生生不息、团结奋进的不竭动力。应努力发掘传统文化中的爱国传统、民本理念以及创新求变、尊老爱幼、崇尚和谐等基本价值理念,并结合新的实践进行深入研究和阐发。二要形成科学的研究方法。以科学态度、科学精神、科学方法对传统文化进行系统整理和现代解读,既认识到

中国传统文化的博大精深,又对其进行自觉反思和批判分析;既从社会主义文化各门学科和各个领域的现实需要出发对中国传统文化进行深入挖掘,又从跨学科和跨领域的宏观视角对中国传统文化的内涵进行辩证分析和综合整理。在此基础上,推动理论创新和方法创新,努力形成中国传统文化研究的新范式。

2. 推进马克思主义中国化。马克思主义是立足于实践、随着时代的发展而不断发展的科学理论。马克思主义之所以具有强大的生命力、创造力和感召力,就在于它始终与各国国情相结合、与时代发展同进步、与人民群众共命运。推进马克思主义中国化,在坚持民族化的前提下,应做到民族化与当代化的有机统一。一要赋予马克思主义鲜明的民族特色。按照恩格斯的说法,每个国家运用马克思主义,都必须穿起本民族的服装。在推进马克思主义中国化的过程中,一方面,对中国传统文化和现代文明进行深入挖掘,运用其优秀资源进一步充实和丰富马克思主义,使之从内容到形式都真正具有中国作风和中国气派;另一方面,不断研究人民群众的理论需求和接受心理,运用人民群众喜闻乐见、易于接受的方式,把马克思主义理论与中华民族的文化特质、价值取向、行为方式、话语表达方式等有机结合起来,促进马克思主义大众化,为马克思主义中国化提供坚实的群众基础。二要赋予马克思主义鲜明的时代特色和实践特色。与时俱进是马克思主义鲜明的理论品质。马克思主义虽然产生于160多年前,但它随着实践的发展和时代的变化而不断增添新的内容、焕发新的活力。推进马克思主义中国化,应准确把握国际国内形势的发展变化,准确把握人民群众的新期待,以研究解决改革开放和社会主义现代化建设具有战略性、全局性、前瞻性的现实问题为中心,不断赋予马克思主义鲜明的时代特色和实践特色。

3. 培育开放兼容的世界眼光。马克思主义与中国传统文化的结合涉及中西方不同的民族性格、思维方式、价值取向、文化心理等深层次的问题,需要树立一种开放兼容的世界眼光,既立足中国又面向世界,从而从更高层面上实现马克思主义与中国优秀传统文化的有机结合,推进马克思主义中国化和中国传统文化现代化。

(作者单位:青岛科技大学马克思主义学院)

坚持靠内涵发展推动科学发展

——淄博市推进转方式调结构的探索与实践

李建民　王春卫

斗转星移,沧海桑田。中国共产党走过了90年的光辉历程。90年来,淄博人民用勤劳、智慧和汗水挥写了一个个创举,绘就了一幅幅绚丽画卷。作为一个依托资源发展起来的老工业城市,也曾拼资源、拼消耗,也曾有过陷入谷底的失落,但全市上下立足本地实际,发挥比较优势,坚定信心、迎难而上,充满激情、科学创业,基本实现了资源型城市的主动转型、"自费"转型,走出了一条经济结构逐步优化、自主创新能力不断提升、生态环境持续改善、城乡统筹一体化的内涵发展路子。

一、加强党的领导,明确工作思路,积极探索选择符合淄博实际的转方式调结构路径

作为国内较早依托资源发展起来的重工业城市,上世纪初,伴随着煤炭工业的发展,淄博成为全省乃至全国重要的能源基地。"一五"末,资源产业占全市国民经济的比重为53%。上世纪60年代中期到70年代末期,以胜利油田开发为契机,通过齐鲁石化建设,工业结构开始由以资源、能源开发为主转向石油化学工业。进入80年代后,以齐鲁乙烯建设、乡镇企业发展为基础,逐步形成了以重工业为主体,以传统工业、石油化学工业、基础和原材料工业为支柱,新兴产业和产品初具规模的门类比较齐全的工业体系,成为全省重要的重工业城市。

随着计划经济向市场经济体制的转轨和资源的日益枯竭,老工业城市特有的深层次矛盾开始逐步显现。到90年代中期,淄博经济滑入历史低谷。1995至1997年连续三年GDP增速维持在10%以下,低于全省平均水平;破产、重组、再就业等一系列问题,使淄博面临着巨大的改革、发展、稳定压力。到1998年,全市国有企业亏损面达52.3%,其中地方国有企业亏损面达到55.8%,高峰时期有10余万职工下岗,被称为山东的"东北现象";二氧化

硫、COD 排放均居全省前列,水资源、土地资源与发展的矛盾越来越尖锐。从那时以来,市委团结带领全市上下针对老工业城市特有的深层次矛盾逐步显现和加剧的实际,牢牢把握改革主动权,奋力实施工业管理体制、产权制度、财税体制、企业组织结构调整"四大改革"。特别是 2000 年以来,紧紧抓住新一轮发展机遇,以发展促调整,狠抓对外开放、高新技术产业、民营经济"三大亮点",全方位对外开放,大规模招商引资,有效扭转了经济下滑、增长乏力、后劲不足的被动局面。

党的十六大以来,市委、市政府认真贯彻落实科学发展观,并按照科学发展观的内涵要求重新审视淄博的经济结构和发展方式,深入分析研究市情,一致认为:淄博的矿产资源接近枯竭,环境容量不堪重负,传统的、粗放的发展方式已经行不通,如果继续拼资源、拼环境,低水平地重复建设,低层次地规模扩张,发展将难以为继,迫切需要把经济发展转到内涵发展的轨道上来。全市上下紧紧抓住发展第一要务不放松,抓住一切机遇加快发展。在发展中,坚持经济建设、社会进步、改善民生相统一,坚持经济增长、节能降耗、环境保护相统一,坚持速度、质量、效益、后劲相统一,深入实施环境立市战略,加快经济强市、文化大市、绿色城市建设,取得了经济社会又好又快发展的阶段性成果。特别是 2007 年市第十次党代会以后,紧紧围绕建设殷实小康、构建和谐淄博的奋斗目标,突出结构调整、节能降耗和环境保护,坚定不移地走内涵发展的路子,常抓不懈,强力推进,转方式调结构取得了显著成效,使淄博老工业城市逐步走上了科学发展的轨道。国民经济和社会发展陆续实现了"五个阶段性转变":

——初步实现了产业结构优化升级的阶段性转变。三次产业结构由 1997 年的 10.5:60:29.5 调整到 2010 年的 3.7:61.6:34.7。资源型工业比重连年下降,组织实施了"5 年 1500 亿元"技改计划,"十一五"期间累计完成技改投入 2015.64 亿元。新兴产业占工业比重达到 30%,高新技术产业产值继 2006 年突破千亿元大关之后,2010 年又突破 3000 亿元大关,占规模以上工业总产值由 1998 年的不到 10% 提高到 38.18%;现代物流、文化、旅游、金融保险等现代服务业迅速发展,一批外埠银行和著名连锁超市入驻淄博。

——初步实现了扩量与增质并重的阶段性转变。2010 年,规模以上固定资产投资扩大到 1290.92 亿元,一大批带动力强、关联度高、符合内涵发展要求的大项目、好项目相继建成投产。现在,全市 60% 以上企业的技术装备水平达到国内先进水平以上;34 种业产品市场占有率全国第一,62 种产品市场占有率位居全国前 3 位;中国名牌、中国驰名商标分别达到 30 个、41

个,均居全省第二位。被列为国家级新材料成果转化及产业化基地,国家级生物医药、功能玻璃、先进陶瓷、泵类等特色产业基地和山东省功能玻璃、生物医药高技术产业化基地。

——初步实现了速度、效益同步增长的阶段性转变。2010年,全市地区生产总值达到2866.75亿元,地方财政收入完成128.77亿元,完成规模以上工业主营业务收入6074.16亿元、实现工业利税713.88亿元,成功跻身中国城市综合创新力50强和最具创新绩效城市行列。全市有19家企业21只股票在境内外上市。8家企业进入全省工业企业100强,5家企业进入全国企业500强。

——初步实现了经济发展与民生持续改善"双赢"的阶段性转变。2010年,城镇居民人均可支配收入和农民人均纯收入分别达到21784元、9195元,城镇登记失业率控制在3.5%以内,群众生活由温饱向全面小康迈进。社会保障体系逐步完善,在全国同类城市中率先实现城镇五项社会保险市级统筹,城镇养老保险覆盖率达90%以上,医疗保险实现全覆盖,新型农村合作医疗、新型农村社会养老保险实现全覆盖。城乡低保实现应保尽保。荣获全国社会治安综合治理优秀城市、创建全国文明城市工作先进城市、全国未成年人思想道德建设先进市、全国双拥模范城"六连冠"。

——初步实现了经济增长与生态文明建设协调共进的阶段性转变。在全国较早提出建设绿色城市、生态城市,节能减排和环境保护力度不断加大。"十一五"时期,组织实施两轮"碧水蓝天行动计划",完成环保投入260亿元,是"十五"期间的1.6倍;全面完成水泥、石灰窑、砖瓦窑等落后生产线的淘汰任务,实施了孝妇河、淄河、沂河、猪龙河、范阳河等骨干河道综合治理。现在,全市8条主要河流水质全面达到恢复鱼类生长的要求,森林覆盖率达到35%,建成区绿化覆盖率达到42.2%,先后创建为国家园林城市、全国绿化模范城市。淄博生态文明建设方面的做法得到中央领导的批示肯定,并作为重大典型在全国宣传推广。

二、坚定不移地走内涵发展的路子,切实做到在发展中促转变、在转变中谋发展

1.坚持以解放思想更新观念为先导,逐步完善内涵发展的工作思路。历届市委、市政府注重加强对国情、省情、市情的研究,坚持向解放思想要发展思路、发展办法,适时组织开展解放思想大讨论活动,不断解放思想、更新观念,积极探索经济社会发展的内在规律,逐步完善转方式调结构的工作思路,推动老工业城市坚定不移地走内涵发展路子。2003年淄博在全省率先

提出了建设“绿色城市”的目标,深入组织实施了“环境立市”战略。2004 年作出了建设生态市的重大决策,确立了“把环境保护作为经济社会发展‘命门’”的指导思想。2005 年实施了第一轮碧水蓝天行动计划,启动国家环保模范城创建活动。2007 年市第十次党代会提出了“把结构调整作为经济社会发展的主线,把节能降耗作为经济社会发展的关键,把环境保护作为经济社会发展的‘命门’”的指导原则,并陆续在工业结构调整、城市建设、环境保护等方面提出了一系列办法和措施。2008 年学习实践科学发展观活动中,按照科学发展观的要求,确定了“城乡统筹、建设殷实和谐经济文化强市”的实践载体,并立足淄博组团城市比较优势,将新型城镇化建设作为转方式调结构的重要环节,提出了中心城区、次中心城区、中心镇、中心村(农村社区)“四个层级”科学布局的城乡统筹一体化发展思路。在推动区域经济协调发展方面,围绕全省“一体两翼”发展布局、山东半岛城市群、济南都市圈、山东半岛蓝色经济区、黄河三角洲开发、胶东半岛高端产业聚集区建设等一系列重大战略部署,积极对接融入,在更大的平台上聚集发展要素、释放发展潜能;在相继出台扶持高青、沂源发展的意见后,2008 年又出台了关于促进淄川、博山、周村三个老工业区科学发展的意见,支持淄博高新区争创国家创新型科技园区,着力提升发展层次和水平。这些思路相互承接、不断完善,重点突出、任务明确,对于推进转方式调结构发挥了重要作用。

2. 坚持以产业布局调整为基础,不断拓展发展空间。由于受老工业城市发展历史的局限,淄博产业、城建、生态三者关系不够和谐。近年来,市委、市政府充分发挥组团城市、老工业城市以城带乡、以工促农的比较优势,突出城乡统筹一体化发展,科学界定生态敏感区、调整优化区和鼓励发展区,合理安排城镇建设、农田保护、产业发展、生态涵养等空间布局,不断拓展发展空间。一是着力推动工业向园区集中。充分发挥 12 个省级以上重点经济园区的产业聚集作用,合理配置资源,调整优化园区空间,引导产业向相应片区集聚。现在,园区经济占全市经济总量达到 60% 以上。二是积极推进重点区域搬迁改造和综合治理。市委、市政府制定出台了《关于进一步转变发展方式拓宽经济发展空间的若干政策规定》及《实施意见》,强力推进产业布局调整,腾让盘活发展空间。几年来,累计盘活存量土地 10000 多亩。东部化工区布局调整、南部建材区综合整治、四宝山地区生态修复、萌山生态旅游区建设和马踏湖湿地保护全面推进、效果显著。重点区域搬迁改造和综合治理工作对全市产业升级、城市建设和企业自身发展都起到了积极的推动作用。三是全力打造在国内外具有较强竞争力和品牌影响力的特色产业集群。树立新的资源观、产业观,按照“大项目—产业链—产业集群—

产业基地”的发展思路，制定拉长产业链条的行业规划和项目目录，落实提高产业配套水平的政策措施，积极引进和培育一批关联性大、带动性强的大企业、大集团、大项目，推进特色优势产业集群集约集聚发展。目前，新材料、精细化工、信息产业、医药、节能环保设备、汽车和机电装备等7大特色产业集群已经初步形成，精细化工率达到57%，成为国内首家功能玻璃特色产业基地、国内重要的集成电路模块封装基地和最大的防伪标识产品生产基地，精密医疗器械技术水平全国领先。

3. 坚持以自主创新能力建设为中心环节，大力提升核心竞争力。一是注重加强自主创新载体建设。不断深化与百所高校、科研院所的战略合作，加大院士工作站、博士后工作站、省级重点实验室等高层次产学研载体建设，在积极争取和重奖国家级、省级企业技术中心及工程技术研究中心的同时，出台了《淄博市企业技术开发中心认定管理办法》，加大对专业研发中心的扶持力度。目前，全市拥有省级以上工程技术研究中心和企业技术研究中心172家，其中国家级8家，数量居全省第一位；有院士工作站17家、博士后工作站12家、省级重点实验室1个。二是注重抓好品牌建设。早在2003年就成立了名牌战略推进委员会，之后又制定了《淄博市实施品牌战略奖励暂行办法》，对当年新创中国名牌或中国驰名商标的企业奖励100万元，对当年新创山东名牌或山东省著名商标的企业分档给予5～20万元的奖励；同时，对名牌产品生产企业在技术改造、技术引进、科研立项、银行贷款等方面优先安排。自2004年实现中国名牌零的突破到2009年六年间，中国名牌产品数量达到30个，中国驰名商标数量达到41个。三是注重高层次人才的引进、培养和使用。市委、市政府制定出台了《淄博市人才工作管理办法（试行）》、《关于加强高层次人才队伍建设的实施办法》、《关于推进优秀创新团队建设的实施细则》等四个文件，探索“高校（科研院所）+企业+项目+政策”四位一体的引才途径，不断完善“以效益体现价值、以财富回报才智”的分配机制，以人才高地建设促进产业高地建设。目前，全市各类专业技术人才达到31.3万人，其中博士以上学历的高层次人才493人，与淄博建立工作关系的院士达到86人。

4. 坚持以节能减排、环境保护为总抓手，全力推动传统产业优化升级。一是加快改造提升传统产业。近年来，全市上下认真落实好提升工艺水平和技术标准、拉长产业链、打造特色产业集群等《工业结构调整十条意见》，按照关停一批、转移一批、技术改造一批、重组引进一批的“四个一批”工作思路，不断提升传统产业装备水平、工艺水平、技术水平，努力做到重而优、重而特、重而附加值高。从2007年起，组织实施“5年1500亿元”技改计划，即用5年时间,投资1500亿元,对传统产业普遍进行一次技术改造。目前,规模以上工业企业主要装备达到国内先进水平的为835个,达到国际先进水平的226个,合计占企业总数的31.2%。二是大力发展循环经济。制定出台《淄博市循环经济实施方案(2008~2010)》,以实施"345"工程(重点培育3个循环经济型区县、4个循环经济型园区、50家循环经济型企业)为载体,加强资源节约利用,全面推行清洁生产,基本建立起比较完善的循环经济发展体系,涌现出山东东岳集团、山东联合化工股份有限公司等一批循环经济示范企业。三是稳步淘汰落后产能。综合运用财税、金融政策和执法手段,加大对淘汰落后产能的支持力度,积极拓展无形的环境容量空间。"十一五"时期,全市先后淘汰水泥落后产能1100万吨、钢铁落后产能302万吨、建陶落后产能7750万平方米,关停"土小"企业3800多家。四是全力推进环境保护。在全国率先成立了环保工作委员会,实现了环保工作由单个部门管理向综合管理的转变。先后出台了一系列严于国家、省相关标准的政策法规,坚持对环保违法行为实行"顶格处罚",严格执行环保"一票否决"。"十一五"时期,制定完善59类405种产品能耗定额,相继建成投用了258项污染治理工程和14座城镇污水处理厂以及一大批环保基础设施,整治污染企业4200多家,有效解决了粉烟尘、含酚废水、化工异味、秸秆焚烧等环保突出问题。

5.坚持以发展战略性新兴产业为有效途径,着力构建高端高质现代产业体系。立足老工业城市实际,坚持一产调新调优、二产调高调强、三产调大调活,逐步建立起以现代农业为基础,先进制造业和现代服务业相互融合、互动并进的现代产业体系。一是着力培育战略性新兴产业。启动实施新兴产业倍增工程,抓住全球经济向低碳经济转型、国家推动战略性新兴产业发展的历史机遇,发挥比较优势,着眼长远发展,制定了各产业发展规划以及配套政策,重点培育新材料、精细化工、信息、医药、汽车和机电装备等战略性新兴产业。2010年,六大新兴产业均保持30%以上增长,高于规模以上工业增速10个百分点左右,淄博荣获"新材料名都"称号。二是着力推动传统农业向现代农业转变。坚持标准化、基地化、产业化发展方向,加大"三农"投入,稳定发展粮食生产,培育壮大畜牧、林果、蔬菜三大主导产业,大力发展高产高效农业、有机农业、都市农业,农业的经济效益、社会效益、生态效益和景观效益逐步提高。目前,淄博已进入全国循环农业示范市行列,全市已建成粮食、林果、蔬菜3个百万亩优质农产品标准化生产基地,"三品一标"数量达到221个,市级以上重点农业龙头企业达到105家,其中省级以上16家,国家级2家。三是着力发展现代服务业。坚持强化规划引导、政策扶持和项目支撑,组织实施了“百项服务业重点项目工程”,突出培育壮大服务业重点城区、重点园区、重点企业“三大载体”,现代服务业结构层次明显提升。目前,全市6个重点城区、15个重点园区、50家重点服务业企业发展活力和带动能力明显增强,一批国内外著名连锁企业落户淄博,文化旅游、现代物流、科技信息等现代服务业从小到大、初具规模,打造鲁中现代物流“旱码头”的设想正逐步成为现实,服务业已经成为三次产业中增长最快的产业。

6. 坚持以项目建设为关键举措,进一步把内涵发展落实到具体工作项目上。牢固树立“今天的投资结构就是明天的经济结构”理念,坚持把优化投资结构作为转方式调结构的基础性环节来抓,持续不断地集中推进项目建设,全市经济在盘活存量、增加优质增量、打造特色产业集群方面呈现出良好的发展势头。一是围绕上好项目、大项目,加强项目策划。坚持把项目建设摆在经济工作重中之重的位置来抓,持续增加有效投入,结合结构调整、城市建设、新农村建设、改善民生等,策划开工建设了一大批对淄博有重点影响的大项目。自2004年实施工业“双百工程”以来的6年间,共策划建设项目461个,总投资1331亿元;自2003年实施服务业“百项重点项目工程”以来的7年间,共策划建设项目420个,投资810亿元。特别是国际金融危机爆发以来,全市上下紧紧抓住国家、省扩大内需和产业振兴规划出台实施等有利时机,围绕扩大投资需求,进一步加大项目和资金争取力度,推动了重大项目策划储备和建设。先后争取中央、省投资项目402个,总投资99.1亿元。二是围绕尽快形成实物工作量,加快项目推进。对重点项目实行市级领导挂包责任制,加强跟踪调度检查,强化工作协调,做到工期倒排、任务倒逼,加大督查考核力度,确保尽快投产达效。三是围绕形成项目建设合力,加强作风效能建设。2007年以来,在全市持续深入开展认真、专业、务实作风效能建设活动,大力推行现场工作法、一线工作法,及时解决项目建设中的实际问题,提高办事效率和服务质量,在全市进一步形成了项目建设的浓厚氛围和真抓实干的工作导向。

三、几点思考与启示

多年来,淄博在转方式调结构、走内涵发展路子的实践过程中,克服了一个又一个困难,战胜了一个又一个挑战,进行了一系列积极的探索。这些做法,对进一步加快发展方式转变、调整优化经济结构具有多方面的启迪。

1. 加快转方式调结构、走内涵发展的路子,首要的是转变思想观念。观念左右行动,思路决定出路。淄博老工业城市转方式调结构之所以取得明显成效,首要的一条就是全市上下持续不断地解放思想、更新观念。正是依靠不断解放思想、更新观念,成功破解了经济发展过程中的一系列结构性矛盾;正是依靠不断解放思想、更新观念,实现了经济增长由粗放式向内涵式的逐步转变。转方式调结构越是向前推进,各种利益矛盾就越尖锐,困难和阻力就越大。只有不断解放思想,突破传统观念、思维定势和路径依赖的束缚,大胆探索,勇于实践,发展质量才会越来越高、发展空间才会越来越大、发展道路才会越走越宽广。

2. 加快转方式调结构、走内涵发展的路子,关键在于发挥好主观能动性。转方式调结构既是一场攻坚战,也是一场持久战。在这场攻坚战中,谁行动早、力度大,谁就能抢占新一轮发展的主动权;谁反应慢、力度小,谁就会陷入被动、落后于人。打赢这场硬仗,必须把加快转方式调结构作为推动淄博老工业城市科学发展的重大历史责任、艰巨历史任务、紧迫历史使命,充分发挥主观能动性,坚持做到自觉转、加快转,争得工作上的主动。

3. 加快转方式调结构、走内涵发展的路子,重在找准切入点和突破口。转方式调结构综合性强、涉及面广,工作千头万绪,面临的矛盾和问题也错综复杂。近年来,淄博市以节能减排、环境保护为总抓手,围绕结构调整、产业升级、生态建设等重点工作,集中力量,重点推进,老工业城市的各项工作都取得了新进展。实践充分证明,加快转方式调结构,只有坚持统筹兼顾、重点突破,善于抓住那些制约、影响本地区、本单位、本部门的主要矛盾,找准“主攻点”,牵住“牛鼻子”,持之以恒,重点突破,才能取得事半功倍的效果。

4. 加快转方式调结构、走内涵发展的路子,必须保障和改善民生。转方式调结构最终目的要落实到发展上,体现在改善民生、保持社会和谐上。淄博老企业多、劳动密集型企业多,许多企业和职工曾为地方经济发展作出了重要贡献,转方式调结构必须时刻考虑他们的承受能力和切身利益。因此,历届市委、市政府坚定不移地把群众利益放在首位,把充分就业、增加收入、完善保障作为经济社会发展的目标,坚持不懈地为人民群众办实事、谋利益、增福祉,促使广大企业和职工自觉投身于老工业城市转方式调结构的实践。应该说,淄博转方式调结构取得的成效,与广大人民群众的理解、参与和支持是密不可分的。

5. 加快转方式调结构、走内涵发展的路子,根本在于加强党的领导。事业兴衰,关键在党。党组织的创造力凝聚力战斗力强,党员的先锋模范作用发挥得好,人心就能凝聚,改革就能深入,发展就有保证。淄博市各级党组织和广大共产党员,针对老工业城市特有的深层次矛盾和问题,锐意改革、攻坚破难,充满激情、科学创业,推动并基本实现了老工业城市转型,具有百年工业历史的淄博重新焕发出蓬勃的生机与活力。实践证明,只有把党的建设紧密联系党的中心任务来进行,始终做到求真务实、奋发有为,科学发展才能具有坚强的政治保证和组织保证,才能真正把转方式调结构的各项工作任务落到实处。

(作者单位:中共淄博市委政策研究室)

从山东的抗美援朝运动看我党在应对重大突发事件中的重要做法和经验

张立民　宋琳琳

1950年6月，朝鲜战争爆发。随后，美国迅速介入战争，将战火一直烧到鸭绿江边，直接威胁到我国的国防安全。11月，中国人民志愿军入朝，进行了“抗美援朝，保家卫国”的正义战争。此时，我国国内特别是北方地区正在向全面转入经济恢复和发展时期，社会生产、人民生活也正在向和平轨道转变。突如其来的战争，严峻地考验着党的各级组织应变能力。为了发动人民支援前线，抗美援朝，全国各地展开了轰轰烈烈的抗美援朝运动。中共山东分局根据中央指示，号召全省人民积极行动起来，掀起了一次大规模的抗美援朝运动，为战争的胜利作出了重大贡献。

一、山东抗美援朝运动的概况

朝鲜战争爆发后，山东的社会政治形势出现了一些新的变化和迹象。战争初期，美国出兵的消息曾引起各阶层群众一定的思想波动和混乱，许多群众存在着严重的恐美思想，害怕因此爆发世界大战，害怕美国使用原子弹，而工商界则存在着一定程度的崇美思想。与美蒋反共活动相配合，散处于全省各地的匪特、地主恶霸分子乘机大肆造谣，加紧活动，破坏土改和其他各项建设事业，有的甚至串联组织，密谋暴动。农村群众特别是新解放区的一些农民，受谣言迷惑，不敢积极参加土改，有的不敢接受土地，或不敢在新分到的土地上耕种。城市工商业者由于彷徨，消极观望，而投机奸商则大量囤积物资，一般市民也竞相存实，致使初步稳定下来的物价再次波动上涨。

面对严峻的形势，中共山东分局根据中央关于在全国进行时事宣传和开展抗美援朝运动的一系列指示，向全省人民发出号召，希望各阶层人民群众积极行动起来，反对帝国主义侵略战争，保家卫国；反击省内阶级敌人的破坏活动，以推动土地改革、镇压反革命和生产建设等各项工作顺利进行。

在各级共产党组织和群众团体的带动下，1950年6月，全省城乡首先掀起了反对美国侵略台湾、朝鲜,保卫世界和平的签名运动。1950 年 10 月底,全省共有 2100 余万人在和平宣言上签字,表达了广大人民群众反对战争、维护和平的愿望。1950 年 11 月 7 日全省各界人民组成了“中国人民保卫世界和平反对美国侵略委员会山东分会”,以统一领导这一爱国运动。1950 年 12 月以后,工人、学生、妇女、工商界、宗教界人士相继召开各种会议,并举行了各种大规模的游行示威。为了支援国家抗美援朝斗争事业,大批青年工人、农民和学生报名参加了志愿军,一些部门的职工和医务工作者,也踊跃报名参加支前大队。12 月 7 日,山东首批支援抗美援朝支前大队,组成两个分队开赴朝鲜前线。与此同时,山东分会还开展了慰劳志愿军以及救济朝鲜难民的活动,城市发起捐献“千元运动”,农村开展“百元运动”,截至 1951 年 3 月,银行共收到捐款 63 亿(旧币)多元。1951 年 6 月 3 日以后,全省又普遍开展了增产捐献活动。6 月 10 日,山东抗美援朝分会举行扩大会议,参加会议的代表当场报捐 5 架战斗机的献款。济南民族资本的成通纱厂和东元盛染厂各报捐战斗机 1 架。到 8 月底,各地认捐 142 架飞机款额。积极踊跃的报名参军和捐献热潮,激发了广大人民群众高涨的爱国热情。全省自上而下,从干部到群众普遍订立了个人和集体的切实可行的爱国公约。在工厂企业中,工人开展了爱国主义生产竞赛,他们的口号是“以工厂为战场,把机器当刀枪”,努力生产,支援前线。

在农村,抗美援朝运动与反封建的土地改革和镇压反革命运动密切结合,成为推动农村社会改革和农业生产发展的强大动力。在宣传教育的基础上,农民提高了爱国热忱,积极参加土地改革,并通过整顿巩固民兵组织,对不法地主的破坏活动进行了有力的镇压,树立起群众优势。农民群众的口号是“为了抗美援朝,要粮有粮,要钱有钱,要人有人”。为此,各地农村广泛开展了爱国丰产竞赛。在合作社、互助组的带领下,广大农民加紧生产,做好代耕优属工作,积极缴纳公粮。在工人、农民的爱国热忱的影响下,私营工商业者也积极参加了抗美援朝爱国运动。他们普遍订立爱国公约,表示要积极纳税,互相监督,不投机倒把,不偷税漏税。文化教育界配合宣传,积极从事抗美援朝的创作和教育工作,清除帝国主义遗留下来的旧观念、旧习俗。1952 年 3 月,美国不甘心在朝鲜战场的失败,向中国沿海福建、山东用飞机撒播细菌,中国共产党领导全国人民开始了爱国卫生运动,抗美援朝运动向持久发展。直到 1953 年朝鲜停战谈判正式结束,在抗美援朝运动中,山东人民通过和平签名运动、时事宣传运动、爱国公约运动、参军运动、增产捐献运动等一系列的运动,积极支援前线,为抗美援朝战争的胜利作出了巨大的贡献。

总体上山东的抗美援朝运动自1950年11月开始,至1953年7月结束,历时三年,主要分三个阶段进行。

第一阶段(1950.11~1951.5),教育宣传发动。包括举行游行示威,开展签名投票运动、教育宣传运动等。

第二阶段(1951.5~1951.11),订立爱国公约,开展慰问捐献。包括订立爱国公约,捐献飞机、大炮,慰问支援部队等。

第三阶段(1951.12~1953.7),全面开展增产节约运动,以支援中国人民志愿军。包括做好参军动员、掀起参军热潮;响应毛泽东主席的号召"增加生产,厉行节约,以支援中国人民志愿军";抗议美军实施细菌战的罪行,加强卫生防疫;做好拥军优属工作等。

二、山东抗美援朝运动中的几个重要特点

山东的抗美援朝运动同全国一样,是建国以来开展的一场范围大、规模广、深入细致的爱国主义教育运动,但山东的抗美援朝运动还具有自身的特色。

一是山东分局的宣传网建立早且在抗美援朝运动中起到突出的作用。山东的宣传网在1950年初就已开始试行建立,1950年10月在和平签名运动中就已发挥重大作用,临沂市委向山东省委报告总结了宣传网建立的经验,经山东省委宣传分局总结并上报中央局,中央局下发的建立对人民群众的宣传网中的决定与山东的许多做法相同。

二是爱国卫生运动开展得及时、先进。1952年3月17日山东省爱国卫生运动委员会成立。省爱委成立后,领导进行了新中国成立后全省第一次大规模的群众性的爱国卫生运动。3月中旬开始,进行爱国主义与卫生知识的宣传教育,训练基层卫生骨干243万余名,平均76%的群众受到教育,按"五灭"、"八净"的要求,搞好环境卫生,消灭疾病传播媒介。至6月,全省先后共发动1626万余人参加卫生扫除,清除积存垃圾99万余吨,新建、改建厕所8.9万余处,水井4800眼,进行防疫注射,接受注射四连疫苗者383万人,接受注射鼠疫苗者242万余人。① "在1952年第二届全国卫生会议上,青岛市被评为丙等卫生模范城市,荣获毛主席题词'动员起来,讲究卫生,减少疾病,提高健康水平,粉碎敌人的细菌战争'的奖旗及奖金8亿元。" ②

三是爱国主义与实际生产相结合,产生了更大的效果。郝建秀式工作

---

① 山东省委党史研究室:《中共山东历史火事记(1949年~1978年)》,中共党史出版社2001年版,第644页。

② 青岛市史志办公室编:《青岛市志卫生志》,新华出版社1994年版,第298页。

法领先全国。郝建秀的工作方法,引起了中国纺纱业的改进。她创造了高产、优质、低消耗新纪录,在全国纺织企业的生产技术指标上遥遥领先。全国纺织工会主席陈少敏当时指出:“一定要认真总结推广郝建秀的工作法。如果全国纺织企业都达到郝建秀所在的青岛国棉六厂的水平,一年少出的皮辊花可以多生产三万六千七百三十八件纱;如果全国细纱工人的皮辊花做到和郝建秀一样,一年可多产四万四千四百六十件纱。只要全国纺织企业达到青岛国棉六厂的水平,则超额利润就可以买到六十八架战斗机,用这些飞机就能消灭更多的侵略军。”①“1951 年纺织工业部和全国纺织工会在青岛联合召开全国细纱工作会议,把郝建秀的操作经验命名为郝建秀细纱工作法,决定在全国推广。郝建秀细纱工作法是纺织工业出现的第一个科学的工作法,实际上也是系统工程学在中国工业生产中首次应用。”②细纱工作法的总结和推广,不但是大幅度地提高了产量,降低了消耗,纱的质量普遍提高,还普遍扩大了工人看锭看台能力,为纺织企业在不增加人的情况下由两班制改为三班制创造了条件,从而为国家创造了大量财富。

四是在发动人民支援抗美援朝运动中,采用大规模宣传动员的方式,培养了千千万万的宣传员进行宣传。采用大规模宣传员动员方式的主要原因有如下几点:首先是当时宣传媒介的限制。抗美援朝战争爆发之时,新中国刚刚建立,百废待兴,中国的宣传工具相当简陋,主要有报刊、广播等最基本的宣传工具。在农村甚至还没有广播这种宣传工具。在当时的条件下,要很快在大范围内达到宣传效果,就必须依靠丰富的人力资源,靠千千万万的宣传人员行动起来,积极进行宣传启发周围的群众。中国共产党建立宣传网,就是要使宣传人员尽可能地遍及城乡各个地方,这样做才能确保党的声音畅通无阻地传达到党想要传达到的地方,确保每一处每一人都受到抗美援朝的爱国教育。其次是因为当时人民的文化教育水平较低。建国初期,由于旧中国的贫穷和落后,中国的教育普及率较低,广大劳动人民受教育的机会很少。因此会读书看报的人不多,有的一个村里也找不出几个,晏阳初就认为中国农民愚,他说:“所谓愚,我们知道中国最大多数的人民,不但缺乏知识,简直他们目不识丁……有百分之八十是文盲。”③“解放前,山东有 80% 的人口是文盲,其中农村中的文盲约占 90% 以上。”④文化水平低的人,自己没有什么观点,容易受他人的影响,容易接受别人灌输的观点。再者是

①② 高明岐:《中国职工劳模列传》,工人出版社 1985 年版,第 114 页,第 115 页。

③ 朱玉湘:《近代中国农民问题与农村社会》,山东大学出版社 1997 年版,第 540 页。

④ 吕景琳:《山东五十年发展史》,齐鲁书社 1999 年版,第 32 页。

中国的人口大多生活在农村，中国共产党有在农村进行大规模宣传的经验。中国共产党在建国前长期生活战斗在农村，中国共产党的最高领导人也来自农村，对农村和农民的了解比较深入。建国前中国共产在农村的宣传动员工作已做得相当出色。土地革命战争时期、抗日战争时期和解放战争时期，中国共产党走群众路线，宣传发动群众使广大的人民群众支持中国共产党的革命事业，党在宣传工作中积累了大量的经验。因此抗美援朝战争爆发后，党有丰富的经验在农村发动大规模的宣传动员。最后是宣传的惯性所使。北京大学刘一皋教授指出："建国初的社会动员形式，但由于正规化程度有限，加上动员是在许多组织尚不健全、对象尚不熟悉的区域内进行，所以，仍然沿用群众运动的习惯动员方式，尽管新中国伊始，百废待兴，各项工作都需要充分的社会动员，但并没有、也不可能有现成的动员形式可供选择。"①建国初的群众动员方式更多的是采取的抗日战争、解放战争时期的动员方式，即大规模动员，全党做动员。这种方式有惯性。"群众运动式的社会动员形式，由于具有的全能性，一经形成便很难改变，总会以其惯性有意或无意地表现出来。中共中央领导已经能够较为熟练地把握运动的停与发、收缩与高潮，基层干部更是依赖强制性的运动方式贯彻并完成各项工作任务，群众则除去运动外没有常规的参与渠道，只能投身于运动之中。"②就是因为有从前宣传的经验，也可以说是宣传的惯性，使得共产党在抗美援朝运动中就要实行全国的大规模的宣传动员方式。

三、我党在处理朝鲜战争这一突发事件问题上值得借鉴的几点宝贵经验

朝鲜战争的爆发是建国初期一个典型的突发事件。抗美援朝运动是在新中国成立以后，我党为了应对朝鲜战争这一重大突发事件，发动的一场成功的大规模的群众动员，这场运动不仅保证了抗美援朝战争的胜利，而且还极大地激发了全国人民的爱国热情和民族自尊心、民族自豪感。山东抗美援朝运动的成功为我党在今后处理突发事件提供了许多学习借鉴的经验。

1. 各级党委、政府权威、高效、完备的组织体系是正确领导和应对重大突发事件的前提。突发事件来势凶猛，影响面广，往往会对社会诸多方面产生影响和紊乱。必须有一个强力有效的组织体系才能充分动员社会资源，制止突发事件的恶化，维护社会的稳定。抗美援朝运动是建国初期为应对

①② 刘一皋：《社会动员形式的历史的反视》，载《战略与管理》1999 年第 4 期。

朝鲜战争这一突发事件而发起的一场伟大的政治性的群众运动。山东各级党委、政府高度重视,并采取了有力的措施,深入广泛地开展了抗美援朝运动。通过健全组织,加强领导,党、政、军各部门通力协作,团结各民主党派,发挥各人民团体和广大爱国积极分子的作用,把深入发动群众参加抗美援朝运动作为各级党委、政府的一项重要政治任务,强调围绕中心,推动其他各项工作。在中国人民抗美援朝运动的统一领导机关——中国人民保卫世界和平反对美国侵略委员会(简称中国人民抗美援朝总会)宣告成立后,山东省也成立了山东抗美援朝分会,统一领导全省人民的抗美援朝运动。各级党委、政府的正确领导使社会各团体和组织的作用得到了充分发挥,成为抗美援朝运动深入开展的前提条件。

2. 建设完善的正面信息宣传网是应对重大突发事件的基础。在应对抗美援朝运动这一重大突发事件中,我党抓住事件初期全省不少群众对美帝国主义的仇恨心不强、对抗美援朝意义的认识也比较模糊这一重要心理,采取广泛、全面的正面信息宣传,积极发动群众,提高群众的政治觉悟,为掀起运动高潮奠定了群众基础。山东各地按照中央的部署,在已有的基础上加紧建立宣传网,增加宣传员、报告员数量,建立了比较完善的宣传网络。宣传网的建立使抗美援朝运动做到家喻户晓有了可能。宣传员在各地的宣传活动,加强了国家和党对人民群众的思想领导。宣传员是党散播在全国各个地方的神经传感器,中央决定了的事,只要需要宣传员,就有千千万万的宣传大军立即行动起来,把党和国家的意志传达给人民。"一个在各级党委领导下,以报告员和宣传员为骨干,从上到下层层沟通联系,覆盖机关、厂矿、农村、街道、学校,甚至列车等一切社会组织细胞的庞大群众宣传思想工作组织制度和工作机制开始形成。"①宣传网的建立有力地推动了抗美援朝宣传运动的进行。

3. 采用系统合理的政策措施鼓舞群众、调动群众积极因素是应对重大突发事件的关键。在应对朝鲜战争这一重大突发事件中,为了调动群众抗美援朝的热情,山东省制定了一系列优抚政策,开展了群众性的优抚活动,在"先军属,后自己"的口号下,各地普遍进行了优待革命烈士家属、革命军人家属的工作。多次组织和发动慰问、救济及安置好烈、军属和复退军人,特别在农村普遍确立和推行为烈军属代耕制度,给缺少劳动力的烈军属,解决了劳动中的具体困难,稳定了生活,为出身农村的部队官兵消除了后顾之

① 王炎:《党的宣传网制度的建立及其历史经验》,载《北京党史》2004 年第 2 期。

忧,体现了党和政府对军人的深切关怀。拥军优属活动的频繁进行,明显提高了烈军属的政治地位。在群众心目中“一人参军,全家光荣”,改变了好男不当兵的思想。与此同时,还号召广大群众、各界爱国人士踊跃参加增产捐献运动,表示对抗美援朝运动的支持。这些方针政策的实行在运动中起到了鼓舞群众、调动群众积极性的巨大作用。

4. 调动一切积极因素争取社会各团体的广泛参与是应对重大突发事件的保证。在抗美援朝运动中,山东省各群众团体在宣传抗美援朝中起到了重要作用。他们热烈响应党的号召,认真执行党的指示,广泛发动群众,深入开展抗美援朝运动。正是因为有了各群众团体动员所属的群众,抗美援朝的宣传才能进行得非常深入。山东省各群众团体,包括工会、青年团、妇联、文联、科协、侨联、社联、贫协和工商联。其中,工会、青年团、妇联等组织成立于建国前。山东省总工会成立于 1949 年,青年团山东省委成立于 1949 年,山东省妇女联合会成立于 1949 年,山东省文学艺术界联合会成立于 1951 年。团的省级领导机构于 1949 年 3 月在济南成立,称青年团山东省工作委员会(简称团省工委)。中华人民共和国成立后,团省工委积极协助各级党委调配干部,建立地、市、县、区团的领导机构。“1949 年 9 月,开办山东省团校。在抗美援朝运动中,团组织成为一支十分活跃的力量。1950 年冬,全省 6 万余名农村青年参军,其中团员占 1/5。”①社会各团体凝聚了广泛的社会力量,他们的广泛参与保证了抗美援朝运动的胜利。

“前事不忘,后事之师”。虽然当今社会的社会发展与环境已经发生了巨大变化,突发事件的形式、内容也有很大不同,但社会发展有很强的继承性,一些基本的规律也是共同的。在应对朝鲜战争这件突发事件上,当年的许多做法和经验对于我们今天仍有很强的借鉴意义。

(作者单位:淄博市委党史委)

① 中共山东省委组织部:《山东省组织史资料(1949~1987)》,中央党史出版社 1991 年版,第 48 页。

建设马克思主义学习型政党和学习型党组织问题研究

白相房

党的十七届四中全会从全面推进中国特色社会主义事业和党的建设新的伟大工程全局出发,提出了建设马克思主义学习型政党的重大战略任务。把各级党组织建设成为学习型党组织,提升基层党组织的学习力,不断增强党员干部的创新力和执行力,成为摆在各级党组织和广大党员面前的一个重要课题。围绕如何推进马克思主义学习型政党和学习型党组织建设工作,淄川区委宣传部成立重点课题调研组,开展了专题调研。

一、以强烈的事业心和责任感,深入推进学习型党组织建设工作

建设学习型党组织是建设马克思主义学习型政党的基础工程。党中央最早提出建设学习型政党是在2002年,且每次提出都有其特定的意义。2001年5月,江泽民同志在"亚太经合组织人力资源高峰会议"上提出:"构筑终身教育体系,创建学习型社会。"2002年8月14日,《人民日报》发表了题为《建设学习型政党》的评论员文章,阐述了建设学习型政党的重大意义,提出"创建学习型社会,最重要的是要把我们党建设成学习型政党,充分发挥党组织在创建学习型社会中的示范作用,发挥党员在培养具有终身学习能力的社会成员中的表率作用"。第二次提出是在2003年11月。2002年11月,党的十六大报告把"形成全民学习、终身学习的学习型社会"纳入全面建设小康社会的目标之一。2003年11月11日,胡锦涛同志为总书记的党中央提出,"为了带领人民建设好学习型社会,必须首先把我们党建设成为学习型政党",其意义是为了完成党肩负的执政使命。第三次提出是在2004年9月19日,党的十六届四中全会通过的《中共中央关于加强党的执政能力建设的决定》中,第一次以党的中央全会决定的方式提出"努力建设学习型政党"的要求,其意义是为了加强党的执政能力建设。第四次提出是在2009

年9月18日,党的十七届四中全会通过的《中共中央关于加强和改进新形势下党的建设若干重大问题的决定》中提出,要"把建设马克思主义学习型政党作为重大而紧迫的战略任务抓紧抓好"。并且把建设学习型党组织作为建设学习型政党的一个部分来阐述,明确提出"把各级党组织建设成为学习型党组织,是建设马克思主义学习型政党的基础工程"。这次提出的意义是为了加强党的自身建设。我们党是靠学习立党、又以学习建设党的。党成立之初,李大钊、陈独秀、毛泽东等人相继在全国各地成立了8个共产主义小组,以组织形式学习传播马克思主义。在延安时期,毛泽东在1938年中共六届六中全会上向全党发出学习马克思主义的号召,发起了一场深入持久的全党干部学习运动。1940年3月,党中央还把每年5月5日——马克思诞辰日定为"干部学习节"。改革开放时期,邓小平在全党工作重点转移到经济建设上来的关键时刻,明确要求"全党必须再重新进行一次学习",他强调学习马列要精、要管用,要用完整准确的马列主义、毛泽东思想指导我们的工作。党的十六大以来,至2011年4月26日,以胡锦涛为总书记的中央政治局已经进行了72次集体学习。从党的优良传统和党的建设基本经验看,建设学习型政党,提高全党马克思主义水平,也是党的自身建设与时俱进、保持和发展先进性的决定因素。

学习型党组织包含于学习型政党之中,政党本身就是一种政治组织,从广义上理解党组织,两者基本是相同的。建设学习型政党,关键在于建设学习型党组织。首先,面对发展的机遇和艰巨的任务,广大党员干部必须树立强烈的学习意识,通过学习,努力掌握和运用一切科学的新思想、新知识、新经验,实现知识的不断更新、能力素质的不断提高,以干部队伍能力素质的跨越推动转型发展、跨越发展。其次是加强基层党组织建设的迫切需要。党的执政能力与党的思想理论水平密切相关,理论上的先进性和实践上的先进性,是马克思主义政党区别于其他一切政党最鲜明的特征。只有提高全党的马克思主义水平,才能提高党的领导水平和执政能力。党的基层组织是党的全部工作和战斗力的基础,抓好基层党组织建设,打造学习型基层党组织,才能充分发挥基层党组织推动发展、服务群众、凝聚人心、促进和谐的作用。其三是提高党员素质、践行科学发展观的必然要求。科学发展观是中国特色社会主义理论体系的重要组成部分。贯彻落实科学发展观,首先要学习和领会科学发展观的丰富内涵和精神实质,要通过广泛深入开展学习型党组织建设活动,使党员干部实现"要我学"到"我要学"、"敷衍学"到"自觉学"的转变,使党员干部在思想上有新境界、理念上有新突破、素质上有新增强、创新能力上有新提高,在促进经济社会转型发展中更好地发挥先锋模范作用。

二、立足基层，学以致用，助推老工业区转型发展

淄川区是一个因煤而兴、因瓷而发的老工业区。近年来，面对资源日渐枯竭、经济转型升级的严峻形势，该区牢牢把握时代主题和发展主线，坚持学以致用、用以促学，在推进学习型党组织建设中加快老工业区转型升级，在推进经济转型升级中检验学习成效，取得良好效果。

1. 分类指导，促进基层学习型党组织建设统筹协调推进。针对基层党组织和党员群体的不同特点，淄川区立足实际，把学习的普遍性和特殊性需求相结合，分层级、分领域、分类别扎实推进。一是在倡导领导示范带动中坚持分类指导。严格落实“书记抓、抓书记”责任，明确区、镇、村(企)三级书记工作职责，建立集体学习、督查调度、联系基层等制度，督促各级党组织负责人尽职尽责抓好创建工作。区委主要领导带头确定学习主题、审定学习计划，带头参学、带头宣讲、带头调研。2010 年以来，围绕统筹城乡发展、“两区三村”改造等重点工作，区大班子主要领导带队先后分 6 次赴四川、浙江和省内的青州、胶州等 17 个县市区考察学习，每次确定一个专题，深入学习研究，有力推动了各项工作的开展。该区学习借鉴外地经验，在全市率先组建群众工作部、群众工作站和群众工作室“三级网络”，搭建“一窗式”受理、“一站式”办结群众诉求的新平台，为做好新形势下的群众工作提供了坚实平台和保障。二是在打造创建抓手中坚持分类指导。该区深入开展以“创建学习型党组织、创建学习型领导班子和争做学习型党员、争做学习型干部”为主要内容的“双创双争”主题学习活动。确立区、镇领导班子以优化决策、科学发展为学习主题，机关党组织以提升效能、优化服务为学习主题，村党组织以强村富民、服务群众为学习主题，社区党组织以加强管理、优化服务为学习主题，企业党组织以创新创业、转型升级为学习主题，并且要求广大党员干部积极争做学习标兵，努力成为本领域本行业的行家里手。三是在倡树典型中坚持分类指导。命名表彰 30 个学习型党组织示范点。重点选树致力于电子量刑等司法改革的区法院等 7 个党政机关党组织典型；坚持走村企科技创新之路的将军路查王社区等 12 个村级党组织典型；一心服务群众的岭子镇黄家峪社区等 5 个社区党组织典型；二十一年如一日坚持“晨会”制度，用学习引领企业发展的山东新星集团等 3 个企业党组织典型，引领各级党组织开展比学赶超活动。

2. 创新形式，搭建符合基层学习型党组织建设特点的平台。立足基层实际，淄川区着眼于解决“为什么学”、“怎么学”、“学什么”的问题，不断创

新学习形式,增强学习的吸引力和实效性。一是围绕“为什么学”的问题,着力搭建学习成果转化的平台。倡导“学习的目的在于运用”的理念,对学习任务实行项目化管理。年初确定统筹城乡发展、特色产业培育、文化产业振兴等25个学习项目,目前已完成21个,有效解决了一批发展难题。“百名专家淄川行”活动已连续举办三届,聘请18位院士担任淄川科学发展顾问,帮助企业现场解决技术难题20余个,形成了产学研合作的长效机制。二是围绕“怎么学”的问题,着力搭建“对症学习”的平台。针对“没空学”的认识,建立中心组“星期六学习日”制度;针对“不会学”的现象,推行“日学一小时、月读一本书、半年一研讨、一年一评比”的“四个一”学习法;针对“学不持久”的难题,开展“每周一简报、每月一报告会、每季一编发学习材料、每半年一专项测试、每年一总结考核”的“五个一”学习活动。这些制度化的学习活动,成为撬动广大党员干部学习兴趣的有效支点,逐步从“要我学”向“我要学”转变。三是围绕“学什么”的问题,着力搭建学习引领的平台。立足于对学习的有效引领,以区委中心组学习会为载体,组织开办“淄川讲坛”报告会,围绕重大理论问题和实践难题,定期邀请专家学者举办学习讲座,截至目前已举办40多场次;为解决党员干部学习需求,组织编写《淄川讲坛》学习丛书,开设理论导读、学习语录等多个学习栏目;创设“建设学习型党组织”专题网页,丰富学习内容和学习形式,打造网上学习平台;在村居普遍设立“民生政策宣讲站”,编发《民生政策宣讲手册》,从44个区直部门推选52名宣讲员,从44个区直部门推选52名宣讲员,依托村民小组设立2300余名民生政策宣传员,在各村居设立民生政策信箱,定期收集反馈群众关注热点问题;在全区推广双杨镇赵瓦村经验,在全区铺开小喇叭“村村响”工程,提高民生政策宣传针对性,去年淄川区非正常上访下降了62.7%;积极倡导扶持建立“农家书屋”、“社区书屋”、“企业书屋”等学习阵地,尽力满足广大干部群众对党的政策和科技知识的需求,提高了群众思想道德素质和科学文化水平。

3. 激励约束,促进基层学习型党组织建设科学化和规范化。针对基层党组织和党员干部学习存在的随意性、盲目性,以及自觉性、主动性欠缺的弱点,淄川区进一步建立完善了学习的组织管理和考核评价制度。年初,各级各单位普遍结合实际工作制定学习计划和学习目标,严肃学习制度和学习纪律,努力做到“六个有”,即有年度学习计划、有集中学习讨论记录、有考勤登记、有个人学习笔记、有学习体会文章、有调研成果。为及时反映制度执行情况,专门成立创建工作督导组,定期不定期地组织督导检查。坚持每周通报一次中心组成员工作动态,每季度一次学习检查和情况通报,每半年一次学习测试，每年一次通报表彰，确保学习人员、时间、内容和效果“四到位”。各级把学习型党组织建设情况纳入年度岗位目标责任制，与干部政绩考核和选拔使用挂钩。区委对工作实效突出的创新团队和优秀人才给予了10万~30万元重奖，面向村居、企事业单位等基层一线公开选拔了7名学习型、创新型优秀人才充实到科级领导岗位。广泛开展岗位练兵比武竞赛活动，评选表彰40名全区机关岗位明星、机关“十佳服务标兵”，进一步提升了机关干部的学习意识和服务意识；在全区广泛开展“单位有精神、科室有理念、人人有格言”征集活动，区交通局等10个区直部门建成文化长廊，营造了机关浓厚的学习氛围；组织开展“日阅一文、月写一篇、季读一书、半年一讲”活动，定期收集党员干部阅读的佳作，勤学习、读好书、善思考成为广大党员干部的自觉行动。

淄川区采取的这些实实在在的学习措施，为全区经济社会实现科学发展找准了方向，老工业区焕发了勃勃生机，“节能减排”、“上大压小”、“综合治税”成为各级确定的工作典型。2010年全区GDP达到414亿元，和2005年相比实现翻番；境内财政总收入达到27.8亿元，其中地方财政收入达到14.5亿元，分别是2005年的2倍、2.5倍；规模以上工业销售收入达到1093亿元，其中高新技术产值占比达到39%，逐步摆脱老工业区资源依赖型发展。

淄川区深入推进学习型党组织建设工作的相关做法，得到中央和省市委领导的充分肯定，《人民日报》、新华社、中央电视台、《经济日报》、《光明日报》、中央人民广播电台、《大众日报》、《淄博日报》等新闻单位及所属网站在重要版面、重要时段集中报道了淄川经验。市委宣传部在全市推广了“淄川经验”。2010年年底，作为全国基层典型代表，我区出席了全国学习型党组织建设工作座谈会。在省、市召开的学习型党组织建设工作座谈会上作经验介绍，2011年3月31日，淄川区委书记杨洪涛应邀参加全国“百位市县委书记学习型党组织建设网上谈”并作首场访谈。

三、当前推进学习型党组织建设存在的困难和问题

1. 自主学习意识还不够强，体现于上级逼着学、被动学。在座谈走访的80名党员干部中，认为工作繁忙没有时间学习的占42.8%，不能自主学习的占22%，主要存在以下三种错误观念：一是“忙”，平时忙于事务、应酬，投入学习的时间和精力不足。二是“虚”，认为学习尤其理论学习是“空对空”，积极性和自觉性不强。三是“满”，认为现有知识已经够用，满足于一知半解，学习和工作标准不高。

2. 学用脱节，体现于为学习而学习。有的基层组织采取“以会代学”、“一锅煮”、“填鸭式”式学习方法，学习方式呆板滞后，干部学习兴趣不高。有的就理论而学理论，学习与实践结合不足。

3. 学习考核机制不完善，体现于学好学差一个样。对于不同层次、不同行业、不同岗位应该学什么、怎么学、学习中解决哪些问题、达到什么样的效果、怎样考核评价等内容，缺乏有针对性和可操作性的科学学习管理监督、考核评价、奖惩激励机制，缺少硬性指标，以至于党员干部持久学习的外部压力和内部动力不足，工作中注重业绩考核，一定程度上忽视了理论学习考核，影响了党员干部的学习积极性和能动性。

四、进一步推动学习型党组织建设的对策建议

党的十七届四中全会强调，要在全党营造崇尚学习的浓厚氛围，积极向书本学习、向实践学习、向群众学习，优化知识结构，提高综合素质，增强创新能力，使各级党组织成为学习型党组织，各级领导班子成为学习型领导班子，着力提高党员干部学习力、创新力和执行力。

1. 进一步提高认识，重点强化“一把手”带头作用。推进学习型党组织建设是提高党的执政能力的重要途径。切实发挥好各级各部门“一把手”示范带动作用，深入落实“书记抓、抓书记”责任制，形成“一把手”负总责、分管领导抓具体、班子成员共同配合、各职能部门齐抓共管的工作格局。

2. 进一步创新学习载体，完善学习长效机制。通过有效载体推动学习型社会建设，大力开展主题突出、内涵丰富、形式多样、特色鲜明的学习创建活动，充分激发各级建设学习型党组织的整体活力，整体带动学习型机关、学习型企业、学习型农村、学习型社区、学习型学校、学习型家庭建设，全面提高整个社会的学习创新能力。积极推进理论学习大众化，开设“草根讲堂”和“民生政策 QQ 群”，依托民生政策宣讲站，加大村级“民生政策宣传员”业务培训，扩大理论政策宣讲覆盖面。

3. 进一步强化学习动态管理，严格考核奖惩。加快完善学习动态管理考核，把述学述评同述职述廉和考学考评有机结合起来，加强对学习过程的监督检查，把学习情况作为领导班子调整和干部选拔任用的重要依据，纳入领导班子和领导干部年度目标考核，充分激发党员干部的学习热情，推动学习型党组织建设常态化、制度化。每年评选表彰一批“全区十大学习标兵”、“十佳学习示范点”，营造崇尚学习、持续学习、热爱学习的浓厚氛围。

（作者单位：淄博市淄川区宣传部）

建设企业学习型党组织是提高企业核心竞争力的必然要求

王桂芝

在复杂形势面前，企业要永葆生机和活力，必须建设学习型党组织。党的十七届四中全会提出"把建设马克思主义学习型政党作为重大而紧迫的战略任务抓紧抓好"，并对此进行了全面部署。企业要科学发展，唯有创建学习型党组织，带领广大党员干部学习新知识、树立新理念、转变新作风，充分发挥党组织在推动发展、服务群众、凝聚人心、维护稳定和促进和谐方面的积极作用，坚持以党建带工建，党建带团建，努力造就一支理论水平高、引领能力强、服务大局好的党组织，才能不断提高企业的管理水平，增强企业的核心竞争力。在纪念建党90周年之际，认真总结历史经验，结合现在经济社会发展的实际，探讨加快企业党建工作、提升企业核心竞争力，很有意义。

一、建设学习型党组织首先要掌握学习型组织的内涵及要求

学习型组织理论创始人彼得·圣吉在《第五项修炼——学习型组织的艺术与务实》中这样描述学习型组织："在这里，人们不断扩张自己的能力，去创造他们所真正期望的结果；在这里，人们可以培养新的扩张性的思维方式；在这里，人们可以释放出他们郁结已久的激情。"企业学习型党组织应该将学习与企业发展相结合，以党的路线、方针、政策等理论为指导，根据世界经济格局的变化调整和国家宏观经济政策调控的新变化，将其与应对后金融危机时期的挑战结合起来，以推动企业科学发展上水平作为工作的出发点和落脚点，更加注重培养全员尤其是党员乐于学习、善于学习、团队学习和终身学习的意识，培育和提高学习力，提高应对复杂变化的能力，解决企业在发展中遇到的各种问题，进一步解放和发展生产力，确保企业经济平稳较快发展，促进社会的和谐稳定。

建设企业学习型党组织，必须紧密围绕国家改革发展的大局，坚决贯彻

党的路线、方针、政策，执行国家法律法规和有关政策，服从服务党和国家工作大局，履行经济责任、政治责任和社会责任，为保持经济平稳较快发展和维护社会和谐稳定作出贡献。建设企业学习型党组织必须围绕企业的中心任务，着眼企业的可持续发展，创造性地开展工作，着力在推动本企业工作上下功夫，在推动本企业党建工作上下功夫，在提高党员干部思想政治素质上下功夫，努力做到学以致用、用以促学、学用相长，力戒形式主义，及时将学习成果转化为解决实际问题的能力，提高科学管理水平和市场竞争力，增强抵御市场风险的能力，在市场竞争中抢占先机掌握发展的主动权，为社会创造更多的价值，助推社会的发展。

二、建设企业学习型党组织是时代和社会发展的新要求，也是提高企业核心竞争力的必然要求，企业要根据自身的特点和实际，大胆进行摸索和创新，走出一条适合自己的创建之路

笔者认为，可以从以下几个方面着手：

1. 加强组织领导。在企业或其他组织当中，党员领导干部是一切活动的组织者、推动者、践行者，从远景规划的制定、实施方案的确定，到具体工作的部署、相应措施的实施、保障环节的应用，都要靠各级领导干部来推动。建设学习型党组织必须加强党的组织领导，由党组织牵头成立建设学习型党组织的领导机构，对创建工作进行整体规划和部署，研究解决重大问题，监督检查落实情况。明确建设学习型党组织的各项职责，由党组织负责人亲自抓，分管领导具体抓，有关人员直接抓，同时党政工团组织要分工合作，形成统一领导、分级负责、相互配合、协调一致的工作格局，推动创建工作的顺利开展。

2. 健全制度是建设学习型党组织的保障。建设企业学习型党组织必须坚持把抓生产和抓学习相结合，构建多层次、全方位的学习网络，建立健全一套科学完备、符合企业自身实际、行之有效的学习组织和管理机制，坚持用制度加强学习管理，用制度保证和促进学习，营造求知、求新、求进的学习风气，使广大党员特别是党员干部学会用新观点观察新事物，用新思想指导新实践，用新方法解决新问题，促进企业的发展。

建立自上而下的学习制度，推进学习型党组织建设的科学化、制度化、规范化，首先，要建立领导集体学习制度。加强领导班子自身的学习，不断更新完善知识结构，以解放思想为先导，用新的理念和视野，科学分析企业发展的基础和条件、优势和劣势、机遇和挑战，通过学习加强基础管理和制度建设，增强化解风险、应对危机的能力，提高企业自主创新能力，不断提高

决策能力和执行能力。

其次,要建立党员干部学习培训制度。党员干部是党组织中流砥柱,是业务骨干,也是一个单位或组织先进生产力、思想和文化的代表,发挥着承上启下的关键作用,要特别加强对党员干部的学习培训。通过科学安排岗前培训、业务培训、晋职培训、理论培训等,增强培训的针对性和实效性,进一步强化党员干部的忧患意识、责任意识、发展意识、创新意识,遵循企业发展规律,形成宽眼界、高定位、长规划的发展思路和发展举措,为企业的发展提供人才和技术支撑。

再次,要建立全员参与的学习机制。要从内在发展和外在压力两方面着力解决党员学习的动力问题,使广大党员明白,学习不只是领导干部的事情,而是关系到自身利益和发展的重大问题,从而激发广大党员的学习热情,由“被动学”向“主动学”转变,由“要我学”向“我要学”转变,使积极参与学习、持之以恒加强学习成为全体党员的自觉行动。

最后,要建立学习考核制度。将学习型党组织的建设纳入企业党建目标管理考核体系,作为企业党建和思想政治工作评先、文明单位评比的重要内容,形成激励约束长效机制,有助于对学习制度贯彻落实的检查监督,意在经过长期努力,使学习在企业成为一种经常化、普遍化、制度化的行为,进一步督促广大党员勤奋学习、善于思考,解放思想、与时俱进,勇于实践、锐意创新。

3. 积极探索形式多样的学习途径。学习是认识一切事物和提高工作能力的重要途径,学习是发展的需要,前进的基础,创新的前提。当今世界科技日新月异,知识增长速度越来越快,更新周期越来越短,对党员干部的素质与能力建设提出更高的要求。实践证明,企业要保持发展的领先优势,唯一的办法就是学习的速度大于变革的速度。企业应在继承学习优良的传统教育基础上不断进行探索、突破传统的学习模式,不断创新学习的思路、办法和机制,大力推进学习型企业建设,形成党员干部人人关心和积极参与学习的良好氛围。

(1)注重学习的多样性,改单一式为多样式。摒弃简单、枯燥的学习模式,通过课题调研、知识竞赛、技能比武、实践体验等丰富多彩的学习形式,为学习注入新鲜的动力。

(2)组织主题学习教育活动。结合重大节庆日、重大历史事件,围绕企业的重大举措、重大活动选准切入点,组织开展各具特色的主题学习教育活动,形成运用重大节庆纪念日等活动组织党员干部学习的工作机制。

(3)注重学习的灵活性,改封闭式为开放式。有针对性地将有关对象派出去考察、进修，不断开阔视野、丰富知识。学习借鉴国内外知名优秀企业的经验与教训，紧密联系自身实际，有机地运用到实际工作中去，吸收转化他人经验为我所用。

（4）注重向实践学习。既要向书本学习，更要向实践学习，不断学习总结和借鉴运用基层和职工群众在实践中创造的好做法、好经验。善于运用企业改革发展的成果对全员进行教育，把应对危机与挑战作为生动课堂，不断推动学习向广度和深度发展，不断拓展企业改革发展的思路和方法，推进企业科学、健康、持续的发展。

（作者单位：中房集团淄博市城市建设综合开发公司）

党的民生建设理论与实践回顾

姜承红

无论是在中国革命和社会主义建设时期，还是在改革开放新时期，中国共产党人始终把人民的利益放在首位，把解决民生问题作为一切工作的出发点和归宿。以毛泽东、邓小平、江泽民、胡锦涛同志为主要代表的中国共产党人，始终关注民生、重视民生，为改善民生、解决民生问题进行了不懈探索，并根据不同历史时期人民群众对民生的不同要求，提出了一系列富有创见性的民生思想，积累了极其宝贵的解决民生问题的理论和实践经验，其观点一脉相承，其理念与时俱进，其举措深得民心。深入分析和梳理中国共产党民生建设理论与实践的形成发展过程，对当前如何加快推进以改善民生为重点的社会建设有着十分重要的理论意义和现实意义。

一

以毛泽东同志为核心的党的第一代领导集体始终将改善民生贯穿于自己的实践之中，确立了“为人民服务”的思想，推翻了三座大山，建立了新中国，全面确立了社会主义的基本制度，为彻底解决民生问题创造了根本的政治前提和经济前提。

中国共产党人历来重视民生，一直把解决民生问题视为己任。早在新民主主义革命时期，以毛泽东同志为代表的中国共产党人就十分重视民生建设，关心民生发展。1934 年，毛泽东同志在《关心群众生活，注意工作方法》一文中指出，类似人民群众的穿衣、吃饭、住房、柴米油盐、疾病卫生等一切群众的实际生活问题，都是我们应当注意的问题。“假如我们对这些问题注意了，解决了，满足了群众的需要，我们就真正成了群众生活的组织者，群众就会真正围绕在我们的周围，热烈地拥护我们。”1945 年，毛泽东同志在党的“七大”上进一步阐明：“我们共产党人区别于其他任何政党的又一个显著的标志，就是和最广大的人民群众取得最密切的联系。全心全意地为人民服务，一刻也不脱离群众；一切从人民的利益出发，而不是从个人或小集团的利益出发……这些就是我们的出发点。”在这次大会上，第一次把全心全意为人民服务提到了“党的唯一宗旨”的高度并写进了党章，从此作为我们中国共产党的根本出发点和落脚点，成为每一个党员的行为准绳。全心全意为人民服务是毛泽东同志民生思想的核心，全心全意为人民服务就是要解决人民的生活问题，不断扩大人民的权利，不断提升生活水平和质量，实现人的幸福和自由而全面的发展。革命战争年代的中国共产党人，一边开展艰苦卓绝的革命斗争，解放受压迫的劳苦大众，一边在已经建立政权的苏区满怀深情地关心群众，千方百计解决群众生产、生活中的困难和实际问题，得到了人民群众的衷心爱戴和拥护，推翻了压在中国人民头上的三座大山，建立了新中国，为彻底解决民生问题创造了根本的政治前提和经济前提。

新中国建立之初，经济文化极为落后，人民生活极为困苦。迅速恢复发展经济，改善人民生活，逐步实现国家的富强和人民的共同富裕，是人民的迫切愿望。以毛泽东同志为核心的党的第一代中央领导集体深谙“天下之大务，莫大于恤民”这一道理，首先关注的是人民群众的吃饭、穿衣和生产生活等问题，把解决民生问题放在执政实践的第一位。新中国成立后，中国共产党领导人民在全国范围内开展了土地改革，把封建地主阶级的土地所有制，改变成为农民的土地所有制，实行耕者有其田，真正解决了当时民生问题中的最重要环节——土地问题。在城市，对手工业和资本主义工商业进行了社会主义改造，实行社会主义公有制，完成了社会主义改造任务，全面确立了社会主义的基本制度，为我国民生问题的解决提供了社会制度前提。我国从世界上最落后的农业国家之一变成20世纪70年代中期的世界第六大工业强国，全国工业总产值增长了30多倍。从1949年到1978年30年间，我国农业产值翻了一番，粮食产量增加了1.69倍，农村人口摄入的热量提高了20%。小学入学率从1963年的57%大幅提升至1976年的96%，我国从大部分人口是文盲的状况变成了大部分人识字，为以后我国农村改革和发展奠定了良好的基础。

医疗卫生事业关乎每个家庭、每个人的生命健康，实现病有所医是改善民生的基本目标。毛泽东同志始终把人民群众的健康和生命放在第一位。在延安时期，毛泽东同志就提出：应当积极地预防和医治人民的疾病，推广人民医药卫生事业。他号召全边区150万人民群众行动起来，同封建迷信和不卫生等恶习惯作斗争。新中国成立后，在城乡实行了公费医疗制，特别是在农村各地普遍建立了县、乡（镇）两级医疗卫生机构，绝大多数村建立了卫生组织，形成了“县、乡、村”三级医疗卫生机构。与此同时，农村大力发展合作医疗,大力培训赤脚医生,从而基本上解决了农民的医疗问题。由于医疗保健、营养和卫生的改善,我国老百姓的寿命从1949年以前的平均35岁提高到了70年代中期的65岁,极大地提高了民生的质量,世界联合国卫生组织也对此给予了极高的评价。

二

以邓小平同志为核心的党的第二代领导集体以人民利益为最高原则,注重改善民生,着力于发展民生,作出了改革开放的伟大决策,把"三步走"发展战略作为改善民生的基本路径,把"三个有利于"标准作为改善民生的实践准则,形成了内容丰富、体系完整的民生思想。

邓小平同志认为,贫困落后是中国最大的事实,也是当时中国最大的民生问题,不解决这个根本问题,不提高人民的生活水平,不搞好经济建设,社会主义优越性就不能充分发挥。"不坚持社会主义,不改革开放,不发展经济,不改善人民生活,只能是死路一条。"所以,小平同志一再强调要坚持以经济建设为中心,集中力量发展生产力,他说:"现在要横下心来,除了爆发大规模战争外,就要始终如一地、贯彻始终地搞这件事,一切围绕着这件事,不受任何干扰。"只有发展生产,改善人民生活才有物质基础。"先把经济搞上去,一切都好办。"基于此,小平同志制定了一条以经济建设为中心的发展路线:一是推行家庭联产承包责任制,使广大农村地区迅速摘掉贫穷落后的帽子、逐步走上富裕的道路。二是明确提出走向富裕的"三步走"战略步骤。他设计的"三步走"战略,每一步都体现了对民生问题的关注。邓小平同志指出:经济的发展,"要最终体现到人民生活水平上"。"我们奋斗了几十年,就是为了消灭贫困。第一步,本世纪末,达到小康水平,就是不穷不富,日子比较好过的水平。第二步,再用三五十年的时间,在经济上接近发达国家的水平,使人民生活比较富裕。这是大局。"三是制定了先富与后富、后富与共富的发展规划。我国是一个人口众多、地域辽阔的多民族国家。由于受地理环境、人口因素以及区域文化传统等因素的制约,经济发展很不平衡。所以,小平同志认为同步富裕是不可能的,应该允许一部分地区、一部分人依靠诚实劳动和合法经营先富起来,以先富带动和帮助后富,最终实现共同富裕。

在1992年的南方谈话中,邓小平同志要求以人民"高兴不高兴、满意不满意、赞成不赞成、答应不答应"作为制定和执行党的路线、方针、政策的出发点和归宿,并把"三个有利于"作为最终判断一切是非和得失的根本标准。

“三个有利于”标准中“人民生活水平的提高”,是社会主义社会生产力发展的结果和根本目的,其实质是把“三个有利于”标准作为改善民生的实践准则,集中体现了邓小平同志以人民利益为最高价值标准的民生观。

由于实行了改革开放政策,人民的生活水平得到了显著提高,我国的经济建设取得了令人瞩目的成就。从1978年到1992年,我国国民生产总值和城乡居民收入翻了一番还多,成为新中国成立以来国家经济实力增长最快、人民得到实惠最多的时期。尤其是1984年到1988年这5年。这5年,首先是农村改革带来许多新的变化,农作物大幅度增产,农民收入大幅度增加,乡镇企业异军突起。广大农民购买力增强了,不仅盖了大批新房子,而且自行车、缝纫机、收音机、手表“四大件”和一些高档消费品开始进入普通农民家庭。农副产品的增加,农村市场的扩大,农村剩余劳动力的转移,又强有力地推动了工业的发展。这5年,共创造工业总产值6万多亿元,平均每年增长21.7%。吃、穿、住、行、用等各方面的工业品,包括彩电、冰箱、洗衣机,都大幅度增长。我国城乡居民收入也持续攀升,城镇人均可支配收入从1978年的343.4元增加到1985年的739.1元,与此同时,我国农村人均纯收入也从1978的133.6元增加到1988年的545元。

三

以江泽民同志为核心的第三代中央领导集体提出了“三个代表”重要思想、新“三步走”的发展战略和“全面建设小康社会”的战略目标,明确提出把关注民生作为党长期执政的基石,把关注就业、生态与环境保护、社会包容、促进人权和人的全面发展作为这一阶段民生建设的主要内容,丰富和发展了我们党的民生观。

民生问题始终牵动着党和国家几代领导人的心。江泽民同志作为中国共产党第三代领导集体的核心,在改革开放和社会主义现代化建设的新时期,始终关注民生、保障民生、改善民生,提出了一系列关于民生建设的重要思想,丰富和发展了我们党的民生观。在十四大报告中,江泽民同志指出:“加快改革开放和经济发展,目的都是为了满足人民日益增长的物质文化需要,随着生产的发展和社会财富的增加,城乡居民的实际收入、消费水平和生活质量要有明显提高。衣食住行尤其是居住条件,应有较多改善。文化生活更加丰富,体育、卫生事业进一步发展,人民健康水平继续提高。”

1996年7月16日,江泽民同志在第四次全国环境保护会议上强调指出:经济发展,必须与人口、资源、环境统筹考虑,不仅要安排好当前的发展,还要为子孙后代着想,为未来的发展创造更好的条件,决不能走浪费资源和先污染后治理的路子,更不能吃祖宗饭、断子孙路;控制人口增长,保护生态环境,是全党全国人民必须长期坚持的基本国策。

江泽民同志继承、丰富和发展了小平同志“三步走”的民生思想,提出了新“三步走”的发展战略和更加明确、更为具体的民生发展目标:一是年度民生目标。每年干几件人民关注的实事,取信于民。找准老百姓最为关注、最迫切需要解决的民生问题,摆上党委、政府的重要议事日程,重点考虑,重点解决,切实安排好人民群众的民生问题。二是中长期民生目标。江泽民在十五大报告中指出:“展望21世纪,我们的目标是,第一个十年实现国民生产总值比2000年翻一番,使人民的小康生活更加宽裕,形成比较完善的社会主义市场经济体制;再经过十年的努力,到建党100年时,使国民经济更加发展,各项制度更加完善”。三是远景民生目标。到21世纪中叶建国100年时,基本实现现代化,建成富强、民主、文明的社会主义国家。在十六大报告中,江泽民同志明确提出把“人民生活更加殷实”同“经济更加发展、民主更加健全、科教更加进步、文化更加繁荣、社会更加和谐”一起作为新世纪头20年全面建设小康社会的战略目标。他认为,人民的生活更加幸福美好,不仅表现在物质生活丰富,而且表现在精神生活充实,还表现在人际关系和谐、生活环境美丽、促进人的全面发展等方面。

正是由于党的第三代中央领导集体高度重视民生问题,国民经济得到了持续快速健康发展,经济结构调整取得明显进展,农业得到加强,水利、交通、通信等基础设施和钢铁、能源等基础工业迅速发展。人民生活水平显著提高,衣食住用行条件明显改善,社会保障体系建设成效明显。从1998年起,中央财政支出中教育经费所占比例连续五年每年增加一个百分点。全国财政性教育经费占GDP的比例从1995年的2.41%提高到了2001年的3.19%。从1994年起,还先后动用总理预备金和紧急财政拨款10.45亿元,专项用于中央部属高校中经济困难学生的资助。1995年和2001年,国家先后组织实施了两期“国家贫困地区义务教育工程”。两个工程中央政府共投入89亿元,其中60.7亿元投向了属于“普九”困难较大的少数民族人口集中的9个省、区。从1994年到2000年的7年间,我国贫困人口共减少4800万,平均每年减少近700万,贫困发生率从9%降低到3.5%,实现了中国政府“在20世纪末基本解决农村贫苦人口的温饱问题”的目标。

四

以胡锦涛同志为总书记的新一届党中央更加注重民生建设，提出了“以人为本”的科学发展观，明确提出了加快推进以改善民生为重点的社会建设，要求“让发展的成果惠及全体人民”，突出了解决民生、改善民生在社会主义现代化建设中的重要战略地位，深刻体现了我们党重视民生、改善民生、造福人民的鲜明立场。

民生问题得到重视和改善的程度是衡量社会和谐的重要指标。党的十六大以来，以胡锦涛同志为总书记的新一届党中央领导集体更加注重民生建设，更加重视改善民生问题。胡锦涛同志强调：“要牢记群众利益无小事的道理，把实现人民群众的根本利益落实到改革发展稳定的各项工作中去，特别是落实到关心群众生产生活的工作中去。”“要以实现人的全面发展为目标，从人民群众的根本利益出发谋发展、促发展，不断满足人民群众日益增长的物质文化需求，切实保障人民群众的经济、政治和文化权益，让发展的成果惠及全体人民。”

2007 年，胡锦涛同志在党的十七大上将“以人为本”的科学发展观确立为我国经济社会发展的重要指导方针。以人为本，实质上就是把科学发展取得的各方面成果体现在提高人民的生活质量上，体现在充分保障人民享有的经济、政治、文化、社会等各方面权益上，体现在满足人民需要、实现人的全面发展上。在党的十七大报告中，胡锦涛同志明确指出：“社会建设与人民幸福安康息息相关。必须在经济发展的基础上，更加注重社会建设，着力保障和改善民生，推进社会体制改革，扩大公共服务，完善社会管理，促进社会公平正义，努力使全体人民学有所教、劳有所得、病有所医、老有所养、住有所居，推动建设和谐社会”。把加快推进改善民生作为社会建设的重点，是以胡锦涛同志为总书记的党中央从中国特色社会主义事业“四位一体”的总体布局出发，适应经济社会发展的新形势，顺应各族人民过上更加幸福美好生活的新期待作出的重大战略部署。

构建和谐社会的核心问题是维护社会公平正义，而改善民生问题是推动社会公平正义、构建和谐社会的基本条件，只有不断改善民生才能促进社会和谐。不关注民生、重视民生、保障民生、改善民生，社会就不可能和谐。民生问题是人民群众最基本的生活需要问题，直接反映着人民群众的生活水平，是群众利益最直接的载体。党的十七大把改善民生、推进社会建设，第一次作为一个独立部分出现在党代会的报告中，表明了我们党把社会建设与人民的幸福安康紧密联系了起来。

党的十七届五中全会更进一步强调坚持科学发展要“更加注重以人为本”、“更加注重保障和改善民生”，坚持把“保障和改善民生”作为加快转变发展方式的根本出发点和落脚点，要求建立健全基本公共服务体系，推进基本公共服务均等化，从而把民生问题提到了前所未有的高度，标志着以胡锦涛同志为总书记的中国共产党人的民生观发展到了一个全新的境界，体现了以胡锦涛同志为总书记的党中央领导集体对民生问题的高度重视和解决民生问题的巨大决心。从基本解决温饱到全面建设小康，从加快经济增长到推进科学发展，从解决内部矛盾到构建和谐社会，我们党在执政实践中不断加深对民生问题的认识，制定了一系列路线、方针、政策，提出了一系列与时俱进的执政理念，采取了一系列改善民生的具体措施，我国的生产力得到了极大的解放和发展，国民经济快速发展，人民群众生活水平迅速提高。国内生产总值从1978年的3645.2亿元增加到2010年的39.8万亿元，年均增长11.2%，财政收入从3.16万亿元增加到8.31万亿元。农村居民人均纯收入由1978年的134元提高到2010年的5919元，城镇居民人均可支配收入由1978年的343.4元增加到2010年的19109元。与此同时，国家把越来越多的财力用于改善人民群众生活的教育、医疗和社会保障等领域，民生问题得到了极大的保障和改善。“十一五”期间，全国公共财政用于教育、医疗卫生、社会保障和就业、文化方面的支出分别达到4.45万亿元、1.49万亿元、3.33万亿元和5600亿元。中央财政用于“三农”的支出，前五年累计近3万亿元。中央财政用在与人民群众生活直接相关的教育、医疗卫生、社会保障和就业、住房保障、文化方面的支出安排共达到10510亿元，其中中央财政的教育支出2963.5亿元，增长16.3%，医疗卫生支出1727.58亿元，增长16.3%，社会保障和就业支出4414亿元，增长16.6%，保障性安居工程支出1030亿元，增长34.7%。文化体育等方面的支出374.4亿元，增长18.5%。2011年全国财政支出规模将达10.0220万亿元，比上年增长11.9%，民生支出合计将占中央财政支出的2/3左右。

至此，中国共产党人关于民生建设的理论与实践进入了一个新的发展阶段。但对照人民群众的期望，还有许多民生问题需要去研究、去解决、去改善，我国的民生建设之路仍然艰巨而漫长。

（作者单位：中共枣庄市委党校行政管理教研室）

中国共产党民主政治90年:回顾与展望

张志建　任　雯

社会主义民主政治理想,体现了人类摒弃异化、实现自由的崇高理想,因而其实践过程“比历史上任何一种民主都更加艰难”①。中国共产党自诞生之日起,就以实现社会主义民主政治为己任,迄今已经走过了90个春秋。在这90年的奋斗与探索中,我们取得了辉煌的成就,也遭受了沉痛的教训。总结实践探索中的宝贵经验和深刻教训,对我们解决民主政治建设当前所面临的新情况新问题、进一步推动中国特色社会主义民主政治实践意义深远。

一、我党民主政治90年的探索历程

我党民主政治90年大体上可以分为如下三个时期。

(一)逐步探索与艰苦奋斗时期(1921~1949年)

这一时期的基本特征是马克思主义的民主政治理想与中国具体革命实践相结合的“初步探索”和“艰苦奋斗”。在摸索中前进,在曲折中前进,在反对中前进,在质疑中前进,我党逐步摸索出一条符合中国国情、体现中国风格、展示中国气派的特色化民主政治理想和实践道路。团结一切可以团结的力量,带领全国各族人民经过艰苦卓绝的28年奋战,终于取得了民族独立和人民解放,这不仅是中华民族和中国人民的伟大胜利,也是中国共产党民主政治理想与实践的伟大胜利。

根据革命的具体形势和党的工作中心,这一时期又可以划分为三个阶段:第一阶段,1921年建党到1931年“九一八事变”前,我党积极汲取马克思主义的思想精髓,逐步树立了为人类的自由、平等而奋斗的崇高民主政治理想,并初步付诸实践。第二阶段,是从1931年“九一八事变”到1945年8月抗日战争结束,这一阶段的中心任务是“民族独立”。我党顾全大局,以民族

① 房宁:《民主政治十论》,中国社会科学出版社2007年版,第97页。

利益为重,倡导和推动国共合作,促成了抗日民族统一战线的建立,为抗日战争的胜利奠定了坚实的政治基础。第三阶段,是从 1945 年抗日战争结束至 1949 年 10 月新中国成立,这一阶段我党的民主政治实践是围绕"人民解放"而展开的。

(二)基本确立与曲折前进时期(1949 ~ 1978 年)

1949 年新中国的成立,标志着我党民主政治理想的初步实现,民主不再仅仅是指向目标价值的应然维度,更多地表现为实然维度,体现在对社会主义建设与发展大局的服务,我党民主政治建设从"目的性"向"手段化"演变①,这一演变构成了毛泽东时代我党民主政治实践的主题基调。

这一时期,按照民主政治建设的实际进程,大致可以划分为两个阶段:第一阶段,从 1949 年 10 月至 1957 年 6 月反右派斗争开始前,是人民民主制度和社会主义民主政治体制的基本确立阶段。人民民主专政国家性质的确立,人民政治协商制度、人民代表大会制度等根本政治制度的确立,宪法等国家基本大法的颁布实施,社会主义改造的基本完成,中国人民在政治和经济上取得了独立和平等的地位,开创了中国民主政治建设的崭新时代。

第二阶段,从 1957 年反右派斗争开始至十一届三中全会召开之前,是"社会主义民主政治建设遭遇曲折并向反民主方向发展的阶段","党内民主和人民民主都在向畸形化方向发展"②,至 1966 年 5 月"文化大革命"开始,我党的民主政治实践走入了误区,我国的民主政治建设遭到了严重的破坏,在曲折中艰难跋涉,并取得了一定的成绩,社会主义民主政治旗帜依然高扬。

(三)深刻反思与全面推进时期(1978 年至今)

这一时期,按照我党民主政治实践的不同任务和不同特征,可以划分为三个不同的阶段。

第一阶段,从 1978 年十一届三中全会到 1989 年十三届四中全会,是我党民主政治实践的纠错期。基于对十年"文革"的深刻反思,邓小平指出,没有民主就没有社会主义,就没有社会主义现代化,强调社会主义民主政治建设关系到社会主义事业的兴衰成败。我党的工作重心转移到恢复建国初期

---

① 毛泽东强调:"民主这个东西,有时看来似乎是目的,实际上,只是一种手段。马克思主义告诉我们,民主属于上层建筑,属于政治这个范畴。这就是说,归根结底,它是为经济基础服务的"。毛泽东:《关于正确处理人民内部矛盾的问题》,见《建国以来毛泽东文稿》(第 6 册),中央文献出版社 1992 年版,第 321 页。

② 杨德山、苏海舟:《中国共产党与当代中国民主政治建设》,中共党史出版社 2008 年版,第 15 ~16 页。

到“文革”之前的民主建设过程中一些行之有效的规范和措施、并积极探索新的历史时期民主政治建设的路径上来。经过拨乱反正,我国的民主政治建设逐步走向了有目标、有步骤的发展新阶段。

第二阶段,从十三届四中全会到 2002 年十六大,是我党民主政治实践的冷静反思期。国内的政治风波和苏东国家的剧变,促使我党的社会主义民主政治实践从全面出击、正面攻坚转向积极稳妥的民主制度建设外围战。① 1992 年邓小平南方讲话和之后召开的十四大反复申明,我们要以完善人民代表大会制度、共产党领导的多党合作和政治协商制度以及民主区域自治制度为主要内容,大力发展社会主义民主政治。江泽民倡导的“依法治国,建设社会主义法治国家”②,成为这一时期我党民主政治实践冷静反思后的主旋律。

第三阶段,从党的十六大召开至今,是我党民主政治实践的深入发展期,民主政治建设也进一步制度化、规范化、程序化。十六大提出依法执政,十六届四中全会指出必须坚持科学执政、民主执政、依法执政,不断完善党的领导方式和执政方式,十七大报告中更进一步提出“以扩大党内民主带动人民民主,以增进党内和谐促进社会和谐”③,以胡锦涛同志为总书记的党中央深刻阐明了实现中国特色社会主义民主政治的基本路径。这样,党内民主和人民民主的和谐互动,成为深化我党社会主义民主政治实践的重心。

二、我党民主政治 90 年的基本经验

90 年来,我党的民主政治实践在不断探索中取得了长足的进步,在经历风雨后稳步前进,凝聚出了丰富的经验和深刻的教训,这是我们今天民主政治实践宝贵的财富。

(一)必须坚持与完善党的领导

近代中国,面对异常强大的敌人,面对一盘散沙的社会局面,面对强国富民的历史重任,模仿西方式的民主政治模式必然行不通,实行专制独裁显然也不符合历史潮流。特殊的国情决定中国的民主必须由先进力量来领导。在中国共产党的带领下,中国人民经过艰辛探索和不懈奋斗,终于开辟

① 杜本礼:《改革开放 30 年来政治体制改革的进程及特点》,《中州学刊》2008 年第 9 期,第 1 ~5 页。

② 《江泽民文选》(第 2 卷),人民出版社 2006 年版,第 17 页。

③ 胡锦涛:《高举中国特色社会主义伟大旗帜,为夺取全面建设小康社会新胜利而奋斗》,见《中国共产党第十七次全国代表大会文件汇编》,人民出版社 2007 年版,第 50 页。

出一条具有中国特色的民主政治发展道路,建立了抗日民族统一战线和人民民主统一战线,联合一切可以联合的力量,为实现民族独立和人民解放凝聚了强大力量,为团结全国各族人民共同致力于国家富强和民族振兴提供了重要保障。总结90年来的民主政治实践,我们达成一个共识:只有中国共产党,才能救中国,才能发展中国。我们党非常注重党的自身建设,注重党的先进性和纯洁性建设,注重反腐败工作,实现党的自我完善和发展;我们党非常注重党和群众的血肉联系,坚持党的群众路线,坚持全心全意为人民服务;我们党非常注重发扬党内民主,通过发展党内民主带动人民民主的发展,充分实现决策的科学化、民主化;我们党非常重视改革不适应社会主义法治要求的领导体制,在推进依法治国的实践中,不断提高依法执政水平。这为我们在民主政治实践中坚持和完善党的领导提供了坚实的基础和丰富的养分。

(二)必须坚持引导人民群众的积极参与

在我党民主政治实践90年中,我党依靠人民群众,尊重人民群众,着力保障人民群众的民主政治参与权,时刻关注人民群众的利益和愿望,高度概括人民群众的经验和实践,热情肯定人民群众的主动性和创造性。顺应了潮流,赢得了民心。建党之初,我党以民族独立和人民解放为目标,代表着中国人民的根本利益,中国人民才选择了中国共产党,衷心拥护中国共产党;革命战争年代,中国人民倾其所有,支持党领导的武装斗争,才取得革命的胜利;建国初期,党依靠人民群众的血肉联系,战胜了天灾人祸,经受住种种考验;改革开放时期,党又依靠人民群众的创造力,才取得建设有中国特色社会主义事业的一系列伟大成就。90年来,我们在实践中累积的经验是,必须继续加强民主政治建设,健全社会主义法制,保证人民充分行使选举、决策、管理、监督的民主权利,坚持和完善基层民主自治制度,积极推行党务政务公开,不断拓宽民主渠道,引导人民群众依法参与经济、文化和社会事务的管理,依靠广大群众,推进中国特色社会主义建设的伟大进程。

(三)必须坚持解放思想、实事求是、与时俱进

这是我们党在长期的革命和社会主义实践中作出的科学结论。解放思想、实事求是、与时俱进,是我们党坚持先进性和增强创造力的决定性因素,促使我们党以创新的精神和科学的态度去认识、把握和遵循民主政治发展的客观规律,找到了社会主义民主政治理想与中国具体民主政治实践的结合点,探索出一条中国特色社会主义民主政治实践道路。历史证明,什么时期三者坚持得好,我们的民主政治实践就会取得成绩;什么时期有所偏颇,我们的民主政治实践就可能会误入歧途,甚至遭受挫折。在今天的中国,我们依然要坚持解放思想、实事求是、与时俱进,解除束缚思想的精神枷锁,把思想认识从那些不合时宜的观念、做法和体制的束缚中解放出来,坚持理论联系实际,用发展的眼光看待问题,用发展的眼光解决问题,大胆探索,大胆实践,提高民主政治实践的能力。只要我们坚定不移用这一理论指导我们工作的始终,我们的民主政治实践就一定能取得巨大成效。

(四)必须坚持渐进发展、重点突破

总结改革开放30多年的历史,我党的民主政治实践奉行的是"摸着石头过河"的渐进式改革道路。邓小平强调:我们是要发展社会主义民主,但匆匆忙忙地搞不行。中国国家这么大,情况太复杂,改革不容易,因此决策要慎重,方法要细密,步骤要稳妥,不论干什么工作,都"要先从一两件事上着手,不能一下子大干,那样就乱了"①。因而,在党的领导下,我们通过试点、试错,循序渐进地、分阶段地、由局部到整体逐步展开改革。实践证明,这种渐进式改革,不仅促使我国的民主政治建设不断向纵深推进,而且实现了经济快速、持续增长,政治稳定,社会进步,人民安居乐业。在新的历史条件下,我们依然要充分考虑到既定的社会经济体制和经济发展水平,从现实的民主政治基础出发,有秩序、有目标、分步骤地推进民主政治实践,走一条先易后难、先外围后中心、先微观后宏观的发展道路。选择外围阻力较小或者大家已经形成基本共识的那些部分先展开,然后逐步深入到中心的、较艰难的部分;对于一些难点问题,要重点突破,从小范围、小区域开始起步,再逐渐地扩展到大范围、大区域;对一些事关大局的体制、制度的推行,要先试点,积累经验,再逐步推广。

三、未来我党民主政治展望

90年来,尤其是改革开放30多年来,我党的民主政治理想不断升华,民主政治实践不断完善,促使我国的民主政治建设不断取得新成就,"保证了人民以国家和社会主人的身份充分发挥建设国家、管理国家的积极性、主动性和创造性,不断推动了中国的经济发展和社会全面进步"②。但是,我们要清醒地认识到,我国的民主政治建设仍有许多需要克服和解决的难题,我党民主政治实践仍有待进一步发展和完善。

(一)在社会主义市场经济条件下,如何实现经济发展与维护民生的有

---

① 《邓小平文选》(第3卷),人民出版社1993年版,第177、285页。

② 中华人民共和国国务院新闻办公室:《中国的民主政治建设》[EB/OL].(2005-10-19)[2011-3-21].http://news.xinhuanet.com/politics/2005-10/19/content_3645697.htm

机统一

经济发展是民主政治发展的强大驱动，改革开放以来，随着经济的迅猛发展，民众受教育水平得到普遍提高，公民的权利意识、民主意识不断觉醒，自由、平等、独立等政治意识不断得到强化，这也为我国的社会主义民主政治的深入提供了强大的发展动力。但同时我们必须清醒地认识到，市场经济对经济平等也具有极强的消解力，引导经济资源和社会权益向部分社会成员集中，少数人获得巨额财富，社会分裂出所谓的“强势群体”和“弱势群体”阶层，由此造成了民众实际政治地位和社会地位的不平等。

如何才能实现经济发展对民生保障的最优化？要解决这一问题，根本就在于要真正做到一切发展依靠人民，一切发展为了人民，一切发展成果惠及人民。为此，我们必须按照科学发展观的要求，统筹协调城乡发展，统筹区域发展，统筹经济社会发展；按照十七大报告提出的“初次分配和再分配都要处理好效率和公平的关系，再分配更加注重公平”的精神，加强收入分配制度改革，努力缩小当前的贫富差距；按照2011年“两会”期间倡导的“以人为本，服务为先”的理念，加强和创新社会管理，加大民生投入，完善公共产品的提供，使老百姓均等地享受到社会主义发展的伟大成就，在基本经济生活层面获得平等。

（二）在加强党的领导的基础上，如何保障实现人民当家做主

中国革命和建设的实践一再证明，党的领导是实现中国特色社会主义民主政治的根本保证，坚持党的领导是中国特色社会主义民主政治发展唯一正确的道路。但是，不可否认的是，“党代表人民的整体利益、根本利益和长远利益，与人民群众中的不同阶级、阶层和群体的个别利益存在差异和矛盾；党的方针、路线、政策在根本上反映和集中人民利益，但不能排除党会出现失误和偏差；党在整体上是中国工人阶级、中华民族和中国人民的先锋队，但不能排除党的个别组织和少数党员、干部会偏离党的宗旨，出现蜕化变质”①。因而，要实现党的领导和保障广大人民群众的社会主体地位和政治权利的和谐发展，第一，要坚持依法治国，充分把握“依法治国是社会主义民主政治的基本要求”这一基本论断，尊重和维护宪法、法律的权威，在法制框架内妥善对待与处理不同政治主体的不同政治愿望；第二，坚持党总揽全局、协调各方的领导核心作用，加强党的建设，提高党科学领导、民主执政、依法治国的水平，保证党领导人民有效治理国家；第三，完善我国的权力结

① 房宁：《中国特色社会主义民主政治发展道路——中国社会主义政治改革若干思考》，载《科学社会主义》2006年第3期，第2～6页。

构和运行机制,保证人民依法实行民主选举、民主决策、民主管理、民主监督,确保人民赋予的权力始终用来为人民服务,确保权力始终在阳光下正确运行。

(三)在渐进式政治改革进程中,如何实现倾听民声与民主政治体制改革创新的良性互动

如前文所述,我们的改革是渐进式改革。改革开放三十多年来,我们不断取得突破性进展,在经济、政治、文化、社会等各个领域取得了举世瞩目的伟大成就。但是,随着改革的深入,新旧体制之间的摩擦成本逐步增高,改革阻力愈发明显,深层次矛盾不断积累,群体性事件频频发生,等等。与此同时,人民群众改革的愿望日益强烈,改革的呼吁日益多元化,参与民主政治实践的方式和手段日益多样化。在这样情况下,如何促成民间情绪和声音与我国目前民主政治机制改革创新的良性互动,成为摆在我们面前亟待解决的现实难题。为此,我们首先要深化民主政治体制改革,以保证人民当家做主为根本,以增强调动人民积极性为目标,扩大社会主义民主,推进社会主义民主政治制度化、规范化、程序化。其次,要坚持走中国特色社会主义民主政治道路,坚持和完善人民代表大会制度,夯实公民民主政治参与基石;充分发挥人民政协职能,疏通人民民主政治参与渠道;积极发展基层民主,保障人民依法直接行使民主权利。最后,要更快地畅通人民的利益诉求渠道,妥善解决群众反映强烈的矛盾问题,认真聆听群众积极呼吁的合理建议,在群众的诉求中积极稳妥推进深层次民主政治改革。

(四)在政治素养相对不足的现状下,如何提升民智,引导公民的理性民主政治参与

民主取决于参与,而“中国传统政治文化是一种臣民政治文化,社会成员在政治文化生活中的基本原则是服从,而不是积极参与”①。由此在民众心理上积淀了“权威崇拜”、“清官思想”、“与世无争”等的政治意识和政治思想。权威崇拜铸成了附庸意识,表现为普遍的政治非参与倾向;清官思想使人们把自身的命运寄托在少数统治者身上,缺乏政治自主意识和独立人格;与世无争思想要求人们安分守己,造成了一定程度的政治冷漠感,政治责任感和历史使命感不强。尽管这种传统政治文化正处于解构、变迁之中,但并未彻底丧失对人们政治行为的规制作用。由此,我国民主政治实践缺乏广大公民的主动参与,公民政治素养陷入了普遍意义上的相对不足,民主

① 林尚立:《上海政治文明发展战略研究》,上海人民出版社2004年版,第270页。

政治前进步伐沉重而缓慢。解决这个问题的关键,在于我们必须以高度的使命感和责任心去提升民智,引导公民理性参与国家政治事务。首先,要加强公民意识教育,推动民主政治观念更新,使其认识到自身不仅是民主政治的承受者,还是民主政治的参与者,民主政治的点滴改善和进步,有赖于公民的政治主张和行为,引导民众积极投身于民主政治的建设。其次,要加强公民的民主政治素质培养,在进行政治活动时能自主、清醒地根据自己的能力素养、价值取向作出明确的选择,达到公民民主政治参与的理性,做到行为的冷静、理智、合情合理。第三,要加强公民的民主政治参与的组织性,通过组织行为,增强公民的民主政治参与的广度与深度、质量与效果及其对国家政策的影响力,进一步激发公民的参与热情。

随着中国经济的飞速发展和社会的不断进步,我党的民主政治实践必将越来越深入,中国的社会主义民主政治必将越来越完备,其巨大优越性和强大生命力也必将越来越充分展现出来,中国人民在富裕安康的进程中也必将越来越多地享有民主政治的累累硕果。

(作者单位:中共枣庄市委党校行政管理教研室、徐州师范大学管理学院)

创建学习型党组织科学方法

张 卫 李 峰

创建学习型党组织具有极其重要的现实意义和历史意义。中央和省市各级党委都作出重要部署,如何扎扎实实、卓有成效地推进,需要我们结合实际深入研究探索。

一、目前创建学习型党组织存在的问题

1. 领导干部对“创建学习型党组织”角色的认知仍有一定的误区。学习型党组织理论认为领导者的角色应是“教练员”,应相信群众、依靠群众、引导群众,而不能独断专行,搞“一言堂”。我国经历了漫长的封建社会,民主传统思想少于专制传统思想。不少领导干部或多或少带有“家长式”的思维方式,不同意见受到压制,组织成员积极性发挥不出来。处于这种角色认知状态下的领导干部是很难理解学习型党组织的理论真谛的,也必然无法创建真正有效的学习型党组织。

2. 旁观者心态造成“学”与“习”的脱节。在组织内部有一种现象值得注意:在创建学习型党组织过程中,简单将“学习”等同于“学”,忽略了“习”的实践性。学习过程不对其行为产生任何影响,组织投入的人力物力财力没有产生任何实际效益。学习与实践的脱节,造成了部分党员学习归学习,做事归做事,个人就像一个旁观者一样,无法对自己的行为作出评价以及进行进一步的调整。

3. 习惯性防卫是团队学习的心理智障。习惯性防卫是根深蒂固存在于每个人内心的反应机制,用来保护自己或他人免于因说出了心里话而受窘,或感受到威胁。专家调查发现:杰出的团队与平庸的团队之间的差别,在于他们如何面对冲突以及处理随之而来的心理防卫机制。我国传统文化中“逢人只说三分话”、“防人之心不可无”的格言广为流传。习惯性防卫心理是创建学习型党组织的一种顽固阻力。

4. 盲目照搬国外经验导致只开花不结果。创建学习型党组织是一个理论联系实际的过程,既需要正确理论的指引,又需要在实践过程中不断探

索。我国关于学习型党组织建设的成果中,理论层面分析较多,实践指导层面研究较少。在我国全面推进学习型党组织建设的背景下,许多部门单位盲目照抄照搬企业组织管理理论或西方学习型组织管理理论,造成"水土不服"。

5. 过度"务虚"导致形式主义。部分单位由于对创建学习型党组织认识不深、理解不透,导致创建过程中找不到抓手,粗浅地认为学习就是读书、看报、搞座谈,与实际工作很难结合在一起。导致了这些单位走形式、搞过场,应付了事,不知不觉中将充满生机的学习型党组织建设工作误导成了死气沉沉的形式主义。

二、创建学习型党组织的七个切入点

中国共产党最核心的能力是学习。党能够从小到大,从弱到强,从不会战争到学会战争,从不懂建设到学会建设,领导全国人民把一个贫穷落后的旧中国建设成为一个繁荣昌盛的新中国,重要的就在于不断学习。总结我们的经验,适应新的形势,有七个切入点可以帮助我们建设学习型党组织。

1. 以共同理想为牵引,带动党组织由低到高螺旋式上升。共同理想是人们心中一股深受感召的力量,刚开始时可能只是被一个想法所激发,然而一旦发展成感召一群人的理想时,就不再是抽象的东西,人们会真切感受到它的存在。在建设学习型党组织过程中,我们需要形成共同理想。共同理想是组织中全体成员个人理想的整合。一个组织只有拥有了共同的目标、价值观与使命,才能鼓舞人心、凝聚人心,形成带动党组织由低到高螺旋式上升的拉力,促使学习型党组织向更高层面不断提升。

2. 以政策激励为动力,保护"自我超越型"党员的积极性、主动性和创造性。经研究发现,一个组织里,20% 的人创造 80% 的财富,这就是著名的 20/80原则。我们通过观察发现在党组织里也存在类似的情况,20% 的人所做的事,往往比 80% 的人要多。发现真理的人在一个组织里往往只占少数,大多数人在按照过去的习惯做事,对于这种性格的人,应安排其做"定型产品"。少数人属于创新型人才,对于这些人,要适当宽容他们的性格,包容他们的失败,支持他们的创新。既要鼓励出研究成果的创新型人才,也要鼓励把平凡细微小事做到不平凡的实干型人才。只有这样,才能形成良好的工作环境,形成不同层次的见贤思齐的风尚。

3. 以改善党员的心智模式为着眼点,着重修炼系统思维的胸怀及境界。所谓心智模式是指深植我们心中关于我们自己、别人、组织及周围世界每个层面的假设、形象和故事。改善心智模式就是改善心理素质和思维方式,帮助人们改变固结在心中的偏见。由于受不同成长和工作环境的影响,不少人不知道自己不知道,习惯拿固执当坚持,拿偏见当主见,其结果不但影响了个人进步,也影响了组织的发展。当前,黄蓝两大国家战略在山东交汇融合,每一位党员、每一个党组织都担负着重大的责任,这就要求我们站在发展的前沿,以系统思维的眼界谋划全局,摒弃片面思维,注重整体思维;摒弃静态思维,注重动态思维;摒弃表面思维,注重本质思维。

4. 以个人的经验教训为切入点,寻找成功的基因密码。至理名言"失败乃成功之母"告诉我们,失败是走向成功的重要基石。它能够唤醒人们的自我反思意识,促使人们主动寻求改进,为最终获得成功做好准备。失败并不可怕,可怕的是经历了失败却不知反思,一错再错。失败也并非不可避免,通过从他人的经验教训中反观自身,同样可以避免犯类似的错误。组织的建设和个人的成长有相似之处,组织也应当通过吸取个人的经验教训,来避免同样错误的发生。在具体操作中,可以要求党员对自己的经验教训进行客观的记录和分析,通过开会交流或平时谈心等形式,让组织成员与当事人一起从失败中学习、在反思中进步,减少再次犯错的可能。

5. 从组织成员工作需要切入,开展自主选学的培训。将学习内容与党员干部的工作需要结合起来,能够有效提高学习效果、节省人力物力。2010年6月,针对各单位普遍存在的执行力问题,东营市委安排50多个部门一把手到清华大学进行了为期一周的以"领导干部如何提高执行力"为主题的培训。培训课程从工作理念、工作方法入手,从中西方文化差异着眼,探究了"执行力不强"的文化根源,分析了人格魅力等个人素质对下属的影响。培训过程突出了互动式教学的特点,让每位学员对自己部门"执行力不强"的原因作了自查,进而引导学员找到了解决问题的途径。这一自主选学模式,突破了"我教什么你学什么"的传统思路,以干部为主体,以实用为导向,满足了大家的所急所需,在充满兴趣的探索中获取了系统知识。

6. 以带着问题找方法为切入点,实现从有知识到有智慧的提升。认识和分析问题是解决问题中最重要也是最困难的环节。重要是因为问题不清,无从决策,问题找错,一错百错。困难是因为真正的问题常常为众多的表象所掩盖,需要我们进行深入的分析,才能找到真正的问题所在。只有带着问题去寻找方法才有可能找到真正的解决办法,那种对问题没有清醒的认识,一味照搬他人方法的做法只能是徒劳。建设学习型党组织既是传承,也是创新,在实施过程中难免会出现这样那样的问题,只有正确地发现问题、分析问题,才能充满智慧地解决问题。

7. 从重视物质精神需要切入,构建组织成员和谐互信的基础。每个人都有物质和精神两方面的需求,它们是人们产生动机、导致行为的主要源泉。在建设学习型党组织过程中必须对党员的物质和精神需要予以重视,并以此为切入点开展创建工作。当今社会上一部分人心浮气躁,甚至“翻脸无情”,行为上易走极端;大多数党员的素质高于群众,党员领导干部的眼界高于一般工作人员,但也有部分党员、干部修养不够,潜藏着一些不稳定因素。因此,在组织中建立一种和谐互信的氛围十分重要。毛泽东说,政策确定以后,干部就是决定的力量。上级关心下级,干部关心群众,要形成链条才能形成团队。有了感情基础,有了共同价值取向,才能同心协力、快速发展。

三、创建学习型党组织的科学方法

1. 民主互动的诸葛亮会。我国有句俗语叫“三个臭皮匠,赛过一个诸葛亮”,这体现了我国传统文化对民众聪明才智的认可。在现代组织管理实践中,诸葛亮会依然是我党解决困难问题的有效法宝。本质上,它是一种管理的民主决策机制,同时也是一种领导艺术。

举行诸葛亮会的关键在于:一是认清所处的时代。当今这个网络时代,获取信息非常容易,以至于过去领导掌握信息比属下多的局面完全改变了。毛泽东认为“群众是真正的英雄”。同样,在网络时代,领导保持谦虚好学的精神,充分发挥各层次人员的聪明才智成为十分重要的党组织管理要求。二是明白领导的责任。领导是人才,而非全才。成功的领导首先是管理艺术的专家,而非具体业务的专家。领导最重要的职责在于“提问”和“决策”。“提问”要求领导能够透过现象看本质,及时发现关键问题所在;“决策”要求领导在广泛征求意见的基础上,定方向、拿主意。诸葛亮会在程序上总是起始于“提问”,终结于“决策”。三是不必拘泥一法。诸葛亮会的优点在于灵活机动,不拘泥于固定模式,宜繁则繁,宜简则简。这种方法一般适合在基层支部及党小组使用,其基本程序是“确定主题—提前通知—自由发言—综合列项—逐一讨论—达成共识”,把保障党员知情权、参与权、监督权与推动工作开展有机结合起来。党委中心组也可以开诸葛亮会,将重大问题细化分解,形成子问题,交由相关部门领导调研解决,通过对各子问题解决方案的梳理整合,最终形成宏观层面的指导意见。

2. 以课题研究牵引理念创新与实践创新。思想是经济社会发展的先导,思想高屋建瓴,经济社会才能和谐繁荣。在县级以上部门单位组织开展课题研究,不但对总结已往的经验教训有重要的意义,而且对指导未来的发展,推动工作创新也有重要的价值。东营市法院自 2000 年以来以课题研究带动全院工作的提升，院长王少南带头搞科研，全院出了一大批成果，成果应用转化后带动工作提升，东营市法院成为全国先进典型。东营市去年组织开展了12个重大课题的研究，出了一些达到国内领先水平的研究成果，不但进一步廓清了全市的发展思路，而且带动了一大批人才的成长进步。

目前，不少党员习惯于从眼前的、个人的、小团体的利益出发看问题，上有政策、下有对策。作为上级党组织要因势利导，从社会发展、工作创新、个人进步等多方面去系统、整体地统筹党员干部的学习，既不能一味“强迫”党员学，也不能完全靠“自愿”去学。应取其中道，尝试把推动经济社会发展、部门行业业务创新、党员个人价值实现结合起来。结合当地实际可以开展实施以“100个岗位工作创新、100项课题研究、100个优秀人才”为主要内容的评选活动。整个评选活动为期三年，实行动态管理，第一年评选“100项课题研究、100个岗位工作创新”，第二、三年进行复审。复审中，项目无社会效益或重要成果者将被淘汰。最终从连续三年入选项目负责人中评选出“100个优秀人才”，纳入重点培养范围。以此把学习型党组织建设、业务工作创新、党员成才融为一体，把组织愿景和个人要求有机结合起来，激活干事创业、学习提升的内在动力。

3. 以高层次专家报告会推动学习。建设学习型党组织的另一个重要抓手是开展高层次专家报告会，在这方面我们可以从中共中央政治局集体学习中得到借鉴。从2002年开始，中共中央政治局共开展了70余次集体学习，平均每40天左右一次，每次学习的程序都是专家学者首先就某一重大问题进行讲解，接着开展交流讨论，最后由胡锦涛总书记作总结讲话，由此我们可以看出聆听专家讲授的重要性。

高层次专家报告会的好处在于：一是受众面广。如果说，诸葛亮会依赖多人互动学习，课题研究苛求较高研究实力的话，高层次专家报告会无疑是一种任何党员都可以参加，较少受到限制的普适学习法。二是传达信息更直接。知识、经验的获得，既可以来自于自学自悟，也可以来自于专家学者的授业解惑，而且后者往往更为直接、含金量更高。有时专家学者一两句经典的话语会开启某些党员一生的成功之门。三是有利于基层学习型党组织建设。党组织可以根据自己的业务特点开展不同内容和形式的“讲坛”，针对基层普遍关心的热点、难点问题开展专题讲座，促进基层党组织通过学习创造性地开展工作。

4. 引入行动学习法。行动学习法是学习知识、分享经验、创造性研究解决问题和实际行动四位一体的方法。这一方法把工作学习化、学习工作化融为一体，既可以致力于同一个组织问题，也可以协同解决各部门所独有的难题。“行动学习”小组成员要具有互补的专业技能和经验知识，成员之间相互学习，但主要目的不是获得这些知识，而是运用这些知识去分析、研究实际工作中的问题，提出解决问题的方案并付诸实施。“行动学习”小组通过多次聚会，集体讨论，互相贡献思路、经验，就亟待解决的关键问题、核心问题达成共识，找出症结所在，在此基础上对面临的问题进行重新认识，并进一步制订行动计划，积极稳妥地开展工作。

行动学习法的成功关键在于，一是“干中学”。不同专业特长的参与者组成学习团队，带着具体的目标任务和实践问题去学习，群策群力，互相支持，分享知识与经验，使工作成为一种有效的学习工具。二是“学中干”。小组反复聚会、研讨、学习、行动的过程成为理论与实践互动的过程，团队学习的成果不断在实践中得以升华。每次会议都应重点记录每一阶段所汲取的经验教训，并在此基础上不断完善工作机制。三是成立新型组织。比如成立“指挥部”，用以打破原有政府部门权力分隔格局，提高工作效率，同时引入诸葛亮会等民主决策机制，随时捕捉每一个可能的创意性解决方案。

5. 建立优胜劣汰机制。推动学习型党组织建设的一个最好的历史参照就是1938年秋我们党开展的“学习运动”，以及延续到后来的延安整风运动。那次“学习运动”之所以能够获得巨大成功，取得丰硕成果，很重要的一点就是把学习的成效与组织人事的调整相结合。因此，我们有必要建立完善学习考评的优胜劣汰机制。

对普通党员和党员领导干部应分层次明确规定必读书目和必会知识，并统一进行考试测评。测评优秀者根据平时德才表现，优先考虑提拔重用；合格者继续留任原职；不合格者，普通党员给予一定处罚，领导干部给予降级处分，以此实现以考促学、以考促进的目的。在具体操作方面，需要注意三点：一是要将考试与实践相结合。考试考得好不一定工作干得好，理论知识的掌握程度仅是学习成效的一部分，将理论知识的掌握与工作实践的表现综合起来分析，才是比较全面的评判方式。二是应合理安排必读书目。工学矛盾是目前创建学习型党组织必然遇到的一个问题。因此，学习内容应贵精不贵多，多学与实际工作结合密切的知识，少学假大空虚的内容。必读书目应包括通用型的党建资料和专业型的业务书籍两部分，业务书籍应因岗而异，由各单位合理安排。三是可采取多种授课、考试形式。既可以采用传统的集中授课、书面考试的形式，也可以采用现代网络手段，借鉴E-learning（网络化学习）培训技术，建设“党员学习网”，在网络平台上，集中汇集档案资料、教学软件、兴趣讨论组、考试系统等数据资源，以此达到重组学习内容、随时开展学习、持续保持更新、公平公正测试等诸多目的。

6. 建立倒逼机制。学习型党组织的创建必须得到各级领导的高度重视和支持,只有领导带头"学",切实"习",下属才会认真执行,全力以赴。领导学习积极性的来源之一在于"倒逼机制":听的倒逼说的,"学生"倒逼"老师",下级倒逼上级。"听的倒逼说的"是指打破领导讲话照稿念的陈腐模式,提倡脱稿讲、即兴讲,把公开演讲作为衡量领导真才实学的重要标准之一,让领导感受到"本领恐慌",进而坐不住、等不起、慢不得,产生主动学习的意愿。"'学生'倒逼'老师'"是指领导要轮流上讲台,讲党课。授课过程不仅要基本脱稿,还要有自己的观点,给台下的"学生"以启迪。通过这种形式,促使领导倾注更多的时间和精力加强学习,"老师"与"学生"共同提高。"下级倒逼上级"是指真正实现日常学习中的下级评价上级。可以把一段时间领导的学习成效作为评价对象,也可以把一项具体学习任务的完成情况作为评价对象,通过无记名投票的方式,实现普通人员评价科级干部,科级干部评价县级干部的倒逼模式,达到业务骨干评价业务领导,上级领导反思自身不足的目的。

7. 建立群众评议机制。群众观点是我们党的基本政治观点,群众路线是我们党的根本工作路线。创建学习型党组织的工作不是建设空中楼阁,不是为了创建而创建,它需要由理论学习落实到工作实践,需要通过不断提高组织实力和党员素质,更好地为群众服务。因此,创建学习型党组织成功与否的重要标志在于群众是否认可。自我感觉良好,但群众不认可的党组织一样不能称之为学习型党组织。可以建立群众评议机制,通过领导干部深入群众调查研究、聘用群众评议员、建立工作联系点等方式,与群众平等对话、沟通交流,更加客观的审视学习型党组织创建过程中的不足。

在具体操作中,应注意以下几点:一是避免重整体轻个体的现象。群众评议的对象除组织整体外,对党员个体的评议也是必不可少的。掌握了党员个体的现实表现,创建学习型党组织工作会更有针对性,效果也会更好。二是避免重形式轻内容的现象。由于主观上一部分党员干部把个人利害关系作为评价是非的标准,害怕群众评议对自己产生不利影响,工作上不主动、态度上不热心、行动上不积极,往往只图制度的规范齐全,不求执行的实际效果。三是要提高评议的客观性。要为群众提供更多的获得信息的渠道和间接经验,增强群众对评议对象了解的全面性、客观性。要根据不同地区、不同行业、不同层次、不同类型、不同岗位、不同环境的特点,建立起相应的评议标准,防止"一刀切"。群众评议员要有真实、无记名表达意见和建议的权利,以保障其评议的客观性。四是要提高对群众评议员的要求。群众评议员应从具有一定的政治素养、表达能力和对评议有兴趣的群众中公开招聘,并给以一定的激励措施,以激发其积极性。群众评议员要了解掌握各级政府的主要精神,参与党组织的某些主要活动和民主生活会,主动收集社会各界的意见和建议,定期或不定期向党组织反馈和反映。

(作者单位:东营市社会科学联合会)

中国共产党代表人物建党思想浅析

陈金亮

中国共产党成立以来的90年,是党的建设理论和实践不断探索的90年。90年以来,党都在围绕"建设一个什么样的党、怎样建设党"这一根本问题进行探索,毛泽东、邓小平、江泽民、胡锦涛作为中国共产党的杰出代表人物,在党的建设关键时期作出了正确回答,丰富和完善了党的建设理论,引领了中国共产党的正确前进道路。

一、毛泽东注重思想建党,开辟了一条适合中国国情的建党道路

在农民、小资产阶级为主体的半封建半殖民地社会中,建设马克思主义指导下的无产阶级政党,是一项极其艰巨的任务。如何保证党的纯洁性和先进性,克服各种非无产阶级思想的影响,是中国共产党在自身建设中一个非常重要的问题。毛泽东立足中国实际,从思想建党入手,开辟了一条适合中国国情的建党道路,创立了具有中国特色的无产阶级政党建设理论。

1. 注重从中国革命实际出发开展党的建设。毛泽东把马克思主义理论和中国实践相结合,其建党思想的成熟伴随着其建党实践的整个过程。1921年毛泽东就提出:"唯物史观是吾党哲学的根据"①。20世纪二三十年代,毛泽东从创立工农红军和建立农村革命根据地的实践需要出发,加强党的建设,建党思想初步形成。全面抗战爆发后,中国共产党在抗日民族统一战线中坚持独立自主原则,确保无产阶级在统一战线中的政治领导权,发展成为全国性的大党。1939年在《〈共产党人〉发刊词》指出,要"建设一个全国范围的、广大群众性思想上政治上组织上完全巩固的布尔塞维克化的中国共产党。"②在延安和各抗日根据地开展的整顿党的作风,进行马克思列宁

---

① 《毛泽东书信选集》,人民出版社1983年出版,第15页。

② 《毛泽东选集》(一卷本),人民出版社1964年版,第566页。

主义教育的运动。以《改造我们的学习》、《整顿党的作风》和《反对党八股》为代表,毛泽东撰写了大量关于党的建设的著作,从思想建设、政治建设、组织建设和作风建设等方面,进行了完整系统的论述。正如邓小平同志所说:"毛泽东同志对于建立一个什么样的党,党的指导思想是什么,党的作风是什么,都有完整的一套。"[①]毛泽东在建党实践中的突出贡献还在于,正确处理了马列主义原理与中国革命实际、共产国际与中国共产党的关系。针对长期存在的迷信共产国际的"本本",盲目崇拜苏联革命的经验,机械听命共产国际的错误倾向,毛泽东指出:"不了解中国革命战争的特点,就不能指导中国革命战争,就不能引导中国革命战争走向胜利的途径。"[②]要"将马克思列宁主义的理论和中国革命的实践相结合"[③]。从实际出发,独立地分析中国革命特点,独立地决定中国革命与建设的任务与路线,是中国共产党自身建设的一大特点,也是毛泽东留给党最宝贵的思想财富。

2. 注重思想上建党,将思想建设放在党的建设的首位。毛泽东认为,中国的国情决定了无产阶级与小资产阶级思想的矛盾是党内的主要矛盾。要用无产阶级思想改造和克服非无产阶级思想,要用马克思主义理论武装全党、教育全党,党员不但要在组织上入党,还要在思想上入党。注重思想上建党,就抓住了长期处在农村环境以农民为主体的党自身建设的根本。在井冈山时期,毛泽东就指出,"我们感觉无产阶级思想的问题是一个非常重要的问题"。1929 年 12 月,毛泽东在古田会议上总结了红军中建党的经验,明确提出将党内思想教育列为最迫切的任务之一,初步形成了着重从思想上建党的理念。1935 年 12 月,在瓦窑堡会议上确定了从思想上建党的方针,并系统论述了思想上建党的基本原则和基本方法,并提出了"应该使党变为一个共产主义的熔炉"的明确要求,也标志着毛泽东从思想上建党理论基本形成。1941 年 5 月毛泽东在《改造我们的学习》中对实事求是的内涵作了科学解释,"实事求是"成为我们党的马克思主义思想路线的根本点。随后开始的延安整风运动,提出要坚持"惩前毖后、治病救人"的方针,强调在全党采取批评与自我批评的方式进行马克思主义思想教育,思想上建党的理论更加完备、成熟。建国前夕的七届二中全会上,毛泽东提出必须警惕骄傲自满情绪,必须警惕资产阶级"糖衣炮弹"的进攻,全党务必继续地保持谦虚、谨慎、不骄、不躁的作风,务必继续地保持艰苦奋斗的作风。1956 年召开的中共八大重点解决了执政条件下党的建设问题,强调要反对和克服官僚

---

① 《邓小平文选》(第 2 卷),人民出版社 1994 年版,第 44 页。

②③ 《毛泽东选集》(一卷本),人民出版社 1984 年版,第 171 页,574 页。

主义、骄傲自满情绪，加强党与群众的联系，从思想上建党的理论在党执政条件下进一步发展。正如邓小平所说："党的这条思想路线是毛泽东同志确立的，他在领导革命的大部分时间内是坚持这条思想路线的。"①

3. 形成了有中国特色无产阶级政党建设的系统思想。在把思想建设放在党的建设首位的基础上，毛泽东从政治路线、组织建设、作风建设等方面提出要求，形成了无产阶级政党建设的系统思想。强调党的建设要密切联系党的政治路线，保证党的政治路线和任务的实现。"党更加布尔什维克化，党就能、党也才能更正确地处理党的政治路线"②。指出要加强党的政治路线的教育，保持全党在政治上的高度一致。加强党的政策、策略教育，提高全党的政策和策略水平。政策和策略是"一切实际行动的出发点，并且表现于行动的过程和归宿"③。"只有党的政策和策略全部走上正轨，中国革命才有胜利的可能"④。注重党的党的组织建设，确立了民主集中制的根本原则。指出民主集中制是党的根本组织原则，群众路线是民主集中制的基础。强调加强党风建设，把党风问题放到世界观的高度来看待。毛泽东总结了理论联系实际、密切联系群众、批评和自我批评三大优良作风，体现了中国共产党独有的特点和先进性。

二、邓小平制度建党思想开创了执政党建设理论的新境界

邓小平深刻总结无产阶级政党建设经验和教训，科学分析时代特征，继承和发展了毛泽东建党思想，围绕改革开放和现代化建设条件下建设一个什么样的党、怎样建设党的问题，提出了一系列新思想、新观点、新论断，形成了新时期执政党建设理论的科学体系。

1. 重视从制度上建党，抓住了加强执政党建设的根本。邓小平在继承毛泽东建党思想，重视思想建设的同时，多次强调制度建设的极端重要性，指出："我们过去发生的各种错误，固然与某些领导人的思想、作风有关，但是组织制度、工作制度方面的问题更重要。"⑤1980 年 8 月 18 日，邓小平在中央政治局扩大会议上发表了《党和国家领导制度的改革》的重要讲话，提出要"从制度上保证党和国家政治生活的民主化、经济管理的民主化、整个社

---

①⑤ 《邓小平文选》(第 2 卷)，人民出版社 1994 年版，第 278 页，第 333 页。

② 《毛泽东选集》(第 2 卷)，人民出版社 1991 年版，第 605 页。

③④ 《毛泽东选集》(第 4 卷)，人民出版社 1991 年版，第 1286、1298 页。

会生活的民主化,促进现代化建设事业的顺利发展"①。邓小平认为"制度建党"的关键是解决五大问题,即官僚主义问题、权力过分集中的问题、家长制问题、干部职务终身制问题、特权和腐败问题。为解决这些问题,邓小平在无产阶级政党建设史上第一次把党的制度区分为基本制度、根本制度和具体制度,指出"坚持基本制度,完善根本制度,健全具体制度"。邓小平认为社会主义制度、人民代表大会制度、共产党领导的多党合作和政治协商制度等属于基本制度,是必须始终坚持的。指出民主集中制是党的根本制度和根本组织原则,强调在改革开放的条件下完善民主集中制,"更带根本性、全局性、稳定性和长期性。……关系到党和国家是否改变颜色,必须引起全党的高度重视"②。邓小平认为党的领导制度、组织制度、工作制度、监督制度等则是具体制度的范畴,要通过建立、健全、改进、完善,"形成一整套完善的制度体系"。他指出:"我们的民主制度还有不完善的地方,要制定一系列的法律、法令和条例,使民主制度化、法律化。社会主义民主和社会主义法制是不可分的。"③

2. 重视执政党作风建设,创立了党风建设的新路子。邓小平指出:"执政党的地位,使我们党面临着新的考验。……脱离实际和脱离群众的危险,对于党的组织和党员来说,不是比过去减少而是比过去增加了。"④指出执政党端正党风,必须始终坚持全心全意为人民服务的宗旨。一是党的各项政策和工作必须以人民是否拥护、赞成、满意、答应作为出发点和归宿。二是办任何事情都要坚持走群众路线。"如果哪个党组织严重脱离群众而不能坚决改正,那就丧失了力量的源泉,就一定要失败,就会被人民抛弃。"⑤三是善于尊重群众的首创精神。邓小平在审阅中共十四大报告送审稿的意见中指出:"改革开放中许许多多的东西,都是由群众在实践中提出来的,报告中讲我的功劳,一定要放在集体领导范围内,绝不是一个人的脑筋就可以钻出什么新东西来,是群众的智慧、集体的智慧。"邓小平指出执政党加强党风建设,必须重视反腐倡廉。在改革开放、建设社会主义市场经济的新形势下,邓小平深入思考党风廉政建设和反腐败斗争的新特点,指出了党风建设的紧迫性、长期性和艰巨性。他告诫说:"开放、搞活,必然带来一些不好的

---

①②③⑤ 《邓小平文选》(第2卷),人民出版社1994年版,第336页,第333页,第359页,第368页。

④ 《邓小平文选》(第1卷),人民出版社1994年版,第214页。

东西,不对付它,就会走到邪路上去。”[①]他强调:“我们要反对腐败,搞廉洁政治。不是搞一天两天、一月两月,整个改革开放过程中都要反对腐败。”[②]在党的十二大上,邓小平指出:“保持清醒的头脑,坚决抵制外来腐朽思想的侵蚀,决不允许资产阶级生活方式在我国泛滥。”[③]在总结建国以来党风建设经验教训的基础上,邓小平提出了一靠教育、二靠法律,标本兼治、综合治理的新途径。他指出:要坚持“两手抓,两手都要硬”的方针,紧紧围绕经济建设这个中心开展反腐倡廉工作;要坚持从严治党,切实解决党风中存在的突出问题;要对领导干部有更高更严的要求,从领导机关抓起,从领导干部特别是高级领导干部抓起;要建立健全党风廉政建设规章制度,用制度管人管事;要标本兼治,综合治理等等。邓小平坚持依靠教育和制度,主张标本兼治,要求完善监督机制,为改革开放条件下加强党风建设指明了方向。

3. 形成了以制度建设为核心的执政党建设理论体系。在继承和发展毛泽东建党思想的基础上,邓小平形成了以制度建设为中心的执政党建设理论体系,回答了新时期建设一个什么样的执政党以及如何建设这样一个党的问题。对于建设一个什么样的党,邓小平在党的十二届中央全会第二次全体会议上指出:“把我们党建设成为有战斗力的马克思主义政党,成为领导全国人民进行社会主义物质文明和精神文明建设的坚强核心。”党的十三大提出了我们党要“成为一个勇于改革、充满活力的党,纪律严明,公正廉洁的党,选贤任能、卓有成效地为人民服务的党”的目标。邓小平以及第二代中央领导集体对执政党建设目标的回答,使执政党建设理论的发展有了明确的出发点和归宿。对于如何建设党,邓小平根据新时期对执政党的要求,对改革开放和市场经济发展背景下执政党的建设的系列问题作出指导性、预见性的指示。针对改革开放和市场经济条件下要不要坚持党的领导的问题,邓小平旗帜鲜明地指出,整个改革开放过程中都要坚持四项基本原则,尤其是要坚持党的领导。面对市场经济对党的建设的影响,邓小平站在战略的高度指出,要坚持党的领导必须加强和改善党的领导,确保党能够经受住改革开放的考验,提高驾驭市场经济的能力。提出加强和改善党的领导,要围绕党的基本路线开展党的建设,全面加强党的思想建设、政治建设、组织建设、制度建设和作风建设。邓小平通过科学分析新形势对党的建设各个方面的影响,提出了加强和改善党的领导的一系列措施,回答了在改革开放和市场经济条件下如何加强党的建设的一系列问题,成为执政的中国共

①②③ 《邓小平文选》(第3卷),人民出版社1993年版,第164页,第3页,第327页。

产党加强自身建设的科学指导思想和理论基础。

三、江泽民面对机遇与挑战提出"三个代表"重要思想

进入20世纪90年代以后,中国共产党面临了巨大的挑战和机遇。从国际形势看,经济全球化、世界多极化呈现加速发展趋势。以经济、政治、军事、技术为主要内容的综合国力的竞争日益激烈,国际政治经济格局处于变动与重组中。苏东剧变后,世界社会主义运动遭受了重大挫折,社会主义与资本主义的长期共处成为现实。从国内形势看,随着改革开放的深入和社会主义市场经济的发展,经济成分、利益主体、社会组织和社会生活方式日趋多样化,党的建设面临许多全新的课题。从党的自身建设看,党进入整体性新老交替时期,一大批年轻干部走上党的各级领导岗位,在执政经验、党性修养等方面对党的建设提出了新的更高要求。如何使党永葆先进性,进一步适应新形势新任务的要求,成为执政的共产党建设的根本任务。以江泽民为代表的共产党人对于"建设一个什么样的党、怎样建设党"的问题给出了与时俱进的回答,并科学表述为"三个代表"重要思想。

1. 提出"三个代表"重要思想,揭示了永葆党的先进性的内涵和实质。"三个代表"重要思想指出:党要始终代表中国先进生产力的发展要求,代表中国先进文化的前进方向,代表中国最广大人民的根本利益。生产力是最活跃最革命的因素,是社会发展的最终决定力量。代表先进生产力的发展要求,就是不断解放和发展生产力,就是代表了社会发展的客观要求。文化是一定社会的经济和政治在观念形态上的反映,同时对于政治和经济具有强大的反作用,先进文化可以有力地推进社会的全面进步和协调发展。党代表先进文化的前进方向,就能够为建设中国特色社会主义伟大事业提供强大的精神动力、智力支持和思想保证,就是代表社会进步的客观要求。人民是历史的创造者和推动历史发展的决定力量,人民的根本利益体现着历史发展的方向。党始终代表中国最广大人民的根本利益,就是做到在任何时候"都必须坚持尊重社会发展规律与尊重人民历史主体地位的一致性,坚持为崇高理想奋斗与为最广大人民谋利益的一致性,坚持完成党的各项工作与实现人民利益的一致性"①,就是代表和适应历史主体的客观需要,推动社会历史的进步和发展。"三个代表"重要思想以马克思主义唯物史观为指导,回答了如何使党始终走在时代前列,永葆党的先进性的历史课题,从经

① 《江泽民论有中国特色社会主义(专题摘编)》,中央文献出版社2002年8月版,第643页。

济、政治、文化角度阐释了党的先进性的实质和内涵。

2. 提出与时俱进要求，丰富和发展了党的思想路线。江泽民在中共十五大报告中提出："对待马克思主义，有个学风问题：究竟是从本本出发，还是用马克思主义的立场观点方法来研究和解决中国的现实问题。"并在总结毛泽东、邓小平建党经验的基础上，提出了"一个中心，三个着眼于"的思想观点。"要以我国改革开放和现代化建设的实际问题、以我们正在做的事情为中心，着眼于马克思主义理论的运用，着眼于对实际问题的理论思考，着眼于新的实践和新的发展。"①"一个中心"，指出了理论联系实际的目的，"三个着眼于"，是理论联系实际的具体方向和着眼点。十六大报告指出："坚持党的思想路线，解放思想、实事求是、与时俱进，是我们党坚持先进性和增强创造力的决定性因素。"这一论述是党对思想路线认识深化的产物，阐明了与时俱进与解放思想、实事求是的内在联系，使党的思想路线具备了新时期新时代的内涵。关于与时俱进的内涵，江泽民在十六大报告中进一步指出："与时俱进，就是党的全部理论和工作要体现时代性，把握规律性，富于创造性。"体现时代性，就是党的全部理论和工作与时代特点相结合，永远立于时代潮头；把握规律性，就是党的全部理论和工作要掌握共产党执政规律、社会主义建设规律和人类社会发展规律这三大规律；富于创造性，就要立足中国特色社会主义实践，推动理论创新和实践创新。在中国共产党建设史上，江泽民首次将"与时俱进"与"解放思想、实事求是"一起作为党的思想路线，使党的思想路线内容更加完善、内涵更加合理、结构更加科学，丰富和发展了党的思想路线。

3. 提出党的基本纲领，拓展了党的先进性建设的新视野。江泽民继承了党的最高纲领和最低纲领相统一的方法论，从我国处于并将长期处于社会主义初级阶段的实际出发，在党的十五大上，系统论述了党在社会主义初级阶段的基本纲领。基本纲领对"什么是初级阶段的社会主义、在初级阶段怎样建设社会主义"这一问题作出了回答："建设有中国特色社会主义的经济，就是在社会主义条件下发展市场经济，不断解放和发展生产力；建设有中国特色社会主义的政治，就是在中国共产党领导下，在人民当家做主的基础上，依法治国，发展社会主义民主政治；建设有中国特色社会主义的文化，就是以马克思主义为指导，以培育有理想、有道德、有文化、有纪律的公民为目标，发展面向现代化、面向世界、面向未来的，民族的科学的大众的社会主

① 江泽民：《论党的建设》，中央文献出版社 2001 年版，第 299 页。

义文化。”基本纲领是建设中国特色社会主义的行动纲领，纲领的提出使我们党更加明确了社会主义初级阶段的基本目标，更加稳定了党在初级阶段的基本政策，社会主义初级阶段党的建设理论体系更加完备。

四、胡锦涛科学建党思想体现了党执政理念的创新和发展

十六大以来，以胡锦涛为总书记的党中央对执政党建设的理论与实践进一步探索，党的执政理念进一步创新。党的十六届四中全会通过了《中共中央关于加强党的执政能力建设的决定》；2006 年 1 月 14 日胡锦涛在保持共产党员先进性专题报告会上强调大力加强党的先进性建设；党的十七大报告明确提出了提高党的执政能力、保持和发展党的先进性的要求；2009 年 11 月 27 日胡锦涛在中共中央政治局第十七次集体学习时指出，提高党的建设科学化水平，是新形势下党的建设的一项重大任务，也是一个重大命题。

1. 强调执政能力建设，明确了执政党建设的主线。胡锦涛强调，执政党的各方面建设，最终都要体现到巩固执政地位、提高执政能力上来。党的十六大以来，提出了科学发展观等一系列重大战略思想，既是对执政规律认识的深化，又是对进一步提高执政能力的要求。党的十六大提出“加强党的执政能力建设，提高党的领导水平和执政水平”，十六届四中全会通过的《中共中央关于加强党的执政能力建设的决定》，阐释了执政能力建设的一系列基本概念，如执政理念、执政方略、执政体制、执政方式、执政基础等，指明了经济、政治、文化、社会和外交领域的五大执政能力。作为执政党对执政能力进行全方位系统研究、提出系统要求，在中国共产党建设史上是第一次，在世界政党史上也属首创，对于执政的中国共产党建设具有重要的战略指导意义。十七大强调继续加强党的执政能力建设，着力建设高素质领导班子。继续要求按照科学执政、民主执政、依法执政的要求，改进领导班子思想作风，提高领导干部执政本领，改善领导方式和执政方式，健全领导体制。党的十七大通过的党章，在总纲中明确提出：“必须紧密围绕党的基本路线，加强党的执政能力建设和先进性建设，以改革创新精神全面推进党的建设新的伟大工程。坚持立党为公、执政为民，坚持党要管党、从严治党，发扬党的优良传统和作风，不断提高党的领导水平和执政水平”。①以执政能力建设和先进性建设为主线，执政党建设理论体系进一步完善。

2. 强调提高党的建设科学化水平，推动党的建设理论创新。党的十七

① 《中国共产党章程》总纲部分，2007 年 10 月 21 日中国共产党第十七次代表大会通过。

届四中全会提出了提高党的建设科学化水平这一重大任务，反映了我们党对世情、国情、党情新变化的深刻把握，体现了我们党对巩固执政地位的内在要求。胡锦涛在十七届四中全会第二次全体会议上讲话时指出："提高党的建设科学化水平，说到底是要不断把握和自觉运用马克思主义执政党建设规律。执政党建设是长期任务，探索马克思主义执政党建设规律是永恒课题。"提高党的建设科学化水平，关键要在深刻认识和把握党的建设、执政党建设一般规律基础上，全面认识和自觉运用马克思主义执政党建设规律，坚持做到"以科学的理论指导党的建设、以科学的制度保障党的建设、以科学的方法推进党的建设"①，切实使党的建设理论和实践建立在运用规律的基础之上。2009 年 11 月 27 日胡锦涛在中共中央政治局第十七次集体学习时讲话指出："坚持科学执政、民主执政、依法执政，推进党和国家决策科学化、民主化，切实解决党内存在的突出问题，提高党的执政能力、保持和发展党的先进性，都要求我们提高党的建设科学化水平。"加强和改进新形势下党的建设，"要继承和发展党在长期实践中形成的成功方法，又要不断创新和丰富党的建设有效管用的新方法，积极探索运用现代科学方法，创造性地研究和解决时代发展、社会变革对党的建设提出的新课题"②。胡锦涛强调加强和改进党的建设，不但要有决心和信心，还要有科学方法，要积极借鉴外国政党的有益做法。以胡锦涛为总书记的党中央对科学建党理论的阐述与实践的探索，体现了我们党已经突破意识形态的限制，从政党执政的一般规律入手探索加强党的建设的路径，对于建设一个面向世界、面向未来的开放的执政党具有极其重要的意义。

3. 强调建设马克思主义学习型政党，为提高全党思想政治水平指明了路径。胡锦涛在党的十七大提出，要按照建设学习型政党的要求，紧密结合改革开放和现代化建设的生动实践，深入学习马克思列宁主义、毛泽东思想、邓小平理论和"三个代表"重要思想，在全党开展深入学习实践科学发展观活动，提高运用科学理论分析和解决实际问题能力。党的十七届四中全会通过的《中共中央关于加强和改进新形势下党的建设若干重大问题的决定》，从落实这项重大战略任务的要求出发，指出建设马克思主义学习型政党，努力掌握和运用一切新思想、新知识、新经验，是党始终走在时代前列引领中国发展进步的决定性因素。突出强调要按照科学理论武装、具有世界眼光、善于把握规律、富有创新精神的要求，把建设马克思主义学习型政党

---

① 胡锦涛：《努力开创新形势下党的建设新局面》，载《求是》2010 年第 1 期。

② 《人民日报》2009 年 11 月 29 日第 1 版。

作为重大而紧迫的战略任务抓紧抓好。建设马克思以学习型政党,就是要推进马克思主义中国化、时代化、大众化;就是要用中国特色社会主义理论体系武装全党;就是要确立社会主义核心价值体系的主导地位;就是要把党的各级组织建设成为学习型党组织;就是要在全党掀起向书本学习、向实践学习、向群众学习的热潮,优化知识结构,提高综合素质,增强创新能力。建设马克思主义学习型政党,对于党以改革创新的精神加强自身建设,推进中国特色社会主义伟大事业,担负起领导中华民族复兴的伟大重任,具有重大的现实意义和深远的历史意义。

(作者单位:中共东营市委党校)

中国共产党群众观的发展和创新

张金平

群众观是对待群众的总体看法和基本观点。持何种群众观,如何处理与群众的关系,是任何国家的政党与政治力量都要首先面对的问题,也是决定一个政党及政权能否发展的根本问题。中国共产党在90年波澜壮阔的发展历程中之所以能够从小到大,成为今天拥有近8000万党员的执政党,最重要的原因之一是在理论上形成了正确的群众观,并在实践中坚定而模范地践行。研究中国共产党的群众观,对于总结历史经验,发扬党密切联系群众的优良传统和政治优势,保持党的先进性和战斗力,巩固党的执政地位,具有重要的理论和现实意义。

一、中国共产党群众观的理论渊源和实践基础

(一)对辩证唯物主义和历史唯物主义世界观和方法论的继承与发展,是中国共产党群众观的哲学基础

中国共产党的理论哲学基础是马克思的辩证唯物主义和历史唯物主义。马克思主义的群众观有两个基本观点:一是人民群众是历史的创造者。人民群众既是物质财富的创造者,也是精神财富的创造者,是推动社会发展的决定性力量。二是人民群众是实践和认识的主体。人的认识来自于实践,来自于群众的实践。中国共产党继承了马克思主义的群众立场,代表了最广大人民的根本利益。毛泽东强调,共产党的路线就是人民的路线。"我们这个队伍完全是为着解放人民的,是彻底地为人民的利益工作的。"①胡锦涛更是进一步指出:"相信谁、依靠谁、为了谁,是否始终站在最广大人民的立场上,是区分唯物史观和唯心史观的分水岭,也是判断马克思主义政党的试金石。"②

---

① 《毛泽东选集》(第3卷),人民出版社1991年版,第790页。

② 胡锦涛:《深刻认识构建社会主义和谐社会的重大意义,扎扎实实做好工作,大力促进社会和谐团结》,见《人民日报》2005年2月20日。

(二)对中国传统文化中的民本思想的超越与升华,是中国共产党群众观的文化渊源

民本思想在中国源远流长。孔子继承周公“敬德保民”的思想,明确提出“德政”,将“保民”、“惠民”、“恤民”、“养民”表述为“德政”的主要内容。孟子提出“仁政”思想,核心是“得民”,要求当政者“以德服人”,做到“亲亲而仁民,仁民而爱物”①,并提出“民为贵,社稷次之,君为轻”②。荀子用舟与水形象地比喻君民关系:“君者舟也,庶人者水也。水则载舟,水则覆舟。”③提出“爱民”、“利民”、“裕民”、“宽民”等一系列主张,并将之视为社稷长治久安之本。唐太宗李世民从隋亡的历史教训中深刻认识到,为国之术,必须以民为本;为君之道,必须先存百姓。“君依于国,国依于民,刻民以奉君,犹割肉以充腹,腹饱而身毙,君富而国亡。”④这些民本思想是中国历史文化遗产中的精华,对后世有重要的借鉴,但其出发点是为了维护封建社会的统治,是为了私天下的存续,人民群众在社会的基本架构中仍然处于被统治和臣服的地位。中国共产党以巨大的理论勇气和宽广的胸怀,汲取传统文化的精华,并实现了伟大的超越。

(三)对90年奋斗经验的总结,是中国共产党群众观的实践基础

中国共产党的群众观是在90年波澜壮阔的发展历程中逐步形成的。在同异常强大残暴的国内外反动派进行艰苦卓绝斗争的民主革命时期,党日益认识到依靠和发动群众的重要性。抗日战争时期,毛泽东等党的领导人总结领导工作经验,系统地论述了群众观思想。他指出:“兵民是胜利之本。”⑤“战争的伟力之最深厚的根源,存在于民众之中。”⑥解放战争时期,毛泽东进一步号召全党,要放手发动群众,壮大人民力量,打倒蒋介石,解放全中国。广大人民群众依靠人力和相当落后的工具,将粮食、弹药等物资源源不断地运到前线,有力地保证了解放战争的最终胜利。据统计,在三大战役中,民工累计达880余万人次,人民群众出动支前的大小车辆141万辆,担架36万余副,牲畜260余万头,粮食4.25亿公斤。陈毅曾深情地说:“淮海战役的胜利,是人民群众用小车推出来的。”⑦党在长期奋斗中培育和形成了理论联系实际、密切联系群众、批评和自我批评的优良作风,是中国共产党区

①② 《孟子·尽心上》。

③ 《荀子·王制》。

④ 《资治通鉴》卷一九二。

⑤⑥ 《毛泽东选集》(第2卷),人民出版社1991年版,第509页,第511页。

⑦ 《中国共产党历史(1921~1949年)》(第1卷),中共党史出版社,第794页。

别于其他任何政党的显著标志。

二、中国共产党群众观的基本内涵

(一)群众主体论,是党的群众观的起点

群众是历史的主体,实践的主体。毛泽东对人民群众的历史作用给予了充分的肯定,他在《论联合政府》中,用富于激情的语言指出:"人民,只有人民,才是创造世界历史的动力。"①认识到群众的巨大作用,也就肯定了人民群众是历史的主体、实践的主体,也是创造革命、建设、改革经验的主体和力量源泉。首先要依靠群众,毛泽东提出实行全民总动员的完全的民族革命战争,即广泛的人民战争来取得抗日战争和解放战争的胜利。党的十一届三中全会以后,在探索建设中国特色社会主义道路的艰巨任务面前,更需要广大人民群众的支持。邓小平指出:"社会主义现代化建设的极其艰巨复杂的任务摆在我们的面前。很多旧问题需要继续解决,新问题更是层出不穷。党只有紧紧地依靠群众,密切地联系群众,随时听取群众的呼声,了解群众的情绪,代表群众的利益,才能形成强大的力量,顺利地完成自己的各项任务。"②进入新世纪,胡锦涛从科学发展的视度,多次强调指出:"发展为了人民,发展依靠人民,发展成果人民共享。"其次要向群众学习。群众中蕴藏着真正的力量,只有深入到群众中间,向人民群众真诚地学习,才可能发现问题,掌握真理。毛泽东指出:"群众是真正的英雄,而我们自己则往往是幼稚可笑的。"③邓小平在改革开放这一前无古人的伟大探索中,更多地强调尊重群众的首创精神,他总是满腔热情地鼓励和支持人民群众在实践中的创造,并及时发现、总结和推广群众创造的成功经验。1988 年他在会见外宾谈到党的十一届三中全会以来取得的成就时说:"我个人做了一点事,但不能说都是我发明的。其实很多事是别人发明的,群众发明的,我只不过把它们概括起来,提出了方针政策。"④江泽民从巩固党的执政地位的高度指出:"要充分发挥人民群众的主观能动性和伟大创造精神,保证人民群众依法管理好自己的事情,实现自己的愿望和利益。"⑤胡锦涛更进一步指出,全国各族人民是中国特色社会主义事业的主体,人民群众积极性创造性的充分发挥是我们事业成功的保证。"对于马克思主义执政党来说,坚持立党为公、

①③ 《毛泽东选集》(第 3 卷),人民出版社 1991 年版,第 866 页,第 897 页。

② 《邓小平文选》(第 2 卷),人民出版社 1994 年版,第 342 页。

④ 《邓小平文选》(第 3 卷),人民出版社 1993 年版,第 272 页。

⑤ 《江泽民文选》(第 3 卷),人民出版社 2006 年版,第 294 页。

执政为民,实现好、维护好、发展好最广大人民的根本利益,充分发挥全体人民的积极性来发展先进生产力和先进文化,始终是最紧要的。”①

(二)党群关系论,是党的群众观的基础

在中国长期的革命和建设中,党密切联系群众,自觉为人民利益奋斗,赢得了一个又一个的胜利,也赢得了人民群众的衷心拥护和爱戴。在改革开放的年代,中国共产党仍然坚持密切联系群众的做法,使中国特色的社会主义建设事业取得了举世瞩目的巨大成就。因此,保持党同人民群众的密切联系,一直是中国共产党的优良传统和作风。毛泽东在《论联合政府》中指出:“我们共产党人区别于其他任何政党的又一个显著标志,就是和最广大的人民群众取得最密切的联系。”②他把人民大众比作“上帝”,能让人民大众和我们党一道,还有什么克服不了的困难?

在执政条件下,党掌握了执政资源,手中拥有了权力和庞大的国家机器,必须时刻警惕出现脱离群众和高高在上的问题。列宁在十月革命胜利不久,就一针见血地指出:“对于一个人数不多的共产党来说,对于一个作为工人阶级先锋队来领导一个在暂时没有得到较先进国家的直接援助的情况下向社会主义过渡的共产党来说,最严重最可怕的危险之一,就是脱离群众。”③ 1956 年邓小平在党的八大上也指出:“执政党的地位,很容易使我们同志沾染上官僚主义的习气。脱离实际和脱离群众的危险,对于党的组织和党员来说,不是比过去减少而是比过去增加了。”④在八大及以后的讲话中,邓小平多次强调:执政党的地位,很容易在共产党员身上滋长一种骄傲自满的情绪;脱离实际和脱离群众的结果,必然发展主观主义,即教条主义和经验主义的错误,这种错误在我们党内不是比前几年减少而是比前几年增加了。正是基于这种忧患意识,我们不断地强调党员干部要密切联系群众,正确处理与人民群众的关系。党离不开人民,人民也离不开党。脱离群众的后果是非常严重的。苏共在长期执政后,严重脱离群众,根本不考虑人民群众的愿望和要求,党群关系日益疏远和紧张,最终酿成了苏共垮台和苏联解体的悲剧。前车之鉴,后事之师。早在 1990 年,以江泽民为首的中共中央就作出了《关于加强党同人民群众联系的决定》,强调人民群众是我们党的力量源泉和胜利之本,能否始终保持和发展同人民群众的血肉联系,直接

① 胡锦涛:《在“三个代表”重要思想理论研讨会上的讲话》,人民出版社 2003 年版。

② 《毛泽东选集》(第 3 卷),人民出版社 1991 年版,第 1094 页。

③ 《列宁选集》(第 4 卷),人民出版社 1995 年版,第 626 页。

④ 《邓小平文选》(第 1 卷),人民出版社 1994 年版,第 214 页。

关系到党的盛衰兴亡。这就把党同人民群众的关系实际上提高到了一个新高度，即关系到党的盛衰兴亡，也就关系到中华民族的盛衰兴亡。江泽民又指出，我们党有许多优势，根本的一条是同人民群众保持血肉联系，这是我们党充满生机和活力的源泉所在。他要求领导干部要同群众保持密切的联系，真正同群众打成一片，始终与群众同甘共苦。这些观点在党的十六大报告中被发展为：我们党的最大政治优势是密切联系群众，党执政后的最大危险是脱离群众。

（三）服务群众论，是党的群众观的核心

中国共产党从成立之日起，就没有自己的私利，一切工作都是为了最广大人民群众的利益服务。在90年的发展过程中，党的历代领导集体深刻把握时代脉搏，形成了一系列符合各自时代要求、既一脉相承又不断创新的服务群众的观点。

毛泽东“全心全意为人民服务”的宗旨观。毛泽东主张人民群众的利益高于一切，明确指出中国共产党领导革命就是为了解放人民、为人民谋利益。他要求共产党人应该把人民利益放在首位，一切从人民的利益出发，以人民群众的利益作为工作的唯一宗旨。在实践中坚持全心全意为人民服务的根本宗旨，把最广大人民的根本利益作为党的全部工作的出发点和落脚点。

邓小平“领导就是服务”的思想。邓小平把毛泽东提出的为人民服务发展成终身服务的思想。1950在中共重庆市第二次代表会议上的报告中指出：“当一个共产党员，就要自觉服从党的路线和政策，全心全意为人民服务，做好工作，并经常准备吃亏和遇到麻烦，工作做坏了，还要受批评，而且终生都应该如此。”①他又进一步根据新形势下加强党的领导能力和党群关系的要求，明确指出：“什么叫领导？领导就是服务。”②强调领导干部要多干实事，真正为群众服好务，彻底转变工作作风。

江泽民的根本利益观。江泽民根据执政条件下党的建设的要求和改革开放以来我国经济社会形势发生的深刻变化，提出党要始终代表最广大人民群众的根本利益，要通过发展社会生产力，提高人民群众的生活水平，巩固党和群众的联系。他指出：“经济是基础，解决中国的所有问题，归根到底要靠经济的发展。从这个意义上说，集中力量把经济搞上去，实现中国的现

---

① 《邓小平文选》（第1卷），人民出版社1994年版，第156页。

② 《邓小平文选》（第3卷），人民出版社1993年版，第121页。

代化，本身就是最大的政治。”①他从巩固党的执政地位的高度，把为人民服务的宗旨进一步阐发为立党为公、执政为民，并提出了发展是党执政兴国的第一要务的思想。执政党既要把实现和维护人民群众的根本利益作为改革的根本出发点，也要帮助群众解决自身的实际问题。“各级领导干部必须始终想人民之所想，急人民之所急。”②

胡锦涛“三为民”的思想。进入新世纪后，胡锦涛根据党的建设的新形势，结合构建社会主义和谐社会的新情况，提出的“权为民所用、情为民所系、利为民所谋”的“为民”思想，进一步回答了党在执政条件下如何对待权力观、情意观和利益观。“做到权为民所用，就必须正确看待和运用手中的权力，始终以党和人民的事业为重，为人民掌好权、用好权，用人民赋予的权力服务于人民、造福于人民，决不以权谋私。”③要求各级领导干部始终牢记人民是国家的主人，是权力的所有者，我们的权力是人民赋予的，要把权力用来为人民服务。“做到情为民所系，就必须坚持与人民群众心连心，始终把人民群众的安危冷暖挂在心上，倾听群众呼声，关心群众疾苦，切实帮助群众解决实际困难，决不脱离群众。”④要始终保持对人民群众的深厚感情，心里永远装着群众，永远与群众心连心。“利为民所谋，就必须时刻把群众利益放在首位，始终把维护好、实现好、发展好最广大人民的根本利益作为全部工作的出发点和落脚点，坚持一切为了群众、一切依靠群众，立志为人们做实事、做好事，决不与民争利。”⑤把实现人民的长远利益和当前利益结合起来，把人民最现实、最关心、最直接的利益落实到实处。胡锦涛在此基础上提出了“群众利益无小事”的论断，进一步明确了我们党要代表最广大人民的根本利益，要维护好、实现好、发展好人民的根本利益。

（四）群众路线论，是党的群众观的方法要求

“一切为了群众，一切依靠群众，从群众中来，到群众中去”的群众路线是毛泽东思想活的灵魂之一，更是我们党贯彻群众观的基本方法要求。它表明，党的一切智慧和力量来源于群众的实践，党的路线方针政策，只有和群众相结合，真正为群众所掌握，才会发挥出它的伟大力量。

对党的群众路线最集中的阐述是毛泽东。毛泽东认为，人的正确思想只能来自于实践，人民群众来自于实践的意见和建议，是党制定正确的路

① 《江泽民论有中国特色社会主义（专题摘编）》，中央文献出版社2002年版，第32页。

② 《江泽民论加强和改进执政党建设（专题摘编）》，中央文献出版社2004年版，第49页。

③④⑤ 胡锦涛：《学习贯彻“三个代表”重要思想和十六大精神要持之以恒》，见《人民日报》2003年2月19日。

线、方针、政策的基础。认识世界的目的是为了改造世界，因此，形成了正确的思想观点还必须回到实践中去，也就是通过宣传、发动群众，变成浩浩荡荡的革命洪流。在《在延安文艺座谈会上的讲话》中，他指出革命政治家的任务就在于把群众政治家的"意见集中起来，加以提炼，再使之回到群众中去，为群众所接受，所实践"①。毛泽东在1943年撰写的《关于领导方法的若干问题》中科学系统地阐述了群众路线思想。他指出："我们共产党人无论进行何项工作，有两个方法是必须采用的，一是一般和个别相结合，二是领导和群众相结合。"②一般和个别相结合的方法，就是从许多个别指导中形成一般意见，又拿这一般意见到许多个别单位中去考验，然后集中新的经验，做成新的指示去普遍地指导群众。"在我党的一切实际工作中，凡属正确的领导，必须是从群众中来，到群众中去。这就是说，将群众的意见（分散的无系统的意见）集中起来（经过研究，化为集中的系统的意见），又到群众中去作宣传解释，化为群众的意见，使群众坚持下去，见之于行动，并在群众行动中考验这些意见是否正确。然后再从群众中集中起来，再到群众中坚持下去。如此无限循环，一次比一次地更正确、更生动、更丰富。"③

群众方法论解决了如何获得并推行正确的认识这一问题，是党的群众观的实现手段，是党的群众路线在实践工作中的应用，是科学的认识论和工作方法。

（五）群众标准论，是党的群众观的价值取向

群众标准论就是把群众的态度作为评价和衡量党的工作好坏成败的标准。党路线方针政策是否正确，党的工作成效如何，以什么样的标准进行衡量，这是一个关乎党的价值取向的重大问题。

毛泽东提出了"最高标准"的衡量尺度。他在《论联合政府》一文中指出："共产党人的一切言论行动，必须以合乎最广大人民群众的最大利益，为最广大人民群众所拥护为最高标准。"④这就是说，党的一切路线方针政策，都要以群众的利益、以群众的态度来衡量。党的工作也要自觉接受群众的监督。1945年7月，他在延安回答黄炎培先生"历史周期率"的询问时，明确地指出："我们能跳出周期率。这条新路，就是民主。只有让人民起来做主，政府才不敢松懈。只有人人起来负责，才不会人亡政息。"⑤党来自于人民，服务于人民，以人民的满意和拥护作为评价标准，接受人民群众的监督，这

---

①②③④ 《毛泽东选集》（第3卷），人民出版社1991年版，第866页，第897页，第899页，第1096页。

⑤ 《毛泽东传（1893～1949）》，中央文献出版社1996年版，第720页。

是党的事业长盛不衰的根源所在。

邓小平在改革开放的新时期,把维护群众利益与发展社会生产力结合起来,作为党的工作的“压倒一切的标准”。他说:“社会主义经济政策对不对,归根到底要看生产力是否发展,人民收入是否增加。这是压倒一切的标准。”① 1987 年,邓小平又特别强调要把是否改善人民的生活作为评价国家的政治体制、政治结构和政策的标准。改革的每项决策都将影响到千家万户,涉及人民的切身利益,应注意总结经验、预测风险,凡不符合民意的,就应赶快改。1992 年,他在南方谈话中指出:“判断的标准,应该主要看是否有利于发展社会主义社会的生产力,是否有利于增强社会主义国家的综合国力,是否有利于提高人民的生活水平。”②这是邓小平再一次把人民利益标准与生产力标准和综合国力标准高度统一起来提出的更加系统、完备的“三个有利于”标准,并把它作为衡量我们一切工作得失成败的标准。邓小平把群众标准的思想概括为“人民拥护不拥护”、“人民赞成不赞成”、“人民高兴不高兴”、“人民答应不答应”,作为我们党制定各项方针政策的出发点和归宿,并以此为标准来检验党的领导和作风。江泽民进一步地把群众标准发展为“最高裁决”,他指出:“人民,只有人民,才是我们工作价值的最高裁决者。”③他还说:“我们党要始终代表中国最广大人民的根本利益,就是党的理论、路线、纲领、方针、政策和各项工作,必须坚持把人民的根本利益作为出发点和归宿。”④改革开放的历程和伟大成就表明,正是由于我们党一切从人民的利益出发,以人民的利益作为标准,我们的改革开放才得到了人民群众的衷心拥护,这是改革开放取得成功的重要原因。

中国共产党的群众观充分肯定了群众的伟大作用,正确地回答了党同人民群众的关系,提出了党的发展过程中必须坚持的宗旨、任务和评价标准,这是我们党 90 年取得辉煌成就的重要保证。站在新的历史起点上,走中国特色社会主义道路,必须继续坚持和创新发展党的群众观,才能使我们的事业不断从胜利走向新的胜利。

(作者单位:烟台市委党校科社教研室)

① 《邓小平文选》(第 2 卷),人民出版社 1994 年版,第 314 页。

② 《邓小平文选》(第 3 卷),人民出版社 1993 年版,第 372 页。

③ 《人民日报》1995 年 7 月 1 日。

④ 《江泽民论加强和改进执政党建设(专题摘编)》中央文献出版社,2004 年版,第 51 页。

城市社区党组织在推进科学发展促进社会和谐中发挥作用的研究与思考

中共烟台市委组织部

城市社区党建是党的基层组织建设的重要内容，也是推动经济社会科学发展的“桥头堡”。在纪念建党90年之际，结合烟台市委组织部围绕城市社区党组织在推进科学发展促进社会和谐中发挥作用的深入调研，谈点认识。

一、城市社区党建发展历程和现实意义

从1991年国家民政部提出“社区建设”开始，社区党建开始兴起并逐步发展，经过10多年的实践和探索，从无到有、从模糊到明晰、从不规范到规范，社区党建的工作思路和推进措施不断完善，在推动经济社会科学发展方面发挥了重要作用。

(一)城市社区党建的发展历程

1. 萌芽和起步阶段。“社区党建”的概念最早在1996年3月由上海市委提出，当时上海市政府正开展城市管理体制改革。这一时期，我国正处于计划经济体制末期，党和政府主要通过单位管理社会、街道，居委会处在相对次要的地位，社区党建网络和体系都不完善。针对这种状况，1996年9月中央组织部下发《关于加强街道党的建设工作的意见》，提出了“适应街道经济和各项事业的发展、及时调整和建立健全党组织，努力做到以居委会辖区为单位建立党支部”的工作思路。

2. 探索和规范阶段。1999年10月，中央组织部召开全国街道、社区党的建设工作座谈会，介绍了上海、北京等地的先进经验。2000年5月，山东省委在青岛召开会议总结推广济南、青岛等市的先进经验，出台了《关于进一步加强和改进街道社区党建工作的意见》。烟台市围绕贯彻落实中央、省委会议精神，指导各县市区加快进行社区调整、理顺管理体制，并在芝罘区毓璜顶街道进行了社区党建工作试点。2002年8月，烟台市委召开街道社

区暨新型经济社会组织党建工作经验交流会，在全市全面推开了社区党建工作。

3. 完善和创新阶段(2002 年 9 月至今)。2002 年 9 月，胡锦涛同志在中央党校秋季开学典礼上的讲话中，把社区党建作为党的建设的主要任务之一。党的十七届四中全会《决定》明确要求，把服务群众、凝聚人心、优化管理、维护稳定贯穿街道社区党组织活动始终，发挥党组织在建设文明和谐社区中的领导核心作用，推动社区党建向纵深发展。烟台市认真按照上级的部署和要求，先后制定了《关于进一步加强和改进城市社区工作的意见》、《关于加快推进中心城区社区居委会综合用房建设的意见》等 7 个文件，着力在街居改革、投入保障、活动场所建设、干部队伍配备、共驻共建等方面下功夫，探索创新了社区党建工作的新路子、新途径。

(二)加强城市社区党建的现实意义

1. 加强社区党建是巩固党在城市工作基础的重要途径。社区是党在城市工作的基础。近年来，在经济转轨、企业转制和社会转型的过程中，城市党的工作重点逐步向社区转移，从而使社区党组织的政治责任加重。如随着现代企业制度的建立，原来由企业包揽的部分社会职能交还给社会，其中大部分由社区承担；一些国有、集体企业在市场竞争中实施兼并、重组、破产，下岗分流的人员数量急剧增加，越来越多的“单位人”转为“社会人”；退(离)休党员人数明显增多，机关企事业单位在职职工“八小时之外”的活动主要在社区延伸。随着城市化进程加快推进，大量流动人口进入社区，大量农村变为城市社区、农民变为城市居民。就烟台目前而言，中心城市建成区达到 200 平方公里，城市化水平超过 50%，市区人口达到 180 万人，农村劳动力平均每年转移就业 3 万人以上。全市现有 57 个街道、295 个社区、304 个村改居，分别比 2002 年增加 16.3%、39.2% 和 7.8%。这些城市人口和流动人员的教育和管理，都需要通过增强社区党组织的管理、协调和服务功能来加以解决。

2. 加强社区党建是顺应经济社会结构变化的必然要求。改革开放以来，城市社区涌现了大量的非公有制经济组织、社会团体和民办非企业单位，特别是近年来，这些非公组织和单位发展迅速，个人独资企业、合伙企业、股份制企业、股份合作制企业、外商投资企业和民办非企业单位、社会团体不断增加，为经济繁荣、社会发展作出了重要贡献。这些新经济社会组织大都分布在城市社区，从业人员大都生活在社区，与社区有着密切而稳定的联系，但由于这些组织大都规模较小，从业人员较少，党的力量薄弱，组织自身变动较快，按照传统的组织设置方式和活动方式，难以实现党的工作对这个领域的全面覆盖。依托社区党组织进行管理服务和沟通联系，是新形势下党的工作的必然趋势。

3. 加强社区党建是满足党员群众管理服务要求的迫切需要。社区党组织是党和政府联系群众的桥梁和纽带，是开展群众性服务的发动者和组织者。目前社区党员群众呈现出“三化”特点：一是构成复杂化。随着城市管理重心的下移，大量离退休、下岗失业、待就业大中专毕业生、军转干部党员转移到社区，实行属地化管理，导致部分社区党员队伍呈现出老年党员多、困难党员多、无业党员多、流动党员多的特征。2002 年以来，仅烟台市芝罘区就接收区外转入党员 6272 名。二是思想多元化。受多元文化和价值取向的影响，一些社区党员思想和利益追求各不相同，客观上给党员管理服务增加了难度。三是需求多样化。随着物质文化生活的日渐丰富，生活水平的不断提高，社区党员群众对改善生活质量和居住环境的要求也与日俱增。这就需要各级党组织通过加强和改进社区党建工作，引导社区党组织改进服务方式，拓宽服务渠道，提高服务质量，切实满足党员群众的需要，进一步密切党同人民群众的血肉联系。

二、烟台市社区党组织推进科学发展促进社会和谐的主要做法

多年来，烟台市通过强化社区党组织的领导核心地位，不断建立健全管理体系，优化组织设置，创新工作载体和方法，有效发挥了社区党组织政策“贯彻者”、工作“火车头”、服务“主导军”作用，为全市经济社会又好又快发展提供了可靠保障。

（一）构建覆盖全社区的工作网络，夯实党组织工作基础

科学合理设置社区党组织，按照便于社区服务管理、资源开发、居民自治的原则，充分考虑地域性、居民认同感等要素，大幅度调整居民委员会所辖区域，对社区规模控制在 3000 户左右的（对完整的居民小区不限制户数），实行一区一居。同步调整党组织设置，对党员人数超过 50 人、100 人的社区，分别成立党总支、党委，其中社区党委书记、居委会主任一人兼的设立 1 名专职副书记；对新建住宅区、城市新区、开发区，把筹建居委会与组建党组织同步考虑，做到“社区发展到哪里，党的组织就建到哪里”。高标准选配社区工作者，按照文化水平、能力素质、年龄结构“三优化”的标准，坚持派、选、考相结合，建立了一支年轻化、专职化的社区工作者队伍。先后从机关事业单位委派 618 名干部，从大学生中遴选 208 名干部，面向社会公开招考 506 名干部。社区工作者共有 2552 名，大专以上学历的占 44.8%。健全完

善的党组织网络和高素质的街道社区工作者队伍，有效保证了党委、政府各项决策部署的贯彻落实。

（二）健全社区党建经费投入机制，为社区党组织开展工作提供有力保障

把社区党建基本保障经费纳入市县两级财政预算，并从党费中给予一定补充，创建了“三定额一增长”的投入模式。“三定额”，即按照每户居民不低于10元的标准确定办公经费；对组织关系新转入社区的企业退休党员，从市管党费中按每人600元的标准向社区拨付经费；对中心城区，按照每名党员每年不低于100元、每个社区不低于5000元的标准增拨党建活动经费。“一增长”，即建立社区工作者报酬稳定增长机制，规定社区工作者的工资补贴不低于所在县市区在岗职工平均收入水平，保证了社区党组织有钱干事、有钱办事。积极引导驻社区单位提供支持，2008年以来，27个市直单位为社区党组织长期无偿提供4690平方米的活动场地，其他单位也将内部设施向社区免费开放。去年各驻社区单位通过捐赠资金、物资等方式，直接为社区党建提供经费支持986.2万元；免费提供就业培训、健康查体、法律援助等服务1825次，受益党员群众22.6万人次。另外，还严格实行“权随责走、费随事转”的社区工作准入制度。引导发展低偿中介服务，依托街道社区综合服务中心、信息服务中心等载体，吸纳家政服务、家电维修、住宿餐饮等服务企业加盟，增加街道社区税收收入。目前全市已有咨询、推介、中介等8个大类8500多家服务企业加盟。这些措施，较好地保障了社区党组织的经费来源。

（三）发挥社区党建阵地作用，全力推动和谐社区建设

统筹规划建设社区党建活动场所，确定了社区办公、服务、活动用房分别不低于100平方米的“三个一百”标准，大力建设以社区党组织为核心的社区服务中心、再就业服务中心等，面向社区居民开展便民利民服务，开展社会弱势群体的社会救助和下岗、失业职工的再就业和社会保障等社会化服务，让广大居民共享改革发展成果。利用党组织活动场所，深入持久地开展了“树文明新风、做文明市民”、“热爱烟台，建设烟台”、争创“青年文明社区”等一系列群众性精神文明创建活动，树立了积极健康向上的社区新风貌。广泛开展经常性、群众性的法制教育，利用城市管理信息平台，引导群众通过合法途径反映要求，努力把社会不稳定因素解决在社区、解决在萌芽状态。去年共调处社区矛盾纠纷3200多起，调处成功率达到97%以上。

（四）推进社区共建体系建设，形成促进科学发展的整体合力

在全市57个街道全部建立了党建工作协调委员会，120个社区建立了党建工作联席会，全面加强与驻社区单位党组织的横向联系，重点围绕增强社区服务功能、优化社区环境、提高党组织工作能力，广泛开展文明社区共建、警民共建、双拥共建、街企街校共建等一系列活动，动员社区内各方面力量参与社区建设和党建工作。利用驻社区单位资源，着力加强党员志愿者队伍建设，积极引导居民加入医疗服务、教师服务、环保服务等志愿者队伍，为居民开展生活服务。广泛开展“互学互评”活动，组织街道社区和驻社区单位党组织多渠道互相学习，开诚布公提意见相互评议，加强联系、共享资源、互帮互促、共同发展，不断提高推动科学发展、服务群众、促进社会和谐的水平。去年全市街道社区和驻社区单位党组织开展共驻共建活动1450多次，扩大了社区党建工作的社会效应。驻社区单位通过街道社区党组织梳理民生问题2300多个，承诺解决问题1950个。

三、存在问题及原因分析

通过调查研究发现，街道社区党建工作还存在一些问题和不足，有着较为复杂的原因，既有主观原因，也有客观因素，这些问题在一定程度上制约了社区党组织推进科学发展促进社会和谐作用的发挥，概括起来主要有以下几个方面：

（一）部分干部群众对街道社区党建概念缺乏全面深入的理解、思想上没有引起足够重视

近年来，随着社区党建工作的逐步深入，干部群众对社区党建工作的认识不断加深。但总的来看，仍有部分干部群众尚未充分认识加强新形势下社区党建工作的重要性和紧迫性，没有在思想观念上达成共识，个别街道社区干部甚至错误地认为党建工作费力不讨好，既浪费人力又耗费财力，不如抓经济工作和环境建设见效快、政绩明显，出现“思想上重视、行动上忽视”的现象。通过座谈了解到，一些在职党员投身社区党建的自觉性不够，认为现在工作压力增大，自身的工作和学习很忙，没有精力参加社区党组织的活动。部分党员群众对社区党建工作在认识上也存在偏差，不愿接受由“单位人”变为“社会人”的现实，认为仅仅是把党组织关系放在社区，便于缴纳党费，参与社区党建的积极性不高，不能积极主动配合党组织开展工作，影响了社区党建工作进程。

（二）管理体制不理顺、职责划分不清晰影响了街道社区党组织作用发挥

“条块分割”的行政体制使不同隶属关系的单位党组织处于相对封闭、相对隔离的状态。党章和中央有关文件中没有硬性规定驻区单位党组织一定要服从社区党组织的领导，缺乏外在的压力和组织约束机制，加上参与党

建工作又需要单位付出资源，导致一些单位党组织不愿参与社区党建工作。虽然大部分地区都建立了社区党建联席会议、党建指导小组等机构，但由于这些机构都是指导性的，具体落实还是以社区为主，实际工作中与驻社区单位的协调难度仍然很大，使社区党组织不能有效整合社区内的各种资源为社区建设服务。另外，街道党组织和社区党组织的职责划分不清晰，街道党组织的职能涵盖和囊括了社区党组织的职能，这种重叠在一定程度上使社区党建仍然停留或满足于上传下达式的工作状态。

（三）财政资金投入不足、社区自筹能力较弱制约了街道社区党建工作开展

近年来，各级财政逐步加大了对社区的投入力度，但受地方财力不足等因素的影响，投放重点主要是社区卫生服务机构、基础设施建设等民生领域，社区党建仍然处在相对次要的位置。在社会主义市场经济条件下，社会职能逐步由政府、单位向社区大转变，在转移过程中，原来拥有财力、物力的政府部门和单位在向社区转移职能的同时，大都没有投入与履行这些社会职能相对应的财力和物力，没有真正做到“责、权、利”统一，个别单位下拨的费用也只能满足一般性办公和人头所需的经费，远不能满足新形势下社区党建工作的需要。另外，由于社区党组织本身不具备融资能力，现有的经费来源除市县下拨的工作经费和原居委会遗留的房产租赁收入外，只有共建单位和社会组织的少量赞助，支付社区工作人员的工资及水电费、办公用品等正常开支后所剩无几，不能满足社区党建活动的需要。

（四）部分街道社区党员思想滑坡、党性观念淡化给党员管理工作增加了新的难度

改革开放和发展市场经济，为党员提供了更大的发挥才能和展示先进性的舞台，但市场经济的负面影响也造成了社会成员价值取向多元化、社会活动分散化和行为方式实用化的现象。少数党员背弃了党的宗旨，迷失了政治方向。比如，有的社区党员滋长了拜金主义，一事当前，唯利是图；有的受资产阶级腐朽思想的侵蚀，对共产主义信仰产生了动摇，信奉封建迷信，灵魂严重扭曲，丧失了先进性；有的党性观念淡薄，信奉个人利益至上，不愿带领居民群众投身社区建设；还有的组织纪律性差，不愿暴露党员身份，不履行党员义务，对党组织的教育管理存有抵触情绪，等等。这些与党员的先进性和纯洁性相背离的种种现象，导致社区党员管理服务工作难度进一步加大。

四、充分发挥社区党组织作用的思路、措施和建议

当前和今后一段时期,要适应城市化和城市现代化加快发展的新形势,坚持把“三有一化”作为深入推进社区党建工作的重要抓手,着力构建有高素质的人管事、有充足的经费办事、有规范的场所议事的运转保障机制,努力形成条块结合、优势互补、共驻共建、资源共享的城市基层区域化党建新格局,使社区党组织更好地为经济社会科学发展服务。

(一)健全组织设置模式,进一步扩大党在社区的工作覆盖面

一是强化社区党组织的领导核心地位。积极创新街道社区党的领导体制,赋予街道党工委对驻区单位党组织的组织协调权、对“两新组织”党组织的领导权、对辖区内党员的教育管理权、对区派出机构的双重领导权等新的职能,强化其对驻区单位党组织和党员参与社区建设工作的指导协调力度,提高街道社区党组织的整合能力。二是健全完善规章制度。不断完善社区党建工作考评制度,把组织开展社区党建活动作为社区党组织、特别是“一把手”的重要职责,列入政绩考察范围。建立驻社区单位参与区域性党建工作责任制,把积极参加共建活动作为单位党组织的政治任务。进一步规范社区考核工作,尽量减少考核指标,让社区干部腾出精力开展党建工作。三是推进社区党组织网格化建设。对党员人数超过 50 人、100 人的社区,分别成立党总支、党委;在党员集中的区域建立网格党支部,抓好城市新区、流动人口聚居地等的党组织建设;在具备条件的楼栋或院落,大力发展党小组,使党建工作更加深入基层、贴近群众。

(二)加强干部队伍建设,进一步提高社区工作者的整体素质和业务水平

一是选优配强社区干部队伍。打破年龄、文化、身份等条框限制,采取公开选拔、竞争上岗等方式,选好配好社区党组织负责人。注重配全社区党委委员职数,特别是在书记、主任“一肩挑”的社区,设置专职分管党务工作的副书记或党群专干。通过公推直选、招聘招考等有效形式,努力引进优秀人才充实到社区工作岗位,着力构建职业化的队伍体系。二是强化社区干部教育培训。将社区工作者纳入干部培训的大格局,科学制定中长期的培训规划,大力推行菜单式、互动式等多元化培训模式,鼓励参加全国社会工作者职业水平考试,不断提高社区工作者引领和服务社区发展的能力和水平。三是激发社区干部工作积极性。将社区党务工作者的报酬纳入各级财政预算,逐步提高社区工作者的工资待遇。进一步健全社区工作者考核机制,对优秀社区干部予以隆重表彰和适当物质奖励。逐步健全基本养老、医

疗等社会保险制度,解决社区干部后顾之忧。进一步提高从优秀社区干部中考录公务员的比例。

(三)拓宽资金投入渠道,进一步健全社区党组织经费保障体系

一是健全财政稳定投入机制。探索建立持续稳定、逐年提高的财政投入机制,重点用于社区工作者报酬、日常办公运转、综合用房建设维护等方面。按照"自上而下、配套联动"的思路,由中央财政建立社区党建工作专项资金,采取中央财政为主、省市级财政联动配套的方式,用于在全国范围内开展的社区党建专题活动。地方财政在财力允许的情况下,可设立党建活动专项资金,用于区域内党建活动的开展。二是建立党费补助机制。采取向社区党组织下拨定额党建活动补贴和党费缴纳同比增长数额全部返还的办法,支持社区开展党建工作。党费投放重点是社区党建活动、单位和人员奖励等方面,为财政投入提供有效的补充。充分发挥好党费的作用,加大社区内困难党员群众的帮扶力度,以真情关怀激发党员的责任感。三是拓宽社区党建经费补充渠道。严格落实社区事务准入和"权随责走、费随事转"制度,减轻社区党组织和居委会工作和经费支出压力。引导鼓励社区开展互助性服务、志愿服务和社会力量兴办微利性商业服务,推行社区服务中心正常服务收入全留制度,鼓励驻社区单位和社会各界广泛参与、支持社区党建活动,进一步拓宽社区经费来源渠道。

(四)统筹整合各类资源,进一步加强社区组织活动场所和服务设施建设

一是加快党员活动服务中心建设。在场地规划上,可单独建设,也可资源共享,依托现有阵地进行扩建,尽可能建在交通便利、适宜党员群众聚集的地方;在外观标识上,做到既相对统一,又彰显特色;在功能定位上,凡是党员群众需要的服务项目都要纳入,努力把党员活动服务中心打造成为功能齐全、方便快捷的综合性服务机构。二是充分发挥党员活动服务中心作用。坚持一室多用、整合资源,既与党员群众的就业、生活、教育、培训、维权等切身利益相结合,又与本区域经济社会发展及各项事业的具体实践相结合,紧扣社区党员需求,靠优质的服务吸引党员、聚集人气。三是突出抓好流动党员管理服务。强化"双重管理"制度落实,确保每名流动党员都有人联系。积极探索分类管理制度,破除以往"无差别"甚至"一锅煮"管理模式。积极为流动党员提供更多的亲情化、个性化服务,让他们感受到"家"的温暖。

(五)完善协调共建机制,进一步加快城市基层区域化党建推进步伐

一是健全沟通协商机构。探索实施"大工委制"或"兼职委员制",把辖区内有一定影响的驻社区单位党员干部,吸引到街道社区党组织班子中。建立健全社区党建工作指导委员会、社区党建联席会、社区民间商会三个协调机构,以“三会共建”的协商管理机构为纽带,进一步密切驻区单位、社会组织与社区党建的联系。二是推行“互学互评”制度。“互学”方面,采取领导班子成员互访、党员互动交流等形式,引导街道社区党组织和驻社区单位党组织创造互相学习的有利条件。“互评”方面,逐步建立街道社区党组织和驻社区单位党组织双向评议和考核函询制度,对不支持社区党建工作的驻社区单位年底考核“一票否决”。三是畅通民意表达渠道。建立社区党组织领导的社区“两委”议事协调机制,完善社区事务协调机制和决策听证、监督评议等制度,调动社区党员群众参与社区事务的主动性和积极性。大力推行党员领导干部一线工作法,建立健全街道社区民情信息员、民情例会、民情对话等制度,广泛听取社情民意,化解矛盾,维护社会稳定。

运用破解问题学习法
推动潍坊市经济社会更好更快发展

范明涛　胡文君

破解问题学习法是党组织和党员个人通过有针对性地加强组织和个人的学习，在不断提高思想认识，锤炼共同理想信念的基础上，从发现思想认识和实际问题入手，分析问题、解决问题，创新发展思路，推动科学发展，提高群众幸福度和满意度的方法。

一、破解问题学习法的理论认识

（一）破解问题学习的思想基础

理论联系实际、密切联系群众是破解问题学习法的思想基础。我们应清醒地认识到，目前各级党组织的学习状况和党员干部的思想理论素养同新形势、新任务的要求还不完全适应，同党的执政能力和先进性建设的要求还有所差距；部分党员干部的宗旨意识、执政意识、大局意识、责任意识不强，思想观念不够解放，在学习工作中还存在形式主义、官僚主义、守旧思想，缺乏积极向上的进取精神和勤奋好学的求知欲。因此解决问题首先要解决思想认识问题，确立一切为了群众、一切依靠群众的信念，坚定勇于查找问题的决心和勇气。各级党组织和党员要把深入学习贯彻中国特色社会主义理论体系作为学习的首要任务，完善自身知识结构，全面提高自身能力，紧密联系思想政治建设实际和经济社会建设的实际，经常在自身党性及思想作风方面作出对照检查，解决好存在的突出问题，在科学理论指导下理清工作思路，解决好本地区本部门本系统改革发展稳定中的重大问题，解决好人民群众最关心、最直接、最现实的问题，不断推进学习形式和工作方法创新。

（二）破解问题的动力和能力源于学习

目前，改革发展进入攻坚阶段，原有问题还没有完全解决，新的问题又大量出现，面对极为复杂的形势和艰巨任务，急需破解发展难题，找寻新的思路。破解问题首先要发现问题,这是党组织执政能力和党员个人综合素质的体现。提高发现问题、认识问题的能力和水平,必须向书本学,向实践学,向群众学,向先进经验学,解放思想、转变观念,拓展思维,提高境界和眼界,找准目标、尺度和方法,创新体制、机制。由于问题不断产生,因此学习永无止境。运用破解问题学习法,就是在学习中提升素质、发现问题,在分析研究问题中提高学习能力和创新能力,在破解问题中加快学习成果转化,在推动科学发展中取得良好成效,检验学习效果。

二、破解问题学习法的实践运用

学习的方式方法很多,从解决问题的广度、深度和影响力而言,关键是各级领导班子、领导干部学习能力的提升。中共潍坊市委运用破解问题学习法,突出做好“四个带头”。

(一)带头学习思考,提升素质能力

中共潍坊市委把学习型党组织建设纳入全市党的建设总体规划,以党委理论中心组为主要阵地,着力推动领导干部带头学、领导班子带动学,提高党员干部的思想政治水平。一是完善学习制度。强化市委常委带头集体学习制度,明确规定党委(党组)中心组学习每年不少于12次,实施学习预告、交流发言、学习通报等各项制度,常委参学率达100%。建立“一线学习”制度,各级领导干部在基层确定联系点,把学习阵地延伸到基层前沿,带头讲党课、作辅导,为基层党员群众提供政策解读和理论服务。全市市、县领导干部共确立基层联系点1250个,领导干部到农村社区讲党课4220余场次。二是创新学习形式。建立“三大学习平台”:第一,以县级以上领导班子、领导干部学习为重点,设立“风筝都大讲堂”。每月确定一个主题,邀请一名领导或专家,开展一次高层理论辅导报告会。第二,以基层党员干部学习为重点,设立“社区大讲堂”。以领导干部、专家学者、一线工作者、优秀党员为主体,组建千名理论辅导员和千名宣讲员队伍,以社区和中心村为宣传主阵地,形成无缝隙全覆盖的市、县、乡、村四级宣讲网络。去年以来,共开展宣讲、辅导活动2万余场次,受众达200余万人次。第三,以提高学习灵活性为重点,搭建网络学习平台。采用“门户网站+学习平台”的构架方式,通过在潍坊干部学习网设立在线学习版块,开通“学习型党组织建设”网站、党建手机报,建立网上党支部等方式,设置各类自助式、点播式学习菜单,及时更新学习内容,有效满足了广大党员干部的学习需求。领导干部带头网上学习,每人每年至少修满16学分,达不到学分要求的年终考核不能评选先进,学分在网站上公布。三是强化理论研究。市委领导班子带头组成理论

研究小组,定期召开会议,就经济社会发展中的一些重大理论和现实问题进行学习研究,着力提升理论水平,提高分析解决实际问题的能力,增强了学习的针对性和实效性。近一年来,全市领导干部共推出优秀理论研究成果1356 项。

(二)带头查摆问题,加强研究攻关

坚持以调研促学习,围绕思想认识、发展大局、改善民生等重大问题,定期开展调研。突出围绕高新技术产业、先进制造业、现代服务业、文化产业、节能减排、滨海开发、镇域产业、惠民工程等九个重点领域如何实现新突破进行专题研究,先后提出 200 多个关键性问题。广泛组织开展“听民声、解民忧、惠民生”调研活动,带动党员干部对各类实际问题展开广泛深入讨论研究,收集群众意见建议 9 大类 6300 余条。市级领导将如何解决群众关注的热点难点问题作为调研课题,形成调研报告 64 篇。

推行“3+1”问题研究攻关模式。即组成由实际工作者、理论专家学者、新闻工作者和领导干部共同参加的问题研究攻关小组,就查摆出的重大问题进行攻关,研究思路对策,在推动经济增长、基层党建创新、统筹城乡发展、农村社区化推广、惠民工程实施等领域实现重大突破,取得良好成效。今年伊始,山东半岛蓝色经济区上升为国家战略,我市作为重要区域,立即组成破解问题学习课题组,对蓝色经济发展进行深入研究,对我市的发展定位进行重新审视,制定了蓝色经济发展规划,谋划了新一轮发展的宏伟蓝图。青州市在推进城市建设中,大力倡行和谐拆迁理念,探索项目指挥部、工程部、党支部和破解问题学习小组“四位一体”的运作模式,坚持以民为本,在拆迁一线学习相关知识、研究解决问题,确保拆迁到哪里,问题就解决到那里,实现了由和谐拆迁到拆出和谐的良好转变。

(三)带头解决问题,保证实际效果

各级领导干、领导班子围绕问题去学习,用学习解决问题,在解决问题中提升学习能力,实施了一系列破解问题的工作措施,取得了群众满意效果。一是建立“破解问题学习小组”,解决有人办事的问题。全市各级领导班子成立 1132 个“破解问题学习小组”,对调研发现的难点问题和困难缺陷进行反复讨论、研究,制定解决办法,责成有关部门、单位拿出具体的工作方案,作出限定时限的“解决问题”承诺书,并在问题解决后及时写出书面总结报告,努力在一线发现问题,在一线研究解决,在一线推动学习。二是开展“承诺、践诺、评诺”活动,解决办成事办好事的问题。组织开展“我参与、我承诺、我奉献”大讨论,领导干部和基层党组织负责人带头承诺,无职党员设岗定责、依岗承诺,签订公开承诺书,通过党建网站、村务公开栏、明白纸、摆放“共产党员先锋岗”桌签、悬挂“共产党员户”标牌等形式，公开承诺事项。建立台账，明确承诺事项、承诺人、践诺措施和完成时限，实行销号管理。采取党员互评、群众参评、领导点评三种方式对承诺、践诺情况进行评议，确保承诺事项件件有着落、事事有回音。截至目前，各级各部门已作出“解决问题”承诺书15万多件，有效处置化解基层实际问题14.7万余件次。三是实施“包千村联万户”工程，解决促和谐谋发展问题。以市县镇三级机关事业单位和党员干部为主体，以基础差、问题多的困难村和生活困难户为对象，广泛开展领导干部“包千村联万户”活动，包村组以脱产方式为主，每人每年驻村时间不低于150天，针对基层组织建设、基础设施建设、发展村级经济、化解热点难点问题进行帮扶，宣讲惠民政策，了解社情民意，切实为村级组织群众解决实际困难。四是推行“大阅信大接访”，解决党群干群关系问题。市级领导干部带头开展“大阅信大接访”活动，每月安排固定时间接访，现场调度解决信访问题。从群众来信来访中发现的实际问题，由相关领导干部和领导班子带动包村党员干部、村级党组织和相关专业岗位的党员干部开展学习，充实解决这些问题所需的理论依据、法律法规、科学技术等各方面的知识。通过市级领导“大阅信大接访”活动，培养了各级党员干部发现问题、解决问题的意识能力，畅通了党员干部与群众沟通、向群众学习的渠道。

（四）带头推动落实，完善推进机制

一是强化督查考核。将学习型党组织建设工作纳入全市科学发展综合考核，制定下发了考核办法，将领导干部带头学习、领导班子带动学习作为重要测评点和选拔任用领导干部的重要依据，将带头述学、评学作为领导班子、领导干部的重要考核内容，将学习成果转化和群众满意度作为主要考核指标。二是建立派员列席制度。由上级委派出专门人员列席各级党委（党组）中心组学习读书会。列席人员除对各地各部门的学习型党组织建情况进行督查外，针对领导班子和领导干部在理论学习、业务学习、调查研究、学用结合等方面的问题和不足提出建设性意见和建议。2010年6月以来，诸城市委派出人员列席各地各部门理论学习中心组读书会的人员达42人次，提出合理化建议270多条。三是突出典型引导。充分发挥典型引导作用，大力宣传“破解问题学习法”的新鲜经验，大力推广创新做法，如诸城“一线学习工作法”、青州“行动学习法”、临朐“实践学习法”、寿光“加减乘除”四则运算法等，有效扩大了典型的示范作用，带动了全市范围内学习活动的创新开展。

“破解问题学习法”有效运用，有力地推动全市经济社会又好又快发展，2010年潍坊市生产总值完成3091亿元，按可比价格比上年增长13.3%，多数主要经济指标增幅高于全省平均水平。在中国社科院发布的《2009～2010年度全球城市竞争力报告》中,我市成为综合竞争力上升最快的10个城市之一。

(作者单位:中共潍坊市委宣传部)

密切联系群众是党的事业发展的根本保证

于 生

密切联系群众是党的事业发展的前提和根本保证。面对新的形势和任务,从理论与实践的结合上,正确认识和处理密切联系群众与党的事业发展二者之间的关系,积极探索密切联系群众、促进党的事业发展的途径和方法,对于我们进一步贯彻落实党的十七届五中全会精神,弘扬密切联系群众的优良传统和作风,以优良党风凝聚党心民心,形成推进中国特色社会主义事业的强大力量,具有十分重要的现实意义。

一、密切联系群众是党的事业发展的根本保证

(一)只有密切联系群众,才能保持党的先进性,不断引领事业胜利发展

保持党的先进性,是不断引领党的事业胜利发展的关键。加强党同人民群众的血肉联系,使党始终得到广大人民群众的拥护和支持,无论过去、现在和将来,都是保持党的先进性和生命力的根本所在。胡锦涛同志反复强调,保持党同人民群众的血肉联系,是我们党无往而不胜的法宝,也是我们党始终保持先进性的法宝。中国共产党是工人阶级的先锋队,同时是中华民族和中国人民的先锋队。这种先进性,不是与生俱来的,也不是一劳永逸的,而是我们党长期不懈奋斗的结果。其中,最基本的也是最根本的一条是密切联系群众,始终保持党同人民群众的血肉联系。“中国共产党员的含意或任务,如果用概括的语言来说,只有两句话:全心全意为人民服务,一切以人民利益作为每一个党员的最高准绳。”①我们党来自于人民,植根于人民,服务于人民。党除了最广大人民的利益,没有自己特殊的利益。这正是我们党能够担当“先锋队”的职责、任务的资格和前提。从诞生的那天起,我们党凸现先进性,把实现最广大人民群众的利益作为奋斗的目标,才得到人民群众的衷心爱戴、拥护和支持,最大限度地启动了党的事业胜利发展的内

① 《邓小平文选》(第1卷),人民出版社1994年版,第257页。

生动力。我们党通过暴力革命,“打土豪、分田地”,初步满足人民群众最基本的物质需求,焕发了人民群众参与革命的热情,调动了人民群众的革命积极性;取得政权,建立新的社会制度,人民翻身做主人,管理国家,建设国家,极大地满足了人民群众的政治需求;改革开放以后,坚持以人民利益高于一切,并作为各项方针政策的出发点和归宿,逐步找到了新的历史阶段实现人民利益的科学途径,不断满足了人民日益增长的物质需求和精神需求,促进经济社会发展与促进人的全面发展的统一,倡导实现富强民主文明和谐的社会主义现代化国家的宏伟目标。当前,实现密切联系群众,永葆党的先进性的目标,必须落实到各级党组织和广大党员干部团结带领人民群众全面建设小康社会、构建和谐社会,不断满足人民群众日益增长的物质文化需要的过程中,体现在站在时代前列和实践前沿,引领和促进党的事业胜利发展的生动实践中。

(二)只有密切联系群众,才能保持党的力量强大,不断推动事业胜利发展

人民群众是历史的创造者,是推动社会发展的决定性力量。密切联系群众,才能让我们党“克敌制胜”、“长期执政”的力量源泉不断涌流。古希腊神话中,有个著名英雄叫安泰。他的母亲是地神。安泰每当同敌人决斗遇到困难时,便往地上一靠,于是就会获得新的无穷无尽的力量,就能战胜任何困难和强大敌人。90 年来,我们党之所以能够像安泰一样,源源不断地获得推动事业发展的强大力量,就是因为深深扎根于广大人民群众之中,保持党同人民群众的血肉联系,赢得人民群众的拥护和支持。毛泽东在《论联合政府》一文中指出:“只要我们依靠人民,坚决地相信人民群众的创造力是无穷无尽的,因而信任人民,和人民打成一片,那就任何困难也能克服,任何敌人也不能压倒我们,而只会被我们所压倒。”在革命战争年代里,我们党正是通过密切联系群众,获取了无坚不摧的力量。陈毅元帅曾深有感触地说,淮海战役的胜利不是解放军用枪炮打出来的,而是解放区的老百姓“用小车推出来的”。执政后,我们党在推进中国特色社会主义事业的过程中,无论是从“帮工队”、“互助组”、“合作社”到“家庭联产承包责任制”再到农业产业化、现代化、标准化和国际化,还是从鞍钢的“两参一改三结合”到邯钢的“模拟市场核算,实行成本否决”再到市场经济的不断完善和健全,还是从延安整风到“三讲”教育再到先进性教育和科学发展观的教育,无不首先来自人民群众的实践,来自人民群众的伟大创造。因此,我们党要战胜各种困难和险阻,不断推动事业取得新的更大胜利,必须始终依靠人民群众,诚心诚意为人民谋利益,从人民群众中吸取前进的不竭力量。

（三）党的历史反复证明，是否密切联系群众，事关党的事业兴衰成败

建党初期，我们党虽然处在秘密状态，但仍然高度重视深入工农，组织、宣传、发动工农运动，从而极大地推动了反帝反封建的民主革命热潮，创造了大革命的辉煌。土地革命战争时期，由于王明"左倾"冒险主义统治全党，严重背离了群众路线，致使党领导的工农红军几乎处于孤立无援的境地，最终被迫长征，是毛泽东为代表的中国共产党人拨正了中国革命的航向，工农红军胜利到达陕北。正是我们党密切联系群众，坚持广泛的抗日民族统一战线，在延安呈现出了"只见公仆不见官"、"李鼎铭先生问政"、"三三制政权"等政治现象。当时，尽管吃的是小米，住的是窑洞，穿的是粗布，然而，千千万万有志青年，不少还是富家子弟，从上海、北京等豪华的大城市，冒着生命危险，冲破层层封锁线，投奔延安。也正是我们党密切联系群众，赢得了老百姓的真诚支持，最终推翻"三座大山"、建立新中国。

建国初期，面对我国百废待举的局面，我们党密切联系人民群众，宣传、发动、组织人民群众，依靠人民群众，很快完成国民经济恢复任务，基本完成生产资料私有制的社会主义改造，确立了社会主义社会制度。但是，"文化大革命"期间，由于党的指导思想上的偏差，坚持以阶级斗争为纲，使党和群众的联系受到严重损害，国民经济几乎到了崩溃的边缘。党的十一届三中全会以后，我们党采取了一系列重大措施，恢复和发展同人民群众的联系，一切为了群众，尊重人民群众的首创精神，开创了我国改革开放和现代化建设的崭新局面。进入新的历史时期，我们党进一步密切联系群众，紧紧围绕实现好维护好发展好人民群众的根本利益，不懈奋斗，极大激发了人民群众的积极性和创造性，推动了中国特色社会主义事业的胜利发展。当前，面临着前所未有的战略发展机遇期，党能否抓住机遇，迎接挑战，实现经济社会又好又快发展，最根本的还是取决于能否密切联系人民群众。

二、继续推动党的事业发展，必须保持党同人民群众血肉联系

（一）事业的伟大性，决定着党必须保持同人民群众血肉联系

我们党的事业与人民的事业是完全一致的，党的事业本质上就是人民的事业，它凝聚着我国亿万人民的愿望和力量的伟大事业。《共产党宣言》指出："过去的一切运动都是少数人的或者为少数人谋利益的运动。无产阶级运动是绝大多数人的为绝大多数人谋利益的独立的运动。"人民群众是党的事业发展的主体和决定性力量，启动这项伟大事业胜利发展的内在动力，迫切需要党性魅力作支撑。那么，这种魅力来自哪里呢？这种魅力就来自于我们党同人民群众的血肉联系。人民群众看一个党是不是先进的，不仅

仅是看党的路线是否正确,更重要的是看党组织、党员的实际行动。如果党员是全心全意为人民服务的,与人民同甘苦共患难,吃苦在前,享受在后,那么,人民自然会信任党、拥护党,使党的路线、方针、政策得到顺利贯彻落实。反之,党的路线、方针、政策就得不到贯彻落实,甚至在实践中出现这样或那样的挫折和问题,党的事业的胜利发展是根本不可能的。

(二)事业的艰巨性,决定着党必须保持同人民群众血肉联系

党的事业的艰巨性,集中体现在中国特色社会主义事业是前无古人的开创性事业,我们的前人没有做过,其他的社会主义国家也没有干过。推动党的事业发展,面临着前所未有的问题和挑战。当前,我国发展呈现新的阶段性特征,前进道路上新情况、新问题、新矛盾不断涌现,我们不熟悉、不了解、不懂得的东西还很多。同时,国内外因素、党内外因素相互交织,网上互动与网下互动相互交织。这种复杂局面,再乘上我国13亿人口,它的艰巨性就被凸显了出来。应对这样的复杂局面,关键就是始终保持党同人民群众血肉联系。因为推进这样的艰巨性事业的胜利发展,迫切需要党的大智慧和创造力,这种智慧和创造力来自哪里?就来自人民群众,来自党同人民群众血肉联系。人民群众中蕴藏的智慧是无穷的,我们必须深入到群众中去,广开言路,虚心问计于群众,善于总结和归纳人民群众创造的新鲜经验,汲取丰富营养,凝聚起人民群众的智慧和创造力,发展才有新思路,改革才有新突破,开放才有新局,攻坚破难、推动党的艰巨性事业才会有新举措。

(三)事业的繁重性,决定着党必须保持同人民群众血肉联系

党的事业的繁重性,主要体现在两个方面:一方面,建设中国特色社会主义事业所涉及的问题和领域是多方面、多视角的,包括经济、政治、文化、社会、外交以及国家主权、安全和领土完整,关系改革发展稳定、内政外交国防、治党治国治军各个方面。另一方面,建设中国特色社会主义事业是一个长过程,需要几代人,十几代人,甚至几十代人坚持不懈地来完成。在拥有13亿人口的大国,推进中国特色社会主义事业发展,实现全面建设小康社会的宏伟目标,绝不可能一蹴而就,而是需要长期的努力和不懈奋斗。推进这一繁重事业的胜利发展,迫切需要党拥有持续强大的推动力和拉动力。党的这种推力和拉力,集中体现在党的学习力、创新力、决策力、执行力、服务力等。从根本上说,要获取这种能力和力量,也必须保持党同人民群众血肉联系。

三、积极探索密切联系群众、推动党的事业发展的途径和方法

(一)强化思想教育,努力提高密切联系群众、推动党的事业发展的主动性、自觉性

思想是行动的先导。密切联系群众、推动党的事业发展,前提是不断强化思想教育,统一思想认识。我们要牢固树立全心全意为人民服务的宗旨观、群众路线观、正确政绩观,以及忧患意识,为推动党的事业发展,不断提供强大的思想支撑。一是牢记党的宗旨,忠诚于党的事业。全心全意为人民服务是我们党的根本宗旨,是党制定政策和开展工作的出发点和归宿,也是立党为公的永恒主题,我们须臾不可忘记。我们党必须经常教育党员永远做劳动人民的普通一员,防止滋生各种特权思想,克服消极腐败现象,始终保持党与人民的血肉联系。忠诚党和人民的事业,就是要坚定政治信念——坚定不移走中国特色社会主义伟大道路。面对新形势新任务,坚持以邓小平理论和“三个代表”重要思想为指导,深入贯彻落实科学发展观,继续解放思想,坚持改革开放,推动科学发展,促进社会和谐,为夺取全面建设小康社会新胜利而奋斗。否则,作为党员、党员干部就会偏离政治方向和人民公仆的定位要求,就是对党和人民事业的最大不忠,就不能称其为党的干部和人民的公仆。二是坚持党的群众路线,真正把密切联系群众、推进事业发展的根本工作路线落到实处。所谓群众路线,就是一切为了群众,一切依靠群众,从群众中来,到群众中去。这是我们党密切联系群众、推动事业发展的根本的工作路线,它完全符合“实践—认识—再实践—再认识”这一人类认识的总规律。因此,我们要认真地而不是敷衍地贯彻这条路线,特别是在密切联系群众、推动党的事业发展的过程中,要高度重视集中群众意见,通过我们的工作,真正化为群众的意见,使群众坚持下去,见之行动,并在群众实践中去检验这些意见是否正确。然后再从群众中集中起来,再到群众中坚持下去,如此循环,确保我们党的路线、方针和政策,符合广大人民群众的利益,并付诸于群众的实际行动。三是确立正确政绩观,密切联系群众、扎实推进党的事业发展。政绩观是干部干事创业价值取向的集中反映,正确与否直接关系到党在人民群众中的威信,关系到党和国家的长治久安。在新的历史条件下,科学发展观所要求的政绩,就是坚持以人为本,全面、协调、可持续发展所需要的政绩。必须清醒地看到,在对待政绩观问题上,当前仍存在着重“显绩”、轻“潜绩”,重“近期效益”、轻“长远效益”,重“局部利益”、轻“全局利益”等不容忽视的现象和问题。这些现象和问题的存在,已经引起了人民群众的强烈不满,危及社会和谐稳定,严重损害了党的形象。

对此，各级党组织、全体党员，尤其是党的领导干部应当引起高度重视，牢固树立和坚持符合科学发展观要求的政绩观，在保持党同人民群众密切联系、推进党的事业发展中，创造出党和人民需要的政绩、全面建设小康社会需要的政绩、构建和谐社会需要的政绩，真正经得起历史、实践和人民检验的政绩，绝不搞那些华而不实的“形象工程”，不做那些违背民意、滥用民力、劳民伤财的事情。四是增强忧患意识，始终保持党同人民群众的血肉联系，不断推进党的事业发展。能否做到密切联系群众、不断推进党的事业发展，是一个与党的命运相伴随、与党的生命相始终的重大政治课题。我们党始终把与人民群众的关系比作“鱼水关系”、“血肉联系”，视为种子与土地。最大优势是始终保持党同人民群众血肉联系，党执政后的最大危险是脱离人民群众。毛泽东同志指出：“一切问题的关键在政治，一切政治的关键在民众，不解决要不要民众的问题，一切都无从谈起。”推动中国特色社会主义事业的发展，是以实现全体人民根本利益为前提和基础的，代表了人民群众的利益，反应了人民群众的愿望和要求，无疑也是最大的政治。中国特色社会主义事业的推动，只能依靠人民群众，否则，就会落空。因此，我们要始终站在人民群众的立场上，想群众之所想，急群众之所急，全力为群众造福，办好顺民意、解民忧、惠民生的实事，维护好、实现好、发展好最广大人民群众的根本利益。

（二）加强社会管理、做好群众工作，搭建密切联系群众、推动党的事业发展的良好平台

密切联系群众、推动党的事业发展的一个重要平台，就是加强社会管理、做好群众工作。胡锦涛同志强调，社会管理是人类社会必不可少的一项管理活动。在我们这样一个拥有 13 亿人口、经济社会快速发展的国家，社会管理任务更为艰巨繁重。加强和创新社会管理，根本目的就是维护社会秩序、促进社会和谐、保障人民安居乐业，为党和国家事业发展营造良好社会环境。当前，要正确把握国内外形势新变化新特点，把社会管理工作摆在更加突出的位置，针对社会管理中的突出问题，积极探索加强和创新社会管理、做好新形势下群众工作的思路和举措，重点抓好加强和完善社会管理格局、加强和完善党和政府主导的维护群众权益机制、加强和完善流动人口和特殊人群管理和服务、加强和完善基层社会管理和服务体系、加强和完善公共安全体系、加强和完善非公有制经济组织、社会组织管理、加强和完善信息网络管理、加强和完善思想道德建设等项工作，努力提高社会管理和群众工作的科学化水平。

（三）加强制度建设，促进密切联系群众、推动党的事业发展的规范化制度化

制度带有根本性、稳定性、全局性和长期性，促进密切联系群众、推动党的事业发展，必须使其规范化制度化。真正实现不想密切联系群众不行，不密切联系群众不行的目标要求，为我们党始终保持同人民群众的血肉联系、促进党的事业发展提供可靠的制度保证。一是健全服务群众制度。包括完善服务承诺、结对帮扶、法律援助、领导督办等各项服务群众制度，让人民群众评议和监督这些制度实施的结果，确保联系群众各项工作的有效进行。切实解决事关民生的难事、急事，切实办好顺民意、解民忧、惠民生的实事。建立方便群众、了解民意的平台和载体，变被动服务为主动服务。二是健全联系群众制度。进一步完善调查研究制度、党员领导干部联系点制度、蹲点工作制度等。三是健全民意表达制度。通过及时召开座谈会、个别访谈、热线电话等形式，问情于民、问难于民、问计于民。四是健全信访联席会议制度。坚持领导干部定期下访、定期接访、及时阅处群众来信，大力开展网上信访，注重分析网络舆情。

（四）健全激励机制，激发密切联系群众、推动党的事业发展的生机和活力

好的制度，还需要完善的机制来落实。为保证密切联系群众、推动党的事业发展的各项制度落实，我们应高度重视并完善目标激励机制、群众考评激励机制、奖惩激励机制、典型激励机制。一要完善目标激励机制。确定密切联系群众、促进党的事业发展相统一的目标体系，形成基层党组织、党员深入群众、深入实际的机制导向。设置目标，要具体明确，具有吸引力，能激发党员、党员干部对实现目标的期望，并创造条件保证期望目标的实现；组织发动，明确密切联系群众、促进党的事业发展的目标；加强管理，实现密切联系群众、促进党的事业发展的目标。二要完善群众考评激励机制。制定党群关系指标体系，把党员干部落实联系群众制度的情况，作为年度考核和提拔奖励的重要内容，扩大群众的知情权、参与权和选择权，把党员联系群众的标准和效果的评判权交给群众，使党密切联系群众走上制度化、规范化的轨道。三要完善奖惩激励机制。对联系群众好、政绩突出、群众公认的干部，优先考虑提拔重用；对群众意见较大的干部给予通报批评，对连续几年受到批评的，给予降免职务处理。通过奖优罚劣，调动广大干部密切联系群众、促进党的事业发展的积极性、主动性和创造性。四要完善典型激励机制。榜样的力量是无穷的。在推进中国特色社会主义建设的过程中，要善于发现典型、培育典型，发挥典型示范引导作用。大力倡导向先进学习，向身边的优秀党员学习，充分激发广大党员密切联系群众、推动党的事业发展的内在动力。坚持一级抓一级，加强监督检查，鼓励先进，鞭策后进，把创先争优活动引向深入。

（作者单位：潍坊市委党校）

执政条件下党群关系探析

高海杰

一、执政条件下更需要强调和保持党同群众的血肉联系

“无产阶级政党夺取政权不容易，执掌好政权尤其是长期执掌好政权更不容易。党的执政地位不是与生俱来的，也不是一劳永逸的。”①人民的力量，人民的选择，既是保证党取得执政资格的根基，又是保证党长期执政并使执政卓有成效的根基。

执政条件下更需要强调密切党群关系，是因为执政地位的获得不仅增加了党密切联系群众的条件，同时也增加了党脱离群众的现实危险，使执政党的最大危险成为脱离群众。革命年代，党长期处于严酷、险恶的战争环境中，随时随地都要经受血雨腥风的洗礼和考验，党与群众的鱼水深情、血肉联系不仅直观可见，而且牢不可破，这在客观上净化了党员干部的政治信念，增强了党员干部对群众的天然依赖感和本能亲近感。但执政之后，外部压力对于党的威胁大大减弱，党群关系好坏的影响不像革命年代那么直接。一些党员干部联系群众、依靠群众的紧迫感减弱。群众观念淡薄、没有群众照样办事、甚至有了群众办事更难的官僚主义、命令主义和形式主义作风随之盛行。权力的腐蚀性、膨胀性增加了以权谋私的条件，消极腐败现象在党内滋生蔓延。

二、执政条件下中国共产党与群众关系的本质是“执政为民”

“靠谁执政”、“为谁执政”、“执政为了什么”等问题，是所有处于执政地位的现代政党必须明确回答的最基本问题。中国共产党，是中国工人阶级的先锋队，同时也是中国人民和中华民族的先锋队，是中国各民族人民利益的忠实代表，这就决定了党执政不是为了控制权力谋求私利，也不是为了保

---

① 中共十六届四中全会决议：《中共中央关于加强党的执政能力建设的决定》。

持自己的至上地位来谋求民众的崇拜，更不是为了玩弄权术，将权力变成一种乐趣而掌权。党执政的价值诉求在于人民利益的谋求和实现。因此，我们党密切党群关系、稳定群众基础、巩固执政地位的本质要求可表述为“立党为公、执政为民”。当前我们党特别强调“执政为民”是中国共产党人执政的核心理念和基本价值观，反映了执政条件下党对党群关系所面临的新考验的充分、理性认识。

执政考验的一个重要方面是群众观问题，即能否始终怀揣一颗爱民之心，对群众始终保持满腔的深情厚谊，时刻将群众的安危冷暖放在心上，想群众所想、急群众所急，取信于民，在感情上与群众打成一片。

执政考验的另一个重要方面是利益观问题，即如何对待个人利益与群众利益、党的利益的关系问题。市场经济又是利益经济，它自发引导人们关注个人利益，尤其是物质利益，从而使来自于利益的考验凸显出来。并且，现实生活中，确有为数不少的党员干部由于未能经受住来自于利益的诱惑而误入歧途，这就更值得我们警惕。共产党人在任何时间任何情况下必须明确的是：个人与群众、党和群众之间的利益关系，是一种人民利益至上基础上的代表关系。共产党只是人民利益的代表者、表达者、实现者、发展者、协调者、整合者，共产党人没有任何与人民利益背离的一己私利。

执政考验的又一个重要方面是权力观问题，即权力从何而来、为谁掌权、如何掌好权的问题。党和群众之间的权力关系，是人民权力本位关系，即权力属于人民。即使在党执政以后，也只是受人民委托，代表人民掌权。执政为民所蕴含的执政主体，实质上不能简单诠释为中国共产党或把持具体国家权力、处于具体执政岗位、带领群众贯彻执政意向的党政干部、行政人员，从严格意义上讲，我们国家的执政主体是人民群众。而这种认识利于防止将显性的人民权力异化为隐形的私有权力，利于提高情系人民、为民用权、为民谋利的主动性和自觉性。

三、执政条件下代表好、维护好、实现好群众利益，是关乎党群关系的决定性因素

改革30年，尤其是近10年，是我国经济社会发展最快、创造成就最为辉煌的时期，但不是我国社会矛盾最少的时期；是我国民众普遍得到实惠最多、民众生活水平提高最快的时期，但不是群众对我们党和政府意见最少的时期，为什么？很大程度上源于群众对执政绩效的认可不仅仅在于发展的规模和速度，是否具备协调整合利益的能力，能否平等、公正地协调好、平衡好各种利益关系，能否使改革、发展的成果为最广大群众所共享也是群众衡

量执政绩效的一个重要指标。这就告诉我们当前正确认识利益格局变化所提出的新要求，妥善协调各种利益关系，已成为让群众高兴、满意的关键环节。

革命时期，党必须站在特定阶级的立场上，与对立阶级作殊死斗争，通过“剥夺剥夺者”，维护特定阶级的利益。然而，在执政条件下，人民群众的根本利益是一致的。因此，协调利益关系的方法，必须打破过去那种维护一方，就必须损害另一方的思维方式，立足于人民内部整体利益在一致的基础上，不同群体的利益关系是可以兼容的，在制定方针政策时应认真考虑、妥善整合、协调兼顾不同阶层、不同方面的利益关系。

计划经济条件下，利益关系彼此同一，利益协调的难度较小。随着改革的深入推进，经济结构的不断调整，社会结构发生了深刻变化，新的社会阶层、社会组织、社会群体不断生成，过去高度统一的利益格局不复存在，利益多样化特征凸显。随着利益分化的加剧，不同利益主体之间的冲撞和冲突也在加剧。党和政府的角色转变为利益关系的协调者和仲裁者，同时也成为矛盾的指向和焦点。这就对党表达、协调、平衡和整合利益的能力提出了更高的要求。改革开放以来，我国居民贫富差距迅速拉大，城乡差距长期存在，地区差距、行业收入差距也在不断扩大等问题已成为不争的客观事实，我们党能否通过经济的手段解决经济的问题，协调好、平衡好这些表现不同、程度不同的差距，使改革发展的成果惠及最广大人民群众，是对党执政能力和领导水平的一个重大考量。实现好、维护好、发展好最广大人民的根本利益，就必须切实反对与民争利，反对腐败现象。腐败现象得到根本上的遏制，人民利益就能得到根本的保障。当前，尽管腐败成了人人喊打的过街老鼠，但是，在普遍激愤和关注的背后，却隐藏着一种近乎麻木不仁的宽容心态。我们以江西省委组织部的一项调查为例。调查针对的是对腐败现象的认同度。调查结果表明：对“为了批资金、跑项目，给有关单位、部门或人员送些钱的行为”，有 42.17% 的人认为“在市场经济条件下，完全正常；虽然助长和诱发了腐败行为，但没有办法，可以理解”；对“领导干部在公务活动中收受下级单位或个人用公款购买的一些烟、酒、土特产及宴请”等现象，也有 29.05% 的人认为，“这种现象太普遍，已经习以为常”，甚至认为“属于正常的交往和礼节，可以联络感情，对开展工作有好处”，①等等。这种公众默认、宽容、不作为的消极态度，与某些领导干部放松自律，视“吃一点、拿一

① 中组部党建研究所编：《中国共产党与人民利益》，党建读物出版社 2001 年版，第 212 页。

点、要一点”为小事相吻合，无形中对腐败的滋生蔓延起到了推波助澜的作用。鉴于此，要从根本上扼制腐败，除了按照中央部署，考虑从教育、监督、管理、惩治等全方位加以治理外，深化群众认识、发动群众参与，特别是利用现代化的传媒工具、网络技术及所引起的社会舆论效应，对领导干部予以监督也不失为一个可行、可倡导的思路。我们有理由相信，随着群众民主意识的增强，腐败在群众广泛支持、监督和参与的汪洋大海中，将得到最大程度的有效扼制。维护群众利益，必须内化到一系列强有力的制度的设计、安排和执行中。求真务实精神的弘扬、联系群众渠道的完善、利益格局的妥善协调、发展成果的共惠共利、腐败现象的有效遏制等等，都需要行之有效的制度的规范和制约。一方面制度具有长期性、稳定性、规范性的特征，不会随意的因执政者意愿的改变而改变。另一方面，合理的制度安排为个体的具体操作提供了行为模式，赋予执政为民、为民谋利以现实性和可操作性。

（作者单位：潍坊学院思想政治理论教学部）

共产党人的价值观及建设路径

张　琦　乔亚梅

一、共产党人价值观的科学内涵

价值是一个涉及经济学、哲学、伦理学等多种学科的一个范畴。价值观是人们用来区分好与坏、对与错、符合或违背意愿的根本看法和态度，包括对经济、政治、道德、金钱等所持有的总的看法和态度。价值观对主体行为有着深层次的导向作用。人们在价值追求上抱有怎样的信念和理想，便构成了价值观特有的思想内容。

共产党人的价值观，是无产阶级世界观的重要组成部分，具有特定的政治意义。一个半世纪以前，科学社会主义的创始人马克思、恩格斯就提出了工人阶级政党的价值目标："对实践的唯物主义者即共产主义者来说，全部问题都在于使现存世界革命化，实际地反对并改变现存的事物。"①"过去的一切运动都是少数人的或者为少数人谋利益的运动。无产阶级的运动是绝大多数人的、为绝大多数人谋利益的独立的运动。"②并强调："共产党人没有任何同整个无产阶级的利益不同的利益"。③通观马克思、恩格斯的整个思想发展进程，我们可以看出，马克思、恩格斯所阐明的共产党人的价值观，始终是围绕着无产阶级和全人类彻底解放这一人类最高价值目标而展开的，与以往剥削阶级的价值观相比，是一个全新的价值观念体系。其显著特点是：(1)高度的科学性。它是根据人类社会发展的客观规律，从现实社会历史的运动中，从人们价值追求的起因、目标和各种条件的联系中，去理解价值活动的规律性的；(2)彻底的革命性。它是为了彻底改造旧社会，建立社会主义和共产主义新社会，"实现人的自由、解放和全面发展"；(3)强烈的人民性。它是以人民群众为最高的价值主体和评价主体，以无产阶级和人民大众的利益、要求和实践为最高的价值标准和评价标准的；(4)广泛的包容性。

① 《马克思恩格斯选集》(第1卷)，人民出版社1995年版，第75页。

②③ 《马克思恩格斯选集》(第1卷)，人民出版社1972版，第262页，第285页。

它在坚持集体利益高于个人利益的前提下,把个人的利益融合在整体利益之中,把个人利益的实现融合在人民利益的实现之中,将个人价值与社会价值高度统一起来。可见,马克思主义所阐明的共产党人的价值观,不是少数精英们的理想信念,不是价值中立的抽象概念,它的立足点是人类社会的彻底解放。它自觉地、坚定地站在人民大众的立场上,代表着人民大众的根本利益。正是这一崇高的人类发展目标,赋予了共产党人以特殊的政治身份和使命,从而决定其价值观具有特定的政治意义。

中国共产党是以马克思主义为指导的无产阶级政党,从它成立之日起,就把中国人民的解放事业作为自己奋斗的目标,就以全心全意为中国人民服务作为建党的宗旨。毛泽东对中国共产党"宗旨"的阐述,是对中国共产党人价值观非常集中而鲜明的表述。毛泽东在《为人民服务》的著名讲演中指出:"我们的共产党和共产党所领导的八路军、新四军,是革命的队伍。我们这个队伍完全是为着解放人民的,是彻底地为人民的利益工作的。"①他还指出:"共产党人的一切言论行动,必须以合乎最广大人民群众的最大利益,为最广大人民群众所拥护为最高标准。"②毛泽东关于全心全意为人民服务的宗旨,完整地规定了中国共产党人价值观的根本立场和导向,是制定党的路线方针政策的政治价值和思想指导;规定了我们一切工作的最高评价标准,是我们的政治行为准则;规定了我们党的干部和党员的道德行为准则,是党的作风建设的根本要求;规定了党和人民群众之间的关系,是党的一面公开的旗帜和形象。全心全意为人民服务的宗旨,是中国共产党人对马克思主义价值观的继承与发展,也可以说是中国化了的马克思主义的价值观,是中国共产党立党为公、执政为民,始终保持同人民群众的血肉联系的政治基石。

二、中国共产党人价值观的建设和发展历程

全心全意为人民服务是中国共产党人价值观的核心与灵魂。不管历史条件如何变化,党的工作任务如何变化,党的根本宗旨是不可以改变的。但是,中国共产党人价值观总是同党在一定的历史时期或阶段的中心任务联系在一起的。党的历史方位的根本性变化,党在发展的各个不同阶段,党所面临的不同问题,使中国共产党人价值观的政治表征,内涵、实践形式等也要发生相应的变化。因而,对中国共产党人价值观的认识必须建立在与时

①② 《毛泽东选集》(第3卷),人民出版社1991年6月版,第1004页,第1096页。

代发展相一致的基础上。

毛泽东在领导中国革命和建设的实践中,在不同时期从不同的角度对共产党员价值观的主要内容作了系统阐述,他撰写的《为人民服务》、《纪念白求恩》、《愚公移山》、《在延安文艺座谈会上的讲话》等,把爱国主义、集体主义、全心全意为人民服务和艰苦奋斗的优良传统作为中国共产党人价值观建设的主要内容。在争取民族独立和人民解放的伟大斗争实践中,中国共产党人的理想追求、精神风貌、思想品德、行为准则、工作作风的精华与结晶——这些由中国共产党人在长期的群体参与和互动中形成并发展起来革命精神,被后人称为延安精神。延安精神是中国共产党人践行其价值观的集中体现。延安精神的内涵,许多同志曾从不同的角度作过归纳和概括,具体表述虽然有所差异,但基本精神却是一致的。主要包括:坚定的理想信念,以及为实现自己的理想信念而不怕牺牲、执著追求的精神;全心全意为人民服务,密切联系群众,为党和人民的事业无私奉献的精神;实事求是,坚持理论与实践相结合的精神,自力更生艰苦奋斗的精神。这里所提到的任何一条,都包含着许多丰富的内容,并且是由无数惊心动魄、可歌可泣的光辉实践谱写而成的。从这些内容可以看出,延安精神绝不是某些个别的、孤立的、零散的思想观念或精神状态的反映,而是中国共产党的性质和宗旨的体现,是革命者世界观、人生观和价值观的体现。

邓小平同志高度重视共产党员价值观问题。他一再强调我们党在革命战争年代依靠发扬革命精神和为人民服务的道德取得革命的胜利,“就是因为我们有理想,有马克思主义信念,有共产主义信念。”①他告诫全党同志,在现代化建设中依然需要发扬这一精神,而且要把为人民服务置于中心地位。尽管邓小平同志没有就价值问题作过系统、集中的论述,但他的价值观思想,充分地体现在他的讲话、报告、指示、主持起草的文件和实际工作中,实际上形成了一个较完整的体系。基本内容有:以人民为价值主体,把人民拥护不拥护、人民赞成不赞成、人民高兴不高兴、人民答应不答应作为党的一切工作的出发点和归宿,这是邓小平价值观的核心;解放思想、实事求是、讲求实效,这是邓小平价值观的基石和精髓;以共同富裕为价值的根本目标,建设有中国特色社会主义,这是邓小平价值观的时代主题;“三个有利于”的根本标准,这是邓小平价值观的最高评价标准;集体主义原则、爱国主义是邓小平价值观的重要内容。更可贵的是,邓小平还对建立适应社会主义市

---

① 《邓小平文选》(第3卷),人民出版社1993年版,第110页。

场经济发展需要的新的价值观念,如开拓创新、改革开放、时间效率、信息效益、竞争机遇等都作了大量的论述。

在新的历史时期,江泽民同志创造性地继承和发展了毛泽东思想、邓小平理论,提出了"三个代表"重要思想。"三个代表"重要思想深刻提炼了当代共产党员的价值观,指明了当代共产党员应有的价值取向。始终代表中国先进生产力的发展要求,这是新世纪共产党员价值观的基础;始终代表中国先进文化的前进方向,是新世纪共产党员价值观的本质;始终代表中国最广大人民的根本利益,是新世纪共产党员价值观的核心。与此同时,江泽民同志还十分注重根据改革开放以来的新形势、新情况进行新的概括,他提出了伟大的抗美援朝精神、"两弹一星"精神、抗洪精神以及"六十四字"新时期创业精神等等。

十六大以来新一代中央领导集体对共产党员价值观进行了极大的丰富与发展。胡锦涛总书记提出的"八荣八耻"的社会主义荣辱观,反映了全体人民的共同心愿,得到了全社会的广泛认同和衷心拥护。胡锦涛总书记提出的"八荣八耻"的基本要求,也是对新时期树立正确的共产党员价值观的具体要求。党的十六届六中全会通过的《中共中央关于构建社会主义和谐社会若干重大问题的决定》第一次鲜明地提出了建设社会主义核心价值体系的重大命题。其基本内容包括四个方面:一是马克思主义指导思想;二是中国特色社会主义共同理想;三是以爱国主义为核心的民族精神和以改革创新为核心的时代精神;四是以"八荣八耻"为主要内容的社会主义荣辱观。社会主义核心价值体系是社会主义内在制度的内在精神和生命之魂,是我们党一贯倡导的思想道德和价值观念的集中体现,是中华传统美德和优秀价值观念在新的时代条件下的丰富和发展,也是对新形势下共产党员价值观的丰富和发展。以胡锦涛总书记为核心的党中央,在坚持党的核心价值理念的同时,不断充实和发展共产党人的价值观的内涵,不断创立符合时代潮流的新价值观,其中,人民利益至上、以人为本、追求和谐、崇尚民主法治、崇尚服务、崇尚科学等,便是对改革开放新形势下如何使中国共产党员价值观与时俱进并适应党建新要求的新内容、新回答。

三、中国共产党人价值观建设的现实基础和路径

正确的世界观、人生观和价值观,并不是一个抽象的原则,也不是一个空洞的口号,而是需要将其落实到具体行动中的实践。今天我们树立全心全意为人民服务的核心价值观,并不在于重温、翻新什么概念和原则,而在于真正面向实践,在继承和发扬党的优良传统的基础上,对现阶段共产党人

价值观的建设作出思考和安排。

（一）中国共产党人价值观建设的现实基础和制约因素

当前，大力加强共产党人价值观建设已经具备坚实基础和有利条件，但也必须清醒地看到，我们仍然面临很多制约性因素。因此，客观分析形势，正确把握条件和机遇，对于推进共产党人价值观建设十分重要。

1. 党的建设新的伟大工程为推进共产党人价值观建设提供了坚强的政治保障。党的十七提出了以改革创新精神全面推进党的建设新的伟大工程，即“五位一体”的党建总体布局，把党的执政能力建设和先进性建设作为主线，坚持党要管党、从严治党，贯彻为民、务实、清廉的要求，以坚定理想信念为重点加强思想建设，以造就高素质党员、干部队伍为重点加强组织建设，以保持党同人民群众的血肉联系为重点加强作风建设，以健全民主集中制为重点加强制度建设，以完善惩治和预防腐败体系为重点加强反腐倡廉建设，使党始终成为立党为公、执政为民，求真务实、改革创新，艰苦奋斗、清正廉洁，富有活力、团结和谐的马克思主义执政党。在此基础上，党的十七届四中全会从六个方面提出了加强和改进新形势下党的建设的主要任务和要求；提出了提高党的建设科学化水平这个重大命题和重大任务；提出了建设马克思主义学习型政党、提高全党思想政治水平的重要任务。这个总体布局和目标任务，鲜明而集中地体现了我们党的根本宗旨、思想路线、工作作风和精神风貌，反映了我们党在全面推进党的建设新的伟大工程一系列重大问题上的新认识和新要求，符合我们党的党情，具有鲜明的时代特色。这就为新时期全面推进党的建设，特别是共产党人价值观建设提供了坚强的政治保障。

2. 党的先进性建设的丰硕成果，为共产党人价值观建设提供了十分有利的党内环境和社会基础。党的十六大以来，党中央把先进性建设作为党的建设的一条主线，开展了保持共产党员先进性教育活动。根据党的十七大的部署，又在全党深入开展了学习实践科学发展观活动和创先争优活动。通过这些活动，使广大党员、干部极大地增强了党性修养，大大增强了宗旨意识，提高了综合素质，激发了蓬勃生机和创造活力。由于这些活动更加注重长效机制建设，使党的先进性建设制度体系进一步健全，党内民主进一步发扬，党的基层组织进一步巩固。这些活动都是以实现人民群众的利益为目的，解决了大量涉及群众切身利益的实际问题，密切了党群关系、干群关系，促进了社会和谐稳定。各级通过多种形式推进和宣传了一大批先进典型和感人事迹，产生了广泛的社会影响和示范效应。党的先进性建设的巨大成果，提高了人民群众对党执政为民的社会认同度和对各级党组织和党员干部的信任度,坚定了人民群众跟党走中国特色社会主义道路的决心和信心。这就为我们大力推进共产党人价值观建设提供了十分有利的党内外环境条件和社会基础。

3. 当代新的社会政治伦理价值理念的逐渐形成,为共产党人价值观建设增添了新的活力。一方面,自改革开放以来,一些新的既符合社会主义本质,又符合市场经济发展要求的价值观发展成为社会主义的政治伦理价值观,如公平正义、公民权利、民主法治、以人为本、社会和谐等。另一方面,社会主义市场经济呼唤着人们的主体意识的觉醒,促进了社会成员特别是市场主体诚信意识、平等意识、竞争意识、效率意识、独立意识、自由意识的生成和发展,促进了当代中国人的人生观、幸福观、荣辱观、家庭观、职业观的转型。从总体上看,这些社会政治伦理价值观和精神价值理念,许多都根植于普通民众,体现了中国社会发展的迫切需要,丰富拓展了社会主义核心价值,越来越成为全社会的共识。其中像公平正义、公民权利、民主法治、以人为本、社会和谐等社会政治伦理价值观,体现了社会主义本质的和终极的追求,是我们党的执政新理念。新的思想道德体系、以人为本、和谐价值理念等观念的形成,使全社会思想道德水平呈现良好的上升势头,这就为新时期共产党人价值观建设增添了新的活力。

我们也应该清醒地看到,在发展社会主义市场经济条件下,共产党人价值观建设也面临着许多新的情况和制约因素。发展市场经济要实行物质利益原则和等价交换原则,这就很容易使这些本来是在经济领域中起作用的原则,超出了其应有的范围,侵入到党内政治生活中来,扭曲了一部分共产党员价值观,把党内生活商品化、市场化,导致一部分党员向党讨价还价,伸手要官,要地位,要待遇,诱发一些党的宗旨观念不牢的人把对共产主义理想的追求,转变为对金钱、物质利益的追求,甚至导致拜金主义、权钱交易等消极腐败现象。部分党员的思想消沉和道德失范,加之社会分配不公、住房、教育、医疗社会保障等实际民生的存在,影响和制约着一些党员对共产党人价值观和党的意识形态的认同。这些问题的存在,必须引起足够的重视。同时,也充分说明在新形势下加强共产党人价值观建设的重要性和紧迫性。

(二)共产党人价值观建设的现实路径

1. 大力推进学习型党组织建设,强化党内意识形态认同,巩固共产党员价值观形成的主观性基础。党的意识形态是党的价值理念的知识和观念基础,是共产党员价值观形成的重要的主观性要件。当前,我们要特别重视党内由当代意识形态的重大变化所引发的"非意识形态化"、"价值多元化"和

“政治厌倦”倾向。我们必须更多地寻求党内意识形态认同,强化共产党员价值观形成的主观性基础,使党员心悦诚服地接受党和国家的意识形态、思想观点、价值取向。建设学习型党组织,是新形势下加强党内意识形态认同,强化共产党员价值观主观性基础的有效路径。建设学习型党组织,强化学习是第一需要的理念,强化终身学习的理念,强化学以致用的理念。不仅要求领导干部带头学习,而且更加突出党员主体作用以及学习团队建设、优良作风建设和长效机制建设。通过“人人学习”实现全员学习,通过“时时学习”实现党的活动学习化。这种观念成习惯,规范变行动,立足基层,着眼实践,注重养成的过程,是知与行、价值行为养成与日常工作相统一的过程。显然这种先进的学习理念和和谐融洽的学习氛围,有益于在潜移默化中形成党内意识形态认同和党内成员一致的价值取向。

2. 发挥榜样力量的示范和激励作用。价值观建设重在实践,先进价值观的实践需要先进典型人物作出榜样示范。各条战线的先进人物是广大党员和群众敬仰的楷模,他们的精神境界和道德情操是开展先进价值观教育的宝贵资源。实践证明,抓典型,以点带面是开展共产党人价值观教育的重要方法和途径,是“抓得住、搞得实”的主要手段。要善于总结和发现践行共产党人价值观的先进典型,积极开展向先进典型学习活动,使之发扬光大,变成更多党员群众的自觉行动。既要突出重点主体,抓住党员干部特别是领导干部的典型示范和导向作用,也要特别注意发现日常生活工作中普通党员身边的一点一滴好人好事,激励人们尊荣弃耻、见贤思齐,形成良好的党风。党风是党的宗旨、世界观和价值观的外在表现。因此,加强党风廉政建设,使不良作风和腐败现象得到有效遏制,使优良作风发扬光大,是形成共产党人价值观的重要条件。

3. 营造制度环境。共产党人价值观的生成,需要通过心性修养来达到一定的精神境界,主要可采取学习和教育的方式来实现。但也必须看到,思想认识具有隐蔽性和易变性,完全可能因时间、客观环境的变化而发生相应的变化。因此,党内制度对党员个人行为的约束、制度环境对党员价值观生成过程的规范和引导是不可缺少的。在这里,制度环境与价值观的生成是双向互动的关系。所有的制度都是以一定的价值取向为基础形成的,但是,制度一旦形成,又反过来对人的价值判断起着引导作用。党内制度所设定的党组织和党员的基本行为准则、行为模式,久而久之,就会内化为人们的价值追求。当然,营造有利于形成与时代相符的价值观的制度环境,是一项系统工程,需从多方面努力。

4. 调动多种手段,营造强势舆论氛围。首先,要善于运用舆论引领社会思潮,形成舆论主流。要充分发挥报刊、广播、电视和互联网等大众传媒的独特作用,积极运用言论评论、理论文章、通讯报道、专家访谈、群众讨论等多种形式,大力宣传共产党人价值观。其次,要高度重视文化熏陶,促进人们对共产党人价值观情感认同和心理认同。要注重以视觉文化、听觉文化熏陶人、感染人、影响人。组织编写通俗读物,对共产党员价值观进行系统深入、生动形象的解读和阐释。再次,要充分发挥舆论监督在树立共产党人价值观方面的导向作用,积极营造良好舆论氛围,形成健康向上的道德舆论场和良好的党风、政风。

5. 用科学发展、和谐发展夯实共产党人价值观生成的社会基础。共产党人毕竟是生活于社会中的人,其价值观必然受到社会历史条件的制约。当前,全面贯彻落实科学发展观,大力推进社会建设,让人民群众更加广泛、充分地享受到改革发展的成果,使人民群众经济上物质生活越来越宽裕、政治上民主权利越来越充分,社会上利益关系越来越和谐。只有实现好、维护好、发展好最广大人民群众的根本利益,让人民群众获得实实在在的利益,党才会获得广大人民群众认同和拥护,共产党人价值观才可能具备实践的社会基础。

(作者单位:济宁市委讲师团)

以人为本:马克思主义人学思想的当代阐释

刘明合

党的十七大报告指出:“科学发展观,第一要义是发展,核心是以人为本,基本要求是全面协调可持续,根本方法是统筹兼顾。”这一精辟概括,深刻揭示了科学发展观的科学内涵。以人为本是科学发展观的核心,科学发展观始终贯穿着以人为本的原则和理念。以人为本蕴含着丰富的人学思想,是马克思主义人学思想的当代阐释。

一、以人为本蕴含着丰富的人学思想

“以人为本”,这个词最早出自中国古代的《管子》一书,后来《贞观政要》等书中也用过,但它们都属于“民本”思想的范畴。西方有 Anthropology,中文译为人类学、人学,或译为人本主义或人本学;Humanology 中文则译为人道主义、人文主义,到上世纪 80 年代前后也开始译为人本主义。马克思主义经典作家和毛泽东、邓小平、江泽民都没有使用过“以人为本”的概念,中国共产党的文件中首次出现“以人为本”,是 2003 年 10 月党的十六届三中全会公报。中国共产党提出的“以人为本”不同于中国古代的“民本主义”和西方近现代的“人本主义”。虽然“以人为本”与“民本主义”、“人本主义”有一定的思想联系,有某些共同点,但彼此据以立论的世界观、历史观、价值观以及实现“以人为本”的道路和方法是有本质区别的。①

2004 年 2 月 21 日,国务院总理温家宝在省部级主要领导干部树立和落实科学发展观专题研究班结业式上的讲话中指出:“以人为本,就是要把人民的利益作为一切工作的出发点和落脚点,不断满足人们的多方面需求和促进人的全面发展。具体地说,就是在经济发展的基础上,不断提高人民群众物质文化生活水平和健康水平;就是要尊重和保障人权,包括公民的政治、经济、文化权利;就是要不断提高人们的思想道德素质、科学文化素质和

① 陈志尚:《构建社会主义和谐社会与以人为本》,载《高校理论战线》2006 年第 12 期。

健康素质;就是要创造人们平等发展、充分发挥聪明才智的社会环境。”同年3月10日,中共中央总书记胡锦涛在中央人口资源环境工作座谈会上的讲话中指出:“坚持以人为本,就是要以实现人的全面发展为目标,从人民群众的根本利益出发谋发展、促发展,不断满足人民群众日益增长的物质文化需要,切实保障人民群众的经济、政治和文化权益,让发展的成果惠及全体人民。”2006年4月21日胡锦涛在美国耶鲁大学演讲时指出:“坚持‘以人为本’,就是坚持发展为了人民,发展依靠人民,发展成果由人民共享,关注人的价值、权益和自由,关注人的生活质量、发展潜能和幸福指数,最终是为了实现人的全面发展。”在十六届六中全会上,胡锦涛明确指出:“必须坚持以人为本。始终把最广大人民的根本利益作为党和国家一切工作的出发点和落脚点,实现好、维护好、发展好最广大人民的根本利益,不断满足人民日益增长的物质文化需要,做到发展为了人民、发展依靠人民、发展成果由人民共享,促进人的全面发展。”他在十七大报告中又进一步明确指出:“全心全意为人民服务是党的根本宗旨,党的一切奋斗和工作都是为了造福人民。要始终把实现好、维护好、发展好最广大人民的根本利益作为党和国家一切工作的出发点和落脚点,尊重人民主体地位,发挥人民首创精神,保障人民各项权益,走共同富裕道路,促进人的全面发展,做到发展为了人民、发展依靠人民、发展成果由人民共享。”中央领导同志的这一系列重要论述,尤其是十七大的论述,为我们正确认识“以人为本”的本质提供了思想指导。①“以人为本”主要强调的是两个方面:一是尊重人民主体地位,发挥人民首创精神,这是解决发展依靠谁的问题;二是保障人民各项权益,走共同富裕道路,促进人的全面发展,这是解决发展为了谁的问题。“为了谁”和“依靠谁”是分不开的。人是发展的根本目的,也是发展的根本动力,一切为了人,一切依靠人,二者的统一构成以人为本的完整内容。

二、以人为本是对马克思主义人民主体思想的深化

是否承认人民群众作为社会历史主体的地位和作用,是唯物史观同一切唯心史观的根本区别。列宁在剖析唯心史观的根本错误时指出:“以往的理论从来忽视居民群众的活动,只有历史唯物主义才第一次使我们能以自然科学的精确性去研究群众生活的社会条件以及这些条件的变更。”②历史

① 赵存生:《以人为本与马克思主义中国化的新成果》,载《中国特色社会主义研究》2006年第4期。

② 《列宁选集》(第2卷),人民出版社1995年版,第425页。

活动是群众的事业,决定历史发展方向的,不是个别历史人物的意志,而是人民群众的力量。“人民,只有人民,才是创造世界历史的动力。”①胡锦涛同志明确提出:“必须坚持尊重社会发展规律和尊重人民历史主体地位的一致性。”②他还强调指出:“相信谁、依靠谁、为了谁,是否始终站在最广大人民的立场上,是区分唯物史观和唯心史观的分水岭,也是判断马克思主义政党的试金石。”④党的十七大报告在阐述“必须坚持以人为本”时,强调“尊重人民主体地位”,鲜明地肯定了人民的历史主体地位。坚持“以人为本”,就是要坚持马克思主义关于人民群众是推动历史前进的动力的基本原理,坚持党的群众观点、群众路线,始终相信群众,紧紧依靠群众,最充分地调动人民群众的积极性、主动性、创造性,最大限度地集中全社会全民族的智慧和力量,最广泛地动员和组织亿万群众投身中国特色社会主义伟大事业。这是一种对最广大人民群众主体地位和作用的肯定,也是对马克思主义人民主体思想的丰富和发展。

在唯物史观的视野中,“社会”或“历史” 不是与人和人的实践活动无关的抽象的外在实体,而是人的活动过程及其结果。马克思认为,社会发展史不同于自然史,历史是由人来创造的,历史充满了人的活动,人是历史发展的主体。马克思、恩格斯指出:“历史什么事情也没有做,它‘并不拥有任何无穷无尽的丰富性’,它没有‘在任何战斗中作战’! 创造这一切、拥有这一切并为这一切而斗争的,不是‘历史’,而正是人,现实的、活生生的人。‘历史’并不是把人当做达到自己目的的工具来利用的某种特殊的人格。历史不过是追求着自己目的的人的活动而已。”⑤“整个所谓世界历史不外是人通过人的劳动而诞生的过程,是自然界对人说来的生成过程。”⑥从历史发展的动力来说,人的活动更是历史规律发生作用的关键因素,没有人的参与,也就不会有历史的发展。恩格斯指出:“在社会历史领域内进行活动的,是具有意识的、经过思虑或凭激情行动的、追求某种目的的人;任何事情的发生都不是没有自觉的意图,没有预期的目的的。”⑦而所谓历史规律,不是什么外在于人的活动的规律,它就是“人们自己的社会行动的规律”⑧。唯物史观

---

① 《毛泽东选集》(第3卷),人民出版社1991年版,第1031页。

②③ 中共中央文献研究室编:《十六大以来重要文献选编》(上),中央文献出版社2005年版,第373、369页。

⑤ 《马克思恩格斯全集》(第2卷),人民出版社1957年版,第118~119页。

⑥ 《马克思恩格斯全集》(第42卷),人民出版社1979年版,第131页。

⑦ 《马克思恩格斯选集》(第4卷),人民出版社1995年版,第247页。

⑧ 《马克思恩格斯选集》(第3卷),人民出版社1995年版,第634页。

以科学的实践观为基础,揭示了社会运动中客观规律性和人的活动自觉性的统一,它告诉我们,社会的发展既是受客观规律支配的过程,又是人民群众创造历史的过程。因此,马克思主义政党要站在历史潮流前头领导人民前进,就必须既深刻认识并遵循社会发展客观规律,又自觉代表人民群众的利益和意志,动员和依靠人民群众的力量,将这两方面统一起来。党的十七大对以人为本的阐述,强调"发挥人民首创精神","发展依靠人民"。胡锦涛同志还指出:"只要始终做到心中装着人民、工作依靠人民、一切为了人民,我们就一定能够获得取之不尽、用之不竭的力量源泉,永远立于战无不胜、攻无不克的不败之地。"[①]这就表明,以人为本明确回答了谁是实践主体和发展中国特色社会主义的依靠力量的问题。人民群众作为建设和发展中国特色社会主义的主体,即从事社会主义现代化建设的依靠对象和根本力量。胡锦涛指出:我们党依据改革开放和现代化建设的新实践,紧紧把握我国社会生活和社会结构的深刻变化,对建设中国特色社会主义的依靠力量作出了科学判断。包括知识分子在内的工人阶级、广大农民是推动我国先进生产力发展和社会全面进步的根本力量,在社会变革中出现的新的社会阶层是中国特色社会主义事业的建设者,最广泛最充分地调动一切积极因素,妥善处理各种利益关系和社会矛盾,切实维护社会稳定,形成全体人民各尽其能、各得其所而又和谐相处的局面,我们就能集聚起推进事业发展的强大力量。

依靠广大人民群众促进社会发展,不仅体现了尊重人民群众的主体地位,而且体现了它尊重人民群众的创造精神。邓小平指出:"党只有紧紧地依靠群众,密切地联系群众,随时听取群众的呼声,了解群众的情绪,代表群众的利益,才能形成强大的力量,顺利地完成自己的各项任务。"[②]在改革开放新的历史条件下,邓小平善于捕捉群众智慧的闪光点,特别尊重群众的首创精神,善于从群众的实践中不断总结新鲜经验,制订符合群众利益和客观实际的方针、政策。胡锦涛多次指出:人民群众积极性创造性的充分发挥是我们事业成功的保证,告诫全党要"贯彻尊重劳动、尊重知识、尊重人才、尊重创造的方针……创新人才工作机制,激发各类人才创造活力和创业热情,开创人才辈出、人尽其才的新局面"。在新的历史条件下,我们尊重群众的创造力,必须积极创造各种条件,努力营造究其根源、宽容的创新环境,使一

---

① 胡锦涛:《在搞震救灾先进基层党组织和优秀共产党员代表座谈会上的讲话》,《人民日报》,2008 年 7 月 1 日。

② 《邓小平文选》(第 2 卷),人民出版社 1994 年版,第 342 页。

切创造活动得到支持、创造才能得到发挥、创造成果得到肯定,让大家努力保持旺盛的创新动力,使以人为本在实践中真正落实。

三、以人为本是党的"全心全意为人民服务"思想的本质体现

马克思、恩格斯在1848年发表的《共产党宣言》中明确宣告:"过去的一切运动都是少数人的或者为少数人谋利益的运动。无产阶级的运动是绝大多数人的、为绝大多数人谋利益的独立的运动。"[①]于是,"代表绝大多数人"、"为绝大多数人谋利益",就成为160多年来共产党的行动指南。以马克思主义为理论指导的中国共产党,深刻认识到人民群众是历史的真正创造者,人民的利益始终是共产党的出发点和归宿,自建立起就把为广大人民群众谋利益作为根本宗旨。毛泽东同志说过:"共产党是为民族、为人民谋利益的政党,它本身决无私利可图。"[②]"共产党就是要奋斗,就是要全心全意为人民服务,不要半心半意或者三分之二的心三分之二的意为人民服务。"[③]"应该使每个同志明了,共产党人的一切言论行动,必须以合乎最广大人民群众的最大利益,为最广大人民群众所拥护为最高标准。"[④]邓小平同志指出:"群众是我们力量的源泉,群众路线和群众观点是我们的传家宝。"[⑤]"党的全部任务就是全心全意地为人民群众服务。""同资产阶级的政党相反,工人阶级的政党不是把人民群众当作自己的工具,而是自觉地认定自己是人民群众在特定的历史时期为完成特定的历史任务的一种工具。"[⑥]江泽民同志强调:"在任何时候任何情况下,与人民群众同呼吸、共命运的立场不能变,全心全意为人民服务的宗旨不能忘,坚信群众是真正英雄的历史唯物主义观点不能丢。"[⑦]"我们党来自人民,植根于人民,服务于人民。建设有中国特色社会主义全部工作的出发点和落脚点,就是全心全意为人民谋利益。""我们共产党人全部工作的出发点和归宿,都是为人民谋利益。这是我们的立党之本、执政之本"[⑧],是坚持立党为公、执政为民的本质要求。

为人民服务,是我们党以人为本的理念中最重要的内容。党的十七大报告对"必须坚持以人为本"的阐释,第一句话就是:"全心全意为人民服务

---

① 《马克思恩格斯选集》(第1卷),人民出版社1995年版,第283页。

②④ 《毛泽东选集》(第3卷),人民出版社1991年版,第809页,1096页。

③ 《毛泽东文集》(第7卷),人民出版社1999年版,第285页。

⑤ 《邓小平文选》(第2卷),人民出版社1994年版,第368页。

⑥ 《邓小平文选》(第1卷),人民出版社1994年版,第217~218页。

⑦ 《江泽民文选》(第3卷),人民出版社2006年版,第271页。

⑧ 江泽民:《论党的建设》,中央文献出版社2001年版,第352页。

是党的根本宗旨，党的一切奋斗和工作都是为了造福人民。”在胡锦涛总书记对以人为本的历次论述中，讲得最多的，就是为人民服务。他反复强调，要始终把实现好、维护好、发展好最广大人民的根本利益作为党和国家一切工作的出发点和落脚点，要保障人民各项权益，当好人民公仆，诚心诚意为人民造福。2007 年 12 月 17 日，胡锦涛同志在新进中央委员会的委员、候补委员学习贯彻党的十七大精神研讨班上的讲话中指出：“我们提出以人为本的根本含义，就是坚持全心全意为人民服务，立党为公，执政为民，始终把最广大人民的根本利益作为党和国家工作的根本出发点和落脚点，坚持尊重社会发展规律与尊重人民历史主体地位的一致性，坚持为崇高理想奋斗与为最广大人民谋利益的一致性，坚持完成党的各项工作与实现人民利益的一致性，坚持发展为了人民、发展依靠人民、发展成果由人民共享。以人为本，体现了马克思主义历史唯物论的基本原理，体现了我们党全心全意为人民服务的根本宗旨和我们推动经济社会发展的根本目的。”2009 年 6 月 30 日，在抗震救灾先进基层党组织和优秀共产党员代表座谈会上的讲话中，胡锦涛同志又明确提出，全心全意为人民服务是“党的全部价值所在”，“人民利益高于一切、重于一切、大于一切”。

可以说，以人为本是用新的语言进一步概括和深化了我们党对“全心全意为人民服务”的认识，是我们党全心全意为人民服务宗旨的集中体现。对我们党来说，坚持发展为了人民，就是要把实现好、维护好、发展好最广大人民的根本利益，作为党和政府一切方针政策和各项工作的根本出发点和落脚点，把发展的目的真正落实到满足人民需要、实现人民利益、提高人民生活水平上。坚持发展成果由人民共享，就是要走共同富裕道路，把改革发展取得的各方面成果，体现在不断提高人民的生活质量和健康水平上，体现在不断提高人民的思想道德素质和科学文化素质上，体现在充分保障人民享有的经济、政治、文化、社会等各方面权益上，让发展成果惠及广大人民群众。这是我们党在新的历史时期把“全心全意为人民服务”思想贯穿于实践之中的伟大创新。

四、以人为本是马克思主义人的全面发展思想的当代实践

促进和实现人的全面发展，是马克思主义关于建设社会主义新社会的本质要求，也是社会主义社会全面进步的一个基本特征。江泽民指出：“我们建设有中国特色社会主义的各项事业，我们进行的一切工作，既要着眼于人民现实的物质文化生活需要，同时又要着眼于促进人民素质的提高，也就是要努力促进人的全面发展。这是马克思主义关于建设社会主义新社会的

本质要求。"①"推进人的全面发展,同推进经济、文化的发展和改善人民物质文化生活,是互为前提和基础的。人越全面发展,社会的物质文化财富就会创造得越多,人民的生活就越能得到改善,而物质文化条件越充分,就越能推进人的全面发展。社会生产力和经济文化的发展是逐步提高、永无止境的历史过程,人的全面发展程度也是逐步提高、永无止境的历史过程。这两个历史过程应相互结合、相互促进地向前发展。"②要把促进经济社会发展与促进人的全面发展统一起来,使其相互促进,共同提高,不能只见物而不见人,也不能只见人而不见物。以人为本丰富了马克思主义关于人的全面发展是社会主义新社会本质要求的思想,是在中国社会主义现代化建设中,马克思主义关于人的全面发展理论的当代实践。

首先,以人为本强调社会发展的目的是促进人的全面发展。在马克思主义视野中,人民群众是历史的创造者、文明的建设者,同时又理应成为社会发展的受益者、文明成果的享受者。马克思恩格斯认为,随着未来社会的发展,人的发展也由片面、异化状态进入全面、自由状态,社会发展的目标是"以每个人自由而全面的发展为基本原则的社会形式"③,"在那里,每个人的自由发展是一切人自由发展的条件"④。人的发展和社会的发展是同一的历史过程,社会发展的目的是为了实现人的发展。以人为本的科学发展观克服了传统发展观以物为本的缺陷,把发展建立在对人的终极关怀之上,把人的全面发展看作发展的最终目的,把提高人的物质文化水平和精神水平作为发展的出发点和归宿,实现了人的发展与社会发展的良性互动。改革开放"30 年来,我们既重视物的发展即社会生产力的发展,又重视人的发展即全民族文明素质的提高"。经济的发展只是推进社会发展的重要手段,人的一切经济活动,归根到底都是为了满足自身日益增长的物质文化享受、生存环境和生活质量提高的需求,最终促进人的全面发展。胡锦涛在"三个代表"重要思想理论研讨会上指出:中国共产党要以兴国为己任、以富民为目标,走适合中国国情社会主义建设道路,经过长期的努力不断使经济更加发展、民主更加健全、科教更加繁荣、社会更加和谐、人民生活更加殷实,不断促进人的全面发展。这表明,社会生产力、经济、社会和文化等的发展不是最终目的,人的发展才是发展生产力和经济文化的最终地,才是社会发展的最高原则和最高评价标准。

---

①② 江泽民:《论"三个代表"》,中央文献出版社 2001 年版,第 179 页,第 180 页。

③ 《马克思恩格斯全集》(第 23 卷),人民出版社 1972 年版,第 649 页。

④ 《马克思恩格斯选集》(第 1 卷),人民出版社 1995 年版,第 294 页。

其次,以人为本强调人的全面发展是经济社会发展的动力。人的发展的程度势必会影响社会历史的发展。没有个人的发展,社会也不可能得到发展。马克思认为,在未来社会,每个人的全面发展是人类力量发展的真正源泉,社会生产力的发展表现为个人生产力的发展。随着生产力的发展,科学技术在社会生产中的作用越来越大,机器体系的使用和生产的自动化,使生产越来越不依赖于原先严格意义上的劳动,劳动者日益从直接的生产过程中“分离”出来,而以生产过程的监督者和调节者的身份同生产过程发生关系。“这里已经不再是工人把改变了形态的自然物作为中间环节放在自己和对象之间,而是工人把由他改变为工业过程的自然过程作为媒介放在自己和被他支配的无机自然界之间。工人不再是生产过程的当事者,而是站在生产过程的旁边。”而“在这个转变中,表现为生产和财富的宏大基石的,既不是人本身完成的直接劳动,也不是人从事劳动的时间,而是对人本身的一般生产力的占有,是人对自然界的了解和通过人作为社会体的存在来对自然界的统治,总之,是社会个人的发展”①。“节约劳动时间等于增加自由时间,即增加使个人得到充分发展的时间,而个人的充分发展又作为最大的生产力反作用于劳动生产力。”②“真正的财富就是所有个人的发达的生产力。”③以人为本强调在新阶段,经济社会发展需要全面发展的人,要通过开发人力资源,不断推进人的全面发展来推动经济社会发展。以往我国经济发展主要是靠高投入、高消耗、高排放的粗放型的增长方式实现的;今天,这种粗放型的经济增长方式已难以为继,必须转到主要依靠科技进步和提高劳动者素质来增加产品的数量和提高产品的质量的经济发展方式上。科技进步、发展质量的提高,从根本上说依赖人的素质、能力的发展程度,尤其是人的创造性素质。人越是全面发展,人的创新潜能就越能得到发挥,社会的物质财富自然会创造得越多。因此,促进人的全面发展也是经济社会发展的必然要求。

再次,以人为本强调要以经济社会的发展促进人的全面发展。经济社会发展是人的全面发展的前提和条件,没有经济社会的发展,人的全面发展也就失去了基础和保障。马克思指出:“个人的全面性不是想象的或设想的全面性,而是他的现实关系和观念关系的全面性。”④这就深刻揭示了人的全面发展并非是个别人的主观意志和美好愿望,而是一个受生产发展普遍规律主导和制约的自然历史过程。在《反杜林论》中,在分析未来社会主义的

---

①②③④　《马克思恩格斯全集》(第46卷)(下),人民出版社1980年版,第218页,第225页,第222页,第36页。

社会生产时,恩格斯进一步指出:只有在消灭私有制、消灭旧有分工,生产力高度发展的社会条件下,生产劳动才能给“每一个人提供全面发展和表现自己全部的即体力和脑力的能力的机会”①。人的全面发展与经济、政治、文化等社会诸因素发展是互为前提和基础的,没有经济政治文化诸因素的发展,就不可能实现人的全面发展。因此,在新阶段改革发展中,我们要通过经济、政治、文化和社会建设,为人的全面发展提供更加广阔的空间和更加有利的条件。人的自由全面发展是建立在高度发达的生产力基础上的,要建设社会主义物质文明,逐步实现全体社会成员的共同富裕,为人的全面发展创造坚实的物质基础,充分保障人民最关心、最直接、最现实的经济利益,不断提高人民群众物质文化生活水平和健康水平;要加快政治建设,提高人们的思想政治素质,充分保障人民的政治参与、民主、自由等多方面权利,为人的全面发展提供可靠的政治保证;要加快文化建设,不断提高人们的思想道德素质、科学文化素质,为人的全面发展提供丰富、有益的精神食粮,使人的精神世界更加充实、文化生活更加丰富多彩;要加快社会建设,促进人和人、人和社会、人和自然的协调、和谐,创造人们平等发展、充分发挥聪明才智的社会环境。

(作者单位:泰山学院)

① 《马克思恩格斯选集》(第3卷),人民出版社1995年版,第644页。

对立党为公、执政为民的再思考

崔伟华

实现中华民族的伟大复兴是中国共产党人的崇高使命。立党为公、执政为民,充分表明了我们党的价值取向,是党和国家各项工作最基本、最核心的要求,应成为我们加强党的建设、推进政治体制改革的准绳。

一、应有的认识

立党为公、执政为民并不是排斥、取消私和官问题,实际上也排斥和取消不了。这也是我们常常回避但又是现实明显存在的问题。之所以存在着不为公、不为民的问题,就是因为私、官的问题已经比较突出。关键是在为公中为私还是在为私中为公,是损公肥私还是损私肥公,是公私分明还是公私相混。这需要我们首先必须对"公"和"私"有一个科学和正确的理解。

公与私是源头性的社会范畴,关联着一系列重大理论问题。实际上,公与私都是一种自然的、正常的社会事物的归属存在状态,是按照一定的标志所划分的不同范围、不同归属而已。宽泛地讲,整个人类社会是最大的公,每一个人就是最基本的私。纵观历史,可以说,私是社会的细胞,是个体的另一种说法,是社会存在和发展的基础。私也是与整体相对的部分和局部的另一种说法。没有私就无所谓公,但没有公却不能说也没有私。作为与私相对应的公,是在私的基础上有的公,可以说是私的共同体,只有私才能产生公,才有公存在的基础。私与公本身不存在也不该存在先进与落后、好与坏的问题。消灭私就相当于要消灭公存在的基础,就相当于消灭对应的个体和局部。私不犯公、私不犯他,这个私就不是落后的。私益于公、益于他,这个私就是先进的;公如犯私、犯他,这个公也是不合理的,公如益于所包括的全部的私而不是部分私更不是个别私、公如为了所属的各个私而不是部分私更不是个别私,这个公才能说是合理的。如果这个小公(大范围的私)能使更多的私获益,这个公才是先进的。公与私能相互影响和转化。因公而私、损公肥私、因私而公、以私献公等都是相互影响和转化的过程或结果。公与私的对立是在一方侵犯另一方的时候才呈现的状态。一般情况下,不管是公还是私,只要是无故的侵犯他方就是不合理或落后的。绝对不是在任何时候、任何情况下公都是对的、私却是错的。

不论是公还是私,都包括利益或名誉两个方面的内容。我们提倡为了他人和公众的名利追求,但同时要维护不损害他人和公众的名利追求。必须认识到,世上没有只为他人和公众而不为自己的名或利的人。无私奉献、损私为公和我们常说的某某没有任何私利中的这些私只能是私利,而不是私名。由于追求的境界不同,社会中有的人想在为公利他中获得最大的私名或私利,而有的人想在为私名或私利中形成最大的公益和他益。这种追求就形成了不同和不等的社会作用。

一个组织同一个人一样,也需要生存和发展的利益补给。只要这个组织中存在着有依靠其生存的个体,就应该有这个组织自身存在的利益要求,否则这个组织就不可能正常运转,更不可能发展和提高社会影响力。

对一个组织来说,"公"有两个层次,一是组织内部的"公",一是组织与外部的"公"。对内而公属于为组织增强内在凝聚力的行为,对外而公属于提高影响力的行为,是为了更广大群体的共同(当然也包括其自身)权利。要取得这样的成果并不容易,但取得这种成果后也不是没有回报。因为任何社会作为都有一定的相应结果或者回报。正常社会都应该对维护了公益的给予回报。这种回报有近期的或长远的、有政治的、精神的或物质的。既有组织的,也有个人的。这种回报不是要不要的问题,而是多与少或成不成的问题。

要提高社会影响力,完成社会工作目标,这个组织必须不断地从社会中索取给予新的和多方面的投入。只要人民和社会能够乐意接受,这种投入就是对组织的合理社会回报,就是组织的部分利益所在。世上没有只让马儿跑又可让马儿不吃草的事情。问题是我们不但要正视这个利益存在,更要关注怎样付出和付出的这种利益的多少以及对社会作用的大小。正所谓不但要廉洁的政府,还要廉价的政府。

政治行为说到底就是为实现更多的、更大的利益,协调多方行动、配置多种资源的组织行为。政党是争取和维护利益的政治组织。人们之所以参加、追随和听从一个组织,根本的原因就是因为它能使人们的名利、价值得以实现、维护和提高。执政就是政党组织利用国家的权力系统和资源作用于社会的组织过程。能执政就意味着拥有更多更大的支配权、占用权、调动权和协调权,能成就伟大的事业,实现宏大的目标。但没有民众支持和拥护,就不能实现立党的基本目标,而不站在公众的立场上思考问题也就不可能得到民众的拥护,没有民众的拥护就没有影响力和号召力,就没有政治力量和政治势力,也就不可能执政。即便是能一时执政也不可能长久。因此,不论是从党的宗旨、纲领来说,还是从党的目标和存在来论,立党为公、执政为民自然应该成为党对自身的最基本要求。

我们党既然表明自己是“两个先锋队”,“立党为公、执政为民”中的“公”和“民”都只能是中华民族和全中国人民。立党为公也就要求党的成立和存在要为全民族的利益负责,而不能只为一己、一伙、一集团、一阶级的利益。执政为民也就要求党掌握和运用政权要为广大民众服务,而不能仅为掌权者本身和其周围的小圈子。

立党为公、执政为民既然是党存在的根本要求,相应地就应该是党的思想(包括党的理论、路线、方针和政策)、规程(党的规章、工作程序和各种制度要求)和行动(党遵循、执行、贯彻和落实党的思想、规程的具体作为)的基本准则,也完全可以作为判断党的工作成就的主要标准。

我们知道,国家政权实质上来源于每个国民所拥有的天生的、自然存在的生存和发展的各项权利,是这些权利中的支配力量成分的有效的集中委托,是民众维护自身和整体利益的需要。所以我们说,手中的权力是人民给的。可为什么给你,为什么不给别人?最根本的就是对你和你的誓言、承诺和维护利益能力的信任。既然信任你,给了你权力和名利上的回报,你就应该做到和兑现,就应该接受监督和检查。你不为公、不为民了,也就失去了人民对你的信任,就应该收回交给你的权力。这种收回方式有两种——和平和暴力。暴力行使民主权利与国与民都是不利的,但如果没有其他索回权力的途径,这就是唯一的、必然的选择。因此,立党为公、执政为民既是党对自身的最基本要求,也应该看作人民大众对党和政府的最基本要求。

二、落实的关键

胡锦涛就如何做到立党为公、执政为民讲了三个“落实”的要求:第一,坚持立党为公、执政为民,必须落实到党和国家制定和实施方针政策的工作中去。第二,坚持立党为公、执政为民,必须落实到各级领导干部的思想和行动中去。第三,坚持立党为公、执政为民,必须落实到关心群众生产生活的工作中去。

如何实现和体现这三个方面的落实要求呢?

一种理念只能是一种思想和工作的总纲,要使其落实到底,就要在贯彻的各个方面、各个环节中融入,并以此为标尺去衡量、贯穿和校正各个方面、各个环节。许多工作落实难,其根子就在于没有逐方面和逐环节去衡量、贯穿和校正。最后,往往就使得愿望、设想和出发点与结局相差十万八千里。

立党为公、执政为民既然同是党和人民的最基本要求,那就应该有两个方面的对应的具体内容。

作为党来说就是如何遵循和落实的问题,核心是为公为民的能力和事务。能力集中表现为把握全局、团结带领、协调应对方面。这既有属于个人才能问题,也有属于组织制度问题,后者应是落实的重点所在。各项事务主要是由国家的发展和民众的需要所决定,要通过科学决策和互动沟通的方式来解决。前者主要是程序上的问题,后者则是实质性的问题,

作为民众来说就是如何传意、选择、评价和监督的问题。不论是为公还是为民,前提是必须清楚公之所需、民之所想。这是党和国家制定法规、方针、政策和规划的基础依据。如何及时、有效、完整、准确地把民众的愿望、想法、需要和困难传递到能表达、回应、满足和解决的地方,是为公为民的基本条件。为此,我们必须在健全和完善现有的人大代表的议案、政协委员的提案制度、人民群众来信来访制度、专家学者和领导干部专题调研制度等基础上,发展民营媒体和非政府组织,建立健全民意调查组织,构筑起真正的民意反映、表达、回应、监督的方式、途径、办法和渠道,切实落实宪法所赋予公民的基本权利,形成完整、系统、科学的民意传递机制,做到知民(安危冷暖)意、(言行)顺(应)民意、(过程的各个环节)合(乎)民意(的要求)、(在更高的层次上进一步)引(导)民意。

人与人之间为公为民的能力相差巨大,党和国家为了提高声望、维护形象、用人所长、巩固政权,就应该在内部形成竞争氛围,而一个人是否为公、能否为民,大众也应该有从中挑选的权力:对水平不一、德望有别的人员,孰优孰劣需要人们选择;同一岗位,不同的人就会有不同的工作思路,哪个更符合实际、更符合规律、更符合民众的愿望,需要人们评议;对重大问题,不同的人会有不同的应对方略,哪个更先、哪个为急,需要人们比较。为此,在领导干部的产生过程中应增加和进一步提高公平竞争的力度,要在组织推荐、代表直选的基础上扩大民选的领域、范围和层次,形成健康、有序的竞争选择机制。

如何为公、怎样为民,不仅需要党和政府自身的表白和说明,也需要民众的了解和监督。既然是为公、为民的事情,就应该对民众公开。既然是为公为民的行为,就应该对社会透明。是否为公能否为民,只有公开才能知晓和监督。效率高低、质量优劣只有知情才能选择和判断。没有公开,没有透明,你说为公谁能相信和证明?既然是为了公益,有什么不能公开呢?除非因为国家安全,否则就不能说是为公而只能是为私了。这是尊重和维护民

众知情权的具体体现,也是接受人民群众全面监督的必然要求。

公开透明应包括程序、内容等方面,而且都要有法可依、有章可循。既不能时间过于集中、也不能内容过于概括,更不能搞形式主义。我们不仅要知成绩、更要知成本,不仅要知经验、还要知教训,不仅要知效果、还要知效率,不仅要知结果、也要知过程和起因。要不然,为一点公、为一点民也大张其鼓地宣传,而大部分却为私、为官,甚至明为公、为民,却暗为私、为官,岂不是愚民?公开透明也必须不断提高范围和层次。要在完善重大决策的群众建议征集制度、社会公示制度、社会听证制度、专家咨询制度等基础上,凡属为公为民的事项、单位都要给民众一个明白的交待。

要使立党为公、执政为民程序化、制度化,只有建立起民意传递的机制、有序竞争的机制、公开透明的机制,才能解决民意的顺逆问题、选择的优劣问题和成效的真假问题,也才能把立党为公、执政为民这一基本要求真正落到实处。

三、判断的标准

立党为公、执政为民这一基本要求的最终目标可以说是社会发展的成效显著和人民满意程度的提高。而最终目标应当分解和融入具体的工作和结果之中的,要体现在现实的直接目标上。

立党要为公,必须达"三公"。

一是公认。公认是对为公过程和结果的共识。没有过程公认,就无法团结一致,就不能凝聚人心;没有结果公认,就无法鉴别和评判,就难以取舍和选择。在过程方面突出的公认应该是党政领导干部的选择任用要真正的公认。在结果方面,突出的应该是工作成就的公认。不论是长远利益、根本利益,还是眼前利益、现实利益,大多数情况下都是民众自身努力劳动的结果。党和政府的工作只不过是利用人民赋予的权力提供服务、引导方向、协调关系、营造环境而已。人民对这些工作也是在信任的基础上付出了代价的。况且,按现代社会,为公为民都要依法办事,法定的义务不能缺失,法定的权利不能扩大。如果仅仅做了一点应该做的工作,就让人们感恩戴德、歌功颂劳,就不能有一种非救世主的心态来为公为民。

二是公正。这是按照同一原则和标准待人处事的基本准则。没有公正,就意味着失去了没有获得公正对待的人的拥护,其结局只能是使自己的影响力下降,自己的政治力丧失,更谈不上树立形象的问题。要做到这一点,前提是客观对人对事,关键是要实现规则和程序的公正。没有程序和规则公正的结果是偶然的、不确定的、难以重复的。只有程序和规则公正,才能使结果的公正获得必然性、确定性和重复性。

三是公平。公平是对法律、制度、政策、规则和组织行事作为的基本要求，是社会正义中最基本、最重要的内容。不能在人的生存和发展的基本权利上保证和实现人与人之间的公平，长治久安只能是泡影。没有公平，就不会有正常的秩序。一个没有正常秩序的社会，一个内乱纷争的国家，是任何事情都难以做成的。许多重大的事情不能成就，就自然削弱和丧失党的政治影响力，就会让民众丧失多方面的权利，也就必然会丧失民心，直至丧失组织自身存在的价值。

只有成效公认、处事公正、待人公平，才算达到为公的要求。

执政要为民，必须看“三民”。

一是民权，即人民的权力、意志和要求。我们不能只谈人民的利益，不涉及人民的权力。权是指挥和支配的力量。在正常情况下，有权才能有利，无权就可能无利，已经获得的利益也可能因为无权而丧失掉。因此，人民的利益要靠人民的权力才能得到保证，失去权力保护的利益是不可靠的。一旦利益得不到有效保证和持续增进，人民在一定的时间内就会索取或夺取原有的权力进行新的集中，或者转交新的代表人，来保证自身利益的长远性、可靠性。一个国家要获得稳定的社会环境，就必须具有让人民能够比较容易地对代表者传达意愿、索回权力或者委托转交，使民主权利的行使能在和平的状态中进行。这也是社会发展的必然要求。因此，我们不能只维护和促进人民利益，也应该维护和保障人民的权力。要充分认识到，“全国各族人民是建设中国特色的社会主义事业的主体，人民群众积极性创造性的充分发挥是我们事业成功的保证”。

二是民利，即人民的收益、福利和保障。不断提高和改善人民的物质文化生活水平，是为民的主要工作。发展是硬道理，是执政兴国的第一要务。只有把握住这一点，才能不断增进民利。同时，要正确处理改革、发展、稳定的关系，遵循社会发展的正常规律。努力把经济和社会发展的长远战略目标与提高人民生活水平的阶段性任务统一起来，把实现人民的长远利益和当前利益结合起来。

三是民乐，即人民的安危、娱乐和享受。最广大人民群众安居乐业是为民的基本目标。随着时代的发展和社会的进步，民众的需要层次也在不断提高，要使他们充分享受社会发展的成果，就必须在各项工作各个环节都要细心研究群众的需要，关心群众疾苦，体察群众情绪，做到心里装着群众，凡事想着群众，工作依靠群众，一切为了群众。

只有维护民权、增进民利、实现民乐，也就是推进民主、发展经济、完善社会才能达到为民的要求。

四、直接的体现

能否为公,是否为民,要通过党和政府的言行作为来认识、分析和判断。直接体现为是否做到了“三实”。

一是言论上的实话。作为一个组织、领导和协调群体,不但要有思想,还要有言论。要把方针政策传达给广大民众,要鼓舞、说服、引导、要求和劝说别人,就要依靠言论。这也是党和政府的重要职责和开展工作的需要。不管是什么时代,言论都绝不是可有可无的。我们坚决反对大吹大擂,但也不能赞成光做不说。这些都与事业发展不利。我们不能认为言论不能表明真实的想法就不对这一现象提出或降低要求。尤其是在这个信息时代,更应该规范社会精英群体的言论。虽然一个人、一个组织和一个政府的言论,不一定能反映出其真实想法和意图。但通过较长一个时期的分析和判断,完全可以折射出这个人、这个组织和这个政府的诚信和品行。假话、空话、大话和套话虽然可以糊弄一时,但绝不可能糊弄一世。要知道依法治国的“依”是依据和依靠的依,是依靠外在的法律来治理和协调国家和社会。而以德治国的“以”是利用和凭借自身的道德和威望来引导和服务国家与社会的。绝对不是那种想方设法通过提高别人的道德素质来管理国家和社会,而管理者自身却置身事外的局面。如果连实话、实情都不能说的人、组织或者政府怎么能谈以德治国?为什么在一些地方和单位不能有效开展思想政治工作?你本身都没有理想,要让别人有理想;一些道理你都不信却让别人去信;你净要“好”的车牌号电话号、遇事求神拜佛、寻风查水,却让别人不搞封建迷信;你不爱岗敬业,却让别人无私奉献,等等这些连个实话都不能说的思想政治工作能开展?能有效?

二是工作上的实事。这里根本没有什么深奥的道理可讲,核心就是一个对谁负责的问题。我们生活中办的虚事太多,没有按照群众的意愿,不遵循客观规律扎扎实实地去办事的时候还不少。从制度层面上说,是一个考核的方式方法问题。像短期内的各种工作部署、评先树优和总结表彰活动,营造了文山会海、助长了浮躁之气,已经几乎没有多少积极意义,是一种很不利于长期努力、扎实奋斗的推动工作的方式。

三是成绩上的实效。有无实实在在的成绩是应由成绩的目标受益者来说的。是只让上级确定,还是同时让民众评议,其效果有时是相差很大的。我们经常说,群众的眼睛是亮的,那为什么我们所干的工作不让他们去“说三道四”呢?这也是反映我们是不是走群众路线的大问题。只有在工作评价上相信和依靠群众，才会使我们少犯官僚主义、形式主义的错误，才会少搞那些假冒伪劣、脱离国情的活动和那些只想给自己贴金实际上却给党和政府抹黑最后也很有可能葬送自己的形象工程、面子工程和扰民工程。

（作者单位：山东省泰安市委党校）

共同富裕已经成为我国社会发展的“中心课题”

张启信　孙武安

在探索“什么是社会主义，怎样建设社会主义”这个首要的基本问题的过程中，邓小平创立共同富裕思想，把它与我国社会主义现代化建设具体实践统一起来，对促进中国社会的全面发展和进步产生巨大的指导作用。进入新世纪的中国社会，正面临着落实科学发展观、全面建设小康社会、加快推进社会主义现代化的伟大任务。应把实现共同富裕作为当前我国社会发展的“中心课题”。

一、共同富裕将从我国社会发展达到小康水平的时候起成为“中心课题”

强国富民，振兴中华，是近代以来中华民族梦寐以求的共同理想。这个理想直到 20 世纪中叶中华人民共和国成立和社会主义制度的确立，才真正有了前提和可能。建设社会主义的现代工业、现代农业、现代国防和现代科学技术，是以毛泽东为核心的第一代中央领导集体提出来的奋斗目标，这个奋斗目标的实质就是强国富民、振兴中华。党的第一代领导集体为此进行了卓有成效的积极探索。

以邓小平为核心的第二代中央领导集体在总结历史经验、转移工作重心、澄清重大理论是非问题的基础上，开辟了一条建设中国特色社会主义的正确道路。邓小平指出，我们的经验教训有许多条，最重要的一条，就是要搞清楚“什么是社会主义，怎样建设社会主义”。中国的曲折和失误、世界社会主义运动的经验教训，归根到底在于对这个首要的基本问题没有完全搞清楚。邓小平指出，马克思主义的基本原则就是要发展生产力。社会主义的首要任务是发展生产力，逐步提高人民的物质和文化生活水平。从 1958 年到 1978 年这 20 年的经验告诉我们：贫穷不是社会主义，社会主义要消灭贫穷。邓小平反复强调，社会主义的目的、目标、特点、本质、原则和最大优越性就是要全国人民共同富裕,而不是两极分化。走社会主义道路就是要逐步实现共同富裕。

把实现共同富裕明确界定为社会主义的目的、目标、本质、特点、原则、最大优越性和发展道路,这一论断不仅对社会主义的认识提高到一个新的水平,重要的是指明了中国改革开放和现代化的目标取向和根本任务。“共同富裕”中的“共同”集中提出了公平公正、平等和谐的价值目标和根本原则,而“富裕”则明确提出了充分发展生产力、提高效率的根本任务。共同富裕的实质,就是要在生产力高度发达的基础上建立公平、公正、和谐的社会关系。共同富裕是发达的社会主义生产力与先进的社会主义生产关系的高度统一,是效率与公平的高度统一,是对中国特色社会主义现代化本质的深刻揭示。共同富裕是针对两极分化提出来的,它既不是同步富裕,也不是平均富裕,人民的富裕在时间和程度上有差距,但富裕水平和差距是有底线的。差距要适度合理,其判断标准是最大多数的人民群众满意而可以接受,经济社会发展全面、协调、稳定和可持续。

在明确了社会主义的价值目标和根本任务之后,邓小平领导全党进一步对我国社会发展的历史方位作出了仍将长期处于社会主义初级阶段的科学判断,并据此明确制定了基本实现社会主义现代化的“三步走”发展战略:即第一步在 20 世纪 80 年代翻一番,使人均国民生产总值达到 500 美元,解决人民温饱问题。第二步在 20 世纪末再翻一番,人均达到 1000 美元,把贫困的中国变成小康的中国。这时,虽然人均数还很低,但是国家的力量有很大增加。第三步在 21 世纪的 50 年内再翻两番,大体上达到人均 4000 美元,人民生活比较富裕,基本实现现代化,使中国达到世界中等发达国家水平。①多年来,我们习惯于把“三步走”发展战略概括为从“温饱”到“小康”、再到“现代化”的发展战略,实际上这个战略就是从“温饱”到“小康”、再到“共同富裕”的发展战略。

在中国,实现现代化和共同富裕必须紧密联系幅员广大、各地区发展不平衡的基本国情,努力找到加速发展的捷径。从改革开放前的历史看,不顾生产力水平的不平衡和多层次,搞平均主义,谋求同步发展、同步富裕,违背经济社会发展规律,严重挫伤劳动积极性,其结果只能导致共同贫穷。而尊重经济社会发展的客观规律,因势利导,允许有先有后,走波浪式发展道路,是实现共同富裕的唯一选择。早在 1978 年十一届三中全会的主题报告中,

---

① 参见《邓小平文选》(第 3 卷),人民出版社 1993 年版,第 226 页。《十三大以来重要文献选编》(上),人民出版社 1991 年版,第 16 页。

邓小平就明确提出:“在经济政策上,我认为要允许一部分地区、一部分企业、一部分工人农民,由于辛勤努力成绩大而收入先多一些,生活先好起来。一部分人生活先好起来,就必然产生极大的示范力量,影响左邻右舍,带动其他地区、其他单位的人们向他们学习。这样,就会使整个国民经济不断地波浪式地向前发展,使全国各族人民都能比较快地富裕起来”。① 此后,邓小平又多次重申并发展了这一重要思想。他强调:让一部分人、一部分地区先富起来,是大家都拥护的新办法,新办法比老办法好。这是我的“一贯主张”,也是一个能够影响和带动整个国民经济的“大政策”,同时他还强调:“大原则是共同富裕”。一部分地区、一部分人发展快一点,带动大部分地区、大部分人,这是加速发展、达到共同富裕的捷径。② 在邓小平的思想中,先富是必要的,也是有条件的。先富只能通过合法经营和诚实劳动来实现,而不是靠非法经营、谋取暴利来实现;同时,先富起来的地区和人们有责任和义务帮助和带动后发展的地区和人们共同致富。他说:“如果我们的政策导致了两极分化,我们就失败了;如果产生了什么新的资产阶级,那我们就真是走了邪路了。我们提倡一部分地区先富裕起来,是为了激励和带动其他地区也富裕起来,并且使先富裕起来的地区帮助落后的地区更好地发展。提倡人民中有一部分人先富裕起来,也是同样的道理。对一部分先富裕起来的个人,也要有一些限制,例如,征收所得税。还有,提倡有的人富裕起来以后,自愿拿出钱来办教育、修路。”③1988 年,他又进一步提出了“两个大局”的重要思想,即拥有两亿人口的广大沿海地区要加快发展起来,从而带动内地更好地发展,这是一个事关大局的问题。内地要照顾这个大局。反过来,发展到一定的时候,又要求沿海拿出更多力量来帮助内地发展,这也是个大局。那时沿海也要服从这个大局。④

由此可见,实行先富后富、波浪式发展的政策,是实现共同富裕目标过程中的一个阶段性重大决策,当我国经济社会发展到一定水平,全面、协调、共同发展、共同富裕的问题必将作为“中心任务”提出来。邓小平在 1990 年同中央负责同志谈话时曾特别嘱托:“共同致富,我们从改革一开始就讲,将来总有一天要成为中心课题。”⑤很显然,“中心课题”即中心任务、中心工作。邓小平在这里讲“将来总有一天”,与 1988 年讲的“发展到一定的时候”是一致的。关于这个重大问题,邓小平在 1992 年的南方谈话中作出了明确

① 《邓小平文选》(第 2 卷),人民出版社 1994 年版,第 152 页。

②③④⑤ 《邓小平文选》(第 3 卷),人民出版社 1993 年版,第 23、52、166 页,第 111 页,第 277 ~ 278 页,第 364 页。

回答。他说,可以设想,在本世纪末达到小康水平的时候,就要突出地提出和解决这个问题。到那个时候,发达地区要继续发展,并通过多交利税和技术转让等方式大力支持不发达地区。不发达地区又大都是拥有丰富资源的地区,发展潜力是很大的。总之,就全国范围来说,我们一定能够逐步顺利解决沿海同内地贫富差距的问题。①

从理论创新的层面,把实现共同富裕提高到社会主义的目的、目标、本质、特点、原则和最大优越性的高度;从社会实践的层面,把实现共同富裕作为“中心课题”纳入社会主义现代化的发展战略中;从发展道路的层面,揭示了实现共同富裕必须遵循有先有后、波浪式发展的客观规律。这些重要思想是邓小平共同富裕思想的核心内容,也是邓小平建设中国特色社会主义理论的重要组成部分。

二、全面建设小康社会奋斗目标和科学发展观的提出标志着共同富裕已经成为“中心课题”

作为社会主义现代化和共同富裕过程中的一个重要的战略目标和发展阶段,小康社会具有丰富的内涵:首先,小康社会是一个综合国力得到显著提高的强国目标。达到小康水平就意味着20世纪末我国年国民生产总值达到甚至超过1万亿美元,人均达到1000美元。从总量上看,居于世界前列,综合国力有很大提高。邓小平甚至谈到,这个小康社会,叫做“中国式的现代化”。②其二,小康社会是一个人民生活普遍提高的发展目标。以人为本,是社会主义的主题,也是中国共产党人一切奋斗的出发点和落脚点。社会主义的发展是综合国力的提高,同时也是人民生活水平的提高。邓小平多次讲,国民生产总值达到1万亿美元时,如果按照资本主义的分配办法,绝大多数人还摆脱不了贫穷落后状态,按社会主义的分配原则,就可以使全国人民普遍过上小康生活。所有的人都得益,没有太富的人,也没有太穷的人,所以日子普遍好过。③其三,小康社会是一个经济、政治、文化全面发展、全面进步的社会发展目标。从表面看,“小康”只是一个经济指标,实际上,“小康”是一个以经济发展为基础,同时包含政治、文化等方面的社会发展目标。1984年,邓小平在中顾委第三次全体会议的讲话中就比较充分地论述了小康社会的丰富内涵。他以苏州地区已接近人均800美元的发展为例,讲了八条:一是人民的吃穿问题解决了;二是住房问题解决了;三是就业问题解决

①②③ 《邓小平文选》(第3卷),人民出版社1993年版,第374页,第237页,第64、161、162页。

了;四是人口不再外流了;五是中小学教育普及了;六是人们的精神面貌变化了,违法乱纪大大减少了。① 1990 年党的十三届七中全会也明确指出:"所谓小康水平,是指在温饱的基础上,生活质量进一步提高,达到丰衣足食。这个要求既包括物质生活的改善,也包括精神生活的充实;既包括居民个人消费水平的提高,也包括社会福利和劳动环境的改善。"②可见,小康社会的目标绝不限于经济发展,而是包括经济、政治、文化等社会生活方方面面的丰富内容,是社会和人全面进步的目标。

十一届三中全会以来鼓励一部分地区、一部分人先富起来的大政策,促进了我国经济社会的快速发展,同时也积累了不少矛盾和问题。在这一关键时期,要重视和防止贫富两极分化、防止差距拉大等问题。邓小平早在 1990 年就警告:如果搞两极分化,民族矛盾、区域间矛盾、阶级矛盾都会发展,相应地中央和地方矛盾也会发展,就可能出乱子。③

为了保证我国经济社会的持续、稳定和快速发展,保证社会主义现代化和共同富裕的顺利实现,党的十六大正式提出了"全面建设小康社会"的历史任务和奋斗目标。报告指出:根据十五大提出的到 2010 年、建党 100 年和新中国成立 100 年的发展目标,我们要在本世纪世纪头 20 年,集中力量,全面建设惠及十几亿人口的更高水平的小康社会,使经济更加发展、民主更加健全、科教更加进步、文化更加繁荣、社会更加和谐、人民生活更加殷实。从经济方面看,要在优化结构和提高效益的基础上,使国内生产总值到 2020 年力争比 2000 年翻两番,综合国力和国际竞争力明显增强。基本实现工业化,建成完善的社会主义市场经济体制和更具活力、更加开放的经济体系。城镇人口的比重较大幅度提高,工农差别、城乡差别和地区差别扩大的趋势逐步扭转。社会保障体系比较健全,社会就业比较充分,家庭财产普遍增加,人民过上更加富足的生活。从政治方面看,要使社会主义民主更加完善,社会主义法制更加完备,依法治国基本方略得到全面落实,人民的政治、经济和文化权益得到切实尊重和保障。基层民主更加健全,社会秩序良好,人民安居乐业。从文化方面看,要使全民族的思想道德素质、科学文化素质和健康素质明显提高,形成比较完善的现代国民教育体系、科技和文化创新体系、全民健身和医疗卫生体系。人民享有接受良好教育的机会,基本普及高中阶段教育,消除文盲。形成全民学习、终身学习的学习型社会,促进人的全面发展。从发展模式看,要使可持续发展能力不断增强,生态环境得到改

①③ 《邓小平文选》(第 3 卷),人民出版社 1993 年版,第 89 页,第 364 页。

② 《十三大以来重要文献选编》(下),人民出版社 1991 年版,第 1401 页。

善，资源利用效率显著提高，促进人与自然的和谐，推动整个社会走上生产发展、生活富裕、生态良好的文明发展道路。报告强调：全面建设小康社会的目标，是中国特色社会主义经济、政治、文化全面发展的目标，是与加快推进现代化相统一的目标。实现了这一目标，我们的祖国必将更加繁荣富强，人民的生活必将更加幸福美好，中国特色社会主义必将进一步显示出巨大的优越性。① 由上可知，全面建设小康社会的突出特点有三：一是受益主体的广泛性。是占全国百分之九十以上的最大多数的人民群众，不是少数地区，是全国性的。二是发展内涵的全面性。强调小康社会的“全面”和“更高水平”，表明未来20年我国社会发展将更加注重质量、更加注重整体性和协调性。三是发展阶段的过渡性和统一性。明确指出“这是实现现代化建设第三步战略目标必经的承上启下的发展阶段”，也“是与加快推进现代化相统一的目标”，表明“全面建设小康社会”在发展阶段上的过渡性以及与“推进现代化”、推进共同富裕和“中国特色社会主义建设”的统一性。从全面建设小康社会的丰富内涵和突出特点可以结论：全面建设小康社会是实现共同富裕的必要准备，实现共同富裕是全面建设小康社会的必然趋势；扭转贫富差距扩大趋势，确保全国人民共享发展成果，已经成为我们在新世纪新阶段的一项中心任务，而这一点恰恰说明共同富裕正在开始作为我国社会发展的“中心课题”被重视起来。

完成全面建设小康社会的伟大任务，必须树立新的科学发展观。以胡锦涛为总书记的新一届中央领导集体，总结历史经验，于2003年党的十六届三中全会上适时提出了以人为本，树立全面、协调、可持续的新的科学发展观。全会认为，促进经济社会和人的全面发展，就是要统筹城乡发展、统筹区域发展、统筹经济社会发展、统筹人与自然和谐发展、统筹国内发展和对外开放。② 是年底，胡锦涛总书记进一步强调：牢固树立和认真落实以人为本、全面、协调、可持续的发展观，对于全党提高领导经济工作的水平和驾驭全局的能力，实现全面建设小康社会的宏伟目标至关重要。这既是全国经济工作必须长期坚持的重要思想，也是解决当前经济社会发展中诸多矛盾必须坚持的基本原则。③ 这样，就不仅明确了提出科学发展观的现实针对性和紧迫性，而且也明确了坚持科学发展观的长远意义。

---

① 江泽民：《全面建设小康社会，开创中国特色社会主义事业新局面》，人民出版社2002年版，第19～21页。

② 《中国共产党第十六届中央委员会第三次全体会议公报》，新华社2003年10月14日。

③ 胡锦涛：《在中央经济工作会议上的讲话》，见《人民日报》2003年11月30日。

科学发展观的根本思想是坚持以人为本。以人为本是马克思主义,也是社会主义的永恒主题,其实质就是要始终把满足人民群众的根本利益作为一切工作的出发点和落脚点,让发展的成果惠及全体人民,最终实现人的全面发展和自由发展。科学发展观强调"全面",就是不光要经济发展,还要推进政治、文化、社会的全面发展;强调"协调",就是要统筹兼顾城乡发展、区域发展、经济社会发展、人与自然和谐发展和国内发展与对外开放等方面;强调"可持续",就是要实现经济发展和人口、资源、环境相协调,走生产发展、生活富裕、生态良好的文明发展道路,保证一代接一代地永续发展。

倡导实现共同发展、共同富裕,不仅是当代中国社会发展的重大课题,也是当今人类社会发展的重大课题。从2000年联合国千年峰会所通过的《千年发展目标》到2002年世界首脑发布《约翰内斯堡可持续发展宣言》,再到2004年"全球扶贫大会"的主要议程,无不把消除贫困、实现共同富裕列为当今世界各国的首要任务。温家宝总理在扶贫大会的讲话中指出:消除贫困、实现富裕,是人类梦寐以求的理想,也是人类追求正义、公平和平等的永续实践。在当今世界,减少以至消除贫困,不仅是一个经济问题,而且是一个政治问题;不仅是各国自己的紧迫任务,而且是国际社会的共同责任。中国政府将坚持走中国特色的社会主义道路,始终把发展经济作为中心任务,并努力使经济发展的成果为人民大众所分享,达到共同富裕,实现社会公平与正义,为创造一个没有贫困、共同富裕的美好世界作出自己的贡献。①在《中国政府缓解和消除贫困的政策声明》中再次强调:缓解和消除贫困,实现全体人民的共同富裕,是中国政府始终始终不渝的宗旨。为了完成全体人民共同富裕这一艰巨宏大的历史任务,中国政府和人民进行了长期不懈的努力,特别是改革开放30年来,中国在经济社会全面发展、人民生活水平大幅度提高的同时,走出了一条符合中国国情的"政府主导、社会参与、自力更生、开发扶贫"的扶贫道路,基本上解决了农村贫困人口的温饱问题。针对局部仍然存在的贫困问题和发展差距,中国政府将坚持科学发展观,按照"五个统筹"的发展战略,以更坚决的态度、更有力的措施,全面推进缓解和消除贫困的进程。②

综上可知,共同富裕不是一个遥遥无期的未来理想,而是一个经过努力可以实现的具体任务,更是一个已经和正在被提到中国党和政府、乃至世界各国政府议事日程上的现实任务。深入探讨"什么是共同富裕,怎样实现共

① 温家宝:《为减少全球贫困而携手行动》(2004年5月26日)。

② 新华网2004年5月27日。

同富裕”的问题在新形势下尤显紧迫和重要。

第一，把握“中心课题”，从社会发展目标的高度进一步明确共同富裕是现阶段中国特色社会主义的主题和历史任务。长期以来，我们把实现社会主义现代化作为奋斗目标和历史任务，这并没有错，但是我们忽略了实现社会主义现代化与实现共同富裕的内在统一性，忽略了实现共同富裕与实现人和社会全面发展的内在统一性，以致我们在制定经济社会发展战略和目标时始终没有直接、明确、具体地部署共同富裕问题，而往往是从理论上间接、抽象地提到共同富裕。实际上，这与邓小平关于共同富裕的重要思想是不相符合的。确立全面建设小康社会的奋斗目标，是及时的、正确的，但从全面小康与共同富裕的关系来看，全面小康是共同富裕的基础和准备，全面小康的思想是共同富裕思想的组成部分，提出全面小康的目标和任务并不能代替共同富裕的目标和任务。在新世纪，共同发展、共同富裕已成为时代潮流和主题，更是现阶段我国经济社会发展的主题任务和奋斗目标，因此，我们必须自上而下、旗帜鲜明地把共同富裕确定为现阶段中国特色社会主义发展的主题和现实任务。

第二，紧紧把握“中心课题”，从推动理论创新的高度进一步探讨共同富裕理论体系及其价值和意义。邓小平关于共同富裕的重要思想极其丰富，而且极具深度、价值很高。但是，在理论研究中，人们往往把共同富裕思想局限在经济学领域，或者局限在民富的狭小范畴，削弱了共同富裕思想的丰富内涵，也降低了共同富裕思想的理论价值和实践意义。因此，现阶段我们必须深入研究和把握“什么是共同富裕，怎样实现共同富裕”，并在此基础上弄清其与邓小平理论、“三个代表”重要思想、科学发展观和中国特色社会主义理论的联系与区别，加深我们对“什么是社会主义，怎样建设社会主义”的认识和理解，从而促进马克思主义、科学社会主义的创新和发展。

第三，紧紧把握“中心课题”，总结历史经验和教训，分析当前我国社会出现的各类矛盾，揭示全面建设小康社会和实现共同富裕的发展规律，探讨实现共同富裕的动力机制、制度保证和决策依据等。

第四，紧紧把握“中心课题”，大力弘扬共同发展、共同富裕的时代主旋律，以共同富裕为主题，构建现阶段中国特色社会主义的共同理想，创新和发展社会主义市场经济条件下的人生观和价值观教育，使共同富裕的理念深入人心，进而建设既能代表当代中国最广大人民根本利益、同时也能充分反映当今世界各国人民普遍要求的先进文化和精神文明，在共同发展、共同享有的原则下促进共同富裕、以至人与社会的全面自由发展。

（作者单位：中共威海市委党史研究室、山东大学威海分校马列部）

威海推进党的建设科学化的实践与启示

李永玲

"推进党的建设科学化"、"提高党的建设科学化水平"是党的十七届四中全会提出的重大命题和重大任务。党的建设科学化，就是要求党的建设的各个环节、各项工作，必须充分认识其固有的规律、努力按照其发展的规律办事，归根到底是要准确把握和自觉运用马克思主义执政党建设规律，研究新情况、解决新问题、创造新经验。这体现了我们党对世情、国情、党情深刻变化的清醒认识，反映了党对巩固执政地位、坚持长期执政的高度自觉。提高党的建设科学化水平不仅需要党中央的"顶层设计"，更需要广大基层党组织认真研究、深入探索。威海作为改革开放的先发地区，在党的建设方面也较早地遇到了各种新挑战与新考验，多年来当地各级党组织始终坚持解放思想、实事求是、与时俱进，紧密结合时代特征和本地实际，及时研究新情况、解决新问题，不断进行基层党建工作的创新，在推进党的建设科学化进程中取得了一些好的做法和经验。在纪念建党 90 周年之际，认真总结基层党建的有益探索和新鲜经验，对于推进党的建设科学化水平，具有十分重大的现实意义。

一、抓住关键、无缝对接，不断提高党的组织覆盖与工作覆盖的科学化水平

在革命战争年代，我们党自身建设的一个伟大创举就是"支部建在连上"。建国后在计划经济体制下，经济结构是自上而下的单一的垂直系统，各种社会组织、企事业单位的组织结构也是垂直的，人人都是"单位人"。因此，我们党沿袭了战争年代的党建模式，将党的基层组织建在每一个社会基层单位中，有效保证了党的工作覆盖。然而，随着市场经济体制的建立和发展，我国社会经济领域发生了深刻变化，一方面随着所有制结构的多样化，在党政机关、企事业单位之外，出现了大量的新经济组织和新社会组织；另一方面随农村城市化进程加快及体制转换和结构调整的推进，过去的"单位人"大量变成无固定单位、自主择业、自由流动的"社会人"。面对新经济组

织、新社会组织和“社会人”的大量涌现,基层党建工作仅限于农村、企业和机关事业单位的传统领域显然是不够的,如何消除基层党建工作的盲区和空白点,扩大党组织的覆盖面,提高党的社会影响力,是党的基层组织建设面临的新课题。

威海市作为改革开放的前沿阵地,较早地经受了这样的新变化,并及时根据实践的要求不断调整和创新基层党组织设置,力求组织全覆盖、工作无空白,为提高党的组织覆盖与工作覆盖的科学化水平提供了一个新视角。

1. 抓住新社会组织这个关键,创新党组织设置形式。2000 年底,威海市委成立新型经济社会组织联席会议,主抓新社会组织党建工作。首先从律师行业入手,出台了《关于加强律师队伍党的建设工作的意见》,之后逐步向建设咨询服务、旅游、物业管理和注册会计师等行业推进。市委通过调查发现,律师事务所、会计师事务所、建设咨询服务公司等经济鉴证类中介组织数量较多,占到新社会组织总量的 80% 以上,大部分加入相关协会,行业管理比较严格。于是,协调市司法局、财政局、建委等部门,成立律师协会党委、会计师行业党委和建设咨询服务业协会党委等三大行业协会党委,由协会党委牵头,对市区内的律师事务所、会计师事务所、建设监理、工程造价、招投标、工程质量检测、勘察设计等中介组织中的党组织实行集中统一管理。成立协会党委之前,有相当一部分新社会组织党的关系隶属于各市区机关工委或工商局等其他部门,管理分散。市委组织部下发《关于理顺市区社会中介组织党的隶属关系的通知》,改属地管理、属条管理为属业管理。要求有 3 名以上正式党员、具备建立党组织条件的新社会组织,都要及时建立党组织;党员人数不足 3 名的新社会组织,可按照业务相近、地域相邻的原则,就近与其他新社会组织中的党员建立联合党支部,或将党员组织关系转入其业务主管单位或挂靠单位的党组织,参加党的活动。目前,威海已建立了五大行业协会党委,拥有独立党支部 214 个,联合党支部 19 个,党员 2875 名。行业协会党组织一直坚持以党务促业务,把党建工作渗透到从业人员政治素质、业务素质、职业道德和执业纪律建设、文化建设、诚信建设、精神文明建设等各个方面,增强了党建工作的实效性。

2. 抓住“社会人”这个关键,将党组织设置在楼宇间、市场中。在先进性教育活动中,威海市按照“便于学习教育、便于管理服务、便于资源共享”的原则,以“支部进楼宇”、“支部进市场”为途径,大胆创新组织设置的新形式,努力扩大社区党组织覆盖面。“支部进楼宇”主要是针对党员总数多而在职党员人数少、经济力量薄弱且活动场所小的社区。以一幢楼或几个相近楼宇的党员组成一个党支部,楼宇党支部的工作对象主要是组织关系在社区且居住在该楼或邻近楼宇的离退休党员、下岗失业党员或有单位但本单位无党组织的党员。其成员由支部大会选举产生，并由上级党组织进行党务知识培训后上岗。“支部进市场”主要是针对城市社区中各类大型批发、零售市场多，党员从业人员不易管理的实际，依托工商部门建立了市场党支部，积极组织市场个体工商户党员开展活动。将党支部建在楼宇间、市场中，为处于流动或分散状态的党员参加组织生活提供了保障，也使党组织的凝聚力得到增强。

二、创新手段、建章立制，不断提高党员干部教育的科学化水平

党员教育是加强基层党组织自身建设，保持党员先进性的中心环节。然而在改革开放和市场经济条件下，党员教育面临着许多新问题，历史上行之有效的教育方法和教育手段在今天已经变得不合时宜。一是党员的流动分散状态加剧，传统的、单纯以固定单位为依托的思想教育方式已变得越来越不适应形势发展的要求；二是党员在经济、社会活动中的角色日益多样化，传统的教育方法已经很难奏效；三是党员干部在经济收入、文化层次和职业身份等方面出现了一定差异，只有充分考虑党员个体的差异性和党员所处的现实环境，因材施教、自主选教，才是党员教育的新出路。

威海市多年来，在坚持党员教育不放松的同时，与时俱进，不断探索有效可行的教育手段和方法，为新形势下党员教育的科学化发展提供了有益启示。

1. 率先开通远程教育网络，以先进手段、生动内容教育培训农村党员。2006年，威海市在山东省率先开通了农村党员干部现代远程教育专业网站——威海农兴远教网站。现代远程教育具有图文并茂、生动形象的特点，非常适合于对文化程度相对较低的农村党员进行教育。市里坚持“建管学用”并举，不断创新教学载体，丰富教学形式，根据农时季节和农民生产生活特点，采取符合农民习惯的方式，合理安排课程和学习时间，最大限度地提高利用率。通过现代远程教育网络，广大农村党员能及时了解中央和省委关于先进性教育活动的重要部署要求，直接收看中央和省里专家的辅导，及时学习先进典型经验和先模人物事迹，满足各行业、各层次、各群体党员的学习需要，增强了学习教育效果。近年，荣成远教频道开通了《聚焦三农》栏目，加大对新农村建设典型的宣传推荐力度，循环播放当地17名优秀农村干部专题片，引导农村党员干部学先进，当先锋，自觉参与新农村建设。

2. 推行自主选学学分制，强化干部学习内容的自主性和学习时效的约束性。威海市自2007年推行自主选学培训，在提前做好调查研究的基础上，

充分尊重干部需求，重点围绕政治理论、政策法规、业务知识、文化素养和技能训练等五个方面，由组织部门提出培训题目，培训机构根据各自优势，具体制定针对性很强的短期强化培训菜单。通过外请、内聘多种渠道，高标准配备师资力量。课程全年度分布，干部可根据需要合理选择。本着"宽进严出"的原则，将灵活的培训方式与严格的考核管理有机结合，制定了学分制管理暂行办法，学员每修完一门课程，经培训机构考核合格，获得相应学分，市委组织部年底统一组织学分登记审核。组织部门在整个培训过程中，对培训机构的培训质量进行考察评估。自主选学培训，为干部提供了丰富多彩、贴近实际、贴近需要的培训内容，充分尊重干部的个性需求，最大程度解决了工作与学习的矛盾，体现了以人为本理念，调动了干部参训热情。

三、凝智聚力、共谋发展，不断提高基层党组织和党员作用发挥的科学化水平

服务群众是基层党建的生命线，党建的最大成果要体现在为老百姓解决实际问题上。党的基层组织是党全部工作和战斗力的基础，是落实党的路线方针政策和各项工作任务的战斗堡垒。十七届四中全会要求党的基层组织充分发挥推动发展、服务群众、凝聚人心、促进和谐的作用，广大党员牢记宗旨、心系群众。党章中还明确要求党员要在生产、工作、学习和社会生活中起先锋模范作用。但在市场经济和农村改革的大背景下，农村基层党组织与农村党员作用的发挥都存在不少问题。就农村基层组织层面而言，农业税改革后，镇村之间的联系越来越少，乡镇党委的工作很少落实到具体服务之中，特别是由于经费紧缺，乡镇干部把主要精力放在了兴办企业、发展经济、壮大财力上，很少深入农村了解情况，对村干部也往往侧重于事后监管。而面对征地拆迁、村庄规划、招商引资等新形势、新任务、新问题，以村干部的素质和能力又难以应对自如，每每是想干不会干、好心办坏事；就农村党员个体层面说，其先进性本应体现在创业致富的积极性及带领群众致富的能力上，但在市场经济、分散经营的条件下，许多党员由于文化科技知识欠缺，加之思想不够解放，不但不能带领群众富，而且连自身致富都是很大难题，其党员的先进性已经无从体现。因此，一方面，如何使农村基层组织形成合力，及时破解农村发展中出现的难题，真正成为战斗堡垒；另一方面，如何使农村党员以自身的创业致富带动群众致富，彰显共产党员的先进性，就成为农村基层组织建设的重要课题。

威海市在长期的探索实践中，已经找到了农村党组织和党员发挥作用的有效途径。通过镇村集中议事，使农村基层党组织在推动发展、凝聚人

心、服务群众、促进和谐上发挥了应有的作用;通过先锋创业工程,引导党员把带头作用发挥出来,把形象树立起来,让每名党员都成为促进科学发展的一面旗帜。

1. 镇村集中议事,破解农村工作难题。为发挥镇村党组织的战斗堡垒作用,集思广益破解农村发展中遇到的难题,促进经济发展和社会稳定,2009 年以来文登市积极探索推行镇村集中议事制度。镇村集中议事的议题来自基层反映,包括农村经济发展、社会事业、党建工作、社会稳定等方方面面,与会者有镇党政班子、包片干部、相关职能部门和村级主要负责人。市委要求各镇党委书记每周主持召开一次集中议事会,各村支部书记轮流参加。保证镇党政班子成员、包片包村干部、镇政府职能部门与各村支部书记每月至少见一次面,对各村遇到的问题,及时沟通了解,充分议清理明,提出对策建议,给予指导和帮助。并将议题列入村干部任期目标,明确责任人和完成时限,加强督导和考核。通过分片议事、分专题议事、现场议事等多种形式,提高村级决策的民主化、科学化水平,有效解决了部分村干部不会干事、盲目干事、违法干事等深层次问题,既提高了镇党委对农村工作的掌控能力,使"书记抓、抓书记"有了可行有效的载体,又促进了村干部主动想事、积极干事。仅一年多的时间,文登市的镇村党组织就集中研究各类事项 6100 多件,解决了 1200 多个农村发展中的难题。

2. 实施"先锋创业"工程,激发农村党员活力。为解决农村党员缺乏带头致富能力和带领群众致富能力的问题,荣成市通过远程教育、专家讲座、视频互动等多种方式,对农村党员实行免费培训,并组织百名优秀专家深入农村为党员找项目、出点子。通过树立和宣传创业典型,激发党员的创业激情。针对部分党员创业缺少资金的实际,采取市场化运作方式,由组织部门与农村信用合作社共同携手,以镇街党委为单位设立创业基金,对创业党员实行贴息贷款。建立完善观摩互评、党性考评、双述双评三位一体的创业评价机制,确保每一个创业党员、创业项目都经得起检验。同时,建立"双联双服"机制:一方面,对每名创业党员、每个扶助项目,都由镇街党委安排一个或几个对口部门予以跟踪帮扶,为项目发展提供技术、信息等全方位服务;另一方面,组织每名创业党员联系三名以上党员群众,为他们提供产业发展技术服务,让创业党员在服务群众过程中展现先进性。"先锋创业工程"有效整合社会各方面优势资源,通过综合性帮扶措施激励支持党员创业发展,解决了部分党员由于自身创业致富能力不强导致先进性"弱化"的问题。一大批基层党员在先锋创业工程的引领下,成为基层群众创业致富的"领头雁"。

四、广泛参与、公平竞争，不断提高选人用人的科学化水平

由于历史的原因，我们传统的选人用人体制中，存在着“由少数人选人和在少数人中选人”的问题，导致选人用人公信度不高。随着社会主义民主政治的不断推进，党员群众民主意识的不断增强，如何通过扩大选人过程中的参与面，提高选人用人的质量和公信度，树立正确的用人导，激发干部干事创业的热情，已成为摆在各级党委面前的一项重大而紧迫的任务。

就农村而言，在基层党组织选举工作中，基层党组织书记人选多是由上级党委提名或直接任命，这种体制在一定时期内对于加强党的领导、推进基层各项工作起到了积极的促进作用。但随着村委会直选的推行，这种做法也出现了一些不适应的地方：一方面，由于选举程序不一致，导致“两委”相互不服气，工作不协调；另一方面，这种做法，容易导致支部书记在工作中往往只对上级党委负责，而忽视了对群众的负责，造成了对上负责与对下负责的脱节。随着农村基层民主的发展，迫切需要对农村基层党组织的选举方式和产生方式进行改进。

近年来，威海市，对基层党的领导班子成员的选举和产生方式进行了大胆改革，把民主机制引入党内，收到了很好的效果，对基层深化干部人事制度改革的实践探索，不无借鉴和参考作用。

1. 对农村党支部书记实行“两推直选”。早在1998年农村“两委”换届时，乳山就在全市农村推行了“两推一选”党支部成员，即：党员每人一票、群众每户一票，按综合得票多少，确定正式候选人，由党员大会正式选举。2004年农村“两委”换届时，又顺应群众民主意识不断增强的实际，实行了“两推直选”农村党支部书记，即：在党员推荐和群众推荐确定候选人的基础上，采取竞争演说、公开承诺、直接选举的方法，在党员大会上直接选举产生村支部书记。同时，进一步完善村级事务规范决策制度、村级政务财务公开制度、任期目标管理制度、民主评议村干部制度、村干部定期审计制度、违规经济赔偿制度等六项制度，对当选者进行积极引导，强化监督管理。十七大以来，乳山市按照扩大基层党组织领导班子直接选举范围要求，又进一步扩大基层党组织直选范围，向机关、学校、医院、改制企业、外商投资企业以及社会中介组织全面拓展延伸。

2. 对基层主要党政干部实行“定位公推”。为扩大党内民主，从源头上防止和克服“少数人选人”和“在少数人中选人”的问题，从2001年开始，乳山市对镇党委书记岗位进行了定位公推。所谓“定位公推”，就是干部调整前，市委只定职位、定条件，在全市范围内发动干部群众参与推荐，市委根据

公推结果确定初步人选。在此基础上,2004 年又进行了党代表直选镇党委书记、班子成员的做法。不仅对镇党委书记,对其他市直部门主要负责人的推荐选拔,也实行"定位公推"。近年来,通过"定位公推"的方式推荐了 160 名镇(街道)、市直部门主要领导。与以往干部推荐方式相比,无论是定位公推还是党代表直选都是极大的进步。一方面,树立了正确的用人导向,扩大了党内民主,顺应了民心,合乎了民意,因而极大地调动了党员群众的参政积极性;另一方面,通过这种方式选出的班子更具有群众性、代表性、先进性,使基层党委班子拥有更广泛的民意基础,进一步巩固了党在基层的执政基础和群众基础。

五、以城带乡、资源共享,不断提高统筹城乡党建的科学化水平

党执政后,与城乡二元的社会结构相适应,党的建设从组织设置到党员管理等也都处于城乡二元状态。改革开放以来,农村经济取得长足进展,社会面貌发生了翻天覆地的变化,虽然经济与社会的变革要求基层党组织在活动方式上扩大开放性、增强服务性、体现多样性,但城乡基层党建二元结构始终没有得到根本改变,城乡党建协调发展的体制性障碍依然存在,不少地方城乡党建工作"两张皮",农村党组织基础薄弱、活力不足、活动方式封闭单一的问题依然没有改观,基层党建共组理念、组织设置、党员教育管理、运行机制和工作保障等方面已经不能适应科学发展观以人为本,全面、协调、可持续发展的基本要求。为顺应新时期发展需求,充分发挥城乡基层党组织在改革发展稳定中的领导核心作用,不断增强党的基层组织的创造力、凝聚力和战斗力,必须打破城乡党建二元管理的传统模式,积极构建城乡一体基层党建工作新格局,全面提升基层党建工作整体水平。为此,党的十七大提出了构建城乡统筹基层党建新格局的要求。

近年来,威海各级党组织站在巩固党的执政地位和群众基础的战略高度,主动顺应经济社会的深刻变化和构建和谐社会的内在要求,坚持统筹城乡发展,对构建以城带乡、城乡联动的党建工作新格局进行了有益的探索,并取得了一定的成效。

1. 村企联建党组织,实现互利双赢。2009 年,乳山育黎镇以龙角山联合党总支和西纪村豪仪联合党支部为载体,积极探索实践"村企联建党组织"的基层党建新模式,找准村企在组织建设、经济发展和社会和谐上的结合点,拓宽企业发展的空间,破解农村发展的难题,实现了"企业发展、农村繁荣"的互利双赢目标。随后,乳山市委按地域相近、产业相关、互利双赢的原

则,主动推进村企“联姻”,选取经济势力强、发展潜力大的企业与1村或多村联建党组织,搭建城乡统筹基层党建的有效平台。目前,乳山市已成立了17个村企联合党支部。村企联建后,发挥联合党组织的凝聚力,引导村企双方找准产业发展、资源共享等方面的结合点,促进企业项目、资金、技术、信息等资源流向农村,支持农业,服务农民;促进农村土地、人力资源流向企业,扩大规模,膨胀发展,从而实现村企双方共享资源、共办实事、共同发展。

2. 财力倾斜,加长农村基层党组织的“短板”。市委从统筹配置城乡党建资源出发,推进城乡基层党组织互帮互助,促进城乡党建工作协调发展。在加大公共财政投入的同时,坚持向农村倾斜,采取“以奖代补”的形式,对兴办村级公益事业、新建改建活动场所的村给予资金扶持。对经济实力相对薄弱的社区给予经费补助,保证社区党组织正常运行。还建立起基层干部待遇保障机制,通过财政转移支付,向党支部书记发放基本报酬和业绩考核奖励报酬。采取镇财政、村集体和村干部个人共同出资的形式,为村干部办理养老保险,保证了村干部收入有保障,干好有希望,退后有所养。

(作者单位:威海市委党校党史党建部)

论邓小平关于党风建设重要性的思想

丁兆梅

党风建设在党的事业中处于极为关键地位。在这个问题上,作为我国改革开放总设计师的邓小平有着极为丰富的思想。这一思想对于我们在新的实践条件下搞好党的建设,推进中国特色社会主义事业的顺利进行依然具有深刻的理论启迪意义。

一、党风建设事关党的形象和地位

重视党风建设是中国共产党自身建设的一个重要内容和鲜明特色。其中,邓小平作为党的第二代领导集体的核心,在改革开放的实践背景下对党风建设的重要性进行了系统的思考,成为邓小平党风建设理论的重要组成部分。

1. 党的作风直接关系到党的领导成败。中国共产党是在苏联共产党和共产国际的直接领导下建立的,在建党初期由于没有多少经验犯了几次"左"的和右的错误,究其原因就在于我们党的领导人犯了主观主义的错误,使我们党对革命的领导遭受损失。1943 年邓小平在北方局党校整风动员会上指出:"现在,我们党有二十二年多的历史了,其间经过了三次大的革命战争,我党始终站在最前线,为着民族和人民的解放事业而英勇奋斗,我党始终引导着中国革命向前发展、向前迈进。但是我们也有好几次挫折和失败的教训,而每次的挫折或失败,都是学风、党风、文风三风不正占统治地位的领导所形成的恶果。"①邓小平对此进行了分析强调了进行整风的必要性和重要性。1948 年,面对跃进中原的胜利形势,邓小平分析了今后的政策策略,更强调了党风在革命胜利中作用,他说:"我们党内组织上和思想作风上不纯的情况是严重的,它会使党丧失战斗力,不能完成革命的任务。"②建国后,他又在《共产党要接受监督》中强调指出:"共产党有没有资格领导,这决

---

①② 《邓小平文选》(第 1 卷),人民出版社 1994 年版,第 87 页,第 101 页。

定于党自己。人家承认不承认是另外一回事,不承认也不要紧。如果你合格,人家不承认也合格;如果不合格,人家承认了也还是不合格。归根到底在于我们自己。……如果共产党用宗派主义、主观主义、官僚主义的态度领导人家,再说共产党能领导也领导不起来。“……总之,共产党的领导够不够格,决定于我们党的思想和作风。”[①]由此可见,邓小平不论是对革命、建设还是改革期,总是十分强调党的作风对党的领导的重大作用。

2. 党风是党密切联系群众的根本所在。毛泽东早在延安整风运动中就明确提出三大作风的重要性。邓小平更是强调党风对于保持同群众的密切关系具有重要作用,并指出党风不良是我们党脱离群众的根本原因。1948年6月6日,他在为中共中央中原局起草的关于《贯彻执行中共中央关于土改与整党工作的指示》中指出:“我们许多外来干部作风很坏,对本地干部的作用认识不够,没有一心一意地去发现正派的积极分子,大量地培养他们成为区村干部,反而提升了一批流氓坏人来当干部,也是我们脱离群众的重要原因。”[②]在主政大西南时期,为了克服当时西南党内的不良倾向,邓小平要求共产党员除了成为执行共同纲领和遵纪守法的模范外,还需要具有纯正的作风,拥有一心一意为人民服务的工作态度。他指出了领导者作风不良和群众的态度:“有些同志以为天下是我们打下的,一切要服从我们。这是非常错误的。实际上群众不一定会服从你。领导不是自封的,要看群众承认不承认,批准不批准。领导作风恶劣,群众就不会服从;领导犯了错误,群众就不批准。或者有人说,我革命时间长,本领大。但群众不跟你走,你就一事无成。”[③]邓小平严肃批评了这种不良现象所带来的后果,那就是这种人老是拿共产党员的牌子和革命多少年的资格去压别人,硬要党外人士服从自己,说话态度生硬,架子摆得很大,以为这就是“领导”。其实只能令人讨厌,脱离群众,使自己陷于孤立和困难的地步。

粉碎“四人帮”后,历史进入改革开放新的历史时期。邓小平更加强调要恢复和发扬党的优良作风。同过去革命时期相比,中国共产党从领导人民夺取政权的党,变为领导人民掌握全国政权并长期执政的党;从在外部封锁状态下领导国家建设的党,变为在全面改革开放条件下领导国家建设的党。但党的根本宗旨和优良作风是不能变的。他说:“现在,我们党在群众中的工作,比‘文化大革命’以前是有些减弱,工作方法也有一些粗糙的地方,这些都妨碍党与群众的联系。只有大力加强党与群众的联系,深入到群

①②③ 《邓小平文选》(第1卷),人民出版社1994年版,第274页,第114页,第157页。

众中去做思想政治工作,经济调整中的许多困难才容易克服。极少数党员、干部的不正之风,非常不利于恢复党在群众中的威信。"①并且,他进一步指出党风建设在党的建设中的重要性:"今后一个长时期,至少是到本世纪的近二十年内,我们要抓紧四件工作……在认真学习新党章的基础上,整顿党的作风和组织。"②"当前的精神文明建设,首先要着眼于党风和社会风气的根本好转。""端正党风,是端正社会风气的关键。整党要遵照十二届二中全会的决定,统一思想,整顿作风,加强纪律,纯洁组织,四者缺一不可。党章对这些都有明确的规定,每个党组织应该要求每个党员逐条对照,开展自我批评和相互批评,必要的时候要采取纪律措施。每个党员都能以身作则,我们的一切事情就都好办了。"③因此可见,邓小平反复强调了党风与党风建设的极端重要性与紧迫性。

3. 良好的作风使党能够在国际上树立尽职尽责的形象。邓小平不但具有深厚的理论维度,更具有广阔的理论视野。他认为党的优良作风不但在国内是党的形象,在国际更具有重大的意义。《在扩大的中央工作会议上的讲话》中,邓小平指出:"我们党一定要在国际上高举反对帝国主义的旗帜,高举革命的旗帜,高举无产阶级国际主义的旗帜。同时,我们也历来高举着维护世界和平的旗帜。我们党在国际方面能否尽到自己应尽的责任,归根到底,首先决定于能否把我们国内的工作搞好。要搞好国内建设,搞好国内各方面的工作,又首先决定于我们党的领导。"④然而党能否在国际上担负起不可逃避的责任呢?在邓小平看来,由于党具有五个优点,有五好,即"有好的指导思想,有好的中央,有大批好的骨干,有好的传统,有好的信赖党的人民。这样的党,既然能够领导人民取得革命的胜利,也一定能够领导人民取得社会主义建设的胜利;既然能够把国内工作搞好,也一定能够在国际共产主义运动中担负起自己应负的责任"⑤。

4. 党的优良作风也是党成熟的表现。要使我党逐步成为一个成熟的党,同群众有密切联系的党,是不容易的。1965 年 12 月 27 日,他在《建设一个成熟的有战斗力的党》中指出:"所谓全党成熟,首先是在思想上,我们党有了把马克思列宁主义同中国革命的具体实践相结合的毛泽东思想,广大干部和党员掌握了这个思想。"⑥在政治上,从遵义会议以后,党内虽然有过错误的路线,但是毛泽东总是用正确的路线去克服错误的路线,因此,从那

① 《邓小平文选》(第 2 卷),人民出版社 1994 年版,第 358 页。

②③ 《邓小平文选》(第 3 卷),人民出版社 1993 年版,第 3 页,第 144 页。

④⑤⑥ 《邓小平文选》(第 1 卷),人民出版社 1994 年版,第 297 ~ 298 页,第 301 页,第 346 页。

以后党的方针和政策都是正确的。体现了正确路线的方针和政策,变成了群众的行动,得到了群众的拥护,最后,“在组织上,形成了一个健全的马克思列宁主义的党,树立了一个正确的党风”①。这正确的党风就是毛泽东所倡导的三条:第一,这个党必须是理论同实际相结合的党;第二,这个党必须是密切联系群众的党;第三,这个党必须是建立在自我批评基础上的党。由此不难看出,邓小平把优良党风作为党成熟的条件与标志之一。

二、党风建设事关党的生死存亡

党风以及党风建设不但关系到党的形象和地位,而且执政党的地位更使党风建设关系党的生死存亡。

我们知道,毛泽东的党风建设思想是个完整的理论体系,是我们党最为宝贵的精神财富,其内涵十分丰富,如,群众路线的作风;政治、经济、军事三大民主的作风;团结紧张、严肃活泼的作风;全心全意为人民服务的作风;自力更生、艰苦奋斗的作风;深入实际、调查研究的作风;坚持真理、修正错误的作风;学而不厌、诲人不倦的作风;谦虚谨慎、不骄不躁的作风;批评与自我批评的作风等等。邓小平继承并发展了毛泽东的党风建设的内容,并且对党风建设的重要性认识更深刻。

在党的八大上,邓小平在《关于修改党的章程的报告》中就分析了建国后党的状况发生了很大的变化。中国共产党已经是执政的党,已经在全部国家工作中居于领导地位。执政党的地位,使我们党面临着新的考验。所以邓小平指出:“执政党的地位,很容易使我们同志沾染上官僚主义的习气。脱离实际和脱离群众的危险,对于党的组织和党员来说,不是比过去减少而是比过去增加了。而脱离实际和脱离群众的结果,必然发展主观主义,即教条主义和经验主义的错误,这种错误在我们党内也不是比前几年减少而是比前几年增加了。”②同样在这篇报告中,邓小平还从党的团结和统一的角度谈了党风的重要性,他指出:“党的团结和统一,是党的生命,是党的力量的所在。经常注意维护党的团结,巩固党的统一,是每一个党员的神圣职责。”③邓小平从执政党的地位来看待党风建设问题,是十分重要的。所谓脱离实际和脱离群众的危险,关系到党的生死存亡,关系到亡党亡国的问题。

改革开放以来,我党面临的长期执政的考验、改革开放的考验、发展经济的考验,作为第二代领导核心邓小平更是从党的生死存亡的角度来看待

---

①②③ 《邓小平文选》(第1卷),人民出版社1994年版,第346页,第214页,第235~236页。

党风建设的。“文化大革命”结束后,为解决过去遗留的问题,解决新出现的一系列问题,正确地改革同生产力迅速发展不相适应的生产关系和上层建筑,根据我国的实际情况,确定实现四个现代化的具体道路、方针、方法和措施,面对党内思想僵化在党的思想作风上,邓小平首先强调了党的思想作风的重要性:“一个党,一个国家,一个民族,如果一切从本本出发,思想僵化,迷信盛行,那它就不能前进,它的生机就停止了,就要亡党亡国。”①在这里,邓小平把我党的思想作风看得极其重要,并上升到关乎亡党亡国的地步。也正是在邓小平的倡导下,全党和全国各族人民,解放思想,开动脑筋,实事求是,团结一致向前看,开辟了社会主义改革开放的新局面和社会主义现代化建设的光明前途,密切了党和人们的关系,巩固了党的领导地位。

三、党风建设事关国家的改革开放和社会主义的前途命运

改革开放以来,我党的历史方位发生了重大变化。改革开放和现代化建设的整个过程中,由于我党面临长期执政的考验、市场经济的考验等,党风建设更是事关改革成败和国家的生死存亡。

1978 年,邓小平在中央工作会议上,面对“文化大革命”中林彪、“四人帮”大搞禁区、禁令,制造迷信,把人们的思想封闭在他们假马克思主义的禁锢圈内,不准越雷池一步。否则,就要追查,就要扣帽子、打棍子的情况,强调解放思想是当前的一个重大政治问题。他指出:“只有解放思想,坚持实事求是,一切从实际出发,理论联系实际,我们的社会主义现代化建设才能顺利进行,我们党的马列主义、毛泽东思想的理论也才能顺利发展。从这个意义上说,关于真理标准问题的争论,的确是个思想路线问题,是个政治问题,是个关系到党和国家的前途和命运的问题。”②

20 世纪 80 年代初,随着我国实行对外开放和对内搞活经济两个方面的政策,不过一两年时间,就有相当多的干部被腐蚀了。卷进经济犯罪活动的人不是小量的,而是大量的。因此,1982 年 4 月,邓小平在《坚决打击经济犯罪活动》讲话中指出:“好多钱落到了私人或者某些集体的腰包。如果把盗窃公家的财产等等都算在内,那就更要多得多。要足够估计到这样的形势。这股风来得很猛。如果我们党不严重注意,不坚决刹住这股风,那么,我们的党和国家确实要发生会不会‘改变面貌’的问题。这不是危言耸听。”③这里讲的“改变面貌”就是指党变质、国变色,以至于改革失败走向邪路社会主

①②③ 《邓小平文选》(第 2 卷),人民出版社 1994 年版,第 143 页,第 143 页,第 402 ~ 403 页。

义国家走向灭亡。邓小平认为,处理好党的干部的经济犯罪“有四个方面的事情,四个方面的工作和斗争,要伴随着我们整个社会主义现代化建设的进程走。这四个方面的工作,或者叫坚持社会主义道路的四项必要保证,即:第一,体制改革;第二,建设社会主义精神文明;第三,打击经济犯罪活动;第四,整顿党的作风和党的组织,包括坚持党的领导,改善党的领导。前面三件事已经放到日程上了,后面一件事还没有放到日程上。但是,前面三件事也联系到党风问题。”①

随着改革的深入,一方面资产阶级自由化思想严重泛滥,另一方面党员干部的经济问题也越来越严重,邓小平对此始终十分警觉,对于打击经济犯罪也是始终如一的。1986 年 6 月,邓小平在中央政治局常委会上的讲话中再次强调这个问题:“这半年端正党风的工作是有成绩的,但是不要估计太高,现在还刚刚开始。我们说从今年起狠抓两年,实际上两年以后还要继续干这件事,当然不一定要设专门机构。开放、搞活,必然带来一些不好的东西,不对付它,就会走到邪路上去。所以,开放、搞活政策延续多久,端正党风的工作就得干多久,纠正不正之风、打击犯罪活动就得干多久,这是一项长期的工作,要贯穿在整个改革过程之中,这样才能保证我们开放、搞活政策的正确执行。”②可见,邓小平是十分关切党风对于开放、搞活的重要性的。

四、党风建设事关社会风气的好坏

邓小平认为,党风不仅仅是党在思想、学风、工作作风、领导作风和生活作风等方面表现出来的风气和习惯,党风也不仅仅是关党自身的形象和生死存亡,党风不好严重影响社会风气。我们建国以后的十多年中,由于党和政府的正确领导,由于毛泽东的大力倡导,社会风气是健康的。在党的教育下成长起来的青少年,绝大多数怀抱崇高理想,热爱社会主义祖国,积极响应党和政府的号召,捍卫人民利益,维护社会秩序,处处表现良好的献身精神和守纪律精神。青少年的这种风气和整个社会的风气互相影响,互相促进,受到全国人民和各国人士的赞许。但是在“文化大革命”的十来年中,林彪、“四人帮”把我们的党和政府搞乱了,把我们的社会搞乱了,也把不少青少年毒害了,社会主义的道德风尚受到了严重的损害。粉碎“四人帮”以后,情况有了很大的好转,但是他们造成的流毒在某些范围内还不能低估。加上“文革”结束后我党对少数青少年的教育和管理不够,也出现了一些不健

---

① 《邓小平文选》(第 2 卷),人民出版社 1994 年版,第 403 ~ 404 页。

② 《邓小平文选》(第 3 卷),人民出版社 1993 年版,第 164 页。

康的现象。比如,一些青年男女盲目地羡慕资本主义国家,有些人在同外国人交往中甚至不顾自己的国格和人格。这种情况引起邓小平的高度注意。所以,邓小平强调:“为了促进社会风气的进步,首先必须搞好党风,特别是要求党的各级领导同志以身作则。党是整个社会的表率,党的各级领导同志又是全党的表率。如果党的组织把群众的意见和利害放在一边,不闻不问,怎么能要求群众信任和爱戴这样的党组织的领导呢?如果党的领导干部自己不严格要求自己,不遵守党纪国法,违反党的原则,闹派性,搞特殊化,走后门,铺张浪费,损公利私,不与群众同甘苦,不实行吃苦在先、享受在后,不服从组织决定,不接受群众监督,甚至对批评自己的人实行打击报复,怎么能指望他们改造社会风气呢!在目前的历史转变时期,问题堆积成山,工作百端待举,加强党的领导,端正党的作风,具有决定的意义。毛泽东说:‘只要我们党的作风完全正派了,全国人民就会跟我们学。党外有这种不良风气的人,只要他们是善良的,就会跟我们学,改正他们的错误,这样就会影响全民族。’只有搞好党风,才能转变社会风气,才能坚持四项基本原则。”①这里,邓小平谆谆教导我党,党和党的高级干部就是社会的表率,党风就是社会风气的指示器和航标。俗话说:“上梁不正下梁斜,下梁不正倒下来。”作为领导全国各族人民进行革命、建设和改革的党,要深知自己的一举一动都在群众的视野中,都在老百姓的心目中,都会给社会风气带来直接影响。

“文革”后面对干部中的一些特殊化问题,邓小平更从领导干部的生活待遇细节方面警告我党,再不对干部诸如住房作一些严格规定,我们就无法向人民交代了。他说:“大家知道,最近一个时期,人民群众当中主要议论之一,就是反对干部特殊化。要讲特殊化,恐怕首先表现在高级干部身上。当然,我不是说所有的高级干部都是这样,我们的许多高级干部是很艰苦朴素的,但确实有些人特殊化比较厉害。这种情况,在中下层干部中也有。如某些公社党委书记,某些县委书记,某些厂矿企业的同志,他们那个特殊化也比较厉害。应该看到,这不单是一个党风问题,而且形成了一种社会风气,成了一个社会问题。”②邓小平还指出:“有的人追求舒适生活,房子越住越宽敞,越漂亮,越高级。有的人为了自己的方便,可以做出各种违反规章制度的事情。这使我们脱离群众,脱离干部,把风气搞坏了。人们对这些现象很敏感。”③

在20世纪80年代,改革过程中也带来一些不良影响,那就是资产阶级

---

①②③ 《邓小平文选》(第2卷),人民出版社1994年版,第177~178页,第216页,第217页。

自由化思潮泛滥。邓小平及时提出要加强精神文明建设,认为不加强精神文明的建设,物质文明的建设也要受破坏,走弯路。邓小平指出:"当前的精神文明建设,首先要着眼于党风和社会风气的根本好转。端正党风,是端正社会风气的关键。"①为此,邓小平要求全党统一思想,整顿作风,加强纪律,纯洁组织,开展自我批评和相互批评;认为改善社会风气要从教育入手,让群众从事实上感觉到党和社会主义好;思想政治工作思想政治工作队伍都必须大大加强,决不能削弱;思想文化界要多出好的精神产品,要坚决制止坏产品的生产、进口和流传,等等。

总之,邓小平坚持从战略高度强调执政党党风建设的重要意义,为改革开放条件下加强党的建设提供了理论指南。这一思想对于我们在新的实践条件下搞好党的建设,提高党的执政能力,推进中国特色社会主义事业的顺利进行,都具有重大而深远的意义。

(作者单位:哈尔滨工业大学威海校区人文学院社科部)

① 《邓小平文选》(第3卷),人民出版社1993年版,第144页。

以科学发展观为指导 创新E时代高职院校党建工作

赵喜婧

E时代的“E”是英文Electronic(电子)的缩写,指电子时代,就是网络普遍使用在办公、生活和各个领域的时代。高职院校育人,党建为魂。高职院校党建工作是大学生思想政治工作的重点。随着网络的普及和发展,上网的大学生人数在不断增加。网络对于学生的行为模式、价值取向、政治态度、心理发展、道德观念的形成产生了很大影响,高职院校党建工作面临着新形势的考验。特别是新一代高职大学生,他们是在传统与现实的交织中走向革新的一代。一个时代的青年有一个时代的鲜明特征,不同时代的大学生需要不同的教育方式。

一、新一代高职大学生的思想政治特征

笔者通过对不同专业、不同家庭背景、不同性别的数百个90后高职学生,进行了问卷抽样调查与分析。发现新一代高职学生有以下主要特征。

1.对家庭的依赖性较强,生活上不能独立。90后的大学生85%以上均为独生子女,他们在“6+1”家庭结构中,从小深受家人的呵护与溺爱,缺乏独立生活的能力,很多学生到校之后都有较强的恋家情绪。77.9%的学生生活费来自家庭供应。“部分家庭供应,部分勤工俭学”占7.2%,家庭供给是其消费的主要来源。调查中有51.4%的90后新生表示,若生活费透支,将向家人索要;只有18.1%的学生打算通过打工赚钱,以自力更生的方式弥补。

2.思想活跃,积极进取,富于开拓,求知欲强,但抗挫能力弱。调查显示,有34.5%的新生缺乏理想、信念和人生规划;32.2%的人不相信梦想和信念对人生的影响;但却有77%的90后新生充满自信。在接受调查的90后新生中,有64.8%的学生认为自己“心态很开放,易于接受新鲜事物”。他们好奇心重,知识面宽见识较广,容易接受更多的新鲜事物,敢于尝试。较

好的家庭环境和社会条件也使他们的成长道路大多较为平坦和顺利,从而抗挫折能力明显下降。调查显示,大多数90后心理素质偏弱,抗压能力明显不足,大部分大学生感到缺少知心朋友,会因无人倾诉而觉得“莫名空虚”和“无助”。遇到挫折时,只有10%的新生表示会“总结经验,从头再来”。

3. 新的交流方式形成,网络使用率高。20世纪90年代以来,互联网飞速发展,90后大学生是伴随着网络发展而成长起来的,网络环境本身的共享性、互联性、开放性和动态性等鲜明特点,吸引了越来越多的学生使用网络。调查显示,高职大学生都具有较长的网龄,一般都是从小学、初中就开始接触网络,对使用互联网的一些基本技能掌握得都很熟练。在每天使用的时间上,有50.3%的人选择了1至2个小时,有23.6%的人选择了多于2个小时。98.9%的同学拥有QQ账号,其中80%的学生表示会经常使用。网络在高职学生生活中占了非常重要的地位。

二、网络时代高职院校学生党建工作存在的问题

1. 网络让学生的思想更自由,但道德观念出现困惑。高职学生青春年少,正处在人生观、世界观和价值观的形成时期,活跃的思想使他们更容易接受新鲜事物,网络中形形色色的内容,使还不具备完善的人生观的学生极易走入思想误区,从而使他们对道德准则的把握出现偏差。辨别能力差、心智不成熟、缺乏自控能力让学生沉浸于网络社会,道德观念也深受网络虚拟世界的影响,而充斥于网络游戏与虚拟社会中的血腥暴力、游戏人生的种种不良观念,让学生分不清现实与虚拟世界的界限,成为社会交往与处世能力低下的网络人。多种由于网络带来的不良影响,使现在相当一部分的高职院校学生产生了道德困惑,对高职院校党建工作提出了巨大的挑战。

2. 网络让高职院校党建工作方式落后于时代。与网络的迅猛发展、学生快速接受网络生活方式形成鲜明对比的是高职院校党建工作严重落后于时代的工作方式。一方面,由于对网络社会带来的影响认识不足,使高职院校党组织对网络技术与高职院校党建工作的关系没有研究,也没有加以重视,工作方式方法陈旧,不能充分借助网络手段开展有效的党建工作。另一方面,习惯网络生活的学生,自主意识空前增强,网络BBS、博客等形式激发了学生自由表达的习惯,从而使学生的思想引导难度加大。学校党建工作人员缺乏对网络新时代学生的了解,单纯的理论思想课已不能起到教育学生的目的。与此同时,高职院校党组织在网络上的宣传阵地没有发挥出应有的作用,对学生的舆论导向功能没有得到很好的体现,这主要缘于高职院校党组织精通网络模式宣传人才的匮乏,使得高职院校党建工作即使建立

了网络党校等阵地,也仅仅起到了一个宣传板的作用,对学生的舆论导向基本无能为力。

3. 网络监管对高职院校党建工作成效影响增大。网络带来的沟通模式,打破了我国长期以来的自上而下的信息传播方式,给网络监管与舆论导向等工作带来了极大的困难。网络信息传播的无限制性,让一些敌对势力瞄准网络这个宣传阵地,通过制造谣言、蛊惑人心、煽动群众的不良情绪等干扰社会的正常运转。观念不成熟的学生很容易成为受害者,这种情况使网络监管的迫切性凸显出来。如果不能很好地做到网络监管,不良言论或不健康内容对高职院校学生的侵蚀就不会停止,高职院校党建工作难度将更大。我国政府实行的清洁网络行动,减少了不良言论和不健康内容对学生的干扰,从客观上为高职院校党建工作奠定了良好的基础。

三、网络给党建工作带来了新的发展机遇

1. 网上党建为高职院校党建提供了新手段。网上党建是以计算机技术、网络技术、信息技术、远程教学技术等新的信息化手段对传统的党建在信息传播、信息沟通等领域所进行的一种创新、拓展和延伸。党的性质决定了在不同历史时期,党的各项工作要始终利用先进的技术手段与先进的文化成果,达到教育人民,团结力量建设中国特色的社会主义的目的。在整个世界科技革命、信息革命的新形势下,如果党建系统脱离了新发展的生产力那就脱离了时代发展的新趋势。

2. 网上党建为高职院校党建拓展了新阵地。网络使信息几乎不受国别、地域、时间的限制,实现全球共享。开展高职院校党建网络化工作要抢占这个全球网络宣传的主阵地,加强宣传马克思主义,巩固主流意识形态地位,让师生党员、干部,入党积极分子,以及更多的要求进步的师生们通过网络更加便利快捷地接受马克思主义理论、社会主义思想道德规范和党的基本理论。

3. 网上党建为高职院校党建开辟了新渠道。社会发展的现实要求高职院校党建工作与时俱进,不断创新工作手段,巩固党的阶级基础和群众基础。互联网作为现代信息传递手段,具有交互功能强大的特点,用户利用电子邮件、留言、在线交流等方式联系,甚至可以通过一些硬件设备面对面地进行交流。新形势下其适应社会变革、密切党群关系的作用是无可替代的。特别是目前青年学生、知识分子是我国网民的重要组成部分,他们有知识有思想,对社会变化的敏感度高,是高职院校党建工作的重要对象。这就更需要我们通过互联网加强同他们的交流,进而密切党同各阶层群众的联系,巩

固党的执政地位和社会基础。

4. 网上党建为高职院校党建构筑了新平台。网络给高职院校党建工作带来丰富的教育内容，突破了传统党建教育时空的限制，增强了党内教育活动的吸引力，构筑了新的教育平台。网上党建一改以往单向的理论灌输教育方式，提高了党员的主体参与性和能动性，为大学生党员提供了自我教育的天地，增强了教育的效果，已成为思想教育的一种崭新途径。另外，网络给高职院校党建工作提供了新的管理平台。为深入贯彻执行《中共中央办公厅转发〈中共中央组织部关于进一步做好新形势下发展党员工作的意见〉的通知》（中办发［2004］19号）文件精神，党员人数和支部数逐渐增多，党员管理工作量日益庞大；弹性学年制、毕业前参加社会实践环节等问题的存在使高职院校学生党员管理工作面临着新的挑战。通过成熟的数据库技术管理党员信息，通过网络实现入党积极分子、党员向党组织汇报思想、网络发展对象公示等，提高工作效率和时效性，提高党建工作的层次与水平，树立信息时代高职院校党建工作形象。

四、以科学发展观为指导，构建高职院校党建网络平台

随着网络日益的发展，网络作为一种重要的交流载体也逐渐被政府采纳为之参政、议政的一个途径，作用凸显。对高职院校而言，更是如此，网络已经成为高职院校学生必不可少的学习交流平台，通过网络构建学习课堂传递信息、反馈信息是高职院校改革发展的迫切需要。作为高职院校工作的主要一部分，如何以科学发展的眼光，深入研究新形势下大学生党建工作的新情况、新特点和以互联网为代表的信息技术趋势，利用正确、健康的思想文化占领网络阵地，不断拓展新时期党建工作的新领域和新方法，是高职院校党建工作面临的重要而紧迫的课题。

1. 以科学发展观为指导，增强学生党建网络工作新理念。在学生党建工作中，坚持一个工作理念，即坚持把“以人为本”的工作理念贯穿其中，一切为了学生，为了一切学生，想学生之所想，急学生之所急，帮学生之所难，解学生之所困。许多高职院校已经建立了统一的党建、思想政治教育的综合网站，由党办、宣传、组织、党校、共青团等部门分工负责，共同建设，改变目前各部门网页容量小、水平低以及内容重复、势单力薄的情况，建成校园强大的网上马克思主义宣传教育阵地。但整体运行效果不太理想，主要问题存在于对网络党建的工作理念不清晰。重点较多放在收集和宣传党建知识方面，基本起到的是一个“网络图书馆”或称为“电子资料库”的作用。这些网站由于普遍缺乏必要的交互性，因而访问量较低，覆盖面较窄，其对学

生党员、入党积极分子的教育、培养效果还是达不到理想的境地。可以通过增强对网络党建的重视，设立针对学生思想教育培训的课堂，如开设业余党校网络学习专题网站，党建网络信息管理中心等提升对重视网络利用的理念。努力围绕学生的成长成才，把不断拓展服务领域，创新服务手段，丰富服务内容，贯穿在学生党建工作的各个方面和全过程，真正在学生党建工作的实践过程中做到“以学生为本”，从而落实好、实现好广大学生的根本利益。

2. 以科学发展观为指导，构建学校党建网络新机制。在学生党建工作的机制上，构建领导保障体系，确保党建工作的核心地位；构建理论武装体系，确保用科学的理论构筑大学生的精神支柱；构建科学管理体系，确保学生党建工作的规范化、制度化；构建文明养成教育体系，确保学生党员在实践中不断增强党性修养。在有效的领导保障体系上，建立学校—学院—学生党支部三位一体的党校网站，借助网络平台，保持各级党组织的互动性，提高党校组织活动和日常办公的工作效率。例如广东工业大学正在探索建立二级学院电子党建系统，开始实践网络发展党员工作，如积极分子网络化递交思想汇报，网络化党组织初步审查、反馈思想汇报，网络化发展对象政审，网络化发展对象公示，网络化入党志愿书填写指导以及网络支部会议等，保持上下级党组织的联动性。

3. 以科学发展观为指导，构建高素质、高水平的党建网络思想政治工作队伍。要不断提高党建工作者运用网络技术的能力，建立一支能够依靠现代化手段开展工作、主动参与网络文化建设的高素质的工作队伍。在网络时代，培养、建立一支高素质、高水平的网络思想政治工作队伍，是高职院校搞好党建网络阵地建设的基础。党建工作者要提高运用网络技术的能力，学会通过互联网及时、快速地获取信息、分析信息、反馈信息，引导大学生不仅学会查找和利用正确有益的网上信息，并主动参与网络文化的建设。党建工作者可以上网以平等身份交流，增强网上的正面声音，加强对网络舆论氛围的引导。只有这样，才能走进大学生的网络世界，才能发现并帮助他们解决遇到的问题，才能更快、更好地适应网络时代对党建工作的要求。

4. 整合现有网站，构建横向、纵向互联的党建网络平台。横向以党委组织部为中心，以各学院党委、各职能部处为分支，构建党务信息管理系统，由各分支部门负责整理所属部门的员信息管理，包括正式党员的信息更替，党员转入、转出情况报告，预备党员发展和重点培养对象跟踪考察情况等信息。实现入党申请书、思想汇报和积极分子考察表等资料网上存档、查找。同时建立党费收缴数据库记录和管理本部门党费收缴情况。各部门相互之间为独立主体，设置用户实名和密码，为党委组织部提供信息传递。纵向以党委宣传部、党校、前沿网、扬华素质网为依托构建党建宣传、学习模块。党校通过设计包含历史图片、背景音乐的网页，把党的指导思想和理论成果上网，扩大宣传领域，师生可以随时上网浏览学习。党委宣传部可以把党校各次党课的内容以网页和视频文件的形式放上网，以及我党理论研究成果、我校开展的理论学习活动等内容以文件资料下载形式供师生学习，扩大红色宣传的领域。以扬华素质网为学生组织生活交流平台，设立学生党支部交流平台，展示学生党支部特色活动，以此作为创先争优的参考依据。同时可以通过设立网上问卷调查，了解在我校网络党建功能需求分析。各纵向分支可以互相交叉实施，但受横向管理的约束。网络党建工作是当前加强党的建设的重要途径，是构建社会主义和谐社会的重要方面和时代诉求。我们必须不断加强网络党建工作的研究和工作力度，使网络党建工作有效开展，从而为建设社会主义和谐社会贡献更大的力量。

（作者单位：威海职业学院）

从实事求是到与时俱进的思想路线发展轨迹

——党的思想路线问题研究

王炳壮

马克思主义传入中国并在实现中国化的历程中，经历了革命和建设两个阶段，形成了毛泽东思想、中国特色社会主义理论体系两大理论成果。毛泽东思想的精髓——实事求是；中国特色社会主义理论体系的精髓——解放思想，实事求是，与时俱进。两大理论成果的发展进程与党的思想路线的发展进程内在的统一，就成为我们党在世界风云变幻、世界社会主义运动处在低谷、力量对比发生巨大变化的今天，始终保持本色的根本。从实事求是到与时俱进，蕴含了我们党对马克思主义理论真谛的把握，即在新的历史时空中，实现了本体论与方法论的统一。

一、确立党的思想路线——实事求是

十月革命一声炮响，给中国送来了马克思主义。以李大钊、陈独秀为代表的觉醒的知识分子最先接受了马克思主义。五四运动的爆发则意味着中国工人阶级的觉醒。两种觉醒结合的必然结果是中国共产党的诞生。中国共产党的诞生极大地改变了中国近现代历史发展的基本进程。但是，中国共产党的成熟则经历了极为曲折的过程。真正解决马克思主义基本理论与中国实际相结合、实现马克思主义中国化、把马克思主义理论的精髓确立为党的思想路线的是毛泽东同志。20世纪30年代初，毛泽东同志在《反对本本主义》一文中就指出，马克思不是什么"先哲"，马克思主义的理论也"丝毫不存在什么'先哲'一类的形式的甚至神秘的念头在里面"，"马克思主义的'本本'是要学习的，但必须同我国的实际情况相结合。我们需要'本本'，但是一定要纠正脱离实际情况的本本主义"。[①] 在《〈兴国调查〉前言》中又特

① 《毛泽东农村调查文集》，人民出版社1982年版，第4、8页。

别强调:“过去红色区域弄出了许多错误,都是党的指导与实际情况不符合的缘故。”①到 1938 年召开的党的扩大的六届六中全会上,毛泽东同志更是明确地提出了实现“马克思主义中国化”的任务,并强调指出,马克思主义必须与中国的具体特点相结合并通过一定的民族形式才能实现。马克思主义的伟大力量,就在于它是和各个国家具体的革命实践相联系的。毛泽东同志上述论述的实质,都是为了解决那条“完全不是共产党人从斗争中创造新局面的思想路线”②。1940 年 1 月,毛泽东同志在《新民主主义论》中,第一次提出“科学的态度是‘实事求是’”的命题。1941 年在《改造我们的学习》中,毛泽东同志对“实事求是”的科学系统阐述,表明我们党已经用“实事求是”表述自己全新的思想路线了。把实事求是确立为党的思想路线,不仅标志着中国共产党人在中国革命的进程中实现了文化意义上的第一次自觉,也标志着马克思主义中国化的第一代理论成果已经开始确立为党的指导思想,尽管把毛泽东思想与马克思列宁主义作为党的指导思想的正式确立是在几年之后召开的党的第七次代表大会上。

在实事求是成为党的思想路线、毛泽东思想成为党的指导思想之后,中国革命的进程大大加快了,在中国化马克思主义和科学思想路线的指引下,我们取得了新民主主义革命的彻底胜利,并为顺利过渡到社会主义奠定了坚实的基础。然而,进入社会主义建设时期之后,尽管毛泽东同志已经敏锐地意识到了搞社会主义建设,也必须把马克思主义基本原理同中国具体实际相结合、在结合过程中不断推进马克思主义中国化的历史进程的问题。三大改造完成之后,毛泽东同志在总结国际共产主义运动中的经验教训的同时,开始了探索马克思主义基本理论与社会主义建设实际的结合——中国社会主义的建设道路问题,并在 1956 年明确提出了“中国式社会主义”的科学命题。《论十大关系》、《关于正确处理人民内部矛盾的问题》等著作,都是马克思主义中国化进程中的光辉篇章。但遗憾的是,我们党在领导人民进行社会主义建设的探索过程中却发生了许多失误,甚至是严重的错误,并随着 1957 年反右扩大化和大跃进的发生,马克思主义中国化的历史进程实际上也一度中断了。教条主义、经验主义又一次使中国共产党人付出了沉重代价。

痛定思痛,我们发现,自从实事求是成为党的思想路线之后,我们党就从未放弃过这条思想路线,但我们党所犯的许多重大错误其突出特点又都

① 《毛泽东文集》(第 1 卷),人民出版社 1993 年版,第 254 页。

② 《毛泽东农村调查文集》,人民出版社 1982 年版,第 4、8 页。

是违背实事求是的。其中的原因是我们每一个理论工作者必须探寻的,这种探寻更应该成为每一名共产党员义不容辞的责任。

正如有的学者指出的,实事求是从本质上讲是唯物论命题,它是唯物主义的中国式表述,它解决的是本体论。因为,从哲学意义上讲,“实事求是”告诉我们的是“哪里求”、“求什么”,而没有告诉我们“怎样求”。“哪里求”呢?——在“实事”中求;“求”什么呢?——求“是”。从实事求是成为党的思想路线的原点来看,实事求是所要着力解决的就是理论与实际的不符问题,就是党内当时盛行的本本主义和教条主义问题,就是违背唯物论的主观主义问题,实质上就是重点解决唯心主义的问题。因此,从这个意义上讲,实事求是更多的是解决本体论,是解决共产党人的世界观。尽管我们不能否认,实事求是中也包含了方法论层面的内容,正如毛泽东同志在《实践论》中所讲的:“要完整地反映整个的事物,反映事物的本质,反映事物的内部规律性,就必须经过思考的作用,将丰富的感觉材料加以去粗取精、去伪存真、由此及彼、由表及里的改造制作功夫。”显然这是辩证法的内容。但是,上述命题内含的辩证法内容要为人们所认识,要上升到方法论层面的辩证法,就必须加以发挥。而这实际上又突破了“实事求是”的命题本身。我们还必须看到,“实事求是”是中国文化样式对唯物论的表述,其实质是“唯实”,正如后来陈云同志所说的:不唯上、不唯书,只唯实。同时,即使“实事”也不一定就能反映事物的客观存在性。更重要的是在“实事”和“求是”之间,缺乏一个桥梁。① 把握了这一点,或许我们就能把握为什么实事求是成为我们党的思想路线之后、特别是进入社会主义建设时期之后,我们党仍然始终抱着实事求是的愿望和动机却往往做不到实事求是的结果的哲学原因。因而,邓小平同志在恢复这条马克思主义思想路线的过程中曾经特别强调,“实事求是,是无产阶级世界观的基础,是马克思主义的思想基础”②;“实事求是,是毛泽东思想的出发点、根本点。这是唯物主义”③。因为,唯物主义是一切马克思主义者的出发点和根本点。然而,仅仅有唯物主义并不意味着就是一个真正的马克思主义者,如果采用形而上学的方法论,只能沦为庸俗的唯物论者。实际上,无论是在违背客观规律的大跃进中,还是造成动乱的十年“文革”,盛行的都是庸俗的唯物论,甚至是唯心主义。显然,党的思想路线需要进一步发展完善,中国共产党人需要在文化意义上实现新的自觉,马克思主义中国化需要符合时代的表述形式,人民需要新的理论武装。历史把

---

① 参见《管理哲学》,天津人民出版社 1996 年版,第 336 ~ 344 页。

②③ 《邓小平文选》(第 2 卷),人民出版社 1994 年版,第 143、114 页。

这一重任落在了以邓小平同志为核心的党的第二代领导集体的肩上。

二、发展党的思想路线——解放思想、实事求是

邓小平同志带领中国共产党人在实现新的文化自觉的过程中，把党的思想路线表述为：解放思想、实事求是。

邓小平同志之所以把解放思想作为党的思想路线提出来，就是为了恢复惨遭破坏的党的实事求是的思想路线。可以说从1957年的反右扩大化直到两个“凡是”，无论是“以阶级斗争为纲”，还是个人迷信和崇拜；也无论是批判唯生产力论，还是“一大二公三纯”的思维定式，实质都是背离实事求是的思想路线的，都是庸俗唯物论和主观唯心主义左右了党的实事求是的思想路线。在各种禁锢、禁区、条条、框框、本本之下，我们党的思想路线已经成为空有实事求是之名而无实事求是之实的一块招牌了，尽管思想路线的文字表述还是实事求是，但实事求是的内容却几乎丢失殆尽。对那些真正坚持党的实事求是思想路线的人，不是看作“逆流”，就是看作“反党”。党内生活的空前不正常，使多数党员干部即使认识到了我们党在违背实事求是的思想路线，自己也不敢有所表示。了解了这一点，国家主席刘少奇同志受到那样的迫害，在中央一级同样表现出“高度一致”的原因也就不难理解了。因此，邓小平同志面对的是如何恢复党的实事求是的思想路线，而要恢复党的实事求是的思想路线，首要的是如何解决广大党员干部敢于实事求是的勇气问题。解放思想就是在这样严峻的形势下应运而生的。正如邓小平同志指出的：解放思想是当前的一个重大政治问题，“不打破思想僵化，不大大解放干部和群众的思想，四个现代化就没有希望”；“一个党，一个国家，一个民族，如果一切从本本出发，思想僵化，迷信盛行，那它就不能前进，它的生机就停止了，就要亡党亡国”①。因而，邓小平同志针对党内盛行的“左”的错误，旗帜鲜明地提出“真正的马克思列宁主义者必须根据现在的情况，认识、继承和发展马克思列宁主义”。在1982党的第十二次代表大会开幕词中，邓小平同志明确提出：“把马克思主义的普遍真理与我国的具体实际结合起来，走自己的路，建设有中国特色的社会主义，这就是我们总结长期历史经验得出的基本结论。”②同时，邓小平同志又针对右的思潮和资产阶级自由化思想，明确提出“老祖宗不能丢”的著名论断。1997年党的十五大又把邓小平理论同马克思列宁主义、毛泽东思想一道正式确立为党的指导思想。

---

① 《邓小平文选》(第2卷)，人民出版社1994年版，143页。

② 《邓小平文选》(第3卷)，人民出版社1994年版，第291页。

解放思想的要义是解决在实事求是过程中必须具备的科学精神，是冲破庸俗唯物论的束缚，冲破本本主义、教条主义、经验主义的禁锢，解决敢不敢于实事求是的问题，目的就在于更好地实事求是。因此，邓小平同志在率先恢复和重新确立党的思想路线的时候，首先强调的是解放思想。他指出："解放思想，就是使理论与实际相符合，使主观与客观想符合，就是实事求是。"

解放思想具有方法论的含义，但还不是方法论本身。它的实质是唤醒党的科学精神和理论勇气，是为实事求是服务的，是实事求是的前提和基础。但这决不影响解放思想在党的思想路线完善过程中的重大意义。正是解放思想、实事求是的统一，我们党才真正实现了拨乱反正，也才真正恢复了惨遭破坏的思想路线，更使我们党在文化意义上实现了一次新的自觉。实践标准的大讨论、生产力标准的大讨论、人民标准的提出，社会主义初级阶段理论、社会主义市场经济理论、公有制为主体多种所有制经济共同发展、多种分配形式等等，都是解放思想前提下实事求是的具体的理论和实践成果。但是，我们必须看到，伴随着解放思想的进程，无论是社会上还是党内，也曾出现了许多不和谐音符，资产阶级自由化就是这种不和谐音符的集中表现。然而，在哲学意义上我们又不能说他们违背了解放思想，结果是我们在反对资产阶级自由化的过程中，仍然需要对"解放思想"的本意作出界定。这也恰恰是党的思想路线在进一步回答了本体论这一根本问题之后，资产阶级自由化仍然泛滥的主要原因。解放思想是无止境的，实事求是要求我们必须不断解放思想，但到底我们怎样才是真正的解放思想？怎样才是实事求是所要求的解放思想？怎样才能既不丢老祖宗又不断前进呢？方法论问题的解决就成为关键。特别是在我们党科学解答"什么是社会主义、怎样建设社会主义"之后又面临新的时代课题以及国际政治格局发生重大变化和世界社会主义运动面临空前低谷的情况下，方法论对党的思想路线就显得尤为重要。

三、完善党的思想路线——解放思想，实事求是，与时俱进

与时俱进成为党的思想路线的内容，既标志着党的思想路线在方法论意义上的跃升，又标志着党在新的历史条件下实现了一次新的文化自觉——中国特色社会主义理论体系的形成和发展。

与时俱进的核心是辩证法，是马克思主义的方法论的中国式表述，就像实事求是是对马克思主义唯物论的中国式的表述一样。

改革开放以来，伴随着解放思想，实事求是的思想路线，我们党领导人

民取得了巨大的成功。但同时,在经济社会发展过程中遇到的新问题新矛盾也层出不穷。特别是党的十四大以来,在建立社会主义市场经济体制成为我们经济体制改革的目标之后,我们面临的理论上的困惑已经不是改革开放之前因个人迷信造成的两个“凡是”了,而是在很大程度上涉及了如何科学对待马克思主义理论体系了。历史已经证明,放弃马克思主义指导地位的所谓“新思维”,不是解放思想,而是别有用心。那么,运用原有马克思主义的理论体系指导全新的实践活动,显然又有悖科学。因而,如何既坚持马克思主义基本理论体系又能做到理论与实际的统一,是摆在当代中国共产党人面前必须解答的时代课题。党的第三代领导集体,在坚持马克思主义基本理论的同时,又赋予马克思主义新的时代内含,并从马克思主义理论品质的高度和方法论意义上,揭示了坚持与发展马克思主义关系,提出了与时俱进的科学命题。

在党的十四大报告中,江泽民同志特别强调:“我们决不能停留在对马克思主义的某些原则、某些本本的教条式的理解上,或者停留在对社会主义的一些不科学的甚至扭曲的认识上,或者停留在那些超越社会主义初级阶段的不正确的思想上,而必须用辩证唯物主义和历史唯物主义的世界观、方法论去分析和解决问题,使思想适应发展变化的新形势。”显然,我们党强调坚持马克思主义,但我们坚持的马克思主义只是马克思主义的世界观和方法论,而不是某些原则和本本。

在党的十五大报告中,江泽民同志进一步强调:我们的思想、理论和各项工作,“一定要以我国改革开放和现代化建设的实际问题、以我们正在做的事情为中心,着眼于马克思主义理论的运用,着眼于对实际问题的思考,着眼于新的实践和新的发展。离开本国实际和时代发展来谈马克思主义,没有意义。静止地孤立地研究马克思主义、把马克思主义同它在现实生活中生动发展割裂开来、对立起来,没有出路”。针对现实社会主义和现实资本主义与马克思主义经典作家个别论断的不一致,江泽民同志又向全党提出了“四个如何认识”的理论问题。到 2001 年庆祝建党 80 周年大会上,江泽民同志又特别强调:“马克思主义是我们立党立国的根本指导思想,是全国各族人民团结奋斗的共同理论基础。马克思主义的基本原理任何时候都要坚持,否则我们的事业就会因为没有正确的理论基础和思想灵魂而迷失方向,就会归于失败。这就是我们为什么始终坚持马克思主义基本原理的道理所在。马克思主义具有与时俱进的理论品质。如果不顾历史条件和现实情况的变化,拘泥于马克思主义经典作家在特定历史条件下、针对具体情况作出的某些个别论断和具体行动纲领,我们就会因为思想脱离实际而不能顺利前进,甚至发生失误。这就是我们为什么必须始终反对以教条主义的态度对待马克思主义理论的道理所在。”并为此向全党提出了“三个解放出来”的要求,即“要坚持实践是检验真理的唯一标准,在党的基本理论指导下,一切从实际出发,自觉地把思想认识从那些不合时宜的观念、做法和体制中解放出来,从对马克思主义的错误的和教条式的理解中解放出来,从主观主义和形而上学的桎梏中解放出来”。

到党的十六大,江泽民同志又强调:“坚持党的思想路线,解放思想、实事求是、与时俱进,是我们党坚持先进性和增强创造力的决定性因素。与时俱进,就是党的全部理论和工作要体现时代性、把握规律性、富于创造性。能否始终做到这一点,决定着党和国家的前途命运。”

在党的十七大报告中,胡锦涛同志指出,“解放思想是发展中国特色社会主义的一大法宝”,全党同志要“坚持解放思想、实事求是、与时俱进,勇于变革、勇于创新,永不僵化、永不停滞”。报告指出,科学发展观“是同马克思列宁主义、毛泽东思想、邓小平理论和‘三个代表’重要思想既一脉相承又与时俱进的科学理论”。

这个“脉”表现在活的灵魂上,就是“实事求是”之脉。这个“时”,从世界范围来说,就是以和平与发展为主题的时代,就是经济全球化和世界多极化的时代;就国内范围来讲,就是改革开放和社会主义现代化建设的新时期,特别是全面建设小康社会、加快推进社会主义现代化的新阶段。

在这样的时代、时期和阶段,科学发展观提出了一系列新思想,深刻回答了实现什么样的发展、怎样发展这个重大理论和实践问题,把中国化马克思主义提高到新水平。

总之,从邓小平理论到“三个代表”重要思想和科学发展观所建构起的中国特色社会主义理论体系秉承了思想路线之源——实事求是;汇集成思想路线之流——解放思想,实事求是,与时俱进。从实事求是到与时俱进,生动地反映了党的思想路线的发展轨迹。通过对其发展轨迹的考察,我们深深地体会到了党的思想路线在哲学意义上的升华。

(作者单位:中共威海市委党校科社部)

建国以来我党在经济发展问题上的三个重大转变及启示

张念明　胡映章　郑鹏飞

建国以后,我们党对社会主义建设规律,特别是社会主义经济发展规律,进行了艰苦而不懈的探索,完成了或正在进行着一些重大的转变。这些重大转变,对于社会主义发展具有十分重要的理论和现实意义,同时也充分说明了我们党是一个善于学习、勇于探索的政党,是一个实事求是、与时俱进的政党。

一、建国以来我党在经济发展问题上的三个重大转变

(一)在社会主义基本经济制度上,完成了所有制从"一大二公三纯"到"以公有制为主体、多种所有制经济共同发展"的转变和分配方式从"大锅饭"、平均主义到"以按劳分配为主体、多种分配方式并存"的转变

1. 所有制从"一大二公三纯"到"以公有制为主体、多种所有制经济共同发展"的转变。所谓"大"就是基层组织(主要指人民公社)的规模越大越好,如济南原历城县东郊公社有 15 万人口,比当时一个小县的人口还多;所谓"公"就是公有化的程度越高越好;所谓"纯"就是社会主义的经济成分越纯越好,就是搞纯粹的公有制,主要有全民所有制和劳动群众集体所有制两种形式。在人民公社化运动期间,有些地方集体所有制也逐步向全民所有制过渡。

所有制从"一大二公三纯"向"以公有制为主体、多种所有制经济共同发展"的转变,主要体现在个体私营经济命运的转变上。我国个体私营经济的发展主要经历了 5 个阶段:

(1)"三大改造"时期的"网开一面"阶段。我国从 1953 年开始向社会主义过渡,对个体农业、手工业和资本主义工商业进行"三大改造"。到 1956 年底,全国私营工业的 99%、私营商业的 82.2% 都被纳入了公私合营或合作社的轨道;农村加入农业合作社的农户比例达到 80.3%。全民所有制和劳

动群众集体所有制已居于绝对统治地位。这一时期,虽然实行了“三大改造”,但中央在对待个体私营企业上还是比较理性、网开一面的。1956 年 12 月,毛泽东主席在与民主建国会、工商联合会负责人的谈话中谈到合作工厂做衣服差时说:“可以开夫妻店,雇工也可以。这叫新经济政策。我怀疑俄国新经济政策结束得早,只搞两年退却就进攻,到现在社会物资还不足。我们保留了私营工商业工人 250 万,俄国只保留八、九万工人。只要社会需要,地下工厂还可以增加。可以开私营大厂,订条约,20 年不没收。华侨投资 20 年、100 年不要没收。开投资公司,还本付息,可以搞国营,可以搞私营。可以消灭资本主义,又搞资本主义。”“现在国营、合营企业不能满足社会需要,如果有原料,国家投资有困难,社会有需要,私人可以开厂。”“急于国有化,不利于生产。”毛泽东同志认识到当时我国正处于不发达的社会主义阶段,应允许个体私营企业的发展。毛泽东的这一意见,得到其他中央领导同志的赞同。刘少奇随后在全国人大常委会议上也讲到:“我们国家有百分之九十几的社会主义,有百分之几的资本主义,我看也不怕,它是社会主义经济的一个补充嘛!”周恩来也在国务院全体会议上说:“在社会主义建设中,搞一点私营的,活一点有好处。”在农村,一些地区农业合作社则实行了“包工、包产、包财产”的做法,边远山区尝试搞包产到组、到户等做法,受到广大农民的欢迎。这个时候我国的社会主义经济建设似乎正在走上一条正确的充满希望的道路。

(2)“大跃进”时期的遭受重创阶段。1957 年以后,由于国际国内环境的影响,毛泽东同志逐渐被一种急躁和焦虑的心情所左右。在急于求成、急躁冒进思想驱使下,先是在工业上提出要用 15 年时间在钢铁等主要工业品产量上赶上或超过英国。此后又提出和制定了“鼓足干劲,力争上游,多快好省地建设社会主义”的总路线。全党和全国上下开始了“大跃进”和“人民公社化”运动。当时认为,公有化程度越高,就越有利于促进生产力的快速发展。因此,为了追求快,就要在生产关系上加快推进公有化。于是就大力推行“一大二公三纯”。这样个体私营经济的命运就可想而知了。当时人民公社采取的是“一平二调”,个人家中的东西包括睡觉的床、做饭的锅、门板都得拿到人民公社去大炼钢铁。就连仅有的一点自留地里生长的东西,也被拿到公社食堂里充公了。

(3)“文化大革命”期间的割“资本主义尾巴”阶段。个体私营经济的命运最悲惨的时期是在“文化大革命”期间。“文革”时期党的基本路线是政治挂帅,政治一边倒,以阶级斗争为纲,抓革命促生产。在这种形势下,个体私营经济绝对是资本主义的东西。不用说个体私营经济,当时在广东,农民养三只鸭子就是社会主义,养五只就是资本主义。个体私营经济虽然所占比重很小,但即使是仅有的一点也被当作“资本主义尾巴”割掉了。当时有一句话叫做“宁要社会主义的草,不要资本主义的苗”,充分反映了个体私营经济的命运。

(4)转折时期的“适当发展”阶段。个体私营经济的命运真正发生转变是在党的十一届三中全会召开以后。1980 年下半年,中央提出“适当发展个体经济”的方针,认为个体经济有拾遗补缺的作用。1981 年 7 月 7 日颁布的《国务院关于城镇非农业个体经济若干政策性规定》指出:“个体私营户,一般是一人经营或家庭经营。”为了解决有的个体户需要雇工的问题,又增加了一条:“必要的,经过工商行政管理部门的批准,可以请一个至两个帮手;技术性较强的或有特殊技艺的,可以带两三个,最多不超过五个学徒。”1982 年 9 月党的十二大报告对个体经济的作用第一次明确定位,并鼓励发展:“在农村和城市,都要鼓励劳动者个体经济在国家规定的范围内和工商行政管理下适当发展,作为公有制经济的必要的有益的补充。”

当时安徽芜湖出了一个“傻子瓜子”事件。事件的主人公叫年广久,1972 年开始经营瓜子,后逐渐扩大,在安徽、上海、南京等地设了 11 处加工点和销售点。1981 年雇工超过 10 人,1983 年达到 103 人。当时认为雇工超过 7 人就是资本主义,因此在当时引起震动,都说“安徽出了一个叫年广久的资本家”,许多人主张“动”他。后来,是小平同志救了他,从此也改变了个体私营经济的命运。小平同志对个体私营经济的发展给予肯定,对一些人关于年广久私营经济姓“社”还是姓“资”的争论,主张要“放一放”、“看一看”。此后,私营企业迅速发展起来。

1984 年 10 月 22 日,在中央顾问委员会第三次会议上,小平同志又讲到“傻子瓜子”:“前些时候那个雇工问题,相当震动呀,大家担心得不得了。我的意见是放两年再看。那个能影响到我们的大局吗?如果你一动,群众就说政策变了,人心就不安了。你解决了一个‘傻子瓜子’,会牵动人心不安,没有益处。让‘傻子瓜子’经营一段,怕什么?伤害了社会主义了吗?”1992 年南巡时,他再次讲到“傻子瓜子”:“农村改革初期,安徽出了个‘傻子瓜子’问题,当时许多人不舒服,说他赚了一百万,主张动他。我说不能动,一动人们就会说政策变了,得不偿失。”年广久因为搞个体私营经济三次坐牢,小平同志三次谈“傻子瓜子”事件,有两次救了他。年广久的命运在一定程度上折射了中国个体私营经济的命运。此后,中国个体私营经济的命运一步步好转。

1987 年 10 月颁布的十三大报告进一步明确阐述了私营企业的性质和

作用以及党的方针政策:“实践证明,私营经济一定程度的发展,有利于促进生产,活跃市场,扩大就业,更好地满足人民多方面的需要,是公有制经济必要的有益的补充。”

(5)十五大以后的多种所有制经济“共同发展”、“平等竞争”阶段。1997年9月颁布的十五大报告,对非公有制经济的地位,作出了新的论断:“非公有制经济是我国社会主义市场经济的重要组成部分。”并提出:“公有制为主体、多种所有制经济共同发展,是我国社会主义初级阶段的一项基本经济制度。”党的十七大提出要毫不动摇地鼓励、支持、引导非公有制经济发展,坚持平等保护物权,形成各种所有制经济平等竞争、相互促进的新格局。个体私营经济发展的历程,也是我党对社会主义基本经济制度认识不断深化的过程,是所有制从“一大二公三纯”向“以公有制为主体、多种所有制经济共同发展”转变的历程。

2. 分配方式从“大锅饭”、平均主义到“以按劳分配为主体、多种分配方式并存”的转变。改革开放之前,我国的分配制度名义上是实行按劳分配,但在实际执行中实行的是“大锅饭”、平均主义,干好干孬一个样,干与不干一个样。实际上十一届三中全会后,我国在经济体制和经济制度上的改革首先是从分配制度改革发轫的。而分配制度改革又是从农村开始的,先是打破了人民公社的“一平二调”制度。十一届三中全会明确指出:“不允许无偿调用和占有生产队的劳力、资金、产品和物资;公社各级经济组织必须认真执行按劳分配的社会主义原则,按照劳力的数量和质量计算报酬,克服平均主义。”随后,在农村普遍推行了土地家庭联产承包责任制,实行“缴够国家的、留够集体的、剩下的都是自己的”原则。1984年10月十二届三中全会颁布《中共中央关于经济体制改革的决定》,突破了同步富裕的观念,第一次提出了让一部分人、一部分地区通过诚实劳动和合法经营先富起来、最终走向共同富裕的政策,1987年10月党的十三大,第一次提出了按劳分配为主体,其他分配方式为补充。1997年9月党的十五大,第一次提出了按劳分配为主体、多种分配方式并存的制度,并提出:“把按劳分配和按生产要素分配结合起来,坚持效率优先、兼顾公平。”“依法保护合法收入,允许和鼓励资本、技术等生产要素参与收益分配。”2002年党的十六大,进一步明确了劳动、资本、技术和管理等生产要素按贡献参与分配的原则和扩大中等收入者比重、提高低收入者收入水平的政策。2007年党的十七大,提出坚持和完善按劳分配为主体、多种分配方式并存的分配制度,健全劳动、资本、技术、管理等生产要素按贡献参与分配的制度。

我国分配制度从“大锅饭”、平均主义到“以按劳分配为主体、多种分配方式并存”制度的历史性转变,充分调动了广大劳动者的生产积极性,挖掘并发挥了劳动、资本、技术、管理等生产要素的市场价值,大大增强了经济发展的活力。

(二)在社会主义经济体制上,完成了从计划经济体制到社会主义市场经济体制的转变

我党在建国以后,主要学习苏联,实行高度集中的计划经济体制。苏联当初的计划经济体制具有一定的科学性和理性。在当时情况下,我国实行这一体制,极大地促进了生产力的发展。“一五”计划从 1953 年开始实施,坚持以发展重工业为重点,集中有限资金和力量首先保证重工业与国防工业的基本建设。在苏联的帮助下,兴建了 156 个重点项目,完成基本建设投资 588.47 亿元。我国具有基础地位的一批钢铁厂、汽车制造厂、飞机制造厂都是在那时建成的,初步建立起了比较完整的工业体系,为以后的发展打下了较好的基础。但是,从 1957 年开始受“左倾”思潮和急躁冒进思想的影响,我国的经济发展逐步脱离了苏联式的计划经济的轨道,行政命令和“瞎指挥”占据了主导地位。“二五”计划包括各部门、各省制定的计划都是按照 15 年赶超英国的目标制订的。水利电力部的“二五”计划是按照 10 年赶上英国的目标制订的。毛泽东同志看了以后批示:“此件写得很好。有了正确的政治观点,从政治上想通了,政治统帅了业务,迷信破除,胸怀坦荡,势如破竹了。除了已经写了较好报告的几个部以外,希望各部仿照几个好的报告写一个或长或短的报告给我和政治局各同志。”

当时,毛泽东亲自与各省、市、自治区书记研究“二五”计划的有关指标。1958 年 4 月 23 日他写信给各省、市、自治区党委书记命令:“请你们立即将第二个五年计划期内关于你们省市区的地方工业指标大体研究一下,到 1962 年你地方重工业轻工业产值可能达到何等高度,作成一个表,在五月五日前开党大会期间带来北京,以便谈一谈。有十几项主要指标就够了,更多不必要。1957 年工业和农业的产值比例如何,1962 年工农业产值可能的比例如何,这两项也请你们研究一下,连同前项列在一张表内。”毛泽东之所以非常关心有关的经济指标,主要是考虑 15 年赶超英国。同年 6 月他在冶金工业部关于钢铁生产计划的报告上两次批示:“1962 年可产 6000 万吨钢。”“只要 1962 年达到 6000 万吨钢,超过美国就不难了。必须力争在钢的产量上在 1959 年达到 2500 万吨钢,首先超过英国。”为了达到 15 年赶超英国的目标,中央各部门、各省、市、自治区只能凭空编造数字,完全脱离了实际,背离了计划的科学性和理性。“文化大革命”期间,国民经济发展更是完全脱离了计划的轨道。粉碎“四人帮”之后,我国才逐步恢复了计划的科学性和理性。计划经济体制虽然具有一定的科学性和理性，但由于缺乏自由竞争和市场的灵活性，造成资源配置不合理，经济发展缺乏活力，效率低下。因此，党的十一届三中全会后，我党开始了社会主义市场经济规律的艰难探索。

传统理论认为，计划经济是社会主义经济制度的本质属性，包括西方资本主义国家都认为，市场调节是资本主义的调节手段，社会主义经济只实行计划调节。《简明不列颠百科全书》中把"资本主义"界定为"自由市场经济"。在西方的一些国际性文献中，曾把"市场经济国家"作为资本主义国家的同义词使用。列宁在《土地问题和争取自由的斗争》一文中说："只要还存在着市场经济……世界上任何法律都无法消灭不平等和剥削。"斯大林在《苏联社会主义经济问题》一书中，认为在社会主义经济中，价值规律"不能起生产调节者的作用"，商品流通范围的扩大，"会阻碍我们向共产主义前进，应一步一步地缩小商品流通的活动范围"。

党的十一届三中全会，突破了斯大林的观点，提出"实行按经济规律办事，重视价值规律的作用"。1979 年 4 月 5 日，李先念在中央工作会议上，对发挥市场和价值规律的作用，作了进一步的说明。他提出国家计划的编制"要自觉运用价值规律来调节生产"，要在国家计划的指导下，"按市场供求关系进行生产"。对计划和市场的问题，小平同志也在很早就进行了深入思考。1979 年 11 月，他在与美国不列颠百科全书出版公司副总裁弗兰克·吉布尼和加拿大吉尔大学东亚研究所主任林达光谈话时就突破了列宁和西方国家的理论认识，提出社会主义也可以搞市场经济。他说："市场经济只存在于资本主义社会，只有资本主义的市场经济，这肯定是不正确的。社会主义为什么不可以搞市场经济，这个不能说是资本主义。我们是计划经济为主，也结合市场经济，但这是社会主义的市场经济。""市场经济，在封建社会时期就有了萌芽。社会主义也可以搞市场经济。"小平同志的思考已完全超越了理论界，当理论界还在争论社会主义经济是计划经济还是商品经济时，他已提出了"社会主义也可以搞市场经济"。此后，十二大提出了"计划经济为主、市场经济为辅"的原则。

1984 年 10 月 20 日，党的十二届三中全会通过的《中共中央关于经济体制改革的决定》，第一次提出社会主义经济体制是有计划的商品经济的论断。《决定》提出："要突破把计划经济同商品经济对立起来的传统观念，明确认识社会主义计划经济必须自觉依据和运用价值规律，是公有制基础上的有计划的商品经济，商品经济的充分发展，是社会经济发展不可逾越的阶段，是实现我国经济现代化的必要条件。"党的十三大报告第一次提出："社会主义有计划商品经济的体制，应该是计划与市场内在统一的体制。""要善于运用计划调节和市场调节这两种形式和手段。”“新的经济运行机制，总体上来说应当是‘国家调节市场，市场引导企业’的机制。”对此，报告进一步作了解释：“国家运用经济手段、法律手段和必要的行政手段，调节市场供求关系，创造适宜的经济和社会环境，以此引导企业正确地进行经营决策。”十三届四中全会后，提出了建立适应有计划商品经济发展的计划经济与市场调节相结合的经济体制和运行机制。

“国家调节市场，市场引导企业”的经济运行机制，是构建和发展社会主义市场经济体制必要的经济运行机制。但在 1989 年政治风波以后，有人认为这种提法是错误的。小平同志做了表态：“十三大报告中的那两句话我就没有看出有问题。”“十三大政治报告是经过党的代表大会通过的，一个字都不能动。”

1992 年小平同志南巡讲话是计划经济体制向市场经济体制转变的决定性一步，可以说是一锤定音，彻底澄清了笼罩在计划和市场问题上的迷雾。1991 年他在视察上海时指出：“不要以为，一说计划经济就是社会主义，一说市场经济就是资本主义，不是那么回事，两者都是手段。”1992 年南巡讲话时进一步指出：“计划经济不等于社会主义，资本主义也有计划；市场经济不等于资本主义，社会主义也有市场。计划和市场都是经济手段。”在小平讲话精神的驱动下，党的十四大报告正式提出建立社会主义市场经济体制，并提出：“我们要建立的社会主义市场经济体制，就是要使市场在社会主义国家宏观调控下对资源配置起基础性作用。”以此为标志，我们党在经济体制目标上完成了从计划经济体制到社会主义市场经济体制的转变，这个进步是巨大的，它渗透着以小平同志为核心的共产党人的卓越智慧，体现了我们党不断探索、积极进取的巨大理论勇气和政治勇气。

（三）在发展观上实现了从“快速发展”到科学发展即“又好又快发展”的转变

实现这个转变，需要从发展目标、资源投入、拉动力、发展道路几个方面来理解。

1. 在发展目标上。传统发展观在发展目标上，是片面追求经济总量的增长，追求经济增长的高速度。从上世纪五六十年代“产量崇拜”到改革开放后的“GDP 崇拜”。“大跃进”时期的总路线是“鼓足干劲，力争上游，多快好省地建设社会主义”，名义上是“多快好省”，但“速度是灵魂”，在实际执行中，只注重“多快”而忽视了“好省”。改革开放以后，我国实行以经济建设为中心，基本上是经济一边倒，把“发展是硬道理”片面地理解为就是经济总量和 GDP 的高速增长。全党上下都是一种急迫的心情，抓住机遇，加快发展,力求使经济每隔几年上一个台阶。十三届五中全会提出“争取国民生产总值平均每年增长5% ~6%”,小平同志不高兴,说:“‘八五’计划经济增长指标是按6%还是8%?如果按6%那就是倒退。”他在南方讲话中:“改革开放胆子要大一些,敢于试验,不能像小脚女人一样。”“抓住时机,发展自己,关键是发展经济。现在,周边一些国家和地区经济发展比我们快,如果我们不发展或发展得太慢,老百姓一比较就有问题了。所以,能发展就不要阻挡,有条件的地方要尽可能搞快点,只要是讲效益,讲质量,搞外向型经济,就没有什么可以担心的。低速度就等于停步,甚至等于后退。要抓住机会,现在就是好机会。我就担心丧失机会。不抓呀,看到的机会就丢掉了,时间一晃就过去了。”小平同志的讲话反映了当时我党在发展上的急切心理。在当时情况下,这无疑是正确的。随后的十四大对“八五”计划的经济指标进行了调整。十四大报告指出:“九十年代我国经济的发展速度,原定为国民生产总值平均每年增长百分之六,现在从国际国内形势的发展情况来看,可以更快一些。根据初步测算,增长百分之八到九是可能的,我们应该向这个目标前进。”“当前,要紧紧抓住有利时机,加快发展,有条件能搞快一些的就搞快一些,只要是质量高、效益好、适应国内外市场需求变化的,就应当鼓励发展。”在小平同志南巡讲话和十四大精神鼓舞下,全国掀起了又一轮经济发展的热潮,各地争先恐后,你追我赶,相互攀比。

改革开放后的一段时间,我国经济发展的主调是“快速发展”、“加快发展”。但是中央已经注意到经济增长中存在的高消耗、低质量、低效益的问题。十二大报告提出“把全部经济工作转到以提高经济效益为中心的轨道上来”,十三大报告提出“要从粗放经营为主逐步转上集约经营为主的轨道”,“在推进经济建设的同时,要大力保护和合理利用各种自然资源,努力开展对环境污染的综合治理,加强生态环境保护,把经济效益、社会效益和环境效益很好地结合起来”。十五大报告提出“要积极推进经济体制和经济增长方式的根本转变”,要“真正走出一条速度较快、效益较好、整体素质不断提高的经济协调发展的路子”,并第一次提出实施可持续发展战略。十六大报告具有重大突破意义地提出“走新型工业化道路,大力实施科教兴国战略和可持续发展战略”,特别是提出的全面建设小康社会的目标,已不仅仅是经济增长的目标,而是经济、政治、文化全面发展的目标。在2003年7月28日全国防治非典会议上,胡锦涛总书记提出“发展绝不只是指经济增长”。2003年10月14日十六届三中全会上,胡锦涛总书记提出“增长并不简单地等同于发展”,这是全党应当树立的“科学发展观”。这是党中央第一次提出和使用“科学发展观”这5个字。2007年3月5日,温家宝总理在谈到把

2007 年 GDP 增长目标确定为 8% 左右时，提出这个目标“综合考虑了需要和可能等多种因素，更重要的是要引导各方面认真落实科学发展观，把工作重点放到优化结构、提高效益、节能降耗和污染减排上来，防止片面追求和盲目攀比增长速度，实现经济又好又快发展”。党的十七大对科学发展观进行了全面地系统地阐述，形成了一个完整的科学的理论体系。

这一科学理论体系在发展目标上的重大转变，就是从片面追求经济总量的增长，重速度、轻效益转到全面、协调、可持续发展的上来。“全面”就是经济、政治、文化、社会建设的全面发展；“协调”就是不同地区、不同部门、不同领域之间在发展规模、速度、效益等方面的协调发展，重点体现在产业结构要优化，速度、质量、效益要统一，生产力与生产关系、经济基础与上层建筑、区域、城乡、经济社会发展之间要协调，人与自然发展要和谐；“可持续”就是要处理好经济发展与人口、资源、环境的关系，不以当代人的发展而牺牲和破坏后代人赖以发展的资源、生态和环境，实现资源的永续利用，保持良好的生态环境。

2. 在发展的资源支撑上。由单纯依靠物质资源投入推动经济增长转到主要依靠人力资本的投入来推动经济增长，即从“以物为本”转变为“以人为本”。十七大报告指出：促进经济增长“由主要依靠增加物质资源消耗向主要依靠科技进步、劳动者素质提高、管理创新转变”。其中，劳动者素质提高本身就是人力资本的增加，科技进步、管理创新根本上也要靠人力资本的增加。今后，在经济发展上要重点依靠挖掘人力资源优势，发挥人力资本的作用。

3. 在发展的拉动力上。从主要依靠投资、出口拉动经济增长向依靠投资、出口、消费“三驾马车”协调拉动转变。在经济发展的拉动力上，如果单纯依靠一个方面，就会出问题，难以持续发展。如果过度依赖投资而没有消费，就会导致供需失去平衡，经济难以持续增长。因为没有需求的增长结果只能是重复建设严重、产能过剩、通货紧缩和企业亏损，最终导致经济疲软。在经济“起飞”阶段，保持较高的投资率是合理的，也是必要的。但由于我国长期的高投资、低消费，已经造成许多行业的产能过剩，如房地产、汽车、钢铁、水泥、家电等都存在过剩的问题。我国当前经济上出现的问题，除了受金融危机的影响，很重要的原因是产能过剩而内需不足，所以中央出台了一系列扩大内需的举措。如果过度依赖出口，也会带来严重问题：(1)经济安全问题，国内经济容易受到国际市场波动的影响，还容易受到国际政治、军事等因素的冲击。一旦国际经济发生危机、出现滑坡，就会直接造成出口下降、经济下滑；一旦国际政治出现动荡，也会引起国内经济下滑。过高的外贸依存度,会给国内经济带来许多风险。目前我国的外贸依存度达到67%,而美国不到20%,国际上一有风吹草动,就会影响到国内经济。(2)过分依赖出口还造成贸易摩擦加剧、贸易纠纷增多。近年来屡屡出现的反倾销调查、产品质量事件,都是这个原因造成的,使我国企业处于疲于应诉的不利局面。(3)过高的贸易顺差和外汇储备,也给我们带来较大风险和损失。首先是人民币升值的压力加大;其次是会造成货币超发、信用膨胀和流动性泛滥,一旦受到外部冲击就可能出现虚拟财富蒸发、资金链断裂等一系列问题。因此,要实现又好又快发展,就必须在拉动力上实现重大转变,充分发挥内需对经济增长的拉动作用。

4. 在发展道路上。从二元经济的发展道路转变为三元经济的发展道路。世界知识经济的兴起,使我国的经济发展必须从过去的农业、工业经济的二元结构转变为农业、工业、知识经济的三元结构。

当前,要践行科学发展观,推动科学发展,根本的是要转变经济发展方式,促进经济发展转到创新驱动、内生增长的轨道上来。要构建扩大内需的长效机制,促进经济增长向依靠投资、出口、消费协调拉动转变;要加强农业基础地位,提升制造业核心竞争力,发展战略性新兴产业,加快发展服务业,促进经济增长向依靠第一、第二、第三产业协同带动转变;要统筹城乡发展,积极稳妥推进城镇化,促进区域、城乡良性互动、协调发展;要深入实施科教兴国战略和人才强国战略,增强自主创新能力,推动发展向主要依靠科技进步、劳动者素质提高和管理创新转变;要大力推进资源、能源节约,发展低碳经济,保护环境,促进经济发展与人口、资源、环境相协调,走可持续发展之路。

二、三大转变带来的启示

(一)对社会主义建设规律的探索,是一个充满艰辛、十分艰难的历程

我们党在探索社会主义建设规律期间,也曾犯过错误,既有“左”的方面,也有右的方面。改革开放之前,主要是“左”的方面,改革开放后主要是右的方面。无论是“左”还是右,都使我国的经济建设遭遇了严重的挫折,付出了沉重的代价。“大跃进”是第一次,“文化大革命”是第二次,使国民经济几乎到了崩溃的边缘;第三次是“资产阶级自由化”泛滥,差点造成全国性动乱。小平同志在1957年曾说:“搞建设这件事情比我们过去熟悉的搞革命那件事情来说要困难一些,至少不比搞革命容易。在这个问题上,我们全党还是小学生,我们的本领差得很。”毛泽东也不得不承认:“在社会主义建设上,我们还有很大的盲目性。社会主义经济,对于我们来说,还有许多未被

认识的必然王国。拿我来说,经济建设工作中间的许多问题,还不懂。工业、商业,我就不太懂。对农业,我懂一点。但是,我注意的较多的是制度方面的问题,生产关系方面的问题。至于生产力方面,我的知识很少。”他还说:我们过去干革命是花了二十几年的时间才学会的,并且其中犯过大错误。我们现在搞经济建设,是不是可以不要花二十几年的时间而花更短一点时间学会,并且不犯大错误,不栽大跟头?实际上,我们搞建设从1953年三年恢复完成开始,到1978年十一届三中全会的召开,也整整用了25年时间。其主要标志就是我党在发展问题上实行的三个重大转变:第一个转变主要塑造了市场经济的微观主体——国有经济、集体经济、民营经济和外资经济,调动了广大人民群众的生产积极性;第二个转变是引入了市场机制,发挥了市场在资源配置中的基础性作用,进一步增强了经济发展的活力,提高了经济效率;第三次转变解决了“实现什么样的发展和怎样发展的问题”,使我国经济发生质的飞跃,走向以人为本,全面、协调、可持续发展的轨道。实现这三大转变,标志着我们党对社会主义经济建设规律的认识,在发展问题上的路线、方针、政策和具体方略已基本成熟,也标志着我们党已完成从革命党到执政党的转变,执政的合法性进一步增强,彻底打破了一些人提出的所谓共产党搞军事100分、搞政治80分、搞经济不及格的谎言。

(二)我党在经济发展问题上的探索是一个不断突破传统和创新的过程

新中国建立后,我们对社会主义的认识没有突破苏联僵化的社会主义模式的束缚和限制,甚至将其作为社会主义的蓝本,认为这个模式是最理想的模式。在这一模式指导下,建设社会主义的具体政策就是,在所有制上强调纯而又纯的公有制,否定商品经济的存在,消灭市场;在经济体制上集中计划经济一统天下,优先发展重工业,强调阶级斗争和无产阶级专政。

十一届三中全会以后,我们对什么是社会主义,怎样建设社会主义有了升华,邓小平从中国的国情出发提出了建设有中国特色社会主义的理论,并深刻揭示了社会主义的本质,回答了什么是社会主义和怎样建设社会主义的问题。在建设社会主义过程中实现了所有制从“一大二公三纯”到“以公有制为主体、多种所有制经济共同发展”的转变;分配方式从“大锅饭”、平均主义到“以按劳分配为主体、多种分配方式并存”的转变;经济体制由高度集中计划经济体制向社会主义市场经济体制的转型;在发展观上实现了从“快速发展”到科学发展即“又好又快发展”的转变。正是党在经济发展问题上的这些重大转变推动我国经济实现了高速发展,综合国力日益增强,人民生活日益富裕。这些转变也说明人类在实践中总是不断地探索真理、认识真理,但不可能穷尽真理。这就要求我们要在社会主义建设过程中继续大胆地探索、实践和创造,在不断总结建设中国特色社会主义的实践中丰富和发展对什么是社会主义、怎样建设社会主义问题的认识。

(三)我党在经济发展问题上的探索是一个一脉相承、与时俱进的过程

在经济发展问题上,毛泽东、邓小平、江泽民、胡锦涛在中国革命、建设、改革的不同历史时期,由于历史条件和认识程度的不同,他们在发展的目标、模式、战略等方面都存在着差异。但是,他们在坚持马克思主义世界观和方法论上是相同的,在立场、观点、方法上是一脉相承的,具体表现在:

1. 一脉相承的政治立场。中国共产党历代领导集体的经济发展观都是代表最广大人民群众的根本利益,他们具有一脉相承的政治立场。毛泽东指出:人民,只有人民才是创造世界历史的动力。邓小平提出要把人民拥不拥护、人民赞不赞成、人民高兴不高兴、人民答应不答应,作为我党制定各项方针、政策的出发点和归宿。江泽民提出了"三个代表"重要思想,指出"本质在执政为民","在任何时候任何情况下、党的一切方针政策,都要以是否符合最广大人民群众利益为最高衡量标准。这是我们观察和处理问题的一个根本原则"。胡锦涛提出要"以人为本",以人为本最核心的内容就是要把人民的利益作为一切工作的出发点和落脚点,以人为价值的核心和社会的本位,把人的生存和发展作为最高的价值目标,一切为了人民,一切服务于人民。

2. 一脉相承的理论基础。唯物辩证法是马克思主义"根本的理论基础",也是中国共产党历代领导人思考经济发展问题的理论基础。几代领导人在经济发展问题上的艰苦探索深刻揭示了这样一个真理:一个政党要保持自己的先进性和执政地位,就必须坚持与时俱进的发展观,继承历史,立足当代,前瞻未来,一心一意谋发展。就必须把代表先进生产力的发展要求、先进文化的前进方向和最广大人民群众的根本利益统一起来,这是活生生的唯物辩证法,也是对唯物辩证法发展观的继承、运用和创新。

3. 一脉相承的思想方法。唯物史观的理论和方法,是整个马克思主义的理论基础。这些理论和方法,用我们比较熟悉的语言说,就是解放思想、实事求是。中国共产党几代领导人都主张实事求是的思想方法。毛泽东思想的灵魂之一是实事求是;邓小平理论的精髓是解放思想、实事求是;江泽民"三个代表"重要思想的灵魂也是实事求是。而以胡锦涛为总书记的党中央明确提出科学发展观,也是具体分析中国社会主义建设实践、针对现阶段发展中的问题而提出的。因此,几代领导人在推动马克思主义中国化进程中,都坚持了实事求是的、一脉相承的思想方法。

我党在经济发展问题上的探索也是一个与时俱进的过程。总的来说,建国以后我国社会主义经济建设大体走的是这样一条发展道路:以毛泽东为核心的第一代中央领导集体高度重视经济增长,把工业化和四个现代化作为发展目标。工业化是经济发展目标,四个现代化主要也是经济发展目标,因此这个发展目标是不够全面的。邓小平没有停留在以经济增长为核心的传统发展观上,他以"三步走"战略替代了原来的"四个现代化"战略。他提出的发展目标是建设富强、民主、文明的社会主义现代化国家,强调经济社会全面发展,但对可持续发展重视不够。江泽民在继承借鉴的基础上,提出了经济社会与资源、环境协调发展和持续发展的发展理念,把发展目标从经济和社会领域扩展到人与自然领域,这样的发展目标更宏大、更长远,这与国际上提出可持续发展相一致。胡锦涛在新世纪初提出的发展目标最具有全面性,科学发展观的发展目标就是生产发展、生活富裕、生态良好的文明发展道路,就是物质文明、政治文明、精神文明、社会文明的全面发展,以人为本是科学发展观的本质和核心。所以说,自新中国成立以来中国共产党关于发展的思想既是一脉相承而又与时俱进的,是与时俱进的马克思主义发展观。它在不同的历史条件下,都对发展的本质和基本内容作出了深刻阐明,揭示了中国经济社会发展的客观规律,逐步深入地回答了什么是社会主义、怎样建设社会主义这个根本问题,这说明中国共产党对发展的认识是随着实践的发展而逐步发展的。当前的科学发展观是中国共产党提出的关于发展理论的最新成果,它对实现中国文明发展、和平发展、又好又快发展,不断推进中国特色社会主义事业,具有深远的理论意义和实践意义。

(四)经济发展战略的转变、经济体制转型要一切从中国的实际出发

在中国这样落后的东方大国建设社会主义,是马克思主义发展史上的崭新课题。我们面对的情况,既不是马克思主义创始人设想的在资本主义高度发展的基础上建设社会主义,也不是完全与其他社会主义国家相同。因而我们建设社会主义,不能照搬书本,照抄或者模仿外国发展模式,必须一切从国情出发,从中国的实际出发,寻找与国情相符合、与自身的发展阶段相适应的发展模式。这个问题上,我党也做过有益的探索,取得过重要成就,也经历过多次曲折,付出了巨大代价。

回顾历史,可以清楚地看到,当经济发展战略和经济体制结合得很好的时候,就是我们对国情把握很透彻的时候;当我们思想"左倾"、急躁冒进的时候恰恰是我们忽视国情蛮干、乱干的时候。工业化发展战略初期,取得那么大的成就,可后来又出现那么大的失误,最重要的一条,就是我们只考虑了社会主义优越性,只考虑到人民群众的热情和干劲而忘却了建国初期我国的国情。国情具有长期性的特点,这就决定了我们制定的经济发展战略也应具有长期性、全局性的特征,并且要分阶段去实现,相应的经济体制也要随着做相适应的调整。两者要在动态中保持适应。当两者是相互协调、相互适应的时候就能促进经济发展战略的实现,反之亦然。十一届三中全会后,我们制定经济发展战略、进行经济体制改革就是遵循了这样一个规律。我们只有明白这样一个道理,经济体制改革才能坚定不移地走向深化,才能不断巩固和扩大其成果,才能在更高的程度上发展和解放社会主义生产力。

(作者单位:中共日照市委党校、日照行政学院)

正确处理和有效化解新形势下人民内部矛盾

潘维夫　李业翠　葛学梁

社会转型时期，我国社会人民内部矛盾呈现多发、复杂，且在某些方面还表现得比较尖锐的趋势，这直接影响到社会稳定和社会和谐，使新时期构建和谐社会的工作受到挑战，必须给以高度重视，学会正确处理和有效化解新形势下人民内部矛盾。

一、正确把握新形势下的人民内部矛盾及其特点

改革开放以来，由于新历史条件的出现和时代特征发生变化，使新时期我国社会的人民内部矛盾与以往相比较，具有明显不同的内容和特征。

1. 市场经济条件下多种经济成分，多元化市场主体，多元化利益群体之间存在差别和矛盾，使新形势下我国社会的人民内部矛盾在层次和内容上更趋复杂。在社会主义市场经济框架内，多种所有制经济成分和多元化市场主体并存，这种状况下，一方面要保持公有经济的主体地位，另一方面，统一市场原则下各种经济成分之间要求平等的市场地位，多元化市场主体之间要求公平竞争。公有制经济的主体地位要求及其在某些领域某些行业可能形成的垄断，与多种经济成分、多元化市场主体平等发展、公平竞争要求之间存在的差别及其矛盾，是新时期我国社会人民内部矛盾的一个重要类型。

在多种所有制经济成分和多元化市场主体并存条件下，就整个社会来说，人们之间的利益关系必然产生分化，由此便产生了彼此对立而又相互依赖的各种不同利益群体之间的关系及其矛盾。例如，在不同经济成分间，人们的利益关系存在差别和不同，国有经济侧重承担整个社会利益要求，而各种形式的私有经济则内在地追求群体利益。在公有制经济成分中，各种经济形式及不同企业间人们的利益各不相同，也存在不同利益要求及其差别。他们在统一市场条件下竞争，各自追求自身的所有者利益、经营利益和社会

利益。

在同一经济成分中，“由于对生产资料关系不同”，“在生产中的地位和所起作用不同”，在人们之间也产生了不同经济地位的差别和利益要求。譬如在公有制经济中，在企业的经营者和职工群众之间，存在经营者的经营利益和劳动者的劳动报酬、社会福利利益要求的差别及其矛盾；在各种形式的私营企业、私有经济中，存在劳资关系下劳动者和出资人利益要求的差别及其矛盾。随着社会主义市场经济体制的建立和不断完善，党执政的社会基础和群众基础在不断扩大，除原来意义上的包括知识分子在内的工农联盟外，新历史条件下党执政的群众基础已是一个具有多重社会结构、容纳多社会阶层的人民群体，是各种不同经济成分，不同市场主体，为社会主义现代化建设作出各方面贡献的人们的集合体，在这样一个集合体内，人们之间的关系及其矛盾，要比单纯一元化时期人们之间的关系及其矛盾深刻、复杂得多。

2. 社会转型时期，处于调整中的社会关系在某些方面可能会出现暂时失衡，此背景下，人们愿望和诉求的表达方式较易采取非理性形式，从而导致各种社会矛盾和问题处于一个相对多发和比较尖锐的时期。据有关资料统计，一个时期以来，特别是改革攻坚阶段，我国各种社会矛盾和事件发生率明显呈上升趋势；矛盾和事件的性质、被激化程度，也较以前严重。诸如人们收入差别扩大以至悬殊所带来的社会矛盾，就业压力形成的社会矛盾，各种不公社会现象导致的社会矛盾，受党群干群关系上的消极因素影响形成的社会矛盾，经济收入相对下降、社会地位随之下降的弱势群体，其合法权益未得到尊重或保护，成为影响社会稳定的高风险人群等等。这些矛盾发生频率比较高，形成的压力比较大，容易被激化，给人们正常生产和社会生活造成很大影响。这些问题涉及的绝对人数不少，有相同的利害关系，容易产生共鸣而发生群体行为。

3. 劳资关系及其矛盾成为新时期我国社会人民内部矛盾的一种重要而特殊的形式。在马克思主义社会矛盾理论中，西方资本主义条件下工人阶级和资本家阶级之间的矛盾是对抗性的，解决的手段和方式是阶级斗争和社会革命；而在中国特色社会主义市场经济条件下，在当前我国社会结构中，各种经济成分、形式（包括公有制经济的不同实现形式）中的劳（白、蓝领阶层、打工者等）、资（各种经济成分的出资者、国有资产代表者等）关系及其矛盾，从根本上来说是非对抗性的，是人民群众根本利益一致基础上的社会差别和矛盾，但是在经济利益要求和由此造成的社会地位差别方面，这种矛盾在某些层次和环节上又具有明显的对抗性内容。如在某些企业，出资人及其管理者为降低劳动成本追求高额利润，力求把工人工资压到最低社会水平；还有某些经济体的老板，依仗自身所有者地位，过于追求资本利益，和劳动者之间往往处于这样那样的对抗性地位。这些具有对抗性内容的社会矛盾往往会引发社会问题，导致不安定因素滋生，影响社会稳定。

4. 在人民内部矛盾体系中，党群干群关系方面的矛盾处于特殊地位，党群关系的好坏在一定程度上影响和制约着整个社会矛盾状况及其发展趋势。在社会主义市场经济条件下，党处于执政地位，如果在党群干群关系方面发生问题或矛盾，往往会在整个社会产生重要影响，其矛盾处于社会各种矛盾的焦点和中心。一般说来，在那些党群干群关系方面矛盾发生比较少，处理得比较好的地区，往往那里其他社会矛盾发生得相对也比较少，矛盾的尖锐、激化程度较低，处理较容易；相反，在那些党群干群关系成问题的地方，往往其他方面的社会矛盾和问题产生得也比较多，处理起来比较困难。一个时期以来，由于党内腐败现象滋生蔓延的问题还没能从根本上解决好，影响到党群干群关系正常化，致使不少地区党群干群之间的矛盾时有发生，这给和谐社会带来很大影响；近期以来，尽管党在加强自身建设，反腐倡廉，密切党群关系方面作出很大努力，也已见到相应成效，但社会转型时期各种制约因素复杂，要使问题根本好转，还须作出更大努力。

5. 新时期的社会矛盾不仅强烈反映人们的物质利益要求，与以往相比较，还明显增加了包含政治因素、反映人们对政治利益要求的内容。如目前发生在党群干群关系上的人民内部矛盾，有的就反映人们对民主政治生活要求的内容；而发生在劳资关系上的矛盾，则反映人们对自己社会地位等政治利益要求的内容。社会利益关系的复杂性、价值观念的多样性、人财物的流动性、信息传播的便捷性等情况，都增加了群众要求解决的一些问题的难度。例如，有些是历史遗留问题，有的缺乏政策、法律依据等，这样的问题处理起来比较棘手；有些人民内部矛盾跨地区、跨部门，协调难度很大；一些群体性事件，往往是较多人的过激行为或一般违法行为，与少数人的严重违法行为及敌对势力、敌对分子的捣乱破坏活动纠缠在一起，更是增加了处置的难度；还有些社会矛盾具有敌我矛盾与人民内部矛盾相互交织、境内与境外相互渗透、政治经济文化相互影响、传统安全因素与非传统安全因素相互融合、虚拟社会与现实社会相互连通的新特点、新动向。

非直接利益者冲突是当前值得关注的新情况。有的群体性事件，参与者中有不少是与事件无直接利益关系、在事件中无直接利益诉求的普通群众。非直接利益者参与群体性事件，事发突然、动机多样、升级较快，导致预防难、排查难、处置难、善后难。发生这种现象，原因在于改革发展过程中，一部分群众认为自身利益没有得到维护，改革发展成果没有得到共享，因而产生怨气和不公平感。一旦遇到民事纠纷、治安案件、刑事案件等事端，他们便借机表达不满，客观上使事态不断扩大。一些别有用心的人利用互联网、手机短信等散布虚假消息，恶意进行炒作，进一步激化矛盾。

除此之外，在当前我国社会人民内部矛盾中，还有大量反映转型时期人们基于不同经济地位要求、不同社会利益追求之间的各种类型的社会差别和矛盾，如贫富收入差距悬殊所带来的社会矛盾、城乡差别扩大所形成的矛盾、经济发达地区和欠发达地区的矛盾、劳动者和非劳动者之间的矛盾等等。这些矛盾客观存在，都对人们的经济生活和社会生活产生重要影响，制约着新时期我国经济社会生活的健康发展。

二、努力探索新形势下正确处理人民内部矛盾的有效手段和方法

1. 大力发展社会生产力，“用发展的办法解决前进中的问题”。抓住社会主义社会的主要矛盾，大力发展社会生产力，高度重视和不断满足人民群众的物质利益需求，是邓小平正确处理新时期人民内部矛盾思想的基本点和核心内容。党的十六届三中全会以来，从新时期解决人民内部矛盾的实际需要出发，党又提出了把科学发展观作为政策导向。科学发展观的“第一要义”是发展，“用发展的办法解决前进中的问题”，充分运用经济手段调节和处理社会矛盾是新形势下正确处理人民内部矛盾基本手段和方法。

从一个时期以来发生社会矛盾的经济根源看，发生在人们对物质利益要求上的矛盾，很重要一个原因是由我国经济有了一定发展而又发展不足造成的。特别是当着人们的收入差别扩大，而部分人的基本生活条件又得不到保障时，在某些社会因素作用下，很容易引发社会矛盾。“仓廪实而知礼节”。经济条件好，人们生活殷实，发生在物质利益争夺上的社会矛盾就会减少。因此，减少或者消除发生在人们物质利益关系上的矛盾，最根本的手段和方法是靠大力发展社会生产力，生产出足够多的物质、精神财富，满足人们物质文化生活的需要。

除此之外，还要运用经济手段调控社会分配，特别是通过二次分配手段来提高中低阶层的收入水平，缩小社会差别。通过建立完善的社会保障制度，以减轻物质条件对人们生活的压力，也是减缓和化解社会矛盾的有效方法之一。

2. 加强精神文明建设，开展思想政治教育是正确处理人民内部矛盾构建社会主义和谐社会的重要思想保证。运用思想政治教育等说服教育的方

法处理人民内部矛盾是由人民内部矛盾本身的特点决定的。现阶段人民内部矛盾的性质是非对抗性的,不宜用狂风暴雨式的方法。胡锦涛同志指出,要建设中国特色社会主义,就必须妥善处理各种利益关系和社会矛盾,正确处理人民内部矛盾特别是涉及人民群众切身利益的矛盾。对于各种社会矛盾,要区分不同情况,通过改革和发展,通过加强和改进思想政治工作,通过综合运用法律、经济、行政、教育等各种手段妥善地加以解决。十六届四中全会通过的《中共中央关于加强党的执政能力建设的决定》提出“要健全正确处理人民内部矛盾的工作机制,完善信访工作责任制,综合运用政策、法律、经济、行政等手段和教育、协商、调解等方法,依法及时合理地处理群众反映的问题。建立健全社会利益协调机制,引导群众以理性合法的形式表达利益要求、解决利益矛盾,自觉维护安定团结”的要求。从党和国家领导人对待人民内部矛盾的态度上可以看出,加强精神文明建设开展思想政治教育工作对于正确处理人民内部矛盾具有先导性。

3. 深化政治体制改革,加强党的建设,为新形势下处理人民内部矛盾提供良好的政治环境和组织保证。现阶段发生的人民内部矛盾,从具体原因上说有些是体制、机制原因造成的。就目前我国体制改革现状来说,经济体制改革尚不到位,特别是政治体制改革不能适应经济体制改革和社会发展的需要,致使党、政、企,党、政、群之间的关系在某些方面还不能够相互协调,由此影响社会关系在某些方面的不协调。这成为社会内部发生这样那样矛盾的重要原因之一。因此,深化政治体制改革,进一步理顺党、政、群关系,由此带动整个社会关系处于协调、和谐状态,是新形势下减少和消除社会矛盾的重要途径之一。

切实加强党的建设,密切党群干群关系对解决和化解新形势下我国社会人民内部矛盾具有特别重要的意义。从一个时期以来社会矛盾存在内容和性质看,发生在党群干群关系上的社会矛盾,矛盾的主要方面往往在领导干部。特别是发生在少数党员领导干部身上的以权谋私,与民争利,侵害群众利益行为,引起人民群众深恶痛绝,给党群干群关系造成恶劣影响,由此滋生很多社会问题,牵涉很多社会矛盾难以处理。不解决少数党员领导干部以权谋私、有效遏制腐败现象滋生蔓延的问题,很难密切党群干群关系,也很难消除发生在党群干群关系及其影响上的社会矛盾。

4. 更加注重运用法律手段解决和调节社会矛盾。党中央根据发展社会主义市场经济和建设富强、民主、文明、和谐的社会主义国家的客观需要,在党的“十五大”上庄严提出了“依法治国”这一治国方略,标志着我国社会主义民主政治建设进入了一个新的历史时期。这既是社会文明进步的重要标志,也是国家长治久安的重要保障。无疑运用法律手段处理人民内部矛盾,成为新形势下解决人民内部矛盾的重要途径。而且,法律手段的自身特性,决定了它具有其他手段所不能替代的作用。在实际工作中,应注意以下几个问题:一是加大普法力度,增强全民法治意识。当前在普法工作中,应注意有针对性地强化广大干部群众的“三个意识”:一是权益意识。让群众知晓在各类社会活动中,公民有哪些权利和义务,哪些行为受到法律保护,哪些为法律所限制和禁止,以增强自我约束、自我规范的自觉性。二是契约意识。让群众明白契约在社会生活中的作用和违约的责任,破除“情重于法”的传统观念,养成事前立约、事中履约、事后守约的行事习惯。三是诉讼意识。破除“厌讼”、“贱讼”观念,树立诉讼是维权之道、文明之举的思想,并引导广大群众逐步从有了矛盾找领导、“找熟人”,向有了矛盾找执法机关、找证据转变,增强依法维权的自觉性,为运用法律手段正确处理人民内部矛盾奠定坚实的社会基础。二是坚持以人为本,确保司法公正透明。司法不公,受损害的不仅是当事人,更重要的是损害党和国家形象和法律的神圣权威。从某种意义上讲,法律是国家对人民的承诺,它体现的是国家信誉。有信则有威,无信则无威。任何损害司法公正的行为,都是不能容忍的。司法公正是司法机关的生命线,既是正确处理人民内部矛盾的保障,也是重要的前提。当前,一方面要加快体制改革,从制度上保障司法公正;另一方面要以人为本,把提高司法队伍政治素质、业务素质作为战略任务来抓,从根本上保障司法公正,以充分有效地发挥司法机关在对敌专政和正确处理人民内部矛盾两个方面的能动作用。

5. 机制建设是新形势下正确处理和有效化解人民内部矛盾的根本制度保障。通过建立健全利益协调机制来解决人民内部矛盾。在社会主义市场经济条件下,由于社会经济成分、组织形式、就业方式、利益关系和分配方式日益多样化,人民内部矛盾也越来越复杂。人民内部矛盾是由许多具体矛盾构成的,其中的利益矛盾是影响、制约各类矛盾发展的主导性矛盾。因此,要保持社会和谐稳定,就必须调整利益关系,协调利益矛盾。这就要求建立健全能够全面表达、有效平衡和科学调整社会利益的利益协调机制,妥善处理复杂的利益关系,正确反映和兼顾不同方面群众的利益,不断完善分配制度和分配秩序,大力促进社会公平。

通过建立健全诉求表达机制来疏导人民内部矛盾。当前的人民内部矛盾同过去的人民内部矛盾相比,无论内容还是形式都发生了重大变化,过去的许多具体政策措施和方式方法在今天已经不能简单地移用。在社会主义市场经济条件下,处理人民内部矛盾必须有新思路、新办法,特别要重视用疏导的方法来化解矛盾。为此,应建立健全利益表达机制,形成多样化、多层次、多领域的通畅有效的利益表达渠道,引导各个社会阶层、社会群体及其社会成员以理性、合法的形式表达自己的利益诉求。

通过建立健全矛盾调处机制来化解人民内部矛盾。有矛盾就要化解。把矛盾化解在基层、解决在萌芽状态,防止因处置不当而使人民内部矛盾演变成为对抗性矛盾,离不开健全的矛盾调处机制。应建立健全社会舆情的收集和分析机制,加强信息沟通,及时、准确地掌握动态、发现矛盾;完善矛盾纠纷排查调处工作机制,高度重视并解决好牵涉面广、反映强烈的群众利益问题;建立健全党委和政府主导的维护群众利益机制,实现人民调解、行政调解、司法调解有机结合,综合运用法律、政策、经济、行政等手段和教育、协商、疏导等方法,化解矛盾、解决问题。制度更带有根本性、全局性、稳定性。要从根本上减少人民内部矛盾,必须通过制度建设切实维护和保障广大人民群众的根本利益,使他们真正成为改革开放发展成果的受益者。

(作者单位:中共日照市委党校哲学科社教研室)

探索实践“12445”模式
推进党组织由“学习”向“学习型”转变

毕玉惠

2010年以来，莱芜市委按照中央、省委总体部署及省委宣传部、省委组织部关于开展“两带一创”主题学习活动的总体要求，牢牢抓住“型”字做文章，率先把学习型组织理论导入学习型党组织建设之中，探索建立了“12445”推进模式，即围绕“永葆党的先进性，建设富强文明和谐新莱芜”全市共同愿景，构建起一个由共同愿景、团队愿景、个人愿景组成的愿景体系；树立“与时俱进、超越创新”、“工作学习化、学习工作化”两个理念；坚持“围绕中心，促进发展”、“遵循规律，改革创新”、“分层实施，系统推进”、“重在实践，贵在坚持”四项原则；建立“三全”（全员、全面、全过程）学习、工作提升、沟通交流、心智改善四项机制；着力提升各级党组织和党员干部的学习力、创新力、决策力、执行力和凝聚力五种能力。“12445”模式突破了传统的“就学习抓学习”的简单方式，把学习型党组织建设作为一种包含着先进理念的全新党组织发展管理模式加以推进，推动了党组织由“学习”向“学习型”的转变，走出了一条符合上级要求、具有地方特色的学习型党组织建设之路。

一、准确把握学习型党组织的科学内涵，着力抓好“型”的塑造

1. 以共同愿景为引领，夯实学习型党组织的动力基础。我们把愿景作为学习型党组织建设的目标、导向，在广泛征求党员干部和社会各界意见的基础上，确定把“永葆党的先进性，建设富强文明和谐新莱芜”作为各级党组织的共同愿景；为支撑共同愿景，各级党组织和党员干部个人结合工作实际，分别确定了团队愿景和个人愿景，并制定了实现各层愿景的路径、方法和措施，形成一个完整的愿景体系。在此基础上，通过宣传、教育、共享以及愿景检视等活动，充分发挥愿景的导向、凝聚、激励和规范作用，使党员干部明确了工作目标和努力方向，实现了个人与组织的有机融合、个人发展与组

织发展的高度一致。

2. 以改善心智模式为前提，夯实学习型党组织的思维基础。我们把改善心智模式作为学习型党组织建设的重要内容，通过改善心智模式，努力改变各级党组织和党员干部与新形势、新要求不适应、不符合的各种在思想和行为模式，为自我完善、自我超越打下坚实基础。为了培养团队精神，各级党组织普遍开展了军训、拓展训练等体验式学习，建立了互敬互信互助和谐的关系；为了避免推诿扯皮和片面强调客观因素，各级党组织在工作中大力倡导“不自我设限”、“不归罪于外”的理念，更多地从自身、从主观找原因找办法；为了引导党员干部慎待“蝴蝶效应”，谨防“青蛙现象”，一些单位设立了“煮蛙台”，增强对苗头性问题的敏感度，及时把矛盾消灭在萌芽状态。

3. 以“三全”（全员、全面、全过程）学习为形式，夯实学习型党组织的方法基础。我们把“三全”学习作为体现学习型党组织建设特征的重要方面，在推进过程中，大力推行以全体党员干部为学习主体的全员学习，积极营造全员学习的氛围和条件；坚持团队学习，建立了知识与信息的反馈、反思、共享平台，实现了反思学习、反馈学习、共享学习，进一步深化了全员学习效果；在学习重点上，做到了学理论、保方向，学知识、增能力，学经典、修品性，实现了全面学习；在学习方法上，坚持行动学习，把解决实际问题、提升工作绩效的过程作为学习的过程，做到时时处处学习，实现了全过程学习。

4. 以沟通交流为途径，夯实学习型党组织的组织基础。我们大力倡导顺畅有效的沟通交流机制，把建设开放包容、互信互助、团结协作的组织沟通交流平台作为重要目标。在单位内部，通过开展深度会谈等交流活动，营造团队成员之间坦诚相待、相互信任的良好氛围，达到了相互帮助、共同提高的目的；在部门之间，打破了由于行政界限形成的沟通壁垒和交流障碍，开设了“经济发展论坛”、“改革创新论坛”、“目标绩效管理论坛”、“招商引资论坛”等十几个论坛，构建了横向一体化交流平台，引导相关部门信息共享、资源共用、合作共赢；在全市，利用“三长”公开电话、“三线”监督平台及领导干部联系点、大走访大调研、帮扶结对等形式等密切了上下级、党群间、干群间的联系，增强了工作的主动性和实效性。

5. 以提升工作为目标，夯实学习型党组织的实践基础。我们坚持“围绕中心抓创建，抓好创建促发展”的基本原则，把学习型党组织建设与经济社会发展统一起来。一方面，引导各级党组织和广大党员干部把创新作为工作提升的重要手段，充分认识到“事事可创新、时时可创新、人人可创新”，完善了“工作创新奖”等激励机制，开展了“‘三创’活动我先行”、“我是党员我带头”、“两带一创”、“争先创优”等活动，引导党员干部围绕中心、立足岗位进行实践创新;另一方面,各级党组织积极搭建问题式学习平台,围绕工作中存在的问题开展针对性学习,找准症结,制定解决方案,推动工作提升。

6. 以领导干部为重点,搭建学习型党组织建设的层次结构。我们坚持区分层次、系统推进,开展了以领导干部为重点的“两带一创”主题活动,从党委(党组)、党支部、党员三个层面深入推进,形成了层层带动、层层推进的良好局面。全市各级领导干部尤其是主要负责同志都把学习型党组织建设作为提高自身领导能力、增强班子凝聚力、推动工作落实的重要抓手,坚持亲自抓、亲自管,做到带头学、带头干,有力地带动了学习型党组织建设各项工作的开展。进一步强化和规范党委(党组)中心组学习,完善健全了学习组织、领导带学、监督考核等一系列机制,丰富了集体学习、专题讲座、读书会的内容和形式,学习水平不断提高。每年评选表彰一批“学习型党委(党组)”、“学习型党支部”、“学习型党员干部”,激发了各个层面的建设热情,促进了学习型党组织建设的不断深入。

7. 以能力建设为根本,建立学习型党组织的衡量标准。我们把学习作为激发党员队伍活力的基础工程,把各级党组织和党员干部的学习力、创新力、决策力、执行力和凝聚力是否得到提升作为衡量学习型党组织建设是否取得实效的重要标准。通过提升学习力,着力打造一支“坚持科学理论武装、富有团队学习精神”的队伍;通过提升创新力,着力打造一支“富有创新精神、善于自我超越”的队伍;通过提升决策力,着力打造一支“具有世界眼光、善于把握规律”的队伍;通过提升执行力,着力打造一支“作风实、执行快、效果好”的队伍;通过提升凝聚力,着力打造一支“富有政治责任感、事业心、使命感”的队伍。

二、严格遵循学习型党组织的属性特征,不断丰富“型”的实践探索

1. 在作用定位上,实现了由思想教育向管理模式的转变。我们不仅把学习作为思想政治建设的一种手段,而且把学习作为提升党组织管理水平的核心工程,贯穿于思想建设、组织建设、作风建设、制度建设、反腐倡廉建设的方方面面,实现了提高党员队伍整体素质,打造坚强战斗堡垒的目标。比如,莱芜高新区打破部门壁垒和级别界限,围绕项目建设,成立项目服务团队,以项目推进中存在的问题为切入点,共同研究建设方案,现场解决施工难点,锻造了一个具有高度责任感和集体荣誉感的精英团队,他们以全新的理念、高效的服务、一流的作风使 30 亿元的汇源项目 20 天完成开工准备,3 个月实现设备安装,创下了项目建设的“汇源速度”。

2. 在观念理念上,实现了由被动学习向主动学习的转变。不仅把学习作为一项重要的政治任务,而且从体现人生价值、实现自我超越出发,把学习当做一种生活态度、一种工作需要,由"要我学"变为"我要学"。比如,莱城区苗山中学通过建立学校愿景、级部愿景、教师个人愿景的愿景体系,激发教师的学习热情,引导教师自主制定"智慧人生"读书计划,确定读书目标、读书主题和保证措施,使广大教师在学习中发展自我、提升自我、完善自我,形成了"阅读生活化、学习终身化"的浓厚氛围。

3. 在参与主体上,实现了由个人学习向团队学习的转变。不仅强调学习是个人的事情,而且把学习作为打破彼此交流障碍、建立成员互信、凝聚团队智慧的一种有益的集体行为,在团队学习中实现了信息、资源、智慧的最大化。比如,钢城区供电部通过建立以党支部为核心的学习团队,利用每月一次的"党员集中学习日"活动,搭建起了知识与信息的反馈、反思、共享、创新平台,通过个人检讨工作、共享学习成果、集体研究改进意见,形成了能够凝聚人心、统一意志、激发动力的共同愿景和价值观,营造了和谐的团队氛围,培养了团队合作精神,提高了团队的凝聚力、创新力和竞争力。

4. 在内容要求上,实现了由书本学习向问题学习的转变。改变了传统的以本本为中心的经院型学习,把学习对象不仅限于政治理论、业务知识,而是树立了"问题就是资源"的理念,把工作中的问题当做学问来研究,在思考问题、解决问题的过程中提升能力。比如,市民政局对每项业务工作都实施"问题学习法",制定了"发现问题—问题定位—解决问题—方案固化—成果共享"的工作模型,促进了各项工作的开展,取得了"创建全国双拥模范城六连冠"等多项创新成果。

5. 在方式方法上,实现了由单一式向多元综合式学习的转变。改变了主要依靠"读书学习"的单一式学习,大力倡导反思学习、反馈学习、共享学习、研讨式学习、问题式学习等新型学习方式,在实践中积极探索传统学习与新型学习并用的多元综合式的学习方式,取得了很好的学习效果。比如,市城管执法局定期围绕城市管理中存在的难点焦点问题,创新开展"学理论补知识短板、借外地经验找突破思路、听群众呼声思工作漏洞"多样化的学习方式,综合运用集体研讨、现场调研、跨部门交流、行动后总结反思等学习方法,有效解决了城市牛皮癣、乱停乱放、乱穿马路等城市"顽疾",发挥了多元综合式学习的强大推动作用。

6. 在机制保障上,实现了软性约束向长效机制的转变。改变了"学习说起来重要,干起来次要,忙起来不要"的不良风气,建立健全了学习的组织领导、动力激发、成果转化、检查考核等机制,推动了学习的科学化、规范化、长效化。印发《关于推进全市学习型党组织建设的意见》，把制度建设放在了首要位置，对“一把手责任制”组织领导机制、“注重学习的用人导向”激励机制、“工作学习化、学习工作化”的成果转化机制、“月自查、季汇报、半年督导、年终考核”督查考核机制作出了明确规定，并制定了涵盖组织领导、建设目标、基础工作、机构建设、建设特色、建设绩效6个方面、总分100分的《市委推进学习型党组织建设考评体系》，确保了学习型党组织建设的操作性和实效性。

7. 在学习效果上，实现由素质提升向能力提升的转变。改变把学习型党组织建设停留在增加知识储备、优化知识结构、增强理论素质层面的做法，把提升能力、解决问题、改善组织与个人的行为、促进发展作为根本落脚点，使一切有利于组织和个人行为改善的活动都形成具体路径和措施，切实把学习型党组织建设的成果内化为能力、外化为行为、转化为服务经济社会发展的实实在在的思路、措施、办法。

三、坚持学以致用，推动了经济社会又好又快发展

1. 创新了思维，理清了思路。通过学习型党组织建设，莱芜市各级党组织更加注重用系统思考的方式来思考工作，用“透视、环视、俯视”的眼光审视莱芜，提出了大力实施工业立市、生态建市、科教强市、和谐兴市“四大战略”，确立和完善了“加快融入济南都市圈，大力发展‘三大产业板块’，建设‘四个功能区’”的区域经济发展思路。2010年全市地区生产总值增长11.6%，规模以上工业增加值增长14%，规模以上固定资产投资增长22%，社会消费品零售总额增长17.5%，进出口总额增长65%，地方财政收入增长8%，城镇居民人均可支配收入增长10%，农民人均纯收入增长12%。

2. 破解了发展难题，优化了经济发展方式。学习型党组织建设把经济社会发展中的问题和矛盾作为核心问题来研究，把转方式调结构作为加快莱芜发展的机遇和出路，有力地推动了经济社会发展。在北部，发展生态旅游板块，开发了雪野湖等生态景区10多处，建设完成航空科技体育公园、现代农业科技观光园等一批重点项目，年接待游客180多万人次；在中西部，加快发展姜蒜加工储运板块，已发展姜蒜标准化生产基地30多万亩，年产姜蒜50万吨，储运企业280家、储运能力120多万吨，加工企业320多家，年加工能力50万吨；在南部，加快发展钢铁加工物流板块，目前产能达2000多万吨，发展钢铁深加工企业372家，年加工能力550万吨，物流企业283家，年物流量2200多万吨。

3. 突破了改革发展瓶颈，推进了统筹城乡发展改革。作为“山东省统筹

城乡发展改革试点市"，全市紧紧围绕统筹城乡发展改革这条工作主线推进学习型党组织建设，通过广泛而深入的学习实践，在统筹城乡发展改革方面涌现出了很多创新点和亮点。大力推进了城乡规划布局、城乡产业发展、城乡基础设施建设、城乡就业和社会保障、城乡社会管理服务"六个一体化"和土地向规模经营集中、工业向园区集中、人口向城镇集中的"三个集中"改革，有力推进了城乡一体化发展步伐。

4. 强化了群众意识，提高了民生保障水平。学习型党组织建设使广大党员干部的为民服务意识不断增强，全市的民生保障水平不断提高。就业、养老、住房、医疗等十大民生保障体系不断完善，尤其是把就业摆到民生工作的首位，市财政每年安排 1700 万元专项资金，分类培训各类人员 4.8 万人，参加培训的学员 80% 以上实现了多途径就业创业。深入开展"连心帮扶"行动，帮扶困难群众 6000 多户、贫困学生 3000 多名，个人捐资已达 600 多万元，扶持新上致富项目 2300 多个。

（作者单位：中共莱芜市委宣传部）

积极推进基层党建创新
努力提高党建科学化水平

李乃俊

深入学习研究党史，弘扬创新精神，不断探索党建工作的新思路、新方法，是提升党建科学化水平的关键。近年来，适应统筹城乡一体化进程不断加快的形势，我们立足钢城实际，在基层党建工作上做了一些有益的探索和实践，有力地推动了基层党建工作健康发展。

一、在统筹城乡一体化发展的新形势下，城乡融合步伐不断加快，新的城乡布局、新的组织形式都对基层党建工作带来了挑战

统筹城乡发展，是党的十七大作出的重大战略部署。从我区情况看，近年来，我们立足经济基础较好、工业支撑带动能力强、城镇建设日益完善、劳动力转移步伐较快等实际，坚持把统筹城乡一体化发展作为全区工作的一条主线，大胆探索，全力推进，城乡统筹发展的进程不断加快，也给基层党建工作带来很多新情况、新问题。

1. 城乡建设改造步伐加快，对原有基层党组织设置模式提出新挑战。按照我区统筹城乡一体化发展总体规划，未来全区 230 个行政村将调整为 31 个新社区、38 个特色居民点，目前，已启动建设新型社区 20 个、特色居民点 16 个。随着城乡布局的调整，初步形成了一批打破原有行政区划、按区位或产业特点规划建设的新型社区、居民点，原先以村为单位的基层组织设置模式已不能适应党建工作要求，迫切需要创新基层组织设置模式。

2. 人口加快由农村向城镇转移，对党员教育管理工作提出新任务。随着工业化、城镇化的加快推进，大量农民脱离原有土地，进入城镇经商或到企业务工。据统计，目前我区长年在外务工农民达到 6 万多人，已经占到农村劳动力总数的 50% 以上，其中党员 5000 多人。这部分农民由受控于农村集体组织的“单位人”变成自主独立、自由流动的“社会人”，对基层组织的归属感、依赖性明显减弱。原有的基层组织设置模式和管理方式，无法实现对

流动党员管理的全覆盖,不可避免地降低了基层党组织对农民的影响力、凝聚力。

3. 新经济组织、新社会组织的大量涌现,对整合基层党建资源提出新要求。“两新”组织党建工作是基层党组织建设的重要内容,也是重点和难点所在。近年来,我区民营经济迅猛发展,全区私营企业达到 2941 家,个体工商户达到 6340 户,从业人员中党员超过 3000 人。同时,依托“两桃”、花卉苗木、黄烟、畜牧养殖等特色产业,先后发展起各类专业合作社、产业协会等 83 家。随着这些“两新”组织的兴起,使党的基层组织的工作领域由传统领域向非公有制企业、个体工商户、农业专业合作社等领域拓展,在不断扩大党的覆盖面的同时,也给基层党建工作带来了“支部建在哪里”的新课题。

二、构建城乡一体的党建新格局,必须因地制宜,创新思路,确定符合各地实际、特色鲜明的发展模式

针对城乡一体化进程不断加快的实际,必须统筹城乡党建资源,积极探索新型党组织设置模式。近年来,我们根据各村(居)经济基础、区位特点等,打破城乡和区域界限,整合城乡党建资源,积极探索推行了 6 种基层党组织设置模式,2011 年被列为全省基层党建创新“县委书记项目”。目前,已设立新型城乡社区党组织 34 个,近万名党员纳入新型城乡社区党组织管理,促进了城乡党建资源的有效融合。

1. 城镇集中居住区型社区党组织。城镇作为连接城市和农村的桥梁,对农村具有强大的聚合辐射作用。我区共有 12 个小城镇驻地村及周边村,对这些村,我们按照“集中管理、集约共享”的原则,以小城镇驻地村为中心,规划建设集中居住区,吸纳周边村及镇内从业人员入住,依托集中居住区设立社区党委,统一管理社区内行政村党组织和新型经济组织党组织。目前,已规划建设了颜庄滨河小区、晟鑫苑小区、辛庄社区等 5 个集中居住区,成立社区党总支 5 个。如我们依托颜庄镇滨河集中居住区,成立了滨河社区党委,将周边 3 个行政村、9 个自然村和 5 家企业党支部全部纳入社区党委管理,为加快新城镇建设提供了强有力的组织保障。

2. 中心村型社区党组织。我区原有 139 个农业村,这些村平均占地 240 亩,平均人口 860 人,普遍存在地处偏远、规模小、基础差等问题,不适应形势发展的要求。按照城乡一体化发展规划,这些村将逐步向规划的新社区、特色居民点集中。为此,我们按照“以点画圆、辐射周边”的要求,将中心村周边两公里服务半径以内产业相近、地域相邻的行政村纳入社区管理,吸纳周边村民逐步向中心村聚集。目前,已成立 17 个中心村型社区党组织,对纳入

新社区的村进行统一管理。如辛庄镇确定了7个地理位置比较优越、基础条件相对较好、对周边村有一定辐射带动能力的村，建设了7个中心村型社区党组织，把全镇66个村级党组织纳入7个社区党组织管理，有效整合了村级组织资源、经济资源和社会资源。

3. 园区型社区党组织。我区开发区等各类园区周边共有32个村，园区内务工人员达到1.4万人。对这部分村，我们采取村企联建的形式，由驻地村党组织和园区内非公企业党组织共同组成新型农村社区党组织。目前，已建立新型社区党组织3个，涉及村(居)10个、企业11家。如我们依托颜庄镇疃里村和颜庄民营园，成立了疃里社区党委，辖疃里村党支部和7个园区企业党支部。在社区党委的领导下，疃里社区把村庄改造与园区内企业职工安置结合起来，规划建设了疃里集中居住区，目前已建成居民楼17栋，安置群众613户。既改善了村民居住条件，又腾挪土地安置了企业，还解决了园区内务工人员的居住问题，实现了多赢的目标。

4. 新型城市社区型社区党组织。我区共有28个城中村，计划到2012年将逐步完成这些城中村的改造，彻底打破现有的人口居住布局。针对这一实际，我们按照居住地原则，在规划建设的新集中居住区设置新型社区党组织，把原有各城中村党支部全部纳入统一管理。如艾山街道九龙家园社区，是由7个城市老社区和2个行政村共同建设的，全部建成后可安置5000户、1.7万人居住，腾挪土地2200亩。社区党组织成立后，相关的9个村级党支部和2家物业公司党支部全部纳入社区党组织管理。目前，投资1400多万元、建设面积4100平方米的社区服务中心已投入使用，群众享受到了快速便捷的服务。

5. 工矿融合型社区党组织。我区境内莱钢等大型企业，长期以来形成了“厂中有村、村中有厂、村厂交融”的格局，目前周边仍散布着19个村。对这些村，我们按照“厂地融合、共建双赢”的要求，整合企地党建资源，设立了覆盖社区内企业党组织和周边村党组织的社区党组织，做到社区内基础设施共建、党建资源共享、文明共创、事业共兴。如我区黄羊山居住区与莱钢特钢厂生活区紧密相连，新成立的社区党总支除吸收有关村居参加外，莱钢特钢厂党组织也派人参加，实行厂地共建党组织，为深化企地协作、促进共同发展提供了有力的组织保障。

6. 产业型社区党组织。按照“产业链延伸到哪里，党组织就建到哪里”的思路，在蜜桃、花卉、苗木、黄烟等优势产业主产区，成立一批产业型社区党组织，组建专业合作经济组织，建立产业特色鲜明的农村社区服务中心，为农民提供优质高效服务，带动特色产业发展。如在黄庄镇蜜桃生产区组建了汶水源社区党总支,完善了蜜桃协会组织,将会员单位和蜜桃种植专业村全部纳入管理,将分散经营的农户组织起来,提高了蜜桃种植户的市场竞争力和生产的组织化程度,促进了蜜桃产业的健康发展。目前,全镇蜜桃已发展到8万亩,人均达到2.6亩,人均增收3000元。

三、适应城乡新型社区党组织建设需要,必须建立健全长效管理机制,为构建城乡党建一体化新格局提供保障

着眼于促进新型社区党组织的长远健康发展,我们重点健全完善了四项机制:

一是健全干部管理机制,提高干部履职能力。加强新型社区党组织建设,大量工作需要基层干部去推进和落实,加强干部管理、提升干部素质至关重要。为此,我们积极推行社区干部任期承诺制,每个社区的"两委"干部在任期内都要签订"承诺书",承诺项目向全体社区居民公开,接受群众监督,增强了社区干部的责任意识和履职能力。推行社区干部问责制,根据规定对存在事业心不强、履行工作职责不认真等十个方面问题的社区干部进行问责,规范了社区干部决策行为。健全完善党员分类管理积分考核机制、流动党员动态管理机制,积极开展以在职党员述职、无职党员述岗、农村干部述廉、全体党员党性分析民主评议为主要内容的"三述一评"活动,构建了动态与静态结合,管理与考核捆绑的党员管理新框架。

二是健全便民服务机制,提高社区党组织服务效能。加强基层党组织建设的最终目的是更好地为群众服务。为提高社区党组织服务群众的能力,我们探索实施了便民服务全程代理制,高标准建设了社区服务中心,聘用专兼职代理员,为群众提供涉及生产生活、务工经商等200多项的代理或咨询服务,提升了社区服务水平。目前,已累计办理各类服务事项10.9万多件,提供咨询服务7万多人次。同时,积极推行开放式集中办公和干部去向告知制度,提高服务效能,得到了群众的普遍认可。

三是健全创先争优机制,提升社区党建水平。围绕调动各级加强基层党组织建设的积极性,按照中央和省委、市委开展创先争优活动的要求,以争创"汶源先锋"活动为主线,以"镇域经济上台阶、企业发展比贡献、部门工作创一流"争先创优三项活动为载体,引导各个层面的党组织和不同行业、不同群体党员,立足岗位,发挥优势,在各项工作中争创一流。同时,深入开展"新型社区党建示范点"创建活动,加大对各示范点的服务扶持力度,特别是整合组织、宣传、卫生、教育等13个部门涉及村级办公场所改造、青少年活动中心等17个项目和资金,进行捆绑使用,对示范点进行集中帮扶。目前,

已建成示范点12个。

四是健全考核奖惩机制,激发干事创业热情。在全面落实各级补助政策的基础上,大力推行社区党组织书记"星级津贴"制度,根据党组织书记任职年限、工作实绩和受表彰奖励情况进行评级,根据评定结果给予6000元至1.2万元的津贴。探索实行了社区干部"双百"考评机制(即实绩考核结果"百分制"和群众满意度"百分率"),实行实绩考核和群众评议分离,并将考核结果与党组织书记星级管理和社区干部报酬补助、干部调整使用、评先树优等激励制度"四挂钩",有效调动了社区干部干事创业的积极性。

(作者单位:莱芜市钢城区委)

以临沂为例谈转变经济发展方式

刘金田

转变经济发展方式是我国国民经济发展的重要方针,也是落实科学发展观和构建和谐社会的关键,但不同的地区应根据自身发展特征来选择发展方式转变的路径,采取切实有效的措施,将转变经济发展方式贯彻落实到实践中去。本文以临沂为例,探讨在新的历史时期转变经济发展方式的思路。

一、临沂市经济发展方式的现状特征

近几年,临沂市在市委、市政府的正确领导下,围绕建设富强美丽的“大临沂、新临沂”,加快“四市五城”建设,推进“三个率先发展”,经济发展方式发生了积极的变化。主要表现在:

1. 经济综合实力不断壮大增强。主要经济指标增幅高于预期、好于全省平均水平。2010 年,全市实现生产总值 2400 亿元,年均增长 14.4%,分别高出全国、全省 3.3 个和 1.3 个百分点;人均生产总值达到 3552 美元,比 2005 年翻了一番;完成地方财政收入 115.5 亿元,是 2005 年的 2.4 倍,年均增长 18.7%;税收占地方财政收入比重、财政收入占生产总值比重,分别达到 76.2% 和 4.8%;城镇居民人均可支配收入、农民人均纯收入年均分别增长 15.4% 和 13.4%,达到 18644 元、6761 元。累计完成规模以上固定资产投资 4684 亿元,年均增长 23.4%;社会消费品零售总额 1157 亿元,年均增长 19.4%,增幅居全省首位。

2. 发展方式转变升级成效明显。三次产业比例由 13.5∶52.2∶34.3,调整到 11∶50.3∶38.7。现代农业加快发展,主要农产品产量增加、品质提升。粮食生产连续 7 年增收、总产达到 468.8 万吨;优质农产品基地发展到 420 万亩,市级以上农业龙头企业 389 家,累计完成无公害、绿色、有机“三品”认证 801 个。工业整体实力不断增强,5 年完成技改投入 1216 亿元。食品、木业、复合肥等传统产业在全国形成竞争优势,战略性新兴产业发展势头良好。规模以上工业增加值年均增长 19.7%,利税超千万元、超亿元企业分别增加584家和23家,高新技术产业产值占规模以上工业的比重提高11.9个百分点,总量比2005年增长近5倍。服务业继续走在全省前列,增加值年均增长16.5%,占生产总值比重居全省第三位。累计新建改建城区市场60处,发展物流企业5000多家,临沂商城年交易额达到720亿元;文化产业增加值、旅游总收入占生产总值的比重分别提高2.5个和3.4个百分点;金融机构人民币存贷款余额为2115亿元和1538亿元,年均增长18.4%和17.6%;保险业保费收入76.3亿元;房地产业在服务业增加值中所占比重提高1.1个百分点。非公有制经济快速发展,民营经济增加值占生产总值的比重达到76.5%,提高6个百分点。园区和集群经济发展较快,基本形成20个区域性产业集群,共有13个园区被批准为省级经济开发区,临沂经济技术开发区升格为国家级开发区。

3.城乡基础设施建设实现重大突破。中心城市龙头带动作用增强。北城新区一期工程基本完成,滨河景区和涑河片区开发进展顺利;城中村改造、城市管理成效明显;"南工、中商、北文"的功能布局日益完善。滨水生态特色鲜明,一座新城拔地而起。县城和中心镇建设加快,城镇化率年均提高2个百分点。农村基础设施不断完善,99%的行政村通了硬化公路,414万群众吃上自来水,20户以上的自然村全部通上有线电视,水库除险加固、农村沼气建设走在全省前列。交通、水利、电力保障能力进一步提高,青兰高速、菏兖日铁路电气化改造、东平铁路、沂河生态路、新客运总站、临沂飞机场一期改造提升、刘家道口水利枢纽、费县国电一期等重大基础设施建成并投入使用。全市新增农村公路里程1.5万公里、国内航线15条、新能源公交车420辆,去年公路和航空客运量分别达到2.6亿和57万人次;固定和移动电话发展到890万户;沂河、沭河骨干河道防洪能力,由20年一遇提高到50年一遇;电网建设提前一年完成五年规划目标。

4.生态文明建设成为新亮点。"十一五"节能减排任务全面完成;重点河流提前一年达到省政府"稳定恢复鱼类生长"要求;城市人均公共绿地面积15.8平方米;污水集中处理率、生活垃圾无害化处理率分别为90%和70%。城乡环境综合整治深入推进。65%的行政村完成硬化、净化、绿化、美化、亮化"五化"工程达标任务;3100公里路域环境不断优化,省与省、市与市、县与县、乡与乡、城与乡"五个结合部"得到有效整治;1100个村居(社区)实行物业化管理,240个农村社区完成气上楼、水治污、环卫保洁市场化物业化"三上工程";"户集、村收、乡镇运、市(县)处理"的垃圾处理机制、"有钱办事、有人干事、有人管事"的环卫保洁长效机制逐步健全。

5.改革开放迈出坚实步伐。企业改革不断深化,一批特困企业通过破产、资产重组走出困境。国有资产实现保值增值,监管体系进一步完善。农村综合配套改革稳步实施,土地承包经营权流转依法推进,集体林权改革试点圆满完成,农业税全面取消。多元化投融资体制逐步形成。新组建3个市级政府性投融资平台,新增境内外上市企业13家、累计达24家;通过市场化运作建成临沂城30万吨供水工程,政银企合作、动产抵押等举措较好解决了企业融资难问题。事业单位改革扎实推进,临沂报业集团和大众报业集团实现战略合作。节约集约用地制度进一步完善,城乡用地增减挂钩规模和成效居全省前列。财税、价格、户籍、劳动人事等方面改革进展顺利。对外开放向纵深发展。进出口总额达到47.7亿美元,比2005年增长2.7倍;五年累计直接利用外资16.9亿美元,利用市外资金1058亿元;对外交流合作进一步扩大,与7个国家的9个城市建立了友好合作关系;境外投资居全省前列;对口支援北川县灾后重建任务圆满完成。

6.民生质量大幅改善。就业形势持续稳定,累计新增城镇就业再就业49.7万人,转移农村劳动力127.8万人,180个乡镇全部建立劳动保障平台。社会保障水平稳步提高,低收入家庭实现应保尽保,城镇养老、医疗保险分别净增28.7万人、145万人,各项社会保险基金累计结余97.6亿元;农村养老保险参保107万人,新型农村合作医疗参合率达99.8%;企业退休人员基本养老金由每月人均637元提高到1228元,取暖补贴由每人每年24元提高到1100元。公共卫生"两个体系"不断完善,一批重大卫生项目建成使用,117个乡镇卫生院、2827个村卫生室完成改造,60%的政府办基层医疗卫生机构实施国家基本药物制度,甲流感等突发性疫情得到有效防控。居民住房条件改善,共建成保障性住房507万平方米,新建农村住房45万户、改造农村危房5万户,城市、乡村人均住房使用面积分别达到27平方米和32平方米。住房公积金个贷率和资金收益率居全省首位。

7.社会事业全面进步。基础教育进一步巩固,新建校舍205万平方米;义务教育适龄儿童入学率保持100%,高中段教育普及率达90%;职业院校基础能力显著增强,在校生9万多人;临沂大学获批挂牌,实现了全市人民多年的夙愿。科技创新步伐加快,先后获得省级以上科学技术奖71项。"人才强市"战略顺利实施,专业技术和高技能人才数量分别增长17.6%和1.3倍。文化事业繁荣活跃,市图书馆、博物馆新馆建成,广播电视发射塔投入使用;电影《沂蒙六姐妹》、电视剧《沂蒙》、大型水上实景演出《蒙山沂水》等文艺作品获得国家级大奖。群众性精神文明创建活动深入开展,沂蒙精神享誉全国。"五五普法"和依法治理工作取得明显成效。人口和计划生育工作扎实推进,低生育水平保持稳定。全民健身和体育比赛设施进一步健全。

妇女儿童、慈善、残疾人和老龄事业持续发展。安全生产、社会治安和信访工作形势平稳。

8. 政府自身建设不断加强。市、县政府机构改革基本完成，行政审批事项缩减248项。行政效能明显提高，市政务大厅审批速度比法定时限提速88%以上，公共资源交易中心投入运行。依法行政深入推进，自觉接受人大、政协、各民主党派、工商联、无党派人士、社会各界和广大人民群众的监督，如期全部办结了市人大代表建议、议案和政协委员提案，行风热线栏目、行风万人评活动成为全国政务公开和纠风工作品牌。统计工作及时准确，国防动员、民兵预备役建设和“双拥”工作不断进步，民族、宗教、外事、侨务、应急管理、档案、保密、史志、人民防空、防震减灾、红十字会、气象、盐务等各项工作都取得了新成绩。监察、审计职能有效发挥，惩治和预防腐败体系不断健全，廉政建设全面加强，树立了政府良好形象。

二、当前临沂市经济发展方式存在的主要问题

总体来讲，临沂市近几年经济社会发展取得了令人瞩目的成绩，经济发展在全省中位次不断前移，城乡统筹、区域统筹取得了明显的效果。但临沂市经济发展依然是以粗放型数量扩张为主，高投入、高消耗、高排放、低效率等问题依然突出，经济发展方式的转变任重而道远。主要表现在：

1. 经济总量偏小。临沂市经济综合实力在全省的排名靠后，地区生总值仅占全省总量的约6.1%，人均产值为全省的59.2%，地方财政总收入仅占全省总量的约4.2%。这些都直接影响了临沂市城乡居民的收入和社会事业的可持续发展。

2. 产业层次较低。三次产业结构比例为11∶50.3∶38.7，相对粗放落后，第一产业基础薄弱，农业集约化程度低，抗风险能力不强；第二产业整体水平不高，结构性矛盾突出，大都是粗放型、劳动密集型企业，支柱产业的带动力不强，而且增加值相对虚高；第三产业相对滞后，总体上还停留在传统的商贸业、交通运输业、餐饮业上、传统物流，现代的计算机信息、新式物流、电子商务等新兴服务业相对滞后。

3. 经济增长投入高，效益低。近年来，临沂市经济发展很大程度上是靠投资的拉动。临沂市2010年完成固定资产投资4684亿元，而全市生产总值为2400亿元。固定资产投资占地区生产总值的比例达约195.17%，高于社会消费品零售总额占地区生产总值的比例(48.21%)146.96个百分点。

4. 自主创新能力不强。临沂市总体企业的规模偏小，装备与技术落后，引领企业创新、有核心竞争力的龙头企业少。缺乏自主知识产权的核心技

术和产品的企业普遍存在,对外技术依存的现象突出。创新型人才较少,占规模以上全部从业人员的比重偏低。

5. 节能减排压力加大。一方面。随着经济的快速增长,工业总量的迅速扩张,加上企业自身对节能减排与环境保护的认识不够,主动淘汰落后产能与治污设施建设的动力不足。使工业污染加剧,环保压力增大。另一方面乡镇生活污水和垃圾处理,城市交通噪声污染等问题日益突出,环境保护与治理的任务日益繁重。

三、加快临沂市经济发展方式转变的思路与对策建议

经济发展方式的转变是一个长期的过程。实现临沂市经济发展方式的转变总体思路是必须以科学发展观为指导:以制度为保障,以市场为主体,以优化产业结构调整为主线,以提高自主创新能力为中心,坚持跨越发展、科学发展、和谐发展。着力推动经济增长由主要依靠投资拉动向依靠投资、消费、出口协调拉动转变,由主要依靠第二产业带动向依靠第二、第三产业“双轮”驱动转变,由主要依靠增加物质资源消耗向主要依靠科技进步、劳动者素质提高、管理创新转变,大力发展第三产业,推进经济发展和社会发展的全面协调。

1. 利用区位优势为转变经济发展方式创造条件。充分利用鲁南苏北中心城市以及临港、机场、高速等地理位置优势,进一步巩固提升商贸物流业这一优势产业,带动服务业提质增量,推进服务业持续发展。繁荣发展文化旅游业。加快开发生态、红色旅游业扎实推进旅游及相关产业发展。

2. 着力推动经济结构战略性调整。经济结构指的是国民经济的组成和构造,包括产业结构、分配结构、消费结构、技术结构、劳动力结构等,因此推动经济结构战略性调整,就能真正推进经济发展方式的转变。一是改造提升传统产业和培育发展新兴制造业。加大工业项目推进力度,增强工业项目在产业发展中的支撑作用。二是继续完善发展现代服务业。加快建设和完善物流园、物流配送中心和大型专业市场,突出发展现代物流业培育发展软件和信息服务业,促进物联网产业发展,扩大服务业的对外开放,发展服务外包。扶持发展评估、代理、经纪等各类中介服务业。制定优惠政策,引进和发展一些有前瞻性的行业,重视发展会展经济,鼓励和引进总部经济,吸引境内外企业在临沂设立销售中心、结算中心和研发中心。

3. 不断提高自主创新能力。自主创新是推动经济发展的动力,也是转变经济发展的关键。因此,临沂市在今后几年,要着力抓紧抓好自主创新与技术引进相结合的战略部署,实现经济跨越式发展。一是完善自主创新的

激励机制。进一步建立和健全以企业为主体、市场为导向、产学研相结合的科技创新体系，鼓励企业大幅度增加科研投入，建立技术中心、研究中心、产品检验检测中心，建立以专利、商标、品牌等为主要内容的知识产权体系，加大对企业专利申请的扶持力度。加强与大专院校、科研机构在新产品开发、科技成果转化、新技术攻关、人才培养等领域的全方位合作；二是加大财政对技术创新的支持力度。形成多渠道、多层次、多元化的科技投入体系，引导各类社会资金参与科技开发。

4. 加快实施人才强市战略。进一步确定人才是第一资源的观念，全面推进人才强市战略实施。优化人才队伍结构，完善公开、公平、竞争、择优的人才选用机制，营造尊重知识、尊重人才，有利于优秀人才脱颖而出、健康成长的社会环境。支持新兴产业、高新技术产业建立博士后站点，鼓励高层次人才、出国留学人员来临创业，培养引进优秀科技领军人才。

5. 提升教育发展水平。科技创新靠人才，人才培养靠教育。继续把教育放在优先发展的重要地位，加大对教育的投入，切实提高教育水平。加快发展各类职业教育，整合全市职业教育资源，逐步建立以就业、创业和技术创新为核心的职业教育培训体系，全面提高劳动者素质，变劳动力资源为人力资本优势。加快终身教育建设步伐，实现学校、社区、家庭教育一体化，努力建成学习型社会。

6. 加强生态建设和环境保护。一是加强环境保护与节能减排。大力发展生态经济，改善城乡生态环境，加大环境整治力度，实施环境保护以及污染治理等重大工程。着力整治造纸、石材、陶瓷、板材、食品、制药、化工等行业的主要污染物，坚决淘汰一批高能耗、低产出、污染大的企业，促进企业达标排放和持续减排。二是建设节约型社会。按照建设节约型社会的要求，加快产业结构转型和发展方式的转变，推进经济发展向“低投入、低消耗、少排放、高产出、可循环”的集约型发展方式转变。

7. 合理发展娱乐性服务行业。娱乐性服务行业不仅投资少，见效快，而且具有投资的乘数效应，是提高地方财政收入的有效途径。娱乐性服务行业的繁荣在创造自身税利的同时，也会带动房屋出租、交通运输、餐饮业、服饰、化妆品等相关行业的繁荣。因此，要解放思想，非禁即入，尽可能地繁荣娱乐性服务业网点，扶持和规范辖区内娱乐性服务行业健康发展，使其成为繁荣临沂市第三产业的一个新增长点。

8. 加快开发生态、历史、红色旅游业。临沂市自然风光秀丽，良好的生态环境，悠久的历史，昌达的文化和革命老区的光荣传统为临沂市提供了丰富多彩的高品位的旅游资源。立足这些旅游资源优势，扩大具有临沂特色的“沂蒙好风光”战略，进一步突出“绿色沂蒙”、“红色风情”、“文韬武略”三大主题，发展旅游业对优化产业结构、提高城市品位、扩大影响、促进第三产业发展等方面具有特殊的意义。今后临沂应重点抓好旅游资源的规划、开发、整合和设施建设，同时，有计划地新建一批“食、住、行、游、娱、购”等与之配套的上档次的酒家、宾馆、客运和娱乐场所，基础设施建设，加强旅游促销与区域合作，努力提高旅游接待人数、景点门票收入和旅游总收入。

（作者单位：临沂市住房和城乡建设委员会）

在社会主义核心价值体系框架下光大沂蒙精神

高升田

在大力推进社会主义核心价值体系建设进程中，如何利用多种形式光大沂蒙精神，筑牢建设“大美临沂”的共同思想基础，形成立足临沂，影响全省，辐射全国的沂蒙精神政治品牌，使沂蒙精神成为推动建设“大美临沂”的重要精神力量，是在新的形势下加快老区经济社会发展必须认真思考的重大问题。

一、沂蒙精神是社会主义核心价值体系不可或缺的重要组成部分

我们正处在国内经济社会发生深刻变革、国际经济全球化和政局动荡多变的新形势下，全球化浪潮对本土、本民族文化的生死存亡造成了巨大的冲击，其表现在政治、经济、社会等许多方面，主流是西方文化对其他文化的冲击。在全球化浪潮中，一定要保有自己的特色。只有民族的，才是世界的。要保持我们民族自己的特色，最根本之处在于建立其我们自己的核心价值体系。因此，作为“时代精神的精华”，社会主义核心价值体系对于建设我国当代先进文化，具有重要的理论指南和启示作用，也为我们当代马克思主义文化建设进一步指明了发展方向。但是建设社会主义核心价值体系不是要人们在当代先进文化中照搬这些理论，而是要求人们以其为理论指导，紧密结合这些先进文化的特点，比如包括像井冈山精神、延安精神、西柏坡精神、太行精神、沂蒙精神在内的这些革命老区精神的文化特点，进行符合优秀文化发展规律的科学建设。

沂蒙精神是社会主义核心价值体系中民族精神和时代精神的具体体现。党的十六届六中全会把社会主义核心价值体系的基本内容概括为四个方面，即马克思主义指导思想，中国特色社会主义共同理想，以爱国主义为核心的民族精神和以改革创新为核心的时代精神，社会主义荣辱观。这四

个方面相互联系、彼此贯通、层层递进、有机统一。这些基本内容的根本目的和意义都是在塑造一种精神，为建设中国特色社会主义提供强大的精神动力。马克思主义指导思想是精神支柱，中国特色社会主义共同理想是精神纽带，爱国主义为核心的民族精神和以改革创新为核心的时代精神是精神动力，社会主义荣辱观是精神风貌。以爱国主义为核心的民族精神和以改革创新为核心的时代精神是社会主义核心价值体系建设的精髓。这种民族精神和时代精神更直接地表现为一种精神的力量，其民族性是为了承接一种历史的民族的精神力量，其时代性是为了把握一种现实的精神力量。民族性和时代性的结合才能使我们不至于在全球化浪潮中被另外一种精神力量吞没，建设中国特色社会主义才有精神动力。而在党的领导和精心培育下形成的沂蒙精神，是沂蒙人民在长期的革命和建设实践中形成的先进群体意识，是中华民族革命精神和中华民族优秀文化的重要组成部分。它表现为爱党爱军、艰苦创业的民族特性和开拓进取、无私奉献与时俱进的时代性特征。

作为社会主义核心价值体系不可或缺的一部分的沂蒙精神，是社会主义核心价值体系具体化的重要内容，在建设“大美临沂”，打造山东文化大省的新时期，深入挖掘沂蒙精神，大力发扬光大沂蒙精神，是我们建设“大美临沂”的精神支撑和智力保障。

二、发扬光大沂蒙精神，促进社会主义核心价值体系建设，形成建设“大美临沂”的思想纽带、思想基础和精神动力

任何一种理论要保持长盛不衰，就必须紧跟时代的发展步伐，不断汲取时代的精华，始终保持与时俱进的品格。沂蒙精神诞生于革命战争年代，成长发展于和平建设时期，在改革开放中进一步升华，始终以其与时俱进的特殊品格，紧跟时代发展步伐，随着社会实践的发展而不断被赋予新的时代内涵，从而使沂蒙精神得以不断丰富、完善和发展，始终保持旺盛的生机和活力。沂蒙精神的本质特征是人民性。从内涵上说，沂蒙精神是沂蒙文化中最深刻、最本质、最内在的东西，是沂蒙文化的内核；从外延上来说，沂蒙精神是推动临沂先进文化建设，促进临沂文化大发展大繁荣，构建和谐临沂的重要资源。

1992 年 7 月，江泽民怀着对沂蒙老区人民的无限深情，来到了沂蒙老区走访慰问老党员、老干部，一再勉励沂蒙老区人民“事在人为、后来居上”，要有雄心壮志，发扬过去一心一意干革命的光荣传统，大力弘扬沂蒙精神，集中精力把建设搞上去，沂蒙山区大有希望，并欣然题词“弘扬沂蒙精神，振兴

临沂经济”。江泽民的勉励和鞭策,给临沂人民以极大的鼓舞,沂蒙精神得到进一步弘扬光大。

1999 年 1 月,胡锦涛来到沂蒙老区走访慰问党员、干部、群众。胡锦涛对沂蒙老区的发展十分关心。他在考察中指出,临沂是革命老区,在长期的革命岁月里,临沂人民为中国革命事业的建立创立了光辉的业绩,作出了巨大贡献。解放后,临沂人民为改变贫穷落后面貌,进行了不懈的努力。改革开放以来,把发扬革命传统同弘扬时代精神结合起来,形成了具有时代特征的沂蒙精神。胡锦涛对临沂工作的充分肯定和对临沂人民的极大鼓励,始终激励临沂人民为建设富强美丽的“大美临沂”而开拓奋进、不懈奋斗。沂蒙精神也因此得以不断丰富、完善和发展,并在全国产生广泛影响。

因此,在社会主义核心价值体系大框架下,大力弘扬光大沂蒙精神,为“大美临沂”建设提供强有力的精神支撑,任重道远。

1. 在社会主义核心价值体系框架下发扬光大沂蒙精神,关键在党委重视,重点在于狠抓落实。沂蒙精神是在党的领导和精心培育下形成的一种先进的群体意识,植根在沂蒙大地。发扬光大沂蒙精神,首先要求各级党委领导深刻认识到沂蒙精神在推动社会主义文化大发展大繁荣中所具有的重要精神支撑作用和所能提供的强大精神动力。沂蒙精神是社会主义核心价值体系建设的具体化,由于其来源于沂蒙地区,作用于沂蒙人民,具有很强的针对性、指导性,在深刻认识建设社会主义核心价值体系重要意义的基础上,把发扬光大沂蒙精神作为各级党委工作的一项重要任务,摆在党委的重要日程,当做大事来抓,经常关注,周密部署,精心指导,推动这项工作深入开展。

弘扬沂蒙精神涉及社会生活的方方面面,是各级党委政府和社会共同的责任。靠组织和广大党员干部的模范行动,把党政各部门、社会各方面的力量充分调动起来;靠广大人民群众的自觉,把全体人民的积极性充分发挥出来。在这里应该看到,弘扬光大沂蒙精神不能光是要群众做这做那,应由党员干部首先要做到,而且要做到最好,这样才能以理服人、以情动人、以身教人。有了这样的前提,还要有群众自觉参与。要在密切联系群众的基础上,深入细致地面向群众讲清党的路线、方针、政策,动员群众为改变本地区、本单位的面貌,为实现党的奋斗目标,为自己的切身利益而奋斗。弘扬沂蒙精神离开群众自觉、热情参与是不可能达到预期目的的,而要让群众具有这种政治自觉,就要让他们明白我们党的路线、方针、政策,同群众切身利益是根本一致的。当年沂蒙精神是这样形成的,现在我们弘扬光大沂蒙精神也应该这样努力，去抓落实。

2. 发扬光大沂蒙精神，就要与弘扬和培育伟大民族精神紧密结合起来。在广大干部群众特别是青少年中深入开展民族传统教育、革命传统教育和理想信念教育，让沂蒙精神上教科书、进课堂，入社区、进山村，引导和帮助他们树立正确的世界观、人生观和价值观，坚定不移跟党走中国特色社会主义道路；引导坚忍不拔、艰苦奋斗的优良作风，不怕艰难险阻，大胆开拓创新，在平凡的工作中，争创一流业绩。引导他们大力弘扬讲大局、讲风格、讲奉献的光荣传统，正确处理各种利益关系，自觉为党为国分忧，为构建和谐社会作贡献。

3. 发扬光大沂蒙精神，就要充分挖掘沂蒙特色文化，利用各种载体、多种形式和丰富多彩的内容感染人，吸引人，教育人。沂蒙山区是沂蒙精神的发源地，到处都有革命战争留下来的革命遗址和发生的革命故事。党和政府已经建成一大批爱国主义和沂蒙精神教育基地，这些地方是进行爱国主义和革命传统教育的重要课堂，开展思想政治工作的重要载体和有效途径，也是加强未成年人思想道德建设的重要阵地；兼具沂蒙精神教育功能的特色文化旅游方兴未艾，让人们在旅游体验中感受历史，加深对红色文化的认识，提高思想觉悟，坚定爱国信念，升华精神境界。要充分发挥影视剧、多媒体网络信息平台的沂蒙精神教育作用。随着沂蒙精神研究宣传的深入，一大批以电视剧《沂蒙》为代表反映沂蒙精神的影视、文学、戏剧、音乐、舞蹈、美术、书法、摄影、曲艺作品，更好地弘扬和宣传沂蒙精神，更好地教育和引导干部群众，特别是教育青少年牢记革命历史，发扬革命传统，建设和谐文化。搭建多媒体网络信息平台，开设沂蒙精神宣传网站、论坛等，引导群众参与，形成弘扬和宣传沂蒙精神的新阵地，尤其是在广大青少年学生中占领这个阵地。要充分挖掘，大力培育和弘扬沂蒙精神的典型，无论是革命战争年代，还是在社会主义建设和改革开放的新时期，沂蒙老区都涌现出了一批又一批的弘扬沂蒙精神的典型，他们身上集中体现了沂蒙精神。沂蒙精神具有丰富的内涵，具有与时俱进的时代性，在建设社会主义核心价值体系的实践当中，也会涌现出具有鲜明时代特色的新的典型事迹、新的典型人物；我们要大力培育这样的典型，大力宣扬典型，充分发挥他们在建设和谐社会中的榜样示范作用和带动作用。要抢救性采访一些革命老人，挖掘革命故事，丰富红色文化内容，用鲜明生动的事实教育后人，尤其是广大青少年学生，使他们更加深切地感受沂蒙精神，引导他们接受革命传统，牢固树立坚定的理想信念。

4. 发扬光大沂蒙精神，要加强对沂蒙精神的研究。沂蒙精神的时代性，要求我们必须以新的实践为基础,给沂蒙精神赋予新的内容,形成新的概括,用新的实践推动着沂蒙精神不断发展完善。使沂蒙精神逐渐成为山东和临沂最大的政治优势,使沂蒙精神代代相传,永放光芒。

(作者单位:山东省沂南县委宣传部)

伟大的历史创举：开创中国特色社会主义的道路探索

朱秀英

中国特色社会主义道路的开辟与发展，经历了中国共产党人几代领导集体的艰辛探索和实践，凝聚了中国共产党人的心血和智慧，实现了马克思主义中国化的伟大历史创举。

一、中国特色社会主义发展道路的探索与发展

中国特色社会主义事业“是在以毛泽东同志为核心的党的第一代中央领导集体创立毛泽东思想，带领全党全国各族人民建立新中国、取得社会主义革命和建设伟大成就以及艰辛探索社会主义建设规律取得宝贵经验的基础上进行的。新民主主义革命的胜利，社会主义基本制度的建立，为当代中国一切发展进步奠定了根本政治前提和制度基础”①。回顾 90 年的历史，中国共产党对社会主义道路的探索经历了艰辛的发展历程。

（一）中国特色社会主义道路的寻求与探索

中国共产党自成立之日起就与诸多仁人志士肩负起了探索救国救民正确道路的历史重任，创造性地将马克思主义普遍真理与中国革命实际相结合，领导中国人民进行了艰苦卓绝的斗争。毛泽东等老一辈无产阶级革命家的系列著作，集中阐明了中国革命——新民主主义革命和社会主义革命——历史进程，提出了新民主主义社会的经济、政治、文化纲领。1947 年 12 月，毛泽东发表《目前形势和我们的任务》，第一次明确提出新民主主义的三大经济纲领和十大军事原则。1948 年 4 月 1 日，在《在晋绥干部会议上的讲话》中提出了新民主主义革命的总路线和土地改革路线。新民主主义革命的总路线为中国共产党领导中国人民浴血奋战，赶走日本侵略者，推翻帝

① 胡锦涛：《高举中国特色社会主义伟大旗帜，为夺取全面建设小康社会新胜利而奋斗——在中国共产党第十七次全国代表大会上的报告》，人民出版社 2007 年 7 月版。

国主义、封建主义和官僚资本主义的统治，取得了新民主主义革命胜利，建立了中华人民共和国奠定了政治基石。

新中国成立的前十年，以毛泽东同志为核心的第一代领导集体，领导中国人民进行社会主义改造，建立社会主义国家政权和社会主义制度，并轰轰烈烈地开展了社会主义的全面建设，实践中形成了一条中国式的社会主义建设道路。虽然建国之初一度照搬了苏联模式，但很快毛泽东同志指出："最近苏联方面暴露了他们在建设社会主义过程中的一些缺点和错误，他们走过的弯路，你还想走？过去我们就是鉴于他们的经验教训，少走了一些弯路，现在当然更要引以为戒。"①毛泽东同志在《论十大关系》中强调要正确处理一系列关系，搞好社会主义建设。②中国共产党第八次代表大会指出，国内主要矛盾是人民对于经济文化迅速发展的需要与当前经济文化不能满足人民需要之间的矛盾，当前的主要任务是集中力量发展社会生产力，实现国家工业化。在经济领域中，坚持以农业为基础、以工业为主导的方针，坚持和发展商品交换，促进社会主义商品生产。在文化建设中，实行"百花齐放、百家争鸣"的方针，繁荣社会主义文化。在对外开放问题上，坚持自力更生为主、争取外援为辅的方针。毛泽东同志指出："我们的方针是，一切民族、一切国家的长处都要学，政治、经济、科学、技术、文学、艺术的一切真正好的东西都要学。但是，必须有分析有批判地学，不能盲目地学，不能一切照抄，机械搬用。他们的短处、缺点，当然不要学。"③毛泽东等老一辈无产阶级革命家所探索的中国社会主义发展道路为后来的中国特色社会主义道路的探索奠定了基础。

（二）中国特色社会主义道路的探索与开创

党的十一届三中全会以后，以邓小平同志为核心的党的第二代中央领导集体，领导全党和全国人民对中国特色社会主义道路进行了新的开拓与探索。

以邓小平同志为核心的中国共产党第二代领导集体继承了毛泽东的一切从中国实际出发的优良传统，确立解放思想、实事求是的思想路线，为中国特色社会主义道路的开辟作出了新贡献。首先，党中央果断停止了"以阶级斗争为纲"的发展路线，把工作重心转移到社会主义现代化建设上来。其次，立足国情又放眼世界，强调贫穷不是社会主义，社会主义要消灭贫穷。再次，提出没有现代化就没有社会主义，要根据中国国情，走出一条中国式

---

①②③　《毛泽东文集》(第7卷)，人民出版社1999年版，第23页，第24～44页，第41页。

的现代化道路。1981 年,党的第十一届六中全会决议对“适合我国的社会主义现代化建设的正确道路”作了初步地概括。从此,我们党形成了一系列与以往不同的关于社会主义建设的新认识。1982 年党的十二大提出走建设有中国特色社会主义道路的新命题,“把马克思主义的普遍真理同我国的具体实际结合起来,走自己的道路,建设有中国特色社会主义,这就是我们总结长期历史经验得出的基本结论”①。这标志着以邓小平为核心的第二代中国共产党领导集体对中国特色社会主义道路的探索步入了新阶段。

党的十二大以后,在坚持对内搞活经济、对外实行开放政策的前提下,中国的改革由农村转向城市,进入全面改革阶段。此间,邓小平勾画出中国特色社会主义的基本框架,即经济上大力发展生产力,政治上加强民主政治建设,文化上加强社会主义精神文明建设。十二届三中全会通过了《关于经济体制改革的决定》,提出了社会主义经济是公有制基础上的有计划的商品经济,首次突破了“计划经济同商品经济对立”的传统观念。

1987 年 10 月,党的十三大在总结我国社会主义建设的历史经验,特别是改革开放以来新鲜经验的基础上,系统阐述了社会主义初级阶段理论和党的基本路线,这是党对中国特色社会主义道路认识上的一次新飞跃。我国处在社会主义初级阶段包括两层含义:第一,我国社会已经是社会主义社会;第二,我国的社会主义社会还处在初级阶段,我们必须从这个实际出发,而不能超越这个阶段。党的十三大系统阐述了党在社会主义初级阶段的基本路线,即领导和团结全国各族人民,以经济建设为中心,坚持四项基本原则,坚持改革开放,自力更生,艰苦创业,为把我国建设成为富强、民主、文明的社会主义现代化国家而奋斗。

党的十三大以后,中国共产党带领全国各族人民从社会主义初级阶段的国情出发,更加坚定地贯彻“一个中心、两个基本点”的基本路线,沿着中国特色社会主义道路,加快和深化改革,推动经济和各项建设事业不断发展。1992 年春天,邓小平在视察南方时的重要谈话中,从社会主义本质的高度,提出了社会主义市场经济理论、社会主义本质理论和“三个有利于”标准的理论,并指出发展才是硬道理。南方谈话为党的十四大一系列方针政策的制定和完善奠定了理论基础,成为邓小平理论的重要组成部分。在这个理论的指引下,赋予了中国社会主义建设道路的新内涵,即中国特色社会主义道路。

---

① 《邓小平文选》(第 3 卷),人民出版社 1993 年版,第 3 页。

(三)中国特色社会主义道路的继承与发展

1989年6月中国共产党十三届四中全会,以江泽民同志为核心的第三代领导集体承接了中国特色社会主义道路的发展任务,总结了毛泽东、邓小平对中国特色社会主义道路的探索经验以及发展中国特色社会主义道路的光辉思想,继续推进了中国特色社会主义事业的快速、稳定发展。

1992年10月,党的十四次全国代表大会在邓小平理论的指导下,把社会主义基本制度和市场经济结合起来,提出了经济体制改革的目标就是建立社会主义市场经济,这是对科学社会主义的伟大贡献。同时,江泽民同志在报告中对“建设有中国特色社会主义理论”进行了的全面表述,并从九个方面对邓小平理论的内容作出了新概括,强调邓小平理论是对马克思列宁主义、毛泽东思想的继承和发展,是马克思主义在中国发展的新阶段。党的十四届三中、四中、五中、六中全会,从建立社会主义市场经济体制、用中国特色社会主义理论武装全党、实现经济体制和经济增长方式的两大根本转变、加强社会主义精神文明建设,赋予中国特色社会主义事业建设的时代内涵。

1997年9月,江泽民同志在中国共产党第十五次代表大会上作了题为《高举邓小平理论伟大旗帜,把建设有中国特色社会主义事业全面推向二十一世纪》的报告。报告根据邓小平理论和党的基本路线,围绕建设富强、民主、文明的社会主义现代化国家的目标,阐述了中国特色社会主义的经济、政治、文化的基本目标和基本政策,提出了党在社会主义初级阶段的基本纲领,明确回答了新世纪中国怎样沿着社会主义发展道路继续前进的重大问题。在新世纪之初,以江泽民为核心的党的第三代中央领导集体,在中国特色社会主义实践中提出了“三个代表”重要思想,进一步回答了“什么是社会主义、怎样建设社会主义”、“建设什么样的党、怎样建设党”这一重大历史课题。

2002年11月,党的十六大通过了江泽民所作的题为《全面建设小康社会,开创中国特色社会主义事业新局面》的报告。大会对中国特色社会主义道路进行了具体描述,提出:“坚持以信息化带动工业化,以工业化促进信息化,走出一条科技含量高、经济效益好、资源消耗低、环境污染少、人力资源优势得到充分发挥的新型工业化路子。”①全面建设经济更加发展、民主更加健全、科教更加进步、文化更加繁荣、社会更加和谐、人民生活更加殷实的惠

① 《江泽民文选》(第3卷),人民出版社2006年版,第545页。

及十几亿人口的更高水平的小康社会。这些重大战略举措,极大拓宽了中国特色社会主义的发展道路,充分体现了党的第三代中央领导集体继承和发展中国特色社会主义道路的新贡献。

(四)中国特色社会主义道路的发展与创新

党的十六大后,以胡锦涛同志为总书记的党中央,结合中国发展的新实践和面临世界经济发展的新挑战,在继续坚定不移地推进中国特色社会主义前进。首先,提出以科学发展观统领经济社会发展全局的战略思想,着力解决创新发展理念、把握发展规律、转变发展方式、拓宽发展渠道、破解发展难题、提升发展质量等科学发展问题。其次,提出构建社会主义和谐社会的战略思想,着力解决如何构建民主法治、公平正义、诚信友爱、充满活力、安定有序、人与自然和谐相处的社会等和谐发展问题。再次,坚持在世界和平与发展的条件下走和平发展道路,着力解决中国同世界各国政治上和谐相处、经济上共同发展、文化上取长补短、安全上互信协作的和平发展问题。第四,全面系统地阐明了中国特色社会主义道路的科学内涵,对中国特色社会主义理论的完善作出了新贡献。科学发展、和谐发展、和平发展等重大战略举措,进一步创新了中国特色社会主义的发展道路。

可见,中国特色社会主义道路是中国共产党人在90年实践中,经历了寻求、探索、开创、继承、发展、创新的过程,坚持科学社会主义基本原理,又结合改革开放的新实践,不断推进马克思主义中国化的伟大历史进程。

二、中国特色社会主义道路的理论基础

中国特色社会主义发展道路的理论基础就是矛盾普遍性和特殊性、共性和个性的辩证关系原理。毛泽东同志在《矛盾论》中指出,矛盾的普遍性和矛盾的特殊性“这一共性个性、绝对相对的道理,是关于事物矛盾的问题的精髓,不懂得它,就等于抛弃了辩证法”①。这就从唯物辩证法的高度,确立了马克思主义普遍真理同我国具体实际相结合的思想原则。

唯物辩证法认为,矛盾普遍性是指矛盾存在于一切事物的发展过程并贯穿于事物发展过程的自始至终;矛盾特殊性是指不同事物的矛盾各有其特点。任何事物的存在都是矛盾普遍性和矛盾特殊性的有机统一。科学社会主义就体现在各个国家的马克思主义普遍真理同中国具体实践相结合,集中地表现为中国共产党提出的“建设中国特色社会主义”。“中国特色社

① 《毛泽东选集》(第1卷),人民出版社1991年版,第320页。

会主义”体现了矛盾普遍性和特殊性、共性和个性的辩证统一。社会主义是矛盾的普遍性、共性,中国特色是矛盾的特殊性、个性。中国的社会主义现代化建设必须坚持社会主义方向。只有社会主义才能救中国,只有社会主义才能发展中国。然而,中国的社会主义必须带有“中国特性”。邓小平指出,我们“要坚持马克思主义,坚持走社会主义道路。但是,马克思主义必须是同中国实际相结合的马克思主义,社会主义必须是切合中国实际的有中国特色社会主义”①;“我们建设社会主义,准确地说是建设中国特色社会主义”②。

中国革命和建设的历史经验证明,能否坚持矛盾普遍性和特殊性辩证统一的思想,把马克思主义普遍真理同中国的具体实际结合起来,是关系到革命事业能否成功的一个根本性问题。列宁曾经指出:“对俄国社会主义来说,尤其需要独立地探讨马克思的理论,因为它所提供的只是一般的指导原理,而这些原理的应用具体地说,在英国不同于法国,在法国不同于德国,在德国又不同于俄国。”③毛泽东同志在领导中国革命的过程中,进一步发挥了这一思想,他说:“马克思主义必须和我国的具体特点相结合并通过一定的民族形式才能实现。使马克思主义在中国具体化,使之在每一表现中带着必须有的中国的特性,即是说,按照中国的特点去应用它。”④他还指出:“认清中国社会的性质,就是说,认清中国的国情,乃是认清一切革命问题的基本的依据。”⑤由此可知,一切革命或建设的成败与否,关键在于是否真正认清了本国的国情。列宁是从俄国的具体国情出发,没有拘泥于马克思和恩格斯在自由资本主义时期所作的关于社会主义革命只有在所有或大部分资本主义生产力发达的国家同时发生才能取得胜利的论断,提出了社会主义革命在新的历史条件下有可能突破帝国主义体系中的薄弱环节,首先在一国或几国取得胜利的理论,并领导俄国人民取得了十月革命的胜利。毛泽东根据中国革命的具体特点和中国国情,为中国革命确定了“农村包围城市”,最后夺取全国政权的革命道路,并带领中国人民取得了新民主主义革命的胜利。党的十一届三中全会以后,在拨乱反正、总结历史经验的基础上,邓小平反复强调搞社会主义建设必须从中国的国情出发,探索出一条中国式的社会主义现代化道路。因此,任何借口中国情况特殊而拒绝马克思主义,或者忽视中国国情而把马克思主义当作教条生搬硬套,在思想理论上

①② 《邓小平文选》(第3卷),人民出版社1993年版,第63页,第191页。

③ 《列宁选集》(第1卷),人民出版社1995年版,第203页。

④⑤ 《毛泽东选集》(第2卷),人民出版社1991年版,第534页,第633页。

必将导致思想混乱,在实践上也会造成严重危害后果。坚持马克思主义普遍真理同中国国情实际相结合,不仅要求我们坚持马克思主义的指导,而且还要求我们正确地认识本国的特点,坚持走自己的路。

三、中国特色社会主义道路的科学内涵

胡锦涛同志在十七大报告中指出:“中国特色社会主义道路,就是在中国共产党领导下,立足基本国情,以经济建设为中心,坚持四项基本原则,坚持改革开放,解放和发展社会生产力,巩固和完善社会主义制度,建设社会主义市场经济、社会主义民主政治、社会主义先进文化、社会主义和谐社会,建设富强民主文明和谐的社会主义现代化国家。”①这高屋建瓴地阐明了中国特色社会主义道路的科学内涵,明确了建设中国特色社会主义的领导力量、现实依据、根本途径、主要任务和根本目标等一系列重大问题。

中国共产党是建设中国特色社会主义的领导力量。对此,中国共产党章程作了明确规定,毛泽东曾说过:“中国共产党是全中国人民的领导核心。没有这样一个核心,社会主义事业就不能胜利。”邓小平多次指出:“从根本上说,没有党的领导,就没有现代中国的一切。”“中国由共产党领导,中国的社会主义现代化建设事业由共产党领导,这个原则是不能动摇的;动摇了中国就要倒退到分裂和混乱,就不可能实现现代化。”②“没有党的领导,就没有一条正确的政治路线;没有党的领导,就没有安定团结的政治局面;没有党的领导,艰苦创业的精神就提倡不起来;没有党的领导,真正又红又专、特别是有专业知识和专业能力的队伍也建立不起来。这样,社会主义四个现代化建设、祖国的统一、反霸权主义的斗争,也就没有一个力量能够领导进行。这是谁也无法否认的客观事实。”③诸多历史事实,如抗洪救灾、抗震救灾、抗击“非典”,等等,都充分显示了中国共产党的领导水平和执政能力。只有坚持中国共产党的领导,才能保证社会主义建设的正确方向,才能巩固安定团结的政治局面,才能引领中国特色社会主义事业健康发展。

“立足基本国情”明确了建设中国特色社会主义的现实依据。党的十一届三中全会以来,和平与发展成为时代主旋律。中国共产党面对新的国际局势,以宽广眼界审时度势地把握时代主题,敏锐地作出实行改革开放的重大决策,开辟了中国特色社会主义道路。由于中国处于并将长期处于社会

---

① 胡锦涛:《高举中国特色社会主义伟大旗帜,为夺取全面建设小康社会新胜利而奋斗——在中国共产党第十七次全国代表大会上的报告》,人民出版社 2007 年版,第 11 页。

②③ 《邓小平文选》(第 2 卷),人民出版社 1994 年版,第 267 ~ 268 页,第 266 页。

主义初级阶段,发展不平衡,立足基本国情,我们坚持走中国特色的"一国两制"祖国统一道路、中国特色的新型工业化道路、中国特色的农业现代化道路、中国特色的城镇化道路、中国特色的自主创新道路,如此等等,都带有鲜明的中国风格。正因为中国特色社会主义道路深深扎根于中国大地,中华民族才大踏步地赶上了时代步伐,正向着政治、物质、精神、生态"四大文明"融为一体的方向健康发展。

建设中国特色社会主义道路的根本途径是"以经济建设为中心,坚持四项基本原则,坚持改革开放",这集中体现了全国人民的根本利益和共同意志,反映了中国特色社会主义建设的运行规律。以经济建设为中心规定了党和国家中心工作,坚持四项基本原则体现了中国特色社会主义的根本制度,坚持改革开放是中国特色社会主义事业腾飞的两翼和发展动力。有根本制度保障,有根本动力推动,就会大大地解放和发展社会生产力,巩固和完善社会主义制度。正因如此,中国特色社会主义事业才避免了其他社会主义国家遇到的历史灾难,并取得了举世瞩目的辉煌成就。

建设中国特色社会主义的主要任务就是"解放和发展社会生产力,巩固和完善社会主义制度"。社会主义现代化建设的目的是解放和发展社会生产力。中国之所以要实行改革,就是为了强化生产力发展的体制性保障,调整与生产力发展不相适应的生产关系和上层建筑的某些方面和环节,巩固和完善社会主义制度。中国之所以要实行开放,就是为生产力发展创造宽松的国际环境,学习外国生产力发展的先进经验,"洋为中用",发展社会生产力。改革和开放具有内在的统一性。改革推动开放,开放促进改革。党的十七大向世人宣告:"改革开放是党在新的时代条件下带领人民进行的新的伟大革命,目的就是要解放和发展社会生产力,实现国家现代化,让中国人民富裕起来,振兴伟大的中华民族;就是要推动我国社会主义制度自我完善和发展,赋予社会主义新的生机活力,建设和发展中国特色社会主义。"①

建设中国特色社会主义的根本目标就是"建设社会主义市场经济、社会主义民主政治、社会主义先进文化、社会主义和谐社会,建设富强民主文明和谐的社会主义现代化国家"。党的十七大站在新的历史起点上,创造性地提出了中国特色社会主义经济建设、政治建设、文化建设、社会建设"四位一体"的总体布局。在经济建设过程中,要发展社会主义市场经济,坚持公有制为主体、多种所有制经济共同发展的基本经济制度,按劳分配为主体、多

① 胡锦涛:《高举中国特色社会主义伟大旗帜,为夺取全面建设小康社会新胜利而奋斗——在中国共产党第十七次全国代表大会上的报告》,人民出版社 2007 年版,第 7 页。

种分配方式并存的分配制度。在政治建设过程中,要坚持党的领导、人民当家做主、依法治国有机统一,坚持人民代表大会制度、中国共产党领导的多党合作和政治协商制度、民族区域自治制度和基层群众自治制度。在文化建设过程中,要把握社会主义先进文化前进方向,建设社会主义核心价值体系,抓好公益性文化事业和经营性文化产业,努力使人民基本的文化权益得到保障,使社会文化生活更加丰富多彩,使人民精神风貌更加昂扬向上。在社会建设过程中,要以改善民生为重点,促进社会公平正义,努力使全体人民学有所教、劳有所得、病有所医、老有所养、住有所居。搞好经济建设、政治建设、文化建设、社会建设,以实现建设富强民主文明和谐的社会主义现代化国家的宏伟目标。

党的十七大对中国特色社会主义道路内涵的科学界定,突出了党的领导地位;明确了中国社会主义初级阶段的国情;坚持了党在社会主义初级阶段的基本路线;强调了发展生产力、巩固和完善社会主义制度的历史任务;把握了经济、政治、文化、社会"四大"建设之脉络;标明了建设富强、民主、文明、和谐的社会主义现代化国家的奋斗目标,从而破解了在经济文化比较落后的国家如何巩固社会主义革命的成果、如何建设和继续发展社会主义的难题。同时,标志着中国共产党人在90年社会主义建设的实践中,对社会主义发展规律认识的不断升华。

(作者单位:德州学院政法系)

科学发展观对历史唯物主义基本原理的丰富和发展

史成志

2003年10月,党的十六届三中全会把马克思主义与中国当前的国情相结合,创造性地提出了以"坚持以人为本,树立全面、协调、可持续的发展观,促进经济社会和人的全面发展"为内容的"科学发展观"这一崭新命题。"科学发展观总结了20多年来我国改革开放和现代化建设的成功经验,吸取了世界其他国家在发展进程中的经验教训,概括了战胜非典疫情给我们的重要启示,揭示了经济社会发展的客观规律,反映了我们党对发展问题的新认识。"①这一命题如同马克思主义与中国国情相结合产生的前三个成果即毛泽东思想、邓小平理论和"三个代表"重要思想一样,是马克思主义与中国国情相结合在新形势下的又一里程碑,也是对马克思主义、毛泽东思想、邓小平理论和"三个代表"重要思想的继承和发展,是对马克思主义历史唯物主义的丰富和发展,是新形势下中国化了的马克思主义。

一、以人为本对"人"的新阐释

以人为本是科学发展观的本质和核心,这一理念的提出,丰富和发展了历史唯物主义有关"人"的概念的内涵。

首先,以人为本进一步强调了人在生产力各要素中的地位和作用。历史唯物主义认为,生产力有三个基本要素,即劳动者、劳动资料和劳动对象。其中,劳动资料和劳动对象只有通过劳动者去使用和改造,才会形成现实的生产力,没有劳动者,无论多么先进的劳动资料(以劳动工具为主)和多么丰富的劳动对象,都会变成一堆死物。因此,劳动者是生产力中最活跃和最基本的因素。马克思指出:"主要生产力,即人本身。"②列宁认为:"全人类的首

---

① 《胡锦涛同志在2004年3月10日的中央人口资源环境工作座谈会上讲话》。

② 《马克思恩格斯选集》(第46卷上),人民出版社1979年版,第410页

要的生产力就是工人，劳动者。”①虽然劳动者在生产力要素中的地位与其他二要素不应当是平等的，但我们更多的时候仍然是把它看作三个客观要素之一。从工业革命的分期我们可以看出，蒸汽机、电力、信息等这些工业革命分期的标志物都是生产工具，因此，在此之前，在生产力三要素中，我们有一种生产工具情节，好像生产工具的发展是生产力发展的最重要标志。以人为本理念的提出，提升了人作为劳动者在生产力中的地位和作用。切实把人作为生产力中首要的和第一位的要素。这里的人不是生物意义上的人，而“是指有一定科学知识、生产经验和劳动技能来使用生产工具、实现物质资料生产的人”②。不同的工作岗位对劳动者有不同的素质要求。除此之外，不管什么岗位，对劳动者的素质还有一些基本的和普遍的要求，这些要求不仅是指体力、文化素养，更重要的，劳动者的生活质量要随着社会的发展和进步而越来越高，生活质量也不仅仅是吃饱穿好，更包括民主、平等、自由、尊严、幸福感等等，只有这些因素的状况越来越好，才说明生产力在越来越发展。

其次，以人为本把人民群众从群体延伸到了个体。历史唯物主义认为，人民群众是历史的创造者，他们是物质财富的创造者，是精神财富的创造者，是变革社会的决定力量。人民群众这个概念是一个政治名词，在不同的历史时期有不同的含义。但不管哪个历史时期，人民群众都是一个群体的概念，虽然这个群体是由人民群众中的一个个个体组成的，但它所指的并不是人民群众中的个体。实践中“人民群众”经常被当作一个空洞的、没有实际所指的、却又堂而皇之的概念被利用，打着“为了最广大人民群众利益”的幌子来破坏、损害人民群众利益的事情屡见不鲜。很多被激化的社会矛盾就是在这个冠冕堂皇的幌子下酿成的。以人为本理念的提出，把人民群众这一群体概念延伸到了个体。从总体上说，以人为本就是以人民群众为本，但在实践当中遇到具体事情，决不能说为了人民群众的总体利益而要求牺牲人民群众个体的个人利益，个体利益与人民群众的总体利益不是相矛盾的，而是一致的。只有处理好了每一个个体的利益，人民群众总体的利益才能得到根本的保障。因此，以人为本的“人”，从总体上是指人民群众，具体到每一件事情，则是指每一个个体的人，是自然人。

再次，以人为本就是要实现人自由而全面发展的根本目标。人的自由而全面的发展，是马克思、恩格斯追求的理想目标。马克思、恩格斯认为，人

---

① 《马克思恩格斯全集》(第23卷)，人民出版社1972年版，第204页

② 《邓小平文选》(第2卷)，人民出版社1994年版，第88页

的自由而全面的发展,是共产主义的本质特征。早在1848年,马克思和恩格斯在《共产党宣言》中就宣告:“代替那存在着阶级和阶级对立的资产阶级旧社会的,将是这样一个联合体,在那里,每个人的自由发展是一切人自由发展的条件。”[①]之后,他们又多次阐述了这一基本思想,把每个人自由而全面的发展看成是比资本主义更高级的社会形式的“基本原则”。在马克思和恩格斯看来,人的自由而全面的发展是与生产力的发展成正比的。随着生产力的不断发展,人的发展必将更加全面,更加自由。

江泽民同志指出:“社会主义是全面发展、全面进步的社会。”[②]人的自由而全面的发展,既是社会进步和发展的结果,也是社会进步和发展的重要标尺。20多年来,我国的经济改革取得了巨大的成就,物质财富有了较大的丰富,为“人的自由而全面的发展”奠定了坚实的物质基础。社会主义的本质是大力发展生产力,发展生产力的落脚点就是“人的自由而全面的发展”。而只有以人为本,才能不断促进“人的自由而全面的发展”。

二、全面、协调的理念对人类社会基本矛盾原理的新发展

全面发展是科学发展观的最终目的,协调发展是科学发展观的基本原则。马克思主义认为,人类社会的基本矛盾是生产力和生产关系、上层建筑与经济基础之间的矛盾,其中生产力决定生产关系,经济基础决定上层建筑,同时生产关系对生产力、上层建筑对经济基础又有反作用,其中生产力起最终的决定作用,这就是人类社会基本矛盾原理。在这一原理指导下,我们大力发展生产力,进行经济体制改革,改革生产关系中不适合生产力发展的方面;进行政治体制改革,改革上层建筑中不适合经济基础和生产力发展的方面。

在过去很长一个历史时期,我们对这一原理的理解是片面的,实践中忽“左”忽右,非“左”即右,不是过度强调人的主观能动性的作用,就是过度强调作为物质文明主体的经济的重要意义。“人有多大胆,地有多大产”、“不怕想不到,就怕做不到”等主观唯心主义的说法和做法已经成为了历史。但一段时间以来,我们对生产力标准理解也出现了偏差。在许多人的眼里,生产力标准就是经济发展标准,而经济发展的衡量标准就是GDP的增长,到极端就是GDP拜物教。因此,为了GDP的增长,有许多地方、许多人不择手段,以牺牲环境为代价换来了GDP的暂时增长,却给后来的发展埋下了无数

① 《马克思恩格斯选集》(第1卷),人民出版社1995年版,第294页。
② 《江泽民文选》(第3卷),人民出版社2006年版,第276页。

的隐患。由于过分强调经济的发展和 GDP 的增长，教育、文化、卫生等与人文有关的、难以用 GDP 衡量的各项社会事业的发展严重落后于经济发展，以致出现了许许多多的社会问题，如上学难、看病难看病贵、封建迷信重新抬头、“法轮功”邪教屡打不绝等与经济发展水平不相称的社会现象，这些都是片面发展观带来的危害。同时，由于很多人有二元思维定势，看实物、办事情是非此即彼、非我即你，表现在发展模式上就是城乡发展不平衡，地区发展不平衡，经济社会发展不平衡，人与自然和谐发展不平衡，国内发展与对外开放不平衡。因此，强调全面、协调发展，就是要以经济建设为中心，全面、协调推进经济、政治、文化建设，实现经济发展和社会的全面进步，实现物质文明、政治文明、精神文明、社会文明、生态文明全面、协调发展。促进城乡共同发展，东中西部地区发挥各自优势共同进步，经济和社会协调发展，人与自然和谐友好发展，对内发展和对外开放相互促进，整个社会和谐、协调，这才是我们所追求的目标。

三、可持续发展理论对自然环境在人类社会发展中的作用原理的新诠释

可持续发展是科学发展观的最终体现。马克思主义认为，人类社会是自然界的一部分，人类要利用自然，又要能动地改造自然，但这种改造要以不破坏大自然的基本状况为前提。目前，人与自然的关系比较紧张，这是因为，人把自己放在了自然的对立面，认为人是自然的主宰，可以征服和改造自然，在自然面前可以为所欲为。从历史发展的长河来看，人与自然的关系并不是一开始就处于对立状态，人与自然关系的最终归宿也将是统一而不是对立。从历史发展逻辑的角度，在人类发展史上，人与自然的关系要经过四个时期：

一是人类完全依赖自然的时期。这是人类的蒙昧阶段，在人类发展史上大体属于原始社会初期的母系氏族时期。这一时期处于人类产生之初，是物质世界长期进化的结果，人完全是自然界的一部分，人们的任何行动都离不开自然。由于生产力水平非常低下，人类只能靠自然界的固有成果来维系自己的生存。这一时期，人们不能理解大自然的任何自然现象，难以把握大自然的规律，既不能改造自然，更谈不上征服自然，只是被动地适应自然，把大自然的自然现象、固有的自然规律看作非常神秘的东西，他们崇拜自然，敬畏自然，害怕自然，否则，他们认为将受到自然界的灭顶惩罚，把自己的生存与自然界的“好恶”联系在一起，认为离开了自然界，人类一刻也不能生存下去。在这一时期，人类完全依赖自然而存在，人类的自主活动十分

有限,人类的所有活动尚不能破坏大自然自身的生态平衡。自然界有着自己完整的生物链,靠自身的生物链自我调节着大自然自身的生态平衡。

二是人们依赖并利用自然的时期。这是人类的农业文明阶段,在人类发展史上大体属于原始社会末期的父系氏族时期、奴隶社会和封建社会时期。在这一时期,人们经过长期的实践积累,基本摸索出了自然界的一些基本的自然规律,了解了一年四季的季节变化规律,植物的生长成熟规律,动物的驯化饲养规律等等,人们追逐大江河畔、草肥水美,利用自然优势,利用春耕夏耘秋收冬藏的自然规律,利用发明的简单的农业工具,进行耕种和放牧,同时也促生了人类历史上的三次社会大分工。这时的人们,依然需要看天吃饭,他们盼风调雨顺的丰收年景,愁涝旱雹风等自然灾害。因此,这一时期是人们依赖并利用自然的时期。由于进行农业生产,有许多荒草林地被开垦和砍伐;由于放牧,草地的原始风貌也得到一定程度的改变;由于手工业、冶金业的发展,采矿造成的地质原始状况也开始遭到不同程度的破坏。而且在有些地方、有些局部,已经表现出来了这种人类的破坏力,如中国丝绸之路上的繁华城市楼兰,由于人类不恰当的、具有破坏力的活动,致使楼兰由繁华城市变成了一堆废墟。但从整个自然界来看,由于人类的总人口比较少,人类的活动区域有限,再加上生产力依然落后,人类对大自然的影响仅限于局部范围、很小的程度,对于整个自然界来讲,这种影响基本可以忽略不计,大自然仍然处于一种自我调节生态平衡的状态。

三是人类利用并征服和改造自然时期。这是人类的工业文明阶段,在人类发展史上大体属于资本主义社会和社会主义社会初期。在这一时期,人类经过几千年的实践、积累和总结,已经熟悉和掌握了基本的自然规律,生产力有了很大的发展,科学技术也有了极大的提高,人类社会由农业文明进入到了工业文明时期。在这一时期,人类利用掌握的自然规律和日益发展的生产力,以前所未有的力度影响、征服和改造着自然,并在一定程度上确实达到了人类自身的目的,满足了人类自身的私欲。因此,人类改变了对大自然的传统认识,认为天下之物(大自然)乃为我所生,为我所存,为我所用,人类不是自然界的一部分,而是自然界的统治者和主人,靠自身的力量,人类可以影响自然,可以驾驭自然,进而可以征服和改造自然,从这种观点出发,人与自然是相对立的,而不是统一的。因此,在人类看来,人活着就是要与大自然斗争的,通过斗争,满足人的欲望和快感。人类为了满足自己日益膨胀的欲望,首先,利用已经掌握的自然规律来达到自己的目的,在这方面,与农业文明时代有相似之处;其次,人们更多的是通过征服和改造自然来满足自己。为了满足日益增多的人的吃饭问题,人们不断毁林开荒,毁草开荒,围湖造田,围海造田,与林、草争地,与野生动物争地,使原始生态环境遭到了极大的破坏。为了满足人的物欲与口欲,人们不断砍伐植物,猎杀动物,使野生动植物品种、数量不断减少。为了满足日益提高的各种需求,人们不断把埋在地下几千万年、上亿年甚至几十亿年的矿产挖掘出来,其结果,矿产资源、能源越来越少,而废气、废水、固体废弃物越来越多,导致天灰水污草枯树少,大自然的生态平衡遭到了极大的甚至是毁灭性的破坏,靠自身的自我调节已经难以恢复原来的平衡状态。

四是人类与自然和谐相处时期。这是人类后工业文明阶段,也是人类即将到来的时期。历经第三个时期,人类对生态环境的破坏已经遭到了大自然的疯狂报复,而且,人类在这种报复面前手足无措,只能被动应付。一次次的事件使人类终于清醒地认识到,人只能是大自然的一部分,而不可能是凌驾于大自然之上的独立主体。人类只能利用自然为人类自身造福,至多只能改造自然的局部,绝不可能从整体上改造自然,更绝不可能征服自然。"人定胜天"只能是人类自我欺骗的神话和幻想,不可能变成现实。人类要想世世代代生存下去,就一定要爱惜自己赖以生存的这个家园。大自然是人类共同的家园,任何人都有义务去关心和呵护她,而绝无权力去破坏和征服她。因此,人类要与大自然和谐相处,友好相处。现在,一些先工业化国家已经认识到了这个问题,并且已经开始去做,一些后工业化国家和发展中国家如中国也已经开始认识到了这个问题,并也在试图着手去做。这也是人类未来与自然关系的发展趋势。

科学发展观是发展着的马克思主义的重要组成部分,是发展了的马克思主义的世界观和方法论,是马克思主义在当代中国的应用和发展,是我们党对经济社会发展一般规律的认识和深化,是推进社会主义经济建设、政治建设、文化建设、社会建设、生态建设全面发展的指导方针,必须贯穿于全面建设小康社会和社会主义现代化建设的全过程。

(作者单位:中共德州市委讲师团)

党在开创中国革命、建设与改革道路上的历史启示

张秋侠

回顾90年来一部中国共产党历史,党及党所开创的事业走向成功与胜利,有三个重要的标志和转折点,即:以农村包围城市、武装夺取政权为特征的中国特色民主主义革命道路的开创,以"一化三改"为特征的中国特色社会主义革命道路的开创,以邓小平理论、"三个代表"重要思想、科学发展观等重大战略思想为指导的中国特色社会主义建设道路的开创。中国特色的革命、建设与改革道路的探索、开辟与形成,过程曲折,历经艰辛,为我们留下了宝贵的历史经验与启示。

一、必须坚持马克思主义基本原理同本国实际相结合

马克思主义是我们立党立国的根本指导思想,是确保全党全国人民团结奋斗的共同思想基础,马克思主义的指导地位必须始终坚持。同时,马克思主义是随着时代前进的开放的理论体系,只有同本国实际相结合,才能更好地发挥对实践的指导作用。

马克思、恩格斯关于无产阶级革命道路的思想,主要表现在两个方面:一是主张暴力革命是无产阶级夺取政权的最主要途径。1945年恩格斯明确提出:工人阶级要解决任何社会问题,"唯一可能的出路就是暴力革命"。[①] 1848年马克思、恩格斯在《共产党宣言》中指出:"共产党人不屑于隐瞒自己的观点和意图。他们公开宣布:他们的目的只有用暴力推翻全部现存的社会制度才能达到。"[②]二是恩格斯晚年在《法德农民问题》里提出,社会党应该从城市走向农村,在农村发展革命力量。他说:"社会党夺取政权已成为可以预见的将来的事情。然而,为了夺取政权,这个政党应当首先从城市走向

① 《马克思恩格斯全集》(第2卷),人民出版社1957年版,第548页。

② 《马克思恩格斯选集》(第1卷),人民出版社1995年版,第307页。

农村,应当成为农村中的一股力量。”①但是马克思、恩格斯当时还没有明确提出要到农村搞暴力革命,也没有提出农村包围城市道路。列宁、斯大林分别是俄国先城市后农村革命道路的开创者与继承者,他们对农村包围城市道路更无论述。正如邓小平曾经指出的:“马克思、列宁从来没有说过农村包围城市,这个原理在当时世界上还是没有的。”②共产国际也从未提出过这样的指导。早在1928年2月通过的《共产国际执行委员会第九次扩大会议决议案》中,共产国际就曾错误地批评中国共产党沉溺于散乱的、不相关联的、必致失败的游击战争,认为“革命运动高潮日益发展的最可靠、最主要的征候,乃是工人运动的复兴”③,强调要用俄国城市武装起义为中心的模式来指导中国革命。以毛泽东为代表的一批中国共产党人,则主张从中国国情出发,坚持马列主义普遍原理与中国革命具体实践相结合,走中国式的革命道路。1930年5月,毛泽东在《反对本本主义》一文中,批评了“唯上”、“唯书”、“不唯实”,动辄照抄照搬国际经验的错误倾向。他强调,学习马克思主义的“本本”是十分必要的,但是必须同我国革命的实际相结合。经过艰辛探索,毛泽东提出中国革命的道路分两步走:“其第一步是民主主义的革命”④,要通过“农村包围城市、武装夺取政权”的道路来加以实现;“其第二步是社会主义的革命”⑤,要通过党在过渡时期“一化三改”的总路线来加以实现。正如《中共中央关于建国以来党的若干历史问题的决议》所指出的:“在过渡时期中,我们党创造性地开辟了一条适合中国特点的社会主义改造道路”,“社会主义改造是我国经济战线上的社会主义革命”。它使毛泽东构想的中国特色革命道路的第二步得以顺利实现。

马克思、恩格斯对于社会主义建设道路的问题特别是发达资本主义国家如何建设社会主义的问题,提出了许多有价值的理论,并体现在其科学社会主义理论体系当中。比如,马克思在《哥达纲领批判》中提出了共产主义要经历低级和高级两个发展阶段的设想,共产主义的低级阶段就是我们通常所说的社会主义社会。列宁对于不发达国家如何建设社会主义进行了新的探索。他根据俄国的实践,提出了“初级形式”的社会主义和“发达的社会主义”等概念;列宁在向新经济政策转变时期对社会主义进行了再认识,在社会主义建设道路问题上提出了许多有价值的思想,可惜这些思想在斯大林及其继任者那里没有得到全面贯彻,甚至有所背离,为苏联社会主义制度

①③ 《马克思恩格斯全集》(第4卷),人民出版社1957年版,第485页。
② 《邓小平文选》(第2卷),人民出版社1994年版,第126页。
④⑤ 《毛泽东选集》(第2卷),人民出版社1991年版,第665页。

在 1989 年的失败埋下了祸根。1956 年社会主义改造基本完成后,我国开始全面建设社会主义的历史时期,开始对适合中国情况的社会主义建设道路进行探索。中共八大对社会主义建设道路提出了许多不同于苏联的独创。1958 年党的八大二次会议制定的"鼓足干劲,力争上游,多快好省地建设社会主义"的总路线,为把工作重心转移到经济建设上来,改变我国落后面貌、建设社会主义进行了尝试。但是由于当时全党对于全面建设社会主义的思想准备不足,这些正确的思想没能在实践中坚持下去。1958 年,党中央就轻率地开展了大跃进和人民公社化运动,刮起了"共产风",要"跑步进入共产主义",这种急躁冒进的错误使生产力遭到严重破坏。从 1961 年到 1965 年,党逐步纠正经济工作中的"左"倾错误,国民经济又得到恢复和发展。但是从 1966 年开始,毛泽东发动了一场历时十年的所谓无产阶级文化大革命,使社会主义经济、政治、文化几乎到了崩溃的边缘,对社会主义建设道路的探索陷入了困境。党的十一届三中全会全面总结纠正了"文革"的错误,开始把党和国家的工作重心转移到经济建设上来,提出了我国尚处于并将长期处于社会主义初级阶段的科学论断,提出了通过"三步走"实现社会主义现代化的发展战略,逐步探索出了一条中国式的现代化道路。1982 年 9 月,邓小平在党的十二大开幕词中第一次提出:"马克思主义的普遍原理同我国的具体实际结合起来,建设有中国特色的社会主义,这就是我们总结长期历史经验得出的基本结论。"从那时起,"中国特色社会主义"就成为党的历次全国代表大会的"主题词"。中共十三大系统阐述了社会主义初级阶段理论,明确提出建设有中国特色社会主义理论,确立了党的"一个中心,两个基本点"的基本路线。党的十四大、十五大、十六大分别阐明了建设有中国特色社会主义理论的主要内容、邓小平理论、"三个代表"重要思想,并将这些理论成果写入了党章。中共十七大报告全面阐述了科学发展观理论,指出改革开放以来我们取得一切成绩和进步的根本原因,归结起来就是:开辟了中国特色社会主义道路,形成了中国特色社会主义理论体系,将中国共产党对中国特色社会主义的认识提升到了一个新的高度。

二、必须始终如一地坚持贯彻执行党的思想路线

毛泽东所倡导的一切从实际出发、理论联系实际、实事求是、在实践中检验和发展真理的思想路线,要求我们必须一切从客观存在着的事实出发,从中引出事物固有的而不是臆造的规律性,作为我们行动的向导,有效地从事改造世界的活动。这一思想路线,是马克思主义认识论和辩证法的集中

体现,是实现主观与客观相统一的根本保证,是贯穿毛泽东思想的活的灵魂,是我们党一贯倡导的最根本的思想方法、工作方法。历史表明,党在中国革命、建设和改革道路上的每一次成功的探索,都是坚持毛泽东奠定的党的思想路线的结果。改革创新,科学发展,开创中国特色社会主义建设新局面,都必须始终坚持党的思想路线这一根本性的思想武器。

中国新民主主义革命道路是在党的思想路线指导下逐步形成的。1924 年至 1927 年国共第一次合作进行的大革命,由于蒋介石、汪精卫的相继叛变而失败。1927 年 8 月 7 日,中共中央在武汉召开紧急会议,总结了大革命失败的经验教训,确定了实行土地革命和武装反抗国民党反动派的总方针,明确提出了中国共产党要独立领导中国革命,探索中国革命的新道路。中国共产党随后在全国策划举行了南昌起义、秋收起义、广州起义等一系列以攻占大城市为目标的起义和暴动。但是严峻的事实表明,在中国半殖民地半封建的特殊条件下,只有把革命的重心从城市转向农村,坚定地发动和组织农民,广泛开展土地革命和武装斗争,才是中国革命得以复兴和发展的希望所在。中国特殊的国情决定了中国共产党在革命道路上必须作出不同于俄国的选择。毛泽东、朱德提出的“上山打游击”的战略成为迈向农村包围城市、武装夺取政权道路的第一步。毛泽东在秋收起义失败后,果断地放弃了直取长沙的计划,作出了向敌人统治力量薄弱的农村进军的决策,把队伍拉上井冈山,朱德在湘南起义后也率部队上了井冈山。毛泽东在井冈山时期,创造性地提出并阐明了工农武装割据的思想,其实质就是在无产阶级领导下,以武装斗争为主要形式,以土地革命为基本内容,以根据地为依托,走农村包围城市,最后夺取政权的道路。“工农武装割据”成为迈向“农村包括城市”道路的重要转折和必由之路。后来随着赣南闽西工农武装割据的进一步发展,1930 年 1 月 5 日,毛泽东在古田给林彪写了《星星之火,可以燎原》的长信,提出了“以乡村为中心”的农村包围城市道路的理论。1935 年 1 月召开的遵义会议,从组织上、全局上摆脱了“城市中心论”,中国革命从此开始“走自己的道路”。在抗日战争期间,全国共创建了 19 块抗日根据地。解放战争时期,随着解放区内由分散到连成一片,党的工作重心也由乡村转移到城市,夺取了全国政权,从而最终使农村包围城市、武装夺取政权的革命道路取得了彻底胜利。

中国社会主义革命道路也是在党的思想路线指导下形成的。为了确切掌握新中国成立后资本主义工商业的变化,研究和确定对资本主义工商业改造的具体形式,中央指派中央统战部部长李维汉率领调查组,于 1953 年三四月间到武汉、上海等地进行调查,5 月向中央提交了调查报告。中央政治局在讨论这个报告后,确定了经过国家资本主义改造资本主义工业的方针。1953 年底确定了党在过渡时期逐步实现国家的社会主义工业化,逐步实现国家对农业、对手工业和对资本主义工商业的社会主义改造"一化三改"的总路线。这一总路线所展现的社会主义革命道路,体现了党的思想路线,是从我国实际出发的。因为我国的社会主义社会的前身不是马克思、恩格斯所设想的高度发展的资本主义社会,而是由一个原来曾经是经济十分落后的半殖民地半封建社会脱胎而来,经过不长时间的新民主主义社会过渡到社会主义社会的。这就决定了我国必须经历一个很长时期的社会主义初级阶段,去实现许多国家在资本主义条件下实现的工业化和生产的商品化、社会化、现代化。

中国社会主义建设与改革的道路更是在党的思想路线恢复建立之后才逐步找到的。毛泽东创造性地提出了建设中国式工业化道路和四个现代化的思想,勾画出了新时期走新型工业化道路的宏伟蓝图,不仅有力地指导了当时的工业化建设,而且为我们党在新时期开辟中国特色社会主义道路、进行现代化建设提供了思想先导。但是自 20 世纪 50 年代后期开始,由于毛泽东和我们党在一些重要问题上偏离和违背了实事求是的思想路线,出现了严重失误,最终引发了"文化大革命"的十年浩劫,社会主义建设道路的探索遭受了曲折。正如邓小平指出的:"这条思想路线,有一段时间被抛开了,给党的事业带来很大的危害,使国家遭到很大的灾难,使党和国家的形象受到很大的损害。"①

"四人帮"被粉碎后,"左"的指导思想并未从根本上得到纠正,当时党的领导人提出了"两个凡是"是指导方针,党和国家的工作陷入了徘徊局面。对此,邓小平敏锐地指出,必须首先解决思想路线问题,因为"不解决思想路线问题,不解放思想,正确的政治路线就制定不出来,制定了也贯彻不下去。"②为了冲破禁锢,打开局面,邓小平鲜明提出必须完整准确地理解和运用毛泽东思想,强调指出,"两个凡是"不符合马克思主义,实事求是是毛泽东思想的精髓。1978 年他倡导和领导了全国真理标准问题的大讨论,有力地推动了全党的思想解放运动。1978 年 12 月 13 日,他在中央工作会议上发表了《解放思想,实事求是,团结一致向前看》的讲话,指出:"实事求是,是无产阶级世界观的基础,是马克思主义的思想基础。过去我们搞革命所取得的一切胜利,是靠实事求是;现在我们要实现四个现代化,同样要靠实事

①② 《邓小平文选》(第 2 卷),人民出版社 1994 年版,第 278 页,第 191 页。

求是。"[1]他号召全党,从中央到地方,到每一个基层单位,都要实事求是,解放思想。这一讲话实际上是紧接着召开的十一届三中全会的主题报告。十一届三中全会批评了"两个凡是"的错误方针,果断地将党和国家的工作重点转移到社会主义现代化建设上来。这次全会标志着党的思想路线的重新确立。解放思想、实事求是,最重要的就是要在坚持社会主义基本制度的前提下,把过去那些不符合社会主义初级阶段实际的方针政策,那些对马克思主义、社会主义原则的教条式的理解和认识,坚持纠正过来,并从这些不正确的政策和思想束缚中彻底摆脱出来,使我们的理论路线方针政策真正符合社会主义初级阶段的发展要求,真正符合马克思主义、社会主义的基本原理。这就是十一届三中全会重新确立党的马克思主义思想路线的重大意义之所在。

三、必须坚持创新、敢于走前人从未走过的路

创新是一个民族的灵魂,是一个国家兴旺发达的不竭动力。一个政党、一个社会、一个民族要想探索革命、建设与改革道路,实现不断发展,一刻也离不开实践基础上的理论创新与实践创新。实践基础上的理论创新是社会发展和变革的先导,通过理论创新才能推动制度创新、体制创新、科技创新、文化创新以及其他各方面的创新,通过理论创新才能成功探索出适合国情的革命、建设与改革道路。

在探索中国革命、建设与改革道路的历史进程中,党的理论创新发挥着举足轻重的关键作用。与时俱进、不断创新,是马克思主义的内在品质;实践基础上的理论创新,是马克思主义的根本方法和生命力所在。当中国革命、建设与改革确实面临着"走什么道路、怎么走这一道路"这种前所未有的重大问题时,仅仅依靠过去的思想理论体系和旧的经验办法,再也无法有效解决和应对这些新情况、新问题了,党的理论创新的客观条件就基本成熟了。党的理论创新的目的是为了解决制约中国革命、建设与改革发展的"瓶颈"问题。针对这些问题,全党上下包括广大群众首先进行无私无畏的艰辛探索,然后党的领袖集团在科学集中了全党探索的智慧和经验的基础上,以马克思主义既有的理论体系为指导,在不同时期、不同关节点创立了党的创新理论。中国共产党在领导中国革命、建设、改革的长期实践中,不断推进马克思主义中国化和党的理论创新,实现了两次历史性飞跃。第一次理论飞跃发生在新民主主义革命时期,中国共产党人经过反复探索解决了中国

① 《邓小平文选》(第2卷),人民出版社1994年版,第143页。

革命的道路问题，即找到了农村包围城市、最后夺取全国胜利的有中国特色的革命道路，并在革命胜利后积极探索适合我国国情的社会主义建设道路，形成了被实践证明了的关于中国革命和建设的正确理论原则与经验总结——毛泽东思想。以毛泽东为核心的第一代中国共产党人，在领导全国人民革命和建设的过程中进行了伟大的制度创新，为中国特色社会主义道路的形成奠定了基础，没有新民主主义革命的胜利和社会主义制度的建立，就没有社会主义的今天，正如邓小平所指出的："如果没有毛泽东同志的卓越领导，中国革命有极大可能到现在还没有胜利，那样，中国各族人民就还处于帝国主义、封建主义、官僚资本主义的反动统治下，我们党就还在黑暗中奋斗。"第二次理论飞跃发生在党的十一届三中全会以后，为解决怎样在中国建设社会主义的问题，开辟了中国特色社会主义道路，形成了被实践证明了的关于在中国建设、巩固和发展社会主义的正确理论原则和经验总结，这就是中国特色社会主义的理论体系，包括邓小平理论、"三个代表"重要思想、科学发展观等。

应该说，中国特色社会主义道路的开辟发源于毛泽东，形成于邓小平时代，是党把马克思主义基本原理运用于中国建设实践，真正找了一条落后国家如何建设社会主义、如何实现现代化的道路。这条道路的形成，首先得益于我们党进行的经济制度改革，即从计划经济到社会主义市场经济的转变。这是一次影响深远的制度变迁与创新，是最具有中国特色，也是对整个第三世界国家最具启发意义的制度转型，必将对人类文明与发展作出巨大贡献。社会主义市场经济制度既不同于美英的自由主义市场经济，也不同于德国和西欧的高福利市场经济，还有别于日本和法国的政府主导型的市场经济。人类文明发展是多样性的，社会现代化的实现不可能也绝不会只有西方一种模式，对于广大发展中国家来说，如何实现社会现代化和民族振兴，中国模式未尝不是一个很好的借鉴。可以说，如果没有社会主义市场经济制度的创新，就不会有马克思主义中国化的第二次飞跃，也不会形成中国特色社会主义理论体系，更不可能开辟中国特色社会主义道路。当然中国特色建设、改革道路的开辟，除了经济制度的重大创新外，还有其他许多方面的创新，如家庭联产承包责任制、社会发展战略、发展的动力、发展的依靠力量、发展的路径选择、发展的政治保证等方面的创新，正是从经济、政治、文化、思想意识形态、人的思维方式、社会发展与人的发展等方面不断地变革与创新，才真正找到了一条适合中国发展、具有中国特色的社会主义道路。

（作者单位：中共聊城市委讲师团）

对我党执政方式变革的认识与思考

张秀珍

执政方式是一定政党制度条件下政党执掌或参与国家政权的制度性规定,一个政党取得国家政权后,运用什么样的方式执掌政权、治理国家和社会,关系到其执政地位的稳固与国家的长治久安。中国共产党在执政的60多年里,一直致力于不断改进和完善党的执政方式。回顾中国共产党执政方式变革的历程,深刻认识成功的经验和失败的教训,对于与时俱进的完善党的执政方式十分重要。

一

中国共产党对于执政方式的选择有一个艰辛的探索过程,在不同的历史时期存在着差异,有成功,也有失误,主要经历了四个阶段。

(一)从党政相对分离到党政不分

建国前,由于受客观环境的局限,党主要采取以党代政的执政方式。建国后,随着党在全国范围内执政地位的确立,继续采取这种方式,已经不能完全适应执政的需要。于是党开始纠正党政不分、以党代政的"一元化"倾向,强调要注意区分党的机关和国家机关的职能,反对党委包办政府事务。毛泽东也力图走出一条既不同于西方议会民主道路,又有别于斯大林集权政治体制模式,完全中国化的社会主义民主政治的新路。中央人民政府成立伊始,中央宣传部及新华总社发出通知,指出:在中央人民政府成立后,凡属政府职权范围的事情,应由政府讨论决定。同时,党积极支持政府独立行使职权,也极力想通过民主与法治的轨道,实现党对国家政权和社会的正确领导,并着力实现共产党执政与人民民主制度的有机结合。从新中国成立到1952年底,党的政策一般都是通过政府实施执行,国家机关干部任免按照法律程序进行,重大决策都是由党提出,经过和民主党派协商取得一致意见后,交由政府办理,党的意志通过政府的行为变成人民群众的行动。这种执政方式体现了党管大政方针、行政首长发号施令的党政关系。

(二)从党政不分到以党代政

1953年,随着国家建设第一个"五年计划"的执行和大规模有计划的经济建设的展开,党为了领导大规模的经济建设,在实际工作中出现了党直接干预甚至包办代替政府工作的情况。1953年3月中央发布的《中共中央关于加强中央人民政府系统各部门向中央请示报告制度及加强中央对政府工作领导的决定》指出:今后政府工作中一切主要的和重要的方针、政策、计划和重大事项,均须事先请示中共中央,并经过中共中央讨论决定或批准以后,始得执行。这是向以党代政、党政不分体制过渡的一个转折点。此后,党对国家和社会全面实行"一元化"领导,一切权力集中于党委,党领导一切,党所采取的方式是以政策为主,政策在党和国家政治中起着实质上的法律作用。从1957年到1965年,随着高度集中的计划经济体制的建立,党作出了把一切权力集中于党委,"党领导一切"的决定,使党政不分得到肯定并日益发展起来。在"党领导一切"的口号下,党的系统的机构愈来愈细密和完备,功能愈益增多,而行政管理系统和国家权力系统的结构则相对比较简单,其功能也愈益趋向单一的执行。

这种执政方式在当时特殊的环境中曾发挥了巨大的积极作用,党依靠这种执政方式成功地打退了国内外反动势力的猖狂进攻,迅速恢复了国民经济,取得了社会主义改造和社会主义建设的巨大成就。但在实践中也存在许多问题和弊端:一是由于党过多地干预国家和社会事务,削弱了对国家和社会总的政治领导,易造成党的重大决策的失误。二是制约了国家机关的自主发展。三是淡化了社会的法律观念,难以防范政治生活中的病变。尽管后来党政机关在某些方面作了一些调整,但由于没有触及党的一元化领导的根本,使得这种执政方式不断得到发展。

(三)从以党代政到党政关系严重畸形

1966年开始的"文化大革命",使得国家的政治体制遭到严重破坏,以党代政的执政方式不断恶化,党的权力急剧膨胀,不断挤压政权机关的生存空间。一是党不仅是公共权力的一部分,而且党组织几乎与公共权力机构合二为一。特别是"文革"前期,由于"踢开党委闹革命",各级党组织被砸烂,机关工作陷于瘫痪,"革命委员会"集党政大权于一身,包揽了党务、行政、司法、经济、军事等各项工作,党组织行政化达到了极点。二是党组织直接任命干部,一些通过武斗、造反起家的"闯将",得到上级的支持或默许,掌握公共权力,由此导致了个人专权和群众专政相结合。三是党的领导人以党的名义发号施令,一元化领导变成了"一人化"领导,群众直接行使公共权力,实行群众专政,形成了高度集权与高度无政府状态并存、表面上的大民主与实际上的极端不民主并存的奇特局面。同时，由于公共权力政党化，党运作公共权力的法制手段自然被易于操作的政策所代替，并与严厉的思想控制交织地一起，变态发展。这种方式损害了党执政的合法性基础，扭曲了社会正常的利益表达机制，严重破坏了法制，致使公共权力的运作和社会政治生活缺乏应有的秩序，带来了巨大混乱和危害。

（四）从党政职能分开到科学执政

十一届三中全会以后，党开始对执政方式进行改革探索。首先，将执政方式向“政党指挥”型回归，然后以制度建设为依托，向“政党引导”型转变。这种执政方式在党与公共权力的关系上，主要体现为党组织与政权机关职能分开。1986年9月，邓小平在谈到关于政治体制改革的问题时强调：“改革的内容首先是党政要分开，解决党如何善于领导的问题。这是关键。要放在第一位。”十三大报告指出，政治体制改革的关键首先是党政分开。此后，党在解决党政关系问题上采取了一系列重要步骤，撤销了与政府机构重叠对口的部门，重新恢复和确立了国家权力机关的地位和职权，党组织基本上不再包办代替政权机关的工作，党与公共权力的界限逐步明确。这一探索在实践中遇到了许多困难和障碍，出现了“党政分设”式的所谓“党政分开”，并未达到党政职能分开的改革初衷。十三届四中全会以来，党开始从执政方式的角度思考党政关系问题。从十五大到十六大，党对解决这一问题逐步有了新的理论觉醒，清楚地认识到解决党政关系问题不是简单地实行党政的所谓“分”与“合”，不是党政之间不同性质的权力的简单转移，也不是把党的政治领导权和国家公共权力混为一体，然后再想当然地重新分权，更不是因为党的权力太集中了要通过改革把权力分散掉甚至搞得没有权力。而是为了在我们这样一个独特的东方大国，在中国共产党一党长期执政的背景下，如何更科学、更高效、更有力地实现对国家政权的科学领导的问题。于是党的十六届四中全会把这些认识高度概括，提出“科学执政、民主执政、依法执政”，为进一步推进党的执政方式的改革与完善指明了根本方向。当然，构建这种执政方式，决不意味着动摇中国共产党的执政地位，而是在坚持党的领导的前提下，消除政党的公共权力角色，保证党“总揽全局、协调各方”，而不是“包揽一切，命令各方”，以实现党的领导、人民当家做主和依法治国的有机统一。

二

一个政党的治国理政途径有多种，运用什么样的方式执掌政权、治理国家和社会，是由这个政党所处的时代背景、环境条件以及党的主要任务决定的。

（一）我党执政方式的形成有着深刻的社会历史原因，有其历史必然性和合理性

首先，中国共产党是在没有任何政治民主的条件下产生的，它通过长期的武装斗争，推翻原有制度，运用掌握的公共权力，构建起新的政治制度。在这一过程中，党必须要具有强大的支配公共权力的力量，因而很容易造成党处于支配地位而政权机关处于从属地位的状况。而且党在革命时代形成的一元化领导体制和相应的活动方式，对这一执政方式的形成也产生了重大影响。其次，新中国成立之初，由于经济文化相对落后，社会主义现代化道路极其艰难，党为了巩固政权，恢复国民经济，必然需要集中人力、物力、财力，依靠社会主义整体力量，重点建设关系国家安危的事业。这样，党就会通过自上而下的层层指令，包揽一切经济行为，把经济建设当作政治任务来完成。这种用政治手段管理经济的方式要求政治体制自下而上的集权，为经济运行提供政治上的保证和支持。而这种要求的实现离不开党对政府权力运作的直接指挥。因此，这种党政不分的执政方式必然会在计划经济条件下得以生存。再次，苏共执政模式和我国传统政治文化也影响着这一执政方式的形成。改革开放以来，我国逐步实现从计划经济向市场经济的体制转轨，推动了党的理论创新和制度创新，我们党的执政方式也从“党政不分、以党代政”向“党政分开”方向努力转变，并不断致力于走向“党政职能分开化、党政关系民主化、党政行为法制化”。

（二）我党执政方式的变革是党由革命党向执政党转变的必然要求

我们党经过长期艰苦卓绝的革命战争，夺取了政权，实现了革命的目标；新中国建立以后，随着形势的发展变化，我们党必须完成由革命党向执政党的转变，这是历史的昭示。我们党成为执政党后，工作环境发生了重大变化，工作重点由农村转到城市，由主要领导战争转到主要领导经济建设和文化建设。党如何实现这种转变，是一个具有挑战性的新课题。由于受着种种主客观条件的限制，党在相当长的一个时期内没有能够做到这一点。党之所以不能自觉和有效地实现由革命党向执政党的转变，其主要原因在于：由革命时期形成的一整套工作内容和方法的传统有着巨大的历史迁移和思维定势作用。民主革命时期，我们在革命根据地也涉及执政的问题，对党的执政方式也进行了探索，并形成了一套以政策领导为主的内容和方法。这在革命战争年代是必需的，也起到了很好的作用。这种革命时期形成的方式，在党组织、广大干部和人民群众中已形成了思维定势和传统习惯，尽管建国后情况发生了变化，但这种习惯仍起着作用。加上我们党执政时间短,党缺乏执政的经验,不可能完全摆脱革命时期的领导方式,在新的实践面前,从革命党向执政党转变还需要有一个磨合的过程。同时,建国后与国际上敌对势力的斗争也十分尖锐激烈。在这种激烈的国际阶级斗争中,党也很难彻底完成由革命党向执政党的转变。

十一届三中全会之后,我们党陆续提出了改革和创新执政方式的理论,在 1980 年 8 月,中共中央政治局召开扩大会议,邓小平在会上作了《党和国家领导制度的改革》的讲话,提出党和国家领导制度改革的设想。这一讲话既是指导我国进行政治体制改革的纲领性文件,同时也标志着我们党在新的历史时期初步形成了党的执政方式改进和创新的理论。根据邓小平的设想,党在改进和创新执政方式的道路上迈出了坚实的步伐。随着形势的发展变化,江泽民同志在 2000 年高屋建瓴地提出"三个代表"重要思想,这是对中国共产党性质、宗旨和历史任务的新概括,是马克思主义建党学说的新发展,而且涉及党的执政方式与领导方式问题,并结合新形势、新情况,提出改革党的执政方式与领导方式的思路与途径。党的十六大报告进一步强调,全面贯彻"三个代表"重要思想是加强和改进党的建设、推进我国社会主义自我完善和发展的强大理论武器,是党必须长期坚持的指导思想。始终做到"三个代表",是我们党的立党之本、执政之基、力量之源。"贯彻'三个代表'重要思想,必须把发展作为党执政兴国的第一要务,不断开创现代化建设的新局面",紧紧把握住这一点,就从根本上把握了人民的愿望,把握了社会主义现代化建设的本质,就能使"三个代表"重要思想不断落实,使党的执政地位不断巩固,使强国富民的要求不断得到实现。可以说历史发展到今天,我们党已经切实从革命党转变成为完全意义上的执政党,这为党进一步改革和完善执政方式,提供了前提条件。

(三)我党的执政方式必须随着时代的发展、社会的进步,经济活动方式的变迁而调整

中国共产党建党 90 年来,特别是执政 60 多年来,正反两方面的经验与教训使我们得出这样的认识:党的执政方式和领导方式必须随着时代的发展、社会的进步,经济活动方式的变迁而调整,否则,就会影响执政党的执政能力和水平,给社会、经济发展带来损失。在革命战争时期,党没有掌握国家政权,在敌强我弱的恶劣环境下,为了适应特殊的战争环境里夺取政权的需要,我党实行政策领导的方式,主要是靠方针、政策的正确和自身的坚强有力来领导人民。党的这种方式带有显著的"战时"性、"革命"性、"党治"性色彩。这种方式对于当时保证革命战争的胜利、建立和巩固新生的人民政权,以及在计划经济体制下开展大规模的经济建设,曾经起到了积极的作用。由于环境的变化,传统的政策领导渐露弊端,使党的领导体制更加集中、党的执政方式更加直接化、党所管理的事务更加微观化,从而越发难以适应纷繁复杂、千头万绪的经济建设工作。

十一届三中全会以后,党总结历史经验,逐步走出政策领导的圈子,开始逐步探索依法执政的方式,提出了许多有价值的思想。特别是依法治国方略的确立,标志着我们党的执政方式和领导方式的深刻变化。十五大报告中关于依法治国的提法实际上已经逻辑地包含了党的执政方式与领导方式问题。意味着党要依法执政、依法领导,把党的意志和政策经过法定程序变成国家的意志,并在宪法和法律范围内活动,党依照宪法规定实现对国家的领导;坚持党的领导与发扬人民民主、严格依法办事相结合,从制度上法律上保证党的基本路线得以贯彻实施,不因领导人的改变而改变,不因领导人的看法和注意力的改变而改变。但是,由于特殊的历史原因,由于对党的领导与执政关系的不正确、不科学的理解,以及中国传统文化,现实的政治、经济、文化发展条件的限制等多方面因素的影响,在新的世情国情党情急剧变化面前,党的执政方式的改革和完善还没有完全达到理想的状态,依然还存在诸多不科学、不合理、不规范之处,比如,党、国家、社会几乎是三位一体,法制建设比较滞后,权力缺乏应有的有效的监督,等等,在某种程度上,推进党的执政方式改革和完善还没有准确把握好切入点或者说逻辑起点。

三

党对执政方式的变革,反映了党在探索执政方式这一重大问题的高度理论自觉,在新的历史条件下必须继续完善和优化党的执政方式。

(一)必须坚持民主执政的根本取向

坚持民主执政,对于中国共产党来说是一个艰巨而又复杂的任务,要求共产党自身的领导方式和执政方式、领导体制和工作机制发生适应性的变化,并逐步实现由整合型政党向代表型政党的转变。从理论上讲,无论是整合型政党还是代表型政党,都需要以代表人民的普遍利益为其执政的前提,但两者也存在重要的差别。整合型政党是由少数统治者来界定和体认“人民利益”之所在并努力体现和追求这一“人民利益”;而代表型政党则是通过民主机制的政治互动来聚合和协调广泛的社会利益。所以代表型政党在“代表”人民利益时需要一个利益表达和利益综合的民主的政治机制,存在一个能够具体达成人民共同意志或“同意”的严密的政治过程,从而使党的意志和人民的利益之间能够形成有效的制度化转换,而整合型政党则通常没有这样一个政治机制和过程。这实质上就是一个如何协调为人民执政和靠人民执政的关系问题。

在这个问题上，要着重加强民主政治的制度建设，特别是要不断发展党内民主，并由党内民主的发展逐步带动人民民主的发展，实现社会主义民主政治的制度化、规范化、程序化。发展党内民主，是政治体制改革和政治文明建设的重要内容，就此而言，关键是要完善党内选举制度，改进候选人提名方式，适当扩大差额推荐和差额选举的范围和比例。而自下而上的选举监督是最有效的监督，也是实现党内生活民主化的必由之路。贯彻民主执政，对于中国共产党来说有很多艰苦的工作要做，可谓任重而道远。但是，这一目标必须是坚定不移的，因为它标志着中国共产党执政方式的新趋势、新抉择和新取向。

（二）必须正确处理好党的领导与依法治国的关系

依法治国的执政方略已成为全党的共识，它不仅是我们党60多年执政经验的总结，也是世界上各个文明国家所追求的一种理想的治国模式，当然也是我们党所追求的一种治国模式。中国共产党的领导是一种政党政治形式，依法治国是一种治国方略，两者属于上层建筑的不同层面。依法治国正是我们党顺应时代发展，提出与践行的治国与执政理念，加强党的领导和依法治国是统一的。

依法治国，建设的是社会主义的法治国家，这就必然要求依法治国过程中要充分体现党的领导，巩固党的执政地位。任何放弃党的领导的做法都是极端有害的。所以，在改进和完善党的执政方式的过程中，我们还必须要正确处理好党治与法治之间的关系。首先，从思想上我们要认清党的政策与国家法律在本质上一致的。在社会主义国家里，作为执政党的中国共产党代表的是最广大群众的根本利益，而法律所保护和维持的也是最广大人民群众的根本利益，党的政策和国家法律在本质上具有一致性。其次，我们要认清依法治国绝不是放弃党的领导，党的政策在国家政治生活中仍占有十分重要的地位，起着十分重要的作用。我们不能因为依法治国就轻视党的政策，要认识到党的政策是立法的依据和执法、司法的指导。再次，依法治国与执行党的政策是相辅相成的。依法治国为更好地贯彻执行党的各项政策提供了良好的环境和条件，正确的党的政策为制定和执行各项法律提供了正确的理论指导和保证。党治与法治两者相辅相成，缺一不可。最后，我们的奋斗目标是建立一种以国家法律为主，党的政策为辅的新型的党的执政方式，切实改变现在党的政策为主，国家法律为辅的现状，从根本上根除各种弊端滋生的土壤。

（三）必须站在全新的理论高度重新把握党政关系问题

处理好党政关系，是改革和完善党的执政方式的一个核心问题，又是一个长期未解决的问题，其原因就在于它的复杂性。国家政权机关由立法、司法、行政三个系统构成，如何处理党政关系，一种观点认为，党政分开。政党和国家政权机构是性质完全不同的组织系统，因此职能也绝不等同，更不能相互替代。所以，强调党的执政方式的改革和完善，一定要合理界定党政关系，实行党政职能分开。规范党与政府的关系的重点是要明确划分党和政府的职能，使各级政府真正对它的授权机关负责，而不是对各级党委负责，细化党委与政府的职能分工，明确各自的职能权限，党委不能直接干预政府施政过程。另一种观点则认为，党政合一。党的十六大提出“经过法定程序，使党的主张成为国家意志，使党组织推荐的人选成为国家政权的领导人员”，而十六届四中全会也提出适当扩大党政领导成员交叉任职，没有明确地提出党政分开或是党政合一。显然，并不反对党的干部到政府部门任职。对此，通过党组织负责人和政府负责人交叉任职的办法，既保证党的领导，又保证政府工作效率，虽不反对党政分工，但出于提高政府工作效率的角度考虑，比较倾向于党政合一，但前提是必须改革和完善干部的管理、选拔和任用制度。这种观点中的“党政合一”不同于以往一元化领导，高度集权的执政方式，实际上，执政党总是与行政资源紧密联系在一起的，党与政府的关系在人员任职上不可能截然一分为二，即党政在职能上有明确分工，在运作上分工不分开。这些认识反映了对解决党政关系这一重大问题的新的理论觉醒。2010 年 10 月举行的党的十七届五中全会通过了《中共中央关于制定国民经济和社会发展第十二个五年规划的建议》。这个规划中国未来五年发展方案的建议是党向实施该规划的政府提出的。党委决策、政府执行是目前党政关系的结构化定位，但通过一系列的规定，党政在具体的职能划分上开始有了明显边界，党不再包办政府行政事务。

（作者单位：聊城市委党校党史党建教研室）

中国共产党人实现理论创新的基本经验

周俊成

从毛泽东思想到邓小平理论、“三个代表”重要思想和科学发展观,充分体现了我们党不间断地推进理论创新的基本成果。总结党90年来成功地推进理论创新的伟大探索历程,对于我们在新形势下推进中国特色社会主义伟大事业有着十分重要的意义。

一、坚持理论与实践相统一,在“结合”二字上做创新文章

理论与实际相结合,是马克思主义的一项根本原则,也是马克思主义中国化探索成功的最根本原因。对此,邓小平讲了一段非常深刻的话:“马列主义、毛泽东思想的基本原则,我们任何时候都不能违背,这是毫无疑义的。但是,一定要和实际相结合,要分析研究实际情况,解决实际问题。”①只有这样,才能保证革命和建设取得胜利,才能把马克思主义推向新的阶段。如果没有马克思主义的普遍原理同中国实际相结合,也就不可能有马克思主义的中国化。

做好“结合”文章的前提,是完整准确地学习、掌握和运用马克思主义理论。我们党的领导集体不仅提倡全党这样做,而且身体力行,为我们作出了光辉榜样:其一,认真读书,掌握马克思主义的精神实质。毛泽东反复号召全党认真学习马列主义,特别强调要学立场、学观点、学方法,掌握精神实质。他还批评了轻视理论,凭狭隘经验办事的经验主义。强调有实际工作经验的人要注重学习理论和运用理论。邓小平也反复向全党提出学习马列主义、毛泽东思想的任务。他“希望党中央能作出切实可行的决定,使全党的各级干部,首先是领导干部,在繁忙的工作中,仍然有一定的时间学习,熟悉马克思主义的基本理论,从而加强我们工作中的原则性、系统性、预见性和创造性”②。胡锦涛也强调:“中国特色社会主义实践在深入,不断学习、善

① 《邓小平文选》(第2卷),人民出版社1994年版,第114页。

② 《邓小平文选》(第3卷),人民出版社1993年版,第147页。

于学习，努力掌握和运用一切科学的新思想、新知识、新经验，是党始终走在时代前列引领中国发展进步的决定性因素。”①我们党的领导人之所以反复强调学习马克思主义理论，就是因为只有学习马克思主义，才能掌握、运用和坚持马克思主义。其二，学习的目的是为了运用。毛泽东强调“对于马克思主义的理论，要能够精通它、应用它，精通的目的全在于应用”②。所以他提倡“要有目的地去研究马克思列宁主义的理论”，“为着解决中国革命的理论问题和策略问题而去从它找立场，找观点，找方法的”③。他批评了对待马克思主义的教条主义态度，强调马克思主义学说不是教条，而是行动的指南。其三，要完整、准确地掌握和运用马克思主义。邓小平针对林彪、“四人帮”割裂、歪曲、篡改马列主义、毛泽东思想的卑劣行为，严肃地提出：“我们必须世世代代地用准确的完整的毛泽东思想来指导我们全党、全军和全国人民，把党和社会主义的事业，把国际共产主义运动的事业，胜利地推向前进。”④

做好“结合”文章的基础，是面向中国的实际。党的三代领导集体都是彻底的唯物主义者，他们在领导中国革命和建设的过程中，特别注重实践。首先是在思想上坚持实践第一的观点，强调理论来源于实践，理论要同实践相结合。想问题、办事情都必须从中国的实际出发，“按照实际情况决定工作方针，这是一切共产党员所必须牢牢记住的基本的思想方法、工作方法”⑤。第二，强调共产党员和革命干部都要投身到革命和建设的洪流，在实践中经风雨见世面，增长才干，吸取政治营养，丰富知识。第三，深入实际调查研究，弄清国情、省情、市情、县情、乡情。毛泽东强调没有调查就没有发言权，调查工作是领导工作的首要任务，系统周密的社会调查是决定政策的基础，号召全党大兴调查研究之风，到群众中作实际调查。他还提出系统地周密地研究周围环境的任务，用马克思列宁主义的理论和方法，对敌友我三方的经济、财政、政治、军事、文化、党务各方面的动态进行周密的调查研究，详细地占有材料，从中引出应有的和必要的结论。毛泽东、邓小平、江泽民等领导人带头深入城乡进行调查研究，分析新情况，研究新问题，提出新观点，找出新对策。他们的许多新的理论观点，都是在深入实际调查研究中产生的。比如毛泽东的土地革命的理论和政策，是他在农村进行深入调查研究的基础上产生的；邓小平提出建立经济特区的理论和政策，是对沿海进行

---

① 《十七大以来重要文献选编》（上），中央文献出版社 2009 年版。

②③ 《毛泽东选集》（第 3 卷），人民出版社 1991 年版，第 815 页，第 801 页。

④⑤ 《邓小平文选》（第 2 卷），人民出版社 1994 年版，第 42 页，第 114 页。

调查研究的基础上产生的；江泽民深化国有企业改革的理论和政策是他对城市和企业进行深入调查的基础上产生的。由于这些理论和政策都是来自实践，因而是正确的和可行的。第四，认真总结实践经验，把群众实践的经验条理化、系统化，上升到理论的高度。这是党的三代领导集体在“结合”过程中，尊重实践、尊重群众的表现。他们不仅重视总结我国革命的经验，而且注意吸取别国的经验教训。比如1956年毛泽东提出的中国工业化道路的理论和政策，是在总结我们建国以来经济建设的经验，吸取苏联片面重视发展重工业、忽视发展农业和轻工业，造成经济发展比例失调，人民生活困难的严重教训的基础上形成的。他们既重视现实经验的总结，特别是人民群众在实践中创造的新经验的总结推广，也重视历史经验的总结，在民主革命时期，以毛泽东为核心的第一代领导集体作出了《关于若干历史问题的决议》，在社会主义建设时期，以邓小平为核心的第二代领导集体作出了《关于建国以来党的若干历史问题的决议》，这两个决议是总结历史经验的典范，对我党在两个不同时期的重大理论问题和实践问题，作出了科学的结论，对于统一全党认识，提高全党的水平具有重大的作用，是两次飞跃的重要成果。

做好“结合”文章的关键，是坚持理论和实践的统一。毛泽东把理论和实践相结合形象地比喻为箭和靶的关系，他强调“马克思列宁主义之箭，必须用了去射中国革命之的”，“要使马克思列宁主义的理论和中国革命的实际运动结合起来”①，并且确立了“以研究中国革命实际问题为中心，以马克思列宁主义基本原理为指导的方针”②。邓小平也强调：“我们说的做的究竟能不能够解决问题，问题解决得是不是正确，关键在于我们是否能够理论联系实际。”③“我们总是讲，要坚持实事求是，理论和实际相结合，一切从实际出发。”江泽民则强调：“一定要以我国改革开放和现代化建设的实际问题、以我们正在做的事情为中心，着眼于马克思主义理论的运用，着眼于对实际问题的理论思考，着眼于新的实践和新的发展。”⑤我们党不仅倡导了理论和实际相统一的原则，而且在实践上为坚持这一根本原则创造了丰富的经验。他们不是简单地机械地把马克思主义的原理生搬硬套于中国革命和建设的实际，而是按照辩证唯物主义认识论的原理把“结合”作为一个过程：首先用马克思主义的立场、观点、方法，分析中国的国情，从中国的实际出发，提出

①② 《毛泽东选集》(第3卷)，人民出版社1991年版，第801页，第802页。

③④ 《邓小平文选》(第2卷)，人民出版社1994年版，第113页，第380页。

⑤ 《江泽民论有中国特色社会主义(专题摘编)》，中央文献出版社2002年版，第626页。

符合中国实际的理论和政策，指导中国革命和建设实践；然后在实践中检验理论和政策是否符合实际，符合的坚持，不符合的纠正；再就是在实践中创造新经验、提出新的理论和新政策，来指导新的实践。中国共产党人就是在这样反复循环的结合过程中，不断地丰富和发展了马克思主义，逐步实现了马克思主义中国化。

二、坚持继承和发展的统一，既继承前人，又突破陈规，开拓马克思主义的新境界

人类文明是在后人不断继承前人经验的基础上向前发展的。我们党是一个具有共同理想、共同目标和共同指导思想的统一的无产阶级的革命政党，这就决定了我们党的基本思想同马克思主义理论是一脉相承的。

这种继承和发展关系，就其形式来说，可以分为三个层次：第一层次是毛泽东、邓小平、江泽民对马列主义的继承和发展；第二层次是邓小平、江泽民、胡锦涛对毛泽东思想的继承和发展；第三层次是江泽民、胡锦涛对邓小平理论的继承和发展。

就内容来说，这种继承表现在四个方面：一是理论精髓的共同性。解放思想，实事求是，与时俱进，既是马克思主义的精髓，也是毛泽东思想和中国特色社会主义理论体系的精髓。二是奋斗目标的同一性。马克思主义为无产阶级解放事业规定的奋斗目标是推翻资产阶级统治，建立无产阶级政权，建设社会主义，最终实现共产主义。以毛泽东为代表的共产党人已经实现了马克思主义的第一个目标，推翻了反动统治，建立了人民政权，确立了社会主义制度；改革开放后，共产党人领导中国人民建设社会主义取得了辉煌胜利，并且始终把实现共产主义社会制度作为最终奋斗目标。三是理论内容的继承性。90年来，我们党在不同时期，不同条件下，始终坚持用马克思主义的立场、观点、方法和基本原理，指导中国革命和建设，从未动摇。四是马克思主义中国化探索的连续性。中国的革命和建设事业，是一代接一代的共产党人连续进行的。中国式的道路是在不断地探索中前进的。毛泽东在民主革命时期，致力于有中国特色的民主革命道路的探索，在社会主义革命时期致力于有中国特色的社会主义改造道路的探索，这两次探索都是非常成功的。在生产资料所有制的社会主义改造胜利完成以后，又着手探索中国式的社会主义建设道路，既取得了一些积极的成果，也有失误的教训。但是，他壮志未酬，就与世长辞了。这个重任很自然地落到了以邓小平为代表的共产党人身上。邓小平以敢于创新的精神，实事求是的态度，革命家的宏伟气魄，继续探索在中国建设社会主义的道路，并成功地找到了一条有中

国特色的社会主义建设道路。邓小平离开中央领导岗位以后，江泽民、胡锦涛又继承了邓小平未竟的事业，继续高举中国特色社会主义理论的旗帜，在不断创新中研究新情况，探索新路子，沿着建设中国特色社会主义的道路继续前进。这种探索是没有止境的，因而事业也是不断向前发展的。

然而探索本身就不是单纯的继承，继承也不是简单的照搬，而是继承、捍卫、完善和发展的统一。这也是我们党推进理论创新的又一公式。首先，我们中国共产党人是马克思主义理论和事业的坚定继承者，在任何时候都毫不动摇地坚持马克思主义的基本原理。其次是坚定地捍卫马克思主义。我们党曾经批判了轻视马克思主义的经验主义和照抄照搬马克思主义的教条主义，也同歪曲、篡改马列主义、毛泽东思想的林彪、“四人帮”进行了坚决的斗争，还坚决回击了国内资产阶级自由化的“精英”和国外帝国主义分子对马克思列宁主义、毛泽东思想的否定和攻击。再次是在实践中修正和完善马克思主义。对于革命导师过去提出的符合当时情况的正确观点，但随着时间的推移已经不合时宜、或被实践证明是不正确的观点，大胆扬弃，使之更正确、更完善。第四是创新、发展和突破。马克思主义中国化的探索，本质上就是一个与时俱进的创新工程，我们党在推进理论创新中的一个重要特点，就是敢于在继承的基础上不断创新。我们党创立的中国特色的新民主主义革命理论和道路，中国特色的社会主义改造理论和道路，中国特色的社会主义建设理论和道路，都源于马克思主义，新于马克思主义，高于马克思主义。我们可以从这些理论中看到马克思主义的灵魂，但是在马克思列宁的著作上却找不出这样的现成答案，它是马克思主义的基本原理同中国实际相结合的产物，是有中国特色的马克思主义。

三、坚持民主与集中的统一，依靠集体智慧实现理论创新

群众路线是我们党的根本路线，这就决定了我们党进行马克思主义中国化的成功探索，不是个别领导人的孤立行动，而是在党中央领导下，坚持从群众中来，到群众中去的成果，是集体智慧的结晶。这种集体智慧大体上有三个层次。

第一个层次是领导集体的智慧。党的每一次重大理论创新都是集中了领导集体所有成员的集体智慧。毛泽东思想中就包含着周恩来、刘少奇、朱德、任弼时、邓小平、陈云等老一辈无产阶级革命家的许多光辉思想。“毛泽东同志的事业和思想，都不只是他个人的事业和思想，同时是他的战友、是

党、是人民的事业和思想,是半个多世纪中国人民革命斗争经验的总结。"①邓小平理论和"三个代表"重要思想中同样也包含着邓小平、江泽民以及其他同时期我们党的重要领导人的许多理论贡献。

第二个层次是智囊团的集体智慧。包含领导机关的秘书班子、参谋人员、理论和政策研究人员、信息机构人员,以及学者、专家提供的智力服务。这个层次可以说是知识密集的层次,在理论调查研究,政策研究,理论创新等方面都具有不可忽视的作用,我们党的三代领导集体都很重视发挥这支力量的作用。

第三个层次是人民群众的集体智慧。人民群众是社会实践的主体,是革命和建设事业的主人,他们具有无穷的智慧和创造力。在党的正确领导和马克思主义理论的指导下,极大地释放了人民群众的智慧,使他们的创造精神得以充分发挥。党的三代领导人在马克思主义中国化探索的过程中,把尊重实践和尊重群众结合起来,爱护和支持群众的首创精神,并且善于把群众的智慧集中起来,上升为理论和政策,用来指导全党的行动。毛泽东同志是彻底的唯物主义者,他充分信任群众,历来反对不信任群众、不依靠群众。正如邓小平同志所说:"毛泽东同志倡导的作风,群众路线和实事求是这两条是最根本的东西。"②邓小平同志亦然。比如,家庭联产承包制,是我国农民根据生产资料社会主义改造胜利完成以后的长期实践经验创造出来的。以邓小平为核心的第二代领导集体发现这一新生事物后,积极而又谨慎地扶持这个新生的幼芽,在全国倡导这一新生事物,并认真地总结经验,使之不断完善。所以,邓小平同志讲:"农村搞家庭联产承包,这个发明权是农民的。"③"近十年来的成功也是集体搞成的。我个人做了一点事,但不能说都是我发明的。其实很多事是别人发明的,群众发明的,我只不过把它们概括起来,提出了方针政策。"他这两段话,非常朴实而深刻地阐明了我们党是怎样尊重群众智慧,集中群众智慧,把群众智慧上升为理论和政策的宝贵经验的,对我们有很大的启迪作用。

(作者单位:滨州学院政法系)

①② 《邓小平文选》(第2卷),人民出版社1994年版,第173页,第45页。

③④ 《邓小平文选》(第3卷),人民出版社1993年版,第382页,第272页。

红色文化的社会价值思考

文玉忠

今年是建党 90 周年,许多地区兴起了“红色文化热”,开展红色旅游,推出红色影视作品,创作红色短信,获得了群众的广泛参与和支持,迎合了民众对红色文化的情感期盼和灵魂托付。弘扬主旋律,突出红色主题,彰显文化灵魂,已成为全国各族人民迎接建党 90 周年华诞的共同行动。

一、红色文化的社会价值

文化是一个民族的精神和灵魂,作为中华民族优秀文化财富的红色文化,是社会主义核心价值体系的重要内容,具有非常重要的社会价值。

红色文化的社会价值,总的来说是指其具有促进社会全面进步和健康发展的价值。当今中国社会正处在转型的关键时期,社会深层次的各种矛盾相继凸现,各种社会思潮相互激荡,人们的价值取向呈现出多样化的趋势,加强红色文化的社会价值导向作用,丰富和发展主流文化的价值,促进社会的健康发展显得尤其突出。就红色文化的社会价值而言,可简单分为政治价值、经济价值、文化价值。

(一)红色文化的政治价值:中国共产党执政的文化基础

政治价值在红色文化的社会价值中居于首位,是中国共产党指导中国革命和建设取得成功的重要法宝,具体表现为传播政治意识、引导政治行为、推动政治稳定、促进政治发展等作用。

1. 红色文化是中共执政文化的重要基础及内容。执政文化是执政思想的重要精神载体,是关于执政思想、制度和心理的凝聚,它以主流意识形态为核心,包括民族精神、思想道德和科学文化素质、大众心理等丰富内涵。执政文化作为一种特殊的社会资源,具有鲜明的阶级性,总是一定阶级为维护和巩固其统治地位而服务的。

社会主义核心价值体系是中共执政文化的核心内容,所体现的共同理想、民族精神以及时代精神与红色精神在根本上是一致的,它所蕴涵的重要思想集中反映了中国共产党的政治思想、执政理念、价值取向,集中反映了中国共产党主导的意识形态、民族价值观、思想素养,为构筑中国共产党执政文化提供了重要的资源借鉴,同时中共执政文化的形成又是对红色文化的继承与发展。

2. 红色文化有利于培养公众的政治认同感,维系政治稳定。任何一个政党要想获得政权,维护其政治的稳定,都必须拥有该国民众对该政权的一种政治心理和政治情感的认同与支持。“水能载舟,亦能覆舟”,“得民心者得天下”,每一个执政者都必须借助主流意识形态的宣传和灌输,来培养社会公众对其执政地位的合法性与合理性的心理认同,以达到维护其政治稳定的目的。共产党作为执政党要使自己的执政文化或者思想成为主流意识形态,就必须充分发挥红色文化的作用。红色文化具有广泛的群众基础和价值认同,以红色文化为基础形成中共执政的主流文化,培养公众对中共执政地位合法性和合理性的心理认同,维系政治稳定,这是红色文化政治价值的重要体现。

3. 红色文化教育有利于加强党的建设,提高党的执政能力和水平。一个执政党执政能力与水平的高低不仅与执政队伍和民族的素质密切相关,而且与执政党执政理论也直接相关。提高党的执政能力和水平必须不断发展完善党的执政理论,“没有革命的理论就不会有革命的行动”,执政党执政理论的发展必须依赖于一定的文化资源。中共执政理论的不断发展以及先进的执政方略的形成也离不开对古今中外人类优秀文化成果的不断吸收和借鉴,否则理论的创新与发展就会成为无源之水。

红色文化的精华就是中国化马克思主义,从其形成和发展过程看,它集中反映了中国共产党是灵活应用、发展和创新马克思主义的典范,是中国共产党不断从理论成熟到政治执政成熟的体现;就其内容而言,红色文化是党的宝贵的精神财富,红色文化的精神指向和物质象征是当代党员干部理论学习、思想道德塑造、保持党员先进性的重要教材和典范,红色文化所包含的坚定的理想信念、敢闯新路的精神、依靠群众的工作作风等思想都是新时期加强党的建设、提高党的执政能力和水平的重要内容。

(二)红色文化的经济价值:社会主义市场经济健康发展的重要条件

红色文化的经济价值从本质上看就是用马克思主义科学的世界观和方法论指导人的实践活动,它直接提高人们的思想道德和品质,增强人们认识和改造世界的能力,充分调动和发挥人的积极性、主动性和创造性,从而为经济的发展提供精神动力和智力支持,促进经济的平稳快速发展。

1. 红色文化建设是进行经济建设的方向指标。社会主义市场经济的基本特征是与社会主义的基本制度相结合,以公有制为主体,体现共同富裕的原则，这就要求与之相符合的社会意识形态如经济文化、经济道德、经济思想为其服务，从而影响整个社会的价值取向和经济行为。红色文化所包含的集体主义、全心全意为人民服务及无私奉献精神等为这种意识形态的形成提供了重要的内容，在这种意识形态的影响下，可以使社会主义市场经济更好地与社会主义基本制度相结合，沿着正确轨道健康有序运行。

2. 红色文化建设是进行经济建设的精神动力。红色文化教育以现代意识作用于经济活动的主体，使其树立主体意识、竞争意识、科技意识、时间观念、效益观念等，从而使人们以先进意识支配其经济行为，对经济发展和社会全面进步直接发挥推动作用。用艰苦奋斗、自力更生、勇于胜利的精神来激发和调动劳动者的积极性、创造性促进生产力的发展；用实事求是、勇于创新的胆略提高人们改革的自觉性，推动生产力的解放和发展；用特别能吃苦、特别能战斗、特别能攻关、特别能奉献的航天精神提高劳动者掌握先进科学技术的科技意识，从而提高劳动者钻研和运用现代科技的能力，提高生产力发展的速度和水平。

3. 红色文化建设为经济建设创造良好的环境。由于社会主义市场经济体制还不太完善，市场上还存在欺行霸市、缺斤短两、假冒伪劣等不良现象，为社会主义市场经济的健康发展带来了不良影响。加强红色文化建设，以厚德载物的民族精神、无私奉献的革命精神以及科学的世界观、人生观、价值观来影响人们的思想和行为，逐渐建立先进健康的舆论环境、诚信互利的道德环境和安定祥和的社会心理环境，使人们从片面的、狭隘的、短期发展观的束缚中解放出来，这不仅能够营造有利于经济快速、协调、持续、健康发展的良好环境，还能为经济和社会的全面进步提供总的方法论指导。

4. 红色文化建设是进行经济建设的重要手段。消费对经济的发展有重要的反作用，它能够拉动经济增长，促进生产发展。任何一个消费热点的出现都能够带动相关产业的出现和成长。近几年，随着人们经济收入水平的不断提高，红色旅游逐渐成为人们的一个消费热点，这使以红色旅游为龙头的红色文化产业也出现了规模化经营和系统化管理，带动了当地经济的迅速发展。红色旅游寓思想教育于文化娱乐和观光游览中，既有利于传播先进文化，又有利于把红色资源转变为经济资源，从而推动革命老区的经济建设迅速发展，帮助老区人民脱贫致富。如 2010 年，江西接待旅游总人数首次超过 1 亿人次，旅游总收入突破 818 亿元，其中红色旅游占半壁江山。

（三）红色文化的文化价值：社会主义先进文化建设重要内容

文化是民族凝聚力和创造力的重要源泉，是综合国力竞争的重要因素，是经济社会发展的重要支撑。社会主义现代化建设同样离不开文化的支持与推动,加强社会主义先进文化建设更离不开红色文化的发展。

1. 红色文化是社会主义文化的重要内容和历史前提。红色文化的文化价值具体体现在两个方面:一是具有文化传承功能。红色文化教育过程就是一定的政治文化、道德文化的传播、继承的过程,这种传承过程不是单向的灌注,也不是既有文化的不断重复,而是教育者和受教育者双向互动的信息和情感交流过程,在继承中不断发展变化的过程。发展既有新的东西的增加,又有对旧文化的改造、对陈旧观念的摒弃,社会主义的先进文化正是通过对传统文化的扬弃而逐步形成的。二是具有文化渗透、创造功能。红色文化教育总是渗透到社会生活的方方面面,包括渗透到各种文化中去,既有对社会主流文化弘扬,也有对校园文化、企业文化、社区文化、村镇文化、军营文化、家庭文化等亚文化的发展方向的引导,调节社会文化冲突,创造文化交流、文化融合的良好氛围,并自觉吸收各种亚文化中的合理、有益成分,促进主流文化的丰富和发展,为建设中国特色的社会主义文化服务。

2. 加强红色文化宣传是建设中国特色社会主义文化的内在要求。改革开放 30 多年来的辉煌成就,不仅体现为一系列高速增长的经济指标,更体现为当代中国人精神文化层面的巨大变化,文化建设取得了长足发展,文化产品极大丰富,文化生活多姿多彩。但是,当下的文化建设也确实存在一些问题。庸俗、低俗、媚俗的"三俗"之风确实在某些文化领域大行其道,引起了社会的广泛关注。"三俗"之风之所以能侵蚀文化领域,其中一个重要的原因就在于我们的时代主流文化不能发挥应有的影响力和引导力。红色文化中蕴涵的对马克思主义的信仰,对党和社会主义事业的忠诚、为人民服务的精神,实事求是、敢创新路的创新精神,敬业、奉献精神,艰苦奋斗精神等,无论是对一个人或一个政党,一个国家或一个社会,都是一种潜移默化的影响,这不仅充分反映了社会主义文化的重要作用,而且也是社会主义文化内容的重要体现。因此,大力宣扬红色经典文化为主要内容的社会主义主流文化,抵制"三俗"之风、净化文化领域,是建设中国特色社会主义先进文化的内在要求。

二、倡导红色文化社会价值的对策思考

红色文化所表达的对革命英雄的崇拜、对红色历史的缅怀、对幸福生活的赞美,正是代表了这样一种主流价值观,体现了社会主义先进文化的积极影响。新时期如何深入挖掘红色文化的多重价值,发挥红色文化对多重社会思潮的影响与引导作用,推进社会主义先进文化的建设,提出几点对策性建议。

(一)内容上:挖掘红色文化多方面的内涵

1. 以红色基地的开发为依托,开发红色文化的多种资源。红色文化包括中国新民主主义革命的遗址、遗物、纪念物等物质文化和在这一革命过程中孕育出来的革命历史、革命精神、革命文学艺术,包括人民领袖、将军、烈士及老区广大人民群众的革命事迹等非物质文化两种形态。一方面是红色资源,另一方面是红色精神。红色基地主要是指革命志士和烈士进行有重大影响的革命活动或历史事件的革命旧址和遗址,开发红色文化就要充分红色基地的作用,充分挖掘红色文化的各种丰富内涵。利用红色基地的物化资源让人们了解革命仁人志士为了新中国的成立所进行的艰苦卓绝所的残酷斗争,让人们通过这些感性的材料来感悟可歌可泣的壮烈史实,从而获得切身体验和心灵感悟,激发人们的爱国主义情感,使其心灵受到强烈震撼,做到让历史启迪今天,让历史告诉未来,从而让人们自觉地去实践和发扬以红色精神为灵魂的红色文化。

2. 以时代精神的建设为依托,推进红色文化的不断发展。红色文化是一种开放的文化,有一个产生并不断发展的过程。不同的历史时期,针对不同的任务,红色文化不断被赋予新的时代精神。“两弹一星”精神以及新世纪特别能吃苦、特别能战斗、特别能攻关、特别能奉献的航天精神,使中国牢牢掌握了尖端技术发展的主动权,这是爱国主义、集体主义、社会主义精神和科学精神的活生生体现,更为中华民族创造的新的宝贵精神财富;以“自强不息、顽强拼搏、万众一心、同舟共济、自力更生、艰苦奋斗”为主要内容的抗震救灾精神,再次体现了中华民族自强不息、顽强拼搏、百折不挠的大无畏英雄气概以及众志成城、敢于胜利的伟大精神,是民族精神和时代精神相统一的体现。

在社会主义现代化建设不断发展的今天,红色文化面临着一个新的发展机遇,具有了新的时代内涵。特别是改革开放 30 多年来,我们形成了以“改革创新、责任奉献、以人为本、和谐发展”为主要内容的时代精神,作为时代发展的精神力量,她是马克思主义解放思想、实事求是、与时俱进的理论品格的实践注解,是中华民族锐意进取、革故鼎新、海纳百川、协和万邦的民族精神的时代升华,更是对红色文化的继承发展。因此以时代精神为依托,推进红色文化的创新发展,是红色文化发展的内在要求。

(二)形式上:根据不同群体对象利用多种形式加强红色文化的宣传教育

目前,由于受各种非主流文化的影响,商品拜物教思想导致的拜金主义、官本位思想导致的权力异化以及功利思想导致的急功近利主义盛行,严重影响了社会主义精神文明建设。为消除这些不良的现象,就必须对人们进行以红色文化为主要内容的社会主义核心价值体系的宣传教育,让人们从思想上逐步摆脱这种金钱至上、权利至上的利己思想,树立一种努力进取、服务社会的积极健康的思想。由于意识具有相对独立性,不同的对象具有不同的理解和接受方式。因此,加强红色文化的宣传教育要根据不同的对象采取不同的方式。

1. 加强领导干部的红色教育。中国共产党作为中国执政党,要使自己的思想成为占统治地位的思想,就必须通过红色文化教育来控制思想上层建筑,调节社会精神生产,引导公众舆论方向,净化社会精神领域,使精神生产和精神产品服从和服务于物质生产,为现实的社会经济基础和政治制度服务。因此,进行红色教育,必须首先从领导干部入手。红色精神是我们党的宝贵资源,充分利用这一宝贵的红色资源,对各级党政干部进行中共历史、党建理论、革命传统教育和基本国情教育。通过实地考察,让领导干部身临其境地去感受革命先烈英勇不屈的革命志向,为了民族的独立与富强而甘愿抛头颅洒热血的革命情怀,困难面前敢于胜利的革命智慧。同时还要通过理论培训,让广大干部更深切地体味红色精神的实质。用红色精神武装广大干部,使党员干部真正成为社会主义先进文化的代表,自觉践行红色精神,这本身就是对红色文化最有力的宣传。

2. 推进学校红色文化的教育。现在的孩子都是生在"红旗"下,长在"糖罐"里,是父母长辈视作生命的独生子女。他们不仅是祖国的花朵,更担负着中华民族复兴的大任,对他们进行"红色教育"不仅是贯彻党的教育方针、大力推进素质教育的必然要求,而且关系到建设有中国特色社会主义伟大事业的成败。

学校是孩子们接受教育的主战场,要对孩子进行红色教育就必须充分利用好学校这一战场,让红色教育成为学校德育的永恒主题,使红色教育成为学校的常态化教育。学校可以通过各种形式进行红色教育,搜集革命诗歌、读红书、出专题手抄报、重温入队誓词、请当地老红军、老八路讲革命故事、清明时节进陵园等,有条件的地方还可以组织红色夏令营活动,让孩子们去亲自感受革命先烈的革命豪情,让红色文化伴随着孩子们的成长逐步发扬光大。

3. 加强红色文化对普通群众的宣传引导。红色文化具有民族性与大众性特征,因此弘扬宣传红色文化离不开广大群众的参与支持。朝鲜虽然物质贫乏,人民生活水平低下,但是朝鲜人民坚定的政治信仰也是我们所无法比拟的,这与朝鲜劳动党高度重视爱国主义教育和革命传统教育密不可分,朝鲜劳动党的爱国主义教育与革命传统教育渗透人民生活的方方面面,人们眼睛看到的、耳朵听到的等都是政府主流文化的宣扬。红色文化要想成为人民群众的主要文化生活,就必须采取各种形式,让红色文化逐步渗透到人民生活的每一个角落。为此政府一定要宣传引导工作,特别是要发挥好新闻媒体的作用。如近段时间央视台黄金时段的红剧热播,重庆电视台的红歌会,等都受到了广大群众的好评,在群众中产生了深远的影响。另外还要利用好网络、报纸杂志、新闻出版等各种资源,利用各种喜闻乐见的形式,让群众自觉接受红色文化的影响,使红色文化的宣传教育具有良好的群众基础。

(三)态度上:宣传红色文化要客观科学

1. 宣传红色文化要实事求是。不能将红色文化神圣化,盲目地夸大它的积极作用,而应该以唯物论的态度,实事求是地宣传,这本身就是红色精神的一种体现。有些地方,在宣传革命领袖的一些事迹时,有意识地加入了迷信的色彩,把革命领袖神圣化,这对红色文化的宣传并无益处。红色文化建设认识上的误区,主要是由于对红色文化在现实生活中的功能定位没有准确把握所致,因而在实践层面上必然出现失误,其所引出的教训是深刻的,所付出的代价也是沉重的。因此红色文化的宣传一定要实事求是,客观科学。

2. 宣传红色文化须创新载体避免说教。在利用红色资源物质文化进行宣传教育时,切忌简单说教,要注意方式方法,但也要避免流于肤浅,善于利用多种载体从中挖掘、研究、提炼和升华出精神层面的东西,充分利用好思想意识的传承性,发挥“红色文化”在弘扬革命道德传统方面的作用。

3. 宣传红色文化要引导群众避免行政强迫。宣传红色文化,要避免依靠行政方式强迫群众接受,要让红色文化通过具有吸引力、感染力的形式走进群众,充分调动人民群众的积极性,让人们自愿地走近红色文化。因此,我们要加强红色文化创新,进一步挖掘红色文化的传承创新功能,立足于现实生活基础,创造一种既具有历史感又具有时代感的中国特色红色文化,使红色文化的内涵不断扩展,成分日益丰富,作品多姿多彩。

(四)政策上:为红色文化的发展提供良好的环境

国家要从政策和制度上进行创新,为红色文化的发展提供制度保障,创造一个良好的社会环境。

1. 政府的支持和鼓励是发展红色文化的制度环境。红色文化引起的红色旅游是发展红色文化最好的载体。近年来,各地都在为红色文化的发展提供制度保障,从而促进文化发展带来巨大的经济效益。山东省倾力打造临沂红色文化聚集区,2009 年底举办了“好客山东贺年会”,2010 年举办了“观世博、游山东”活动,并成立了国内唯一一家以“红色”为企业品牌、以弘扬红色主旋律文化为主题的大型文化发展公司。2010 年山东省旅游总收入突破了 3000 亿元,使得“山东旅游经验”引起中央媒体关注,成为政府支持、鼓励红色文化发展的典范。

2. 抵制非主流文化,弘扬主旋律,为红色文化的发展提供健康有序的环境。国家对一些以“三俗”文化为主要内容的不健康的非主流文化,要在传播时加以限制,做好网络监督、严查非法出版、严格电视栏目审批等,尽可能地不让垃圾文化流入市场,为主流的经典红色文化的宣传提供一个健康有序的环境。从 2011 年 3 月 1 日起重庆电视台卫视频道没了商业广告,取而代之的是精美的城市形象宣传片、公益广告片等,据重庆广电集团负责人介绍,3 月 1 日重庆卫视改版以建设“主流媒体、公益频道”为目标,着力传播社会主义先进文化,着力打造自办精品文化栏目,为观众提供更好的公益电视服务和良好的收视体验。

总之,红色文化的发展和其他文化一样,只有创新才有发展,“在时代的高起点上推动文化内容形式、体制机制、传播手段创新,解放和发展文化生产力,是繁荣文化的必由之路”。

(作者单位:菏泽市委讲师团)

加强廉政建设是促进企业健康发展的根本保证

荀　琳

加强廉政建设是一项复杂的社会系统工作，邓小平同志曾说过，反腐倡廉建设，一靠教育，二靠制度。铲除腐败现象滋生蔓延的土壤，确保企业健康持续的发展，就要从企业的廉政建设和领导干部的廉洁自律抓起，建立健全卓有成效的预控机制。在纪念建党90周年之际，重温党90年加强自身建设的历史，结合当前新的形势任务，探讨在新时期新阶段促进企业健康发展的诸多问题，很有意义。

一、加强教育，预防为主

1. 要广泛开展党风廉政建设的教育，促进和提高领导干部廉洁自律意识。党的十七届四中全会对进一步加强党风廉政建设和反腐败斗争作了深刻阐述，明确了加强和改进新形势下党的建设的若干重大问题。中共中央总书记胡锦涛在全党深入学习实践科学发展观活动总结大会上要求，各级领导干部要始终保持高尚的精神追求和道德情操，坚持严以律己、清正廉洁，老实做人，干净做事，时刻警惕权力、钱色的诱惑，坚决同一切腐败行为作斗争，用实际行动推进反腐倡廉建设，真正做到为民、务实、清廉。各级党组织要强化学习《党章》，学习《领导干部廉洁从政若干准则》、《中国共产党纪律处分条例（试行）》。进行党风党纪、党性教育。引导干部树立正确的世界观、人生观、价值观，强化立党为公，廉政勤政的意识，增强贯彻执行党的基本路线的自觉性和坚定性，增强抵制资产阶级思想侵蚀的能力。充分发挥报刊、电台、电视台等新闻媒体在廉政建设中的舆论导向和监督作用，对坚持党的优良传统和作风，全心全意为人民服务的先进事迹进行表扬，对不正之风和丑恶现象进行揭露，从而制造一种清正廉洁的文化氛围。

2. 强化自身道德建设和人格上的净化是廉洁自律的根本。道德防线对于遏制腐败，有其独到的作用和优势，干部一旦形成了道德理想和良心，就会自觉地按照高尚的道德标准和完美的人格形象去要求自己,就会自觉抵制各种诱惑、远离腐败和犯罪。道德是纪律和法律的支柱,道德使个体遵纪守法成为一种自觉行为。离开了道德,纪律和法律就仅仅是一种外在的约束和强制。因此我们在倡导社会和组织经常性的道德教育,反腐倡廉的同时,应着实从人们的道德和良心来一个提高和进步,使廉洁自律成为现实而不是空谈,才能保持权力的纯洁性。在廉政建设工作中,用《领导干部廉洁从政若干准则》等法规的约束,监督机制的建立健全,舆论上的宣传和导向都是组织上的手段,对一个人来说是外部因素,是一种外在的约束和强制,是十分重要的。一切腐败行为都是从践踏道德开始的,因此要遏制腐败,客观上要靠社会和组织经常的道德教育,主观上要靠干部个人自觉的道德修养,不断完善自己的理想和道德良心,时刻注意自身的道德建设,保持较好的道德品质。

3. 牢固树立执政为民,立党为公的思想。廉洁,就是要求我们不以权谋私,工作不偏不倚,公正客观地对待每一件事。凡为官者,手里都有一定的权力。权力是一把双刃剑,可以用之于公,造福与民;也可能用之于私,为个人谋利,生出祸端。“廉”还是“贪”,充分展现一个人的内心世界、为官之道、从政之德。勤政,就是要在岗位上勤勤恳恳,兢兢业业,“在其位、谋其职”,时刻要把群众的利益放在第一位。勤勤恳恳办事,切切实实做好本职工作。“八荣八耻”就充分体现了清正廉洁的现实意义。

二、完善监督、健全机制

1. 建立健全切实可行的准则、法规和制度,建起预防腐败的屏障。没有规矩不成方圆。最近几年,为了打击腐败,党中央、国务院作出了《领导干部廉洁从政若干准则》等一系列规定,这对于规范领导的行为,遏制腐败、预防犯罪,发挥了重要作用。但是要全面做好反腐倡廉工作,促进领导干部的廉洁自律,还需做好如下工作:

首先,要加强反腐斗争的领导,建立完善党风廉政建设责任制。各级领导干部要自觉坚持“一岗双责”,把反腐败工作同其他工作一起部署、落实、检查、考核,发挥其领导作用,加强廉政法制建设,使反腐败工作逐步纳入法制轨道。

其二,建立健全监督制约机制。在党内要严格实行民主集中制原则,严格政治纪律,增强内部团结,加强对授权、用权及权力运用结果等环节的监督,以及个人述职与组织考察、群众评议相结合的制度,推行干部交流和重要岗位轮换制度,建立领导干部廉政档案制度,经济责任审计制度等。同时要加大群众监督力度,逐步扩大民主评议的范围,推行政务公开,加强和健全信访、举报制度和舆论监督制度。

2. 企业监督机制,是企业健康发展的内在要求。搞好监督,是加强新形势下党组织建设,深化企业改革,加速企业发展,保持社会主义经营方向的客观要求和重要保证。要强化一下几个方面的监督,才能使权力处于受控状态。

第一,要强化组织监督。党内监督,重点是党组织的监督。在现行体制下,要充分发挥企业党委在监督中的作用。重点要解决好两个问题:一是企业的重大问题,必须经党委集体讨论决定;二是充分发挥民主生活会这种组织监督的重要形式的作用,切实开展批评与自我批评,防止搞形式主义,保证党内政治生活正常化。

第二,要强化部门监督。纪检监察部门是企业实施监督的专门机构,在机构改革中,只能加强、不能削弱。党组织必须设纪委;不设专职机构的应有专人负责纪检工作。改制企业的纪委书记应经选举担任监事会主席。要让纪委书记和纪检监察干部参加党委、行政的有关会议,以便围绕企业生产经营开展工作,实施全过程监督。要建立相对独立的监督体系,强化对权力的监督机制,使监督者与被监督者地位相应,保证监督者没有后顾之忧。

第三,要强化审计监督。审计监督是整个监督体系中的重要组成部分,企业要建立定期的审计制度,每年都要对企业的财务收支、经济效益、经济责任进行审计,随时进行专项审计。通过审计监督,严肃财务纪律,维护企业和职工的权益,促进经济效益的提高,从宏观上加强控制和管理。

第四,要强化民主监督。完善职工代表会监督制度,职工代表大会要积极参与企业重大问题的决策,定期听取厂长(经理)的工作报告,审议企业的经营方针和年度计划、财务预决算。自有资金分配和使用方案等,提出意见和建议,保证重大问题决策的正确性。

3. 通过发挥以上监督形式作用,努力形成一个全方位、多层次的监督网络。敢于监督、善于监督,促进企业健康发展。

首先是敢于监督,一方面企业领导要摆正位置,消除特殊心理,增强接受监督的自觉性。充分认识自己的行为的正与误关系到企业改革发展的兴衰,树立正确的权力观,自觉地在党组织和群众的监督之下正确行使手中的权力。另一方面要教育党员群众消除患得患失心理,增强敢于监督的积极性、要把敢不敢于监督不良行为作为衡量一个党员党性强不强、合格不合格的尺度。要把积极开展党内监督看作是维护党的形象,加速企业发展之举,从而增强责任感和使命感。

其次是善于监督。第一,要完善监督制度,这是监督健康运行的保证。要想避免企业党组织监督流于形式,就必须建立健全一整套完备、有效的制度和法规,做到监督者有章可循,受监督者有规可守。所制定的监督制度,要有监督的规范和标准,要有防范滥用职权的措施,要有一套能及时发现和揭露问题以及对违纪处理的办法。第二,明确监督重点,坚持自律和他律相结合。必须自上而下地解决问题,从领导干部做起,只有做到对以领导干部为重点的全体干部的监督,才能保证整个干部队伍的纯洁性和先进性,才能有效地维护党在人民群众中的威信。第三,在监督中,做到既督廉又督绩。当前,督廉的重点是监督干部执行中央关于对廉洁自律的规定情况和党章规定义务的履行情况;监督企业领导者是否正确运用权力为企业办事;是否密切联系群众,有没有以权谋私等不廉洁行为。督绩要依据干部的岗位目标,对其贯彻执行党的路线、方针政策情况;领导企业走向市场的能力;担负本职工作的决策能力,组织指挥和协调能力;民主集中制的执行情况等。通过督廉、督绩相结合的方法,达到提高干部素质的目的,从而促进企业健康发展。

三、严格执法,严惩腐败

严惩腐败分子,严格执法要动真格,必须首先解决思想认识问题。目前在反腐败斗争和党风廉政建设问题上,还存在一些错误认识。有的把少数违法违纪的人视为经济发展的“能人”,不愿查处,担心查处了会影响地方的经济建设;有的以发展经济为由,对违纪违法者采取“教育从严、处理从宽”的办法,降低处罚档次;有的则错误理解社会主义初级阶段产生腐败不可避免,对违法违纪现象视而不见,采取放任自流的态度。由于思想上存在误区,带来了态度上的消极,有的重教育、轻惩处,搞“下不为例”;有的以情代法,对违纪违法行为下不了手,或“内部处理”,避重就轻等等,严重影响了违纪违法案件的查处,影响了执纪执法部门职能的发挥。因此,严厉惩治腐败的当务之急是要提高各级领导干部在执纪执法上的认识,只有认识提高了,行动才能更自觉,反腐倡廉工作的力度也才能不断得到加强,最终才能使腐败分子没有藏身之地。惩处党内那些腐败分子,是教育广大党员贯彻执行党的路线、方针、政策执行党规党纪,搞好党风廉政建设,巩固执政党的地位,维护党在人民群众中的形象的重要手段,是为改革开放和经济建设保驾护航的重要措施,

(作者单位:山东省汽车工业集团有限公司)

构筑人才聚集小高地　提升县域核心竞争力

王永轩

胡锦涛总书记指出："人才资源是第一资源，人才问题是关系党和国家事业发展的关键问题。"作为基层党委，深入贯彻落实总书记讲话精神，必须坚持党管人才原则，牢固树立"人才是核心竞争力"的理念，注重人才引育，坚持以用为本，打造人才聚集高地，努力将人力资源转化为推进经济社会更好更快发展的强大生产力。

一、认清"四类矛盾"，正视制约县域发展的"瓶颈"

菏泽市牡丹区作为我省西部一个农业大区，与东部经济发达地区相比，区位优势不太明显，人才缺乏的瓶颈问题比较突出，一些观念性、机制性矛盾亟待解决。

1. 人才总量不足与人才闲置浪费的矛盾。我区由于种种历史原因，人才总量不足，全区现有各类人才6万人，仅占人口总数的5.2%，比全省平均水平低5.1个百分点。另一方面，由于我区工作生活水平较低，就业渠道较窄，毕业生不愿回来工作，有的外出打工，有的赋闲在家，有的虽然考取机关事业单位，但却学非所用，造成专业人才浪费。

2. 人才结构不优与人才分布失衡的矛盾。从现有人才队伍看，存在着"五多五少"的问题，即初级人才多，拔尖人才少；一般性人才多，能解决实际问题的关键人才少；机关事业单位人才多，企业技术人才少；城区单位人才多，乡镇基层人才少；农业、教育、卫生等传统行业人才多，工业经济、规划建设、现代服务业等高新领域人才少。

3. 人才政策激励与人才待遇滞后的矛盾。各级党委政府都制定了不少人才激励政策和措施，如提高工资补贴、破格晋升职称、优先解决住房、安排子女就业等。但从实际情况看，有些激励性政策，或者不便考核操作，或因财力紧张等原因，很难落到实处。就某些基层单位来说，专业技术人员付出不一样，但体现在工资待遇等报酬上，并无大的区别，难免挫伤其工作积极性。

4. 人才市场配置与人才部门所有的矛盾。一方面在现有市场经济体制下,我区现有人才受大城市优越环境和待遇影响,流失现象较为严重,不论是基层公务员还是教育、医疗、科研人员均有出现。另一方面,由于人才引进机制问题,受单位体制、人员编制、工资渠道等多种因素制约,很多单位难以自主引进人才。

二、强化"四个观念",打造吸引人才聚集的"磁场"

实践使我们认识到,要实现县域经济社会高效跨越发展,首先必须解放思想、转变观念、树立科学人才观,建设高素质人才队伍。

1. 树立"第一资源"观念,围绕发展谋人才。实践证明:谁拥有了人才,谁就拥有了最宝贵的发展资源。作为基层党委必须牢固树立以人为本思想,把人才资源当作第一资源,把人才工作摆到第一战略位置,要像抓招商引资一样抓好人才工作,用抓大项目建设的办法抓好人力资源开发。要围绕发展,紧贴煤电化工、医药化工、农副产品加工、机械电子新材料、商贸物流、文化旅游等"六大产业"和重点工程项目需要,抓好人才资源的开发利用。

2. 树立"人才至上"观念,优化环境尊人才。良好的用人环境是人才干事创业的基础。要加大宣传力度,贯彻党的人才政策,在全社会营造"尊重劳动、尊重知识、尊重人才、尊重创造"的"四尊"氛围。要积极开展优秀人才评选活动,大张旗鼓地进行表彰,让肯干事、能干事、干成事的人才既有经济收入又有社会地位。要抓好生物医药基地、科技示范园等基地建设,使之成为动态地、开放地吸引和用好人才的重要基地。

3. 树立"资源大开发"观念,紧贴需要育人才。人才成长,培养为要。按照学用结合原则,根据我区现有人才需求状况和发展趋势,制定人才培养规划和年度计划,采取长、中、短期结合的办法,通过走出去、请进来和传帮带等多种途径,有针对性、分层次地加以培养。同时,要创新培养模式,突出培养创新型人才,注重培养应用型人才,全面加强各类人才队伍建设,实现人才总量与素质"双提升"。

4. 树立"标准多样化"观念,不拘一格用人才。认识看待人才,领导干部要有一种宽广视野。把品德、知识、能力和业绩作为衡量人才的主要标准,不唯学历、职称、资历,注重从生产和经营一线中发现、培养优秀人才。本着"不求所有、但求所用"的原则,通过采取兼职、短期服务、项目合作等灵活多样的方式,引进我区经济社会发展急需人才。同时,要积极搭建事业平台,为人才施展才华创造条件,尽快把我区建设成为四省交界地区科学发展高地核心区。

三、实行“四制联动”，建立县域人才发展的“特区”

县域经济的发展必须有一支充满活力、富有创造力的人才队伍来支撑。在实践中，我们探索实施“四制联动”人才工作机制，畅通人才通道，建立人才发展“特区”。

1. 健全“第一把手”抓“第一资源”机制，畅通人才发展“直通车”。我区成立了以区委书记为组长、常委组织部长任常务副组长、相关部门负责同志为成员的人才工作领导小组，办公室设在区委组织部，抽调精兵强将，充实工作力量。编制了《牡丹区中长期人才发展规划纲要》，将人才工作列入党政领导班子任期工作目标及其主管领导、分管领导履职考核体系，进一步增强了各成员单位“一把手”抓“第一资源”的责任意识。

2. 健全齐抓共管的联动机制，架设人才工作“立交桥”。在实际工作中，我们形成了一把手亲自抓、组织部门牵头抓、各成员单位齐抓共管的“大人才”工作格局。组织部门每月进行一次督导，通过听、看、查、评等办法对任务完成情况进行评分；人事部门在构建人才服务体系、推动人才队伍建设等方面发挥主力军作用；新闻媒体积极做好宣传引导，营造强大舆论氛围；其他党政部门、人民团体、企事业单位各司其职，密切配合，齐心协力做好人才工作。

3. 健全保障有力的投入机制，建设人才保障“后勤部”。我们充分发挥政府主导作用，将人才工作经费纳入财政预算，设立“人才开发专项资金”，专款专用，并随着财政收入的增长而逐年增长。定期评选农村“实用人才”和“专业技术拔尖人才”，并设立了“重大科技贡献奖”，对有重大贡献的科技或管理人员给予20万元奖励。同时，按照“谁培养、谁使用、谁受益”原则，增强用人主体开发人才资源的动力，调动各方面积极性，建立完善以政府为主导、用人单位为主体、社会组织为补充的多元化经费投入机制。

4. 健全协调高效的运行机制，搭建人才成长“大舞台”。我们积极实施“人才工作项目化”，制定了人才工作年度要点，对目标任务层层细化，逐项分解，明确完成时限和责任部门；区委书记定期组织召开常委会，每季度听取一次人才工作专题汇报，督促工作落实，同时研究部署下步任务，制定人才成长阶段计划，推进人才工作整体协调发展。每年通过外出研修、挂职锻炼、学历教育等形式，培训各类人才1.5万人次以上。近3年，全区先后引进高层次人才80名，其中，中国工程院院士2名，享用国务院特殊津贴研究员1名，博士6名。全区有11人获得省级劳动模范，2人获得省“乡村之星”，1

人获得全国劳动模范。

四、突出"四项重点",构筑"十二五"人才工作平台

人才支撑发展,发展孕育人才。为确保我区"十二五"时期高效跨越发展,区委、区政府提出了"一年有变化、三年有大变化、五年实现根本性变化,力争三到五年跨入全省第二方阵前列"的奋斗目标。实现这一奋斗目标,必须全力做好人才工作,为经济社会持续发展提供不竭动力。

1. 广辟人才之源,为我所有。分门别类收集并建立各行业、各层次的人才需求信息库和牡丹区在外人才库,通过牡丹人才网、招聘信息网,发布人才供求信息。继续加大政府专项资金投入力度,并教育引导用人单位引进高层次人才。坚持招商引资与招才引智并重,实施"项目 + 人才"双招双引模式,依托步长医药园、睿鹰集团、广源铜带等一批重大项目,积极引进我区经济社会发展急需人才,实现项目与人才良性互动。

2. 提升人才之质,为我所育。充分发挥组织部门牵头抓总的作用,对区域内培训资源进行有效整合,根据不同类别、不同层次的实际,实施不同方向的教育培养。党政人才选派到各级党校、行政学院及经济发达地区进行学习锻炼;专业人才采取高校学习、企业培养、放手锻炼等方式进行培训,并借鉴步长集团做法,对支柱产业、重点学科急需人才实行定向委培。力争经过 5 ~ 10 年时间,形成人才引领产业、产业聚集人才的良性循环。

3. 尽显人才之能,为我所用。坚持政府引导、企业为主,以市场化运作的方式,建立技术研发中心、科技示范基地、产学研推广基地等,为人才提供施展才华舞台;发挥各类学会人才荟萃的优势,根据学科发展态势,排出"十二五"和年度研究课题,组建攻关小组,开展课题研究,集中人力、物力、财力攻克我区发展亟待解决的难题。同时,积极开展"三百工程"等活动,既让各类技术人才有用武之地,又为县域发展提供技术支撑。

4. 善解人才之忧,为我所留。大力推进人才公共服务体系建设,努力营造尊重人才、见贤思齐的社会环境,鼓励创新、宽容失误的工作环境,待遇适当、无后顾之忧的生活环境,公开平等、竞争择优的制度环境。积极实施"企业家成长工程",在全社会大力倡导尊重人才、关心人才、宽容人才、保护人才、留住人才的良好风气,推进我区人才工作全面发展。

(作者单位:山东省菏泽牡丹区委组织部)

以党员服务社为载体　创新企业非在职党员服务教育管理模式的探索与实践

胜利石油管理局党委组织部

面对油田发展改革和谐的新形势、新任务，如何进一步加强和改进对非在职党员的教育管理服务，始终保持党员队伍的先进性和纯洁性，是油田新时期党建工作的一个重要课题。近年来，油田各级党组织围绕强化对非在职党员的教育管理服务做了大量的工作，进行了积极的探索，创造了许多好的经验和做法。2007 年，局党委组织部经过调查研究和反复酝酿，并借鉴国内部分大中城市党员教育管理服务的创新经验、结合油田实际提出了创建胜利油田党员服务社的思路，并于 2007 年下半年开始试点成立党员服务社，探索建立非在职党员由所在党组织与党员服务社双重教育管理服务的全新模式，2008 年 3 月开始在油田全面推开，目前，全油田已建立党员服务社 82 个，基本覆盖了油田居民小区，受到了基层党组织和广大党员的欢迎，油田非在职党员教育管理服务水平有了进一步提升，党员的先进性得到了较好的发挥，有力地促进了油田的发展改革和谐，为创新非在职党员教育管理服务模式探索出了一条切实可行、成效显著的成功之路。

一、建立党员服务社的现实背景及时代意义

胜利油田共有党员 100215 名，其中非在职党员 32938 名，占党员总数的 32.87%。其中，离退休人员党员 23461 名，占非在职党员数的 71.2%；内退人员党员 1811 名，占非在职党员数的 5.5%；协解人员党员 4183 名，占非在职党员数的 12.7%；家属党员 2237 名，占非在职党员数的 6.8%；解除合同人员党员 125 名，占非在职党员数的 0.4%；其他党员（含学生、下岗职工、待业子女等）1121 名，占非在职党员数的 3.4%。

由于非在职党员数量较大且在年龄、资历、政治素质等方面存在着较大的差异，要取得与在职党员同样的教育效果需付出更多的时间与精力。特别是随着住房制度的改革，住宅区由过去集中在一个二级单位，发展到现在

的高度分散，给非在职党员管理带来了困惑和难点，在活动方式上、作用发挥上，也带来了一些新的考验。为此，建立党员服务社，加强对非在职党员的教育管理服务，是贯彻落实党的十七大精神和上级党组织部署要求的需要，更是从油田非在职党员分布状况和教育管理实际出发，以分类管理的思想和原则，统筹协调油田的党建工作，整体提升油田党建工作实力的需要。

二、党员服务社的建立和运行

（一）党员服务社组织和功能定位

1.党员服务社的组织定位。党员服务社依托于社区物业管理站党组织，服务范围和职能体现区域性、跨单位的特征，是社区党组织工作的拓展。党员服务社的服务对象主要是小区内居住的非在职党员，包括党组织关系不在社区但在小区内居住的非在职党员。党员服务社重在强化关怀服务功能，在关怀服务中落实教育、体现管理，是基层党组织的新形态、非在职党员学习教育的新课堂、关心服务非在职党员的新平台、发挥非在职党员作用的新阵地、党组织和党员联系服务群众的新窗口、社区和主营单位共建共享的新载体。

2.党员服务社的功能定位。党员服务社有以下七个方面的主要职责：一是组织非在职党员就近开展组织生活。以小区为单元，打破党组织关系隶属单位限制，就近组织因身体状况、居住区域等原因，不方便参加所在党组织活动的非在职党员开展组织生活和经常性学习教育，并如实向其所在党组织通报有关情况。二是加强联系沟通，听取意见、化解情绪。加强与非在职党员的联系沟通，及时听取意见建议，了解掌握其思想动态和实际困难；加强与非在职党员所在党组织的联系和沟通，把非在职党员反映的有关问题及时向其所在党组织或上级反映，帮助其协调解决或做好有关解释工作。三是搞好关怀服务。配合相关单位党组织，开展走访慰问、送温暖等活动；组织党员、团员青年志愿者为非在职党员义务服务。四是接纳小区内暂住的流动党员，协助相关单位党组织做好未就业职工子女党员的教育管理工作。五是活跃文化生活。有计划地组织小区内的非在职党员开展联谊交流、文化体育等喜闻乐见的活动。六是为相关单位党组织在小区内组织非在职党员开展活动提供场所、设施等便利条件。七是组织党员在社区开展为非在职职工群众服务活动。

（二）党员服务社的管理体制和运行机制

1. 党员服务社的管理体制。党员服务社由社区物业管理站党组织和联办单位党组织共同管理，以社区物业管理站党组织为主。由社区党组织牵头，小区内非在职党员相关主营单位参与，成立党员服务社协调委员会。上级职能部门负责对党员服务社的工作进行宏观指导，对协调委员会和相关单位的工作进行督导检查。以党员服务社为纽带，相关单位共同参与，形成党内关怀服务网络。

2. 党员服务社的运行机制。胜利油田党员服务社属于简单的直线职能式的组织结构。在办公和活动场所的配置上，本着资源共享、勤俭节约的原则，最大限度地整合和利用现有资源。利用社区物业管理站或老年管理站现有办公用房、活动场所建立党员服务社。党员服务社一般设立接待室、教育室和阅览室。党员服务社创建和日常管理所需的经费可以采取“四个一块”的途径进行筹措，即社区自筹一块，相关主营单位支持一块，局党委从管理的留存党费中下拨一块，油田有关部门帮助一块。党员服务社配备主任、副主任，主任如果由小区物业管理站党支部书记兼任，则必须设立专职副主任，同时设立专职业务主办或兼职业务主办。社区及相关主营单位党委组织科、老年部门有关人员，以及服务对象所在党组织负责人作为联络员；选聘部分政治素质高、身体健康的到龄不再担任领导职务的科级干部担任业务指导；招募热心为非在职党员服务的党员、团员青年为志愿工作者。

（三）党员服务社良性运作的保障机制

为保障党员服务社的更好运转，还需要相关单位、部门的共同努力，协调配合，主要体现在以下三个方面：

1. 做好组织领导工作。一是加强党员服务社创建工作的指导，支持服务社硬件软件建设，推进党员服务社建设的规范化；二是及时总结宣传好做法、好经验，不断改进完善教育管理服务功能，在实践中不断改进和提高工作水平。三是做好与主营单位的沟通协调工作。由于党员服务社是挂靠在社区物业站，因此，社区党委要履行好牵头职责。

2. 形成齐抓共管的工作格局。党员服务社建设是一项系统工程，需要各个方面的协调配合，整体推进。社区组织部门负责制定实施方案，加强过程指导，解决实际问题，推广典型经验，确保服务社建设的顺利推进；工会、团委、老年等部门，发挥自己的优势，通过开展困难党员帮扶、青年志愿者服务等活动，为党员服务社建设提供支持；物业公司党委负责党员服务社建设的组织运行和推动落实；物业站党支部负责党员服务社建设的具体实施，形成社区党委负总责、基层党委抓运行、基层党支部和相关部门具体落实的工作格局。

3. 主营单位党组织要履行好相关职责。一是做好发证、验证工作。做好调查摸底工作,宣传介绍党员服务社有关情况。对符合条件并自愿参加党员服务社活动的非在职党员,发放《油田内党员跨单位(区域)参加组织生活登记证》,并及时把相关信息报至党员服务社。认真做好登记证的年度审验工作。二是履行管理职能。定期了解、掌握本单位非在职党员参加党员服务社活动情况。组织非在职党员在身体条件允许的情况下,按时参加本单位开展的党内选举、民主评议等重要活动。按照有关规定和要求做好非在职党员党费收缴、管理工作。三是提供必要的支持帮助。从本单位的实际出发,在资金和物质上对党员服务社给予必要的支持,实现优势互补、共建共享。

三、党员服务社的实践效果

目前全油田已建立党员服务社 82 个,做到了以服务促管理,在服务中强化教育,引导非在职党员投身和谐油田建设,创造了“心齐气顺劲足家和”的良好局面。

(一)跨单位就近开展组织生活,使非在职党员始终凝聚在党组织周围

党员服务社定期组织小区内的非在职党员开展组织生活和学习教育活动,组织关系不在社区,因身体状况、距离单位远等原因,不方便参加所在党组织活动的非在职党员凭借《油田内党员跨单位(区域)参加组织生活登记证》参加党员服务社的活动。仅 2010 年就组织开展学习教育、座谈讨论 1945 次,参与人数达到 57825 人次,其中,跨单位参加的 36357 人次。对年老体弱、无法参加集体活动的党员,主动送学上门,带着学习资料到家中探望,传递了党组织的声音,体现了党组织的关怀。

(二)贴近需求提供关怀服务,使非在职党员切实感到“家”的温暖

党员服务社建在小区内,具有贴近党员、贴近生活的优势,为非在职党员服务非常方便。党员服务社都制定了具体的服务职责、服务标准、服务承诺和工作流程,并在局党委组织部的协调下,成立了由党员服务社服务范围内相关二级单位组织部门和老年管理部门人员组成的党员服务社协调委员会,形成了社区党组织牵头、相关单位党组织支持配合、工团老年等组织积极参与、共同创建、共同管理、共同服务的工作格局,把党员服务社建设成为广大非在职党员信赖、欢迎的温馨和谐家园,真正使非在职党员感到了“家”的温暖。

(三)发挥桥梁纽带作用,为非在职党员投身和谐共建搭建平台

党员服务社结合非在职党员自身特点,一方面积极组织开展各种娱乐活动,丰富了非在职党员精神生活。另一方面根据非在职党员的特长、爱好,组建了帮贫扶困、文化艺术、政策咨询、治安和绿化服务等志愿服务队,引导他们通过进入家庭定向服务和双休日集中服务等形式,积极开展志愿服务活动。通过搭建平台,引导非在职党员发挥才能、释放余热,共同参与和谐共建。

(四)进一步健全完善了非在职党员教育管理的载体和机制,弥补了教育管理的薄弱环节

党员服务社就近组织待业子女党员、协解人员党员参加组织生活,对他们进行教育管理,使他们时刻牢记自己是一名党员,时刻不放松发挥党员的先锋模范作用。弥补了过去由于缺乏有效的载体和机制而造成的对组织关系落在父母单位的待业子女党员和解除劳动合同关系后组织关系仍然挂靠在原工作单位的协解人员党员在教育管理方面客观存在挂“空挡”的薄弱环节,实现了教育管理的全面覆盖。随着党员服务社的发展和各种服务功能的完善、服务项目的拓展,待业子女党员、协解人员党员不但能够接受党员服务社的教育管理服务,还可以在党员服务社的组织下,作为志愿者,积极参加党员服务社的各项活动,充分展现自身特长、发挥先锋模范作用,同时也可以从党员服务社获得就业信息。

四、进一步深化党员服务社建设的思路

(一)建章立制,内外兼修,实现党员服务社的规范化管理

这种规范化的管理体现在以下几个方面:一是建立党员服务社的考核评比制度。通过建立一套完整的奖惩制度,形成良性的激励约束机制,调动工作人员积极性,更好地投身于党员服务社各项工作中去,提升党员服务社工作水平,促进党员服务社规范化运作。二是加强对党员服务社工作人员的培训。党员服务社是一项新工作、新任务,所以很有必要对工作人员进行培训。培训内容既包含专业知识还要有提升素质的内容。培训形式可以选择各种有效的形式。三是加强党员服务社日常活动经费的管理。通过规范党员服务社活动经费使用范围与核销流程,加强对党员服务社活动经费的监督与管理,使经费实实在在用于党员服务社工作中。四加强党员服务社内部管理制度建设。督促和指导党员服务社根据油田党员服务社建设指导意见,结合社区实际,制定党员服务社情况报告制度、党员服务社接待服务制度、党员服务社工作信息沟通交流制度、走访服务制度等党员服务社工作

制度,使党员服务社的工作做到有章可循。五是导入 CIS(CORPORATE IDENTITY SYSTEM)形象识别系统。在通过公开征集和确定胜利油田党员服务社统一标识的同时,总结提炼和改进规范胜利油田党员服务社的理念识别系统及行为识别系统,树立胜利油田党员服务社形象,扩大影响力和辐射力。

(二)完善功能,拓展领域,在探索实践中不断提高工作水平

一是深化对非在职党员的服务功能。非在职党员的服务需求不是某一方面的,而应该是多层次,多方面地。我们为他们提供服务,不能仅仅停留在对政治生活、物质生活或精神生活某一个层面的关怀服务,而是要考虑到他们的整体需求,提供全方位的服务。二是拓宽服务领域。从服务对象上可以延伸到非在职党员以外的小区居民。服务内容和组织职能方面可以拓展到承担转接党员组织关系、接受入党申请和临时党员转正;开展党务政策咨询、代理承办服务,为居民和两新组织开展活动提供场所和教育培训资源;主动与劳动和社会保障部门联系,引入就业培训和择业指导,为党员和群众做好再就业服务等。

(三)共建共享,注重结合,持续有效推进党员服务社建设

一是社区与主营单位共建、共享党员服务社。建立健全党员服务社联席会议制度,是实现社区与主营单位共建、共享的畅通渠道。党员服务社的服务范围和职能具有区域性、跨单位、共建共享的特征,必须加大社区与二级单位的沟通,赢得二级单位的支持。主营单位也应主动、定期地了解、掌握本单位党员参加党员服务社活动情况,与社区一起利用党员服务社这个平台,做好非在职党员的教育管理服务工作。二是做好党员服务社与物业管理结合的文章。二者在服务对象和服务内容都有交叉部分,尤其是在管理人员方面,党员服务社负责人多为物业管理站班子成员,有利于开展工作。二者是相辅相成,互相促进的,搞好党员服务社,必然会带动物业管理上水平。三是加大宣传力度,营造浓厚氛围,努力实现服务工作的全覆盖。党员服务社的成立解决了非在职党员工作和生活中遇到的具体困难和问题,使非在职党员感受到了党组织的关怀和温暖,但影响力还不够大,覆盖面也不够全。要进一步加大宣传力度,力争让每位非在职党员知道和了解党员服务社组织活动的开展情况,进而逐步参与到党员服务社的活动中来。

关于新形势下加强改进国有企业党建工作的几点思考

李　云

当前,国有企业改革发展进入新的历史时期,面临后金融危机时代更高层次、更高水平和更为激烈的国际竞争,企业党的建设也面临许多新的问题,深化国有企业改革,推动国有企业发展,必须对制约企业党的建设科学发展的一些重大问题进行深入分析,并提出对策。结合齐鲁石化公司党建工作实际,谈谈新形势下如何加强国有企业党建工作。

一、新形势下加强改进国有企业党建工作的必要性

改革开放以来,我们党团结带领全国各族人民战胜各种艰难险阻,开创了中国特色社会主义事业新局面。新的历史条件下,我们党能否始终保持先进性,始终保持执政地位,始终成为中国特色社会主义的坚强领导核心,是摆在全党面前的历史性课题,也是我们必须深入思考的一个重大问题。

国有企业是国民经济的重要支柱,是全面建设小康社会和构建社会主义和谐社会的重要力量,是我们党执政的重要基础。改革开放以来,国有企业各级党组织在党中央、国务院的正确领导下,坚持以邓小平理论和"三个代表"重要思想为指导,认真贯彻落实科学发展观,积极推进国有企业改革发展,取得了显著成效。例如,2002～2009 年,作为国有企业排头兵的中央企业,资产总额从 7 万亿元增长到 21 万亿元,增长近 3 倍;上缴税金从 2915 亿元增长到 10876 亿元,增长 3.7 倍;实现利润从 2405 亿元增长到 7977 亿元,增长 2.3 倍;7 年累计实现利润 4.7 万亿元,上缴税金 5.1 万亿元;进入世界 500 强的企业从 6 家增加到 30 家。

新形势下,国有企业改革发展进入新的历史时期,企业党的建设也面临许多新的问题。比如,如何坚持和改善党对国有企业的政治领导,充分发挥党组织的政治核心作用;如何进一步加强企业基层组织和党员队伍建设,夯实党的组织基础;如何进一步加强企业领导班子和干部队伍建设,建设一支

政治素质好、作风形象好、经营业绩好、团结协作好，致力于为国有企业建功立业、得到职工群众拥护的领导班子和领导干部队伍；等等。这些问题都是国有企业改革发展过程中绕不开、躲不过的深层次问题。做好新形势下国有企业党建研究工作，是促进国有企业改革发展的客观要求，是推进党的建设新的伟大工程的现实需要，是破解国有企业党建工作难题的治本之策。

二、新形势下国有企业党建工作普遍存在的问题和原因剖析

（一）国有企业对党建工作重视程度不够，党建工作被弱化或边缘化

“围绕经济抓党建，抓好经济促党建”的指导思想是正确的，但在其具体工作中，对国有企业党建工作的地位和作用认识不够深刻，“重经济、轻党建”的观念还普遍存在。国有企业多以追求经济效益为主要目标，把主要精力和企业资源用于“抓经营”、“抓管理”上，一些企业政工人员兼职党建工作，忙于直接参与生产经营活动和行政工作，开展组织工作往往被置于从属和点缀的位置。这种“重经济、轻党建”的观念使党建工作被弱化或边缘化。

（二）参与重大问题决策难，党组织参与决策流于形式的情况比较明显

党组织参与企业重大问题的决策，是党章赋予的一项重要职责，是企业党组织发挥政治核心作用的重要内容和基本途径。国有企业党组织参与决策的重大问题，主要是经营方针、发展规划、年度计划和重大技术改造、技术引进方案；财务预决算、资产重组和资本运作中的重大问题，这些重大问题往往是决定企业兴衰的问题，这些重大问题的决策，仅仅靠个人或少数人决定是靠不住的。近几年来，一些企业在重大决策上出现失误，经营者出了严重问题，导致企业陷入困境，一个很重要的原因是企业党组织参与重大决策流于形式，党组织对企业经营者的监督弱化。

（三）部分国有企业领导班子和经营管理者队伍素质偏低，党务工作者力量薄弱

搞好国有企业，要有一个好的领导班子。有了好的领导班子，才能带出好的过硬的职工队伍，党和国家的方针、政策才能正确贯彻执行，企业的管理水平和竞争能力才能不断提高。而新形势下，国企领导班子建设中还存在许多突出问题，如：有的企业领导者思想政治素质、业务工作能力差；有的企业领导班子难以形成领导核心；有的企业领导班子面对严峻的经济形势，精神状态差，消极畏难情绪大——强调客观原因多、主观努力少，埋怨外部环境多、加强内部管理挖潜少，被动等待消极多、主动生产自救少，在困难面前一筹莫展，束手无策，或要求调动，或坐等换人。

同时，在经营绩效的压力下，许多国有企业的基层党建工作人员存在

“兼职化”、“老龄化”问题。基层党务工作人员多是兼职的，必然在从事基层党建工作时难以做到“思想、工作、精力”三到位；而且在改革中，不少国有企业把需要安置的老弱人员大多安排到党建工作队伍，使党务工作人员“老龄化”，导致党务工作者力量薄弱。

(四)国有企业党组织发挥政治核心作用不到位，党组织“保证监督难”

坚持党对国有企业的政治领导，是一个重大原则问题，任何时候都不能动摇。党对国有企业的政治领导，主要体现在：坚持国有企业的社会主义方向，保证党的路线、方针、政策和国家法律、法规在企业贯彻执行；坚持党管干部的原则，按照管理权限，依法选派、推荐国有资产产权代表和企业经营管理负责人，并对他们实施教育、培养、考核、监督；坚持发挥企业党组织的政治核心作用和党员的先锋模范作用。而事实上，在实际工作中，相当一部分国有企业党组织的监督实际上是有名无实。

存在以上四方面问题的根本原因在于两个缺失：一是责任心的缺失，相当一部分国有企业党组织的负责人缺乏做好企业党建工作的责任感，他们认识不到做好企业党建对党的建设、对企业发展的重大意义；二是能力的缺失，许多国企党的干部不懂得怎样发挥党委的政治核心作用，不会抓班子、带队伍，甚至连《党章》规定的国有企业党组织发挥政治核心作用的五条具体要求都不清楚。

三、新形势下加强改进国有企业党建工作的措施

针对目前我国国有企业党建工作的现实情况及存在的问题，我们应通过各种有效手段加强改进国有企业党的建设。其主要措施包括以下几点：

(一)重温党章，高度重视对党的基本知识的学习

党章即党的章程，它是一个政党为实现党的纲领、开展正规活动、规定党内事务所规定的根本法规，是党赖以建立和活动的法规体系的基础，是党的各级组织和全体党员必须遵守的基本准则和规定，具有最高党法、根本大法的效力。中国共产党第十七次全国代表大会通过的《中国共产党章程》对国有企业党组织的性质、地位、基本任务、基本要求等都有明确规定。我们加强新时期国企党建工作必须首先学习好党的章程。在建党 90 周年的时刻，中组部要求我们认真学习党史、党章具有十分重要的意义。

(二)提高思想认识，增强新形势下做好国企党建工作的责任感和紧迫感

加强和改进国有企业党建工作，是企业改革、发展、稳定的重要保证，是企业核心竞争力的重要组成部分。党建工作始终是国有企业独特的政治优

势,是中国特色国有企业现代企业制度的重要特征。国有企业党的建设是党的基层组织建设的重要内容,在新形势下只能加强,不能削弱。企业越困难,越要加强党的建设。

实践证明,在国有企业加强党建工作,对于保证企业摆脱困境具有极其重要的作用。改革开放以来,在推进国有企业改革过程中,不少企业面临重重困难,一些长期积累的深层矛盾和问题曾集中爆发,大量职工转岗分流,企业稳定面临严峻考验。在各种挑战和困难面前,各级党组织克服了种种难以想象的困难,用科学发展观统揽国有企业改革发展全局,坚定不移地加强党的先进性建设,充分发挥广大共产党员的先锋模范作用,维护了社会稳定,推动国有企业走上了持续健康的发展轨道。国有企业改革发展的艰难历程启示我们:国有企业改革发展进程中的每一个关键环节和重要阶段,都离不开党建工作提供的思想政治组织保障;国有企业改革发展的每一次突破,都凝聚着国有企业党组织和广大共产党员的智慧和力量。

(三)坚持企业党组织“围绕生产经营开展党的各项工作”的方针,增强引领作用

企业是生产经营实体,生产经营的效益决定企业的生存和发展,保证和促进企业改革,提高生产经营的效益,既是企业党建工作的出发点,也是检验企业党建工作成效的重要标准。国有企业党的建设、党组织活动要面向生产经营,要贯穿于生产经营全过程,以保证监督党的路线方针政策和国家法律法规在国有企业的贯彻执行,推动企业积极承担经济责任、政治责任和社会责任。

1. 要正确认识和处理发挥党组织作用与以生产经营为中心的辩证关系,做好“服从和服务生产经营”这篇文章。紧紧围绕生产经营开展党的工作,是企业党组织必须遵循的一条重要原则,也是企业党建工作的生机和活力所在。围绕生产经营开展工作,不是降低了企业党组织的地位和作用,而恰恰是企业党建工作摆正了位置,找准了着力点。如果脱离生产经营这个中心,企业党建工作就失去了生命力。同样,如果没有党组织作用的充分发挥,没有思想上、政治上和组织上的有力保证,企业的改革发展就容易出现偏差,和谐稳定就没有保证。坚持以生产经营为中心开展工作,就是通过充分发挥党组织的政治优势、组织优势,引导和调动广大党员干部和职工群众的积极性创造性,增强企业的凝聚力向心力,促进企业的生产经营建设和改革发展稳定。

2. 要牢固确立“围绕中心、服务大局、用心工作、讲求实效”的党建工作思路,切实保证党的方针政策、上级指示决定和企业经营管理决策的有效贯彻落实。坚持以“让上级领导放心,让职工群众满意”为目标,紧紧围绕生产经营中心,服务改革发展稳定大局,把搞好企业、推进生产经营和改革发展、维护和谐稳定大局作为检验党建工作成效的重要标准,做到党政工作目标一致、工作一体、措施同步。工作中,一切从安全和效益的实际需要出发,戒“左”、戒虚、戒空,做到形式大于内容的活动不搞,职工群众不欢迎、上级组织不满意的事不做,不断提高工作实效。

(四)全面提高国有企业领导班子的整体素质,保持先进性

先进性是党的本质属性,也是党的生命所系、力量所在,加强国有企业领导班子,造就一支高素质的经营管理者队伍,是搞好国有企业的关键。

1. 以加强思想政治建设为重点,全面提高国有企业领导班子的整体素质。保持国有企业领导班子的先进性,要以加强思想政治建设为重点,全面提高国有企业领导班子的整体素质。要坚持按照党的干部队伍四化方针和德才兼备的标准,选好配强企业领导班子和领导人,切实扭转选拔企业领导人重才轻德的倾向,纠正在配班子时“强厂长、弱书记”的做法,克服单凭经济数字、以“一俊遮百丑”的思维方式评价企业班子和领导人的现象,选拔企业中最有能力、最有威信的同志担任党组织负责人,选拔既有经济头脑、又有政治素质的复合型人才,组成企业领导班子。

2. 坚持把大规模培训作为提高党员干部职工责任心、业务技术素质和管理能力的治本之策。要进一步完善保持国有企业党员干部先进性长效机制,通过有计划的大规模培训,不断增强广大党员干部的先进性意识,组织党员干部带头学业务、学技术,不断提高其技术素质和业务能力。例如,齐鲁石化公司2011年大规模培训目的:要把非党员业务技术骨干培养成为党员,把只会一个岗位技能的党员培养成为多面手,把多面手党员干部培养成为有成果有业绩的党员,把有成果业绩的党员培养成为拔尖人才。通过培训激发党员干部自我教育、自我提高的内在动力,解决党员队伍中存在的突出问题,把党的先进性要求转化为党员自觉遵守的行为准则。

(五)完善对国有企业领导班子的监督机制,实现制度化

1. 建立和完善一套内部监督制度与规章。制度带有稳定性、根本性。国有企业党组织要从制度上保证党组织在国有企业治理结构中发挥政治核心作用,建立和完善一套内部监督制度与规章,加强对企业领导人的教育和监督;要强化监督部门的职能和权威,发挥职工民主监督的作用。

2. 坚持党管干部的原则,严格干部人事管理的职责、范围和程序。这有利于加强党的建设,树立正确的用人导向,调动各方面的积极性,推动企业的改革和发展。

(1)坚持党管干部原则,是为了保证和服务于厂长(经理)或董事会更好地行使用人权。这样做,同厂长(经理)依法行使用人权是一致的,都是为了选好、用好人,推动企业的发展。厂长(经理)或董事会要依法行使用人权,保证把人选好用好,必须遵循党的干部路线、“四化”方针和德才兼备的标准,必须依靠干部工作职能部门把干部考查、管理等基础工作做好。

(2)党组织根据厂长(经理)或董事会关于干部任免的提名,做好考查,提出意见和建议等,可以保证厂长(经理)或董事会把更多的精力投入到企业的生产经营中。

(3)坚持企业中层以上干部任用的集体讨论制度,既是发挥党政领导班子集体智慧把人选准的要求,也是保证厂长(经理)或董事会的用人意图得到大家了解、认可、支持的必要步骤;既有利于厂长(经理)或董事会的工作,也有利于被任用干部开展工作。

(六)党组织心中有职工,全心全意依靠职工群众办好国有企业,做好群众工作

1.充分认识全心全意依靠群众的重要性和必要性。国有企业党组织要教育各级干部、特别是企业领导人员充分认识全心全意依靠群众的重要性和必要性。国有企业的职工既是国家的主人,也是企业的主人。职工群众中蕴藏着丰富的智慧和巨大的创造力,充分调动他们的积极性和创造性,是国有企业的优势和力量源泉。

2.努力探索新形势下做好群众工作的方式方法。要把全心全意依靠职工群众办好企业的方针落在实处,在政治上保证、制度上落实、素质上提高、权益上维护四个方面狠下工夫。

(1)深入职工群众,热情服务、多办实事。国有企业党组织要依靠群众做好党建工作,党员干部必须深入到职工群众中去,与他们广交朋友,及时掌握职工群众的思想动向,了解他们的所思、所想、所盼、所忧,增强做职工群众工作的针对性和时效性。要把职工群众的思想情绪作为做好群众工作的“第一信号”,带着感情、设身处地、依据政策、尽量而为,为职工群众多办实实在在的事情,解决好职工群众的实际生活困难。要让职工群众满意、让职工群众开心,让职工群众工作更敬业、身心更健康、生活更幸福。

(2)要学法用法,依法治企,按政策办事。做好新形势下党群工作,要学法用法,要用道理说服职工群众,用真情打动职工群众,让职工群众信服企业党员干部的工作能力和素质,赢得他们的理解和支持。学法用法,依法治企,按政策办事要求做到:一方面普及法律知识,增强法制观念;另一方面更要严格依法办事,按政策办事;同时,要教育引导职工群众理性合法地表达诉求,违法的事绝对不能做。

(七)以构建惩防体系为核心,深化国有企业反腐倡廉工作

新形势下加强改进国有企业党建工作,必须反腐倡廉、构建惩防体系,严肃查处违纪违法案件,严厉惩处违纪违法行为。

1. 强化权力制度建设,杜绝腐败之根。让腐败没有根基,避免权力衍生腐败,无论是有心想贪,还是有胆敢贪都源于有贪的可能性,教育和警示是对领导干部主观上的引导,杜绝腐败必须要在客观条件上进行科学制约,用制度来制约权力,让权力的分配更科学。

(1)用制度规范权力配置。大力推进国有资产经营管理体制。在组织结构上推行"双向进入、交叉任职",在权力结构上,确立企业党组织与企业法人治理结构的关系,在权力运作上,要切实发挥好职代会作用,坚持厂务公开。杜绝一个人说了算的权力设置,对涉及物资采购、工程建设、大额资金的运作的权力岗位,要适度分权,层层制约。

(2)用制度规范决策行为。规范每个企业领导干部的权力行使程序,企业越大越要发展民主,重视民主,重大问题必须"集体决策",形成按制度办事、靠制度管人的机制。

2. 新形势下要抓住国有企业腐败新特点,加强有效监管。新形势下,从企业的情况来看,资本运营、选人用人、营销采购和项目管理等方面是监督的重点。

(1)要发扬民主监督。职工是企业效益的创造者,是企业发展的主力军,对涉及企业发展的重大决策要集思广益,提高企业决策的民主化和科学化水平;要发挥职代会的重要作用,加强对党员干部的民主测评,让企业各项管理工作都在阳光下进行,让腐败无处容身。

(2)发掘自律监督。认真抓好企业领导人员廉洁自律工作。"严格管好自己,慎用手中权力,不冒违纪违法的风险,不过提心吊胆的日子。"要引导领导干部对法律、权力有敬畏心理,使国有企业的党员干部进一步强化廉洁自律、接受监督的意识。例如:齐鲁石化领导班子成员和有关财务、车辆、工程维修、计划员、采购员等涉钱、涉物及与外界有业务往来的 18 个重点岗位人员集体签订岗位廉洁自律承诺书,使领导干部能够对照自身,慎言慎行,是自律监督的有效形式。

(八)党组织切实发挥效能监察作用

党组织发挥效能监察职能,能够发现企业制度、管理上的薄弱环节,监督运销过程,防止出现不正当的权钱交易,是发挥党组织作用、加强国有企业廉政建设的有力抓手。党组织发挥效能监察作用,能够深入推进重点领域、关键环节的专项效能监察，抓住影响国有企业效益的“流失点”，及时发现违纪线索，杜绝“吃、拿、卡、要”现象；能够检查和解决领导班子及成员存在的标准不高、要求不严、状态不佳、效果不好等问题，加大对基层领导班子及成员监察考核的力度和深度。例如，齐鲁公司党2011年纪检监察工作的思路是：紧紧围绕“保安全、创效益”中心，突出以效能监察监督为载体，以管理缺失点和企业资产、效益流失点为切入点，盯效益、堵漏洞、抓落实，跟得上、抓得紧、见成效，努力为公司“保安全、创效益”提供有力保证。工作目标是“不让干部倒下，不让干部流失”，重点抓好四个领域的效能监察：一是物资采购管理效能监察。二是持续开展与改制企业及外部企业物料产品交易管理效能监察。依据“规范扶持、同等优先、市场化运作、合同化管理”的原则，按照李安喜总经理关于“既要让改制企业有钱赚、活下去，又不能让改制企业依靠齐鲁公司让利发大财”的要求，全程参与规范管理。三是深入开展外供能源物料计量管理效能监察。四是立项开展检维修费用使用管理效能监察。

（作者单位：齐鲁石化党校）

构筑坚强战斗堡垒　发挥政治核心作用

杨　慧

国有企业是全面建设小康社会的重要力量,是中国特色社会主义的重要支柱,是我党执政的重要基础。新中国成立以来特别是改革开放30多年国有企业发展的历程表明,党建工作始终是国有企业的独特政治资源,是企业核心竞争力的有机组成部分,是实现企业科学发展的关键因素。发挥好政治核心作用,是国有企业党组织在推进国民经济和社会发展进程中应担当的经济责任、政治责任、社会责任和历史责任。伴随着波澜壮阔的改革实践,莱钢各级党组织充分发挥政治核心作用,在服务中心工作、凝聚职工群众、努力把党的政治优势转化为企业科学发展优势,把党的建设成果转化为科学发展成果方面取得了显著成绩。

一、党组织政治核心作用发挥的生动实践

经过40多年建设发展,莱芜钢铁集团已成为具有年产1500万吨钢以上综合生产能力的大型钢铁企业。控股莱钢股份、银山型钢、鲁银投资等13个子公司,总资产694亿元,主业职工2.8万人。下属23个党委,605个党总支和党支部,11087名党员。近年来,莱钢党委按照省委要求,扎实工作,将党的政治核心作用渗透到企业经营管理的各个方面,为企业科学发展提供了有力的政治保证和组织保证。

(一)提高参与企业重大问题决策的能力和水平,保证企业重大决策科学

积极有效地参与企业重大问题决策,是党组织的重要职责,也是发挥政治核心作用的基本途径。莱钢党委对此认识起点高,措施可行,工作到位,参与成效显著。一是建章立制,规范参与。对党委参与重大决策的内容、形式和途径作出了明确规定,坚持和完善“双向进入、交叉任职”的领导体制,党组织依法进入企业法人治理结构,通过董事会、监事会、总经理办公会等形式,从组织和机制上保证了有效参与企业“三重一大”问题的决策和监督。二是提高参与水平,增强参与效果。注重学习生产经营管理知识,加强调查

研究,听取职工群众意见,使决策时的意见和建议有见地、有分量。近年来,公司决策层以科学发展观为指导,抓住机遇大力推进技术改造和产业升级,建成了全国规模最大、规格最全的 H 型钢精品基地,全国产销量最大的齿轮钢生产基地。大力推进节能降耗减排,在发展循环经济、低碳经济和推进绿色发展方面取得显著成效,特别是面对国际金融危机的严重冲击,积极作为,挖潜增效、开拓市场,转型发展有为、有力、有效,为山东经济建设发展作出了应有的贡献。

(二)加强领导班子和干部队伍建设,建设团结务实、干事创业的班子和干部队伍

党组织发挥政治核心作用关键之一是认真履行党管干部的职责,抓好领导班子和干部队伍建设。一是建立了领导干部选拔任用的机制,充分发挥党组织的教育、培养、考察和监督的作用。提出了“三共管、三为主”的原则,即领导班子自身的思想作风建设、下属单位领导班子的调整配备、后备干部队伍建设,均实行党政共管,以党委为主,使党管干部原则落到了实处。二是创新选人用人机制。严格按制度和程序选拔任用干部,实行了推荐考察、差额考察、任前公示、任期制,推行科级干部竞争上岗制度,进行处级干部公开选拔、竞争上岗试点工作,较好地杜绝了选人用人上的不正之风。建立了对领导班子的考核评价体系,每年进行普遍考察,考核结果作为奖惩任免的重要依据。三是实施高层次人才开发战略,着力打造高素质管理人才团队。衔接院校教育、专业机构教育、海外教育等体系,形成了多样化的学习平台,全面提升干部的素质。四是提高党风廉政建设水平,树立领导班子和领导干部的良好形象。探索建立了教育、制度、监督并重的《廉洁效能管理体系》,作为加强党风廉政建设的总抓手。强化教育,以经常性学习和集中培训为手段,运用正反两方面典型开展示范教育和警示教育。领导干部上岗前进行廉政谈话和参加廉政培训班。抓好制度建设,制定了包括领导班子勤政廉政建设规定、廉洁守则、个人收入申报和重大事宜请示制度、离任审计、职代会领导干部述职等制度规定。建立了党风廉政建设责任制,在企业管理的各个环节形成了用制度规范行为,按程序办事,靠制度管人的运行机制。建立起了纪委、监察、审计、监事会“四位一体”的监察体系,形成了党内监督、职能部门监督、民主监督、监事会监督和舆论监督“五位一体”立体网络,结合重大改革措施出台、重要项目实施等开展党风检查和效能监察,使党员干部置于有效监督之中。

(三)建设学习型党组织,增强基层党组织的创新力、凝聚力和战斗力

莱芜钢铁集团党委把学习型组织理论引入党建工作,把创建学习型党组织作为加强党组织先进性的重要抓手,通过创建学习型党组织解决新形势下党建工作中存在的问题,增强了各级党组织的学习力、创新力、凝聚力和战斗力。一是构建共享平台,增强持续学习功能。创新学习的内容、方法、载体和机制,强调与工作不可分离的学习,强调个人学习基础上的"组织学习",强调"学"后必须有新的行动,通过搭建团队学习、深度会谈、共享论坛等平台,使党员在互动性、共享性和开放性的学习中,相互促进、共同提高,营造了党内终身学习的组织环境,使学习力迅速转化为生产力。二是构建反思平台,增强自我完善功能。各级党组织普遍建立了反思机制,为党员建立反思笔记本,针对党员自身存在的问题和发生在身边的"案例",开展"思想表现月讲评"活动,促使党员改善思维方式,增强自省意识、自我教育和自主管理的能力,自觉校正和修补缺失。三是构建沟通平台,增强亲和聚合功能。为畅通党组织与党员、职工群众之间的信息流,充分体现民主集中制的原则,完善党支部恳谈会制度、党员议事制度、谈心访问制度等,开展提升干部亲和力活动,要求干部做到"可亲可敬可信赖",创造了能够使大家坦诚相待,平等对话的组织环境,基层党组织真正成为党员交流思想的精神家园。四是构建创新平台,增强开拓创新功能。通过建立工作创新成果评价机制,激发党员的创新意识,要求党员每年至少要提出或实施一个创新项目,召开党员创新成果发布会或创新成果展,评选党员优秀创新成果,激励广大党员围绕中心任务,立足本职,积极创新。

(四)持续加强党员队伍建设,保持党员的先进性

为使党员的先进性落实到推进企业科学发展的实践中,体现在工作岗位和实际行动中,对党员提出了"四优一带"的要求,即:政治觉悟优于普通群众,学习力优于普通群众,创新能力优于普通群众,工作业绩优于普通群众,带领广大职工群众为把莱芜钢铁集团钢做强做大而努力奋斗。为将"四优一带"落到实处,采取多种形式,增强党员体现先进性的本领和能力。为使党员的先进性落实到企业科学发展的实践中,体现在工作岗位上和实际行动中,采取多种形式,增强体现先进性的本领和能力。一是坚持理论武装和党员身份教育相结合,将理论学习、思想教育与身份教育、信念宗旨教育相结合,增强党员政治思想的先进性。创新教育方法,采取"互动+体验"的学习方式,改变"你讲我听"的教育方式,增强教育的吸引力和感染力。二是实行目标激励。根据生产经营任务和党员的具体岗位、职务,将工作目标任务进行合理细化分解,通过创造条件、定期检查、民主评议、督促落实,防止党员不履行义务、"不作为"。三是开展"我是共产党员"党性实践活动,广大党员在学习中提素质,在实干中显身手,成为企业发展的中坚力量。

（五）坚持以人为本，深入做好职工群众工作，促进企业和谐发展

莱芜钢铁集团把企业发展与人的全面发展的统一起来，从职工群众的根本利益出发谋发展，促发展，使职工共享企业改革发展的成果。践行“与员工共创辉煌”的理念，大力改善员工的学习、工作、生活条件，形成了有利于企业与员工共同发展的良好环境。坚持完善以职工代表大会为基本形式的企业民主管理制度，深化厂务公开工作，不断拓宽现代企业制度下职工民主管理的途径。全面实施人才强企战略，充分发挥企业工青妇等群众组织的作用，大力实施职工素质工程，广泛开展深受广大职工欢迎的技能大赛、团员青年创新创效等各种主题实践活动。建立和完善困难职工救助制度，积极协助政府建立完善的社会保障体系，建立了“送温暖工程基金”、“职工互助储金”、“职工意外伤害互助金”和“职工患大病医疗互助基金”，切实帮助职工解决生活难、就业难、就医难和子女就学难等问题。选树宣传以劳动模范为代表的职工先进典型，在广大职工中倡导形成了爱岗敬业、致力发展、做强做大、为国奉献的职业追求。通过开展文体活动，丰富了员工的精神文化生活，增强员工的身心健康，营造了温暖和谐的企业文化氛围。

二、充分认识发挥企业党组织政治核心作用的重要性、必要性和紧迫性

随着社会主义市场经济的完善，国有资本调整大力推进，国有经济布局结构优化，企业重组力度进一步加大，政策性关闭破产和主辅分离辅业改制工作的推进，企业党组织如何针对新情况新任务，创造性地开展工作，充分发挥在生产经营工作中的政治核心作用是当前摆在企业党组织面前的一个重要课题。

（一）全面落实科学发展观对国有企业党组织发挥政治核心作用提出了新要求

企业是经济活动的主体，也是实现国民经济又好又快发展的微观基础。努力把科学发展观的要求落实到企业生产经营管理的各个环节、各个方面，不断提高国有企业的核心竞争力，实现国有企业又好又快发展，关键在党，关键在人。这就要求我们，一定要按照科学发展观的要求抓好企业领导班子建设，抓好企业党的建设；一定要着力强化企业领导班子科学发展的意识，提高领导科学发展的能力，努力建设一支政治坚定、能力突出、作风过硬、群众信任、善于领导科学发展的企业领导人员队伍；一定要充分发挥企业党组织的政治核心作用，发挥基层党组织的战斗堡垒作用，发挥广大党员的先锋模范作用，发挥广大职工群众的积极性和创造性，坚决贯彻落实中

央、省委的重大决策部署,坚决落实宏观调控政策,为实现科学发展、又好又快发展提供强有力的思想、政治和组织保证。

(二)构建和谐社会赋予国有企业党组织发挥政治核心作用新的内涵

国有企业是构建社会主义和谐社会的重要力量,必须自觉履行好在构建社会主义和谐社会中承担的重要责任。比如,如何把握和处理好企业改革的力度、发展的速度和职工群众的承受程度的关系,实现好、维护好、发展好职工群众的根本利益;如何更好地坚持以人为本的管理理念,进一步落实民主管理制度,全心全意依靠职工群众搞好国有企业;如何构建和谐劳动关系,建立健全诉求表达机制、矛盾调处机制、权益保障机制、帮困救助机制,及时掌握情况、理顺情绪,解决好影响企业和谐的突出矛盾和问题;如何切实加强企业文化建设和思想政治工作,注重人文关怀和心理疏导,凝心聚力,共谋发展;如何防患于未然,抓好安全生产,严防重大事故发生,等等。这些都是国有企业党建工作中应当关注和切实解决好的重大问题。

(三)日益开放的竞争环境和改革的不断深化使国有企业党组织发挥政治核心作用面对新的考验

当前,企业经营环境的国际化、市场化程度更高,竞争压力进一步增大。国有企业改革处于攻坚破难阶段,市场竞争力还不够强。在这种环境条件下,如何加强和改进企业领导班子建设、加强和改进企业党建工作,需要作出更大的努力:如,按照建立现代企业制度要求,进一步健全完善法人治理结构,实现国有企业组织架构和领导体制的创新发展;切实处理好“新三会”、“老三会”、“三会一层”的关系,健全工作机制,实现几套班子协调运转、形成合力;根据企业改组改制等实际情况,及时健全党的基层组织,理顺党组织关系,扩大党的组织覆盖和工作覆盖,充分发挥党组织在改革发展中的作用等。

(四)利益关系多元化给企业党组织的地位提出了新的要求

产权制度改革后,企业利益关系呈现多元化,不仅有企业与社会和政府之间的关系,而且企业内部还存在着多元投资主体之间的关系,投资者与经营管理者的关系,经营管理者与职工群众的利益关系等。企业利益关系多元化给企业党组织的地位和作用提出了新的要求,特别是为企业党组织协调各方利益、整合各种资源提出了更高的要求。适应企业利益协调复杂化的新形势,企业党组织必须建立起企业各方利益的表达机制和协调机制,从而实现团结凝聚职工坚持共同理想、整合共同利益、引领共同目标、动员共同创造、实现共同发展的局面。

（五）员工身份社会化给党建工作的方式方法提出新要求

近年来，企业员工身份社会化的特点越来越明显。一是社会环境发生变化。企业与社会的关联度增强，党组织的工作对象不仅是“企业人”，更是“社会人”；现代资讯传播的广泛性和快捷性，要求党组织在工作方式方法上要积极引入现代传媒和管理手段，增强工作的知识性、趣味性、针对性和实效性。二是企业的行业分布、发展规模、产权结构、效益状况各不相同，员工具有不同的特点，党组织不能再采取“齐步走”、“一刀切”的办法，必须因企制宜。三是党员和职工队伍的来源构成、文化理念、知识结构、能力素质、利益追求不同，党组织的工作方法必须坚持以人为本，因人制宜。

三、巩固国有企业党组织政治核心作用的基本思路和着力点

加强和改善党的领导，充分发挥国有企业党组织的政治核心作用，这是坚持中国特色社会主义道路，保证国有企业正确政治方向的必然要求。要坚持全面贯彻落实科学发展观，积极探索新的条件下企业党组织发挥作用的有效途径和活动方式。

（一）以融入中心、进入管理为工作思路，促进企业党建工作与生产经营工作的有机结合、和谐发展

要从体制制度上融入，把企业党组织的机构设置、职责分工、工作任务纳入企业的管理体制、管理制度、工作规范之中。要从工作内容方法上融入，党组织研究、部署、开展工作要与企业生产经营工作实现同部署、同推动、同落实，形成同频共振、联动互补的效应。要从评价考核上融入，党的工作要讲效率、讲效益，注意借鉴和运用现代企业管理的思想、方法和手段，使党的工作真正成为企业价值链上的重要环节。对企业党的工作的评价考核，要把重点放在促进企业搞好改革、加快发展、加强管理、提高效益、实现国有资本保值增值上，着重从对企业贯彻执行党和国家路线方针政策的保证监督效果、对企业改革发展稳定的促进效果、对企业完成生产经营任务的支持效果、对企业实现国有资本保值增值的推动效果、对各类人才和职工队伍的建设效果，研究落实好工作要求、衡量标准和考核办法

（二）以发挥党组织政治核心作用为主线，进一步建立完善党组织参与重大问题决策的规则与程序

一是要保证国有企业的性质和发展方向，重视解决好关系企业改革发展稳定的重大问题；二是在国有企业处于政治核心地位，对政治工作发挥领导作用；三是要重点在五个方面发挥作用，即在企业贯彻落实党和国家方针政策方面发挥保证监督作用，在公司治理结构依法行使职权、促进企业生产

经营任务完成方面发挥支持协助作用，在企业重大问题决策方面发挥沟通参与作用，在企业内部关系和谐方面发挥指导协调作用，在加强党的自身建设和群众工作方面发挥领导组织作用。同时，要完善党组织参与重大问题决策的内容、途径和方式。

（三）以能力建设为重点，加强“四好”领导班子和党员队伍建设

加强党员队伍建设，对国有企业党建而言，具有根本性的意义。国有企业领导班子和领导人员队伍决定国有企业的命运，其成员大都是党员。要把领导班子和领导人员队伍建设放在国有企业党建工作的首位来抓。要将创建活动与实施企业发展战略相结合，以“四好”领导班子创建活动，促进“人才强企”战略的实施，使“四好”班子创建活动成为实施企业发展战略的有效支撑与保障。企业党组织要高度重视人才工作，大力加强经营管理人才和专业技术人才队伍的建设。

（四）以建设社会主义核心价值体系为引领，切实保证企业健康发展

一是加强党委理论学习中心组的学习，学习贯彻科学发展观和社会主义和谐社会重要思想，结合实际运用中国特色社会主义理论体系成果，努力解决实际问题；二是坚定中国特色社会主义信念，不断激励党员干部群众为共同理想团结奋斗；三是大力弘扬以爱国主义为核心的民族精神和以改革创新为核心的时代精神，用崇高的精神支撑和推动伟大的事业；四是广泛深入宣传社会主义荣辱观，大力宣传先进典型，推动精神文明建设。要通过提高宣传工作的说服力和实效性，营造团结稳定鼓劲、积极健康向上的思想舆论氛围。

（五）以增强企业核心竞争力和可持续发展能力为目标，创新发展企业文化建设

党组织不是全面负责企业的人力资源管理，而是从政治角度进入企业的人力资源管理。当然，政治角度不是孤立的，必须同行政、经济、文化等其他角度有机结合起来。一个特别值得重视的角度是企业文化角度。党组织应当用先进的政治文化推进整个企业文化建设，提高员工的文化素质、文明程度，增强企业的文化竞争力。要探索思想政治工作与企业文化建设相结合的途径和办法，把企业的核心理念融入各项管理制度和经营管理行为之中，切实提升经营管理水平。

（六）以促进职工与企业的和谐发展为导向，发挥职工群众支持改革、推动发展的积极性、主动性和创造性

职工队伍是企业的主体，是企业人力资源的主体。企业发展是职工发展之本，职工发展是企业发展之源。要把握和处理好企业发展与职工发展的辩证关系，使国家利益、出资人利益、企业利益和职工利益相互协调、共同增进。坚持以人为本，畅通职工意愿反映渠道，加强维护职工利益长效机制建设，建立健全利益协调机制、诉求表达机制、矛盾调处机制和权益保障机制，使职工共享企业改革发展的成果。

（七）加强反腐倡廉建设，努力形成企业风清心齐、干事创业的良好风气

这是企业党组织长期不懈的基本任务。要完善惩治和预防腐败的体系建设，教育党员、干部、职工要常思腐败和不正之风对企业发展、自身发展、职工利益、企业形象之害，正确处理好国家、企业、个人之间的利益关系。自觉抵制腐朽和不健康思想的侵蚀，坚决同消极腐败现象作斗争，保证企业的各项经营活动合法守法，实现企业科学发展。

（作者单位：莱芜钢铁集团宣传部）

后　记

2011 年 7 月 1 日是中国共产党成立 90 周年纪念日。为纪念中国共产党成立这一中华民族发展史上开天辟地的大事变，认真学习中共中央总书记胡锦涛在庆祝中国共产党成立 90 周年大会上的重要讲话，中共山东省委在 7 月 6 日召开了全省学习胡锦涛总书记“七一”重要讲话精神、纪念中国共产党成立 90 周年理论研讨会，会议由省委宣传部、省委党史研究室、省委党校、省委高校工委、山东社会科学院、省社会科学界联合会等单位承办。省委副书记、省政协主席刘伟出席会议并作了重要讲话，省委常委、宣传部长孙守刚主持了会议。

研讨会从年初就通过有关部门系统进行了广泛的征文，共收到近 150 篇，经过认真筛选评审，有 83 篇入选优秀论文。入选论文热情讴歌了中国共产党 90 年的丰功伟绩，认真回顾总结了党的历史经验，深入探讨了新形势下贯彻落实科学发展观，全面建设小康社会，全面加强和改进党的思想、政治、组织和作风建设，不断提高党的建设的科学化水平，全面推进中国特色社会主义伟大事业的重大理论和实践问题。现将入选论文结集出版，作为全省广大社科理论工作者献给建党 90 周年的礼物。

参加本书编辑工作的有省委宣传部理论处王希军、张汝金、殷玉平、马明等同志。王希军和马明同志负责统稿。

编　者

2011 年 7 月 26 日

图书在版编目（CIP）数据

庆九十年辉煌　铸再腾飞信念:山东省学习胡锦涛总书记“七一”重要讲话、纪念中国共产党成立90周年理论研讨会论文集／中共山东省委宣传部编．—济南：山东人民出版社，2011.9

ISBN 978-7-209-05873-5

Ⅰ.①庆…　Ⅱ.①中…　Ⅲ.①中国共产党—党史—文集　Ⅳ.①D23-53

中国版本图书馆CIP数据核字(2011)第182983号

责任编辑：李怀德

封面设计：武　斌

庆九十年辉煌　铸再腾飞信念

——山东省学习胡锦涛总书记“七一”重要讲话、纪念中国共产党成立90周年理论研讨会论文集

中共山东省委宣传部　编

山东出版集团

山东人民出版社出版发行

社　址:济南市经九路胜利大街39号　邮　编:250001

网　址:http://www.sd-book.com.cn

发行部:(0531)82098027 82098028

新华书店经销

山东临沂新华印刷物流集团有限责任公司印装

规　格　16开(169mm×239mm)

印　张　40.5

字　数　665千字　插　页　2

版　次　2011年9月第1版

印　次　2011年9月第1次

ISBN 978-7-209-05873-5

定　价　85.00元

如有印装质量问题，请与印刷单位联系调换。　电话:(0539)2925659